백낙청 회화록

2017~2022

8

백낙청 회화록 간행위원회

—

염무웅 영남대 명예교수
임형택 성균관대 명예교수
최원식 인하대 명예교수
백영서 연세대 명예교수
유재건 부산대 명예교수
김영희 한국과학기술원 명예교수
한기욱 인제대 명예교수
이남주 성공회대 교수
염종선 창비 기획편집위원장

—

백낙청 회화록 8

초판 1쇄 발행 / 2023년 4월 28일

엮은이 / 백낙청 회화록 간행위원회
펴낸이 / 강일우
책임편집 / 박주용 신채용
조판 / 박아경
펴낸곳 / (주)창비
등록 / 1986년 8월 5일 제85호
주소 / 10881 경기도 파주시 회동길 184
전화 / 031-955-3333
팩시밀리 / 영업 031-955-3399 편집 031-955-3400
홈페이지 / www.changbi.com
전자우편 / human@changbi.com

ISBN 978-89-364-8445-3 03040

백낙청 회화록

2017~2022

8

백낙청 회화록
간행위원회 엮음

간행의 말

청사(晴蓑) 백낙청(白樂晴) 선생의 고희를 기념해 선생이 한국 및 해외의 지성과 나눈 회화(會話)의 기록을 모아 2007년에 『백낙청 회화록』 1~5권을, 그후 10년간의 기록을 더하여 팔순을 맞는 2017년 6~7권을 펴낸 데 이어 지난 6년간의 대화를 엮은 8권을 새로이 내놓습니다. 계간 『창작과비평』을 창간하며 한국 문화운동에 첫발을 디딘 후 1968년 1월부터 2022년 8월까지 50여년에 걸쳐 선생이 참여한 대담과 좌담을 기본으로 하고 토론과 인터뷰 등을 곁들인 이 여덟권의 회화록은 20세기 중후반부터 21세기 초반까지 한국 논단에서 치열하게 논의된 주요 쟁점들이 망라된 우리 지성사의 생생한 사료집입니다.

대화라는 형식은 한 사람이 일방적으로 진술하는 수사법과 대립되는 방법으로서 예부터 진리 발견의 절차로 주목되어왔습니다. 그리고 좌담은 동아시아 근대 저널에서 독자들에게 순발력 있는 대화의 흥미를 안겨주는 부담 없는 읽을거리이자, 참여자들의 대등한 의견교환을 통해 각자의 입장을 명료하게 전달하는 형식이어서 널리 활용되어왔습니다. 선생은 이런저런 형식의 이야기 나눔을 통칭하여 '회화'라고 일컫기를 즐겨하는데, 요즘 이 낱말은 외국어 회화에 국한되어 쓰이는 경향도 있습니다만 원래 더 넓은 의미로 사용되어온 말이고, '대화'처럼 진리 발견의 한 수단인 동시에 더 격의 없는 어울림을 연상케 하기 때문인 듯합니다.

돌이켜보건대, 영문학자이자 문학평론가일 뿐만 아니라 『창작과비평』 창간 편집인, 그리고 민족문화운동과 그것을 한층 발전시킨 분단체제 극복운동을 수행하는 이론가요 실천가인 선생은 자신이 직접 조직하거나 초대받은 대담과 좌담을 통해 1960년대 이래 우리 사회의 핵심적인 담론 생산의 현장에 깊숙이 간여해왔습니다. 대담과 좌담 같은 회화 형식이야말로 항상 논쟁의 현장에 머물길 원하는 '젊은' 논객인 선생의 식견과 경륜이 효과적으로 발휘되는 의사전달 통로가 아닐 수 없습니다.

이 책을 엮기 위해 자료들을 검토하면서 간행위원들은 회화록이 지닌 세가지 차원의 가치에 주목하게 되었습니다.

첫째로 선생 개인의 자전적 기록으로서의 가치입니다. 선생 스스로 자신의 생애와 행적을 서술한 것은 아니지만, 대담과 좌담에는 그가 50여년간 공개적으로 표명한 언행이 시기순으로 정리되어 있어 선생의 이론적·실천적 궤적이 일목요연하게 드러납니다. 권말의 상세한 연보(제5, 7, 8권 수록)와 대조해 읽는다면 선생의 사상적 편력을 이해하는 데 매우 유용한 자료가 될 것입니다.

둘째로 선생과 더불어 우리 시대의 문제를 놓고 고뇌하며 실천의 길을 걸어온 한국 지성의 집단전기적 기록으로서의 가치입니다. 선생의 대화 상대자(국내 192인, 해외 12인)는 이른바 진보진영에 국한되지만도 않고 우리 사회의 발전에 다방면에서 공헌해온 분들인데, 그분들의 언행 역시 여기에 고스란히 담겨 있습니다. 그분들이 시대의 변천에 어떻게 대응해왔는지를(때론 변모해왔는지를) 지켜보는 것도 우리 지성사를 읽어내는 의미있는 일이 되겠습니다.

셋째로 선생이 해외의 저명 지식인들과 함께 한국인의 이론적·실천적 고투를 전지구적 시각에서 성찰한, 우리 담론의 세계화의 기록으로서의 가치입니다. 세계사적 변화에 대한 주체적·실천적 대응은 선생이

1960년대부터 한결같이 추구해온 지향인데, 외국의 지성들은 그와의 대화에 참여하여 한국인의 과제가 그들 자신의 사회, 더 나아가 전지구적 과제와 어떻게 연관되어 있는지를 규명하고 연대의 가능성을 확인할 수 있었습니다.

이 책의 체재는 수록된 자료들을 연대순으로 배치하는 것을 원칙으로 삼았습니다. 그리고 분량을 고려해 편의적으로 여덟권으로 나눴는데, 가급적 그 시기구분을 한국의 정치·사회 변동의 획기와도 연결해보려고 애썼습니다. 각권의 끝에 실린 해설은 바로 그 획기의 시대적 의미와 대화 내용의 한국 지성사적 위치를 규명하고 있습니다. 선생과 오랜 기간 교감하며 같은 길을 걸어온 간행위원들이 분담한 권말의 해설들은 선생에 대한 회고와 수록내용 비평이 어우러진 또 하나의 흥미로운 대화록입니다.

끝으로 50여년간의 자료들을 수집, 정리해 여덟권의 알찬 책으로 간행하는 데 도움을 주신 분들의 고마움을 기억하고 싶습니다. 먼저 선생의 대화 상대자 여러분께 대화록 간행 취지에 공감하시고 원고 게재를 쾌히 승낙해주신 데 대해 깊은 감사를 드립니다. 또한 그간 노고를 아끼지 않은 창비 편집부 실무진에게 각별한 마음을 전합니다. 회화록 전체의 목록을 작성하는 일에서부터 묵은 잡지들을 뒤지고 시청각 자료를 점검하여 원고의 정본을 만드는 일까지의 전과정은 사료집 편찬의 어려움을 실감하는 작업이었습니다. 이 과정에서 선생 역시 원고를 전부 직접 교감(校勘)하는 번거로움을 기꺼이 감당해주셨는데, 그 덕에 자료의 신뢰도는 한층 높아졌다고 자부합니다.

아울러 회화록 1차분 제1~5권의 간행위원인 염무웅 임형택 최원식 백영서 유재건 김영희, 2차분 제6~7권의 한기욱에 더해 제8권에서는 이남주 염종선이 간행위원회에 새로 합류하여 힘을 보탰음을 밝힙니다. 근대학문의 분화된 지식의 경계를 넘나들며 현실과 소통하는 길을 일찍

부터 닦아온 이 회화들의 간행이 앞으로 선생이 여러 층의 새로운 독자
와 더불어 회화를 계속 이어가는 계기가 될 수 있기를 간절히 바랍니다.

2023년 4월
백낙청 회화록 간행위원회

5권

간행의 말

6권 ───

간행의 말

일러두기

1. 2017년 6월부터 2022년 8월까지 백낙청이 참여한 좌담, 대담, 토론, 인터뷰, 질의·응답 등을 시기순으로 배열하고 그 이전의 회화 3편을 보유로 실었다.
2. 각 꼭지에서 참가자들의 이름 배열과 직함은 발표 당시의 것을 따랐고, 책의 말미에 참가자 약력을 따로 실었으며, 확인 가능한 회화의 일시와 장소는 밝혀두었다.
3. 각 글의 제목을 일부 바꾸거나 새로 달기도 했으며, 바꾼 경우 원제를 밝혀두었다. 본문에 중간제목이 없는 경우는 그대로 두었다.
4. 원문의 명백한 오탈자는 바로잡았고, 문장은 가급적 원본을 살리되 독자의 이해를 돕기 위해 필요한 경우 일부 수정하였다.
5. 외래어 표기는 현지음을 존중하는 원칙에 따랐다.
6. 독자의 이해를 돕기 위해 필요한 경우 주석을 각주로 달거나 본문에 글자 크기를 줄여 부기하고 소괄호로 묶어 표시했다.
7. 계간 『창작과비평』의 약칭은 『창비』로, 출판사와 계간지, 그 구성원을 가리키는 경우 '창비'로 했다.

추억 속의 김수영, 다시 읽는 김수영

백낙청(문학평론가, 서울대 영문과 명예교수)
염무웅(문학평론가, 영남대 독문과 명예교수)
2018년 10월 22일 창비서교빌딩

백낙청 사실 이번 대담은 내가 제의한 건데 그 이유를 먼저 말씀드려야겠어요. 나는 김수영(金洙暎) 선생하고는 그분 말년에 한 2년 남짓 굉장히 가깝게 지냈고 그분께 참 많은 배움을 얻고 사랑을 받았지요. 그래서 추억도 많은데, 예전에도 그랬지만 이번에도 그분에 대한 개인적인 회고문을 쓰려고 하면 글이 안 나오는 거예요. 일종의 블로킹 현상이랄까, 그런 게 있더라고요. 여러 요인이 있겠지만, 그중에는 김수영 선생과의 친분을 과시하는 것 같아서 선뜻 내키지 않은 면도 있었던 것 같아요. 김수영 선생과 일찍부터 알던 분들에 비하면 나는 선생을 뒤늦게 만났는데, 선생 말년에는 염선생이나 나만큼 친한 사람이 없었던 것 같아요. 그런데 그 얘기를 길게 하면 마치 내가 김수영하고 더 친했지 하고 자랑

■ 이 대담은 김수영 50주기 헌정 산문집 『시는 나의 닻이다』(염무웅·최원식·진은영 엮음, 창비 2018)에 실린 것이다.

하는 것 같기도 하고. 그러저러한 이유로 글이 안 돼서 내가 염선생하고 대담을 하면 어떻겠느냐 그랬는데 선생이 그 제의를 수락하셔서 이렇게 이야기를 나누게 됐습니다. 대담의 이점은 둘이서 주거니 받거니 얘기하다보면 서로 기억의 흐려진 부분을 상기시켜주는 면도 있고 기억을 서로 점검할 수 있다는 것이죠. 염선생도 지적했듯이 나와 염선생에게는 사실 이번 대담이 개인사적으로 굉장히 의미가 있어요. 염선생이나 나나 다른 곳에서는 대담을 많이 했고, 또 창비에서 좌담을 같이한 적도 있지만 단둘이서만 대담을 한 적은 없거든요. 그런 걸 생각하면 이번 대담이 김수영 선생 회고문집에 한 꼭지를 채우는 수준을 넘어 창비와 한국문학을 위해서도 의미있는 대담이 되어야겠는데, 나의 준비가 부실해서 참 아쉬워요. 염선생께서는 매사 모든 걸 충분하게 준비하시는 분이니까 의지하고 시작하겠습니다.

염무웅 네, 말씀하신 대로 지난 50년 동안 창비를 중심으로 많은 일을 같이해오면서도 대담은 이번이 처음이라는 게 저로서도 아주 새삼스럽고 좀 긴장도 됩니다. 두 사람에게나 독자들에게나 뜻깊은 대화가 되어야 한다는 데 당연히 공감하지만, 그런 점이 도리어 압박이 되지 않을까 걱정됩니다. 평소 글을 쓰거나 말을 하게 될 때 열심히 준비하려고 노력하는 편이긴 합니다. 그런데 이상하게 요즘 들어 점점 바빠지고 일도 많아서 사실은 오늘 준비가 부실합니다. 기억력도 많이 떨어지고요. 얼마 전 출간된 최신판 『김수영 전집』도 여기저기 꽤 읽었지만, 집중적 독서가 아니었던데다 시간이 지나고 보니 읽는 순간의 절실함이 뭐였는지 아련하기도 합니다.

김수영 선생에 대한 개인적 회고담으로는 『뿌리깊은나무』 1977년 12월호에 '김수영과 신동엽'이라는 제목의 글에서 조금 한 적이 있습니다. 단순한 수필도 아니고 본격적인 평론도 못 되는 가벼운 에쎄이 정도의 글인데, 1970년대의 분위기에서 쓰인 글로서 그 두분의 인간과 문학을 제대로 비교하는 데까지는 못 갔어요. 아무튼 돌이켜보면 제가 김수영 선생을 처음 뵌 것은 신구문화사라는 출판사에 근무했을 때였습니다. 1965년쯤인데, 신구문화사 편집고문인 시인 신동문(辛東門) 선생이 김수영 선생과 아주 가까웠어요. 신선생은 책의 기획과 필자 선정에 주로 관여하고 저는 원고를 읽고 교열하는 편집부 직원이어서 신동문 선생과는 거의 매일 만나 의논하는 관계였지요. 신선생은 인품도 좋고 발도 넓어서 찾아오는 선배나 친구, 후배 들이 끊이지 않았어요. 그들 뒤를 많이 봐주었거든요. 급전을 구하러 오기도 하고 일자리를 부탁하러 오는 분도 있었지만, 마땅히 갈 데가 없어 들르는 분도 있었지요. 김수영 선생은 출판사 쪽으로 발이 넓은 신선생을 통해 번역 일거리를 얻으러 오지 않았나 생각됩니다. 그러니까 저로서는 처음엔 그저 신동문 만나러 드나드는 문인 중 한분으로 김수영 선생께 인사를 드렸을 겁니다. 하지만 그게 언제였는지는 분명한 기억이 없어요. 당시의 저는 평론가로 문단에 이름을 올렸다곤 해도 출판사 젊은 직원에 불과하니까 김수영 선생의 눈에 띄었을 리가 없고 저도 김선생이 어떤 분인지 잘 몰랐어요. 그런데 1966년부터 2~3년 동안에는 『현대한국문학전집』이라는 열여덟권짜리 전집을 간행하고, 특히 마지막권 『52인 시집』을 편집했는데 소장 내지 중견이라는 말을 듣던 문인들이 자주 신구문화사에 들락거리게 되니까 저로서는 뜻밖에도 많은 선배 문인들에게 인사를 드리게 되었지요. 그때 저는 학생 시절 친구인 김승옥 김현 김치수 등과 함께 김수영 선생보다 젊은 이호철 최인훈 같은 분들과 더 자주 어울렸어요. 아무튼 김수영 선생과는 그렇게 신구문화사에서부터 인연이 닿았지요. 백선생님도 『창작과비평』을 창간(1966)하시면서 그 전후에 김수영 선생을 알게 되셨지요? 『창비』의 창간 비화를 겸해서 김수영 선생과 『창비』의 관계도 소개할 겸 말씀해주시면 저도 이어서 이야기를 보태겠습니다.

선생과의 첫 만남과 『창비』에 대한 애정

백낙청 그러니까 김수영 선생과의 인연은 염선생이 훨씬 먼저였어요. 내가 염선생을 처음 만난 건 신구문화사에서였을 겁니다. 김수영 선생은 신구문화사에서 만난 것이 아니고 언제인지 정확한 기억은 없지만, 중간에서 소개를 해준 사람이 그때 참 가까이 지내던 소설가 한남철(韓南哲, 본명 한남규)인데, 한남철이『사상계』문학란을 담당하면서 김수영 선생을 알게 됐고, 그리고 그 두 사람이 좀 통하는 바가 있잖아요? 사람 솔직하고.

염무웅 네, 아주 화통하죠.

백낙청 그래서 김수영 선생 얘기를 가끔 하다가 나중에 소개를 받았죠. 나는 사실 김수영 선생에게 정식으로 인사드리기 전에 멀리서 뵀어요.『창비』가 창간되고 얼마 안 지나서, 현암사에서 이어령(李御寧) 선생이 주도한 계간『한국문학』을 냈잖아요. 거기는 우리보다 규모도 훨씬 크고 기반이 탄탄하니까 잡지도 두껍게 나왔고 당시에 우리 문단의 중요한 필자들을 망라했는데, 기억으로는 언젠가 창간호 출간을 기념하는 회식이 있었어요. 그 자리에서 어떤 분이 일어서서 뭐라 뭐라 그러시는데 김수영 선생이에요, 그분이. 그 양반이 거침없잖아요, 말씀하는 게. 당신 글도 실려 있는『한국문학』지에서 만든 그 자리에 나와놓고서『한국문학』을 막 비판하는 거예요. "잡지를 할 거면 좀『창작과비평』처럼 치고 나와야지!" 하시면서 그분이 쓴 표현이, "라이터는 론손, 만년필은 파커(그 시절엔 그게 최고의 물건들이었어요), 이런 식으로 모아가지고 그게 무슨 잡지냐?" 이렇게 열변을 토하시는 거예요. 나는 말석에 앉아서 '아,『창비』를 알아주시는 분이 있구나' 했는데 그 자리에서 인사한 것 같진 않아요. 그러다 언제부터 안면을 트면서 알게 됐고, 그후로는 주로 염선생하고 나하고 한남철, 이 세 사람이 김수영 선생을 함께 많이 만났죠.

댁에도 자주 가고 그랬는데, 그때 댁에 놀러갈 때마다 환대를 받으면서 이게 특전이라고 생각은 했지만 얼마나 큰 특전이었는지는 최근에 김현경(金顯敬) 사모님으로부터 들었어요. 사모님 말씀이 김시인이 도대체 누구를 집에 들여놓는 사람이 아니라고, 그런데 백선생하고 몇사람만은 언제든지 오면 환영을 했다 그러시더라고요. 그때도 각별한 사랑을 받는다는 느낌이 있었지만, 수십년이 지나고서 그게 어마어마한 특혜였다는 것을 알게 됐죠. 『창비』 창간 당시에는 나하고 임재경 채현국 세 사람이 돈을 얼마씩 각출하고, 한남철 김상기 또 기자였던 이종구 그 사람들은 노력 봉사를 하고, 이런 식으로 출범을 했었죠. 창간호에 작품을 준 이호철(李浩哲) 선생도 한남철을 통해서 알게 됐고, 김승옥(金承鈺)도 그 무렵에 알게 됐어요. 염선생은 신구문화사 갔다가 인사를 했고. 나는 원래 문단에 기반도 없고 아는 사람도 많지 않았는데 그러면서 차츰차츰 문단 인사들하고 안면을 넓혀나갔고 나중에 염선생이 편집진에 합류하면서 엄청난 도움이 되었지요. 시단에 대해서도 김수영 선생을 알면서 조금씩 파악을 하게 되고 그랬죠.

염무웅 아까 얘기한 『52인 시집』을 찾아보니까 1967년 1월에 출간됐더군요. 그렇다면 필자들에게 원고 받고 해설 청탁하는 작업은 1966년 가을이나 초겨울쯤에 했을 겁니다. 『창작과비평』이 창간된 지 일년 정도 됐을 때이고 제가 아르놀트 하우저(Arnold Hauser)의 『문학과 예술의 사회사』 번역을 청탁받았을 무렵이 아닌가 싶네요. 그런데 김수영 선생을 직접 만나지 못한 후배 문인들의 글을 보면 대개 그의 시나 산문을 읽고 받은 충격으로부터 이야기를 시작하지 않습니까? 그동안 문학과 인생에 대해서 느슨하게 가졌던 상투적 생각들이 김수영을 읽으면서 확 뒤집어졌다, 세상을 보는 눈이 번쩍 뜨인 것 같다, 이런 이야기들을 하는데, 저는 김수영의 글이 아니라 사람을 통해 그런 충격을 경험했어요.

그러니까 그게 시인 고은(高銀) 선생이 제주도 생활을 마감하고 상경한 직후일 겁니다. 1967년 초봄일 텐데, 고은 선생이 오후 서너시쯤 신동문 선생을 찾아왔다가 신선생이 안 계시니까 저와 제게 놀러온 김현을 불러내어 사무실 근처에서 소주를 한잔했어요. 금방 돈이 떨어지자 고은 선생이 염려 말고 따라오라고 하면서 버스를 타고 어딘가로 갔지요. 그게 알고 보니 구수동 김수영 선생 댁이었어요. 김수영 선생 댁은 나중에 선생께서 교통사고를 당하신 길, 꼭 시골의 소읍에 있는 것 같은 좁다란 길 쪽으로 사립문이 나 있고 집채는 등을 돌리고 있어서 빙 돌아가야 되었는데, 고선생이 저하고 김현을 잠깐 문밖에서 기다리라고 하더니 안으로 들어갔어요. 그런데 한참 기다려도 소식이 없어요. 김수영 선생 안 계시면 사모님한테 떼쓰지 말고 그냥 갑시다, 그러려고 주춤주춤 안으로 돌아 들어갔더니, 고선생은 벌 받는 소년처럼 댓돌 위에 엉거주춤 서 있고 전등을 안 켠 어둑한 방안으로부터는 거침없이 고선생을 꾸짖는 소리가 흘러나오더군요. 우리가 마당에서 기척을 내자 그제야 김수영 선생이 우리를 방으로 불러들였어요. 하지만 여전히 불을 안 켠 채 우리는 쳐다보지도 않고 고선생을 향해 방바닥을 쳐가면서 계속 야단을 쳤어요. 아무리 사전 허락이 없었더라도 집으로 찾아온 문단 후배에게 그렇게 야박하게 소리칠 수 있나 싶었지요. 후에 알았지만 두분은 이미 1955년 군산에서 만나 친교를 맺은 사이였더군요. 김선생은 고은 시인의 재능을 높이 사서 기회 있을 때마다 격려를 보내셨고요. 공부 열심히 해라, 재주를 절대로 낭비하지 말고 좋은 시를 써라, 하고요. 하여간 저는 그날 우리를 무시한 채 고선생만 상대로 열변을 토하는 게 처음엔 못마땅했으나, 시간이 조금 지나면서 차츰차츰 김수영 선생 말씀에 감복이 되기 시작했지요. 속으로 그렇지, 옳은 말씀이야, 하고 점점 도취되어 이런저런 생각이 다 없어지고 말씀에만 완전히 빠져들었어요. 구체적인 내용은 물론 다 잊었지만, 대체로 후일 그의 산문에서 읽었던 것, 그러니까 우리 문단의 낙후성과 병폐에 대한 아주 통렬한 비판이었던 것으로 기억합니다. 그렇게 한바탕 야단을 치더니 부인께 저녁상을 차려오라고 해서 간단하게 저녁을 먹고 나왔어요.

그게 제 문학인생에서는 커다란 전환점들 중 하나가 아닐까 생각합니다. 사실 저는 시골에서 자랐지만 어려서부터 공부 좀 한다는 소리를 자주 들었고 그런 소위 모범생들이 대체로 그렇듯이 부모와 학교에서 시키는 걸 순종하는 데 길들어 있었거든요. 그런 순종심리의 어느 일면은 지금도 내 속 어딘가 남아 있을지 모르는데, 김수영 선생의 말씀은 내면에 뿌리내린 통념과 허위의식의 근원을 사정없이 직시하게 하고 사정없이 격파하는 것이었어요. 김선생의 화제는 언제나 문학과 문단에 관한 것이었지만, 받아들이는 저로서는 세상을 보는 눈을 새로 뜨게 하는 일종의 의식혁명이었지요. 그날 이후 저는 김수영 선생에게 완전히 빠져서, 선생이 신구문화사에 들르면 수시로 선생께 다가가 말을 붙였습니다. 두어번은 명동 초입의 유명한 술집 '은성'에도 따라갔고요. 술을 마시기 위해서라기보다 그의 열변에 취하기 위해서였지요. 이렇게 한번 만나 그의 말을 들으면 그럴 때마다 껍질이 한꺼풀씩 벗겨지는 것 같은 상승감과 희열이 느껴졌어요. 김선생은 맨정신으로 사무실에 오셨을 땐 별로 말이 없는데 한잔 들어가 입을 열면 다른 사람처럼 변해서 달변을 토해요. 그러고 보면 그의 뛰어난 산문능력은 그의 달변의 등가물 같다는 생각이 드는군요. 함석헌(咸錫憲) 선생도 그렇지요. 그분 강연도 몇번 들었는데, 글에서 읽었던 거침없는 구어체는 그분 강연 말투 그대로예요. 아무튼 저는 바로 이 무렵에 창비와 인연을 맺게 되고, 그래서 자연 백선생님과 함께 김수영 선생을 만나는 일이 많았지요. 제게는 평생의 행운이었습니다. 그런데 생각해보면 그때의 김수영 선생보다 지금의 제가 서른살이나 더 나이가 많다는 게 이상하고 실감이 없어요.

백낙청 그 점은 나도 마찬가지예요. 그 몇년 선생을 만나면서 말씀을 듣고, 또 선생이 『창비』에 대한 각별한 애정도 표현하시고, 나에 대해서도 특별한 기대를 가지셨던 그런 기억들이 나한테는 일생의 자양분이고 교훈으로 남아 있죠. 그분이 열변을 토하는 걸 들으면 빨려들게 되어 있다고 그러셨는데, 정말 그렇죠. 그런데 그게 그냥 달변이기 때문만이 아니고, 먼저 사심 없이 사태를 정확하게 보고 정직하게 짚어내시니까 빨려들지 않을 수가 없는 거예요. 어느 날인가요, 일식집 2층에서 몇시간을 그분이 우리 몇사람 놓고서 열변을 토하신 적이 있어요. 그때 중국문학 하는 김익삼이라는 친구가 같이 있었는데, 그 친구는 처음이었죠. 그러고 나서 나중에 그 친구도 굉장히 감복을 했는데, 그때는 염선생이 안 계셨나.

염무웅 네, 저는 그 자리에 없었어요.

초기 『창비』의 시란 기획에 준 도움

백낙청 그때가 어떤 때인가 하면, 문인협회가 원래 월탄(月灘) 박종화(朴鍾和) 선생이 제일 어른이고, 그 밑에 김동리(金東里) 서정주(徐廷柱) 같은 분들이 계셨어요. 황순원(黃順元) 선생은 조직에 깊이 관여하지 않으셨고. 실세였던 조연현(趙演鉉)이 권한을 많이 휘두르다가 그 단합구조가 깨졌잖아요. 김동리 선생하고 조연현이 깨지고 그랬을 때예요. 김수영 선생이 아주 좋아하시면서 "사필귀악이다" 그러신 적이 있죠. 그리고 구수동 댁에도 많이 드나들었고요. 내가 신혼 초에 운니동에 살았는데. 김수영 시에 보면 「미인」이라는 시 있잖아요. 'Y여사'라고, 윤여사 그이하고 내외분이 같이 오셔서 우리 집에서 술을 많이 드셨죠. 밖에서 술 먹을 때는 그 양반이 늘 나보다 훨씬 많이 취하시고 그랬는데, 그날은 집 안에서 오랫동안 마시다보니까 나중에 침을 흘리기 시작해요. 그러니까 사모님이 저 사람 침 흘리기 시작하면 빨리 가야 된다, 그래가지고 모시고 나간 일이 있었죠. 나는 김수영 선생과 무작정 더 오래 있고 싶은 마음이라 서운했지만, 다른 한편으로 김선생도 어떤 한계에 다다를 수 있구나 하는 걸 처음으로 깨달은 느낌이었지요. 아무튼 정직하고 거리낌이 없는 모습이 제일 감동적인 분이었어요. 흔히 천의무봉(天衣無縫)이라는 말을 하는데 어떤 의미에서는 자기 멋대로 사는, 자행자지(自行自止)하는 사람을 좋게 말해 천의무봉이라고 그러기도 하지요. 그러나 김수영 선생은 거침없으면서도 굉장히 겸손하고 교양이 있는 분이었지요. 그러니까 천의무봉의 알몸이라도, 겸손과 교양이 몸에 밴 알몸이었던 점이 아주 특이한 것 같고요. 그분의 겸손을 또 어디서 느낄 수 있냐면, 『창비』가 창간호부터 한동안 시를 안 실었잖아요. 그건 내가 시를 몰라서 그렇기도 하고, 그때 저를 포함해서 한국 문단에서 많이 참고하던 싸르트르의 잡지 『현대』(Les Temps Modernes)도 시를 안 실었거든요. 그걸 조금 핑계 삼아서, 힘든 일 하나 덜고 가는 의미도 있었고 그랬는데. 김수영 선생이 『창비』를 그렇게 좋아하셨지만 시를 안 실은 것에 대해서 꽤 섭섭해하셨어요.

염무웅 당연히 그러셨겠죠.

백낙청 처음부터 그런 얘기를 안 하고 한참 지내다가 『창비』도 시를 좀 싣지 그러냐고 하시면서 시인을 추천했는데, 그래서 제일 먼저 실은 시인이 김현승(金顯承)이에요. 그다음에는 김광섭(金珖燮) 신동엽(申東曄). 그리고 같은 호에 네루다(P. Neruda) 시를 김수영 선생이 번역해서 실었는데, 자기 시를 싣자는 말을 안 해요. 나중에 가서야 당신 시도 한번 실을 준비를 하고 있다는 얘기를 하셨는데, 그러고 나서 바로 작고하셔가지고…… 그래서 그해 가을호에 김수영 특집을 하면서 유고 몇편하고, 이미 발표된 작품에서 골라가지고 한 열두편.

염무웅 창덕궁 돈화문 맞은편 2층 다방에서 백선생님과 함께 신동엽 시인 만나 원고를 받던 생각이 나네요. 「술을 많이 마시고 잔 어젯밤은」

같은 작품이 실린 건 1968년 여름호인데, 그것이 신시인이 살아생전『창비』에 발표한 마지막이었지요. 같은 호에 김선생 번역으로 나간 네루다의 시는 그 무렵 대학생이었던 김남주(金南柱) 시인이 딸딸 외우고 다녔다고 하더군요. 그리고 가을호에 김수영 유고가 실렸고.

백낙청 일기는 돌아가시고 나서 내가 구수동 댁에 가서 며칠 동안 베껴가지고 실었죠. 하여간, 처음부터 당신 시를 신자고 하실 수도 있는 관계였는데 그러지 않으셨어요. 우리하고 가장 가까운 시인이었고, 또 시단에서 김수영 하면 그때는 지위가 확고한 시인이었으니 그래도 두번째쯤은 신자고 하실 법한데 안 하셨고, 세번째쯤 실을 생각을 하고 준비를 하고 있다가 돌아가셨죠. 당시 김광섭 시인의 시「산」을 비롯해서 몇편 참 훌륭한 시를 얻어 왔는데, 미아동에 있는 이산(怡山) 선생 댁에 김수영 선생하고 같이 갔었어요. 이산 선생이 뇌일혈로 쓰러지셨다가 회복은 되셨는데, 거동이 활발하지 못하던 그런 때였죠.

염무웅 네, 저도 백선생님과 함께 미아리 대지극장 건너편 골목으로 좀 걸어 들어가서 이산 선생 댁을 찾아갔던 기억이 납니다. 병색이 완연했지만, 그래도 이불을 젖히고 일어나 앉아 띄엄띄엄 말씀도 잘하고 가끔 유머도 조금씩 곁들이고 하셨지요. 이산의 생애 전체로 보더라도 그 무렵 쓴 시가 단연코 제일 좋은 시들이에요.

백낙청 그렇죠.

시대를 앞서간 개방성과 난해시의 정체

염무웅 김수영 선생이 백선생님 댁으로 초대받아서 갔던 자리엔 저는 없었고요. 김수영 선생이 누구에게나 거리낌이 없고 핵심을 찔러 말씀하시지만, 백선생님 대하실 때하고 저하고는 약간 다른 면도 있지 않았던가 싶습니다. 백선생님은『창비』를 대표하는 위치에 있는데다 점잖은 분이어선지, 저를 조금은 더 편하게 대하신 게 아닌가 싶어요. 예를 들면 『창비』에 유고로 발표된 「성(性)」이라는 시에 1968년 1월 19일이라는 날짜가 적혀 있는 걸 보고서 깨달은 건데, 1967년 말인지 68년 초인지 어느날 드물게도 제가 김선생을 모시고 박수복(朴秀馥)이라는 분의 댁에 가게 됐어요. 박수복 선생은 당시 문화방송 PD로서 채현국 선생을 비롯해 친교가 넓었고 김선생과도 친분이 있었지요. 홍제동 문화촌아파트의 박선생 댁에서 아주 각별하게 대접을 받았죠. 즐겁게 먹고 마신 건 좋았는데, 밖으로 나오니까 큰일이었어요. 통금 시절이었거든요. 김수영 선생이 "집에 갈 거야?" 하더니 그, 말하자면 종3에 같이 가자는 거예요. 저로선 중대한 제안이었기 때문에, 거절은 의절 같다는 느낌을 받고 따라가서 한숨도 잠을 못 잤어요. 그러다가 새벽 일찍 일어나서 광교 '맘모스'라는 다방까지 걸어가 커피 한잔 마시면서 깨끗하게 교복 입은 고등학생들 재잘거리며 학교 가는 거 바라보았던 일이 떠오르네요.

백낙청 거기에 대한 글을 쓰신 게 있지요? 대담이었나요?

염무웅 대담집(『문학과의 동행』, 한티재 2018)에서 그 얘기를 했지요. 그거 뭐 널리 공개하기는 그런데, 김수영 선생 산문들을 보면 어디 여행 가거나 무슨 특별한 일이 생겨서 오입했다는 얘기를 거리낌 없이 쓰고 심지어 그걸 부인한테도 얘기를 하는 것 같아요. 그밖에도 자신 안에서 꿈틀거리는 비열한 욕망이나 이웃과의 사소한 다툼 같은 걸 뭐 하나도 감추거나 비틀지 않고 그대로 드러내요.

백낙청 김수영 선생이 쓰신 원고를 부인이 정리를 하시니까…… 거기 원고에 나오면 부인이 다 아시는 거죠. 부인도 대단한 양반이에요.

염무웅 그렇죠. 그런데 성(性)의 자유 내지 성의 해방이란 측면에서는 김수영 선생이나 또는 그보다 앞선 세대들, 가령 나혜석(羅蕙錫)이나 임화(林和)의 세대가 6·25 이후의 젊은 세대보다 훨씬 개방적이고 선진적이었지 않은가, 좋다 나쁘다는 걸 떠나서 그런 것 같아요. 냉전체제의 억압성과 퇴행성이 그런 데서도 나타나는구나 싶어요. 1960년대 중반에 이르자 김수영 선생이 글도 훨씬 더 많이 쓰고 문학과 사회에 대한 사유도 깊어지는 게 느껴지는데, 그런 걸 느끼면서 드는 생각이 분단과 전쟁으로 파괴되고 위축되었던 인간정신이 김수영 선생 같은 분을 필두로 이제 회복되기 시작한다는 것, 그러니까 1960년대 이후 김수영 개인의 탁월함도 있지만 그와 더불어 김수영으로 대표되는 우리 사회 전체가 회복국면을 맞고 있다는 생각이 들었습니다.

백낙청 시도 그렇고 산문도 그렇고 1967~68년 그때 절정에 이르신 것 같아요. 지금은 그런 얘기 하다가는 큰일날 시대지만, 김수영 선생의 경우는 흔히 말하는 그냥 오입질하고는 좀 달랐던 것 같아요. 시인으로 살면서 뭔가 벽에 부딪힌다든가 절박해졌을 때 그것을 넘어서는 그분 나름의 한가지 방식이 아니었나 그런 생각이 들어요. 실제로 「반시론」이라는 산문에서 비슷한 이야기를 하시기도 했고요. 그런데 「성」이라는 시 얘기하니까, 생각해보니 그게 『창비』에 주려고 모으고 있던 시 중 하나예요. 사실 그 시를 보면 요즘 우리가 흔히 보는 난해시하고는 전혀 다르잖아요. 모를 말이 하나도 없어요. 그리고 김수영의 난해시는 요즘처럼 이상한 비유라든가 하는 것 때문에 무슨 말인지 모르게 되는 그런 경우는 참 드뭅니다. 문장 하나하나 뜯어보면 아주 평이하고 심지어 직설적인 그런 문장들인데, 요는 그런 문장을 쭉 늘어놓을 때에 그 조합이 갖는 의미라든가 한 문장에서 다른 문장으로 넘어갈 때 비약 같은 거 있잖아요, 논리상의 비약. 도대체 왜 이런 말씀을 하시나, 그게 선뜻 이해가 안돼서 난해한 것이지 처음부터 난해한 시를 쓰려고 그런 건 아니지요. 김수영의 「말」(1964)이라는 시에 보면 "고지식한 것을 제일 싫어하는 말"이란 표현이 있어요. 고지식하지 않으면서 정직한 얘기를 하다보니까 고지식한 데 익숙한 사람들이 잘 못 알아듣는 거지, 요즘 아주 흔해진 난해시하고는 좀 다르지 않나 생각합니다.

염무웅 그 말씀에 공감이 갑니다. 저처럼 좀 고지식한 사람은 김수영의 시에 구현된 '정직'이나 '진실'을 알아내는 것이 때때로 매우 어려운 게 사실입니다. 반면에 그가 실생활에서 우리에게 직접 했던 말이나 그 말과 비슷한 레벨에서 쓰인 그의 산문들은 내용이 어떤 것이든 시에서와 같은 '비약'이 별로 없기 때문에 직절적인 공감을 일으킵니다. 김수영 자신도 시론이나 시평에서 자기 시대에 자주 쓰이던 용어인 '난해시' '참여시' '현대시' 같은 개념들을 통해서 시에서의 비약의 불가피성을 이론적으로 해명하려고 애쓰는 것이 보이지요. 그때그때 쓰는 월평 같은 글에서는 비평의 대상이 되는 시와 시인의 특성에 따라 진정한 난해시와 사이비 난해시를 구별하기도 하고요. 가령, 「'난해'의 장막」(1964)이라는 상당히 논쟁적인 글에 보면 이런 문장이 있습니다. "기술의 우열이나 경향 여하가 문제가 아니라 시인의 양심이 문제다. 시의 기술은 양심을 통한 기술인데 작금의 시나 시론에는 양심은 보이지 않고 기술만이 보인다. 아니 그들은 양심이 없는 기술만을 구사하는 시를 주지적(主知的)이고 현대적인 시라고 생각하고 있는 모양이다. 사기를 세련된 현대성이라고 오해하고 있는 모양이다." 이건 겉모양만 현대시의 흉내를 냈던 당시 우리 시단 일각의 풍조를 공격한 글인데, 이와 반대의 경우로서 그는 당시 일본에서 발행되던 잡지 『한양』에서 활동하던 장일우(張一宇)의 평론을 문제삼고 있어요. 장일우씨는 한국 시인들의 현실도피적 경향을 아주 거칠게 비판했는데, 그의 평론을 읽고 김수영은 그 주장을 일면 긍정하면서도 "그가 아무래도 시의 본질에보다도 시의 사회적인 공리성에 더 많은 강조를 하고 있다"고 말함으로써 장일우의 주장이 시의 본질을 언급하는 데는 미달함을 지적합니다. 이렇게 그는 장일우의 단순한 참여론을 비판하면서 여기서 한걸음 더 나아가 참여의 근본에 대해 질문합니다. 시를 쓰는 사람으로서 자신이 하는 일의 근본적 의미를 성찰하는 거지요. "가장 밑바닥에서 우러나오는 가장 절박한 시를 쓰려면 어떻게 하면 되는가?"(산문 「생활현실과 시」, 1964) 어느 시대에나 시인은 이 질문을 피할 수 없을 텐데, 거기에 제대로 답하려면 틀에 박힌 상식이나 타성적인 표현에 의존해서는 안 된다는 것이, 즉 일정한 난해성은 불가피하다는 것이 김수영 선생의 생각이었던 것 같아요. 그런데 그의 경우 사회적 공리성과 시의 표현 문제에 관해 이렇게 나누어 생각하는 사고방식이 그냥 계속됐던 게 아니고 시대의 변화와 호흡을 같이하면서 점점 더 시의 본질에 대한 더 근원적 물음으로 발전해나갔다고 여겨집니다. 4·19 직후에 발표된 「책형대에 걸린 시」라는 산문을 보셨나요?

백낙청 글쎄요, 생각이 잘 안 나요.

염무웅 그 글이 최근에 나온 『김수영 전집』 개정판에는 실려 있고 이전 전집들에는 안 실려 있는데요. 저는 2년 전쯤 4·19 무렵의 문학을 살펴보려고 인터넷에서 옛날 신문을 뒤지다가 1960년 5월 20일 『경향신문』 석간에서 「책형대에 걸린 시」를 발견했습니다. 처음 보는데다 중요한 글이다 싶어 페이스북에도 올린 적이 있습니다. 그 글을 보면 4·19가 김수영 시인 개인의 인생에 무엇을 의미하는지 생생하게 알 수 있어요. 거기 보면 그동안 자기는 "시는 어떻게 어벌쩡하게 써왔지만 산문은 전혀 쓸 수가 없었고 감히 써볼 생각조차도 먹어보지 못했다"고 말합니다. 시에서는 최소한의 '카무플라주'(camouflage, 위장)가 통할 수 있지만 산문에서는 그럴 수 없었기 때문이라는 거죠. 그리고 4·19의 감격을 이렇게도 표현합니다. "나는 사실 요사이는 시를 쓰지 않아도 충분히 행복하다. (…) 나는 정말 이 벅찬 자유를 어떻게 처리해야 할지 모르겠다. 너무 눈이 부시다. 너무나 휘황하다. 그리고 이 빛에 눈과 몸과 마음이 익숙해지기까지는 잠시 시를 쓸 생각을 버려야겠다." 이 글의 부제가 '인간해방의 경종을 울려라'인 데서도 드러나듯이 4·19는 그에게 해방의 종소리 같은 것이었어요. 4·19 이전에는 특히 김수영처럼 혹독하게 전쟁을 겪고 포로생활에서 살아난 분은 자기 시대의 폭력성에 더 직접적인 두려움을 갖고 있었을 터이므로 이렇게 저렇게 '돌려서 말하기' 또는 '숨기며 말하기'의 기술을 구사할 수밖에 없었던 것이 당연하게 여겨집니다. 그러다보니 시가 자연히 어려워지기도 했겠죠. 그리고 '전혀 쓸 수 없었던' 산문의 경우에는 4·19 이후 드디어 말문이 트인다는 느낌이 들고요.

백낙청 그런 관점에서 보면 4·19 이후 김수영이 훨씬 자유롭게, 또 알기 쉽게 발언을 하다가 5·16이 나서 또다시 억압의 시대가 오니까 시가 다시 난해해졌다, 이런 해석도 가능한데. 나는 그냥 시대에 대한, 시대현실에 대한 대응전략이랄까 전술로서 그렇게 되었다기보다는 시가 더 깊어지면서 자연스럽게 생긴 난해성이란 면도 있는 것 같아요. 그게 처음부터 난해시를 쓰려고 작심하고 쓴 난해시, 염선생이 방금 인용하신 "양심은 보이지 않고 기술만" 보이는 시, 그런 거하고는 다르지만 정직하면서도 고지식하지 않은 말을 하다보면 자연히 그렇게 되지 않느냐 하는 생각이 들어요. 또 4·19 이전 억압의 시절에도 「폭포」나 「사령(死靈)」처럼 전혀 난해하지 않으면서도 김수영다운 시들이 있었고요. 아무튼 이 이야기를 꺼낸 계기가 「성」이라는 시였는데, 그 시는 사실 어려울 거 없잖아요? 이야기시처럼 되어 있는데 그렇지만 자신의 어떤 타락을 고백하는 시이면서 동시에 그 타락을 자기 나름으로 응시하는 시선이 복합되어 있는 시라서 우리가 그 경지를 정확하게 포착하기란 쉽지 않은 것 같아요. 그런 의미에서 그 시 역시 난해시이고, 왜 이 양반이 굳이 이런 얘길 이렇게 하셨을까 하는 의문을 남기는 시라고 봐요. 그런데 그의 문학에 대한 본격적인 논의로 들어가기 전에 문인들과의 교류 얘기를 조금 더 할 필요가 있겠죠. 염선생이 문단 사람들을 더 많이 알고 그랬으니까.

당대의 한국문학, 그리고 이상(李箱)에 대한 평가

염무웅 네, 제가 더 많이 알고 있기는 했지만 주로 출판사 경험을 통해 안 분들이었고, 그러다보니 대체로 해방 후 문단에 등장한 분들이에요. 주로 김수영 선생 연배나 그 후배들이고, 그것도 신동문 선생과 자주 교류하던 분들이 많습니다. 그런데 편지, 일기, 수필 등 김수영 산문을 보면 신동문 그룹과는 일부 겹치기도 하지만 꽤 다르다는 걸 알 수 있어요. 누이동생인 김수명(金洙鳴)씨가 오랫동안 『현대문학』 편집장을 해서인지, 신동문과 달리 의외로 기성 문인들과도 친교가 있었습니다. 황순원 최정희 김이석 안수길 송지영 선생들과도 상당히 가까웠고 김경린 박태진 김규동 선생을 비롯한 '후반기' 동인들과는 부산 피난 시절부터 교류가 있었으며 고은 김영태 황동규 등 후배 시인들에게는 큰 기대를 가졌던 것 같고요. 전쟁 이전 해방 시기에는 임화나 김기림(金起林)의 영향 밑에 있던 자기 또래의 양병식 김병욱 임호권 박인환 등과 교류하면서 『새로운 도시와 시민들의 합창』(1949)이란 사화집도 만들었지요. 박인환이 '마리서사' 책방을 잠깐 운영한 것도 이때고요. 그런데 제가 1980년 봄 영남대에 내려가니 거기 시인 김춘수(金春洙) 선생이 재직하고 있다가 저를 반겨주더군요. 제가 김수영 선생을 따르는 줄 알고 했던 말씀으로 짐작되는데, 자기는 김수영을 좋아하고 꼭 한번 만나고 싶었는데 그러지 못한 것이 유감이라고 했어요. 지금은 김춘수 선생에 비해 김수영 선생의 성가가 훨씬 더 높아졌지만 1960~70년대만 하더라도 후배 시인들에 대한 영향력에서 두분이 막상막하였잖아요? 저로서는 김수영이 자기 시를 비판하되 핵심을 제대로 짚어서 비판하는구나, 김춘수 선생이 이걸 인정하고 있었다는 걸 확인한 셈이었어요.

아무튼 김수영 선생은 『창비』에 시를 발표할 만한 선배 시인으로 김현승 김광섭 순서로 추천을 하셨지요. 그후에 제게 들었던 생각은 '김선생이 왜 두분을 추천했을까'였어요. 월평에서는 박두진(朴斗鎭) 박목월(朴木月) 등에 대한 언급도 있고 조지훈(趙芝薰)과는 술 한잔했다는 기록도 있는데요. 조지훈이 간사였던 한국시인협회가 1957년에 제1회 시협상(詩協賞)을 김수영에게 수여한 인연도 있을뿐더러 시인협회 멤버들이 자유당 말기에 김동리·서정주·조연현의 문협과는 달리 정부에 비판적이기도 했고요. 아무튼 제가 알기로 김현승과 김수영 두분은 서로 상당히 이질적이에요. 김현승 선생은 제가 개인적으로 만나본 바로는 강직하면서도 청결하다고 할까, 독실한 기독교도에다 술도 전혀 못하고요. 말하자면 서정주하고 반대되는 타입이죠. 서정주는 문단정치에도 능하고 제자도 많이 키웠죠. 그 나름의 미덕도 없는 건 아니지만 김수영 선생은 서정주를 체질적으로 좋아하지 않았던 것 같아요. 그런 점에서 김현승 선생을 추천한 건 납득이 됩니다. 김광섭 선생의 경우는 상당히 다른데요. 일제 말 김광섭 선생은 드물게도 민족교육을 했다는 혐의로 4년 가까이 감옥생활까지 했는데, 해방이 되자 갑자기 투사로 변해서 우익전선을 이끌다시피 했어요. 문단적으로 보면 김동리나 조연현 같은 사람은 아직 청년세대로서 오히려 문학주의적 경향이 강했고 박종화는 젊은 세대에게 업혀 상징적인 대표 노릇을 한 데 불과하고 실제로 앞장서 우익투사로 싸운 건 김광섭인데, 김수영 선생이 그런 점을 알고도『창비』에 추천을 했는지 그런 문단이력을 잘 몰랐는지, 이 부분은 저도 판단이 안 서요. 여하튼 6·25 이후 좌파문인들이 사라지고 나자 김동리 조연현을 중심으로 문단권력이 집중되었죠. 이렇게 되니까 나머지 분들이 김광섭 선생을 대표로 하여 '자유문학자협회'를 만들었는데, 김수영 선생이 개인적으로 가까웠던 분들은 대부분 자유문학자협회 쪽이에요. 그러니까 김수영 선생은 문단의 주류에 속하지 않은 변두리 문인들에게 동질감을 더 느낀 게 아닌가 싶습니다.

백낙청 김수영 선생이『현대문학』쪽 사람들을 아주 안 좋아하셨죠.

물론『현대문학』에 시는 주고 그랬지만. 한편 문단의 우익이었지만 비주류였던『자유문학』쪽하고 가까웠던 것은 사실인데, 김광섭 선생의 경우이분이 4·19 이후로는 정치에 참여하실 일도 없었고 그러다가 60년대 중반에 쓰러지시잖아요. 그런 후에 회복하면서 시가 확 달라지고 좋아지는데 김수영 선생은 그 변화를 굉장히 높이 평가했던 것 같아요. 그래서 그때 우리가 받아온 시 하나가「산」이라는 시인데, 그걸 읽고서 "야, 참 좋은 시 주셨다" 하고 좋아하시던 일도 기억이 나요. 김현승 선생의 경우는 염선생 말대로 이 양반이 현대적인 감각을 가지면서도 소위 모더니즘에 박힌 것도 아니고, 또 서정주식의 토착적인 서정 이런 것도 아니어서 선배들 중에서 괜찮다 그렇게 본 거지 아주 높이 평가한 것 같지는 않아요. 서정주 선생에 대해서는 뭐, 김수영 선생께서 서정주를 싫어하고 당시 그 시를 인정하지 않았지만 그럼에도 일반적인 평가하고는 다른 데가 있었어요. 그러니까 보통 미당을 아주 좋아하는 사람들은 처음부터 끝까지 다 좋아하고, 비판적인 사람들은 초기 시들이 좋았지만 후기에는 이상해졌다, 이런 식으로 말을 하는데 김수영 선생은 그 점에서는 반대였어요. 나한테 말하기를 그래도 요즘에 쓴「동천(冬天)」같은 시가 낫다는 거예요. 그게 꼭 정확한 평가일지는 모르겠지만, 이분이 토착적인 서정시를 아주 싫어했는데 사실은 당신도『달나라의 장난』(1959) 같은 시집에 참 아름다운 서정시 많이 썼잖아요. 그런데 거기서 탈각하려는 생각이 많아서인지, 이후로는 이상(李箱) 같은 사람을 주로 높이 평가하고 그랬죠. 그런 심경의 일부로 서정주의 초기 시를 더 안 좋아한 면이 있는데, 그래도「동천」같은 작품에서는 무언가 사상적인 탐구가 있다고 보신 것 같아요. 그래서 차라리 그게 낫다고 나한테 말씀을 한 기억이 나거든요. 더 선배 시인들 중에는 이상을 높게 평가하셨고. 김소월(金素月)도 인정했지만 언젠가 나보고는 "아, 시인은 이상 하나 정도 아닌가" 그렇게 말씀하신 적도 있단 말이에요.

염무웅 김수영 선생 세대를 흔히 학병세대라고 부르는 분들도 있던데, 실제로 학병에 나갔던 문인들은 많지 않고 대부분 김수영 본인처럼 학업을 중단하고 유랑하거나 생업에 종사했어요. 6·25참전세대와 더불어 가장 불행한 청년기를 보낸 세대일 텐데, 따라서 그들은 자기 선배들의 시를 체계적으로 읽고 공부할 기회가 별로 없었던 게 아닌가 싶어요. 어느 글에선가 김수영은 해방 후에야 우리나라 작품을 읽기 시작했다고 말한 적이 있거든요. 대체로 시인들은 문학소년 시절 만해(萬海)나 소월을 필두로 선배들 시를 읽는 과정을 통해 시를 공부할 거고, 그러는 동안 선배들 영향을 받아들이기도 하고 배척하기도 하면서 차츰 자기 고유의 목소리를 형성해나갈 텐데, 김수영뿐만 아니라 대부분의 김수영 세대 문인들은 청소년 시기의 열악한 정치사회적 환경 때문에 그런 학습과 수련의 과정을 제대로 못 거친 것 같아요. 그게 거꾸로 득이 될 수도 있겠지만요.

백낙청 체계적인 공부는 없었지만 반면에 우리 세대에 비하면, 소위 월북문인이라고 일컫던 이들, 이용악(李庸岳) 오장환(吳章煥) 이런 이들과도 훨씬 친숙하죠. 그땐 시집이라는 게 많이 나오는 때가 아니었으니까요. 이용악 시집을 염선생이 복사해서 나한테 줬다가 우리 둘 다 정보부에 잡혀갔던 일이 있죠. 하여튼 그런 시대상황에 비하면 김수영 선생은 동시대 시인들을 훨씬 자유롭게 접하고 제대로 읽었던 것 같아요. 김수영 선생의 특징 중 하나는 공부를 체계적으로 안 했다는 점이겠지만, 또 하나는 이 양반 나름의 시인으로서의 자기 어젠다가 있잖아요. 시인들은 자기가 하고자 하는 바와 안 맞는 시는 별로 평가를 안 하는 경향이 있죠. 당시 김수영 선생이 이상을 매우 좋아했는데, 이상이 김수영 선생하고 닮은 점이 또 있어요. 이상 시가 그렇게 난해한데 수필을 읽으면 진짜 멀쩡한 사람 아닙니까. 김수영 선생도 산문을 보면 꼭 그렇게 난해시 쓰는 사람 같지 않은 면이 있잖아요. 근본적으로 그렇게 멀쩡하고 합리적이고 이성적인 그런, 말이 되는 산문을 쓰는 능력을 가지면서도 시에서는 극단적인 첨단의 시세계를 탐구한 이상을 그래서 더 좋아하지 않았나 그런 생각이 듭니다.

분단시대 속의 문학적 정진과 세계성의 획득

염무웅 그가 이상을 좋아하고 직계 선배로 생각했던 것은 아주 납득이 되는 얘기이지요. 그런데 이상과는 다른 차원에서 임화도 존경했다고 하는데, 임화와 이상은 보성학교 동창이고 전위적 성향을 공유하고 있었음에도 문단적으로는 대척적인 위치에 있었고 개인적으로 친교가 있었다는 흔적이 없어요. 그게 참 이상한 일이죠. 김기림 같은 분은 두 사람과 다 관계가 깊은데 말예요. 제 짐작이지만 김수영 선생이 해방 전에 그들의 글을 읽었을 것 같지는 않습니다. 이상의 경우엔 1956년 임종국(林鍾國) 편 전집이 나온 뒤에나 읽었을 거고 임화의 경우에도 해방 전에 그의 시나 평론을 읽었을 리는 없다고 봅니다. 김수영 선생의 교육 과정을 생각해보면 일본어로 주로 읽고 쓰고 그다음에 영어 공부를 했을 텐데, 50년대 중반 이후에 발표된 산문을 보면 우리말이 아주 능숙하다는 걸 알 수 있어요. "일본말보다도 더 빨리 영어를 읽을 수 있게 된,/몇 차례의 언어의 이민을 한 내가/우리말을 너무 잘해서 곤란하게 된 내가"(「거짓말의 여운 속에서」)라고 그 자신을 노래하고 있지요. 이 시구절도 생각해보면 복합적입니다. 김수영 자신의 처지에 대한 자조가 있는가 하면 자기 시대의 현실에 대한 탄식도 있으니까요. 그런데 놀라운 부분 중 하나는 김수영 선생이 언제 영어 공부를 했나 하는 점이에요. 그가 이런저런 생업을 잠깐씩 거치다가 그래도 어느정도 지속했던 것은 번역뿐이었잖아요? 시간 나면 명동 뒷골목에 나가서 외국잡지 구해다가 번역해서 출판사에 팔았죠. 수필에서는 그렇게 싸구려 번역료 받는 신세타

령을 한참 하고요. 결과적으로 보면 영어로 된 잡지들을 수시로 읽고 번역한 것이 김수영 선생의 사고방식이나 글에 일종의 세계성 같은 걸 구축하는 데 도움이 되지 않았나 싶어요. 번역이라는 게 본질적으로 한 언어를 다른 언어로 옮기는 단순한 기계적 작업이 아니라 번역자의 내부에서 벌어지는 두 언어 간의 사유와 관습의 전쟁이라는 점에서 영어가 김수영 선생에게 기여한 바가 적지 않을 겁니다.

백낙청 우선 그는 연희전문학교 영문과 다녔잖아요. 졸업은 못했고, 얼마 전에 명예졸업장을 받았지만. 연희전문학교 영문과를 다녔으니까 기본적인 영어는 했을 거고. 지금 염선생 말대로 일본어에만 국한되지 않고 새로운 문화와 언어를 직접 접해보려는 의욕이 강했기 때문에 공부를 많이 하셨죠. 그런데 인명 발음 같은 거 보면요, 발음을 틀리게 하는 데 아주 묘한 재주가 있어요. 반드시 틀리게 발음을 합니다. '라이오넬 트릴링'(Lionel Trilling) 같은 걸 꼭 '리오넬 트릴링'이라 그러고. 언제는 한번 그런 얘길 하셨어요. "나는 영어에 대해서는 자신이 있어. 모른다는 자신이 있어."(웃음)

다른 선배 문인들에 대해서 내가 한번 물어본 적이 있어요. 영문과 계통이고 모더니즘계라고 할 수 있는 김기림 같은 분을 포함해서요. 그런데 작품에 대한 평가라기보다는 그 사람의 인상을 주로 말씀하셨는데 김기림은 별로 안 좋게 얘기하셨죠. 김기림이 일본의 제국대학 나온 사람 특유의 권위의식이 있다고 판단하신 것 같아요. 이태준(李泰俊)은 어떻습니까? 물었더니 "아, 이태준은 선비야"라고, 너무 곱다고 말씀하셨고요. 박태원(朴泰遠)은요? 그랬더니 "박태원은 그거 엉터리야, 나하고 똑같아" 그러셔요. 마음에 들었다는 이야기지요.(웃음) 김수영은 사람도 욕심 없이 보니까 어떤 일면을 정확하게 포착하는 그런 게 있었어요. 염상섭(廉想涉)도 그 점에서 좋게 보셨어요. 언젠가 한국의 문인들이 사진을 찍어놓은 걸 보면 전부 '포즈'가 있다면서, "염상섭을 봐. 염상섭은

혹도 진짜 혹이야!"라고 했어요.(웃음)

염무웅 김수영 선생의 화법은 정말 갓 잡은 생선처럼 팔짝팔짝 튀는 데가 있어요. 잠깐만 방심해도 김수영이 박태원을 폄하했다고 소문나기 십상인 화법이죠. 그런데 우리나라에 영문과 졸업생이 수없이 많은데도 겨우 한 학기 다니다 중퇴한 김수영 선생만큼 영어를 통해 세상을 제대로 바라볼 줄 알게 된 사람이 많지 않았던 것은 결국 김수영이라는 사람 자체를 생각하게 만듭니다. 어느 글에 보니까 1955년 강연차 군산에 갔다가 가람(嘉藍) 이병기(李秉岐) 선생을 만나서 그의 고전적 인품이나 한적(漢籍) 많은 것에 감명을 받은 얘기가 있더군요. 김수영 선생도 어려서 잠시 한문 공부를 했지만 한문 아는 체는 전혀 안 했고, 토착적 회고 취미나 감상주의는 싫어했지만 동양 고전에 대해서는 존중심을 갖고 있었음이 분명합니다. 젊은 날의 김수영이 존경했다는 임화만 하더라도 맑스주의에 대한 교조적 집착이 있었고 그것을 어느정도 벗어날 듯한 지점에서 역사의 격랑을 만나 침몰했는데, 김수영 선생은 시종 어떤 기존의 원리에도 얽매이기를 싫어했고 그런 점에서 교조주의와는 원천적으로 가장 거리가 멀었던 분이었어요.

4·19와 5·16, 시와 사상의 심화

백낙청 김수영 선생이 분단시대를 온몸으로 살아온 분임은 틀림이 없는데 특히 그분에게 결정적인 영향을 준 것은 4·19와 5·16이었지요. 1945년에 시작한 분단시대가 1953년 휴전 이후에 점점 공고화되면서 내가 '분단체제'라 부르는 일종의 체제로 굳어져가는데 그 과정에서 한번 크게 흔들렸던 시기가 4·19였죠. 김수영 선생은 그때, 신동엽 시에 '누가 하늘을 보았다 하는가' 그런 말이 있듯이, 그때 하늘을 한번 보신 거예요. 하늘과 땅 사이에서 통일을 느꼈노라고 어느 글에 쓰시지 않았나요.

염무웅 「저 하늘 열릴 때: 김병욱 형에게」라는 산문이지요. 그 하늘은 신동엽의 시 「누가 하늘을 보았다 하는가」의 하늘과 본질적으로 통하는 하늘이라고 생각되는데, 4·19혁명으로 열릴 세계에 대한 이미지를 자기 나름으로 표현한 것 아니겠어요? 아까도 말했지만 김수영 선생은 분단과 전쟁 한가운데를 뚫고 살아나온 분이라는 걸 잊어서는 안 될 것 같아요. 백선생님이 말씀하는 '분단체제'의 형성과정을 정면에서 몸으로 경험했던 거지요. 그리고 그것이 그에게 여러 면으로 엄청난 억압으로 작용했고요. 그런 점에서 4·19가 가지는 해방적 의미는 아주 결정적이었던 것 같아요. 물론 4·19는 김수영 한사람에게만이 아니라 대한민국 역사 전체로 보더라도 획기적인 사건이었지만요. 사실 문학적으로만 본다면 4·19 이전에도 참 좋은 시들이 있고 『달나라의 장난』에 실린 작품 외에도 상당히 좋은 시들이 많은데, 시적 사유의 심화는 4·19 이후의 자유로움 속에서 확실하게 펼쳐진 것 같다, 이런 생각이 들어요.

백낙청 김수영 선생 입장에서 4·19가 참 거대한 해방이고 환희였다는 점은 짐작이 가고도 남습니다. 5·16으로 인한 좌절이 그만큼 깊었을 테지요. 그런데 그 좌절을 겪으면서 김수영의 시세계가 한번 더 깊어졌다고 봐야 하지 않나, 그게 내 생각이에요. 앞서 난해시에 대해 이야기했습니다만, 5·16 이후로 김수영의 난해시로 말할 수 있는 시들이 나오기 시작합니다. 다시 폭압적인 시대를 맞아서 정면으로 말할 수 없으니까 돌려 말하다보니 시가 어려워진 측면이 없지 않겠지만, 그렇게만 생각할 필요는 없지 싶어요. 사실 4·19의 좌절이라는 것도 누가 단독으로 원흉이 돼서 벌어진 상황이 아니고, 어떤 거대한 역사적인 원인이 있어 촉발된 것인데, 그후에 김수영 시인이 시를 쓰면서 좌절도 얘기하고 「전향기」라는 제목의 시도 있지만, 그게 완전한 전향이 아니면서 복종의 미덕을 배웠다, 이런 말도 어느 시에 나오는데, 그것도 그냥 자조적인 말은 아닌 것 같아요.

염무웅 4·19 직후의 해방적 분위기에서 자유롭게 나오던 시적 발언들이 5·16이라는 반동의 철퇴를 맞으면서 다시 난해한 표현으로 돌아갔다는 식으로 김수영 시의 난해성 문제를 정치적 변화와 결부시켜 설명했던 것은 바로 저 자신인데요. 1976년 『창비』 겨울호에 「김수영론」을 쓰면서 그런 생각을 했던 건 사실입니다. 말하자면 도식적인 민중문학론에 사로잡혀 있을 때였지요. 하지만 그동안 이런저런 역사의 고비를 거치고 나서 생각해보니, 전쟁을 겪든 독재를 겪든 그것을 견디기에 따라서는 인간적으로나 사상적으로 더 깊어질 수 있다는 지금 말씀에 공감이 가고 김수영 선생이야말로 바로 '5·16사태의 예술적 초월'의 살아 있는 실례라는 데도 이의가 없습니다. 그러고 보면 이승만체제하에서 김수영이 감내했던 억압과 5·16 이후에 겪은 고난은 다른 성질의 것이었다고 보아야 할 것 같아요. 또 하나 눈에 띄는 현상은 김수영 선생이 4·19 이후 민주당 정부까지는 4·19혁명의 변질과정에 대해서 아주 실망을 하고 신랄하게 비판을 하는데, 5·16 이후에는 오히려 그런 직설적 비판이 수면 아래로 가라앉습니다. 그 이유를 단순히 5·16군사정권에 대한 공포감 때문이라고 보는 것은 도식적이다, 이 말씀에 공감합니다. 무엇보다 60년대 이후의 김수영 선생의 문학적·인간적 깊이가 그 점을 웅변하지요. 자유당 때는 공포감 속에서 그냥 침묵을 강요받으며 지냈다면 이후에는 뭐랄까요, 정확하게 표현하기가 쉽지 않은데, 억압의 시대를 통과하면서 그 억압성을 근원적으로 초월하는 사상적 심화의 모습이 시와 산문으로 나타나고 있지 않은가 생각됩니다.

새로운 세상을 여는 '개벽'의 시인

백낙청 좀 다른 얘기지만, 내가 작년부터 '창비담론 아카데미'라는 공부를 여러 사람하고 했잖아요. 2기 아카데미가 지난 7월초에 끝났고 이제 그 기록을 정리해 책으로 만들고 있어요(『문명의 대전환을 공부하다: 이중과제론과 문명전환론』, 창비 2018). 2기 아카데미에서 어떤 얘기가 나왔냐면, 한말(韓末)의 노선들, 흔히 3대 노선이 있다고 하지 않습니까. 개화파, 위정척사파, 그리고 동학 또는 농민전쟁. 1990년대 이후로 사회운동의 급진적인 열기가 식어가면서 농민전쟁에 대한 관심이 옅어지고 어떻게 보면 척사파하고 개화파의 대립만 부각된 느낌이 있어요. 담론아카데미에서 그 세가지를 개화파, 척사파, 개벽파로 명명하자는 얘기가 나왔어요. 그리고 한말에는 실패했지만 두고두고 우리가 주목할 흐름은 개벽파가 아닐까, 이런 논의가 있었습니다. 그러니까 1980년대에 동학을 강조할 때는 개벽이라기보다는 농민전쟁으로 말했는데, 이제는 일종의 '개벽운동'으로 주목하자는 것이죠. 그리고 그 논의 끝에 그렇다면 김수영은 어디에 속하는 것인가 얘기가 나왔어요. 어느 분은 김수영은 개화파고 신동엽은 개벽파다 그러고, 또다른 문학평론가는 아니다 김수영은 개벽파다, 이렇게 주장했어요. 그런데 나는 김수영을 개화파로 보는 것은 김수영을 모더니스트 계열로 보는 좀 뻔한 분류법인 것 같고, 김수영을 개벽파로 보는 게 맞다고 생각해요. 내가 어디선가 했던 말이지만, 훌륭한 시가 한편 쓰일 때마다 어떤 의미에서는 정신개벽이 일어난다고 할 수 있어요. 그렇다면 김수영 신동엽뿐 아니라 모든 진짜 시인들이, 적어도 진짜 시를 쓰는 그 순간에는 개벽파인 셈이지요. 김수영 선생도 전에 없던 새로운 세계가 열리는 충격을 주는 시만이 진짜 시라고 했잖아요. 그 거하고도 통하는 얘기인데, 나는 김수영을 개벽파로 보는 쪽에 동조했고, 그런 관점에서 볼 때 김수영이 개벽파로서 면모를 제대로 갖추는 시점은 역시 5·16 이후인 것 같아요. 4·19 이전의 고통스러운 경험과 4·19를 통한 해방감. 이걸 다 맛보고 나서, 4·19 당시에 자기가 쓴 시들도 그 자신의 표현대로 '온몸으로 온몸을 밀고 가는 시'에는 미달했다는 반성을 겸하면서 정진하다보니 시가 쓰일 때마다 이전에 없던 세계가 새로 열리는 그런 충격을 주는 시인으로 발전하지 않았나, 그렇게 생각하고 싶어요.

염무웅 그 말씀을 들으니 과거 우리 문단에서 참여시와 순수시, 리얼리즘과 모더니즘으로 나뉘어 벌어졌던 논쟁이 생각나네요. 대립 자체가 하나의 과정으로서 무의미한 것은 아니었지만 각자 속된 진영논리 같은 데 빠져서 방금 말씀하신 '개벽'의 차원에는 이르지 못하는 수가 많았던 건 사실이었지요. 제가 살아온 문단사를 돌아보면 저 자신도 그 수렁 속에 빠져 있었다고 할 수 있고요. 김수영을 따르는 사람들 편에서 보더라도 그가 모더니스트이기 때문에 따르는 후배들이 있고 반면에 그를 리얼리스트라고 생각하고 따르는 후배들이 있잖아요. 거의 양분되어 있었는데, 그게 다 어느 일면을 따른 것이고 진짜 김수영의 본모습에는 미달하는 것이었다고 말할 수 있겠습니다. 그런데 『김수영 전집』을 훑어보면 1960년대 이후에도 '세계창조'의 위업에 해당하는 개벽의 시만 있는 것이 아니라 일기 쓰듯이 그냥 휘딱 쓴 느낌을 주는 것도 적잖이 있어요. 그런 점에서 보면 김수영의 후기 시도 세밀하게 읽고 때로는 비판적으로 분석할 필요가 있지 않은가 싶습니다.

우리는 김수영을 얼마나 제대로 읽고 있나

백낙청 현재도 김수영에 대한 박사논문이 엄청 나오고 있고, 한국 문단에서 제일 많이 거론되는 시인일 거예요. 그런데 우리는 지금 과연 김수영 시를 얼마나 제대로 읽고 있는지 한번 점검해볼 때다 싶은 생각이 있어요. 그러니까 염선생께서 모더니즘, 리얼리즘 얘기도 하셨지만 소박한 리얼리즘 전통을 이어받은 시인으로 김수영을 설정한다면 말이 안 되죠. 4·19 직후의 시 일부를 가지고 그렇게 말할 수도 있겠지만요. 김수영이 소위 '리얼리즘과 모더니즘의 회통'을 달성한 시인이다, 이렇게 해석하는 경우도 있고요. 그런데 염선생이나 내가 주장했던 리얼리즘이라는 게 원래가 소박한 리얼리즘(내지 사실주의)하고 모더니즘의 회통을 이룩하면서 한 차원 다른 예술을 추구해온 것이었으니까, 그런 점에서 보면 '회통론'은 이런 차원의 리얼리즘 논의를 제대로 인정하지 않는 것 같아서 내가 불만을 표시한 적도 있어요. 최근에 황규관(黃圭官) 시인이 『리얼리스트 김수영』(한티재 2018)이라는 책을 냈던데 그 역시 모더니즘을 경유하면서 모더니즘과 소박한 리얼리즘의 회통에 성공한 '리얼리스트' 시인으로 김수영을 읽고 있는 거지요. 아무튼 자꾸 어떤 트렌드에 맞춰서 김수영을 논한다든가, 아니면 자기가 하고 싶은 말을 위해 편의적으로 시를 이용하는 식의 김수영론이 너무 많은 것 같아요. 물론 김수영 시를 제대로 읽자고 해서 제대로 읽는 꼭 한가지 방법만 있는 건 아니겠지만, 말이 안 되는 해석도 많잖아요. 지금부터는 그런 걸 가지고 토론을 하고 대화를 했으면 좋겠어요.

가령 「풀」 같은 시도 최근에 최원식(崔元植) 교수가 김수영 50주기 기념 학술대회 기조발제문에서 여러가지 해석들을 죽 열거했는데, 거기 보면 「풀」에 대한 황동규(黃東奎) 시인의 해석을 언급했어요. 나는 '풀=민중'이라는 도식적인 이해에 이의를 제기한 그의 해석이 상당히 날카롭다고 생각해서 「역사적 인간과 시적 인간」(1977)이라는 글에서 인용도 하고 내 의견을 덧붙인 적이 있습니다만. 황동규 시인의 해석에서 출발해서 한걸음 더 나아간 것이 작고한 김현씨의 해석이지요. "발목까지/발밑까지 눕는다"라는 구절을 풀밭에 서 있는 사람의 발목까지 발밑까지 눕는다는 식으로 해석을 했어요. 그걸 정과리씨가 또 그대로 받아들였고. 풀밭에 서 있는 시인 화자의 존재를 찾아낸 것이 탁견이라 보는 이들도 있는데, 나는 꼭 그런지 의문이에요. 풀밭에 사람이 있어서 꼭 그 사람의 발목까지 발밑까지 눕는다고 읽는 게 너무 축자적인 독법 같아요. 아무튼 이런 문제도 서로 활발하게 토론해볼 필요가 있어요.

염무웅 저도 그 발제문을 읽었는데요. 한걸음씩 파고 들어가면서 조금씩 새로운 해석을 더해나가는 과정이 이론적 재미를 주기는 했지만, 소박한 독자들의 단순한 감상이 갖는 미덕에 비해 뭔가 과도하다는 느낌도 받았습니다. 그림을 볼 때도 전문가들은 그림 그리는 화가의 시선을 문제삼기도 하고 그림의 배경이 되는 사회적 환경이나 역사적 사건이 그림 속에 어떻게 도입되어 있는지, 기타 수많은 요소들을 가지고 작품의 의미를 따지고 드는데, 물론 필요한 작업이지만, 그런 전문적 지식의 매개 없는 작품 자체와의 단순 소통이 때로는 더 유익한 예술수용의 길이라고 봅니다.

백낙청 그러니까, 작중에 등장하지 않는 관찰자로서 시인은 당연히 있는 거죠. 김현의 주장은 작중의 현장에 사람이 서 있다는 것이고 그걸 탁월한 발견이라고 보는 이도 있다는 거죠. "발목까지/발밑까지"라는 게 사람의 발목이고 사람의 발밑이라는 건데, 그렇다면 마지막 행 "날이 흐리고 풀뿌리가 눕는다"는 어떻게 되는 겁니까. 풀뿌리가 어떻게 눕는지는 설령 풀밭에 누가 서 있더라도 안 보일 거 아니에요. 사람을 굳이 시에 등장시키는 게 올바른 해석인가 의문이 생겨요. 그런데 그건 틀렸고 내가 맞았다, 이렇게 고집할 건 아니지만 작품을 놓고서 서로 조곤조곤 얘기해볼 필요는 있다는 겁니다. 사람이 서 있고, 그런 광경이 벌어지는 걸 이 시가 그리고 있다고 보는 게 더 만족스러운 시적 효과를 주는가. 그렇다면 "풀뿌리가 눕는다"라는 구절은 어떻게 해석할 것인가. 이런 걸 갖고 서로 대화할 필요가 있다는 거죠. 김수영 시 한편 한편마다 그런 논란거리가 무척 많거든요. 그런데 지금은 각자 편의대로 자기 얘기만 던지고 넘어간단 말이에요. 내가 김수영 20주기 때 『사랑의 변주곡』(1988)이라는 선집을 엮어내지 않았습니까. 사실 말년의 김수영 선생하고의 인연을 생각하면 그의 문학 전집을 창비가 냈어야 마땅하고 적어도 그런 걸 주장할 수 있었을 텐데, 돌아가실 무렵에는 우리가 잡지만 있지 출판사가 없지 않았어요? 그러다보니까 김수명 선생이 민음사하고 시선집(『거대한 뿌리』, 민음사 1974)과 산문선집(『시여 침을 뱉어라』, 민음사 1975)을 냈는데 나는 어디서 나왔든 그 시절에 그런 책이 나왔다는 건 참 훌륭한 공헌이었다고 생각합니다. 20주기 때는 우리가 당시에 이미 전집을 내놓고 있던 민음사에 양해를 구하고서 선집을 만들었죠. 거기에 내가 발문을 쓰면서 이런 얘길 했어요. 좀 심한 얘긴지 모르지만, "실제로, 그럴듯한 언사를 농함으로써 시 자체와의 만남을 회피하고 심지어 시를 죽이기까지 하는 작태는 오늘날 그 어느 때 못지않게 극성스럽다." 요즘 보면 이런 극성이 덜해진 것 같지가 않거든요. 물론 내가 요즘 나오는 김수영 연구나 평론을 다 따라 읽은 건 아니지만, 김수영으로 박사 했다는 사람도 내가 보기엔 엉뚱한 해석을 하곤 해요. 이제 그걸 점검하는 게 김수영 시를 제대로 대접하는 길일 것 같아요.

얼마 전에 이시영(李時英) 시인도 자신의 페이스북에 김수영에 관한 글을 올리면서 "우리가 과연 그의 시를 온전히 이해하고 있다 할 수 있을까?"라는 물음을 던졌더군요. 그러면서 「사랑의 변주곡」에 "복사씨와 살구씨가/한번은 이렇게/사랑에 미쳐 날뛸 날이 올 거다!"에서 '사랑에 미쳐 날뛸 날'에 대한 자신과 유종호(柳宗鎬) 교수의 상이한 해석을 예시했어요. 자신은 그것이 '사랑의 환희'라는 해석을 고수하지만, "그러나 복사씨와 살구씨가 미쳐 날뛸 때 그의 말대로 고독은 더러운 것이 되고 만다"는 유교수의 해석도 아주 배제하진 않으면서 "결론을 말하자면, 나는 이 애매성과 의미의 불명료성이 김수영 시의 매혹이라고 본다"고 했어요. 나는 이시영 시인이 김수영의 신화화에 대해 훌륭한 문제제기를 했고 그 대안으로 작품을 놓고 회화하는 좋은 예를 제시했지만 그의 너무 '원만한' 결론은 김수영답지 않다고 봐요. 「사랑의 변주곡」에서 "복사씨와 살구씨가 (…) 사랑에 미쳐 날뛸 날"은 "최근 우리들이 4·19에서 배운 기술"이라는 대목도 말해주듯이 '사랑의 환희'인 동시에 '혁명의 만개'를 암시합니다. "복사씨와 살구씨가 미처 날뛸 때 고독은 더러운 것이 되고 만다"는 해석과는 양립하기 힘든 것이지요.

염무웅 유종호 교수의 글을 읽지 못해서 본격적으로 논평할 순 없지만 이시영 시인이 페이스북 게시글에 인용한 부분만 가지고 말한다면 저도 「사랑의 변주곡」에 대한 유교수의 해석에는 동조하기 어렵습니다. 이시영에 의하면 유교수는 이 시의 "난로 위에 끓어오르는 주전자의 물이 아슬/아슬하게 넘지 않는 것처럼 사랑의 절도는/열렬하다" 같은 구절에서의 '사랑의 절도'를 시의 핵심으로 보고 "복사씨와 살구씨가/한번은 이렇게/사랑에 미처 날뛸 날이 올 거다!"에서의 '사랑에 미처 날뛰는 것'을 절도(節度)의 훼손 내지 타락으로 설명했다고 하는데, 그것은 단도직입적으로 말해서 시인 김수영의 혁명성을 평론가 유종호의 보수주의로 치환한 설명이라고 생각합니다. '사랑에 미처 날뛸 날'이라는 표현 자체가 어찌 보면 자기모순적이에요. 하지만 그것이 '광신'으로 오해받는 것을 방지하기 위해 "아들아 너에게 광신을 가르치기 위한 것이 아니다"라고 전제를 단 것도 그렇지만, 복사씨와 살구씨의 단단함이 바로 사랑으로 만들어진 것이기 때문에 복사씨와 살구씨들에 내재된 가능성의 '한번은 이렇게' 일어날 폭발로서의 사랑은 아까 말씀하신 용어로 개화와 척사를 넘어선 개벽의 경지를 가리키고 있는 것으로 보입니다. 그리고 복사씨와 살구씨는 이유 없이 계속 날뛰는 게 아니라 프랑스혁명이나 4·19처럼 오랜 준비와 기다림 끝에 "한번은 이렇게/사랑에 미처 날뛸 날이 올 거다!"라는 거잖아요? 넘칠 듯 넘치지 않는 아슬아슬한 절도의 시간 뒤에 마침내 닥치는 사랑의 환희이자 혁명의 폭발인 거죠. "욕망이여 입을 열어라 그 속에서/사랑을 발견하겠다"는 첫 구절도 욕망과 사랑의 대립이 아니라 욕망의 승화, 욕망의 내적 전화(轉化)로서의 사랑을 말하는 것이고요. 물론 김수영의 시들이 대부분 그렇듯 「사랑의 변주곡」에도 명쾌한 해석을 거부하는 미묘한 표현들이 많지요. 저처럼 좀 고

지식한 사람에겐 김수영의 시가 언제나 난해의 측면이 있는데, 그래도 이 시는 소리 내어 낭송해보면 의미의 전달 이전에 강렬한 감성적 자극이 일어나는 게 느껴집니다.

딴 얘기지만, 김수영 관련 논문 이외에도 각 대학 국문학과에서는 엄청나게 많은 논문들이 쏟아져 나오고 있어요. 극히 일부밖에 읽지 못하고 말하는 것이 무책임하긴 하지만, 한마디로 옥석을 분간하기 어렵습니다. 학술적 체재만 갖추었을 뿐 에쎄이보다 내용이 빈약한 논문도 많고요. 김수영 선생의 경우, 특히 금년은 50주기여서 기념행사도 많고 각종 글들이 쏟아져 나오는데, 김수영 선생이 저세상에서 이걸 보면 뭐라고 하실까요? "고만해라, 고만해." 이러지 않으실까 모르겠어요.

김수영 문학의 계승, 그의 치열성을 본받는 것부터

백낙청 물론 김수영 문학을 제대로 계승하기 위한 노력이나 역할을 충분히 했나 생각하면, 나도 그분으로부터 입은 은혜를 충분히 보은하지 못했다는 반성을 하고 있어요.

염무웅 저야말로 그렇습니다. 김수영 선생보다 30년 가까이나 더 살았는데도 제 마음속에는 그가 아직 넘지 못한 산 같은 느낌으로 남아 있어서 여전히 배울 게 많다고 생각돼요. 그의 글을 다시 읽고 그의 끊임없는 자기갱신의 생애를 돌아보면서 늦었지만 스스로 거듭나기를 기약하는 수밖에요.

백낙청 우리의 대담이 실리는 이 책이 그 신화화를 더 강화하는 결과가 되어서는 안 되겠지요. 이번 책은 김수영론이 아닌 회고담 위주니 크게 걱정할 필요는 없겠지만요. 나는 김수영의 신화화라는 게 흔히 '부익부 빈익빈' 하듯이 한쪽에 쏠리기 시작하면 거기에 와르르 몰리는 그런 현상인 것 같아요. 김수영은 그렇게 몰려가기에 안전한, 아주 안전한 대상이 되어버렸어요. 누구나 이미 연구하고 있고 그러면서도 실제로 연구가치가 충분한 시인이니까. 게다가 그를 연구하면 소위 민중문학이나 참여문학에 치우쳤다는 소리도 안 듣고, 그렇다고 해서 아예 현실과 무관하지도 않을 아주 좋은 소재예요. 그런 소재의 매력이나 이점에 끌려서 우르르 사람이 몰리는 게 우리 세태의 한 일부인 면도 있거든요. 또 하나는 지금 한국의 국문학 연구라는 게 문학 자체를 제대로 읽고, 비평하고, 그걸 가지고 대중과 소통하는 그런 연구라기보다는 문학하고 약간 거리가 있는 담론을 막 펼쳐가지고, 나쁘게 말하면 문학을 죽이기도 하고, 적어도 그걸 덮어버리는 현상도 보이는 것 같거든요. 이것을 우리가 얼마나 깰 수 있을지 모르겠지만, 가령 『창비』 같은 잡지가 지금이라도 김수영 문학을 제대로 아는 데 이바지하려면 활발한 토론을 해야 되지 않나. 시에 대한 정당한 평가, 다른 평자들과의 진솔한 대화. 이게 중요할 것 같다는 생각이 들어요.

염무웅 문학 연구만 그런 건 아니지만 오늘날 대학사회에서 논문을 쓴다는 게 승진, 취직, 연구비, 이런 것들하고 주로 연관되어 있어요. 그런 용도에 쓰이고 난 논문들 다수는 휴지통으로 들어가는 게 보통이고요. 그런데도 논문에 목을 매고 있는 요즘 교수들 보면 참 불쌍하기도 합니다. 그러다보니 제대로 된 연구와 논문은 대학 바깥에서, 소위 재야 학계에서 이루어지는 경향도 있는 것 같습니다. 김수영에 대한 공부를 포함해서 모든 공부가 그저 생활상 필요에 따라 논문 한편 쓰듯 하는 행위가 아니라 더 나은 세상이 어떤 세상인지를 탐구하고 그것을 이루기 위해 각자의 최선을 다하는 일이 되어야 할 텐데요. 하지만 솔직히 말해 백 선생님이나 저는 이제 문학 현장에서 물러날 때가 다가오는데, 역할이 끝나는 순간까지 허튼소리 안 하고 휘청거리는 모습 보이지 말았으면 하는 게 소망입니다.

백낙청 대담을 마치면서 김수영을 새로 더 읽어야겠다는, 대담 전에 했어야 할 작업이 새삼스레 다가오는군요. 선생이 더 그리워지기도 하고요. 염선생과 더불어 김수영 선생 이야기를 나눌 수 있어서 행복했습니다.

| 인터뷰 |

백낙청에게 듣는
『한겨레』32년과 한국사회

백낙청 (계간 『창작과비평』 명예편집인, 문학평론가)
고명섭 (『한겨레』 문화부 책지성팀 선임기자)
2020년 5월 6일 한겨레신문사 5층 스튜디오

고명섭 백선생님 안녕하십니까.

백낙청 안녕하십니까.

고명섭 다들 아시겠지만 백선생님은 우리나라 비판담론의 산실인 계간 『창작과비평』을 창간해 오랫동안 편집인을 맡으셨고 현재는 명예편집인으로 계십니다. 백선생님은 문학평론가로서 민족문학론 등의 문학담론을 일찍이 주창했습니다. 또 분단체제론과 같은 거시적 담론을 통해 우리 사회 전반의 진보 방향을 제시해오셨고 이를 실천하기 위해 시민방송RTV 이사장, 6·15공동선언실천 남측위원회 위원장, 한반도평화포럼 공동이사장을 맡아 현장에서 힘쓰시기도 했습니다. 오늘 백선생님을 모시고 『한겨레』가 창간 이래 한국사회의 진보와 변화를 위해 담론

■ 이 인터뷰는 요약본이 『한겨레』 2020년 5월 15일자에 '백낙청 "진보 앞장선 한겨레, 기후·적정성장 담론 이끌기를"'이라는 제목으로 실렸다.

전선에서 해온 노력을 되짚어보고 선생님의 경륜과 혜안을 통해 우리 사회가 나아갈 방향에 대해 짚어보겠습니다. 선생님은『한겨레』창간 발기인이시기도 한데 1만호를 맞기까지 지난 32년 동안『한겨레』가 한국사회의 진보를 위해 실천해온 담론투쟁이랄까 진보담론의 거점으로서 해온 역할에 대해 먼저 간략하게 평가를 해주시면 좋겠습니다.

백낙청『한겨레』가 1만호를 맞는, 경축할 시점에 저를 이렇게 대담자로 불러주셔서 굉장히 감사하고 영광스럽습니다. 먼저 진심으로 축하말씀 드리고요.『한겨레』에 대해서 그냥 한마디로 말한다면 '그 시절에『한겨레』가 창간이 안 됐다면 한국사회가 어떻게 됐을까' 이렇게 요약할 수 있습니다. 거기다가 뭐 세마디 네마디 열마디 달기 시작하면 왜 이런 말 안 했냐 왜 그거밖에 못했냐 그런 말이 나오겠지만 결론적으론 역시 지금도 그나마『한겨레』가 있으니 다행이지 그마저 없었으면 어떻게 됐을까 이렇게 말할 수 있을 것 같아요.

고명섭 네, 감사합니다. 생일에 맞춰서 해주신 축하말씀이라고 생각을 하겠고요.『한겨레』는 1988년 군사독재의 후예인 노태우정부 시기에 창간이 됐습니다. 창간 당시『한겨레』가 표방한 가치는 당시 창간발기인선언문에서도 나오고 있는데요, 민족·민주·민중, 이 세마디로 압축이 됩니다. 또 창간 30돌에 맞춰서 지난 2018년에는『한겨레』가치지향을 진실과 평화, 이렇게 제시하기도 했습니다. 진실은 마땅히 실천해야 할 기본 중의 기본이라고 할 수 있겠고, 어떻게 보면 창간 30돌을 맞아서 평화를 가치지향의 핵심으로 제시했다고 할 수 있겠는데요. 민족·민주·민중의 창간이념이 평화담론으로 집결됐다고 할 수 있을 거 같습니다. 그런데 전체적으로 보면 창간정신인 민족·민주·민중에서 얘기를 시작해야『한겨레』가 걸어온 지난 30여년의 발자취가 뚜렷이 드러나지 않을까 생각합니다. 그래서 이 창간이념, 창간정신이『한겨레』의 지난 30여년의 행보를 통해서 얼마나 실현됐다고 선생님께서는 보시는지, 아쉬운 점도 많을 거 같은데요.

백낙청 창간 당시에 민족·민주·민중이라는 걸 표방했다는 것 자체가 당시로서는 아주 독보적이었다고 봅니다. 국민주 신문이라는 것도 형식상 또는 구성상 독특한 것이었는데, 그때는 그런 신문이 없었죠. 물론 '삼민투'라는 운동조직이 있었는데 거기서 내건 게 바로 민족·민주·민중 세가지였습니다. 그러나 그것은 급진운동권의 한 시기의 조직이었는데 신문사가 그걸 표방하고 출발한 것은 당시에 독보적이었고 또 그후에 그걸 실현하기 위해서 많은 노력을 해왔다는 건 평가해야 할 일이죠. 나중에 각론으로 들어가면 제가 의견이 다른 게 있을지 모르겠지만. 창간 30주년을 맞아서 진실과 평화라는 걸 내걸었는데, 이게 물론 창간표어를 부정한 게 아니라 그걸 새롭게 정리한 셈인데요. 어떻게 보면 30년이 지난 시점에서 오히려 기본으로 돌아가자, 이런 자세였던 거 같아요. 진실이라는 건 민족을 이야기하든 민중을 이야기하든 뭘 얘기하든 언론으로서는 기본적인 것이고 또 그런 기본이 계속 안 지켜지기 때문에 기본으로 돌아가서 진실에서 출발하자는 취지였으리라고 나는 이해를 하고요. 그다음에 평화를 이야기한 것도 어떤 부분에서는 기본으로 돌아가는 길이라고 생각합니다. 왜냐면 우리가 흔히 말하는 보편적 가치로서는 평화가 민족이나 민주, 민중보다 앞서는 거거든요. 화평한 세상을 만들기 위해서 우리는 민주주의도 필요하고 민중도 챙겨야 되고 또 민족문제도 다뤄야 되고요. 그 점에서는 그것도 역시 기본으로 돌아가자는 것이었다고 생각합니다. 그런데 그게 2018년이었죠. 2018년의 시점에선 평화담론으로 집결할 때 여러가지 다른 의미도 있었다고 봐요. 우리가 2017년까지 내내 전쟁 위협에 시달렸잖아요. 그래서 평화가 더 절실하게 다가온 게 있어요. 그런데 2018년부터는 평창올림픽을 계기로 해서 평화의 전망이 확 열렸거든요. 그래서 『한겨레』 30주년 무렵은 판문점 정상회담도 있었고 하여간 평화의 기운이 아주 무르익던 때인데요.

그러니까 이게 중요한 담론이긴 하지만『한겨레』의 독보적인 담론은 아니었고, 또『한겨레』는 통일이나 민족문제를 계속 붙들고 있으면서 평화담론으로 나아갔는데, 그 당시에 퍼져 있던 평화담론에는 다른 흐름도 있었어요. 다시 말해서, 이제 평화는 거의 되어가는 것 같고 우리도 살 만해졌으니까 이제 평화롭게 살면 되지 뭐 민주화투쟁이니 민중투쟁이니 또 통일이니 이런 걸 가지고 더 떠드느냐 오히려 통일을 이야기할수록 평화에 위협이 되니까 제쳐버리자 하는 생각이 상당히 퍼져 있었거든요. 지금도 그렇지만. 근데 우리 상황에서 통일을 이야기할수록 평화가 위협받는다는 건 일리있는 말이에요. 하지만 그렇다고 통일을 제쳐버렸을 때 평화가 정착되느냐, 그건 아니거든요. 그래서 통일이라든가 민주화 문제를 계속 붙들고 가면서 평화담론을 이야기하는 게 중요한데,『한겨레』가 그런 문제를 얼마나 깊이 생각하고 평화담론으로 정리했는지 오히려 저는 궁금합니다.

고명섭 저는 일개 구성원이라서 종합적으로 평가할 위치에 있진 않지만 그런 문제를 놓고 과연 이것이 최적의 표어라고 할 수 있느냐에 대한 다른 의견들도 나름대로 좀 있었던 걸로 기억하고 있습니다. 우리 신문의 제호가 '한겨레'인데, 제호에서도 알 수 있듯이 창간 때부터『한겨레』는 남북의 화해와 평화, 그리고 통일을 핵심 가치로 삼아왔습니다. 또 남북의 화해와 평화, 통일은 '분단체제극복'이라는 화두로 집약됐습니다. 사실 분단체제론은 선생님이 제창한 담론이기도 합니다. 어찌 보면 선생님은 분단체제극복을 일생의 과제로 삼고 달려온 분이라고 말할 수 있을 것 같은데요. 그렇게 살아온 분으로서 지난 30년 동안『한겨레』의 분단극복 노력을 어떻게 평가하시는지요.

백낙청『한겨레』가 분단극복을 위해서 끈질기게 노력해왔고, 또 평화담론을 앞세운 이후에도 이를 포기하지 않았다는 것이 유행하는 평화담론과 차별화되는 점이라고 저는 생각하고 높이 평가합니다. 그런데 저의 분단체제론을 『한겨레』가 얼마나 활용했는지는 잘 모르겠어요. 왜냐면 지금 분단극복 노력이란 말도 하셨고 분단체제극복 노력이란 말씀도 하셨는데, 분단체제론의 요체는 '분단극복' 다시 말해 통일, 그것만 이야기해서는 한반도 문제가 해결되지 않는다는 거거든요. 남북대결이라는 문제도 있지만 강대국과의 관계, 또는 세계체제의 문제, 국내 민주주의 문제가 다 얽혀 있기 때문에 정말 공부하는 자세로 이를 고찰하고 풀어가야 된다는 데 강조점이 있는 거죠. 그래서 한편에서는 분단체제론이 무슨 통일지상주의인 것처럼 비판도 하지만, 사실은 분단체제에 대한 깊은 고찰이나 분단체제론에 대해서 그런 연마가 없는 상태에서 '분단극복 노력' 하면 그게 곧 '분단체제극복' 아니냐고 쉽게 생각하는 경향도 있는 거 같은데, 『한겨레』는 신문사고 거대한 조직이고 구성이 복잡하니까 가령 계간지에서 하듯이 내부적으로 좀더 합의한 담론을 추진할 순 없겠지만, 『한겨레』가 과연 창비나 백아무개의 분단체제론을 충분히 활용하고 있는가에 대해서는 나는 자신이 없어요.

고명섭 아쉬움이 크다 이렇게 들리는데요. 지금은 좀 약화되긴 했는데, 과거의 김대중정부나 노무현정부 시기를 보면 또 이명박, 박근혜 시기에도 빨갱이 담론이나 종북 담론이 기승을 부렸습니다. '흡수통일론'도 틈만 나면 불거졌고요. 이런 담론들이 남북의 화해와 한반도의 평화 진전에 얼마나 해가 되는지, 『한겨레』는 쉬지 않고 지적해왔습니다. 그런 분단고착화 담론을 이겨내기 위해 분투했다고 말씀드릴 수 있을 거 같은데요. 분단체제 문제를 집요하게 파헤쳐온 학자로서 이 점에 대해서도 어떤 평가를 하실 수 있지 않을까 합니다.

백낙청 사실 빨갱이, 친북좌파 담론이 가장 기승을 부린 건 최근이 아니었던가 해요. 특히 탄핵 이후로. 옛날 6·25나 그때쯤에는 빨갱이로 찍으면 죽였어요. 그 이후에는 죽이는 건 덜 했지만 빨갱이라 하면 잡아가서 고문하고 형무소 보내고 했어요. 그게 불가능해지니 한편으로는 더 악이 나서 아무나 보고 빨갱이라 하고, 또 한편으로는 자기들이 아무리 빨갱이라 불러봤자 저 사람들이 죽거나 잡혀가는 게 아니니 부담 없이 떠들어대는 면도 있습니다. 그런데 지난 30여년 동안 가장 큰 사건으로 남북정상회담 또 북미정상회담 등을 드는데, 물론 굉장히 큰 사건들이죠. 하지만 분단체제론의 발상과는 조금 다른 면이 있는데, 분단체제론에서는 국내의 민주화 문제 같은 것이 남북관계와 아주 밀접하게 얽혀있기 때문에 표면상 남북관계가 직접 초점이 되지 않은 큰 사건들도 분단체제극복의 과정에서는 굉장히 획기적인 사건이라고 보거든요. 가령 87년 민주화항쟁 같은 거. 그때 물론 민족이나 통일 문제가 많이 부각됐습니다만 주로는 국내 민주화였잖아요. 그러나 나는 그것으로 인해 분단체제가 흔들리기 시작했다고 보고요. 또 최근의 촛불혁명의 경우, 물론 그 얘기는 나중에 따로 해야겠습니다만, 촛불시위의 과정에서는 남북관계가 그렇게 중요시되지 않았어요. 그러나 그 결과로 어떻게 보면 남북관계를 더 악화시킴으로써 이득을 보는 세력이 적어도 정권 본좌에서는 물러나고 또 최근에는 21대 총선을 통해서 의회에서 그 세력이 아주 약화된 것도 나는 우리 민족의 현실이랄까 분단체제의 과정에선 아주 결정적인 장면이라고 보거든요. 어쨌든 『한겨레』에서도 애쓰시고 우리 국민 모두가 나서서 그동안 기복은 많았지만 그래도 발전은 해왔다고 생각합니다.

고명섭 6월항쟁 같은 중요한 역사적 고비에서 이루어진 시민들의 항쟁을 통한 거대한 민주화의 진척들이 분단체제를 흔들고 극복하는 데 아주 중대한 계기가 됐다, 이렇게 말씀을 해주셨어요. 근데 남북관계나 한반도 상황에서 직접적 영향을 준 사건으로는 역시, 김대중정부 이래 다섯차례에 걸친 남북정상회담이라고 할 수 있습니다. 또 문재인정부에서 남북 정상이 세번 만났다는 거죠. 더 놀라운 일은 70년 동안 적대하던 북미 정상이 두차례나 만났다는 것입니다. 몇년 전만 해도 예상하기 어려웠던 사건들이 연달아 벌어졌는데, 이런 만남이 분단체제를 극복하는 데 중요한 계기가 됐으리라고 봅니다. 이런 만남들을 위해서 『한겨레』가 들인 공력도 작지 않다고 생각합니다.

백낙청 네. 거기에 대해서는 제가 인색할 이유가 전혀 없습니다. 그런데 제가 거듭 얘기하지만 남북관계에서 아주 획기적인 돌파구를 처음 만든 건 김대중 대통령 때의 6·15정상회담 아닙니까? 최초의 정상회담이죠. 그러나 그것은 6월항쟁으로 상대적으로 민주화된 정부가 들어서서 북방정책을 펴고 남북기본합의서도 만들어서 가능했던 것이고요. 또 김영삼 대통령은 체질은 보수적인 분이지만 그래도 구시대의 적폐를 그야말로 과감하게 청산한 그 양반은 참 탁월한 철거반장이죠. 그래서 그걸로 인해서 김대중 대통령의 집권과 정권교체가 가능했고 그런 걸 딛고서 6·15선언이 성립된 거고요. 더군다나 최근의 남북정상회담이라든가 북미정상회담 같은 것은 과거엔 상상할 수 없었다 그러셨는데, 상상할 수 없었던 과거가 바로 촛불혁명 이전이거든요. 촛불이 그걸 열어놓은 겁니다. 그래서 이렇게 국내 문제와 남북관계 발전 문제가 맞물려서 진행되는 이 과정을 우리가 조금 정밀하게 파악할 필요가 있지 않나 싶습니다.

고명섭 국내 정치를 보면 지난 몇년 사이의 가장 큰 사건이라면 역시 '촛불혁명'이라고 할 수 있을 것 같습니다. 이때 1700여만명이란 엄청난 시민들이 수개월 동안 모여서 결국 박근혜 대통령을 탄핵시키고 또 그 결과로 문재인정부가 들어섰고요. 이 과정에서 감춰져 있던 '최순실(개명 후 최서원) 국정농단'을 파헤쳐서 박근혜정부의 비정상성을 만천하에 드러내는 데 『한겨레』가 나름의 역할을 했다고 봅니다. 백선생님도 이 일련의 사건을 '촛불혁명'이라는 이름으로 규정해 담론화하셨는데요. 그 혁명이 혁명으로서 이름값을 제대로 해야 된다, 할 일이 많다, 이런 말씀도 하신 바가 있는데, 그런 만큼 촛불혁명의 명령을 받은 문재인

정부가 해야 할 일이 정말 많을 듯합니다. 촛불혁명의 완수를 위해 민주정부는 어떤 노력을 해야 될지 또 『한겨레』는 어떤 노력을 해야 될지 선생님 말씀을 듣고 싶습니다.

백낙청 박근혜 퇴진을 이끄는 데 『한겨레』의 공로가 컸는데 '최순실 태블릿피시'가 더 부각된 면이 있죠.

고명섭 『한겨레』로서는 상당히 억울한 일입니다

백낙청 그 공다툼을 할 건 아니고요. 제가 촛불혁명이란 말을 쓰는 것을 두고, 2016년부터 2017년에 걸친 촛불시위, 그 결과로 이뤄진 정권교체, 그러니까 박근혜 탄핵과 문재인정부 출범, 이것만으로는 혁명이라고 볼 수 없다는 의견이 있는데, 저도 거기에 동의합니다. 그러나 저는 그걸 계기로 해서 우리 사회의 거대한 변화가 남한사회뿐 아니라 한반도 전체에 걸쳐서 시작되었고 지금도 진행 중이라는 점에서 촛불혁명이란 말을 쓰는데, 그 용어에 대해서는 동의하지 않는 분들이 많죠. 그래서 지난해 말 『한겨레』 지면에 실린 신년 칼럼에서는 '이게 혁명이냐 아니냐는 개념 논쟁에 빠지기보다는 일종의 화두로 붙들고 연마하는 게 중요하지 않겠느냐'는 이야기를 했는데 지금도 같은 생각입니다. 사실 분단체제론도 마찬가집니다. 무슨 이론이라기보다는 일종의 우리가 공부하는 화두로 삼자는 취지였죠.

고명섭 한국사회의 큰 문제 가운데 하나가 '재벌 중심 경제'라고 할 수 있습니다. 『한겨레』는 창간 이래 삼성을 비롯한 재벌들의 행태를 감시하고 재벌 중심 경제를 바꾸기 위해 많은 노력을 기울였습니다. 그 때문에 최대 재벌인 삼성으로부터 광고 탄압을 받기도 했고, 현재도 이 문제는 완전히 풀리지 않고 있습니다. 우리 경제가 건강해지고 건실해지기 위해서는 재벌에 과도하게 의존하는 형태의 경제체제를 바꿔야 한다는 것이 여전히 국민적인 요구라고 할 수 있을 거 같습니다.

백낙청 사실 그 대목은 소위 진보 언론매체 중에서 『한겨레』가 가장 돋보이는 점이라고 생각합니다. 그래서『한겨레』가 삼성으로부터 불이익을 많이 당했습니다. 그 점에 대해 전적으로 응원의 박수를 보내고 싶습니다. 근데 재벌개혁은 간단한 문제가 아닙니다. 제가 서울대 교수를 오래 했지만, 문제가 많다고 해서 서울대를 갑자기 없앨 수는 없잖아요. 재벌개혁도 그런 것 같아요. 재벌개혁을 어떤 방법으로, 어떤 수순을 따라서 얼마만큼 할지 많은 지혜가 모여야 합니다. 앞으로『한겨레』가 할 게 그런 거라 생각합니다. 계속 삼성으로부터 불이익을 받더라도 버티되 더 정교한 비판과 현실적인 대안을 내놓아야 합니다.

고명섭 저희 내부에서도 그런 부분에서는 어느정도 합의가 돼 있다는 생각이 듭니다. 가령 삼성의 광고가 없더라도『한겨레』가 생존할 수 있는 길을 찾아야 되고 광고를 받더라도 거기에 휘둘리지 않고 정론의 길을 걸어야 된다는 데 대해서는 어느정도 내부의 합의가 있는 거 같고요. 또 앞으로도 그렇게 계속될 거라고 저희는 믿고 있습니다. 최근 들어 '기본소득' 문제가 전세계의 관심사가 됐고, 코로나19의 세계적 대유행과 맞물려 한국에서도 기본소득이 주요 담론으로 올라섰습니다.『한겨레』도 기사와 칼럼을 통해서 기본소득 문제를 한국사회의 과제로 제시해오고 있는데요. 선생님은 이 문제에 대해서는 어떻게 생각하시는지요.

백낙청 기본소득이 코로나19를 계기로 공론화된 담론이죠. 그것은 공론화 전부터 꾸준히 이를 제기한 분들의 노력의 성과라고 봅니다. 밀턴 프리드먼은 신자유주의 경제학의 대부인데, 이 사람이 오랫동안 케인즈 학파에 밀려서 별로 대접을 못 받았거든요. 그때 그 사람이 '진짜 위기가 왔을 때 진정한 변화가 가능하다'는 말을 했습니다. 위기가 진짜 위기일 수도 있고 사람들이 인식하는 위기일 수도 있지만 어쨌든 진정한 위기만이 진짜 변화를 가져온다는 겁니다. 그러면서 덧붙이기를 그때 어떤 변화가 일어나느냐는 그 당시 이미 어떤 아이디어들이 나와 있는가에 달려 있다는 거예요. 그러니까 자기가 굳이 이걸 내놓는 게 의미가 있는 활동이라는 것이고, 실제로 레이건 때에 와서 그 사람으로서는 보람있는 성과를 본 거 아닙니까?(웃음) 그러니까 지금도 그런 거 같아요. 원래 자본은 위기가 발생할 때마다 그걸 우려먹고 더 자기를 강화하는 데 이골이 난 세력들이죠. 그래서 재난자본주의란 말도 있지 않습니까. 재난이 날 때마다 자본주의는 강화되는 거예요. 그래서 이제 그들이 활용할 수 있는 아이디어는 많이 가지고 있죠. 반면에 또 기본소득을 포함해 기후문제에 대한 대안적 담론이 꽤 나왔는데, 결국엔 누가 어느 것을 활용하느냐의 싸움입니다. 기본소득을 깊이 연구하진 않았지만 지금 얘기되는 기본소득의 상당수는 엄밀한 의미에서 기본소득은 아닙니다. 왜냐면 기본소득은 보편적 기본소득이라는 표현이 있듯이, 모든 사람에게 아무 조건 없이 나눠주는 것입니다. 이번에 재난지원기본소득이라 그러나요?

고명섭 정부는 재난지원금이라고 공식적으로 쓰는 거 같습니다.

백낙청 이를 보수언론이나 수구언론에서는 일종의 양두구육으로 보는 거죠. 기본소득을 도입하기 위해서 재난을 팔고 있다고 보는데, 제대로 진행시키면 그 말이 일리가 있어요. 그런데 거기까지 갈지 안 갈지는 두고 볼 일이지만요. 어쨌든 모든 사람에게 같은 금액을 나눠준다는 그 발상 자체가 새로운 것이고 조금이라도 실행되는 것도 처음이고요. 앞으로 기본소득 문제가 활발히 논의될 겁니다. 사실은 우파 쪽에서도 기본소득 주장하는 사람들이 많아요. 말하자면 자본주의를 원활하게 돌리는 윤활유로 기본소득을 줘야 한다는 사람도 있고, 그게 아니고 자본주의의 근본적 문제를 극복해야 한다는 쪽에서 주장하는 기본소득은 정말 급진적이고 발본적인 아이디어죠. 그걸 실현하려면 자본주의 자체가 바뀌어야 하니까요. 이것은 굉장히 장기적이고 어려운 과제입니다. 하지만 이걸 이분법적으로 볼 필요는 없다고 생각합니다. 우파도 좋아하는 기본소득을 도입해나가면서 더 근본적인 변화를 이룩하는 쪽으로 이걸 활용하면 됩니다. 그러려면 기본소득 재원을 마련하고 국민을 설득하는 문제부터 정교하게 수순을 잡아나가는 게 필요하겠죠.『한겨레』가 새롭게 벌일 담론투쟁의 일부라고 생각합니다.

고명섭『한겨레』는 창간 이래 인권을 상당히 중요한 가치지향으로 삼았습니다. 인권문제는 그 폭이 넓은데, 근년에 들어서는 '페미니즘과 소수자(장애인, 이주노동자, 난민)의 인권 문제'에 관심이 집중되고 있습니다. 페미니즘 담론의 확산과 여성 인권 신장에는 우선 여성과 여성운동가들의 노력이 가장 큰 역할을 했겠지만,『한겨레』의 노력도 작지 않았다고 생각합니다. 특히『한겨레』내부의 젊은 기자들, 여성 기자들이 이 문제들에 관심이 많고요. 또 페미니즘은 어떻게 보면 선생님의 관심사이기도 하다고 저는 알고 있는데, 여기에 대해서도 말씀하실 게 있으실 텐데요.

백낙청 먼저 소수자를 열거하실 때 일부러 그러신 건 아니겠지만 장애인, 이주노동자, 난민 외에 성소수자도 있죠. 우리 사회에서 특히 그게 첨예한 문제이기 때문에 그것도『한겨레』지면에서 다루는 것을 많이 봤습니다만. 제가 페미니즘에 대한 관심이 많은 건 사실인데, 그걸 얘기하는 데 적임자인지는 모르겠어요. 80대의 기득권자 남성이 섣불리 이야기하다가 꼰대 취급당할 수도 있을 테니까요.(웃음) 간단히 말씀드리면 페미니즘 역시 이제까지 많은 진전을 이뤘지만 이제부터 더 깊이 들어가고 더 열린 마음으로 생각해야 할 문제라고 봅니다. 저 자신은 성차별 철폐가 굉장히 시급한 단기적 현안이고 중기적으로도 추구해야 할 과제라고 생각하지만, 그것 자체를 장기적 목표로 삼을 때 과연 성차별 문제가 해결될까 하는 생각을 여기저기서 내비친 바 있습니다. 그때마다 반응이 안 좋아요.(웃음) 일부러 옛날식, 동양적 표현을 써보자면 음양의 조화라는 걸 대대로 추구해온 게 아니냐, 그걸 달성하는 방식은 옛날하고 지금하고 다르지만 그런 것을 오히려 장기적 목표로 삼고, 그 수단으로 성차별도 철폐해야 하지 않느냐 생각합니다. 여성혐오와 성범죄가 만연하다보면 음양조화가 있을 수 없잖아요? 그런 얘기를 하면 현장의 절박성을 느끼는 분들은 '저 사람은 자기가 아쉬운 게 없으니까 괜히 운동하는 사람 김 빼는 얘기 한다'고 하는데, 나는 단기적, 중기적, 장기적 과제를 한꺼번에 해결할 수 없지만 생각은 동시에 해야 한다고 믿거든요. 그래서 그런 취지로 말하는데 뭐 모르겠습니다.(웃음)

고명섭 지금 생태환경 문제랄까 지구환경 위기 문제도 심각합니다. 근데 선생님은 10여년 전에 『한겨레』 창간 20돌 기념 인터뷰에서, 지구환경 자체가 위기에 빠져서 인류의 생존이 위협받는 시점이라고 강조하시면서 이 문제를 해결하는 것이 우리 시대의 가장 중요한 과제라고 말씀하신 바가 있거든요. 올해 지구촌에 창궐한 코로나19도 이런 생태환경의 악화와 인간의 자연 수탈이 원인이라는 지적이 있습니다. 『한겨레』는 국내 생태환경 문제만이 아니라 지구온난화로 인한 환경위기에 적지 않은 '담론 투자'를 해왔습니다. 물론 그 정도의 투자가 충분한지는 의문이고요. 이 문제에 대해서도 선생님 의견이 있으실 거 같은데 듣고 싶습니다.

백낙청 생태환경 문제는 저보다도 더 적극적으로 제기하고 연구를 많이 하신 분들이 계시죠. 그분들이 이제까지 이에 대한 아이디어를 내놓으면서 일부 성과도 있었지만, 사실 큰 성과는 못 봤어요. 아까 프리드먼 이야기를 되새기면, 지금 진짜 위기가 왔으니까 이제야말로 진짜 변화를 이룩할 수 있는 기회가 생겼습니다. 사실상 코로나 위기를 계기로 해서, 사람들한테 이 코로나나 질병 문제의 급한 불을 어느정도 끄고 나면 당연히 생태계 전체 문제, 기후위기 문제를 우리가 붙들고 다뤄야 한다는 생각이 널리 퍼진 듯합니다. 기회가 온 거죠. 근데 이 경우에도 기후위기가 중요하다 중요하다 이렇게 당위론만 말해서는 잘 안 되잖아요. 기후위기 문제를 다루기 어려운 이유 중 하나가 아주 거대한 전지구적 문제와, 다른 한편 굉장히 일상적인 작은 생활 속의 문제가 함께 있다는 데 있습니다. 큰 문제를 생각하면 '작은 행동이 무슨 소용이 있을까' 하는 무력감이 들 테고, 작은 행동을 열심히 하다보면 '나만 해서 뭐가 되겠나' 하는 생각이 들 텐데, 이 두가지를 연결해주는 여러 중간단계 차원의 문제를 함께 생각하고 전략을 세워야 한다고 봐요. 그런데 지금 '그린 뉴딜'이란 말도 나옵니다만, 저는 그린 뉴딜도 크게 보면 두가지로 나뉜다고 봐요. 자본주의체제를 근본적으로 문제삼는 그린 뉴딜과 자본주의 틀 안에서 새 기술을 개발하고 자본주의적인 경제성장을 이루면서 기후위기의 극복을 결합할 수 있는 케인즈주의적인 뉴딜, 이 두가지인데, 저는 개인적으로 후자는 단기처방일 순 있겠지만 근본적으로는 자본주의를 문제삼아야 한다고 봅니다. 그리고 자본주의를 문제삼아야 한다는 데 동의하시는 분들도 많습니다. 그런데 한편으로는 자본주의를 피해 가면서 환경을 이야기하려는 사람이 여전히 있는가 하면, 자본주의와 기후위기를 같이 이야기하는 사람들 중에서도 많은 분은 내 표현으로 하면 자본주의 무서운 걸 잘 모르는 거 같아요. 자본주의가 무서운 것 중의 하나는, 우리가 이렇게 가면 다 망한다는 걸 알면서도 발을 빼지 못하게 하는 것이거든요. 발을 빼다가는 굶어 죽든가 경쟁에서 탈락하기도 하는데 경쟁이 나쁘다 나쁘다 하지만 경쟁에서 밀리면 그냥 좀 손해보는 게 아니라 완전히 짓밟히고 폐물이 될 가능성이 많아진 거고 그게 자본주의의 위력이죠. 그렇기 때문에 이를 충분히 감안한 전략이 나와야 할 것 같아요. 그런데 지금 코로나 위기가 어떻게 보면 참 좋은 기회인 것은 자본주의 문제를 해결하려면 거기에 사회시스템 문제도 포함되어야 하지만, 또 하나는 흔히 탈성장이란 말 쓰잖아요? 마이너스성장은 아니더라고도 제로성장에 가까운 쪽으로 가야지 성장 경쟁만 해서는 지구위기를 해결할 수 없거든요. 그런데 거기서도 또 문제가 있는 게 남들은 다 성장하는데 나만 성장 안 했다간, 대한민국만 제로성장 하다간 우린 완전히 망하는 거예요, 짓밟히고. 그러니까 남도 성장을 안 하거나 덜 하면서 우리도 덜 해야 되는데, 코로나 때문에 세계의 성장이 멈춰 있 잖습니까. 예단할 순 없지만, 다시 옛날식 그대로 성장이 이루어지지는 않을 것 같은데요. 어쨌든 성장이 멈춘 상태에서, 우리도 덜 성장하더라 도 기후문제나 환경문제를 더 신경 쓰는 새로운 '그린 뉴딜'을 해볼 기 회가 생기는 거죠. 내가 분단체제론 외에 이 문제와 관련해서도 '적당한 성장'이라는 아이디어를 내놓은 게 있어요. 환경운동 하는 사람들은 그 것에 대해서도 성장론은 포기하지 않으면서 일종의 위장이라고 하는데, 우리 주변에 개인적으로 적당한 수준의 돈벌이를 하면서도 '돈벌이가 내 인생의 전부가 아니고 다른 것을 추구하겠다'는 이들이 많거든요. 내 가 그 일을 하기 위해서라도 우선은 먹고 살아야 되고. 그런데 국가나 국 민경제도 최소한 이런 식으로 목표를 잡자는 거죠. 다시 말해서 경제성 장이 무슨 지고의 목표가 아니므로 전혀 성장하지 않다간 우리가 다 망 하니까 우리는 다른 길, 새로운 길을 찾기 위해서라도 꼭 해야 할 만큼은 하자, 이렇게 하면 저는 결과도 그리고 우리 전체 사고방식도 달라질 것 이라 봅니다. 그래서 자본주의 문제에 대해서는 적정성장의 개념을 도 입해서 점차 탈성장으로 가는 전략이 세워져야 될 것 같고요. 그런데 자 본주의만 해도 이게 너무나 거창한 문제 아니에요. 지금 우리 현장에서 그런 일상적인 생태친화적 활동과 연결짓는 어떤 중간고리가 있어야 될 거 같은데, 나는 역시 그게 분단체제극복 운동과 연결돼야 한다고 봅니 다. 우리가 성장지상주의로 간 것도 그렇고, 남성우선 문화가 강해진 것 도 사실 분단체제하고 밀접한 관련이 있는 거 아닙니까. 그런 걸 종합해 서 추구하면 어떻게 보면 단순 방정식이 고차원 다원방정식이 되어서 더 골아프기도 하지만 그걸 잘 풀면 효율성 면에서 훨씬 더 높아지지 않 을까 생각이 들어요.

고명섭 다양한 차원에서 이런 모순들을 동시에 극복하는 종합적인 시야를 갖는 것이 필요하겠습니다.

백낙청 모든 사람이 그 일을 한꺼번에 다 할 필요는 없고, 분담을 하더라도 그런 인식을 공유하는 사람들끼리 분담하면 훨씬 효과가 낫지 않을까 그런 생각이에요.

고명섭 지난해 조국 장관 임명과 퇴임을 전후로 해 '검찰개혁'이 화급한 과제로 떠올랐습니다. 이 문제로 진보개혁진영이 양분되다시피 했습니다. 『한겨레』 내부도 적지 않은 갈등을 겪기도 했거든요. 결국 공수처(고위공직자범죄수사처) 설치 법안이 통과되고 검경 수사권 조정 법안도 국회를 통과했는데요. 이걸로 검찰개혁이 끝나는 것은 아니라고 생각합니다. 그런데 검찰개혁이라는 이 과제를 선생님은 어떻게 보시는지요. 그것 말고도 양승태 대법원장 시절의 사법농단에서 보듯이 사법개혁·법원개혁도 시대의 과제라고 할 수 있는데 이런 문제에 대해서도 선생님께서 하고 싶은 말씀이 있을 것 같습니다.

백낙청 '조국 사태'에 대해선 임명과 퇴임 그 두 계기를 말씀하셨는데 저는 세가지 계기가 있었다고 봅니다. 하나는 내정이었고, 그다음에 그 내정에 대해서 굉장히 참 논란이 많았을 때 임명하느냐 마느냐는 것이었고, 그다음에 퇴임하느냐 마느냐 언제 퇴임하느냐 그 세가지 계기가 있었는데 저는 조국 장관을 내정할 때 잘못하는 거라 생각했어요. 사태가 이렇게 크게 번질 줄은 몰랐지만 어쨌든 이건 별로 이롭지 않고 그가 검찰개혁을 제대로 할지 의문이라고 생각했어요. 그런데 내정이 발표된 순간 완전히 전쟁으로 바뀌었잖아요. 당시 자유한국당에서도 전면전으로 나왔던 거고, 언론과 검찰까지 가세해서 임명에 반대했는데, 나는 그 마당에 대통령이 과연 임명하지 않고 넘어가서 자기 권위를 유지할 수 있었을까 의문이에요. 그렇게 했다면 야당은 기고만장해지고 정부는 레임덕으로 들어가는 상태가 됐을 거예요. 임명은 불가피했다 보는데, 그뒤 검찰뿐 아니라 민심도 들끓고 진보진영도 분열되고 하니까 대통령이 진퇴양난의 딜레마에 빠졌다고 생각합니다. 그때 이걸 살려준 게 촛불시민이에요. 서초동에 시민들이 나와서 검찰개혁을 주장하며 '조국 수호'를 외쳤는데 그 내용을 보면 처음부터 끝까지 '조국 수호' 하자는 사람들도 있고 지금 밀려서 안 된다는 뜻에서의 '조국 수호'도 있었고요. 서초동 촛불시민들은 2016~17년의 시민들만큼 그렇게 광범위하고 다양하게 구성되진 못했지만 조국 지지자들만으로 이루어진 것은 아니었어요. 갑자기 백만 넘게 나왔잖아요. 그들이 나옴으로써 조국이 빨리 사퇴를 해서 대통령의 부담도 덜어주고 또 그때쯤엔 이미 검찰개혁 명분도 충분히 축적됐거든요. 누가 봐도 검찰이 이래서는 안 되겠다, 조국이 혹시 잘못한 게 많고 설령 불법행위까지 있다 하더라도 검찰이 이래선 안 된다는 것이 공유됐죠. 퇴임을 가능하게 한 게 촛불시민이었다 봐요. 다만 퇴임 뒤에도 서초동 시위가 계속되면서 촛불의 성격이 좀 바뀌었다고 봐요. 그러니까 조국 사태 자체를 내정―임명―퇴임 그 삼단계로 봐야 되듯이 서초동 집회도 조국 퇴임 이전과 이후는 좀 달리 봐야 된다는 것이죠. 조국 퇴임 이후에도 물론 검찰개혁은 계속 주장되어야 했지만 그때 언론개혁 얘기가 살짝 붙었고 정치개혁 얘기는 별로 안 나왔어요, 선거법 개정 얘기는. 그건 민주당 쪽에서 별 관심이 없어서 그랬는지 모르겠는데, 우리가 언론개혁이나 선거법 개정을 주장하려면 서초동에서 할 일은 아니잖아요. 물론 여기저기 가서 집회를 했습니다만 언론개혁은 여기저기서 떠들 일도 아니고요. 그래서 조국 이후의 서초동 집회는 세가 많이 감소했다, 그렇게 생각합니다.

고명섭 '정치개혁'이라는 문제와 관련지어, 이번 4·15총선에 대한 평가도 해보면 좋겠습니다. 총선을 앞두고, 수구·적폐세력을 심판해 청산하는 계기로 삼아야 한다는 쪽과 연동형 비례대표제의 정신을 살려 대안세력이 진출할 발판으로 삼아야 한다는 주장이 진보개혁세력 안에서 경합을 벌였는데요. 선생님도 이 문제에 의견을 제출하신 바 있는 걸로 알고 있습니다.

백낙청 그런 의견 대립이『한겨레』내부에서도 있었겠죠?

고명섭 그것이 적극적으로 표면화하지는 않았던 거 같고요. 그러나 각자 마음속에는 상당히 의견들의 차이가 있었던 거 같습니다.

백낙청 나는 그 구도는 잘못된 거 같거든요. 한쪽에서는 적폐세력 청산 또는 적폐정당에 대한 응징을 주장하고 다른 한쪽에서는 연동형 비례대표제를 주장하고 이렇게 갈린 게 아니고, 적폐세력에 대한 응징은 많은 국민들이 다 동의하는 의제였어요. 그것이 우선 과제임은 틀림없는데 이걸 완수하려면 연동형 비례대표제를 무력화해야 된다는 계산과 아니 연동형 비례대표 갖고도 얼마든지 그것을 이룰 수 있다는 주장이 맞섰던 건데, 결과적으로는 더불어민주당의 전자 입장이 승리했죠. 그래서 총선에서 민주당이 압승을 했는데, 과정이 어찌 됐든 미래통합당이 참패한 건 너무나 속 시원한 일이고 국민들도 그 점에서는 대개 좋아하는 것 같아요. 근데 돌이켜 생각하면 준연동형 비례대표제를 무력화해야만 이런 성과가 가능했을까, 그건 아닌 것 같아요. 민주당이 지금 그렇게 욕먹으면서도 지역구에서 163석을 얻지 않습니까. 그러면 더 정당하게 싸웠어도 나는 최소한 160석도 얻었으리라 보고, 비례대표에서 6~7석 이상은 어려웠겠지만, 그렇다 하더라도 180석은 아니지만 170몇 석은 했을 거란 말이에요. 거기다가 정의당이 좀더 의석을 많이 가져가고 민생당 같은 데도 지금같이 전멸을 안 했으면 180석 정도를 범여권 세력이 확보하는 데는 별 지장이 없었을 거 같아요. 그래서 지나간 얘기지만, 마치 미래통합당이 제1당이 되는 게 거의 불가피한 것처럼 공포 마케팅을 한 건 상도의에 어긋나는 일이었습니다.(웃음) 그리고 앞으로 전망할 때, 나는 촛불정부에 이어 촛불국회도 만들어야 한다고 주장한 바 있는데, 촛불국회는 두가지 여건을 충족해야 된다고 봅니다. 하나는 반촛불세력의 최대 거점을 이루고 있는 세력에 아주 큰 타격을 줘야 한다는 건데, 이건 이번에 달성했어요. 두번째는 입법부 자체도 개혁하고 쇄신해서 그야말로 촛불국회란 이름에 값하는 그런 국회가 되도록 해야 한다는 건데, 이는 민주당이 180석이라고 해서 저절로 되는 건 아니고 더 어려워진 면도 있다고 봅니다. 물론 앞으로 지켜봐야겠지만, 국민들이 그걸 여당에만 맡겨놓지 말아야 하고 민주당 내부에서도 그냥 의원들한테 맡겨놓으면 안 돼요. 차기 대통령을 꿈꾸는 사람이라든가 당의 강력한 리더가 되겠다는 사람이라면 그걸 적극 추진해야 합니다. 의원들은 물론 4년 후에 재선되는 게 최대 관심사지만 그 전에 누가 대통령이 되느냐에 따라서 거기 줄을 서서 뭔가를 얻고 싶어하는 사람도 있고, 또 이를 떠나서 개인적으로 그같은 좋은 소신을 가진 사람도 있는데, 이들을 결집할 수 있는 리더십이 당내에도 있어야 되고 또 중요한 것은 국민들은 그걸 끊임없이 챙겨야죠. 거기서 또 『한겨레』 담론투쟁의 현장이 있지 않을까 생각합니다.

고명섭 마지막으로 『한겨레』가 나아갈 방향에 대해서도 이야기를 나눠보면 좋겠습니다. 선생님은 거시적 관점에서 근대의 적응과 극복이라는 '이중과제론'이라든가 자본주의 문명을 바꿔 후천개벽을 준비하자는 '문명전환론'을 설파하시기도 했습니다. 이런 논의를 선생님께서 50년 동안 편집인을 맡으셨던 계간 『창작과비평』을 통해 해오셨습니다. 창비의 이런 담론이 우리 사회가 나아갈 방향을 밝히는 데 등불 구실을 했다고 생각을 하고요. 가령 분단체제론만 해도 과거엔 논란이 많았지만 이제는 한반도 분단현실을 규정하는 담론으로서 정착이 됐다고 생각합니다. 이렇게 보면 창비 담론이 『한겨레』가 거시적인 방향을 설정하는 데도 중요한 역할을 했고 『한겨레』도 언론으로서 의제 설정과 진실 찾기를 통해서 진보담론이 구체화되는 데 나름대로 이바지하지 않았나 합니다. 그런데 신문이란 게 워낙 그날그날 일어나는 사태에 맞추어 보도하고 논평하다보니까 선생님과 창비가 제시해온 이런 거시담론은 상대적으로 취약할 수밖에 없습니다. 하지만 올바른 거시적 방향이 구축돼 있지 않으면 미시적인 실천도 흔들릴 수밖에 없지 않겠습니까? 일관성을 확보해나가기도 쉽지 않을 것이고요. 한국사회 담론투쟁의 거점으로서 『한겨레』가 갖고 있는 과제에 대해 선생님께서 한 말씀 해주신다면 어떤 것이 있겠습니까.

백낙청 올바른 거시적 방향이 구축돼 있지 않으면 미시적 실천도 흔들릴 수밖에 없다는 것은 아주 좋은 말씀 같아요. 흔히 거시적 담론은 추상적이고 미시적 담론이 구체적이라지만, 거시적 담론도 항상 구체적 현실에 대한 구체적 분석에 기초해서 진행하면서 실천과 결부하려는 노력이 중요한 일부를 이루는 거시담론이 있고요, 미시담론도 편의상 미시적 문제를 다루고 있지만 말씀하셨듯이 올바른 거시적 방향을 전제하고 그 일부로서 이를 제기하는 미시적 담론이 있습니다. 그저 미시담론에 매몰돼 '우리는 구체적 얘기를 하는데 너희는 추상적인 얘기를 한다'고만 하면, 사실은 자기도 모르게 남들이 이미 구축해온 거시담론을 그냥 충실히 이행하는, 응용하는 결과가 된다고 봐요. 그 지점에 공감을 많이 한다는 말씀을 드리겠고. 창비에 대해서 좋은 말씀만 해주셨는데, 창비 담론이 우리 사회가 나아갈 방향을 밝히는 등불의 구실을 했다거나 분단체제론이 한반도 분단현실을 규정하는 담론으로 정착됐다는 건 고 기자님 개인 의견 아니에요?(웃음)

고명섭 제 개인 의견일 수도 있지만 저는 많은 지식인들, 사회 진보를 생각하는 지식인들이 전면적이지는 않더라도 선생님께서 말씀하셨던 것처럼 『한겨레』가 없었다면 어떻게 됐을까라는 말을 똑같이 창비에 대해서 적용할 수 있지 않겠는가 생각합니다. 『창비』가 1960년대 중반 만들어져서 60년 가까이 이렇게 건재한데 그 『창비』가 없었다면 우리 삶의 구체성을 밝히고 방향을 밝히는 이런 담론을 만들어낼 수 있었을까, 그렇게 생각합니다.

백낙청 축하를 하러 왔다가 축하를 받고 가네요.(웃음) 고마운 말씀이고 앞으로 점점 창비가 그런 인정을 더 받게 되길 바라고요. 무엇보다도 우리 『한겨레』 동지들이 정말 창비에 대해서 다시 검토해보시고 어느 정도 동의해줄 건지 또 창비가 개발한 담론을 얼마나 어떻게 활용할 건지 이런 걸 더 생각해주시면 감사하겠습니다.

고명섭 고맙습니다. 이상으로 백낙청 선생님과의 대담을 마치겠습니다.

김수영문학관의 물음에 답하다

백낙청(문학평론가,『창작과비평』명예편집인)
홍기원(김수영문학관 관장)
2021년 6월 11일 김수영문학관

「김수영의 시세계」,『현대문학』1968년 8월호

홍기원 "김수영 자신은 1959년에 나온 첫 시집 『달나라의 장난』(춘조사 간)에서 이미 모더니즘적 실험의 유산과 자신의 서정적 자질을 하나의 독자적 스타일로 발전시키는 데 성공하고 있다. 표제시 「달나라의 장난」을 비롯하여 「사치」「밤」「자장가」「달밤」 등은 모두 소월과 영랑을 포함한 한국 서정시의 전통에 서서 부끄러울 것이 없는 주옥편들이다"라고 하셨습니다.

김수영 시인의 서정성은 4·19시까지 강화되다가 1960년대 이후 시에

■ 이 인터뷰는 홍기원이 김수영 시인과 관련된 백낙청의 주요 저작을 인용하며 그에 대해 질의하고 백낙청이 이에 답하는 형식으로 이루어진바, 대상이 된 백낙청의 저작명을 인터뷰 본문의 중간 제목으로 붙였다.

서 약화되는 것 같습니다. 저는 김수영 시인이 나름의 서정성을 계속 강화하는 시를 많이 썼어야 한다고 생각하는데, 선생님의 생각은 어떠하신지 알고 싶습니다.

백낙청 4·19시라고 하면 4·19 이후에 나온 시를 말하는 것이겠죠. 그러면 1960년대 초까지인데, 김수영 시인의 서정시는 그전의 서정시와 다르잖아요. 4·19 직후에 나온 시들은 일종의 시국시랄까 참여시의 성격이 강하지요. 김수영 시인의 서정성은 4·19 직전 시까지 강화된다는 말은 맞는 말인 것 같아요. 김수영 시인의 서정성에는 김수영 시인만의 독특한 무엇이 있어요. 그 시절 흔하던 서정시는 아니고요. 4·19 때는 흔히 참여시라고 말하는 시를 많이 쓰셨는데, 5·16 이후에는 그것도 아니고 저것도 아니고 서정시에서도 멀어지고 그렇다고 4·19 직후의 직접적 발언에 해당하는 시도 아닌 그런 시로 바뀌잖아요. 그 과정에서 시인이 서정성을 계속 강화하는 시를 썼으면 좋았겠다고 하셨는데, 물론 「봄밤」 같은 시가 더 나왔으면 좋았겠지요. 하지만 이분이 그 시절에 흔한 서정시를 굉장히 싫어하셨고 거기서 탈피하려는 노력을 많이 하셨기 때문에 우선 그게 중요한 과제였고 그 과제를 선취한 것이 있으니까 여기에다 이런 것도 더 했으면 좋았겠다 저런 것도 더 했으면 좋았겠다 이런 말을 하자면 한이 없지만 저는 그런 것에 특별히 강조점을 두고 싶지는 않아요.

「시민문학론」, 『창작과비평』 1969년 여름호

홍기원 "김수영에게 있어 '님'의 기억이 만해의 경우처럼 전통 속에서 몸에 밴 기억이 못 되는 약점을 보이는 반면, 한용운이 노래한 '님의 침묵'은 김수영의 시가 지닌 숙달된 운문의 기교와 일상 현실을 기록하는 리얼리즘에 못 미침으로써 우리의 기억으로 바로 전달되기 어려운

데가 있다. 더욱이 한용운과 김수영을 하나의 연속된 시민문학의 전통에서 파악하지 못할 때 그들의 외로운 업적은 더욱 외로워 보일 것이며 우리의 부족한 재산은 더욱 가난하게 보일 것이다.”

'전통 속에서 몸에 밴 기억'의 의미에 대해 설명 부탁드립니다.

백낙청 한용운하고 김수영은 매우 다른 시인이지요. 그렇게 달라 보임에도 불구하고 연속성이 있다는 것을 「시민문학론」에서 주장하려고 했던 것이지요. 다른 점 중의 하나가 전통이 몸에 밴 것으로 하면 만해와 김수영은 우선 시대가 다르잖아요. 만해는 태어난 것으로 치면 조선왕조 사람이거든요. 교양 면에서도 한문 세대고요. 한문 세대로서 유교 공부도 김수영이 서당에 조금 다닌 것하고 비교가 안 되는 그런 공부를 하신 분이고 생활 자체가 옛날 생활에 젖어 있던 분이고요. 불교 승려가 되셨으니까 우리 전통 중의 한 부분이지요. 그 속에 깊숙이 들어가신 분이니까 전통이 몸에 밴 정도를 이야기하면 만해와 김수영의 차이는 상식이라고 봐요. 그러나 여기서 문제삼은 것은 그냥 전통이 몸에 얼마나 배었느냐가 아니라 님에 대한 기억이 한용운 선생의 경우 훨씬 더 몸에 배어 있었다는 것인데요. 「님의 침묵」에서 '님'을 이야기하는 특징이 님은 떠났지만 나는 님을 보내지 않았습니다 하고 님을 기억하는 거거든요. 님의 부재를 노래하면서 님의 기억을 노래하는 것이 만해의 특징이지요. 전통 속에 안주하는 사람 중에는 옛날 님을 그냥 붙들고서 보내지 않으면서 님이 떠난 것을 모르는 사람들도 있고 아니면 님이 떠나갔으니까 세상이 완전히 바뀌었다고 생각한 개화파는 옛날 님은 잊어버리고 새로운 님을 찾아가잖아요. 그러나 만해는 님이 떠나간 새로운 현실을 분명히 인식하면서, 님의 기억은 보전하지요. 사실 그 점이 대다수 현대 시인하고 다르다고 봅니다. 그리고 김수영만 해도 만해 기준으로 보면 님이 떠나가고 태어난 사람이잖아요. 이분은 식민지 시대 사람이었고 일제가 들어오면서 우리 전통과의 단절이 훨씬 더 심해져 언어만 하더라도 일본어를 배워가지고 한때는 일본말을 더 잘한 사람이었고요. 그렇다고 김수영이 만해가 노래하던 님의 기억이 전혀 없는 사람이냐 하면 만해만큼 몸에 밴 기억은 없지만 뭔가 만해가 찾던 님의 기억 같은 것을 계속 찾아갔고 나중에 자기 나름대로 전통의 재발견을 통해서도 그렇고 하이데거 사상을 공부하면서 그것을 되찾았다고 봐요, 저는. 그 점에서 연속성이 있는데, 그러나 만해처럼 자연스러운 노래로 나오는 그런 것은 아니었고, 반면에 이분은 현대시의 기술에 아주 숙련된 분 아닙니까? 그런 얘기를 했던 거죠.

백낙청·박태진 대담 「시는 온몸을 밀고 가는 것」, 『조선일보』 1974년 6월 13일자

홍기원 "다수가 전통적인 서정이 밑바탕에 깔린 작품들이었으나 4·19 이후 시풍이 바뀌었어요. (…) 5·16 이후 그는 종래의 전통적 서정시로는 안 되겠다고 각성을 한 느낌을 주었습니다. '시는 온몸으로 밀고 가는 것이다'라고 말하면서 지성이 결핍된 서정시에서 감성과 지성이 통일된 작품 경향으로 전환된 것입니다. 동시에 시어를 자유자재로 과감히 사용하기 시작했어요"라고 하셨습니다.
　염무웅 선생은 「김수영과 신동엽」(『뿌리깊은나무』 1977년 12월호)에서 "김수영은 철저한 도시 생활자이며, 그의 감성과 세계관도 이러한 도시적인 경험에서 태어난 것이다. 그는 일생 동안 김소월이나 김영랑 또는 서정주와 같은 개념에서의 서정시를 단 한편도 쓰지 않았다. 아마도 그는 자연을 자연 자체로서 완상하는 시를 쓰지 않은 극히 드문 한국 시인 중의 한 사람일 것이다. 이런 뜻에서도 그는 완강한 반전통주의자이다"라고 하셨습니다. 선생님의 '다수가 전통적인 서정이 밑바탕에 깔린 작품들'이란 말씀에서 김수영 시에서 '전통적인 서정'이란 부분이 어울리지 않는 것 같아 설명을 부탁드립니다.

백낙청 아까 말씀드렸듯이 김수영이 1950년대에 쓴 『달나라의 장난』 시집에 주로 실려 있는 그 시들은 여전히 우리가 익숙한 서정시 형태를 띠고 있다는 것이지 전통적인 서정시와는 이미 많이 다르지요. 그래서 염무웅 선생이 그 차이에 주목해서 그렇게 말씀하신 것 같은데 제가 보기에 염선생 판단도 한편으로 치우쳐 있는 것 같아요. 김수영은 서울에서 태어나서 서울에서 자라고 김수영의 말도 경아리말이에요. 서울말을 경아리말이라고 하는데요. 가령 '싫어한다'를 김수영 선생은 꼭 '싫여한다'고 그러셨거든요. 서울 토박이말이에요. 그런 것들이 꽤 있습니다. 그렇긴 한데 그 당시에 서울 사람은 김수영 선생 이후의 도시 생활자와 거리가 멀었어요. 서울 자체가 고층빌딩 들어서고 하는 그런 도시가 아니었고 바로 시골로 열려 있는 도시였어요. 그때 도시 생활자를 우리식으로 해석하면 안 될 것 같아요. 도시에서 태어났지만 현대적인 도시 생활자보다 얼마나 더 시골 생활자와 가까웠는가를 우리가 주목하고 놓치지 말아야 할 것 같아요. 그다음에 '자연을 자연 자체로서 완상하는 시를 쓰지 않은 극히 드문 한국 시인 중의 한 사람일 것'이란 말에 대해 사실은 만해만 해도 '자연을 자연 자체로서 완상하는 시'는 쓴 적이 없는 시인이에요. 이육사도 없고, 윤동주도 그런 것 없습니다. '자연을 자연 자체로서 완상하는 시'는 더 거슬러 올라가서 한시에 흔히 나오는 자연시라든가 아니면 현대 서정시의 일부를 이야기하는 것이지 김수영이 그것을 안 쓴 것이 그렇게 드문 경우에 속한 건 아닌 것 같아요. 박태진(朴泰鎭) 선생하고 대담한 것은 내가 잊어먹고 있었는데 이것을 캐내셨네요. 김수영의 그 유명한 구절을 여기 홍선생이 인용한 대로 제가 인용했다면 중요한 한마디가 빠져 있습니다. '시는 온몸으로 밀고 가는 것이다'가 아니고 '시는 온몸으로 온몸을 밀고 가는 것이다'가 오리지널한 김수영의 발언이고요. 그런데 그냥 온몸으로 밀고 나가는 것은 짐을 지고 갈

때도 온몸으로 밀고 나갈 수 있는 것이고, 어떤 사람들은 이걸 가지고 온몸을 던졌다는 식으로 해석하는 사람이 있는데 '온몸으로 온몸을 밀고 나간다'라는 표현이 참 오묘한 표현이거든요. 그게 김수영의 특징인데 그 말을 빼고 박태진 선생하고 대담하면서 인용했다면 내가 중대한 포인트를 누락시킨 것이라고 말씀드리고 싶어요. '완강한 반전통주의자'란 표현은 전통주의에 대한 해석의 문제인 것 같은데, 그것은 뒤에 '현대'에 대해 이야기할 때 다시 말씀드리지요.

「역사적 인간과 시적 인간」, 『창작과비평』 1977년 여름호

홍기원 "김수영에게서 우리가 문제삼아야 할 핵심적인 사항은 그가 난해한 시를 썼고 심지어 난해시를 옹호하기까지 했다는 사실 자체보다도, 어째서 그에게는 진정한 난해시를 쓰려는 욕구가 민중과 더불어 있으려는 대척적인 욕구보다 그처럼 명백한 우위를 차지했느냐 하는 것이다. 이것 역시 어디까지나 상대적인 문제지만, 김수영의 한계가 모더니즘의 이념 자체를 넘어서지 못했다기보다 그 극복의 실천에서 우리 역사의 현장에 풍부히 주어진 민족과 민중의 잠재역량을 너무나 등한히 했다는 데 있다는 말이 된다."

김수영 시인은 모더니즘 시의 완성의 길로 갔다고 생각됩니다. 선생님 말대로 김수영 시인은 '참여시'이기 전에 먼저 '현대시'이기를 강조했고 '현대시' 이전에 '양심이 있는 시' '거짓말이 없는 시'를 요구했습니다. '참여시' '현대시' '양심이 있는 시'의 행복한 결합의 완성을 추구한 김수영의 길은 '치열하게 살아 있는 시'를 쓰기 위해서는 '극복'이란 단어가 반드시 필요한 길이었나요?

백낙청 제가 모더니즘 이념을 극복해야 한다고 했을 때의 모더니즘하고, 김수영 시인이 우리 시는 현대시가 되어야 한다며 못 되고 있는 것을 개탄할 때의 현대시는 다른 것 같아요. 영어로 '모던'이라고 하는 것을 우리말로 '현대'라고도 하고 '근대'라고도 하는데, 거기에 '주의'라는 말이 붙으면 또 이야기가 달라지잖아요. 김수영은 참여시를 지지한 사람이지요. 그런데 참여시이기 이전에 현대시가 되어야 한다는 말은 현실을 비판한다고 참여시가 아니다, 제대로 된 시가 되어야 하고 그 시는 우리 사는 현대와 같이 가야 한다는 것이죠. 그때 현대라는 것은 '근대'와 구별되어야 해요. 랭보라는 사람이 이런 말을 했잖아요. "우리는 절대적으로 현대적이야 한다." 영어로 한다면 "One must be absolutely modern." 그때의 '모던'이 김수영 선생이 말하는 '현대'지요. 현대를 사는 사람이 현대에 충실해야지 더 낡은 데 매여 있어서는 안 된다, 그래서 참여시도 제대로 된 현대시가 되어야 참여시가 될 수 있다는 것이고 현대적이 된다는 것을 너무 어렵게 생각하지 말라, 현대시 이전에 좀 양심 있게 굴어라, 괜히 거짓말하지 말고 폼 잡지 말고 서양 것 그대로 따라 하면서 그것을 현대라고 생각하지 말고 거짓말이 없는 시를 쓰라는 건데, 나는 이 대목이 참 중요하다고 봐요. 김수영 시인의 위대한 점은 이분이 거짓말이 없는 시를 쓴다는 겁니다. 거짓말이 없는 시라는 것은 내가 누구하고 이야기하면서 거짓말을 안 한다는 뜻 이전에 자신한테 정직한 거예요. 자기 자신에게 정직하고, 자신의 감정에 정직하다는 거예요. 저는 그게 김수영 시인의 아주 특징적인 점이라고 봐요. 그러면서 외국의 현재적인 시를 섭렵하고 그런 것은 좋은 의미의 현대성이고 뒤떨어지지 않으려는 노력이지요. 그것은 내가 극복을 말한 모더니즘 이념하고는 다른 이야기예요. 김수영 선생의 입장은 저도 동의하고 지지하는 입장이고요. 그런데 현대적이 되어야 한다는 것에 너무 빠져서 새로운 것은 뭐든지 좋아하는 경향이 있잖아요. 우리나라 모더니즘 시인이라고 일컬어지는 시인 중에 사실 양면이 다 있는 것 같아요. 낡은 것에서 탈피해서 우리 시대에 충실하자고 하는 그런 의미의 김수영이 말하는 '현대성'과, 다른 한편으로 외국의 첨단이나 현대적이라는 것에 너무 심취해서 따라갈 때의 '현대'가 있는데, 후자는 그러다보면 사실 진정한 시가 아닐 경우가 많습니다. 모더니즘이 일종의 주의라고 할 때, 이런 것을 나는 '현대주의'라고 번역합니다. 김수영 선생이 말하는 '현대적'이 아니라 소위 현대를 따라가기에 급급한 '현대주의'인데, 그것을 극복해야지 이 땅에서 제대로 된 시, 진정으로 현대적인 시가 나오고 그런 시만이 현실에 대해 발언할 때 제대로 된 참여시가 된다는 거지요.

모던의 또 하나의 의미로 '근대'가 있는데 근대라는 시기는 기본적으로 자본주의 시기여서 현대주의 시인들이 대개는 반자본주의 발언을 많이 합니다. 여기서 우리는 그게 그냥 시인이 자기의 새로움을 과시하는 방편으로 끝나는지, 나는 낡은 전통을 버리고 우리 시대가 지니고 있는 자본주의도 비판하는 사람이다 이렇게 자랑하는 걸로 끝나는 것인지, 아니면 진짜 자본주의적 근대의 극복에 이바지하고 새로운 현대를 찾아가려는 업무를 수행하려는 것인지 이것을 구별해서 봐야 한다고 생각합니다. 모더니스트 시인이라는 분들이 대개는 그런 역사적 과제에 대해서 책임 있는 사유를 안 하고 그냥 자기 언어가 새롭다거나 기교가 새롭다거나 그것에 자족하는 경향이 있는 것 같아요. 김수영 선생은 원래 정직한 사람이니까 거기에 빠진 것은 아니지만 모더니즘의 세례를 받았고, 아까도 말했듯이 전통이 몸에 밴 시인이 아니었기 때문에 거기에 휩쓸렸다가도 금방 벗어나거든요. 그 과정에서 성과가 그만한 분도 드물지만, 그 성과에 대해서도 우리가 불만을 말할 수는 있는 것 아니에요? 내가 이 글을 쓴 1977년이면 한참 반유신운동을 했는데 정치권에서는 유신체제에 반대하는 사람들의 일부였지만, 문단의 민중민족문학이란 것은 정말 세상을 바꾸면서 동시에 한용운이 가졌던 님에 대한 기억을 되살리려는 운동이었단 말이에요. 김수영 시인이 좀더 서정적인 시를 썼으면 좋지 않았겠느냐는 아까 홍선생의 그 말씀과도 통하는데, 그가 엄밀한 사유와 치열한 현대시 탐구를 계속하면서도 조금 더 일반 대중 독자들에게 친숙해졌으면 얼마나 좋았을까 하는 소망의 표현이지요.

홍기원 1977년 이때가 선생님의 글에서 민중문학론이 가장 강화된 시기가 아니었을까 생각하는데요.

백낙청 사실 나는 그런 경향이 1980년대에도 강화되었다고 봐요. 80년대 내 작업에 대해서는 대부분 잘 모릅니다. 왜냐면 80년대 들어와서는 젊은 친구들이 백아무개 같은 자들은 소시민들이고, 소시민적 민족문학론자들이고 계급의식이 없다고 몰아쳤거든요. 어떤 사람은 내가 80년대를 못 따라갔다고 그러는데, 내가 못 따라간 것이 아니고 그들을 안 따라간 거예요. 안 따라간 것은 김수영 선생 말대로 참여시이기 이전에 현대시여야 하고 현대시이기 이전에 양심 있는 시, 거짓말 안 하는 시와 문학이 되어야 하는데, 의도적으로 거짓말했다는 말은 아니지만 깊은 생각 없이 한때 모더니스트 시인들이 외국의 모더니즘 사조에 휩쓸려갔듯이 어쨌든 외래 사상인 맑시즘이나 레닌 사상에 너무 휩쓸려가기 때문에 내가 거기 안 가고 버틴 것이지요. 그러다보니까 제가 소시민, 즉 쁘띠부르주아, 민족주의자 소릴 들었지만 지내놓고 보면 그들 중 상당수는 80년대 지나서는 다 돌아서요. 내가 80년대보다 70년대에 더했다는데 저는 거기에 동의하지 않습니다. 저의 일방적인 주장입니다만 70년대보다 80년대에 더 앞으로 나갔는데 당시 사람들이 몰라주었고, 지금도 그때 내가 욕먹던 잔영이 남아서 독자들이 80년대는 70년대보다 내가 후퇴했다고 생각하는데 그렇지 않습니다. 내가 1990년에 낸 책이 『민족문학의 새 단계』라는 책인데요. 거기에 실려 있는 80년대 평론들을 좀 보시면 알 수 있을 것입니다.

「살아 있는 김수영」, 김수영 시선집 『사랑의 변주곡』 발문, 1988

홍기원 "김수영의 「풀」에서 민중의 모습을 연상하는 것 자체가 민중 문학론자의 억측이라 보아서는 안 된다. '풀'과 '민초'는 말뜻에서부터 이미 연결되거니와, 「풀」에 앞선 김수영의 작업에서도 「풀의 영상」이라 든가 「꽃잎 3」 등의 풀 이미지는 모두 가냘프면서도 더없이 질기고 강한 어떤 것을 암시해온 터이다. 그리고 이 마지막 작품에 가서 민중의 존재 가 이러한 비유 아닌 비유를 통해서나마 떠오르게 된 것은, 시인이 「말」 에서와 같은 '죽음을 위한 말 죽음에 섬기는 말/고지식한 것을 제일 싫 어하는 말'의 연습을 거듭해왔고 「사랑의 변주곡」 같은 '잘못된 시간의/ 그릇된 명상'도 마다하지 않았으며 「여름밤」에 이르러 그가 제일 못 참 아하던 '소음'도 달리 볼 줄 알게 됨으로써 가능해진 것이다. 그러므로 「풀」 자체는 역시 하나의 소품이지만, 김수영이 그때 죽지 않았더라면, 결코 산문적인 의미로 환원될 수 없다는 점에서는 끝까지 '난해시'와 통 할지라도 좀더 독자에게 친절하고 민족적·민중적 정서에 친근한 걸작 들을 쓰게 되었으리라는 심증을 굳혀준다."

이 말은 '4·19시'를 뛰어넘는 '새로운 4·19시'를 의미하는 말입니까?

백낙청 왜 굳이 '새로운 4·19시'라고 표현을 하시나요? 김수영의 50년대 시는 대개 난해한 시는 아니죠. 또, 이후의 김수영 시를 요즈음 젊은 시인들을 포함해 많은 시인들이 쓰는 난해시와 비교해보면 김수 영의 언어가 난해하지 않습니다. 김수영은 난해시라는 데서도 직설적으 로 이야기합니다. 특별히 어려운 문장이라는 것이 없고, 어렵다면 이미 지와 이미지가 왜 이렇게 연결되는가, 왜 이런 이야기를 할까 하는 게 얼 핏 안 들어오는 것인데, 그게 바로 김수영이 말하는 "고지식한 것을 제 일 싫어하는 말" 때문인 것입니다. 일부러 요렇게 어렵게 이야기하면 재 미있겠구나 하는 그런 어려운 표현이 김수영 시인에겐 없어요. 그래서 요즈음은 김수영의 시하고는 다른 진짜 난해한 시가 너무 많은데 김수영의 난해시와 여타 난해시를 비교해볼 필요가 있다고 생각해요. 옛날에 우리 그림과 글씨를 이야기할 때 제일 중요한 것이 기운생동(氣韻生動)이란 말인데 김수영의 시에는 뭔가 살아 움직이는 펄떡이는 리듬 같은 게 있어요. 김수영 시에는 얼핏 이해가 가진 않아도 탁 전해져오는 힘이 있습니다. 그리고 지금도 말씀드렸지만 김수영 시를 뜯어보면 언어 자체가 그렇게 난해한 것이 아니에요. 그 당시로는 드물게 일상생활 언어를 시어로 많이 도입한 분이 김수영이거든요. 그런데 그분의 복잡하고 고차원적인 사유로 새로운 사유를 탐구해가기 때문에 비약이 있는 거예요. 어떤 주장을 하는데 왜 그렇게 말씀하시나? 그게 얼핏 안 들어오는 거예요. 그런 의미에서 난해한 것이죠. 나는 4·19와 다른 차원에 도달했다고 보기 때문에 굳이 새로운 4·19시라고 부를 필요도 없지 싶습니다. 여담을 한마디 하면 시 「말」에서 인용한 시구절 "죽음을 위한 말 죽음에 섬기는 말/고지식한 것을 제일 싫어하는 말"―이 대목에서 '제일 싫어하는 말'을 '제일 싫여하는 말'로 경아리 투로 발음을 하셨고, 그리고 '죽음에 섬기는 말'은 일본어 어법이잖아요. 모르고 일본어 어법을 썼을 수도 있고, 아니면 죽음을, 죽음을 두번 되풀이하는 것에 변화를 주려 했을 수도 있는데, 우리말 어법 자체로는 누구를 섬긴다고 하지, 누구에게 섬긴다고 하지 않잖아요. 이 양반이 일본어에서 이민을 했다고 하잖아요. 그런 표가 나는 것도 같아요. 「풀」이야기 하다 여기까지 왔는데, 「풀」이 나오니까 한편에서는 김수영 선생이 드디어 민중시를 썼다면서, 그 당시에 한참 유행하던 민중시 계열에 편입하려는 움직임이 있었고, 다른 한편으론 황동규 시인 같은 분이 그렇게 보면 안 된다, 오히려 무의미의 시에 가까운 것이다, 김춘수의 「꽃」 같은 시다라고 했죠. 나는 양자 다 일리가 있지만, 어느 한쪽으로 보는 것은 김수영을 단순화하는 것이라고 보고 있어요. 그래서 1988년 20주기 때였지요. 그동안 김수영 작품

집은 민음사에서만 냈는데 그때는 민음사의 허락을 받아서 『창비』에서 선집을 하나 만들었어요. 그때 발문을 쓴 것이지요.

백낙청·염무웅 대담 「추억 속의 김수영, 다시 읽는 김수영」, 염무웅·최원식·진은영 엮음 『시는 나의 닻이다』, 창비 2018

홍기원 선생님은 "소박한 리얼리즘 전통을 이어받은 시인으로 김수영을 설정한다면 말이 안 되죠. 4·19 직후의 시 일부를 가지고 그렇게 말할 수도 있겠지만요"라고 말씀하셨습니다. 4·19 직후 일부 시를 소박한 리얼리즘 시라고 말할 수 있다고 하셨는데 「우선 그놈의 사진을 떼어서 밑씻개로 하자」 같은 시를 말하는 것입니까?

백낙청 딱히 그 시를 염두에 두고 한 말은 아니지만 4·19 이후에는 그런 김수영의 깊은 사유를 표현했다기보다 현실 고발이나 주장이 앞선 시들이 꽤 있었지요. 그 시 중에서도 가령 「육법전서와 혁명」 같은 시는 혁명을 하면, 육법전서대로 혁명을 하면 혁명을 하지 말자는 말과 마찬가지라는 이야기인데, 아주 쉬운 메시지를 담고 있지만 그런 시는 지금 우리 시대에도 참고가 되는 시라고 할 수 있지요.

홍기원 3·15마산의거 이후 쓰인 「하…… 그림자가 없다」란 시에서 김수영 시인은 이미 혁명적 상황을 예감하고 시를 썼지 않습니까? 그러면서 시가 엄청 쉬워지는데 이런 시가 소박한 리얼리즘 시인가요?

백낙청 제가 그렇게 말한 계기가 황규관 시인이 쓴 『리얼리스트 김수영』이란 책과 관련이 있는데, 혹 보셨어요? 저는 그 책이 좋은 책이라고 생각해요. 거기서 말하는 리얼리스트 김수영의 리얼리즘은 성격이 다른 것이고, 현실 재현주의라든가 현실 고발이든가 그런 의미에서 김수영을 리얼리스트라고 부른 것이 아니거든요. 나도 저자의 리얼리즘 개념을 지지하면서 이런 이야기를 했던 것 같아요.

홍기원 선생님은 1966년 2월 창간된 이어령 선생 주도의 계간 『한국문학』 창간호 출간 회식 자리에서 말석에 앉아 있었는데 김수영 시인이 "잡지를 할 거면 좀 『창작과비평』처럼 치고 나와야지!" 하시는 말씀을 듣고 '아, 『창비』를 알아주시는 분이 있구나' 생각했다고 하셨습니다. 그이후 선생님이 『사상계』 문학란을 담당하던 한남철 소설가를 통해 김수영 시인을 소개받았다고 하셨고요. 그리고 선생님이 김수영 시인을 소개받은 이후 "그후로는 주로 염선생하고 나하고 한남철, 이 세 사람이 김수영 선생을 함께 많이 만났죠"라고 말씀하셨습니다. 세분이 언제 어디서 김수영 시인을 처음 만났는지 만난 장소가 어디인지 말씀해주실 수 있습니까?

백낙청 내 친구 한남철이 소개해서 김수영 선생하고 만났고, 염무웅 선생은 더 전에 신구문화사에서 만났지요. 그때는 신동문 선생이 계실 때죠. 한남철이나 염무웅 선생이나 그때 나하고 가까운 사이였는데 김수영 선생이 우리를 아껴주셨어요. 여기저기서 많이 만났고 댁에도 찾아가고…… 김현경 여사가 얼마 전에 하신 얘기인데 김수영 선생이 누구를 집으로 안 부르신대요. 백선생님과 염선생님은 언제든지 환영이었다, 그런 말씀을 하셨어요. 김수영 선생을 처음 만난 것은 한남철이 소개해서였어요. 한남철은 내 친구인데, 그의 소개로 김수영 선생에게 인사를 드린 것 같아요. 현암사에서 이어령 선생이 주관한 『한국문학』 창간 기념식에 내가 갔을 때는 김수영 선생을 몰랐지요. 그후에 소개를 받았지요.

홍기원 선생님이 하바드에서 1950년대에 석사를 받고 귀국이 1962년이었습니까?

백낙청 1960년에 석사를 마치고 귀국을 했고 그리고 군복무를 했지요. 그때 제도가 있어서 3년 다 복무를 안 하고도 1년 하고 외국 유학을 가면 군에서 귀휴를 시켜주었어요. 일단 부대에서 내보내줘요. 유학시험을 붙으면 그때 귀휴를 시켜주는데 그러기 위해 나도 새로 유학 시험을 쳤지요. 그전에 갈 때도 쳤지만. 그래서 유학 시험에 다시 붙어 귀휴를 받은 게 61년 말 정도 될 겁니다. 귀휴가 조건부 제대 같은 거예요. 그때는 그런 제도가 있었어요. 제대를 전제한 장기휴가예요. 그래서 6개월 내 그 조건을 충족시켜 유학을 가면 제대를 시켜주는 거예요. 못 가면 다시 원대복귀 하는 거고요. 하바드 갔다가 군대를 갔다가 다시 시험을 쳐서 붙어서 군대 1년 복무하고 귀휴 받아서 62년 3월에 다시 미국 유학을 간 거지요. 하바드에서 돌아올 때 박사과정을 밟을 수 있었는데 포기하고 왔어요. 그래서 다시 박사학위 신청해서 입학허가서를 받아가지고, 그때는 문교부하고 외무부 시험을 다 봤어요. 시험 쳐서 붙으니까 군대에서 귀휴 조치해준 거지요. 62년 9월부터 하바드 박사과정 들어가서 1년을 마쳤는데 마침 서울대 자리가 생긴 거예요. 그래서 박사과정을 다 안 마치고 귀국했어요. 그랬다가 69년에 다시 간 거지요. 63년 후반기에 들어와서 서울대에 나가면서 『창비』를 준비해서 66년 1월에 『창비』를 발간했던 거고요.

홍기원 선생님은 "김수영 선생이 『창비』를 그렇게 좋아하셨지만 시를 안 실은 것에 대해서 꽤 섭섭해하셨어요. (…) 처음부터 그런 얘기를 안 하고 한참 지내다가 『창비』도 시를 좀 싣지 그러냐고 하시면서 시인을 추천했는데, 그래서 제일 먼저 실은 시인이 김현승이에요. 그다음에는 김광섭 신동엽. 그리고 같은 호에 네루다 시를 김수영 선생이 번역해서 실었는데, 자기 시를 싣자는 말을 안 해요. 나중에 가서야 당신 시도 한번 실을 준비를 하고 있다는 얘기를 하셨는데, 그러고 나서 바로 작고하셔가지고……"라고 말씀하셨습니다. 김수영 시인께서 시인을 추천해주시고 네루다 시 번역과 『창비』 1967년 여름호에 「'문예영화' 붐에 대해서」, 『창비』 1967년 겨울호에 「참여시의 정리」 등을 기고하실 때 선생님이 전화로 청탁을 하셨습니까? 아니면 김수영 시인께서 『창비』 편집회의에 참석하셨습니까? 『창비』 편집회의는 어디에서 하셨습니까?

백낙청 『창비』 편집회의랄 게 없었어요. 그때 사무실이 없었어요. 우리 집이 사무실이었지요. 우리 집이 운니동에 있었고요. 우리 집 근처에 보진재 인쇄소가 있었습니다. 운니동 44번지 정도가 우리 집이었어요. 한옥이었고 담 너머에 운당여관이 있었어요. 제가 집에서 인쇄소를 직접 다녔죠. 편집회의 그런 것은 없었어요. 67년 정도부터 염선생이 일을 도와주기 시작해서 자주 만났지요. 그때는 내가 시에 대한 식견이 부족할 때이고 김수영 선생의 시는 어렵더라고요. 그런데 산문은 시원시원하잖아요. 그래서 산문을 부탁했는데 첫번째 산문 「'문예영화' 붐에 대해서」는 썩 중요한 산문이 아니고, 그다음에 「참여시의 정리」는 대단히 중요한 글인데 그것이 김수영 전집 초판에는 빠졌더라고요. 초판 만드시는 분이 『창비』를 열심히 안 본 거지요. 나중에 다시 증보판 내면서 그때 실었어요. 김수영 선생하고는 수시로 연락하고 만나는 사이였으니까, 언제 어떻게 청탁을 했는지 모르겠어요. 편집회의라는 게 따로 없었어요. 김수영 선생은 우리와 같이 편집회의를 할 군번이 아니지요. 아득한 선배지요. 그리고 그때 『창비』가 시를 안 실을 때예요. 김수영 선생은 그게 불만이셨죠. 하지만 이분은 굉장히 겸손한 분이셨지요. 내 시도 좀 신자 이런 말씀은 안 하시고, 끝까지 안 하셨죠. 그러다가 『창비』가 시를 싣기 시작하면서 김현승, 김광섭, 신동엽을 실었어요. 그리고 네루다 시를 번역해 오셔서 "번역은 좀 실어도 되지 않냐?" 하셨죠. 네루다 시 번역은 중역입니다. 『엔카운터』지에 나온 영어번역을 다시 번역한 거예요. 스페인 문학 전공하는 친구들은 번역이 원문과 거리가 좀 있다고도 하는데 어쨌든 당시에는 독자들에게 감동을 많이 주었어요. 그리고 네루다란 사람이 공산주의자잖아요. 그러나 『엔카운터』지라는 반공 잡지에 실렸기 때문에 번역해서 쓴다면 큰 문제는 안 될 것이다 해서 실었어요. 그때는 몰랐는데 나중에 알고 보니 『엔카운터』지가 미국 CIA에서 돈을 대주는 잡지였어요. 우리나라에 자유롭게 수입되는 영어잡지였지요. 그러고 나서 김수영 선생이 "나도 『창비』에 실을 시를 준비하고 있다"라는 말씀을 슬쩍 했어요. 「성(性)」이란 시, 「원효대사」 이런 시가 그때 선생이 『창비』에 주려고 준비하던 시였지요. 그러다가 돌아가시니까 우리가 유고들을 찾아서 여러편을 실었지요. 『창비』 1968년 가을호에 특집으로 실었지요.

홍기원 선생님 자택이 편집실이었군요. 그러면 자택에 김수영 시인도 찾아오셨어요?

백낙청 사모님하고 여성분 데리고 오셔서 우리 집에서 저녁 먹고 술 같이 먹고 늦게까지 있다가 가신 적이 있지요. 그 여성이 Y여사라고 「미인」에 나오는 그분이셨죠. 그 「미인」 시가 먼저 나오고 난 다음에 그 Y여사하고 같이 방문하셨죠.

홍기원 "열변을 토하는 걸 들으면 빨려들게 되어 있다고 그러셨는데, 정말 그렇죠. 그런데 그게 그냥 달변이기 때문만이 아니고, 먼저 사심 없이 사태를 정확하게 보고 정직하게 짚어내시니까 빨려들지 않을 수가 없는 거예요. 어느 날인가요, 일식집 2층에서 몇시간을 그분이 우리 몇사람 놓고서 열변을 토하신 적이 있어요." 몇사람은 누구인지요? 장소는 어느 일식집인지 알 수 있나요?

백낙청 그때 아마 한남철이가 같이 있었나. 그리고 그때 김수영 선생 말씀 듣고 탄복한 친구로, 알려진 친구는 아닌데 서울대 중문과 나오고 타이베이대학에도 유학한 중문학자 김익삼(金益杉)이라고 있습니다. 당시 내가 그 친구한테 한문을 좀 배우고 있었어요. 사마천의 『사기』 중에 몇편 뽑아서 한문 공부를 하고 있었는데, 우연히 같이 있게 되었어요. 김수영 선생은 마음에 안 맞는 친구가 있으면 금방 알아챕니다. 착하고 선량한 친구다 하면 격의 없이 자기 할 말을 다 하시거든요. 그때가 어떨 때였냐 하면 문인협회에 내분이 생겼을 때였어요. 원래는 월탄 박종화 선생을 모시고 밑에 김동리, 서정주, 황순원 쫙 있고, 그 밑에서는 조연현이 실권을 행사하고 그랬던 건데, 박종화, 조연현 대 김동리로 갈라졌어요. 그다음 이사장은 서정주 시인이 하셨나 그러고 나서 동리 선생이 하시고, 그다음에 조연현이 반격해서 다시 잡았지요. 그래서 김동리 선생은 거기서 나와 『월간문학』이란 잡지를 창간했지요(1968년 9월 창간). 문협의 분열 소식이 터진 직후였어요. 김수영 선생이 신이 나가지고, 김수영 선생은 한국문인협회 자체를 못마땅해하셨죠. 권력을 쫓아다니는 무리라고 생각하셨죠. 자기끼리 싸우니까 그 이야기를 신나게 하시면서 사필귀악이다, 못된 놈들은 못된 것으로 끝난다, 그런 이야기를 두시간 넘게 하시는데 우리가 홀린 듯이 들었어요. 김익삼은 특히 처음 보는 분이니까, "이런 시인이 있구나" 했겠지요. 김익삼 그 친구는 그뒤에 미국에 가서 대학도서관의 한국도서 담당 사서가 되었는데, 그후로 어떻게 되었는지 모르겠어요. 생존해 있는지 어떤지. 김익삼이란 친구는 얼마 전에 작고한 채현국 선생이 소개를 해서 알게 되었어요. 만났던 곳은 복청이라는 일식집이었는데, 청진동 입구에 있었어요. 그 2층에서 몇시간을 떠들었는데, 그 시절에는 꽤 유명한 집이었어요. 화려하지는 않았지만 괜찮은 일식집이었어요. 지금은 건물 자체가 없어져버렸지만요.

홍기원 김지하 시인이 '김지하 회고록' 중 '조동일' 편에서, "조형이 언젠가 내가 시를 발표하고 문단에 데뷔할 때가 되었다고 주장하며 시고를 달라고 했다. 나도 그 까닭을 알고 「황톳길」「육십령고개」 등 여섯편인가를 주었는데, 그가 원고를 보낸 '창비'는 백낙청과 김수영의 감식을 거쳐 '불가'하다는 판정을 내린 결과, 원고를 되돌려 왔다. 조형은 이것을 내내 민망해하고 미안해했다"라고 나옵니다. 그런데 최하림의 『김수영 평전』에서는 "김지하의 「황토」를 비롯한 여섯편의 시가 염무웅의 손을 거쳐 그(김수영)의 손으로 들어갔다. 「황토」를 실으라고 해야 할지 말아야 할지 결단이 내려지지 않았다. 예전 같으면 「황토」 같은 시를 왜

신지 못한다는 거예요? 그런 자유가 없이 무슨 계간지를 내겠다는 거예요?'하고 분통을 터뜨렸을 김수영이었지만 이제는 단순하게 '자유'를 말할 수 없었다. 자신의 한 작품을 발표한다는 것과 한 잡지가 작품을 발표한다는 것은 달랐다. 『창작과비평』은 폐간되어서는 안 된다. 생존해야 한다. 이만한 의식을 가진 잡지가 우리 문단에 태어났다는 것은 뜻밖의 행운이라고 해야 한다. 김수영은 백낙청과 염무웅에게 「황토」의 제목을 바꿔 발표하면 어떻겠느냐고 했다"라고 전후 사정을 설명합니다. 이런 사정을 이야기했는데도 김지하 시인이 시 제목 변경은 불가하다고 했나요? 김지하 시인의 등단과 관련된 이야기를 듣고 싶습니다.

백낙청 김지하 시인 자신의 이야기가 있고 최하림 시인의 『김수영 평전』에서의 이야기가 있는데 둘이 많이 다르잖아요. 그런데 김지하 시인의 말이 더 정확합니다. 하지만 '김지하 회고록'에 "「황톳길」「육십령고개」 등 여섯편인가를 주었는데"라고 김지하 시인이 말하는 건 내 기억하고 달라요. 내 기억으로는 대학노트로 한권을 받았어요. 대학노트에 여섯편보다 더 많이 있었던 것으로 기억해요. 그것 말고는 김지하 회고록 말이 맞고 최하림이 『김수영 평전』에 쓴 이야기는 일방적인 거예요. 먼저 말할 것은 김지하 시인이 조동일 선생을 통해서 시를 주었는데, 그중에서 우리가 몇편을 골라서 실으면 김지하 시인으로서는 데뷔가 되는 것이고 『창비』로서는 시를 안 싣던 참에 시를 실으니까 주목받는 일이 되는 것이었는데요. 그걸 안 하기로 한 결정은 내 책임이고, 솔직히 말해서 제가 시에 대한 식견이나 안목과 자신감이 그때로서는 많이 부족했다고 반성하지 않을 수 없지요. 그때 내가 그것을 읽어보고 어떤 시는 참 좋고 어떤 시는 너무 서정주 냄새가 난다 토속적이다, 분명 김지하 시인은 서정주 시인과 다른 시인인데, 이런 생각이 들어서 김수영 선생한테 한번 보시라고 드렸어요. 그런데 그때 내가 잘 몰랐던 것은 김수영 선생은 이런 유의 토속적인 서정이 담긴 시를 아주 싫어하신 거예요. 드리고 난 뒤에 일정 시간이 지난 뒤에 다시 여쭤보았죠. 그랬더니 "그런 시는 이용악도 있고 많이 있어요"라고 심드렁하게 이야기하시는 거예요. 그래서 내가 더 쥐고 있었어요. 불가 판정을 내린 것은 아니고요. 그런데 조동일씨가 와서 "실으려면 빨리 싣고 안 실으려면 빨리 돌려달라. 다른 데 내겠다"는 식으로 말하는 거예요. 그래서 그렇다면 돌려주겠다고 해서 그때 서울대 문리대 교정 안에 학림다방이라고 있었는데 거기서 김지하 시인을 만나서 내가 대학노트를 직접 돌려주었습니다. 염무웅 선생하고는 아무 관련이 없어요. 최하림 선생이 또 우리가 그때 「황톳길」를 실었다가 『창비』가 폐간당할까봐 걱정이 돼서 안 실었다는 것은 전혀 사실과 달라요. 그때 아마 김지하 시를 냈다고 해서 『창비』가 폐간당하거나 수색을 당하거나 탄압을 당하거나 하는 일은 없었을 것이라고 나는 판단해요, 추측이지만. 그때는 김지하 시인은 그렇게 주목받는 인사가 아니었고, 『창비』도 문단 내에서는 사회과학파, 좌파라는 말이 돌았지만 당국이 중요시하는 잡지는 아니었어요. 그래서 그것을 내서 폐간될까봐 겁이 나서 안 실은 것은 아니고 김수영 선생이 「황톳길」제목을 바꿔서 실으면 어떻겠느냐고 말씀하신 적도 전혀 없고요. 이용악 시인은 여느 서정시인과는 다른 서정시인이었지만 김수영 선생은 우리에게 너무 익숙한 서정시를 아주 싫어하셨기 때문에 부정적으로 이야기하셨고, 내가 식견도 부족하고 자신감도 없을 때인데 김수영 선생이 그렇게 말씀하시니까 내가 안 실은 거예요. 그때 「육십령고개」라는 시가 제일 앞에 있었을 겁니다. 「황톳길」은 김지하가 나중에 『황토』라는 시집을 내서 유명해진 것이지 그때 「육십령고개」 시가 기억에 남고, 짧은 시지만 「들녘」이란 시가 있어요. 공책에 있던 시들이 대개 다 『황토』 시집에 실렸어요. 그런데 그때 김지하를 실었다고 당장에 탄압받거나 그러지는 않았을 겁니다.

다시 동학을 찾아 오늘의 길을 묻다

백낙청(『창작과비평』 명예편집인, 서울대 명예교수, 사회)
김용옥(철학자, 한의사)
박맹수(역사학자, 원불교 교무, 원광대 총장)
2021년 7월 23일 후즈닷컴 스튜디오

백낙청 먼저 오늘 좌담에 함께해주신 두분께 감사의 말씀을 드려야
겠습니다. 도올 선생은 원래 에너지가 넘치시지만 그래도 정말 살인적
인 스케줄을 소화하고 계신데 좌담에 와주셔서 감사드리고요. 박맹수
선생은 원불교 교무로서 법명이 윤철(允哲)이고 학산(學山)이 법호지요.
지금 원광대 총장직까지 수행하고 있어 누구보다 바쁘실 텐데 나와주셔
서 감사합니다. 창비에서 이런 좌담을 기획하게 된 계기는, 도올 김용옥
선생께서 두권짜리 『동경대전』(통나무 2021)을 내셨죠. 그야말로 대작인
데, 이를 계기로 우리가 동학을 재인식하는 건 물론이고 동학이 대결했
던 사상적인 유산이라든가 시대현실을 살펴보고 이어서 오늘의 상황까
지 좀 폭넓게 논의해보고자 합니다. 본격적인 시작에 앞서 두분도 인사

■ 이 좌담은 『창작과비평』 2021년 가을호에 실린 것이다.

겸 간단한 소회랄까, 이 좌담에 기대하시는 바를 짤막하게 말씀해주시죠.

박맹수 저는 1955년생인데요, 대학생 시절에『창작과비평』과 '창비신서'의 세례를 받으면서 사상형성을 한 시기가 있었습니다. 그리고 대학원에 진학하고 나서 도올 선생님이 하바드대 유학 마치고 와서 쓴『동양학 어떻게 할 것인가』(민음사 1985)를 읽고 받은 지적 자극은 과장해서 말하면 세세생생 잊을 수 없을 정도였습니다. 세계적 석학으로 꼽히는 두 분을 모시고 말석에 끼게 된 것을 과분한 영광으로 생각합니다. 평소 궁금하고 듣고 싶었던 내용을 많이 여쭈어서 우리 후학들에게 큰 지침이 될 수 있는 자리로 만들었으면 좋겠다는 바람을 가지고 왔습니다.

김용옥 저는 우선 우리가 이 한자리에 앉아 있다는 것 자체가 우리 사회의 본질적 진화를 의미한다고 봐요. 과거에 만나지 않았던 사람들이 이렇게 만나고, 의사소통을 하고, 그리고 대중을 향해서 심오한 주제를 진지하게 이야기한다는 것 자체가 우리 문명의 생명력, 그 창조적 전진을 의미한다고 생각합니다. 무엇보다도 백선생님께서 도올은 정통적인 학문 수련을 받은 사람인데 우리나라 학계에서 상당히 배척하는 인상이 있고, 이런 자리를 통해서라도 어떤 역사적인 자리매김을 다시 해야 한다고 말씀하셔서 저는 눈물겨울 정도로 감사했습니다. 역사적 평가는 역사 그 자체의 몫이겠지만, 지금 제가 느끼는 이런 감격이『창비』를 읽는 젊은 문학도·사상학도들에게 참신한 영감(靈感)을 던질 수 있기를 바랍니다.

『동경대전』과 동학

백낙청 제가 도올께 그런 말씀을 드린 건 사실이에요. 도올 선생은 추종자도 많고 독자도 많지만 주류 학계에서는 일부러 담을 쌓다시피 하고 있는데, 창비가 힘이 큰 데는 아닙니다만 이렇게 함께 논의하는 자리를 통해 조금 돌파할 수 있지 않을까 합니다. 『동경대전』 1, 2권은 각기 '나는 코리안이다'와 '우리가 하느님이다'라는 부제가 달렸고 김용옥 '지음'이라 되어 있습니다. 단순한 번역과 주석서가 아니고 독자적인 내용을 많이 담은 책이라는 뜻이지요. 우선 1장 「서언」을 읽으면서 저는 소설 읽는 것처럼 재밌었어요. 「동경대전」(이하 김용옥 저서는 『동경대전』으로, 동학의 창시자 수운水雲 최제우崔濟愚의 경전은 「동경대전」으로 표기함—편집자) 초판본을 입수해 비정(批正)을 하고 여러 새로운 사실을 밝혀놓았는데, 하여간 그 경위가 너무 재미있었습니다. 이 책을 쓰시기까지의 긴 과정에서 가장 기억에 남는 순간이나 지금의 소감을 간략히 말씀해주시면 좋겠습니다.

김용옥 저같이 고전학 수련을 받은 사람한테는 초판본이라는 것이 매우 중요합니다. 특히 제가 수학한 동경대(토오꾜오대)의 중국철학과는 아주 엄밀한 훈고학적인 훈련을 시키는 곳이었기 때문에, 저는 초판본의 문헌학적 의미에 관해 다각적인 인식이 있었습니다. 그런데 「동경대전」을 공부하려고 보니까 초판본이 없었어요. 이게 2009년에나 발견이 되는데, 제가 평생 동학의 스승으로 모신 표영삼(表暎三) 선생님도 인제 경진초판본을 결국 못 보고 돌아가셨습니다. 후학으로서 입수된 초판본을 봤을 때 그 감동은 이루 말할 수 없었죠. 눈물이 쏟아져 나오고, 내가 너를 얼마나 찾았는데 이렇게 늦게 나타나느냐고 원망도 했죠. 우선 이 초판본에 대해서는 철학적 해석은 둘째 치고, 하드웨어적인 사실이 중요합니다. 초판본이 나타나기 전까지 이것은 무비판적으로 그냥 목판본으로 알려져 있었어요.

팔만대장경을 보면 쉽게 알 수 있지만 목판인쇄라는 것은 우선 경판이라 불리는 나무판을 만들어야 하고, 그 위에 글이 적힌 창호지를 뒤집어 붙여서 한 글자 한 글자 끌로 파내야 하니까 엄청난 공력과 시간이 들어가는 겁니다. 그런데 「동경대전」은 거의 모든 판본이 목판본이 아니라 목활자본이었습니다. 이 사실이 굉장히 중요해요. 목판본과 달리 목활자본은 각판을 준비할 필요가 없고, 개별 활자를 수시로 움직일 수 있습니다. 목판본처럼 전체를 나무판 위에 새기는 것이 아니라 계속 해판을 하며 두세개의 인판만으로도 전체를 인쇄할 수 있습니다. 그러니까 매우 간편하게 단기간에 인쇄가 가능한 것이지요.

그런데 여태까지 목판본이라고 주장해왔던 사람들은 이런 단순한 사실에 무지합니다. 그리고 수정되어야만 하는 오류를 오류라고 받아들이지 않고 있습니다. 그러나 이것은 과학이거든요. 사계의 전문가들을 총망라해 의견을 듣고 우리나라 과거 인쇄사의 상식에 비추어 고증해야만 하는 과학적 사실인데도 생각을 바꾸려고 하지 않아요. 답답할 뿐입니다.

박맹수 후학으로서 서너가지 큰 인상을 받았는데요. 우선 앞으로 동학사상 및 한국학 연구가 도올 선생님의 『동경대전』 이전과 이후로 나뉠 정도로 일대 사건이라는 점입니다. 판본학의 어떤 전범이랄까 모범을 이 역작을 통해서 보여주셨습니다. 이를 문헌비평이나 사료비판이라 할 수도 있는데, 이 부분에 대해서는 후학들이 잘 따를 거라고 봅니다. 또 하나는 선생님의 동학 연구는 반세기 이상에 걸치죠. 고려대 학부 시절부터 이미 박종홍(朴鍾鴻)·최동희(崔東熙)·신일철(申一澈)과 같은 1세대 동학 연구자분들의 세례를 받아 문제의식을 가지고 계셨고, 반세기간 그 화두를 놓지 않고 이번에 집대성하신 겁니다. 선생 개인에게도 대단한 학문적 성취고 우리 한국사의 커다란 성취라는 말씀을 드리고 싶습니다. 끝으로 제 전공은 근대 한국사상사에서 동학부터 증산교, 원불교, 민중운동인데, 동학이란 다른 말로 하면 조선학이고 국학이고 한국학입니다. 그런데 이를 연구하고 그 문제의식으로 한국사회를 진보시키려 했던 우리의 수많은 선배들이 피를 흘리고 희생됐죠. 이번에 『동경대전』이 나옴으로써 조선학을 하려고 했고 조선을 제대로 세우려 했던, 피

흘리며 돌아가신 수백만 영령들을 위한 참된 진혼곡을 올려주셨다는 인상을 받았습니다.

백낙청 멋있는 말씀이네요. 제 짧은 지식의 범위 안에서도 『동경대전』은 도올의 저서 중에서도 특별한 것 같아요. 판본학 이야기가 나왔습니다만, 판본학이라는 건 비단 한국학이나 동양학뿐 아니라 서양에서도 굉장히 중시합니다. 영문학에서도 판본학의 전통이 상당히 탄탄한데 우리나라에는 그게 참 드물다는 생각을 해왔습니다. 도올 선생의 다른 책들에서도 판본 얘기가 나옵니다만 이번처럼 선행 연구를 하나하나 실명으로 시시비비를 가린 예는 없었던 것 같아요. 그래서 참 새로운 작업을 하시는구나 하는 생각이 들었습니다. 나는 비평적인 안목이 없는 문학자들은 사실 판본학도 제대로 못한다고 봐요. 옳은 감정(鑑定)이 나오기 어렵거든요. 그런 점에서도 참 감명 깊게 읽었습니다.

김용옥 한가지 말씀드릴 건 『동경대전』 제1권은 「대선생주 문집(大先生主文集)」(동학의 창시자 수운의 일대기를 기록한 책)이 중심이 되어 있습니다. 그런데 「대선생주 문집」에도 판본학적 문제가 얽혀 있습니다. 모든 사람들이 「도원기서(道源記書)」라는, 필사본으로 전해져온 책을 동학의 역사를 말해주는 가장 권위있는 책으로 받아들이고 있어요. 「대선생주 문집」은 제가 새로 발견한 문헌이 아니라 원래 있었던 것인데, 사계의 연구자들이 「대선생주 문집」에 대한 인식이 부족했습니다. 일반적으로 가장 권위있다고 맹신되어온 「도원기서」보다 「대선생주 문집」이 더 오리지널한 것이라는 사실에 엄밀한 인식이 미치지 못했습니다. 「도원기서」의 전반부가 원시자료인 「대선생주 문집」을 바탕으로 재구성된 것이라는 사실을 모르고 있었다는 말이죠. 「대선생주 문집」은 후대에 만들어진 「도원기서」보다 훨씬 더 리얼한 인간 수운을 말해주고 있습니다.

그래서 이 「대선생주 문집」에 나타난 수운의 모습을 『동경대전』 1권에 놓음으로써 사람들이 그의 저서를 알기 전에 그 인간을 알 수 있게 해준 겁니다. 『맹자(孟子)』의 「만장 하(萬章下)」에 이런 말이 있거든요. "독기서(讀其書)" 책을 읽는다면서 "부지기인(不知其人)" 그 책을 쓴 그 사람을 모른대서야 "가호(可乎)" 그게 될 말이냐. 사실 「동경대전」을 읽으려면 수운이라는 인간을 먼저 알아야 한다, 이를 정확한 텍스트를 통해 알려줘야겠다. 이러한 독서법적 작전이 이번 『동경대전』 프로젝트의 핵심을 이루는 것입니다.

박맹수 제가 부연설명을 드리자면 도올 선생님이 「대선생주 문집」을 처음부터 끝까지 완벽하게 번역 주석을 하셨습니다. 그전에도 여러 이본들을 대여섯분이 검토한 적이 있어요. 이번에 도올 선생님이 엄청나게 비판한 김상기(金庠基) 선생님이 1960년대에 최초로 하셨고, 그뒤에 국사편찬위원장을 하셨던 이현종(李鉉淙) 선생님, 그리고 조동일(趙東一)·표영삼 선생님이 하셨고, 말석에 박맹수·윤석산(尹錫山) 등이 있습니다. 이런 기존의 연구를 도올 선생님이 개벽을 시켜버렸습니다.(웃음) 찬성이나 지지·공감을 떠나 굉장히 논쟁적인 문제제기를 하셨기 때문에 「대선생주 문집」의 이번 주석 번역이야말로 동학의 개벽을 일차로 이뤄내셨다 하겠습니다.

백낙청 내가 듣기로는 학산님께서 동학을 연구해온 젊은 후학들을 데리고 세미나도 하셨다는데, 도올이 확 뒤집어버리고 개벽해버린 점에 대해 반응이 어때요?

박맹수 책이 나오자마자 4월 중순부터 강독모임을 구성해서 이 잡듯이 읽고 있습니다. 반응은 아주 극과 극, 천양지차입니다. 이거야말로 전범을 보여주었다는 열렬한 의견이 3분의 2고요, 좀 까다로운 연구자들은 논쟁이 필요하다고 합니다. 제 개인적으로는 거시적으로 엄밀한 판본 검토와 정치한 주석 작업을 통해 동학 연구에 있어 하나의 새로운 프레임을 제시한 부분에는 전면적으로 공감하고 있습니다만, 세부적인 데는 조금 논란이 있겠다는 생각입니다. 하나만 예를 들면 인제경진판이 경진년(1880)에 인제에서 간행된 건데, 선생님도 말씀하셨지만 간기(刊記)가 없습니다. 간행 연도나 장소가 없죠. 그런데 계미중춘판은 1883년 음력 2월에 나왔다는 명확한 간기가 있어서 역사학적으로는 좀더 신빙성을 둘 수 있고 강조할 필요가 있다는 의견입니다.

김용옥 1880년판이 초판본이고, 계미중춘판은 1883년에 목천에서 간행됐어요. 초판은 백부를 찍었는데 여러 조직에서 나누어 가졌기 때문에 초기부터 민간에서 구하기가 어려웠습니다. 그에 비해 1883년 목천판은 좀더 많은 부수가 인출되었습니다. 그리고 중춘판 이후로 목천이 경전 간행의 중심지가 되면서 계미년에 간행된 판본들이 권위를 가지게 된 것입니다. 그런데, 초판본에 간기가 없다는 건 무슨 말이냐? 이것은 당시 사람들이 이걸 독립된 하나의 경전으로 간행한다는 의식이 없었다는 것이죠.

최초의 인출자들이 기획했던 것은 수운의 글과 삶 모두를 포괄하는 대규모의 문집이었습니다. 그러나 당시 상황으로 그러한 포괄적인 문집을 간행하기가 어려웠습니다. 돈과 시간이 없었죠. 그래서 수운의 행장(行狀)에 해당하는 「대선생주 문집」을 빼버린 거예요. 그래서 「동경대전」은 어떤 의미에서는 잡저(雜著)라고 할 만한 몇개의 논문을 모은 간략한 서물이 되고 만 것이죠. 거기에 시나 편지, 의례 절차에 관한 글을 보탰고요.

3년 후에 목천판을 낼 때는 「동경대전」을 경전으로서 정본화하자는 생각에 내용을 첨가하면서 분량과 체재를 갖추었고, 그때 비로소 간기를 집어넣은 것이죠. 1883년의 목천판, 경주판에서 내용이 첨가되었다는 사실은 우리로서는 고마운 일이지요. 그런데 그 사실을 빙자하여 「동경대전」의 초고가 구전에 의한 것이라는 터무니없는 가설을 세우는 어리석은 학인들이 많아요. 첨가라고는 하나 기본을 이루는 경전은 변화가 거의 없습니다. 모든 판본이 하나의 모본(母本)을 가지고 있었다는 것입니다.

그리고 경진판과 목천판을 비교하면서 경진판이 더 부실하다고 생각한다는 것은 어리석은 판단입니다. 두 판본에서 겹치는 텍스트를 두고 면밀하게 대조를 해보면 경진판의 내용이 훨씬 더 정확하고 엄밀합니다. 다시 말해서 초판본의 권위는 절대적이라는 것이죠. 이것은 저의 사견이 아니라 사계 대가들의 일치된 견해입니다.

'플레타르키아'와 민주주의

백낙청 『동경대전』에서 또 큰 대목을 형성하는 게 독자적으로 쓰신 「조선사상사 대관(朝鮮思想史大觀)」이라는 논문입니다. 제가 보기에 그 키워드는 '플레타르키아'(pletharchia)라는 말이에요. '플레타르키아'와 민주주의 문제는 오늘 우리가 끝 대목에서 더 다루고 싶은 주제입니다만, 여기서 도올 선생께 질문하고 싶은 건 왜 하필이면 이 어려운 희랍어를 가져오셨을까 하는 점입니다.

김용옥 우선 사람들에게 신선한 느낌을 주지요. 새로운 생각을 전하기 위해서는 새로운 말을 만드는 게 훨씬 유리하지요.(웃음) 하이데거(M. Heidegger)도 그런 작전을 많이 폈죠. '플레타르키아'에서 '플레토스'(plēthos)는 다중을 가리킵니다. 여기에 '아르키아'를 붙였습니다. '데모크라티아'(demokratia)에서 '크라티아'는 다스린다는 의미이지만, 사실 데모스(demos)가, 다시 말해서 민(民)이 직접 주체가 되어 다스린다는 건 역사에서 거의 존재하지 않았거든요. 결국은 소수가 다스리는데 민의 뜻을 반영하고, 다수의 삶의 개선을 위해 노력하는 사람들이 정치를 한다는 겁니다. 실상 희랍어에서 이 데모크라티아는 굉장히 나쁜 말이에요. 경멸적인 냄새가 배어 있지요.

백낙청 반대하는 사람이 욕하느라 만든 말이죠. 우중(愚衆)이 다스린다는 의미로.

김용옥 그런데 이 민주주의라는 말 때문에 다들 우선 동양 사상을 깔봅니다. 너희들은 민주주의 전(前) 단계의 왕정구조의 정치 형태밖에 없다는 거죠. 인류가 제대로 된 민주주의라는 걸 해본 적도 없는데 말이죠. 그래서 '데모크라티아'라는 말 자체가 엉터리다, 그런 느낌이 들었어요. 그리고 미국의 대표적인 정치학자 로버트 달(Robert Dahl)도 미국 헌법이 과연 민주적이냐 하는 문제를 제시했고, 오늘날에도 선거인단 같은 문제로 추태가 벌어지는데, 미국 헌법을 만든 사람들 자체가 미국사회가 앞으로 어떻게 갈지에 대한 정확한 비전이 없었다는 거예요. 미국 헌법이 아주 편협한 문헌이라는 거죠.

그러니까 불교학의 대가인 에드워드 콘즈(Edward Conze)가 지적한 대로, 민주주의 그 말 자체가 매우 독단적인, 나쁜 신이 되어버렸다는 생각에 저는 동의합니다. 민주주의는 편견을 자아내는 명언종자(名言種子)라는 것이죠. 민주라는 명언종자의 업식(業識)에 집착되어서 그 말 한마디로 모든 건강한 담론이 불식되어버린다는 것이죠. 그래서 민주라는 언어의 폭력으로부터 벗어나는 것도 중요합니다. 우리 동양 사상에도 서양보다도 더 지고한 이념의 민본사상이 있어왔다는 것을 강조한 것이죠. 서구처럼 왕권을 제약하는 의회를 만든다든가 하는 제도적 방식으로 민본을 실현하지 못했을지라도, 우리의 정치 형태 내부는 좀더 세밀하게 볼 필요가 있다고 생각했습니다. 그런 의미에서 '플레타르키아'라는 말을 만든 거죠.

백낙청 그 취지에는 공감합니다. 세계가 민주주의라는 걸 제대로 해본 적이 없다는 말씀도 맞고요. 그런데 저는 미국 헌법을 만든 사람들이 미국의 장래에 대해 아무 비전도 없었다고 생각하지는 않고, 민주주의는 분명 안 하겠다는 의식을 가지고 만들었다고 생각해요. 다수가 지배할까봐 삼권분립도 철저히 하고, 대통령 간접선거 하고, 상·하원 분리시켜놨잖아요? 민주주의를 할 수 없게 설계를 잘했고 그게 한동안은 잘 작동했다고 봅니다. 그런데 이제는 옛날식으로 진짜 책임있는 엘리트들이 하는 과두정치조차 아니고 돈 위주로 돌아가는 과두정치가 됐어요. 그러면서도 옛날하고 다른 건 오히려 지금은 민주주의를 내걸고 있다는 거죠. 그래서 제대로 된 민주주의가 실현 안 됐다는 것은 동감인데, 플레타르키아에서 '아르키아'(archia)가 '원리'라는 의미 아니에요? '다중원리'라는 의미니까 '민본원리' 내지 '민본성'으로 번역해도 같은 말인 것 같습니다. 다만 과거에는 이를 실현할 여러 메커니즘이 부족했고 또 상하질서가 엄격한 가운데 민본사상이라고 하면 민주가 아니라 군주나 정부가 백성이라는 양떼를 잘 이끌어주고 위해주려는 그런 체제였지요. 그걸 확 뛰어넘은 게 동학이라고 봅니다. 그러니까 군이 '플레타르키아'라는 말을 안 쓰더라도 우리 동양에 원래 민본원리가 철저했는데 유교국가는 수직적인 민본주의였으나 동학에 와서 비로소 수평적인 민본주의로 바뀌었다, 그렇게만 말해도 충분하지 않나 싶어요.

김용옥 저도 선생님 말씀에 전적으로 동감이고요, 그래서 요새는 '플레타르키아'라는 말은 많이 쓰지 않습니다.(웃음) 민본이라는 말만 해도 민주라는 말보다 더 깊은 의미를 전할 수도 있습니다. 물론 민주의식의 양보를 의미하는 것은 전혀 아니고요.

박맹수 2004년에 『도올심득 동경대전』(통나무)에서 이 용어를 우선 쓰셨잖아요. 후학의 입장에서 그 글을 읽고 느꼈던 소감은 용어의 정확성을 떠나서 민본성이라는 관점으로 동학의 핵심을 잡아내려고 하는 것만큼은 독보적이라는 것입니다. 이번에는 민본의 뿌리를 맹자의 사상에서, 우리 조선에서는 정도전(鄭道傳)의 『조선경국전(朝鮮經國典)』에서 찾으셨습니다. 이것이 동학으로 이어져왔다고 볼 때, 선생님이 쓰신 것처럼 동학은 '땅적인 것'이죠. 조금 공부해보면 바로 실감이 오는데, 역시 동학의 본질을 드러내려면 민본성에 주목을 해야 하고, 그런 점에서 '플레타르키아'라는 용어를 통해 조선사상사의 민본의 역사와 전통이 동학에서 꽃피워졌다고 보는 관점은 여전히 유효하다고 생각합니다.

백낙청 도올도 얘기하셨지만 단군 신시(神市)의 홍익인간(弘益人間), 세상을 널리 이롭게 한다는 게 민본사상이에요. '플레타르키아'라는 말로 전부 포괄해버리기에는 동학에서 그 민본사상이 평등사상과 결합하는 전환점이 너무 중요한 것 같아요. 그전에는 위에 있는 사람이 밑에 있는 백성을 잘 돌봐준다는 것이었고, 사실 다산(茶山) 정약용(丁若鏞)이나 실학자들도 기본적으로는 그랬죠. 그런데 동학에 와서는 종전의 수직적인 플레타르키아에서 수평적인 플레타르키아로의 일대 전환을 이룩합니다. 요즘에는 수평주의 자체가 새로운 신(神)이 되어버린 면이 없지 않지만 동학은 그와는 다른, 도력의 상하를 존중하는 수평적 민주주의였습니다. 민주주의 문제 또한 또다른 의미의 민주주의를 우리가 개발하고 개념을 발전시켜야겠지요.

김용옥 제가 말씀드리고자 했던 것은 '플레타르키아'라는 말은 포기해도 되는데, 우리다운 새로운 기준을 가지고 민주주의를 새롭게 규정해나가야 한다는 것입니다. 오늘날 아무리 훌륭한 제도에서 뽑힌 대통령도 세종만 한 인물이 없다고 말할 수도 있거든요. 세종은 철저한 민본이 있단 말이에요. 세종처럼 다양한 인재를 출신에 관계없이 적재적소에 쓴 지도자를 세계사에서 만나기 어렵습니다. 글자까지 새로 만들었으니까. 당대 지식인들의 모든 언어체계, 그 특권이 붕괴되는 거대한 도전을 왕이 스스로 한다는 것, 오늘날의 어떤 정치인도 그와 비슷한 발상조차 못하고 있어요. 그런 의미에서 우리 민본 전통이라는 걸 깔보고 과소평가해선 안 됩니다.

수운, 서양 문명과 치열하게 대결하다

백낙청 제가 이번에 「동경대전」, 또 「조선사상사 대관」을 읽으면서 실감했던 한가지는 수운 선생이야말로 철저히 서학과 대결하고 서양과 대결했던 분이라는 점입니다. 서학이 처음 들어왔을 때 다산의 작은형 정약종(丁若鍾) 같은 사람은 거기에 푹 빠지지 않습니까. 반면에 정약용은 처음에 빠졌다가 나오잖아요. 그뒤로 늘 서학을 염두에 두고 작업을 했겠지만 그의 치열성은 유교 경전 재해석에 투입됐고 서학과는 그렇게 치열하게 정면으로 맞붙진 않은 것 같아요. 다른 한편 혜강(惠岡) 최한기(崔漢綺)에 이르면 서양에 대해 지식도 훨씬 많고 개방적이지만 치열하게 대결하고 싸워야 할 대상이라는 인식은 비교적 희박했던 것 같고요. 그런데 수운 선생은 정말 치열하게 대결했다는 걸 실감했습니다. 도올의 지적에 제가 또 공감한 것은 이게 수운이라는 한 개인이 구도(求道)의 과정에서 천주교나 서학과 씨름한 것만 아니라, 이 대결과 극복이 그야말로 세계사적인 사건이라는 점이에요. 그 부분을 독자를 위해서 설명을 해주시면 좋을 것 같아요.

김용옥 과거 조선왕조에서도, 우리나라 지식인들의 새로운 문명에 대한 반응은 엄청 빠르고 본질적이었습니다. 그러니까 『천주실의(天主實義)』(1603년 겨울에 간행된 이딸리아 선교사 마떼오 리치Matteo Ricci의 신학논쟁서)만 해도 발간된 몇년 후에 바로 우리나라에 들어오고 분석의 대상이 되거든요. 17세기 초에 이미 이수광(李睟光)·유몽인(柳夢寅)이 『천주실의』를 비판적으로 검토하고 있습니다. 한 세기가 지난 후에 성호(星湖) 이익(李瀷)은 비교적 중립적인 시각에서 소개합니다.

그러나 성호의 제자 중에 신후담(愼後聃)·안정복(安鼎福) 같은 사람들은 매우 치열하게 마떼오 리치의 논리를 비판하고 나섭니다. 서학의 이러한 논리는 근원적으로 문제가 있다, 마떼오 리치는 그들의 상제관이 『시경(詩經)』『서경(書經)』에 다 천명되어 있는 것이라 말하지만 우리의 유학은 이미 『시경』『서경』 시대에 이런 문제들을 다 극복했기 때문에 냉철한 공맹(孔孟)사상이 나온 것이다, 어찌 천당 지옥을 이야기하는 통속불교의 아류에도 못 미치는 이런 유치한 이론을 가지고 조선의 정신문화를 공략한다 하느냐? 신후담이나 안정복은 자기 주변 사람들이 서학에 빠지는 걸 참 애처롭게 생각했거든요.

수운의 삶에 등장한 을묘천서(乙卯天書)라는 것도 서학을 접하게 되는 루트와 관련하여 다양한 가능성이 있지만 역시 『천주실의』와의 대결에서 기독교 신관의 문제점을 파악한 사건으로 보아야 할 것입니다. 수운도 처음에는 서학을 받아들여서 우리 민족을 개화시킬 수 있지 않겠나 하는 생각도 안 해본 사람이 아니에요. 굉장히 개방적인 사람이거든요. 그런데 아무리 수용하고 그것을 우리 민중의 현실에 적용해보려고 해도 이건 말이 안 된다, 이걸 가지고 우리 민중을 가르칠 수는 없다고 본 거죠. 당시 우리의 긴박한 문제는 양반과 상놈의 구별, 적서차별 같은 것이었죠. 이런 사회구조적 문제를 근원적으로 해결하기 위해서는 인간평등관이 확보되어야 하는데 천주학은 이런 인간평등에 대한 제도적 노력은 하지 않고, 오직 제국주의적 침략의 앞잡이 노릇을 하고 있다고 수운은 예리하게 간파한 것이죠.

수평적 '플레타르키아'의 핵심인 인간평등관은 오로지 인간과 신의 평등이 전제되지 않으면 달성될 수 없다고 그는 서학의 문헌들을 읽으면서 통찰했습니다. 천주학의 수직구조를 간파했습니다. 19세기 중엽에 이미 이런 발견이 이루어졌다는 것은 인류의 정신사에 유례가 없습니다. 이를 해낼 수 있었던 것은 우리 민족이 이미 고조선시대로부터 내세웠던 홍익인간의 이념, 신라시대의 화랑정신, 최치원이 말하는 현묘지도(玄妙之道), 고려제국시대의 다양한 사유, 지눌의 돈오점수(頓悟漸修)와 정혜쌍수(定慧雙修), 그리고 조선조의 주자학이 내면화되어 퇴계의 이발(理發)사상으로 발전하는 과정, 영남유학에 깔려 있던 엄밀한 상식주의가 배경이 되었다고 보아야겠지요. 수운은 인류 5만년의 정신사를 융합시킨 상징체라고 저는 생각합니다.

백낙청 아까 치열하게 대결했다고 하신 안정복 같은 분들은 공맹사상이 다 해결하고 있는데 이제 와서 뭐 그러냐 하는 식이었죠. 치열성이 모자랐던 겁니다. 수운은 문제를 제대로 넘어서려면 공맹사상으로는 안된다는 생각이 아주 철저했던 분 아닙니까.

박맹수 기존의 공맹지도를 넘어설 수밖에 없는 두가지 정도가 수운에게 깔려 있었던 게 아닌가 합니다. 하나는 역사적 사료에 따른 이야기인데 수운이 재가녀의 아들로 태어났잖아요. 재가한 여자의 아들은 『경국대전(經國大典)』에 따르면 문과에 응시할 수 없죠. 수운이 수양딸로 삼았다는 주씨 할머니의 증언에 의하면 잠들기 전에도 계속 책을 읽고 일찍 일어나서 또 책을 읽고, 저렇게 책을 많이 읽는 분은 처음 봤다고 해요. 재가녀의 자손으로서 자신의 능력을 펼칠 수 없던 개인적 고뇌가 기존의 유학을 뛰어넘는 하나의 동기로 작용한 것이 아닌가 합니다. 또 하나는 사상적 대결과 관련된 부분인데요, 열여섯살에 아버지 돌아가시고 집에 불나고 가정이 버틸 수 없으니까 처가살이를 하게 돼요. 그러다가 장삿길로 떠돌아다니게 된 게 아마 1840~50년대일 겁니다. 이때 조선사에 어떤 일이 일어나고 있었냐면 중앙정부 차원에서는 신유박해(1801)부터 기해박해(1839), 병오박해(1846)까지 천주교에 대한 대대적인 박해가 있었고, 향촌사회에서는 부녀자라든지 평민층에 천주교가 몰래 퍼지면서 전통적인 사회의 분화가 일어났어요. 또한 수운이 전국 각지를 유랑하던 시기는 1811년 홍경래의 난 이래 농민봉기가 빈번히 일어났을 때이고 이후에도 1862년의 임술민란을 거쳐 1894년의 동학농민혁명에 이르기까지 이른바 '민란의 시대'라 불릴 정도로 민중봉기가 빈발하게 됩니다. 제가 대학원 시절 조선 후기의 천주교회사를 연구하는 친구와 같이 공부했는데 수운 선생의 구도행각, 장삿길 여정이 천주교의 비밀 신앙촌이 형성된 곳하고 완전히 겹치더라고요. 이미 널리 퍼져 있던 광범위한 서학 서적들을 섭렵했을 거라고 봅니다. 그게 동기가 되었다고 보고, 결정적으로 도올 선생 말씀하신 대로 젊은 시절엔 서학에 좀 끌렸던 것 같아요. 그게 어디서 확 바뀌느냐면 제2차 중영전쟁 당시 1858~59년 영·불 연합군의 베이징 침입. 한양의 양반들이 성경, 십자가 들고 도망갔다는 표현이 나올 정도로 엄청난 충격을 준 사건인데, 중국의 몰락 또는 중화주의의 한계를 실감하는 동시에 서양 열강에 대한 문제의식을 느끼면서 서학과의 결별도 일어난 게 아닌가 합니다.

김용옥 아편전쟁만 아니라 홍수전(洪秀全)의 태평천국(太平天國)운동도 그렇죠. 중국과 한국의 본질적인 차이를 논한다면, 태평천국과 동학의 차이가 지금까지도 계속 이어지고 있다고 말할 수 있습니다. 태평천국이라는 건 타락한 기독교가 무당신앙화된 민속종교의 한 형태입니다. 태평천국 내에 천부하범(天父下凡)이니 천형하범(天兄下凡)이니 하는 신들림의 풍속이 있었습니다. 천부하범은 양수청(楊秀淸)이, 천형하범은 소조귀(蕭朝貴)가 독점하고 있었죠. 권력 내부의 투쟁이 이런 샤머니즘의 폭력으로 진행되었습니다. 태평천국 집단은 처참하게 분열되고 말았죠. 수운은 이러한 통속종교의 폐해를 잘 알고 있었습니다. 우리 민족이 기독교를 도입하게 되면 이런 저질적인 종교현상이 민중에 확산되고 또 다른 권력구조가 인간을 억압하게 된다는 것을 예언했습니다. 그는 신비체험을 끝내 부정했습니다. 「대선생주 문집」에 신비로운 조화에 관한 하느님과의 대결이 생생하게 묘사되고 있습니다.

백낙청 도올 선생은 서양의 천주교만 아니라 유일신 신앙과 그 철학적 배경이 되는 플라톤 이래의 이원론적 철학을 넘어서는 것이 지금도 세계사의 과제라고 주장하시는데, 그 과제를 수운이 이미 수행했죠. 그건 단지 중영전쟁을 보고 서세(西勢)에 저항해야겠다는 차원의 문제는 아니었던 것 같아요. 서세의 위협을 가장 심각하게 느낀 사람은 나중에 위정척사파(衛正斥邪派)로 가지 않습니까. 그런데 수운은 처음부터 공맹이든 불도(佛道)든 선도(仙道)든 수명이 다했다고 보고 그야말로 새로운 무극대도(無極大道)를 찾아 나섰던 거 아니에요? 그런데 유일신교 신앙의 경우에도 명제화된 신조(creed)와 사람들의 실제 신앙생활로서의 믿음(faith)을 구별해야 하지 않을까 합니다. 독실한 교인들은 사도신경(使徒信經, Apostles' Creed)을 다 외우고 신봉하고 그러실 텐데, 그렇게 외우는 신조하고 실제로 그 사람이 신앙생활을 어떻게 하느냐는 다를 수 있으니까요. 그러니까 서양 사람들이 엉터리 신조를 믿고 있다는 것만 가지고 간단히 처리될 문제는 아니라는 취지의 질문이에요.

김용옥 캘리포니아 클레어몬트 신학대학의 존 캅(John Cobb) 교수라고 있어요. 화이트헤드 철학에 기반하여 과정신학(process theology, 화이트헤드 A. N. Whitehead의 과정철학에서 발전한 신학)을 만든 사람 중 하나인데, 화이트헤드를 완전히 소화하고 복잡한 책들을 많이 썼어요. 그분과 대담한 적이 있는데, 제가 기독교의 문제점을 지적하니까 저한테 간결하게 이렇게 대답하더군요. 기독교 신학이니 화이트헤드 철학이니 하는 것이 있지만, 결국 궁극적 메시지는 '사랑'이 한마디로 귀결된다, 질투하고 징벌하는 하나님은 하나님이 아니다, 이런 말이었어요.

백낙청 저는 솔직히 그냥 사랑해라 한마디로 해결될 성질은 아닌 거 같아요.

김용옥 제가 이 말씀을 드릴 때 중요한 것은 초기 가톨릭의 포교전략에 관한 것입니다. 우리나라에는 빠리외방선교회가 주축이 되어 포교가 이루어졌지만 그들은 자체적으로 만든 교리 이론서적을 가지고 있질 않았습니다. 그리고 빠리외방선교회는 매우 제국주의적 독단주의가 강했습니다. 하나님을 믿지 않는 문화는 모두 저열하며 박멸되어도 좋다고 생각했습니다. 초기 가톨릭이 들어올 적의 문헌들은 대부분 제수이트(Jesuit, 예수회)의 신부들이 만든 것인데 이들은 비교적 타 문화에 대해 관용적 자세를 지녔습니다. 제수이트가 내내 포교의 주축을 이루었다면 조상숭배, 즉 제사에 관한 터무니없는 금령들도 강요되지 않았을 것입니다. 물론 예수회 이론서들도 예수의 삶을 가르치지 않았습니다. 하나님, 천주의 존재 증명이 그 핵심 테마였습니다. 예수라는 사랑의 심볼은 사라지고, 만유의 창조자이며 지배자인 천주에의 복속만이 주 테마가 되었지요.

백낙청 그래서 서양의 유일신 신앙이나 주류 철학에 대해 비판을 하는 건 반드시 필요한데 실생활에서는 그들이 어떻게 삶을 살았느냐 하는 것을 살피는 게 필요하지 않겠냐 하는 게 한가지 생각이고요. 또 하나는 니체(F. Nietzsche)가 플라톤과 호메로스가 대척점에 있다고 했듯이 플라톤 이후의 철학이 못하는 걸 호메로스는 하고 있다는 건데, 서양의 문학이나 예술, 음악 전반을 본다면 철학의 한계를 보완하는 작업이 끊임없이 이루어졌어요. 그래서 로런스(D. H. Lawrence) 같은 사람은 플라톤 이래의 문학과 철학의 분리를 두고 '철학은 메말라버리고 소설은 흐물흐물해졌다'라고 말하지만, 진짜 훌륭한 작가들은 사유와 감정을 결합하는 작업을 죽 해왔습니다. 로런스는 그게 그냥 작품만 잘 써서 되는 일이 아니고 말하자면 다시 개벽을 해야 한다는 데까지 가게 됩니다. 영문학에서는 로런스 외에도 개벽사상가라는 명칭에 부합하는 사람이 윌리엄 블레이크(William Blake) 같아요. 이런 흐름도 우리가 동시에 감안해야지 서양을 너무 쉽게 정의하면 안 되겠다는 생각입니다.

김용옥 저도 지금 서양을 상당히 비판적으로 검토하고 얘기하고는 있지만, 말씀하신 대로 우리나라의 20세기는 서양을 배우자 하는 열풍 속에서 살아온 역사였습니다. 그 에너지가 철학적인 사유의 폭으로만은 안 생겼을 거예요. 서양의 문학, 드라마, 영화 등을 통해서 상당히 질 높은 휴머니즘이 우리에게 유입됐기 때문에 우리가 아직도 서양에 높은 점수를 주는 거거든요. 그래서 특히 영문학을 공부하신 입장에서 말씀하시는 그러한 문명의 다면적 성격은 우리가 상당히 깊게 새겨봐야 할 문제죠.

박맹수 백선생님께서는 당신의 저서 얘기를 못하시는 거 같아요. 도올 선생님은 동양의 개벽사상가를 세계적으로 드러내는『동경대전』역작을 내셨고, 제가 볼 때 백낙청 선생님은 서양의 개벽사상가 로런스를 드러내셨습니다. 저희들의 무지를 깨는 의미로 어떻게 로런스에 주목을 하셨고 개벽사상가로 볼 수 있게 됐는지 말씀을 좀 해주시면 도움이 될 거 같습니다.

김용옥 개벽사상을 깊게 공부하는 사람들이 볼 때 개벽사상가라고 규정할 정도의 래디컬한 세계관이 로런스한테 과연 있겠는가, 백선생님께서 좀 과하게 평가하시는 것은 아닌가, 그런 생각도 배제하기는 어렵단 말씀이죠.

백낙청 서양에도 주류 철학이나 유일신교 내지는 그 폐해에 휩쓸린 문학이나 예술의 전통이 있고요. 그러다가 자본주의 시대로 들어와 산업혁명을 거치면서, 블레이크가 산업혁명과 프랑스혁명 시대의 시인인데 개벽에 준하는 변혁이 있어야 된다는 생각을 했습니다. 로런스는 그 후에 1차대전을 겪고 서양 문명으로는 도저히 해결이 안 되겠다 싶어서 전세계를 돌아다니죠. 로런스에 대해서는 제가『서양의 개벽사상가 D. H. 로런스』(창비 2020)에서 굉장히 정성을 들여서 설명해놨으니까 그걸 읽어주시면 될 것 같고요.(웃음) 개벽사상이라는 개념 자체에 동의 안 하면 몰라도 로런스를 그렇게 부를 수 있겠다는 생각은 충분히 하실 것 같아요. 세월이 흐르면 이해할 독자들이 많아질 거라고 믿습니다.

천지는 아는데 귀신을 모르는 서양 철학

백낙청 도올 선생이 서양의 주류 흐름에 맞서는 사상가들을 네명가량 언급하신 걸로 기억합니다. 스피노자(B. Spinoza)에 대해서는 그가 초월적인 유일신앙처럼 말도 안 되는 얘기는 안 하지만, 데까르뜨 이원론이나 스피노자 일원론이나 표리를 이루고 있다고 비판하셨더라고요 (1권 261면). 니체에 대해서는 1권 280면 이하에 길게 나오는데, 니체가 그 야말로 서양의 가치관을 완전히 뒤집어놓겠다고 나온 사람 아니에요? '모든 가치의 전도' 같은 표현도 쓰고요. 그렇지만 로런스가 보기에는, 저도 동의하는데, 니체는 기독교의 틀을 제대로 벗어나지 못한 사람이에요. 그 틀 안에서 뒤집었다는 것이죠. 화이트헤드에 대해서는 도올이 노자 강의 마지막 편(「노자 101: 노자와 수운과 화이트헤드가 하나다」, 유튜브 도올 TV 2021. 4. 21)에 노자와 수운과 화이트헤드를 같은 급으로 이야기하시는 데 과연 그런가 조금 의아했어요.

김용옥 화이트헤드가 『과정과 실재』(*Process and Reality*, 1929)의 제일 마지막 장인 「신과 세계」에서 신에 대한 이야기를 하는데, 화이트헤드 전공자들 사이에서도 구태여 신이라는 개념을 설정해서 당신의 체제를 설명할 필요가 있느냐 하는 비판이 많이 있습니다. 저도 거기에 어느정도 동의하고요. 다시 말해서 화이트헤드의 사유는 과정이라는 현상 그 자체에 대한 일원론적 사유임에도 불구하고 항상 이원론적인 설명 방식을 취한다는 것이죠. 현실적 계기와 영원적 객체의 이원성, 그리고 세계와 신의 대립적 성격 속에 교묘하게 변형된 플라토니즘이 들어 있다는 비판도 불가능하지는 않습니다.

백낙청 저는 신이라는 개념을 도입하느냐 안 하느냐 하는 문제보다도, 「동경대전」을 보면서 어떤 대목이 화이트헤드한테도 딱 적용된다고 생각했느냐면 상제가 서양인들 얘기하면서 "지천지 이무지귀신(知天地 而无知鬼神)"이라고 합니다. 천지는 아는데 귀신을 모른다. 상식적으로 생각하면 납득이 안 되는 말이지요. 서양이야말로 야훼라는 최고의 귀신을 받들고 있고, 또 유령이나 악귀도 많으니까요. 그런데 이 말속의 귀신은 도올도 강조하듯이 무슨 실체가 아니잖아요. 화이트헤드는 저도 굉장히 존경하고 많이 배웠는데, 역시 천지는 알고 귀신은 모르는 분이 아닌가 하는 생각이 들었어요. 화이트헤드가『이성의 기능』(*The Function of Reason*, 1929)이라는 책에서 우주에 두가지 상반된 힘이 있다고 하는데, 물리적 우주는 쇠퇴해가고 있고 반면에 생물학적 진화를 추동하는 상향 흐름이 있다고 했지요. 하지만 그건 어디까지나 있는 천지, 유(有)의 세계에 머문 분석이지요. 말할 수 있는 도는 늘 그러한 도가 아니다(道可道非常道)라는 노자식 개념은 없는 것 같아요. 하이데거의 경우는 제가 도올 선생 글이나 강의에서 언급하신 걸 많이 보았지만 조금 헷갈리더라고요. 어떤 때는 하이데거가 '존재자'(Seiendes, 복수는 Seiende)와 'das Sein' 자체를 구별한 것을 굉장히 중시하는가 하면, 또 어떤 때는 하이데거 역시 '유치무쌍한' 서양 철학의 일부라고도 얘기하시는데 그에 대해 여쭤보고 싶어요.

김용옥 저는 화이트헤드 이름을 젊을 때 듣고 흠모한 나머지『과정과 실재』를 사서 평생을 읽었는데 아직도 전모가 파악되지 않습니다. 완고한 사실(stubborn fact)을 말한다고 하면서 정말 난해한 언어를 중첩해가거든요. 도대체 왜 그렇게 어렵게 문장을 쓰는지 잘 모르겠어요. 그러나 화이트헤드는 항상 읽을 때마다 계발성이 있어요. 뭐 하나를 건지게 되지요. 그러니까 저는 화이트헤드를 서양 사상가로서는 성인의 반열에 오른 아주 희귀한 사람이라고 생각합니다.

화이트헤드는 전통적 의미의 초월을 말하지 않아요. 그러니까 심성의 깊이가 엄청나요. 존재의 문제를 존재 밖에서 추구하지 않아요. 그러니까 성인이라 말할 수 있지요. 인품도 훌륭했던 것 같습니다. 화이트헤드의 저술 중에서는『관념의 모험』(*Adventures of Ideas*, 1933)이야말로 가장 계발성이 높은 작품이 아닐까 생각합니다. 서양인들 중에는 내가 보는 방식으로 화이트헤드를 보지 못하고 있는 사람들도 많아요. 화이트헤드 본인은 동양 사상에 대한 깊은 이해가 없었습니다. 그의 저서 곳곳에 동양 사상을 좀 깔보는 언급이 많아요. 그러나 그의 사상의 핵심은 동방 사유의 전통 속에서 조망할 때 더 큰 가치가 드러난다고 말할 수 있어요. 그래서 앞으로도 해석의 여지가 많은 훌륭한 사상가로 저는 인지하고 있습니다.

백낙청 20세기 최대의 철학자 중 한분이죠. 그런데 기본적으로 유(有)도 아니고 무(無)도 아닌 그런 경지에 대한 사색을 추구했다기보다는 역시 서양 철학자답게 유의 세계를 깊이 탐구한 분 같아요. 아까 스피노자 얘기가 나왔지만 요즘 스피노자가 다시 유행하는 것도 서양 철학에서 그 문제를 돌파 못해서 같아요. 유의 세계를 철저하게 파헤치는 게 서양 철학의 미덕이라면 미덕이고 거기서 과학이 나오는 건데, 스피노자야말로 유의 세계에 집착해 그것만 가지고 씨름을 하지 노자 또는 동학에서 탐구한 경지를 아예 배제하고 있는 것 같거든요.

김용옥 선생님의 말씀은 깊게 새겨봐야 할 명언인 것 같습니다. 서양 사상이 아무리 일원론적인 현상의 과정을 강조하고 어떠한 실체적인 세계나 초월적인 세계를 거부한다 할지라도, 어디까지나 현상적인 유의 세계에 대한 논리적 성찰이라는 것이죠. 논리라는 것은 어디까지나 관념성의 테두리를 벗어나지 않아요. 노자나 우리 동학에서 보여지는 포괄적인 사유, 즉 화해론적인 사유를 결하고 있다는 것이죠.

수운의 지적 성장과정에 영향을 준 주자학만 해도 단순히 주리(主理)·주기(主氣)와 같은 단면적 규정성으로 접근할 수 없어요. 주자는 형이상학적 세계와 형이하학적 세계를 동일한 화해론적 장 속에서 보고 있어요. 기 속에 리가 있고, 리 속에 기가 있는 것이죠.『주자어류(朱子語類)』에 존재하는 수많은 논리적 모순이 이런 화해론으로부터 우러나온 명제라는 것을 사람들이 너무도 몰라요. 인도유러피안의 주부–술부적 사유와 주어가 철저히 무화되는 동방인의 술부 중심의 세계관이 결합된 고도의 철학체계라는 것을 사람들이 너무도 인지하지 못해요.

수운은 유무상생(有無相生)의 노자적 세계관과 주자가 말하는 이기론적 세계관의 모든 가능성을 온전하게 구현한 사상가라고 저는 생각합니다. 앞으로 우리가 우리의 사상을 구성한다고 하면 서양 사상가들의 논리에 의존할 필요가 없어요. 또다시 그들의 굴레 속으로 들어가게 되니깐요.

백낙청 그런데 저는 서양 사상가 중에서 하이데거는 좀 다르다고 봐요.

박맹수 제가 조금 끼어들까요? 독자 입장에서 보면 지금 왜 두분이 화이트헤드와 하이데거로 격론을 벌일까 궁금할 것 같거든요. 저는 결론적으로 보면 동학이 이들을 뛰어넘고 있다는 말씀을 하시기 위해서라는 생각이 드는데, 그럼 동학에서 그걸 뛰어넘는 논리가 뭐냐 할 때 불연기연(不然其然, '그렇지 아니함'과 '그러함'을 연속적·상호 개방적으로 사유하는 동학의 인식 논리)으로 보고 계신지 하는 궁금증이 하나 있습니다. 동학이나 원불교가 뛰어넘은 부분에 대해 좀더 설명을 해주시면 좋겠습니다.

백낙청 하이데거 얘길 하면 더 풀리는 면이 있을 겁니다. 하이데거가 존재하는 것들인 존재자를 '자이엔데'(Seiende)라 하고 '자인 그 자체'(das Sein selbst)와 구별하는데 이걸 우리가 '존재'라고 번역하면 '존재'나 '존재자'나 다 존재하는 것으로 들려요. 저는 이 지점에서 하이데거가 다른 철학자와 결정적으로 구별된다고 봅니다. 기존의 서양 철학을 비판하는 니체도 '존재'(Sein)라는 개념은 모든 것에 다 적용되는 개념이니 아무 내용이 없는 공허한 것이라고 말합니다. 그런데 하이데거는 이 Sein이야말로 존재하는 실체가 아니면서도 모든 것에 다 걸린다고 하지요. 이 말을 서양 사람들이 도저히 이해를 못해요. 신을 부정하면서 결국 Sein이라는 이름으로 더 신비한 최고의 존재자를 다시 만들어내는 것 아닌가 의심하기도 해요. 그런데 노자나 동아시아 사상으로 풀면 훨씬 알기가 쉽거든요. '자인 그 자체'라는 것은 노자가 도법자연(道法自然), 곧 도가 자연에 바탕한다고 할 때의 자연, 그러니까 '스스로 그러함'의 의미예요. 도올 선생이 누누이 강조하듯이 이때 자연은 영어의 *nature*와 같은 실체가 아니라 '스스로 그러하다'를 명사화한 표현일 뿐인데, '스스로 그러함'이 모든 존재자에 해당하면서 그 자체는 실체가 아니라는 그 점을 서양 사람들은 이해하기 힘들어합니다.

김용옥 '도법자연'이라는 노자적 사유의 궁극을 이해 못하면 하이데거의 '자인'(Sein)도 이해할 수가 없을 것 같습니다. 결국 이전의 어떠한 서양의 사상가도 그걸 이해하는 차원에는 미치지 못했어요. 모든 존재자의 '있음'은 아주 평범한 형이하자인 동시에 가장 심오한 형이상자라는 사실, 그 사실은 '스스로 그러하다'는 것, '스스로 그러함'은 무칭지언(無稱之言)이며 궁극지사(窮極之辭)라는 것, 이러한 포괄적 이해에 도달하지 못했어요.

결국 관념의 폭력에 플라톤으로부터 화이트헤드까지 다 시달리고 있는 것이죠. 동학, 즉 우리 사상의 심오함을 파악해야 할 필요가 있어요. 가장 큰 원인은 기독교가 서양인들과 서양을 흠모하는 모든 한국인들에게 너무나 뱃속 깊이 구조적으로 이원적인 사유를 집어넣어났기 때문에 아무리 거기서 헤어나려 해도 안 되는 겁니다. 현재 우리 한국어 자체가 서양 언어화되어 토착적 사유를 상실시키고 있는 것이죠.

백낙청 이해를 돕는 차원에서 제가 다른 식으로 풀어볼게요. 도올 책에서 힌트를 받은 건데, 인도유럽어족의 언어에는 주부와 술부라는 게 명확하잖아요. 그러다보면 진리를 무엇이냐 아니냐, 맞냐 틀리냐 하는 명제상의 진위 문제로 한정하게 되고 실재하는 신에 대한 신앙, 그리고 이원론적 철학 등과 다 연관됩니다. 불교도 원래는 인도에서 나와서 인도유럽언어를 사용했지만, 도올 선생이 불교에서는 주부라는 걸 아예 해체해버렸다고 주장하셨잖아요(1권 291면). 주부를 이루는 명사가 연기(緣起)작용에 따른 허상이지 독자적인 실체성이 없는 거 아니에요? 인도유럽어족의 언어가 갖고 있는 철학적인 문제점을 주부를 **해체**하는 방식으로 처리한 거죠. 그런데 하이데거는 또 방식이 달라요. 하이데거는 온갖 술부 중에서 *be* 동사라는 술어의 독특성에 주목합니다. 우리한테는 없는 동사인데, 사실 영어의 *be* 동사, 독일어의 *sein* 동사는 '~이다'라는 뜻과 '있다'라는 뜻이 뒤섞여 있고 보어가 붙지 않으면 '~이다'는 아무런 내용도 없거든요. 그런데 하이데거는 *be* 동사가 갖는 그 특이성을 존재자나 실체가 아니고 그렇다고 니체가 말하는 것처럼 공허한 개념도 아닌 '스스로 그러함'과 같은 뜻으로 해석했다고 할 수 있습니다. 그 점은 노자와 통하지요. 다만 불교하고도 다르고 노자하고도 구별되는 하이데거의 특이함은 '스스로 그러함'도 역사성을 띤다고 본 것이에요. *be*라는 술부의 실제 의미가 역사적으로 달라진다고 하는 것이 원불교나 수운 선생이 말하는 시운(時運)에 대한 인식하고 통하는 면인 것 같습니다.

근대주의와 근대성

백낙청 「조선사상사 대관」 첫머리에 중대하게 제시하신 문제가 근대와 근대성입니다. 그것은 서양의 근대주의와도 관련이 있지만, 한국에서도 그러한 근대주의가 주류를 이루고 있습니다. 그전에 동학이 그것과는 다른 길을 제시했고, 그러면서도 위정척사 같은 완고한 입장과는 다른 길을 제시했습니다. 그런데 그 길이 일단 사라진 게 동학농민혁명의 패배죠. 그 결과로 개화파, 척사파의 양자 구도만 남다보니까, 척사파에 훌륭한 분이 많았지만 그야말로 시운에 비추어서 게임이 안 되잖아요. 나라가 망하고 나니 척사파는 거의 근거를 잃고 그후로는 개화파도 대다수가 근대주의 일변도가 된 것 같아요, 우리 사회가. 다만 제 생각에 근대라는 개념 자체가 필요 없다고 말씀하시는 건 조금 지나치지 않나 합니다. 소위 5단계 역사발전론이라든가 '근대성'을 둘러싼 관념적 논의와 별도로 근대라는 역사적인 실체는, 서양에서 먼저 자본주의가 발달되면서 지금 전세계를 휩쓸고 있는 현실이 되었습니다. 지금 우리가 닥쳐서 살고 있는 그런 근대의 존재는 인정을 하고, 이걸 우리가 어떻게 대응하고 넘어설 것인가에 초점을 맞춰야 되지 않을까요.

김용옥 불교식으로 말하면, 하나의 언어적 방편으로서의 '근대'라는 것은 어떻게 설정을 해도 무방합니다. 그런데 근대적 인간이 뭐고, 근대적 제도가 뭐고, 근대적으로 우리가 산다는 게 뭐냐 하는 문제로 들어가면, 필연적으로 그것은 서양의 이성주의와 관련이 됩니다. 이성주의의 '이성'이라고 하는 것은 데까르뜨 이래로 죽 내려오는 과학 이성이고, 양화(量化)된 이성이고, 도구화된 이성입니다. 그리고 그것의 현실태는 우리 삶을 지배하는 자본주의 구조라는 말이죠.

그러니까 근대성을 아무리 다른 방식으로 이야기한다 해도 그 말을 하는 동시에 서양적 논리가 우위를 점해버립니다. 그렇게 되면 우리는 근대성 논의에 있어서 항상 방어를 해야 하고, 서구적 근대의 기준에 의하여 우리 역사의 반성을 촉구하게 되고, 그래서 '전근대'니 하는 우리 자생적 역사에 대한 비하도 생겨나게 됩니다. 근대라는 말이 사실은 알고 보면 너무나 저열하고, 우리에게는 한 맺힌 언어에요. 이놈의 근대라는 걸 폭파시켜버리지 않는 한 우리 조선 대륙의 고조선으로부터 내려오는, 우리 고유의 사유가 살아날 수가 없다, 이게 제가 20대부터 아주 뼈저리게 투쟁했던 문제입니다. 백낙청 선생님의 말씀이 일단 서양의 근대를 방편적으로 인정하고 그것을 극복할 수 있는 길을 모색해보자라는 것을 의미한다면 저는 단호히 거부하겠습니다.

박맹수 어떻게 보면 한국사의 근 백년간의 병폐를 도올 선생님이『독기학설』(통나무 1990)로 격파하셨습니다. 해방 이후 한국사학의 과제는 식민사학의 극복이었죠. 그 핵심적 내용은 우리에게 자본주의 맹아가 있었느냐 하는 문제였습니다. 그 맹아가 실학파에서 나왔다고 보고 개화파와 실학파의 연관성을 추구하는 연구들이 많았는데, 결국은 그게 서구적 틀이었습니다. 서구적 틀도 제대로 받아들인 게 아니라 일본을 통해서 굴절되고 잘못된 근대주의를 받아들인 것이고, 이를 통해 우리가 1960년대에 민족주의 사학을 연구하면서 불필요한 실학논쟁도 일어나고 했습니다. 이제는 외재적 잣대로 우리 국학이나 한국학을 하는 시대는 끝났고, 내재적이고 자생적이며 주체적인 잣대를 통해서 어떻게 보면 격파된 새로운 근대를 추구해야 한달까요.

백낙청 그런데 우리가 근대주의를 제대로 격파 못하는 중요한 이유는 근대를 이야기할 때 우리말의 '근대'를 중심으로 생각하지 않고 서양의 모더니티(modernity)라는 용어를 표준으로 삼고 얘길 하기 때문인 것 같아요. 서양 언어가 우리보다 나은 점도 있고 못한 점도 있지만 이 지점에서는 굉장히 저개발된 언어입니다. 우리말에는 근대가 있고 근대성이 있고, 근대와 현대가 다릅니다. 그런데 서양에서는 모더니티라는 말 속에 근대, 현대, 근대성, 현대성 다 들어 있어요. 그래서 그 개념을 가지고 이야기하다보면 헷갈리기 마련이고요. 자본주의가 만든 이 세상을 근대라고 규정하면 이 근대를 어떻게 할지는 그야말로 우리가 죽고 사는 문제인데 서양의 모더니티라는 개념을 가지고 어떤 때는 현대 얘기했다가 어떤 때는 근대 얘기했다가 또 어떤 때는 근대성 얘기했다가 하면서 핵심에 다다르지 못하고 소모적인 논의만 한단 말이에요. 게다가 우리가 본받아야 할 '근대성'은 무엇인지로 이야기가 되면 도올 선생 말씀대로 서양 따라가는 길밖에 안 된단 말이죠. 반면에 모더니티를 '현대성'으로 이해하면 오늘을 사는 인간이 오늘에 충실하다는 의미로 '현대적'이어야 한다는 게 당연하기도 하고요. 그런데 서양을 안 따라가는 건 좋지만, 서양에서 발생한 자본주의가 지금 전지구를 지배하고 있고 이게 거의 빼도 박도 못할 우리 현실이라는 데서 출발하지 않고 자꾸 멋있는 얘기만 해서는 안 되지 않겠나. 근대라는 건 지금 전지구를 거의 전일적으로 지배하고 있는 자본주의체제라고 봅니다. 그러나 전근대 내지 근대이전은 나라마다 다 다릅니다. 동아시아의 전근대가 다르고 서구의 전근대가 다르며, 미국에 전근대가 있다면 그건 원주민 사회지요. 그러니까 각 나라의 전근대를 획일화하는 것은 거부해야 하지만, 자본주의에 의해 이미 상당부분 획일화되어 있는 근대라는 현실에서 논의가 출발해야 하지 않느냐는 얘기예요.

김용옥 우리의 삶 속에 이미 근대라는 개념이 들어와 있으니, '근대'라는 용어를 놓고 정밀하게 그 외연과 내연을 논의하자는 데는 수긍할 수 있습니다. 그러나 백선생님이 말씀하신 하이데거의 존재론으로 예를 들면, 하이데거가 존재자로서의 세계 인식을 비판하는 가장 원천적인 측면이 그의 테크놀로지 논의하고 물립니다. 소위 과학 이성, 그리고 과학기술이 가져온 인류 문명의 변화와 구조 속에서 '자이엔데'적인 모든 것이 도구화·개별화·실체화되어 논의되는데, 그것은 근원적으로 존재의 왜곡이라는 거죠. 그러니까 '존재'라는 시각에서는, 사실 근대라는 개념 자체가 사라지는 거예요.

무엇 때문에 우리가 구태여 '근대'니 '전근대'니 '포스트모던'이니 하는 따위의 소모적인 개념 논쟁을 하고 있느냐? 이거예요. 우리 삶의 양식의 통시적 변화가 있을 뿐, 그것을 어떤 개념 속에 끼워 넣을 필요가 있느냐는 것이죠. '근대'라는 개념 자체가 가치론적 강압성을 가지고 있어 정의로운 논의가 불가능합니다. 민주의 이상은 있을 수 있으나 근대라는 이상은 있을 수 없습니다. 이미 근대는 사악한 것으로 판명이 났습니다. 근대는 너무 조작적입니다. 존재 그 자체로 돌아가야 합니다. 우리는 시간에 대한 개념적 폭력을 거부해야 합니다.

백낙청 하이데거를 열심히 읽는다든가 동학 공부만 열심히 한다고 해서 자본주의라는 현실이 사라지지 않거든요. 그래서 저는 근대에 한편으로는 적응하면서 근대를 극복해나가는 이중과제, 그 두개의 동시적인 과제라는 접근법을 주장해왔는데요. 어쨌든 하이데거의 '기술시대'

론에 대해서도 저는 해석이 좀 다릅니다. 하이데거가 근대기술의 폭력에 대해선 굉장히 신랄하지만 기술도 진리를 드러내고 존재를 드러내는 하나의 방편이라고 봐요. 그런데 바로 그 점을 망각하게 만드는 게 근대기술 특유의 위력이고 폭력이라는 겁니다. 그러니까 그러한 사유 능력을 회복하는 게 중요한 거고요. 그래서 근대세계가 배제하는 사유와 지혜를 훨씬 먼저 더욱 선명하게 얘기한 노자한테서 배우고 우리 전통에서는 수운한테 배워야지요. 그리고 원불교의 개벽사상에서도 배우면서 극복해나가야 합니다. 아무리 개판 세상이라도 여기서 살아남아 그걸 극복하는 작업을 해야죠. 실제로 도올 말씀대로 사람들이 다 적응하면서 극복하는 삶을 살고 있지만, 그런 의식을 분명히 가지고 하는 사람은 참 드물어요.

수운과 원불교의 창시자 소태산

백낙청 지금까지 우리가 동학 얘길 많이 했고 또 더 할 겁니다만, 동학을 계승하는 종교들이 있잖아요. 천도교는 직접적으로 종통을 이어받은 교단이고, 원불교는 직접적인 계승관계는 아니지만 소태산(少太山) 박중빈(朴重彬) 대종사의 언행록인 『대종경(大宗經)』을 보면 수운 선생의 뒤를 이었다는 의식이 분명히 있어요. 이제 원불교 이야기를 해볼까 해요. 이건 학산님에 대한 배려이기도 합니다. 학산이 원광대 총장인데다가 원불교 교무인데 밖에 나가서 동학만 잔뜩 띄우고 돌아왔다고 하면 교단 내에서 정치생명이 좀 위태롭지 않겠어요?(웃음) 그래서 내가 과제를 하나 드리겠는데, 원불교와 동학의 상통점과 차이점을 좀 간략하게 요약해주시면 어떨까요.

박맹수 동학과 원불교의 차이는 교조인 수운 선생과 소태산 선생을 중심으로 비교해볼 필요가 있습니다. 수운 선생은 부친 근암공을 통해

전수된 가학(家學)·퇴계학(退溪學)적 전통이 아주 탁월하시죠. 그 퇴계학적 계보에 대해서는 도올 선생님께서 『도올심득 동경대전』(이 책의 내용은 모두 신간 『동경대전』 1권에 실렸음—편집자)에서 아주 명쾌하게 정리하시기도 했습니다. 어떻게 보면 학문적 기반이 소태산에 비하면 상당히 탄탄하셨죠. 그런데 2대 교조인 해월(海月) 최시형(崔時亨) 선생은 좀더 평민에 가깝고 큰 학문적 기반은 없는 편입니다. 반면에 원불교의 경우 소태산 선생은 농민의 아들이죠. 아버지가 빈농이었고, 깨달음을 이루기 전의 학문적 기반은 서당에 2~3년 다닌 정도입니다. 그걸 보강한다고 할까요, 2대 정산(鼎山) 송규(宋奎) 종법사가 흥미롭게도 퇴계학을 계승했습니다. 이렇게 보면 퇴계학이 동학으로도 원불교로도 이어진다는 것이 매우 흥미로운데, 아무튼 이렇게 교조의 학문적 기반에서는 차이를 볼 수 있습니다. 그리고 동학은 동(東)에서 서(西)로, 경주에서 발상이 되어 호남에서 혁명으로 이어졌습니다. 원불교는 반대로 호남에서 시작해 퍼져가는 지역적 기반의 차이도 있어요. 또 하나 시대상황을 놓고 보면 수운 선생은 아직 조선왕조가 명맥은 유지하며 희망이 있는 시대를 사셨다면, 소태산은 우리 민족사에서 가장 큰 절망의 시대를 사셨습니다. 제 표현으로는 태극기가 마음대로 휘날리는 날 한번을 못 보고 돌아가셨다, 그런 차이가 있습니다.

공통점은 제가 쓰는 말로 '개벽파'라는 것이죠. 동학부터 증산교·대종교·원불교 등 땅적인 것, 민중적인 것에서부터 새로운 세계를 열려고 했던 개벽파라는 전통을 볼 수 있습니다. 공통적으로 개벽사상을 강조하고 있고요. 또 흥미로운 것은 여성평등사상입니다. 이미 동학에서 수운 선생이 두 노비 중 한 사람은 수양딸, 한 사람은 며느리 삼은 전통이 있습니다. 또한 2대 교조 해월 선생이 1889년에 내칙(內則)·내수도문(內修道文)을 선포해서 여성들 가운데 도통한 수도자가 많이 나올 거라고 했고요. 원불교도 정식 출범하기 전에 남녀권리동일을 선언했고, 초기부터 최고의결기구에 남녀 동수가 참여하게 했습니다. 이렇듯 한국적 양성평등사상이 공통되게 일관됐다고 보입니다. 세번째는 제가 제일 좋아하는 측면인데요, 동학과 원불교는 모두 아래로부터의 사상이죠. 아래로부터의 운동, 도올 선생님이 말씀하신 그 민적인 것, 땅적인 것. 아마 이게 조선 후기, 일제강점기에 나타난 우리 한반도 역사의 터닝포인트가 아닌가 싶습니다. 역사에서 객체로 취급되어왔던 민초들이 역사의 주체로 자각하면서 깨어나기 시작한 것이 동학에서 원불교로 일관된다는 것이죠. 그리고 사상적 기반을 놓고 보면, 보통 유불선 삼교합일사상이 바탕에 깔려 있다고 얘기되죠. 종교학적·철학적 접근에서 전통의 계승과 극복의 바탕에 유불선 삼교합일사상이 있다고 합니다. 여기에 하나를 더하자면 서양 문명에 대한 수용과 이해가 동학과 원불교에서 공통되게 보입니다. 마지막으로 제가 꼽는 공통점으로서는 개벽의 기점과 출발을 조선 땅, 한반도에서부터 시작했고 그것을 강조한다는 점입니다. 역사학에서는 동학을 초기적 내셔널리즘의 원형이라고도 하는데, 수운 선생이 「용담유사(龍潭諭詞)」('龍潭諭詞'의 한자 표기에 관해서는 『동경대전』 1권 424~25면 참조 —편집자)에서 "아국운수(我國運數) 먼저 한다"라는 말씀을 명확하게 밝히고 있습니다. 소태산 선생의 경우는 일제강점기 엄혹한 시절에 "금강이 현세계하니(金剛現世界) 조선이 갱조선한다(朝鮮更朝鮮)"고 했어요. 비록 식민지 지배하에 있지만 조선이 어변성룡(魚變成龍)이 되어간다는 표현, 이를 통해 한반도 땅을 토대로 해서 개벽을 추구하려고 했던 공통점이 있지 않나 생각합니다.

김용옥 역시 수운과 소태산의 가장 큰 차이점은 이 두 사람이 산 시대가 부과하는 문제의식의 차이와 상통한다고 봐요. 수운의 대각(大覺)은 1860년의 사건이었고 박중빈의 대각은 1916년의 사건이었으니까 56년의 시차가 있습니다. 수운은 왕조체제의 붕괴를 리얼하게 감지하면서 보편적인 보국안민(輔國安民)의 테제를 구상해야만 했으나 박중빈은 그러한 긴박한 정치사적 과제보다는, 이미 무너진 국가의 폐허 속에서 어떻게 살아나갈 것인가, 궁극적으로 삶의 진리가 무엇인가 하는 문제에 깊은 관심이 있었습니다. 그러니까 수운은 민족 전체의 운명을 대상으로 하는 혁명적 사상가였다면, 소태산은 작은 규모에서 출발하는 로컬한 공동체운동가였습니다. 사상적으로 보면 창조적 사유에 있어서는 수운이 더 치열하다고 볼 수 있습니다. 수운에게는 서학과의 대결이 있으나 소태산은 그런 대결이 없습니다. 소태산에게는 만유(萬有)를 한 체성(體性)으로, 만법(萬法)을 한 근원으로 보는 포용성이 두드러집니다.

그러나 소태산의 위대성은, 수운이 이론 정립의 생애 3년의 격렬한 체험을 우리 민족에게 남기고 순도한 것과는 달리, 작은 깨달음이지만 그걸 실제로 공동체운동으로 구현시키고, 인간세를 개혁하는 구체적 모델로 제시했다는 데 있습니다. 양자는 지향점이 달랐어요. 소태산의 정관평(貞觀坪, 영광군 백수읍 길룡리 소재의 갯벌을 개간한 땅. 1918년 1차 방언공사) 공사만 해도 당시로서는 유례를 보기 힘든 매우 획기적인 사업이었습니다. 일원상의 진리를 구체적으로 땅 위에 펼친 것이죠.

여성문제만 해도 소태산은 수운의 비전을 더 래디컬하게, 더 구체적으로 구현했습니다. 수운은 대각 후 여자 몸종 두명을 해방시키고 하나는 수양딸로 삼고 하나는 며느리로 삼았습니다. 소태산은 교역자로서 여성의 위상을 온전한 인간으로서 높여놓았습니다. 원불교의 역사는 실제로 이 정녀님들의 헌신적 노력으로 이루어진 것이죠. 원로 정녀님들의 말씀을 들어보면, 그토록 여성을 천대하던 시절에 제복 입고, 교육받고, 깨끗하게 절도있는 생활을 할 수 있었던 그 모든 것이 감격이었다고 해요.

결론적으로 원불교의 모습은 토착적 소박미에 있는데, 현재 원불교는 그 소박한 아름다움을 잃어버리는 방향에서 관념적인 장대함이나 권위주의적 허세를 과시하는 측면이 너무 강해요.

백낙청 반론권을 보장합니다.(웃음)

박맹수 소태산은 1891년에 태어나서 1943년 53세에 돌아가셨는데 28년간 공적 생애를 살죠. 대각을 한 1916년이 공적 생애의 기점인데, 그전의 삶에 대해서는 도올 선생님의 견해에 전적으로 공감합니다. 대각 이전에는 사회적 경험이나 학문적 경험 같은 기반이 거의 없었죠. 그런데 매우 흥미로운 것은 대각 이후의 사상적인 섭렵이라든지 사회활동, 시국관이나 법설 등을 분석해보면 그것은 수운이 못 따라온다, 저희는 그렇게 봅니다. 그건 「대종경」이라는 법설로 나와 있으니 대각 이후의 삶을 다시 볼 필요가 있다는 말씀을 드립니다.

백낙청 저는 학산 말씀 중에 일부는 동의하고 일부는 동의 안 합니다. 대각 이전에도요, 그의 경험이 그렇게 소박한 것만이 아니고 어떤 면에선 수운하고 굉장히 비슷해요. 수운이 주유팔로(周遊八路)로 10년간 행상 길을 돌아다닌 것보다 기간은 짧을지 몰라도 소태산 또한 구도를 위해 돌아다니거든요. 정확한 행선지가 알려져 있지 않지만, 그 시절이 그야말로 식민지 시기이고 또 갑오농민혁명이 실패하면서 특히 전라도 땅에서 무수히 사람이 죽었잖아요. 그 땅을 중심으로 여러해를 다녔으면 수운이 장사하면서 밑바닥 삶을 파악한 것하고 닮은 면이 있다고 봅니다. 그래서 학산은 대각 전에는 소박한 삶을 살았다고 인정하셨는데 나는 그렇지 않을 거다, 몇년 사이지만 볼 것 다 보고 겪을 것 다 겪었을 거라고 생각합니다. 김형수(金炯洙) 작가가 쓴 『소태산 평전』(문학동네 2016)에 그 시절의 일부가 매우 실감나게 그려져 있기도 하지요. 대각 이후의 법설이 얼마나 뛰어나냐 하는 건 우리가 따로 검토할 문제인데요. 「동경대전」을 보면 수운이 자신한테 배우겠다고 몰려온 제자들을 가르치니까, 사람마다 글씨는 왕희지같이 쓰고 시를 한번 지었다 하면 아주 뛰어났다는 얘기가 나옵니다. 사람이 도를 깨치면 비록 학문이 짧은 사람이라도 확 달라지는 게 있다고 봐요. 소태산도 느닷없이 달라진 게 아니고 대각을 함으로써 한마디 들으면 열마디를 알게 되고,「금강경」「동경대전」 등 여러 종교의 경전을 죽 섭렵을 하잖아요. 주막집에 앉아 있는데 선비들이 벌이고 있는 쟁론을 저절로 다 알아듣겠더라 그런 얘기도 나오고요. 해탈한 사람은 우리가 좀 다르게 봐야 하지 않나 싶어요.

물질개벽과 정신개벽

백낙청 사실 원불교 안에서 지금 이 자리에 나와 계신 박교무님이나 소수를 빼면 동학 공부를 안 하고 동학을 몰라요.『원불교 전서』(원불교 교서들을 아우른 종합 경전)에는 '불조요경'이라 해서 원불교 경전에 버금가는 것으로 보는 불경이나 조사(祖師)들의 글을 모아놓은 것들이 있어요. 저는「동경대전」도『전서』에 들어가야 한다고 봐요. 원불교의 개교표어가 '물질이 개벽되니 정신을 개벽하자'는 것 아닙니까. 저는 이것이 수운의 다시개벽과 이어진다고 봅니다. 물론 소태산은 대각하고 나서 자신이 깨달은 내용과 과정을 보니 석가모니 부처님이 밟으신 길을 따라간 것 같다, 불법을 주체 삼아서 새 회상을 만들겠다고 했지만, 그뒤 내놓은 개교표어는 불교적인 표어가 아니거든요. 물질이 개벽하니 정신을 개벽하자는 것은 다시개벽사상을 이어받은 것이고,「정전(正典)」의 첫 단어가 '현하(現下)'예요. 그게 과거의 불교하고 다른 점이죠. 수운이 시국을 바라보면서 공부하고 깨쳤듯이 소태산도 시국에 대한 반응으로 개교를 한 겁니다.

김용옥 저는 원불교 사람들을 향해 개교표어의 문제점을 지적해왔습니다. 개교표어에 우선 물질과 정신의 이원론적 분열이 전제된다면 이것은 원불교의 일원상 진리에 위배된다는 거죠. 왜냐면 물질이 개벽되었으니 정신도 개벽하자는 건 물질 세상, 즉 기차나 자동차나 공장이 들어서며 우리의 물질적 환경이 변해가고 있는데 이런 변화에 발맞추어

정신도 개벽해야 한다는 의미로 해석될 수밖에 없거든요. 결국은 물질 개벽을 당연한 선진(先進)으로 놓아두고 정신이 따라가자는 얘기가 되는데 이렇게 되면 개교의 동기를 말하는 논의 자체가 불균형의 편협한 논의가 되고 말아요.

사실 소태산의 대각 시기, 즉 일제강점 초기의 상황으로부터 지금에 이르기까지 물질은 개벽되지 않았습니다. 다시 말해서 바람직한 방향으로 물질환경의 변화가 일어나지 않았습니다. 세인들이 말하는 물질개벽은 인간을 억압하는 병적인 변화입니다. 20세기로부터 우리가 진짜 개벽해야 하는 것은 물질이었습니다. 물질과 분리된 정신의 개벽은 더더욱 아닙니다.

이러한 개벽은 일종의 유치한 개화기 콤플렉스에 지나지 않는 것이죠. 개화기 때 밀려드는 물질적 변화에 대해서 우리도 빨리빨리 정신개벽을 이룩해서 선진국가가 되자 하는 식의 따라잡기 표어가 된 것이죠. 그렇게 해서 원불교는 결국 물질개벽은 과학이나 사회체제에 주어버리고 자신들은 앉아서 마음공부만 한다는 식의 고립된 자기합리화를 일삼게 되었습니다. 그래서 원불교는 물질개벽의 선두에서 외치는 사회참여가 부족하게 되었고, 또한 역사에 뒤처지는 종교가 됐습니다. 기독교는 매우 유치한 정신적 교리를 가지고 있음에도 불구하고 물질개벽에 앞장섰기 때문에 인류의 선진종교가 된 것입니다.

백낙청 원불교 교단의 현재 문제점에 대해 많은 부분을 정확하게 지적해주신 듯한데, 표어 자체는 저는 달리 해석하거든요. 첫째는 정신개벽이라는 건 석가모니 때부터 죽 하던 깨달음의 공부지만 소태산은 물질개벽이 되니 그걸 뒤따라가자는 게 아니고, 물질이 개벽되면서 잘못하면 우리 다 망하게 됐으니까 그에 상응하는 정신개벽을 하자고 한 것이에요. 그런 점에서 수운 선생의 다시개벽하고 통한다고 말하는 거고요. 그런데 아마 원불교 안에서도 물질과 정신의 이분법으로 해석하는 분들이 많을 거예요. 그게 바로 도올이 개탄하신 20세기의 근대적 개념에 오염된 용법인데 소태산은 그렇지가 않죠. 정신이라는 게 물질에 반대되는 '정신적' 실체가 아니에요. 정신을 정의한 내용이 「정전」의 교의편(教義編) 삼학(三學) 1절에 나오는데 "정신이라 함은 마음이 두렷하고 고요하여 분별성과 주착심이 없는 경지"라고 하잖아요. 이때 정신은 실체가 아닌 어떤 '경지'예요. 그런 정신은 서양에 없는 개념입니다. 정신 대 물질이라는 서구식 이분법으로 말한다면 서양의 자본주의 사회라든가 과학문명 또한 엄청난 정신적인 작업을 수반하는 문명이지, 그게 무슨 잘 먹고 잘살고 편하게만 살기 위한 게 아니잖아요? 얘기 나온 김에, 제가 『문명의 대전환과 후천개벽』(모시는사람들 2016)에서도 쓴 표현입니다만 다시개벽을 후천개벽이라 부르는 것은 도올 선생이 여러번 질타하셨어요. 나는 도올이 선천·후천의 도식화를 비판하는 것이 중요하지, 도식화를 하지 않는다면, 말이야 후천개벽으로 하든 다시개벽으로 하든 문제는 안 될 것 같고요. 수운의 개벽사상엔 선천·후천 개념이 이미 들어 있지 않나요. 상제가 수운을 만나 '개벽 후 5만년에 나 또한 공이 없었는데 이제 너를 만났으니……'라는 식으로 말씀하시거든요(「용담유사」 '용담가'). 그게 이전 시대가 아무것도 아니라는 뜻은 아니지만, 지금의 시점에서 상제님이 볼 때 내가 아직 제대로 이뤄놓은 게 없고 너를 만나서 비로소 처음으로 하게 됐다는 의미죠. 이미 여기서 선천·후천이 갈리는 겁니다. 물론 선천·후천이 두부 자르듯이 잘려서 어느 시점이 지나면 선천이 저절로 후천이 된다고 보는 것은 배격해야 하는데, 수운이 그렇게 생각하지 않은 것은 물론이고 해월의 법설을 보면 선천·후천, 심지어 선천개벽·후천개벽 얘기가 다 나와요.

김용옥 도식적·단계적 획일주의에 기초하여 역사 변화의 결정론을 주장하지 않는 한 언어적 방편은 다 용납될 수 있습니다. 그러나 후대의 선천·후천 논의에 의하여 그러한 개념적 장치가 없었던 수운과 해월의 사상마저 그러한 도식 속으로 끌어들이는 것은 잘못된 것입니다. 해월의 설법에 나오는 선천·후천은 맥락이 좀 다르게 쓰였습니다. 그리고 대부분 20세기의 종교적 논의에 의하여 각색되었습니다. 해월의 위대함은 그 삶의 실천에 있습니다. 그는 내칙·내수도문 등 몇개의 우리말 문장 이외에는 거의 직접 글을 남기지 않았습니다.

하여튼 백선생님의 말씀을 자세히 상고해보면 모든 방면으로 깊게 생각하시고 다각적인 시각의 넓이를 가지고 긍정적으로 포용하시기 때문에 제가 감히 토를 달 생각이 없습니다. 그러나 이 한 포인트는 명백합니다. 수운은 천지개벽 이래 삼황오제의 출현을 거쳐 오늘에 이르기까지의 역사의 연변(演變)을 모두 긍정합니다. 공자도 나왔고 수많은 군자들이 천도와 천덕을 밝혀 인간이 누구든지 지극한 성인의 경지에 이르도록 길을 닦아놓았다는 것이죠. 이러한 수운의 역사관에는 선·후천의 대비가 들어설 자리가 없습니다. 혁명은 '다시개벽'인데, 다시개벽은 오로지 오늘 여기의 명료한 시대인식에서 우러나온다고 주장합니다. 지성(至聖)의 길을 열어놓았는데도 오늘의 현실은 모두 각자위심(各自爲心)하고, 불순천리(不順天理)하고, 불고천명(不顧天命)하는 위기의 상황이 연출되고 있다, 다시 말해서 공동체 윤리의 상실, 순망치한(脣亡齒寒)의 위기 상황이 다시개벽의 요청을 불러일으키고 있다는 것입니다. 따라서 수운의 '다시개벽'은 종교적인 표어가 아니라 역사적 현실의 분석을 바탕으로 한 보국안민의 테제입니다.

그러나 선·후천의 개념이 나쁘다는 것이 아니고, 그것을 수운·해월과 연루시키는 오류를 지적하는 것뿐입니다. 선·후천은 고전에 없는 말인데 송대의 소강절(邵康節)이 상수학적 역학관을 새롭게 수립하면서 도입했고, 우리나라에서는 수운보다 한 세대 늦게 활약한 일부(一夫) 김항(金恒)이 『주역』「설괘전」을 창조적으로 재해석하여 정역팔괘도를 새롭게 그리면서, 기존의 『주역』적 세계관을 뒤엎는 정역(正易)을 창조합니다.

우리나라의 선·후천이라는 말은 모두 김일부라는 매우 독창적인 역학사상가에 의하여 시작되었고 이것을 대중종교의 중심 개념으로 만든 사람이 강증산(姜甑山)이라는 매우 영험이 깊은 종교가였습니다. 강증산은 김일부를 1897년에 만났고, 1909년 김제 구릿골에서 눈을 감을 때까지 천지공사(天地公事)를 계속했습니다.

원불교에서 선천·후천이라는 말을 쓴다면 그것은 김일부의 사상이 강증산을 통하여 원불교에 영향을 준 것입니다. 그것은 수운과는 무관한 것입니다. 원불교는 깨달음의 종교이며, 신비적 이적을 교리에 담지 않습니다. 나중에 음세계·양세계라는 말을 만들었는데, 그렇게 되면 선천개벽세는 전체가 음세계가 되어 컴컴한 밤이 되고 후천개벽세는 전체가 양세계가 되어 환한 낮처럼 광명한 세상이 될 것이니 그것은 너무 유치하고 독단적인 세계 인식 아니겠습니까? 동방 사상도 이렇게 결정론적으로 도식화되면 「요한계시록」을 외치는 휴거파 기독교와 다를 바가 없어집니다.

백낙청 그 말씀엔 동감인데, 수운 선생도 이제까지 5만년간 온갖 성현들이 나온 것은 인정을 하지만 다시개벽을 해서 벌어질 이후의 세상에 비하면 비교도 안 된다는 생각을 했어요. 「해월신사법설(海月神師法說)」은 선천개벽은 물질개벽이고 후천개벽은 인심개벽이다,라고 했더군요. 여기서 말하는 물질개벽이란 물질 세상이 열린 원래의 천지개벽이고, 후천개벽은 사람의 마음이 바뀌는 것입니다. 그런데 원불교 개교표어에 나오는 물질개벽은 그거하곤 달라요. 옛날에 천지개벽하던 물질적 개벽이 아니고 지금 벌어지고 있는 세상의 변화를 말하는 거죠. 나는 그 변화의 원동력은 자본주의라고 보고, 그래서 어떤 의미에서는 소태산이 그 시골구석에서 전세계의 시운을 읽었다고 봐요. 지금은 자본주의 세상이고 물질이 개벽되는 세상이니까 거기에 상응하는 정신개벽 또는 해월의 문자로 인심개벽을 이루지 못하면 우리 다 망한다 하는 뜻이기 때문에, 나는 그 개교표어야말로 불교보다 동학 쪽에서 이어받은 거라고 봅니다. 다만 동학과 두가지 큰 차이점이 있는데, 하나는 불교를 주체로 삼았잖아요? 불교를 주체 삼으면서 따라오게 된 윤회설, 인과법칙 등 여러가지가 있는데 그게 과연 사상적 진전인지 아닌지는 점검해봐야죠. 수운은 유불선을 결합한다고 했지만 뿌리는 유교에 있어요. 활동 중에 스님들의 도움을 많이 받았어도 불법이 그 사상에서 중요한 요소는 아니었던 것 같아요. 그런데 소태산은 유불선을 통합하면서도 불법을 중심에 세우겠다고 했으니 그에 따르는 여러 논리적·철학적 또는 실천적인 문제들이 있지요. 또 하나는 도올 책을 보면 수운을 두고 "종교를 창시한 사람으로서 종교를 거부한, 이 지구 역사에서 유일한 신인간"이라는 말씀을 하시고(1권 26면) 또 "종교 아닌 종교를 개창"했다는 점을 굉장히 강조합니다(34면). 원불교도 어떤 의미에서는 기존의 것하고는 완전히 다른 종교로 출발했는데, 다만 종교 아닌 종교를 만든다고 하면서도 교단 조직을 만든 거란 말이에요. 물론 수운도 조직을 만들긴 했지만 그건 일종의 사회운동 조직 아닙니까? 소태산은 교단 조직을 만들고 출가제도를 만들었거든요. 이 출가제도라는 게 교단의 지속성과 효율성을 위해서는 굉장히 유용하지만, 다른 종교와 비슷하게 흘러갈 위험이 커지는데 저는 이걸 지금 원불교 교단이 해결하지 못하고 있다고 봐요. 소태산의 가르침에서 많이 후퇴한 거죠. 여기 교무님이 계시지만 교무들이 일종의 특권계급, 더 심하게 말하면 카스트화가 되어왔어요. 소태산뿐 아니라 정산 종사의 삼동윤리(三同倫理)는 모든 종교가 근원에서 같다고 할 뿐 아니라, 나아가 모든 종교와 비종교 활동가들이 한 일터 한 일꾼이라고 했어요. 그러니까 원불교 안에서 출가의 특권을 인정 안 한 건 물론이고 심지어는 비종교인도 한 일터 한 일꾼이라고 했어요. 그 말씀대로 하면 교무들 입장에서는 죽을 지경이죠. 교단에서 낮은 임금으로 봉사를 하고 여성들은 결혼도 안 하고 정녀로 살면서 헌신을 하는데 아무 특권이 없고, 출가와 재가가 동등하고 오직 법위(法位)의 차이만 인정한다고 했으니까요. 유일한 보상은 인생의 네가지 요도(要道) 중 '공도자 숭배'라는 조항인데 이것도 공도자를 출가자로 한정시키지는 않지요.

박맹수 굉장한 딜레마인데요. 저희가 원불교학과에서 수학할 때 법사님들로부터 원불교의 가르침, 소태산의 가르침을 90퍼센트 이상 제대로 실천하려면 견성(見性)하지 않으면 안 된다는 말씀을 귀에 따갑게 들었습니다. 깨쳐야 한다는 말씀이죠. 출가도인이 되어야 한다는 것이고요. 달리 말하면 자기 상(相)을 벗어던질 수 있는 경지까지 가야 된다는 말씀을 무수히 들었던 것 같습니다. 아마 원불교 전문교역자들이 초발심(初發心), 또 평생 가지고 살아가는 영원한 화두를 못 넘으니까 이런 현상이 온 것이 아닌가 하는 생각이 듭니다.

김용옥 기독교 집안에서 자라난 저는 젊은 시절에 원불교를 알 수 있는 기회가 없었어요. 대학 시절에 이미 동학을 먼저 접했죠. 동학에 매료되고 워낙 애착을 느낀 사람으로서 나중에 원불교를 알았기 때문에, 원불교를 순수하게 이해하는 데 방해가 됐을지도 몰라요. 그러나 제가 원광대를 다니게 되면서 원불교를 이해해야겠다는 생각이 들어 관련된 책들을 많이 읽었죠. 사실 저는 원광대 학부 6년을 다녔기 때문에 원불교 교학개론도 한 과목 들었어요. 그런데 한의대생인 나에게 교학대학(교무지망생이 다니는 곳) 학생들이 자율적으로 강의를 요청했습니다. 낮에는 한의대 학생 노릇 하고 밤에는 교학대학 1~4학년 학생들 전원에게 강의를 했습니다. 당시는 아마도 교학대학 최전성기라 할 수 있을 것입니다. 배우고자 하는 열의가 대단했어요. 종교와 철학 전반에 관해 매우 계발적인 강의를 했습니다. 내 인생의 영원한 낭만으로 남아 있어요. 총장 선생님의 요청으로 본관에서 수백명의 학생·교직원을 상대로 특별강연을 했는데, 그 강연의 제목이 '원불교는 상식의 종교다'라는 것이었죠. '상식'이란 항상스러운 식(識, vijñāna)을 말합니다. 상식보다 더 보편적이고 위대한 의식은 없습니다. 종교는 상식을 깨는 것인 양 생각하는데 원불교는 상식을 궁극적인 가치의 근원으로 생각합니다. 인류에게 이런 종교가 없습니다.

제가 한의대를 들어가려고 일곱개의 대학을 다 탐색해보았습니다. 모두 부담스러워했지요. 그런데 원광대는 "당신 같은 워킹 딕셔너리가 우리 학교에 제 발로 굴러들어오겠다는데 마다할 일이 무엇이냐?" 하고 대환영 의사를 표명했습니다. 물론 편입시험을 봐서 정식으로 들어갔습니다만 원불교의 전폭적인 이해와 지원이 있었기에 제가 무사히 6년의 시련을 마치고 한의사 국가고시까지 합격할 수 있었던 것입니다. 그런데 원불교는 나에게 아무런 요구를 한 것이 없습니다. 그냥 나를 편하게만 해주었습니다. 원불교의 사람들은 대체로 인간 됨됨이가 모두 개방적이고 겸손해요. 동학이 지닌 아주 철저한 상식의 바탕을 계승한 종교입니다.

나는 증산도도 훌륭한 우리 민족의 종교라고 생각합니다. 강증산의 깨달음도 30만의 우리 민중이 일제의 총구 앞에 쓰러져가는 피비린내 나는 동학혁명의 현장에서 이루어진 것입니다. 왜 증산도가 '해원'이니 '상생'이니 하는 것을 강조하겠습니까? 결국 민중의 원을 풀어주기 위해서 천지공사를 새롭게 하지 않을 수 없었습니다. 단지 강증산이라는 현실적인 인간을 상제로 파악하는데, 그 인간으로 강세(降世)한 상제의 상징적 의미를 보편적으로 해석하지 않으면 항상 왜곡된 무속으로 빠져버리고 말 위험이 있습니다. 상제는 인격화되고 존재자화되면 상식의 보편적 지평에서 이탈합니다.

하여튼 우리나라 20세기의 사상적 흐름은 서양적 언어, 종교, 문학, 철학에 보조를 맞춘 것처럼 보이지만, 그러한 고등문명입네 하는 것들이 다 허상에 불과한 것이고, 실상 민중의 아픔을 보듬은 것은 바로 이런 개벽종교들이었다는 것이죠. 한국의 아카데미즘은 20세기의 실상을 보지 못하고 허상만을 쫓아왔습니다.

백낙청 교무님도 잘 아시겠지만 「대종경」의 변의품(辨疑品)에서 개벽의 순서를 수운, 증산, 소태산으로 이야기합니다(변의품 32장). 다른 제자들은 증산에 대해서는 말이 많더라고 했어요. 증산의 특징은 조직을 전혀 안 만들었잖아요. 그러다보니 그 양반이 돌아가시고 나니까 제자들이 사분오열되어 싸우는 폐단이 있었습니다. 그런데 여기서 소태산은 뭐라 그러냐면 '그 사람이라야 그 사람을 안다. 장차 사람들이 더 깨치고 원불교가 더 드러날수록 증산을 높이 평가하게 될 것이다'라고 얘기했지요(31장). 그러니까 개벽의 물꼬를 튼 분은 수운이고, 동학전쟁을 거치면서 피 흘리고 참담해졌을 때 기운을 돌려놓은 분이 증산이고, 소태산은 자기가 그걸 계승해 더 완전한 경지에 이끌었다는 자긍심을 갖고 있는 거죠.

박맹수 그럴 수밖에 없죠. 무엇보다 시대상황이. 물질개벽에 대한 이해도 소태산 시대에 와서 더 정확해지고요.

백낙청 그러니까 물질개벽이라는 걸 내 식대로 이해하면 소태산 때 그 인식이 더 깊어지는 건 당연해요. 나는 원불교학자들이나 원불교 교무님들 일반에 대해 갖고 있는 불만이, 이분들이 물질개벽에 대한 연마를 안 해요. 일종의 화두로 잡고 물질개벽이 무엇인지 궁리하고 거기에 대응할 수 있는 정신개벽을 해야겠다고 하는 게 아니라, 물질개벽은 근사한 말로 떼어놓고 정신개벽만 하자고 하니 아까 도올이 비판하신 대로 그냥 수양 공부만 하게 됩니다.

박맹수 일종의 이원론처럼 된다든지 동도서기론(東道西器論)처럼 물질개벽과 정신개벽을 나누는 것에 대해서는 도올 선생님도 1980년대부터 아주 통렬하게 비판하셨는데요. 실제 제가 원불교학을 점검해보니까 90퍼센트 이상의 연구자들이 그런 이분법적 도식에 빠져 있는 것 같아요. 지금의 원불교학 연구자들은 그걸 뛰어넘고 있는 것 같습니다. 앞으로 극복되지 않을까 합니다.

김용옥 제가 처음부터 얘기한 것은 원불교는 출발부터 공동체적 삶의 재건을 주축으로 했다는 것이죠. 대각을 이론적으로 발전시켰다기보다는 사회운동으로서 실천하고 대각의 효험을 실증적으로 표현했다는 것이죠. 거기에는 정말 '플레타르키아'가 있었지요. 다중이 참여해서 실천적 장을 만들어갔으니까요. 결국은 앞으로 원불교가 우리 사회의 변화나 지향해야 할 비전 같은 것에 대해 심각하게 고민하고, 영향력 있는 사회적 메시지를 부지런히 내어야 합니다. 종교가 이 땅에 존재하는 이유는 이 땅에 사는 사람들이 보다 더 나은 삶을 살 수 있도록 상부상조하자는 현실적 목표에 있습니다.

이러한 제생의세(濟生醫世)를 위하여 원불교는 과감하게 사회운동을 전개해야 합니다. 지금은 옛날과 달라 종교가 고차원의 사회운동을 정밀하게 해나갈 수 있는 다양한 메커니즘을 확보하고 있는데도 불구하고, 몸만 사리면서 마음공부에 매달린다면 원불교는 타락한 불교의 아류도 되지 않습니다. 원불교는 실상 불교가 아니에요. 불교는 뭐니 뭐니 해도 반야사상이 그 핵이고, 반야의 핵은 무아(無我)이고 공(空)입니다.

그러나 원불교의 핵심은 사은(四恩, 천지은, 부모은, 동포은, 법률은)에 있습니다. 사은이란 무엇이냐? 인간 존재를 '은'으로 규정한다는 것이죠. 은이란 무엇이냐? 그것은 '관계'를 의미합니다. 즉 인간은 어떠한 경우에도 독립된 실체일 수 없으며, 관계망 속의 일 항목입니다. 존재는 생성이며, 생성은 관계 없이 이루어질 수 없습니다. 사은 중에 천지, 부모, 동포는 하나의 항목입니다.

장횡거(張橫渠)의 「서명(西銘)」에 건을 아버지라 칭하고, 곤을 엄마라 칭하는데, 그 건과 곤에서 태어나는 만물은 나와 대지의 탯줄을 공유하므로 동포라 칭한다는 말이 있습니다. 천지와 부모와 동포는 결국 상즉상입(相卽相入)의 일체(一體)입니다. 풀잎 하나도 나의 동포이며 경외의 대상이라는 자각이 없으면 일원상의 진리는 구현될 길이 없습니다. 하물며 같은 민족 동포의 아픔을 외면할 수 있겠습니까?

법률은은 문명의 질서에 관한 것이죠. 그러니까 원불교는 고조선으로부터 내려오는 우리 민족의 사유를 계승한 토착적인 세계관에 뿌리박고 있습니다. 사은은 소박한 사상이기 때문에 위대하고 유니크한 진리입니다. 원불교의 매력은 현란한 레토릭에 있는 것이 아니라 실천적 소박미에 있습니다.

백낙청 사은사상이 굉장하다는 말씀까지 이끌어냈으니 박교무님은 안심하고 귀가하셔도 될 것 같습니다.(웃음) 다만 원불교가 '사은사상'을 제창함과 동시에 '공(空)' 사상을 수용하고 있다는 점은 더 음미할 대목 같아요.

동학과 촛불혁명

백낙청 『동경대전』에 워낙 여러 이야기를 해놓으셨기 때문에 할 얘기가 이렇게 많아졌는데요. 보통 3·1운동의 배경에 동학이 있다는 것은 대개 인정을 해요. 그리고 촛불혁명이 백년 전의 3·1운동까지 이어진다는 정도도 대개 수긍을 합니다. 그런데 동학에서 촛불혁명까지 연속성이 있다고 하면 그건 너무 멀리 가는 거 아니냐, 동학을 너무 과대평가한 거 아니냐 생각하는 사람도 더러 있거든요. 그것을 도올이 예견하셨는지 『동경대전』의 서문 「개경지축(開經之祝)」을 보면 "동학혁명은 지금도 진행 중이다"라고 나온단 말이에요. 이런 문제를 우리가 좀 구체적으로 검증을 해보면 좋지 않겠나 합니다.

김용옥 검증이라는 말은 어폐가 있습니다. 그것은 검증의 대상이 아니라 우리나라 20세기 역사 교육의 부실함이 지적이 되어야겠지요. 우리나라 역사 중에 20세기 역사야말로 가장 왜곡이 심한 이념 분탕질을 겪는 중이니깐요. 동학 이후의 우리 민족의 모든 사상적 움직임이나 사회적 운동이 동학과 관련되지 않은 게 없거든요. 30만명의 민중이 피 흘리고 목숨을 잃은 그 역사는 단절되려야 단절될 길이 없습니다.

그 정신은 침묵 속에서 더욱 활성화됩니다. 3·1독립만세혁명이나 그 이후의 즉각적인 임시정부의 성립, 공화제 선포, 독립운동가들의 활약, 건준의 성립, 이후의 인민위원회의 활약 등등 이 모든 것이 동학이라는 거대한 민족체험을 떠나서 생각할 수가 없습니다. 우리나라 헌법 전문에 반드시 동학의 뿌리를 언급했어야 했습니다.

촛불혁명은 이전의 민주화운동과 양상의 차이가 있습니다. 1970~80년대의 반군사독재 민주화투쟁은 반드시 지도자그룹이 있었고 이 그룹이 민중을 의식화시키고 리드해나갔습니다. 오늘날 정치인의 대부분이 이 의식화운동에서 태어난 인물들입니다. 그러나 촛불혁명은 그런 지도자그룹이 없습니다. 민중이 주체가 되어 정의로운 에너지가 분출한 사건입니다. 그것은 동학혁명이 고부에서 터져나간 사건과 매우 유사한 양태의 사건입니다.

백낙청 수평적인 '플레타르키아' 운동이죠.

김용옥 백선생님께서는 촛불혁명을 저의 책『스무살 반야심경에 미치다』(통나무 2019)에서 언급하고 있는 '반야혁명'과도 비교할 수 있지 않은가라고 지적해주신 바 있습니다만, 양자에 유사성이 있다고 봅니다. 그만큼 우리 민중의 '플레타르키아' 의식이 깊어지고 있는 것이지요. 반야불교, 즉 대승불교는 싯다르타의 종교가 아니라 보살의 종교입니다. 스스로 싯다르타가 되겠다고 갈망하는 보살들의 종교입니다. 광화문에 쏟아져 나온 사람들이 모두 이런 보살들이었습니다. 촛불혁명의 양상은 민중의 총체적인 분노의 폭발이었습니다. 최순실과 같은 역행보살의 역할도 있었지만, 동학혁명과도 같은 잠재력이 항상 우리 역사에 내재한다는 것을 과시한 사건이라고 보아야겠죠.

박맹수 역사 교육, 현대사 교육 잘못되었다는 말씀에 저는 '폭풍공감'하고요. 실제 동학농민혁명을 30년간 연구하면서 남한 전체와 일본까지 발로 뛰어 사료를 발굴해보면, 최근 들어 중요한 학설 하나가 바뀌었습니다. 당시 일본군 후비보병 19대대, 약 8백명이 들어와서 조선을 짓밟거든요. 우금치에서 전면전을 하죠. 그런데 새로 밝혀진 게 본대가 우금치에 못 와버립니다. 뒤에서 게릴라전을 하는 동학농민군들 때문에요. 그래서 이건 과거식으로 실패한 전쟁으로 봐서는 안 된다는 거죠. 그리고 그 일본군 대대장은 승진은커녕 좌천이 됐어요. 고향까지 가서 기록을 찾아보니까, 자기는 공을 세웠는데 승진도 안 되고 좌천되어 제대했다며 죽을 때까지 말썽을 일으키며 살았다고 해요. 미나미 코시로오(南小四郞)라는 인물이에요. 그러니까 우리가 알았던 동학농민혁명이 실상과도 다르고, 지금 교육도 잘못되었다는 겁니다.

저는 동학농민혁명에서 촛불까지 이어지는 일관성 있는 바탕이 두 가지 있다고 봅니다. 하나는 비폭력 평화 정신입니다. 우리 동학군은 칼에 피를 묻히지 않고 이긴 것을 으뜸으로 삼는다, 어쩔 수 없이 싸우더라도 사람 목숨은 해치지 않는 것을 귀하게 여긴다, 행진하면서 지나갈 때는 민폐를 절대 끼치지 않는다, 효자·충신·열녀·존경하는 학자가 사는 동네의 십리 이내에는 주둔하지 않는다(「대적시 약속 4항」). 그리고 병든 자는 치료해주고, 항복한 자는 받아들이고, 굶주린 자는 먹여주고, 도망간 자는 쫓지 않는다(「12조 계군호령」). 그 당시 특파원들도 이런 농민군의 규율을 칭찬해요. 동학농민군을 가장 비판했던 매천(梅泉) 황현(黃玹)조차 「오하기문(梧下紀聞)」에서 동학농민군 측의 처벌은 인간적이라고 평하고 있습니다. 동학의 비폭력이 3·1운동, 그리고 2002년 효순이 미선이 미군 장갑차 압사 사건 촛불집회, 2016년 촛불집회로 이어집니다. 세계 사람들이 가장 놀란 게 비폭력 평화잖아요. 저는 그 뿌리가 동학농민군의 12개조 기율 등에 있다고 봅니다. 그리고 동학혁명도 3·1운동도 철저히 민(民)이 주체가 되어서 일어난 거죠. 3·1운동 때 가장 마지막까지 독립을 외쳤던 사람은 민족대표 33인이 아니고 노동자, 농민, 학생 들입니다. 평민, 평범한 대중들이었죠. 촛불혁명도 마찬가지고요. 그런데 명확히 다른 게 있는 것 같아요. 동학혁명은 왕조체제 자체를 부정하진 않죠. 보완하려고는 하지만 실패로 끝났고. 3·1운동은 국내외 여러군데의 예닐곱 임시정부를 하나로 통합해서 상해임시정부를 탄생시키죠. 좌우가 하나가 되어서요. 저는 3·1운동은 그 결실로서 민주공화제인 상해임정을 탄생시켰다는 점에서 절반의 성공이라고 보고, 2016년은 우리가 완전히 성공한 거니까 본질적인 차이가 있지만, 바탕에 흐르는 정신은 동학혁명에서부터 찾아야 한다고 생각하고 있습니다.

백낙청 저는 촛불혁명이 지금도 진행 중이기 때문에 완전한 성공을 이야기하기는 이르다고 보거든요. 그런데 동학농민전쟁 이전에 수운과 해월의 동학이 있었고, 거기서부터 연속성이 있다는 건 저도 절대적으로 동감합니다. 우리 역사를 보면 그런 동학정신을 실현할 수 있는 여건이 촛불혁명에 와서 드디어 마련되었다고 봐요. 이전에도 물론 정신은 면면히 이어지지만 그때까지는 조직 없이 민들이 대대적인 운동을 하기가 어려웠고, 정권을 뒤엎는 성공으로 말하자면 4·19는 완전히 성공한 건데 그게 지속되질 못했죠. 6월항쟁이 그후에 처음으로 성공했고 지속성을 지닌 민주화인데, 그때도 전체적으로 어떤 기율을 가진 조직은 없었으나 운동권들의 조직이나 김대중·김영삼 두분의 조직을 가지고 움직였습니다. 요즘 소위 586이 욕먹는 이유가 세상이 바뀌었는데도 그때 자기들이 조직을 주도하고 지도했던 그 꿈에서 여전히 못 깨어나고 있는 이들이 많은 거예요. 촛불혁명이 동학하고 또 가까워지는 면이, 저는 의제도 그렇다고 봐요. 첫째, 이제까지 민중항쟁에서는 남녀평등 문제가 그렇게 중요하지 않았어요. 그런데 이번에는 성평등 문제가 중요한 이슈로 부각되었고, 2016~17년 항쟁의 여파로 미투운동도 벌어지며 큰 변화가 일어나고 있는데 그 시원이 사실은 동학이거든요. 기독교인들은 자꾸 기독교가 여성 교육도 하고 이것저것 해서 남녀평등사상을 가져왔다고 하는데, 물론 그런 공헌이 있었지만 성경이나 교리 자체를 보면 평등 종교가 아니에요. 그런데 동학은 그게 뚜렷했고, 그것이 상해임시정부 헌장에도 명시되어 있죠. 또 과거의 우리 민주화운동하고 달라진 게 생태계와 기후위기 문제입니다. 그 해법을 사실은 동학이나 원불교에서 찾아야 되는데, 아직도 그 운동을 하는 사람들이 서양의 생태이론·생태주의에 빠져 있으니까 원만한 사상이 안 나오고 있다고 봐요. 또 하나가, 촛불항쟁 당시에 큰 이슈로 떠오르지는 않았지만, 남북문제에 커다란 전기를 마련한 거 아닙니까. 지금 남북관계가 교착상태라고 하지만 2018년 이루어진 엄청난 변화는 그대로 남아 있거든요. 앞으로 더 진전되면 그야말로 우리가 어변성룡을 하게 되어 있습니다. 1987년 6월항쟁만 해도 운동권에서는 자주통일을 굉장히 강조했지만, 어디까지나 분단체제라는 틀 안에서 남한만의 변화를 일으켰지 분단체제를 크게 바꿔놓지를 못했어요. 물론 그때 벌어졌던 통일운동과 자주화운동의 기운을 타고 노태우 대통령이 북방정책을 펴고 남북기본합의서도 만들고, 또 김대중 대통령이나 노무현 대통령의 돌파가 있긴 했습니다만, 분단체제라는 틀을 못 깼거든요. 그걸 깰 수 있는 기회를 촛불항쟁이 만들어줬다고 봅니다. 그러니까 그런 항쟁이 반야혁명인 동시에 동학혁명이라는 표현은 참 적절한 거 같아요.

김용옥 우리나라의 생각있는 사람들 중에서도 선생님만큼 한 민족으로서의 북한 동포를 품에 안고 생각하는 사상가가 없는 것 같습니다. 선생님 같으신 분이 활동하고 계시는 동안 온전한 남북화해가 이루어져야 할 텐데, 문재인정부가 출범할 때부터 남북문제에 본격적으로 올인했던 것만큼 마무리 시기에도 구체적인 성과물을 내주기를 갈망합니다. 미국의 협조 없이는 불가능한 일이라 해도 미국을 뒤받으면서 설득할 수 있는 방법도 있을 것입니다. 우리는 대미관계에 있어서 너무도 비굴한 자세를 유지하는 것을 상식으로 알고 있어요.

저는 사상가이니까 주제를 좀 래디컬하게 설정합니다. 백선생님처럼 마음이 곱지를 못해요.(웃음) 근대의 문제만 해도, 근대라는 개념을 방편으로 해서 근대를 극복해야 할 것이 아니라, 근대라는 개념 그 자체를 파괴하고 새로운 원점을 창조해야 한다고 생각합니다. 제가 생각하기에는 원시공산제, 봉건제, 자본제…… 이런 개념보다는 보다 단순하고 유용한 개념이 '왕정이냐, 민주냐?' 하는 설정이라는 것이죠. 단군 이래 구한말까지 관통하는 권력의 형태는 왕정입니다. 이것은 전세계의 역사가 다 똑같아요. 왕정에서 민주체제로의 변화는 모두 최근 한두 세기에 이루어진 사건입니다.

그래서 수운이 "개벽 후 5만년"이라는 말을 쓰는 겁니다. 개벽 후 5만년이 지나 비로소 민주적 혁명의 가능성이 생겨났다는 것이죠. 그러니까 지금 우리가 민주를 말해도 그것은 50년 정도의 체험을 바탕으로 하는 것이고, 보수세력들은 5만년의 관성을 등에 업고 설치는 것입니다. 프랑스혁명도 루이 16세의 목을 잘랐다고는 하지만 그뒤 2백년의 시행착오를 거쳐도 민주가 정착되었다고는 볼 수가 없습니다.

이러한 세계사적 흐름 속에서 동학사상의 역사적 의의는 진정한 민주의 민족사적 원점을 이미 19세기 중엽에 우리 민족의 자생적인 사유에 기초하여 창출했다는 데 있습니다. 동학의 인내천사상은 프랑스 인권선언의 사상을 원천적으로 뛰어넘는 것입니다.

우리의 촛불혁명은 동학혁명의 연속적 흐름을 다시 21세기적으로 꽃피웠습니다. 그러나 이것은 피어나고 있는 과정의 출발입니다. 끊임없이 좌절이 닥쳐온다 할지라도 우리는 반드시 승리하고야 만다는 신념을 견지해야 합니다. 수운은 이것을 이렇게 표현했습니다. "하루에 꽃 한송이 피네. 이틀에 꽃 두송이 피네. 삼백육십일 지나면 꽃 또한 삼백육십송이 피겠지.(一日一花開, 二日二花開. 三百六十日, 三百六十開.)"

백낙청　해월의 선천·후천 얘기하고 원불교에서 얘기하는 것의 공통점 하나는 후천시대가 시작되면 세상이 일단 더 어지러워진다는 것이에요. 나는 해월의 그 대목을 보면서 놀랐는데, 당시가 갑오년 이후인데도 앞으로 만국병마가 와서 다투는 큰 환란이 있을 것이라고 했죠.

김용옥　해월은 후천개벽을 얘기하지는 않았고, 단지 '현도(顯道)'의 시기, 다시 말해서 동학의 현창할 시기를 제자가 물은 것에 대하여 답한 것입니다. 그때 해월은 세가지를 제시합니다. "1) 산이 다 검게 변하고 2) 길에 다 비단이 깔리고 3) 만국의 병마가 우리나라 강토에 들어왔다가 물러나는 시기이니라!" 산에 식목이 잘 되었고, 길에는 다 아스팔트가 깔렸으니까, 남은 것은 외국 군대가 이 땅을 떠나는 시기이겠죠. 참으로 통찰력 있는 말씀이라 할 것입니다.

백낙청　그후에야 제대로 된 개벽 세상이 된다고 했는데, 아직 완전히 물러가지 않았거든요. 그런데 소태산 대종사도 비슷한 얘기를 하세요. 그때도 일제하의 어려운 시절인데 앞으로 '돌아올 난세'에 대비해서 너희한테 얘길 해주겠다고 하는 대목도 있고(「대종경」 인도품 34), 또 앞으로 한번 큰 전쟁을 치르겠지만 그것만 넘기고 보면 다시는 그런 전쟁은 없을 것이라는 얘기도 있어요(실시품 10). 6·25 얘기 아니겠습니까? 그러고 보면 선천·후천으로 딱 갈라지는 게 아니라, 후천시대가 시작될 때를 원불교에서는 선·후천 교역기(交易期)라고 하는데, 이게 한참 지속되면서 사람들이 더 고생할 거라는 거지요.

김용옥　그걸 말세(末世)라 하지요, 말세! 그런데 증산도에서는 그때 바로 천지공사를 다시 하게 된다고 말하지요.

증산도의 훌륭한 점은 우리 민족의 주체성을 강조한다는 사실입니다. 세계의 신들을 다 모아놓고 다시 교육시켜 통일신단의 조화정부를 구성한다는 것이죠. 천지의 판을 다시 짜겠다는 이 발상 속에는 우리 개벽사상의 주체성이 들어가 있습니다. 그러나 증산도의 천지공사도 천지와 인간의 이상을 실현하는 궁극적 주체를 인간으로 설정하고 있다는 사실만 언급해두겠습니다.

조선 민중이 추구하는 사상적·정서적 갈망을 칸트철학이니 비트겐슈타인 운운하는 상아탑의 인간이 충족시킨 것이 아니라, 이런 종교적 천재들이 충족시켜주었다는 이 명백한 사실을 우리 지성인들이 반성해야 하는 것입니다. 우리는 민간종교니 신흥종교니 민족종교니 하는 저열한 개념을 떨쳐버리고 우리 민족 스스로의 종교로써 세계 민중을 설득해야 한다는 신념을 가져야 합니다. 종교에는 고등종교와 저등종교의 개념이 성립할 수 없습니다. 오직 인간을 등쳐먹는 종교 야바위꾼들만 있지요.

백낙청 지금 시국에 대해선 할 말들이 많지만 대선후보 경쟁이 어떻고 하는 얘긴 할 거 없고, 큰 흐름을 긍정적으로 보시고 그 핵심을 잡아주셔서 충분히 이야기되었다고 봅니다. 끝으로 학산님 한 말씀 하시고 도올 선생도 추가하고 싶은 말을 들려주시죠.

박맹수 저는 다시 헌사로 마무리하겠습니다. 오늘 이 자리를 가만히 생각해보니 굉장히 흥미로운 몇가지 요소들이 있습니다. 문사철(文史哲)이 만났는데 모두 개벽파인 것 같아요. 역시 개벽파는 자기개벽, 이웃·타자 개벽, 사회개벽, 문명의 개벽까지 이루려는 게 특징이 아닌가 합니다. 전통적인 표현을 빌린다면 이사병행(理事竝行)이죠. 공부와 이론과 실천을 병행하는. 그런 특징들이 저희 대담에서 묻어나지 않았을까 하는 생각이 듭니다. 그리고 1930년대생 어르신, 40년대생 어르신, 저는 50년대생 청년인데요. 뭐랄까, 선배 세대들이 나와서 이웃과 세계와 문명을 정말 진지하게 고민하면서 어떻게 나아갈 것인지 생각하는 내용들이 조금이나마 드러난 것 같습니다. 기본 의무는 다 한 것 같고, 이런 대담이 여러차례 이뤄졌으면 좋겠습니다. 그러려면 반드시 삼대에 걸쳐서 공을 쌓으리라는.(웃음)

김용옥 무엇보다도 오늘 제 간절한 소망은, 저도 나이가 적지는 않습니다만, 우리 백선생님께서 건강하게 오래 사셨으면 하는 것입니다. 그리고 백선생님을 꼭 이런 자리에서가 아니라 예를 들면 술자리 같은 데서 편안하게 뵙고 싶기도 합니다. 대학교 시절의 친구처럼 가볍게 만난다면 백선생님의 말씀 이상의 술안주가 없을 것 같아요. 건강이 허락되신다면 한잔이라도 마시며 여유있게 대화를 나누면 좀더 재미있지 않을까 합니다.

백낙청 감사합니다. 제가 술을 많이는 못합니다만 좋은 사람 만나면 합니다. 오늘 우리 좌담의 제목이 '다시 동학을 찾아 오늘의 길을 묻다'인데 상당히 부응한 것 같아요. 동학은 워낙 우리 교육이 잘못되어 사람들이 잘 모르고 있는데 이번에 도올 선생이 역작을 내신 것을 계기로 훨씬 많이 알려졌고, 그 의미에 대해서 우리가 나름대로 좀더 깊이있는 공부를 했다고 생각해요. 촛불혁명은 사실 특별한 학교 공부가 필요한 게 아닌 바로 우리 시대의 사건인데도 요즘 보면 촛불혁명 얘기하는 사람 별로 없습니다. 언론들도 촛불이 언제 있었느냐는 듯이 각자 얘기하고 있고요. 심지어는 촛불항쟁 때 주도자는 없었지만 집회 관리를 한 시민단체들이 있는데 그 사람들도 거의 다 잊어버렸어요. 그런데 60대 이상의 늙은이들이 모여서 그걸 한번 되새기고, 그것이 동학으로부터 이어지는 자랑스러운 전통이고 현재 진행 중인 현황이라는 점에 적어도 우리 셋이 합의했다는 것만 해도 큰 의미가 있고 오늘의 수확이 아닌가 합니다. 감사합니다.

우리는 어떤 나라를 만들려는가

백낙청(문학평론가, 서울대 명예교수)
강경석(문학평론가)
조형근(사회학자, 소셜랩 접경지대 소장)
천현우(청년노동자, 국무총리실 청년정책조정위원회 위원)
2022년 2월 18일 창비서교빌딩 50주년홀(줌 및 유튜브 생중계)

강경석 안녕하십니까, 『근대의 이중과제와 한반도식 나라만들기』(창비 2021) 온라인 북토크를 지금부터 시작하도록 하겠습니다. 이 북토크는 사전에 신청해주신 독자분들께는 줌 화상회의로, 나머지 분들께는 유튜브 TV창비를 통해서 송출되고 있습니다. 진행 편의상 줌 화상회의로 접속하신 독자분들은 자동 음소거로 설정되어 있는 점 양해 말씀 드리 겠습니다. 더불어 애초 행사시간이 7시로 예정돼 있었는데 대선 토론이 8시부터로 변경됨에 따라 부득이하게 30분 정도 앞당겨졌다는 점도 양 해 구하겠습니다. 저는 오늘 진행을 맡은 문학평론가 강경석입니다. 오 늘 함께 이야기를 나눌 『근대의 이중과제와 한반도식 나라만들기』는 저 자이신 백낙청 선생님께서 오랜 시간 천착해오신 이중과제론 개념을 기

■ 이 질의·응답은 온라인으로 이루어진 『근대의 이중과제와 한반도식 나라만들기』(창비 2021) 저자와의 대화의 질문과 답변을 정리한 것이다.

본으로 해서 분단 한반도의 현실을 분석하고 통찰한 책입니다. 오랫동안 우리 사회의 진로를 모색하기 위해서 애써오신 백선생님의 사유가 농축된 저서라고 할 수 있겠습니다. 오늘 이 행사에서 백낙청 선생님을 직접 모시고 말씀을 나누도록 하겠습니다. 아까부터 선생님께서 제 옆자리에 나와 계십니다. 안녕하십니까. 줌으로 접속해주신 독자분들 그리고 유튜브 TV창비로 보고 있는 독자분들께 간단한 인사 부탁드리겠습니다.

백낙청 여러분 안녕하십니까, 방금 소개받은 백낙청입니다. 줌으로 접속하시고 또 유튜브로 시청해주시는 모든 분들께 감사의 말씀 드립니다. 지금 강경석 선생이 알려주셨듯이 가는 날이 장날이라고 오늘 2차 대선후보 토론회하고 시간이 좀 겹치게 되었습니다. 원래는 후보 토론이 8일에 열리기로 돼 있었죠. 그래서 우리가 11일로 잡았는데 토론회가 11일로 연기되는 바람에 7시로 했던 것을 6시 30분으로 당겼습니다. 그래서 다른 때 같으면 예정된 한시간 반 넘기고도 조금 넉넉하게 할 수도 있겠지만 오늘은 8시에 대선토론회가 시작한다니까 7시 50분이나 55분 그 사이에는 마쳐야 될 것 같습니다.

강경석 오늘 북토크는 백선생님 말씀도 있으시겠고 줌으로 참여해주신 독자분들이나 유튜브 TV창비 접속자들께서 채팅창 통해서 올려주시는 질의도 받겠지만 별도로 특별히 두분의 패널께서 지금 줌 회의에 접속하고 계십니다. 사회학자이신 조형근 선생님이 책을 읽고 사전질의를 마련해주셨고요. 또 청년노동자이자 노동 관계 칼럼니스트로 활발하게 활동하고 계시는 천현우 선생님께서 미리 질문을 준비해주셨습니다. 두분 소개는 진행하면서 별도로 드리도록 하겠습니다. 줌과 유튜브로 참여해주신 독자분께서는 채팅창 통해서 질의를 활발히 남겨주시면 시간이 허락하는 한도 내에서 가급적이면 많이 소개해드리도록 하겠습니다. 먼저 백선생님께서 이번 책을 쓰시게 된 동기랄까요, 그리고 책 소개, 독자분들께 꼭 전하고 싶은 메시지를 담아서 먼저 모두 말씀을 해주시면 그 이후에 질의·토론이 원활하게 이어질 것 같습니다. 백선생님께 짧게 몇 말씀 부탁드리겠습니다.

백낙청 제가 사실은 작년에 두권의 책을 동시에 냈습니다. 옆에 있는 이 책은 제가 1994년에 처음 낸 책인데 그동안 절판돼 있던 것을 출판사에서 새로 판을 짜서 발행해주었습니다.『분단체제 변혁의 공부길』(초판, 창작과비평사 1994; 개정판, 창비 2021)이라는 책인데, 이번 책의 서문을 보면 아시겠지만 제가 분단체제론을 본격적으로 논의하기 시작한 최초의 저서인 셈입니다. 그후에 이런 종류의 책을 네권 더 냈고, 그러다가 작년에는 좀 오랜만에 같은 주제로 책을 냈습니다. 또 그간 이중과제에 관한 글들을 따로 아껴두었었는데 이번에 그걸 몰아서 함께 내게 되었습니다. 책의 전반적인 성격에 대해서는 이번 책 서문에 대강 정리가 돼 있어요. 옛날에 쓴 글들을 모은 게 많은데 대부분 이번에 손을 많이 봤고요. 책의 서장은 이번 대선국면도 생각하면서 새로 썼습니다. 앞서 다섯번째 책『2013년체제 만들기』(창비 2012)가 나온 이후로 한 10년이 지났는데요. 그 책은 조금 독특했죠. 정치 팸플릿 비슷하게. 그때 2012년 선거를 통해서 우리가 2013년부터 완전히 새로운 세상을 만들어보자는 꿈을 갖고 썼는데, 아시다시피 저로서는 참담한 실패를 겪었습니다. 그런데 우리가 2012년 선거에서 져서 이루지 못한 일이 그때와 지금 사이에 일어난 큰 사건, 2016~17년의, 저는 촛불대항쟁이라고 부릅니다만 그걸 통해서 이루어져서 이번에 서장 쓸 때에는 그때보다 한결 가벼운 마음 또 희망을 갖고 썼습니다. 오늘 시간도 급하고 하니까 더 길게 소개하지는 않고 토론자나 또 줌으로 참여하신 여러분의 질문이 나올 때 이것저것 설명 드리도록 하겠습니다.

강경석 책 소개를 간단하게 해주셨는데요, 제가 독자분들께 조금 도움을 드리기 위해 한가지 정도만 먼저 질문을 드리도록 하겠습니다. 이 책에 보면 선생님께서 촛불대항쟁이라는 말과 촛불혁명이라는 말을 구별해서 쓰십니다. 통상적으로는 촛불혁명이라고 하면 박근혜 대통령 탄핵 집회에서부터 새 정부가 출범하는 데까지의 기간을 대략 촛불혁명으로 생각하는 분들이 많은 것 같아요. 미디어에서도 대체로 그런 방식으로 개념을 잡는데, 촛불대항쟁과 촛불혁명을 구별하시면서 촛불혁명이 지금도 여전히 진행 중이라는 말씀을 수년간 누차 강조해오고 계신데요. 더불어 최근 한달도 남지 않은 대선 때문에 여권 선거캠프에서는 민주정부 4기를 출범시킨다는 식의 표현도 쓰는데, 백선생님께서는 그와 다르게 촛불정부 2기를 말씀하고 계세요. 독자분들께 촛불대항쟁과 촛불혁명을 구별하는 법, 그리고 민주정부 4기와 촛불정부 2기는 어떻게 구별되는지 이런 점들을 설명해주시면 이 개념이 낯선 독자분들께 도움이 되지 싶습니다.

백낙청 사실 촛불항쟁이라는 용어, 또 촛불혁명이라는 용어는 그사이 여러 사람이 썼죠. 그런데 여기에 혼란이 많았는데, 이걸 어떻게 정리할까 생각하다가 이번 책을 쓰면서 제가 촛불대항쟁이라는 말을 처음으로 썼어요. 왜냐면 우리 사회에 사실 촛불시위를 통한 민주항쟁이라든가 반정부항쟁은 많았잖아요. 21세기 들어와서 많았습니다. 그런데 그 여러차례의 촛불항쟁하고 2016~17년 겨울을 거치면서 우리가 벌인 참 대단한 촛불시위를 구별하기 위해서 여기에 클 대(大)자를 붙였어요. 그렇게 여러 촛불항쟁 중에서 2016~17년의 항쟁을 좀 특별히 구별해주겠다는 의도가 하나 있었고요. 또 하나는 아까 말씀하셨듯이 2016~17년의 항쟁 자체를 곧 촛불혁명이라고 생각하는 사람들이 많아요. 그러면 어떤 폐단이 있냐면, 하나는 그게 무슨 혁명이냐 하는, 사실 그렇잖아요, 완전히 평화적이고 합헌적으로 했기 때문에 이건 혁명이라는 개념에 안 맞는다는 논의가 특히 학자들 간에 있고요. 또 하나는 그걸 혁명이라고 인정하는 사람들은 또 문재인정부가 출범하면서 이게 끝났다고 생각하는 경향이 있어요. 그래서 저는 2016~17년의 촛불대항쟁으로 촛불혁명이 시작되어 새 정부 출범 이후에도 계속되고 있다, 그런 뜻으로 촛불혁명을 촛불대항쟁과 구별해서 썼습니다. 그런데 촛불대항쟁이 한 5년 지나고 나니까, 이게 세월이 흘러서 그런 것도 있고요, 또 하나는 촛불의 기억이나 촛불의 존재를 지우려는 세력이 우리 사회에 굉장히 강합니다. 그래서 그분들의 노력의 결실이라고 할까, 그 결과로 많은 사람들이 요즘 촛불 얘길 안 하고 있어요. 그런데 저는 지금이야말로 촛불혁명을 다시 얘기할 때이고, 특히 조금 아까 말씀하신 대로 소위 민주정부 4기라는 것하고 촛불정부 2기를 잘 식별해서 논할 필요가 있다고 생각합니다. 민주당이나 민주당의 대통령 후보가 자기네 당의 4기 집권을 주장하는 건 너무 당연해요. 그걸 갖고 탓할 일은 아니지만 사실 대다수 국민은 민주당의 정권재창출에는 오히려 냉담하고 그렇다고 해서 지금 그동안에 촛불에 반대하고 민주당 정부에 반대하고 했던 그 세력이 다시 들어오길 바라는 건 아니라고 봅니다. 그래서 우리 국민들에게 우리 역사의 시점에서 진짜 필요하고, 또 그걸 그렇게 표현하든 안 하든 우리 국민들이 원하는 것은 제2기 촛불정부라는 게 제 생각입니다. 그런데 불행히도 우리 현실에서 사실 민주당 4기 정부가 아닌 촛불정부라는 걸 상상하기 어렵잖아요? 그러니까 어떤 의미에서는 상반되면서도 또 현실적으로는 합치될 수밖에 없는 이 두개의 개념을 우리가 잘 식별해가면서 이번 대선에 임해야겠다는 게 제 생각이고요. 저 자신은 어쨌든 2기 촛불정부를 만드는 것이 개인의 관심사고 그것이 우리 국민이 원하는 바고 또 우리 역사가 절대적으로 필요로 하는 변화이고 사건이라고 생각해서 그 두가지를 구별해서 사용하고 있습니다.

강경석 네. 촛불혁명의 의미에 대해 정리해주신 건 정말 공감이 되고, 그 당시에는 민주당 지지자가 됐든 아닌 분들이 됐든 대다수 국민들이 정말 촛불대항쟁의 현장에서 함께 동참을 하고 공감을 하고 또 민주시민으로서 긍지와 자부를 함께 느꼈는데, 어떻게 지나다보니까 민주당 대 반민주당 또는 최근 대선국면으로 보면 정권재창출이냐 정권교체냐는 프레임에 가려져서 촛불정부 2기를 어떻게 수립할 것인가라는 조금 더 큰 차원의 문제들이 공론장에서 수면 아래로 가라앉는 듯한 느낌이 있습니다. 그런 현실을 극복하자는 문제의식 아래서 선생님께서 이번 저서를 내셨다고 생각이 됩니다. 제가 질의드리고 싶은 건 많은데 여러분들께서 준비하고 계신 것들이 있기 때문에 나중에 모아서 질문을 드리도록 하겠습니다. 그 전에 미리 소개드린 바와 같이 패널 질의와 응답을 먼저 하겠습니다. 먼저 조형근 선생님 나와주셨습니다. 조형근 선생님은 사회학자시고요, 파주 교하 지역에서 지역활동을 활발하게 하고 계십니다. 소셜랩 접경지대의 소장을 맡고 계시고, 몇년 전에 대학 강단을 떠나면서 남긴 칼럼으로 큰 화제가 되기도 했던 분이십니다. 조형근 선생님 간단한 인사 말씀 하시고 이어서 준비해주신 토론주제 말씀 부탁드리겠습니다.

조형근 안녕하십니까, 방금 소개받은 조형근입니다. 백낙청 선생님 저작의 토론자로 참여할 수 있게 돼서 기쁘고 영광입니다. 백선생님은 우리 시대의 큰 스승이신데 식견이 부족한 제가 토론자로 참여할 수 있게 되어 기쁘기도 하고, 많이 공부하고 생각할 수 있는 기회가 됐습니다. 조금 전 소개 때 얘기해주셨지만 대학에서 공부하는 데 여러가지 어려움이 있어서 대학을 떠나 지역에서, 정확하게는 동네에서 지내고 있습니다. 사람들과 함께 공부하고 무언가 좀더 할 수 있을까 생각하고 있습니다. 선생님 책을 읽으면서 체계적으로 이어지는 논의를 종합적으로 접할 수 있어서 좋은 기회가 됐습니다. 첫번째로 촛불대항쟁, 촛불혁명이라는 선생님의 화두에 대해 질문하고 싶습니다. 제 질문이 어떻게 보면 꽤 전통적인 질문일 것 같다는 생각이 드네요. 선생님께서 조금 전에 언급하신 것처럼 그 시기의 거대한 대중행동을 혁명으로 볼 것인가 아닌가를 두고 학자들 사이에서 논쟁이 있었습니다. 선생님 책에서 참 공감이 갔던 구절이 혁명이냐 아니냐보다도 더 중요한 것은 그 질문을 화두로 삼아서 연마하는 일이라고 하신 것입니다. 촛불이 혁명이냐 아니냐를 두고 학술적으로 따질 건 따져야겠지만 그보다 더 중요한 것은 그렇게 거대한 행동이 어떤 내실 속에서 진행되어왔는가 그리고 앞으로 어떻게 진행될 것인가에 대해 주체적인 입장에서 바라보고 성찰하는 것이지 않은가 생각합니다. 아마 여기 계신 분들 대부분 비슷하겠지만, 저 역시 촛불을 들었던 한명의 시민으로서 그런 태도가 옳다고 생각했습니다. 그런데 선생님께서는 책 말미의 몇편의 글에서 연속해서 촛불 이후에 대해 조금은 부정적인 평가를 내렸습니다. 그후의 내실에 대해서 '달라져야 할 것이 별로 안 달라진 현실이 곳곳에서 발견된다'고 지적하셨지요. 예를 들면 실업문제라든지 부채문제라든지 위험한 작업환경, 안전사고가 끊이지 않는 상황들에 대해서 지적하셨는데, 그런 비판이 단지 '달라진 것 하나도 없네' 같은 인식에 머물러서는 안 되며 어디까지나 촛불혁명의 주체라는 자기인식을 견지한 가운데 비판의식을 가져야 된다고 하신 것에도 깊이 공감하게 됩니다. 이런 문제에 대해 고민하면서 이런저런 글을 읽던 와중에 발견한, 공감이 가는 개념어가 하나 있습니다. 경희대 후마니타스 칼리지의 정치학자 김윤철 선생이 제기한 '마지노선 민주주의'입니다. 이 표현이 저는 가슴에 와닿았습니다. '마지노선 민주주의'란 한국 민주주의는 대통령을 중심으로 한 국가권력의 공적 작동을 민주주의의 마지노선, 즉 최종 방어선으로 삼고 이것을 지키는 데 시민사회가 정치적 에너지를 집중적으로 투여하는 특성을 지닌다는 의미입니다. 촛불이야말로 그런 '마지노선 민주주의'가 작동한 전형적인 사례라고 할 수 있겠지요. 반면에 사회·경제적 차원의 모순, 문제들에 대해서는 저항이나 집합적인 개선 노력이 잘 보이지 않는다는 것입니다. 한국 민주주의의 역사적이고 제도적인 환경 아래서 이런 특성이 형성됐다는 주장입니다. 주지하다시피 마지노선은 독일의 침략에 대비해 프랑스가 세운 방어선이죠. 2차대전 당시 마지노선만 열심히 지키다가 독일군이 다른 곳으로 오는 바람에 결과적으로는 효력도 없었지요. 이 점에 대해서 촛불을 다시 회고해보고 싶습니다. 당시 촛불은 시민이 그야말로 주권자로서 스스로 행동한 위대한 항쟁이었고, 직접행동 위임거부 같은 특성이 굉장히 두드러졌습니다. 달리 얘기하면 촛불은 굉장히 자발적이었던 만큼 사실은 조직적이지는 않았습니다. 오히려 사회운동 단체든 노동조합이든 학생회든 어떤 종류의 조직을 통해 결집되고 대변되는 데 대해서 소극적이거나 심지어 거부감을 보여주기도 했습니다. 당시 '와글'이라는 명칭으로 온라인에서 소통하는 공론장을 만들려는 시도가 있었는데, 너희가 뭔데 감히 우리를 대변하려 드느냐는 반발이 일면서 무산되기도 했습니다. 이런 모습이 오늘날 대중행동의 특성이 아닌가 합니다. 문제는 우리가 촛불의 혁명적 성격을 진정으로 계승, 심화하고 정당정치를 실질적으로 구속하려면 이런 무형의 시민의 힘만으로 계속 가능하겠느냐는 것입니다. 사람들이 힘을 발휘하게 하려면, 즉 대중의 역능화(empowerment)를 꾀하려면 전통적인 노동조합이든 사회운동 단체든 학생회든 아니면 또다른 종류든 중간집단이 강화되고, 이를 통해 진지가 구축되는 것이 중요하다고 생각합니다. 선생님께서는 이런 내실에 대해 어떤 생각이신지 여쭙고 싶습니다.

백낙청 조형근 선생 반갑습니다. 사실은 조선생님이 우리 세교포럼에도 회원으로 들어오셨는데 그동안 내내 줌 회의만 하다보니까 한번도 대면해서 뵙질 못했고 오늘도 줌으로만 뵙게 되네요. 그래도 이렇게 나와서 좋은 질문 해주셔서 감사합니다. 그런데 이 질문이 굉장히 복잡해요. 여러가지 질문이 함께 들어 있는 것 같아요. 그래서 제가 그걸 좀 추려가면서 몇가지 답을 해볼까 하는데 얼마나 될지는 모르겠습니다. '마지노선 민주주의'라는 거요, 사실 2016~17년의 촛불대항쟁이 말하자면 우리가 마지노선 앞까지 몰렸다가 그걸 지켜낸 거죠. 그런데 그것에만 너무 집중하는 것은 촛불대항쟁의 의미도 좀 축소하는 게 아닌가 싶고요. 더군다나 대항쟁으로 인해서 촉발된 촛불혁명에 대해서는 충분히 이해하기 어려워지는 개념일 수도 있다는 생각입니다. 왜냐하면 그때 민주주의 마지노선을 지키겠다고 하는 것도 있었지만 '이게 나라냐' 할 때는, 나라다운 나라를 만들겠다고 할 때는, 온갖 요구가 많이 포함돼 있었거든요. 너무 여러가지 요구가 거기에 들어가 있다보니까 나중에 이를 실현하기가 힘들어졌죠. 그리고 그때 대중이 조직도 없고 사실 정당이니 큰 조직들이 들어오는 걸 별로 반기지 않았습니다. 그러면서도 그런 거대한 시위를 계속했고 드디어 박근혜정권을 퇴출하는 데 성공했다는 건 당연히 우리가 자랑해야 되지만. 조직이 없다는 건 또 너무 자랑할 일만은 아닌 것 같아요. 조직이 없다보면 그런 변화를 일으켜놓고 그 변화의 열매를 남에게 가로채기 당할 위험이 그만큼 커지는 거죠. 4·19 때도 그랬잖아요. 제가 책의 14면에서 그 얘길 좀 합니다만. 그래서 조선생 말씀하신 대로 이것을 정말 엉뚱한 사람들에게 가로채기 당하지 않아야죠. 지금도 나는 대다수의 민주당 국회의원을 포함해서 엉뚱한 이들이 열심히 가로채왔다고 생각해요. 그러니까 국민들이 정권교체라느니 이런 요구가 높아진 것 아니겠어요? 그러니까 조선생 말씀하신 대로 이 열매를 지켜낼 수 있는 많은 중간집단이 필요하고요. 이 중간집단을 활성화하고 뒷받침할 수 있는 더 작은 소집단도 여기저기서 활동을 해야 되는데 사실 그건 어느정도 해왔다고 봐요, 우리 사회가. 안 된 것은 이런 소집단이나 중간집단의 활력을 정치권이나 경제의 결정권을 쥔 쪽으로 연결시키는 건데, 거기가 막혀 있었어요. 지금도 막혀 있고. 그게 뭐냐면 지식인, 언론, 정당, 큰 사회단체 이런 거죠. 그래서 첫째는 조직 없는 투쟁이라는 게 꼭 좋은 것만은 아니고 그 조직의 문제점을 뛰어넘을 수 있는 지혜로운 새로운 연대방식을 우리가 찾아내야 하는 건데, 그러려면 중간집단도 많아져야 하고 소집단도 많아져야 되고 동시에 이들의 활력이 상층부랄까 정책결정 과정으로 가는 통로를 막고 있는 곳도 개혁을 해야 된다고 봅니다. 일단 그 정도로 말씀드리면 될까요?

강경석 두번째 질문도 이어서 하시겠습니까?

조형근 두번째 질문은 요점부터 간단히 말씀드리겠습니다. 백선생님께서 새로운 형태의 복합국가라는 전망을 제시하시는데 그 속에서 우리 사회의 이주민들을 어떻게 보면 좋을까 질문하고 싶습니다. 선생님의 오랜 지론이지만 한반도에는 통일된 국민국가가 존재한 적이 없고, 이런 점에서 남북한 모두 결손국가라고 봐야겠지요. 이 분단체제 안에서 상시적인 민주주의의 위기를 포함해 우리 사회의 수많은 문제가 발생하고 있습니다. 이를 극복하는 것이 단일형 국민국가를 만드는 것이어서는 안 된다고 선생님께서는 경고해오셨습니다. 그와는 질적으로 다른 새로운 형태의 복합국가가 돼야 한다, 그리고 그것이 현실적으로는 낮은 단계의 남북연합으로 실현된다고 하더라도 우리 사회의 문제들을 일거에 해결해주는 만병통치약 같은 것이 될 수는 없고, 그조차도 남북한 대중의 획기적인 참여를 통해서만 이루어질 수 있다고 말씀하셨는데 깊이 공감합니다. 제가 직시하게 되는 혼란스러운 현실은 남한사회가 여전히 분단극복의 과제를 안고 있는 문제 많은 결손국가임에도 불구하고, 현실적으로는 경제대국이 됐다는 것입니다. 세계 여러 나라 사람들이 찾아오는 소위 '선망국가'가 되어가고 있습니다. 이주민이 갈수록 늘어나고 있고 건설 현장도 공장도 농장도 병원도 이주민이 없이는 돌아가지 않는 사회가 됐습니다. 이주민 없이 생활하지 못하는 사람도 많습니다. 저도 그렇고요. 이들은 남한에 와서 일하고 생활합니다. 고용허가제 아래서 이들은 허가 기간을 마친 후 출신국으로 돌아가리라고 전제됩니다. 현실은 다릅니다. 난민을 포함해서 많은 이주민이 이런저런 이유로 돌아가지 못합니다. 이주민의 아이들이 한국에서 나서 자라고 교육받습니다. 이들은 남한사회의 분리 불가능한 일부가 되고 있습니다. 분단체제론에서 선생님께서 설명하시듯 이런 현상도 이중과제에 직면한 근대 세계체제의 일부인 남한의 위치 상승이 초래한 결과라고 생각합니다. 선생님께서 북조선 인민에 대한 남한 시민의 태도를 인종주의적이라고 매우 비판하셨는데 지금의 남한사회를 보면 여러 겹의 인종주의가 겹쳐져 있다는 걱정이 듭니다. 그래서 이주민에 대한 태도는 남한사회에서 갈수록 중요한 정치사회적 쟁점이 되리라고 보이는데요, 지금으로서는 미래가 어둡다는 생각입니다. 선생님의 분단체제론과 새로운 형태의 복합국가론이 날이 갈수록 이주사회화되어가는 남한사회의 복합적 모순을 인식하고 극복하는 데 어떤 통찰을 제공할 수 있을지 궁금합니다.

백낙청 분단체제론이라는 것은 우리 현실을 분석하는 하나의 도구죠. 그 자체가 모든 문제에 대한 해법을 제시하는 건 아니라고 봅니다. 우리가 우리 현실을 생각할 때 분단된 한반도의 현실이고 대한민국이라는 분단된 국가의 현실이라는 걸 잊어서는 안 된다는 게 한가지고요. 사실 우리가 분단국가라는 걸 기득권층은 잘 알고 있습니다. 왜냐면 그걸 백프로 활용하기 위해서 항상 그걸 기억하고 써먹고 있는데 오히려 좋은 나라 만들겠다는 분들이 그걸 다 잊어버리고 그런 분단이라는 결손이 없는 나라인 것처럼 생각하면서 이런저런 전망을 내놓으니까 이게 안 맞는 거예요. 진단을 할 때 우리가 분단국가라는 걸 항상 기억해야 합니다. 뿐만 아니라 이 분단이 세계사적으로 굉장히 독특하고 이렇게 오래가는 사례가 드물잖아요? 그런 과정에서 일종의 체제가 돼 있다, 한국이 분단국가일 뿐 아니라 분단이 하나의 체제를 이룬 그런 사회다 해서 그 체제에 대한 이런저런 검토를 하자는 게 분단체제론이죠. 이게 제대로 되려면 분단체제론에서 분단체제의 극복 또는 해소 방안이 나와야 하는데 그것은 또 더 어려운 문제입니다. 그런 방안 중의 하나로 우리가 분단되어서 결손국가가 됐으니까 우리가 8·15 때 꿈꾸던 또는 더 멀리 올라가서 3·1운동 때 꿈꾸던 그런 단일형 국민국가를 만들어보자고 해서는 이게 되지도 않고 오히려 문제를 악화시킬 우려가 있다 해서 새로운 형태의 복합국가를 생각해봐야 된다는 거고요. 이게 사실은 말씀하신 이주민 문제하고도 관련이 되는데요. 우리가 지금 옛날에 조상들이 꿈꾸던 단일형 국민국가를 만들 가능성도 없지만 그걸 그대로 만들면 이주민이나 다른 인종집단이 이 안에서 살 자리가 더 줄어들잖아요. 그리고 전세계적으로 변화하고 있는 현실에 적응하기도 어려워지고. 그래서 새로운 형태의 복합국가를 생각해봐야 한다는 거죠. 복합국가라는 건 사실 굉장히 폭넓은 개념이죠. 연방국가도 복합국가고 국가연합도 복합국가고. 국가연합도 여러 층위가 있잖아요? 비교적 긴밀하게 연합된 국가연합도 있고 훨씬 느슨한 연합국가도 있고. 저는 남북한이 일단 지금 현실에서는 꽤 느슨한 국가연합으로 출발할 수밖에 없다는 생각인데 그렇게 해서 그때그때 시민들이 판단해서 정세에 맞는 새로운 복합국가 형태를 만들어나갈 때 우리 사회의 이주민 문제나 인종주의 문제가 훨씬 원만한 해결을 볼 수 있지 않겠느냐는 생각이고요. 이야기 나온 김에 선진국이라는 개념에 대해서, 어느 분이 『눈 떠보니 선진국』(박태웅, 한빛비즈 2021)이라는 책을 썼잖아요? 실제로 그분이 하는 얘기는 우리가 선진국이라는 자랑만은 아니고, 여러가지 경제지표를 봐서는 엄연한 선진국인데 또 여러 면에서 너무나 후진적인 게 많이 있다는 진단을 하고 계시더라고요. 그런데 나는 그런 식으로 부분부분 거론하면서 우리나라의 어떤 면이 진짜 선진국보다 못하다 이렇게 지적을 하다보면 진짜 선진국이 꼭 우리의 모범이 돼야 하느냐는 문제도 생기고 그거보다는 우리가 선진국이라고 할 때 꼽는 지표 중에서 애당초 틀린 지표도 있지 않나 하는 생각이에요. 다시 말해서 흔히 꼽는 게 10위권 이내의 경제대국이라는 건데, 무역량은 8위인가 해서 더 높죠 순위가. 또 국방력이 6위라는 얘기도 하고요. 그러고는 요즘 K팝이니 우리의 문화능력 이런 걸 얘기하는데, 저는 그 문화능력은 사실 우리가 더 자랑해도 좋고 더 키워갈 문제라고 생각하지만, 그냥 계수상의 GDP 10위 이내라는 것은, 우리가 GDP라는 개념 자체를 제대로 재검토해야 진짜 선진국이 될 텐데, 너무 거기에 그대로 빨려들면 안 될 것 같아요. 물론 GDP상으로 우리가 이만큼 이룩한 데는 정당한 자부심을 갖고 거기에 상응하는 다른 선진화 노력을 해야겠죠. 그런데 국방력 6위라는 건 나는 우리 후진성의 지표라고 봐요. 아니 대한민국이 세계 6위의 국방력을 가져야 할 이유가 어디 있습니까? 순전히 이건 분단국가라 남북이 대결하는 상황에서 양쪽 국민들, 인민과 민중은 다 고통을 받는 데 반해 지배계층은 분단체제를 이용함으로써 남과 북 모두에서 자기의 지배력을 강화해온 이런 후진적인 역사의 한 결과로 남은 국방력 제6위가 됐고, 북은 또 재래식 군비능력으로는 그렇게 안 되지만 핵무기를 갖게 된 것이고요. 그것도 못 해낸 데에 비하면 잘했다고 자랑할 면도 없진 않지만, 이게 무슨 선진국의 징표가 아니라 바로 우리나라의 특징이 어떤 부분에선 무지무지한 선진국인데 어떤 면에선 무지무지한 후진국이라는 게 복잡하게 얽혀 있는 독특한, 아주 희한한 선진국이라는 증거의 하나가 국방력이라는 것이죠. 물론 다른 요인도 많죠. 빈곤율, 특히 노인빈곤율, 노인들의 자살률은 높고 출산율은 제일 낮다는 점이나 복지비용 등을 따지면 정말 이건 형편없는 후진국이니까. 이런 것들이 얽혀 있는 것이, 일반적으로 통하는 선진, 후진 그것이 잘 적용이 안 되는 분단체제다, 분단사회다 하는 점에 우리가 조금 더 주목해서 분석하는 게 좋지 않을까 생각하는 이유입니다.

강경석 네, 감사합니다. 조형근 선생님께서는 혁명의 열매를 맺는 데 있어서 중간집단의 역능화의 필요성에 대해 질문해주셨고, 그다음에 우리가 선진국 혹은 선망국이 되어가거나 되었다고 거론되는 데 비해서 이주민에 대한 배타성이 사회의 여러 부면에서 심각해지고 있는데 그것들을 선생님의 복합국가론이라는 관점에서 어떻게 연결할 수 있는지 질의하셨습니다. 또 백선생님께서는 그걸 분단체제의 문제하고 엮어서 설명을 잘 해주셨습니다. 흥미로운 문제제기고 아마 조형근 선생님께서도 연이어 다른 질문이 많이 떠오르실 거라고 생각이 되지만 시간관계상 다음 순서로 넘어가도록 하겠습니다. 다음은 천현우 선생님 모시겠습니다. 용접공으로 창원 지역에서 활동하고 계시고요. 아울러서 글쓰기도 병행하며 여러 매체에 활발히 기고하시면서 청년 노동자의 목소리를 내고 계십니다. 국무총리실의 청년정책조정위원회의 위원으로 활동하고 계시는 걸로 알고 있습니다. 간단한 소개와 토론 말씀 부탁드리겠고요. 질의는 시간관계상 좀 간략하게 정리해주시면 감사드리겠습니다.

천현우 저는 창원에서 낮에 용접을 하고 밤에 글을 쓰고 있습니다. 시대의 지성과 이렇게 대화를 나눌 기회를 주신 창비에 감사드립니다. 제가 아무래도 공장이 익숙한 환경에서 식자층, 그중에서도 존경할 어르신을 뵐 기회가 거의 없거든요. 그런데 이렇게 백낙청 교수님에게 질문할 기회를 얻게 되어 영광입니다. 솔직히 책을 읽고 완벽하게 이해할 수 없었던 저의 짧은 생각이 누가 될까봐 우려스럽긴 합니다만 저 나름의 흥미로운 지점과 평소 궁금했던 걸 합쳐서 여쭈려고 해요. 그리고 북토크랑 별개로 돌림병이 종식되면 꼭 찾아뵙고 싶습니다. 제가 '5월의 봄' 당시 20대였던 어르신들 얘기는 정말 많이 듣거든요. 그런데 4·19 당시에 20대였던 어르신 얘기는 아직 한번도 듣질 못했어요. 그래서 손자에게 옛날 얘기 하듯이 한번 말씀해주셨으면 합니다. 그리고 제가 세월호 사건을 계기로 정치에 입문을 했었거든요. 그래서 촛불혁명과의 연결고리가 되게 친근했어요. 특히 박정희 모델 넘어서기라는 화두가 정말 인상 깊었고요. 배경지식이 없어서 생소한 것이 몇개 있긴 합니다만, 4부의 글 같은 경우는 그 시대상이 너무 생생하게 묻어나더라고요. 그래서 정말 재미있게 읽었어요. 최근 대선에 거대담론이 실종되었다고 하는

데 실제로도 두 후보 다 눈앞의 이익에 급급해서 권력의지를 보여주긴 하는데 국가를 어떻게 만들겠다는 조망을 잘 보여주지 않더라고요. 그런 점에서 누가 당선되건 차기 대통령이 이 책을 꼭 읽고 곱씹어봐야 하지 않나 싶습니다. 제가 사실은 일본의 장인문화를 되게 동경해요, 제가 용접공이다보니까. 그쪽이 아무래도 현장직을 그렇게 막 차별하진 않거든요 여기처럼. 기능공을 되게 푸대접해요 한국에서는. 그렇게 보면 사실 막 존경심이 솟아날 때도 있어요. 그런데 그것과는 별개로 일본이랑 진정한 이웃국가가 되기 위해서는 지일과 친일을 구별해야겠다고 생각을 했었는데요. 마침 교수님께서 2장에서 친일잔재 청산이라는 단어에 대해서 친일이라는 표현을 쓰면 친일 행위를 한 인물에 초점이 맞춰진다고 하셨더라고요. 그래서 한층 더 정교한 일제잔재 청산의 필요를 말씀하셨고요. 저도 그 문제의식에 동의하는데 이 경우에는 일제잔재 청산의 우선순위 그러니까 정부나 시민사회 차원에서 가장 먼저 해나가야 할 일이 뭘까요?

백낙청 물론 우리 사회에 친일잔재가 없는 건 아니죠. 친일 문제는 있는데 그걸 친일이라는 프레임으로 접근하면 원만한 해결이 나오기 어렵습니다. 그래서 일제잔재라 그러면 조금 개념이 달라집니다. 왜냐면 내가 현우씨가 언급하신 그 글에서 얘기했듯이 해방이 되고 분단이 되면서 사실은 친일세력하고, 우리가 무슨 욕을 해도 친일파라고 할 순 없는 이승만 같은 반일투사나 그런 세력이 결합을 해서 분단정권을 만들고 또 분단 한국의 기득권세력이 됐거든요. 그래서 그것은 일제잔재이지 친일잔재라고 하면 너무 사안을 단순화해서 보는 것이고 또 사안이 너무 좁혀지는 것이다, 이런 뜻으로 일제잔재 얘길 했던 것이고요. 그런데 그래서 자꾸 분단체제 얘길 하게 됩니다만 분단체제가 형성되고 작동하는 과정에서 친일세력이 얼마만큼 들어가서 어떤 역할을 해왔는가, 이걸 전체적으로 봐야지 그중에서 친일파만 딱 잡아가지고 그 사람들만 없었으면 잘됐을 것이라 보는 건 너무 안일한 생각이라는 거고요. 그리고 사실은 분단체제를 얘기하거나 분단체제 속 일제잔재를 제대로 보려면 일제 식민지 시대보다 훨씬 더 옛날로 올라가야 한다고 봐요, 저는. 조선시대에 세상을 온통 바꾸자던 운동으로 동학이 있지 않았습니까? 그리고 여러 운동이 있었는데 물론 1894년의 동학농민전쟁은 일본 군에 의해서 탄압받고 진압이 됐지만 그전의 지배세력이랄까 기득권세 력은 그때로서는 딱히 친일파라고는 할 수 없는 거였죠. 그런 뿌리부터 쭉 한번 봐서 우리가 그걸 넘어서는 노력도 한편으로는 분단체제에 대한 정확한 인식을 가지고 이걸 어떻게 해소해나가느냐 하는 차원에서 봐야 하지만, 동시에 그 뿌리가 적어도 19세기 노론독재의 주역이고 그리고 동학을 탄압하고 그다음에 일제에 부역을 한 세력까지 이어진다는 걸 봐야 하지요. 그래서 내가 개벽이란 걸 강조하는 거예요. 적당히 개혁해서 될 문제가 아니라고 봅니다. 뿌리부터 바꿔야 하는 것이고, 그래서 수운 최제우 선생은 다시개벽을 얘기했고 해월 선생은 인심개벽이라고 해서 사람의 마음이 온통 바뀌는 그런 변화를 촉구하셨고, 또 그 흐름을 이어받은 원불교의 소태산 박중빈 대종사께서는 물질개벽의 시대에 상응하는 정신개벽을 얘기했던 거죠. 그래서 지금도 우리가 촛불을 다시 불러내야 하는 동시에 그 개벽운동의 전통도 되살려서 이어받아야 되지 않나 그런 생각을 하고 있습니다.

천현우 답변 감사합니다. 제가 질문을 세개 준비했는데 시간상 두개만 해야 할 것 같아요. 두번째 질문은요, 사실은 9장에서 2013년체제론 이후 얘길 하셨잖아요? 제가 8년이 지나서 봤는데 이게 지금 쓰신 것처럼 느껴지더라고요. 제 얘길 하자면 2014년 4월 16일 당시가 제 소집해제 제일이었어요, 마침. 점심에 비가 내리는데 전원 구조됐다는 말만 듣고 신나게 술판을 벌였단 말이에요. 그런데 그게 제 평생의 트라우마가 됐어요. 다음 날 보고. 정부의 무능함이 무고한 생명을 죽였다고 생각해서 서울로 올라가서 촛불집회에 미미한 힘이나마 보탰습니다. 그리고 다시 얼마 후에 산재가 일상인 산업현장으로 돌아가니까 생명보다 돈이 더 중요한 세상에 다시 금방 적응을 해버리고 말았더라고요. 교수님께서 돈보다 생명이라고 말씀하셨는데 막상 현장에 들어가 어린 친구들에게 얘기해보면, 당연한 소리지 당연히 생명이 더 중요하지, 말로는 누구나 그렇게 반응을 해요. 그런데 실제로는 그렇게 생각하질 않는다는 거죠. 저 역시 그런 이중성이 있어요. 실제로는 받아들이지 못하는. 청년들이 결국 물질만능주의에 빠지지 않도록 하기 위해서 국가가 할 수 있는 일이 뭘까요?

백낙청 글쎄요. 내가 국정책임자는 아니니까 국가가 할 일에 대해서는 직접 답하기 어렵고 그게 참 큰 문제인데요, 거기에 대한 해법을 내가 제대로 알면 이러고 있겠어요? 그러나 참 중요한 질문을 하셨으니까 한두마디만 답변을 시도해보겠습니다. 우선 돈보다 생명이라는 구호는 세월호 이후 우리 사회 전체에 걸쳐서 나온 거지 내가 만들어낸 말은 아닙니다. 지금 언급하신 대목이 이 책의 제9장, 페이지수로 하면 246~49면에 걸쳐서 나오는데, 돈보다 생명, 당연하죠. 그러나 그것도 따지고 들어보면 굉장히 복잡한 문제라서, 무조건 생명이 중요하다 이렇게 말할 수도 없는 거고, 그래서 돈 '보다' 생명인데, 그렇다고 돈은 중요하지 않단 말이냐 하면, 아니잖아요 그것은. 그래서 이중성이란 표현을 하셨는데, 나쁘게 말하면 이중성이지만 사실은 그것이 내가 말하는 근대에 적응하면서 근대를 극복해나가는, 또 극복함으로써 더 잘 적응하는 이런 이중과제와 연결이 된다고 봅니다. 그렇잖아요. 돈이라는 게 우리가 금전만능주의에 빠지고 또 자본주의 사회처럼 이윤을 극대화하는 그 논리를 가지고 운영하는 그게 문제지 우리가 기본적인 생활을 하기 위해서 돈은 필요한 거고, 돈을 무시하고 생명만 존중하자고 하는 건 사실 돈 있는 사람들이나 할 수 있는 편한 얘기가 되는 거예요. 그래서 현장에서 열심히 일하고 넉넉지 못한 사람들이 돈보다 생명 그거 좋은 얘기지만 그대로 따라갈 순 없겠다 생각하는 건 너무나 당연한 것이고, 다만 그냥 그러니까 나는 돈만 잘 벌고 살겠다 하는 쪽으로 가지 않고, 돈 위주로 돌아가는 이놈의 사회가 지긋지긋하지만 이것을 어떻게든 바꾸려면 첫째 내가 살아야 되니까 사는 데 필요한 만큼은 돈벌이를 해야겠고 또 이런 뜻을 같이하는 사람들이 연대해서 활동하기 위해서도 어느정도 돈이 필요하면 그것도 어느정도 만들어야겠고 그러나 목표는 돈보다 생명이다 그렇게 나가야겠지요. 사실 근대의 이중과제라는 게 조금 어려운 개념이라서 내가 오늘 설명을 별로 못했습니다만 그 일단을 지금 그런 점에서 엿볼 수 있죠. 이게 그냥 그야말로 상관없는 거대담론이 아니고 참 우리 삶과 밀착된 담론이라는 걸 제가 말씀드리고 싶네요.

천현우 극복함으로써 적응한다. 네, 잘 들었습니다. 감사합니다.

강경석 이중과제론이 정작 이 책을 읽어보면 상식적으로 파악하기가 그리 어렵지 않은 면이 있는데 개념으로 표지에 걸리다보니까 근거 없이 오해를 받는 면이 있어요. 근데 천현우 선생의 질문 덕분에 이중과제론 설명이 쉽게 잘 전달된 것 같습니다.

백낙청 적응하면서 극복하고 극복하려고 노력하는 사람이 오히려 더 잘 적응을 한다, 이건 일종의 상식이에요. 이게 복잡해지는 건 거기에 **근대**가 따라붙기 때문이죠. 그러면 근대가 뭐냐는 질문이 따르고 근대에 적응한다는 게 어떻게 한다는 거냐, 더 나아가 근대극복을 뭐 어떻게 하겠다는 거냐, 이런 문제가 따라와서 복잡해지는 거죠. '근대의' 이중과제라서 복잡해진 거지 이중과제 자체는 하나의 상식이라고 생각하시면 됩니다.

강경석 앞에 친일잔재와 관련된 역사문제를 언급해주셨는데 그 답변 가운데 개벽 얘기도 나오고 동학 얘기도 나왔습니다만, '돈보다 생명'이라는 물질만능주의와 관련된 문제의식하고 앞 질문도 묘하게 연결이 되는 것 같습니다. 천현우 선생님 흥미로운 질문 그리고 백선생님 답변 감사드립니다. 플로어에서도 많은 분들이 접속하셔서 여러 질문을 남겨주셨습니다. 시간 한도 내에서 몇분 것만 소개해드리도록 하겠습니다. 제가 대신 질문을 읽도록 하겠습니다. 권오웅님 질문인데요. 다음 정부가 어떤 정부가 되는지와 별개로 정부 주도가 아닌 민간에 의한 통일 논의 접근 방식으로 어떤 것을 구상할 수 있을지, 혹시 구상하고 계신 것이 있는지 질문하셨습니다.

백낙청 제가 시민참여형 통일이라는 걸 주장하는데 이게 조금 오해되기도 해요. 통일이든 남북연합이든 이게 남북 당국자 간에 논의하고 결정하기도 버거운 문제인데 거기 어떻게 시민이 끼어드느냐, 남북관계에 시민들이 할 수 있는 역할을 하는 건 중요하지만 할 수 있는 역할이라는 건 극히 한정돼 있지 않은가 하는 의문이 생기는데, 저는 그건 맞다고 봐요. 그런데 시민참여형 통일이라고 할 때는 꼭 남북협상이나 남북교류에 시민사회가 얼마나 끼어드느냐 하는 그런 차원의 얘기가 아니고, 가령 우리가 촛불대항쟁을 통해서 박근혜정부를 갈아치웠다는 것, 이거야말로 시민참여형 통일운동의 일대 승리였다고 봅니다. 박근혜정부가 어떤 정부냐면, 남북 평화프로세스 말로만 했지 이명박정부의 반북 강경노선을 이어받아서 계속 긴장을 조성해왔고 심지어는 개성공단을 일방적으로 폐쇄하고 뭐 이렇게 갔는데, 그러지 말아라 그러다간 쫓겨난다 하고 실제로 쫓아낸 게 우리 시민들입니다. 문재인정부 들어서 남북관계를 잘한 것도 잘못한 것도 있고 그렇습니다만, 그만큼이라도 가능했던 것이 시민참여를 통해서였거든요. 앞으로도 정부 당국에 대한 시민의 감시와 감독 기능, 이게 민간 차원의 통일운동의 아주 중요한 일부라고 생각하고요. 그밖에도 남북관계가 발전하고 풀릴수록 실제로 시민들이 참여할 수 있는 폭이 늘어나리라고 생각합니다.

강경석 답변 감사합니다. 다음 질문 하나 더 소개해드리겠습니다. 연결되는 문제 같기도 한데요. 류경진님 질문입니다. 근대를 극복하는 방법의 하나로 마음공부를 드셨는데 아무래도 마음공부 개념이 좀 낯선 것 같습니다, 현대인의 마음공부가 어떻게 가능할까요, 이런 질문을 주셨어요.

백낙청 굉장히 중요한 질문이고 제가 마음공부를 얘기하면서도 이걸 잘 설명해야지 그냥 이렇게 내던져서만은 안 되지 이런 생각을 늘 합니다. 마음공부라는 건 불교나 원불교에서 많이 쓰는 용어이고, 기독교에서 영성을 강조하는 것과 통하죠. 그런데 불교나 원불교의 마음공부라는 게 자칫하면 참선하고 염불하고 그야말로 개인의 정신수양을 하는 걸로만 생각할 수 있는데, 원불교만 해도 원불교의 삼학(三學)에서 정신수양은 그중 하나이고 사리연구라는 게 있습니다. 통일운동과 관련해서 말한다면 제가 말하는 분단체제론, 분단에 대한 인식을 하고 분단이 이미 체제가 돼 있다는 그런 인식을 하는 것도 사리연구의 일부가 되죠. 그리고 원불교는 불교하고 달라서 작업취사(作業取捨)라는 게 삼학의 열매라고 해요. 작업취사라는 건 쉽게 말하면 실천입니다. 그 세가지를 다 공부하는 게 마음공부인데 그렇다면 통일을 하든 국내 개혁을 하든 그런 과제가 중요한 건 너무나 분명하죠. 더군다나 요즘 세상을 보면 정말 마음공부가 덜 된 사람들이 너무 많고 또 그 사람들이 너무 대접을 받아요. 대접받다보니까 자기 기득권이 위협받을 때는 이상해져서 멀쩡해 보이던 똑똑한 사람들이 어느새 태극기부대 비슷한 소리도 하고요. 아니면 태극기부대처럼 나가는 사람은 그렇게 많지 않고 대개는 양비론으로 나갑니다. 이번 선거에서도 찍을 놈이 없다 최악의 선거다 이런 식으로 하는데, 선거 얘기가 나왔으니까 말인데 이번 선거처럼 선택이 분명한 선거가 어디 있습니까? 이건 개인이 얼마나 잘났고 누가 어떻고 하는 그런 차원의 문제가 아니에요. 우리가 촛불혁명을 수행하다보니까 우리가 바꾼 것도 있고 아까 조형근 선생 지적했듯이 바뀌어야 할 것이 안 달라진 것도 있지만 옛날과 크게 달라진 것 중 하나는 오히려 기득권세력의 민낯이 속속들이 드러나는 거라고 나는 봐요. 그리고 그것이 우리 선거 과정에서도 더 선명하게 드러나고 있습니다. 선거 과정에서 그동안의 기득권세력이 지금은 어떻게 놀고 있는가, 어떻게 선거판에서 정치혐오를 조장하고 기계적인 중립론으로 시류를 흐리고 민중들의 얼을 빼는 수작들을 하고 있는가를 보면, 이번에야말로 속속들이 드러난 이들의 민낯을 다소나마 청산하느냐 아니면 2007년의 이명박정부가 되돌아오고 또 2012년 박근혜가 집권하면서 우리가 한번 겪어본, 그러나 한번 더 겪는다면 훨씬 더 심각하고 불행한 사태가 될 그런 것을 우리가 다시 겪느냐 마느냐 하는 정말 절체절명의 선택을 맞닥뜨리고 있어요. 그런데 그걸 가지고 근사한 소리 하고 자기의 유식을 자랑하고 하는 거 보면, 정말 우리 사회의 문제점이 다 드러났고 이번이야말로 우리가 결단해서 촛불혁명을 한걸음 더 진전시킬 때가 됐다 이렇게 생각합니다.

강경석 감사합니다. 아마 올해 신년칼럼 「성공하는 2기 촛불정부를 만들려면」에 잘 정리해서 하신 말씀을 다시 한번 강조해주신 것 같습니다. 다음 질문도 한번 소개해드리겠습니다. CGK Sung 님이 주셨는데요. 최근에 차별과 혐오 문제가 굉장히 논란이 되고 있기도 하고 여러 분야에서 부상하고 있는데, 그동안 분단체제의 지배이데올로기였던 지역주의와 반공·반북 이데올로기가 퇴조되거나 약화되면서 생긴 새로운 상황과 이런 차별과 혐오의 부상이 맞물리는 듯하다고 보시는 것 같습니다. 이에 대해서 선생님은 어떤 생각을 갖고 계신지요.

백낙청 오늘날 차별과 혐오를 분단이데올로기의 퇴조와 연결지은 것은 참 탁견이라고 봐요. 가령 혐오가 여러가지가 있는데 그중 하나가 여성혐오 아니에요? 여성혐오라는 건 말하자면 과거 가부장 시대의 여성차별, 남존여비하고 조금 성격이 다르다고 봐요. 옛날에는 그냥 남자가 더 높다 해서 대놓고 주장을 하는 대신, 여성을 차별하긴 했지만 요즘같이 혐오하고 이유도 없이 찔러 죽이는 일은 내가 역사에 무식해서 그런지 몰라도 많지 않았을 것 같아요. 그런데 왜 그런 혐오가 생겼느냐. 바로 남존여비의 이데올로기가 무너지고 적어도 우리가 명분상으로는 성평등을 주장하게 됐잖아요. 그러니까 실제로 여성 지위가 뭐니 뭐니 해도 과거에 비해서 향상이 됐고. 그러니까 이게 기득권을 누리던 남자들, 다 그런 건 아니지만 상당수가 점점 화가 나는 거예요. 옛날 같으면 대놓고 여자들 좀 가만히 있어 그럴 텐데, 지금 그랬다간 큰일나잖아요. 자기는 근대인으로서 그런 성차별주의·가부장주의를 신봉은 안 한다고 주장들 하잖아요. 그러니까 지금 여성차별이라는 건 옛날 가부장제에 비하면 일부 완화되는 대신에 훨씬 위선적이고 비열해지고 때로는 폭력적이 되어가는 현상이라고 봅니다. 성차별의 문제도 그렇고요. 지금 온갖 혐오와 거짓말이 난무하고 있는데, 그동안에는 기득권세력들이 자기들 마음에 안 드는 사람은 잡아가면 됐어요. 정권 차원에서는 보기 싫은 놈은 잡아다 패면 됐고요. 지금은 안 되잖아요 그게. 그런데 기득권은 놓기 싫단 말예요. 그러니 온갖 날조를 하고 입만 열면 거짓말하는 후보가 때로는 인기를 끌기도 하고 이런 사태가 생기는 것 같습니다.

강경석 반공이데올로기가 퇴조하는 것과는 연결된다고 할 수 있을까요?

백낙청 지금 옛날보다 누굴 빨갱이로 보고 욕하는 사례가 늘어났습니다. 아무나 보고 빨갱이라고 해요. 그것도 나는 반공이데올로기의 퇴조하고 관계있다고 봐요. 옛날 같으면 누굴 빨갱이라고 지목을 하면 나라에서 그 사람을 일단 잡아가야 해요. 그렇기 때문에 당하는 사람들도 괴롭지만 사람들이 그렇게 함부로 말을 못했죠. 지금은 내가 저 사람을 빨갱이라고 불러도 저 사람 안 죽는다는 걸 대개 알아요. 그냥 까불지 못하게 해서 내 기득권을 지키겠다는 그런 목적으로 빨갱이 빨갱이 하니까 빨갱이 담론은 훨씬 더 범람을 합니다. 이것이 반공이데올로기의 퇴조와 관련이 있다고 질문하신 분의 통찰은 굉장히 정확한 것이라고 생각합니다.

강경석 CGK Sung 님께서 좋은 말씀을 해주셔서 이 책과 관련해서 흥미로운 얘기가 진행된 것 같습니다. 하나 정도만 더 하고 넘어가면 될 것 같습니다. 최소윤님 질문인데요. 복합국가라는 개념을 굉장히 신선하게 받아들이신 모양이에요. 신선하긴 한데 잘 이해 안 되는 면이 있는 것 같다, 혹시 스위스 같은 영구중립국도 복합국가의 한 형태로 봐도 되는가 이런 질문을 해주셨어요.

백낙청 스위스가 복합국가의 한 형태인 것은 틀림없는데, 복합국가란 영세중립하고는 관계없는 개념이죠. 복합국가는 국가가 단일형 국민국가 또는 옛날 같으면 단일형 왕국으로 구성되느냐 아니면 더 복합적으로 돼 있느냐 하는데 따른 개념으로, 이 말을 사실 정치학자들 중 어떤 분은 인정을 하고 어떤 분은 교과서에 없는 개념이라고 하기도 하는데 우리 역사에서는 1970년대에 통일담론이 시작되면서 그때 천관우(千寬宇) 선생이 이걸 제기하셨어요. 그때는 그 시대의 일종의 담론 전략이 있었습니다. 왜냐면 그때는 연방이라는 말 꺼내기만 해도 잡혀갔어요, 고려연방제에 동조한다고 해서. 그래서 연방일 수도 있고 연합일 수도 있고 훨씬 더 모호한 개념으로 단일국가가 아닌 복합국가다 해서 복합국가론이라는 걸 쓰셨고, 그후에 사용할 때는 북에서는 연방제를 얘기하고 있었지만 '낮은 단계의 연방제'라는 데까지는 김정일 국방위원장이 양보를 했습니다. 우리는 한민족공동체통일방안이라 해서 국가연합을 국가정책으로 삼고 있어요. 지금 국가연합이라면 길길이 뛰면서 빨갱이다 그러는 사람들이 있는데 이게 노태우 대통령 때부터 우리 정부가 쭉 견지해온 일관된 방침입니다. 아무튼 남북 간의 견해차이도 있고 하기 때문에 그걸 아우르는 개념으로 복합국가라는 표현을 쓰는 거죠. 현실적으로는 북이 연방제를 주장하다가 낮은 단계의 연방제가 자기들의 방침이고 남쪽의 국가연합, 남북연합하고 상통하는 개념이다 여기까지 왔는데, 현실적으론 여기서 더 낮은 단계로 한걸음 낮춘다면 국가연합 중에서도 여러 수준의 국가연합이 있잖아요? 가령 유럽연합 같으면 국가 간의 왕래가 자유롭고 꽤 높은 단계라고 할 수 있습니다. 반면 동남아시아의 아세안 같은 경우 굉장히 느슨한 국가연합이죠. 스위스는 국가연합치고는 꽤 높은 단계의 국가연합이고 사람에 따라서 그것은 낮은 단계의 연방제라고 보는 사람도 있겠습니다. 이렇게 여러 종류와 층위가 있는데 우리 현실에서는 국가연합 중에서도 아주 낮은 단계에서 출발해서 조금씩 단계를 높여갈 수밖에 없다는 게 제 주장이고요. 높여가다가 결국은 단일형 국민국가가 최종 목표냐. 저는 그런 걸 최종 목표로 우리가 정할 필요가 없다고 봐요. 높여나가다가 그 단계에서 남북의 민중이 이만하면 더 결합의 정도를 높일 필요 없다 그러면 거기서 스톱하고 그런 차원에서 잘 살면 되는 거고, 아니면 여기서 조금 더 나가자 하는 쪽으로 합의가 되면 더 나가면 되는 거고. 이걸 그때그때의 남북 민중에 맡기는 게 진짜 민주주의지 최종 목표를 왜 지금 결정합니까. 종교적으로 말하면 하나님이 하실 일을 왜 사람이 대신 하려고 해요. 그때 가서 하나님이 정하시는 대로 따르면 되지. 그렇게 생각합니다.

강경석 네, 감사합니다. 앞부분 패널 토론 때 이중과제 문제가 어느정도 설명이 됐다고 하면 뒷부분의 플로어 토론에서 청중 질의 네가지, 특히 첫번째 민간통일방안 질문과 마지막 복합국가 질의 때문에 '한반도식 나라만들기'에 대해서 그래도 대강의 정리가 된 게 아닌가 생각이 됩니다. 수준 높은 질문을 해주신 독자 여러분께 감사드리고 더 많은 분들 계시지만 마무리해야 할 시간이라서 질의는 이 정도로 마치겠습니다. 마지막으로 백선생님 정리하고 싶은 말씀 있으시면 해주시고 행사를 맺을까 합니다.

백낙청 새삼스럽게 제가 정리할 수 있는 건 아니고 인사 말씀을 한번 더 드리겠습니다. 이렇게 귀한 시간 내서 참여해주시고 좋은 질문 해주시고 그래서 저로서는 보람있는 시간이었고요. 대단히 감사합니다. 시간이 더 충분하면 저도 할 말이 더 없는 것은 아닌데 여러분 중에서 대선 토론을 보실 분도 있고 안 보실 분도 계시겠지만 보시겠다는 분은 그렇게 해드려야지 국민의 알권리를 우리가 존중하는 게 될 테니까 서둘러 마치는 게 낫지 않은가 하는 생각이네요.

강경석 네, 감사합니다. 백낙청 선생님께서 이런저런 자리에서 자주 인용하시는 말씀이기도 한데요. 전태일 열사가 남긴 얘기 중에 사람들의 공통된 약점은 희망함이 적다는 것이다 이런 말이 있습니다. 우리가 지금 맞이하고 있는 대선의 결과가 앞으로 어떻게 되든 여러분들이 원하시는 결과가 나오든 그렇지 않은 결과가 나오든 앞으로 해야 할 일들과 과제들이 한국사회에 많이 쌓여 있는 건 엄연한 현실인 것 같고요. 그 결과가 어떻게 되느냐에 따라 준비해야 할 내용들이 달라질 것 같습니다. 어쨌든 전태일 열사가 말했던 희망함의 크기를 키우는 건 언제 어느 때고 중요하지 않나 이런 생각이 드는 그런 토론시간이었다고 생각이 됩니다. 긴 시간 동안 자리를 지켜주신 두 패널 분들과 청중석에서 질문도 해주시고 또 줌 화상회의와 유튜브에 접속해서 끝까지 자리 지켜주신 모든 분들께 감사드리고 오늘 저자로 참여해주신 백낙청 선생님께도 감사 말씀 드리겠습니다.

20대 대통령 선거,
백낙청에게 듣는다

백낙청(『창작과비평』 명예편집인, 서울대 명예교수)
김종배(시사평론가)

김종배 우리 사회의 원로와 함께 이번 대선 상황을 진단해보고 이후
우리 대한민국이 어디로 나아가야 하는지 큰 흐름 살펴보는 시간 가져
보고 있는데요. 윤여준 환경부 장관 모신 데 이어서 오늘은 진보학계의
스승, 여권의 원로로 불리시는 분이죠. 계간 『창작과비평』 명예편집인이
시고요. 백낙청 서울대 명예교수 함께하겠습니다. 스튜디오로 직접 모
셨습니다. 어서 오세요.

백낙청 예, 반갑습니다.

김종배 건강하시죠 교수님? 일단 큰 틀에서 이번 대선에 대한 총평이
라고 할까요. 어떻게 지켜보고 계신지 궁금한데요.

백낙청 저는 이번 대선도 그렇고 평소에 우리가 촛불시대에 살고 있

■ 이 인터뷰는 MBC 라디오 '김종배의 시선집중'(2022년 2월 18일)에 특별기획 '20대 대통령
선거, 정치 원로에게 듣는다'의 하나로 방송된 것이다.

으며 촛불을 화두로 잡고 생각해야 하고 판단해야 한다 이런 주장을 펼쳐왔어요. 그래서 대선에 대해서도 사실은 촛불의 시각을 견지하면서 보느냐 안 보느냐에 따라서 형세 판단이나 사태 진단이 많이 달라진다고 봅니다. 그래서 그 구체적인 얘기는 차차 하겠고. 저는 현상 분석과 진단의 달인이신 김종배 앵커님과 대화하면서 제가 생각하는 촛불의 시각에서 보는 현실, 이런 문제가 정리가 되길 기대하고 있습니다.

김종배 제가 책 한권 들고 있는데, 교수님께서 얼마 전에 펴내신 『근대의 이중과제와 한반도식 나라만들기』라는 책을 잠깐 읽어봤더니 촛불정신을 많이 강조하셨더라고요. 그럼 결국 이야기는 교수님께서 정리를 하는 촛불정신은 뭘까, 여기서부터 시작되어야 할 것 같아요.

백낙청 거기에 앞서 제가 이 책을 쓰면서 촛불대항쟁이라는 표현을 저로서는 처음 썼잖아요? 시청자 여러분들이 웃으실지 모르겠지만 저는 이게 굉장히 잘한 일이라고 자부하고 있습니다.

김종배 왜요?

백낙청 우리가 촛불항쟁이란 말도 많이 써왔고 촛불혁명이라는 말도 많이 썼는데 둘이 혼동되는 경우도 많아요.

김종배 그래요?

백낙청 사실 우리 사회에 21세기 들어와서만도 굉장히 큰 촛불항쟁이 여러개 있었잖아요?

김종배 그렇죠. 광우병 반대 시위도 있었고 탄핵반대 촛불시위도 있었고.

백낙청 미선이 효순이 그때도 있었고. 탄핵 반대 있었고 광우병 시위 있었고. 그래서 촛불항쟁이라는 건 그런 데에 두루 해당되는 말인데 그중에서도 2016~17년의 항쟁은 규모로도 그렇고 결과로 보아서도 아주 특별한 항쟁이었다고 봐요. 그래서 저는 그것을 특정하기 위해서 촛불대항쟁이란 말을 썼고요. 촛불혁명에 관해서는 어떤 사람들은 촛불대항쟁 자체가 혁명이었다 이렇게 말하는데 이건 학계에서 동의 안 하는 분들이 많았어요. 그게 엄밀한 의미의 혁명이 아니라는 거죠. 또 대항쟁 자체는 사실 박근혜 탄핵으로 일단락이 되지 않습니까? 그래서 혁명이라고 생각하는 사람도 그거 뭐 5년 전의 일인데 하며 과거지사로 돌리는 경우가 있어요. 그런데 제가 생각하는 촛불혁명은 2016~17년의 대항쟁으로부터 출발해서 지금도 진행 중인 아주 독특한 혁명의 과정입니다.

김종배 지금도 진행되고 있다?

백낙청 네. 그래서 2016~17년의 촛불항쟁을 특정하면서 그것과 촛불혁명이라는 걸 구별하는 효과도 있다고 그렇게 보지요.

김종배 그런데 어제 우리가 모셨던 윤여준 전 장관께서는 물론 정부로 한정되는 얘기긴 하지만 문재인정부가 촛불정신을 배신했다고 평가하던데 이런 평가는 어떻게 보세요?

백낙청 저는 윤여준 장관님 말씀 중에 가장 가슴에 와닿고 주목할 만한 것은, 평생을 검찰이라는 높고 두꺼운 벽 속에 갇혀 살았던 분이라 세상물정을 너무 모르기 때문에 윤석열 후보가 대통령, 국정운영 책임자로서는 위험하다는 말씀이었어요. 또 그에 앞서 다른 데서는 경제를 모르는 대통령은 공포다 이런 말씀까지 하셨는데 그 대목에 굉장히 공감하고요. 윤장관 저는 참 좋은 분이라고 생각하고 친분도 없지 않습니다. 그렇긴 하나 그분은 촛불이라는 화두를 붙들고 사시는 분은 아니에요. 그래서 아까도 말씀드렸듯이 촛불의 화두를 붙잡고 있느냐 아니냐에 따라서 현상 분석이라든가 미래에 대한 전망에서 많은 차이가 난다고 생각하는데, 문재인정부 평가에 있어서 촛불을 들었던 국민들이 오히려 배신감을 느끼는 사람들이 많아요. 그러나 문재인정부 전체를 두고서 촛불을 배신했다는 건 저는 좀 과한 표현 같고. 촛불혁명이 아니었으면 문재인씨보다 더 유능한 대통령이 들어왔어도 못 해낼 많은 일들을 해냈거든요. 그게 하나 있고. 그럼에도 불구하고 사실 정치인으로서 볼 때문대통령은 적성이 아니죠, 정치가. 본인은 원래부터 선량한 분인데 정치가 또는 대통령으로서는 무능했고, 그러니까 오히려 열렬한 촛불시민에게는 배신감을 줬고. 나머지 전반적인 평가가 저 사람이 촛불혁명을 배신했다는 것이면 국정 말기에 저렇게 40퍼센트 넘는 지지가 나올 수가 없어요.

김종배 그런데 윤여준씨는 참고로 그 부분에 대해서 여쭤봤더니 그건 갈라치기의 결과다 이렇게……

백낙청 저는 거기에 동의하지 않습니다. 그전에 국민을 갈라치면서 계속 기득권을 유지해온 세력들이 있잖아요. 그걸 좀 어떻게 해보라고 국민들이 대통령을 뽑고, 나중에 국회의원 선거에 가서는 여당에 표도 몰아주고 그랬는데, 이분이 사실은 뭐했냐 하는 일종의 실망감 내지는 배신감이 큰 거죠. 그러나 대부분의 국민들은 저분이 좀 무능은 하지만 그래도 착한 사람이고 촛불을 어떻게든, 촛불정부로서의 정체성을 유지하려고 개인은 애쓰고 애썼구나 하는 걸 인정하기 때문에 지지율이 유지되는 거고요. 문제는 그런 충정을 가진 사람이 민주당 정부에 그다지 많지 않다는 거예요. 그러면 대통령이란 권한을 가지고 이걸 누르고 통제해야 되는데 문대통령이 그걸 못했으니까 거기에 대한 실망감이고 배신감이지 그분이 갈라치기했다고 생각은 안 합니다.

김종배 그럼 교수님 이건 어떻게 보세요? 지금 여론을 보면 정권교체 여론이 상당히 높게 나오고 그래서 결국은 정권교체가 시대의 대세고 흐름이다. 왜 그러냐면 문재인정부가 실패를 했기 때문에. 이런 식으로 이야기를 많이 하는데 이런 이야기는 어떻게 평가를 하세요?

백낙청 정권교체에 대한 대중의 욕구가 있다는 건 저도 인정을 합니다. 그러나 정권교체냐 정권유지냐 하는 프레임을 특히 야당에서 들고나올 뿐 아니라 거의 모든 레거시 언론이 또 여론조사 할 때마다 그걸 질문을 하기 때문에, 이건 저처럼 촛불을 화두로 삼는 게 우리의 큰 과제라고 생각하는 사람의 입장에서 보면 촛불이라는 화두를 지우는 역할을 하는 거예요. 그래서 언론이 그걸 적극적으로 조장하는 면도 있다고 봅니다, 촛불을 지우기 위해서. 그래서 그 잘못된 프레임에 따라서 하는데, 그렇게 되면 크게 우선 문재인 대통령에 대한 지지도하고 이게 안 맞잖아요. 그것도 안 맞고, 이재명 후보에 대한 지지율하고도 안 맞습니다, 사실은. 그러면 뭔가 안 맞는 구도인데 그럼에도 불구하고 우리 사회의 힘있는 여러 기관들이 이걸 열심히 열심히 되풀이하고 있는데 나는 이건 역시 촛불을 지우고 촛불정신을 덮어버리려는 큰 움직임의 일부라고 봅니다.

김종배 제가 교수님의 말씀 해석한 걸 확인차 질문을 드리면, 결국 지금 정권교체 프레임을 작동시키는 사람들의 의도는 촛불정신의 담지자를 문재인정부로 등치시켜버린 다음에 문재인정부는 실패를 했으니까 촛불도 꺼졌다는 이야기를 끌고 가기 위한 의도적 프레임이라고 보시는 겁니까?

백낙청 그러니까 문재인정부도 국민의 상당수가 아직도 지지하는 문재인 대통령에 대한 평가하고, 문재인정부를 통해서 어떤 의미에서는 촛불의 열매를 제일 많이 따먹은 민주당 국회의원들이라든가 여당 또는 일부 정부의 고위직 관료들에 대한 평가, 이건 사실 별개거든요. 또 국민들이 그걸 별개로 생각하고 있어요. 그런데 정권교체냐 정권유지냐 그러면 이런 국민들은 사실은 마음속으로는 다 식별하고 있는 그런 문제, 또 촛불정신의 진전이냐 후퇴냐 하는 우리 시대의 결정적인 문제 이런 게 다 지워져버리는 거예요. 그래서 나는 그 얘길 하는 사람들이 전부 다 의도적으로 그런다고 말하는 건 아니지만 그런 식으로 하면 결과적으로 우리 시대의 중요한 측면을 망각시키게 된다고 봅니다.

김종배 그러면 교수님 책을 보다보니 이 대목이 눈에 들어오던데요. 문재인정부를 비판하더라도 그 비판은 촛불혁명의 주인 노릇의 일환으로 해야 된다. 이렇게 말씀하신 게 있던데 지금 이 말씀의 뜻은 조금 전의 그 말씀으로 이해해도 되는 겁니까?

백낙청 그렇죠. 그리고 문재인 대통령이 당선될 때 41퍼센트인가 받았죠? 그리고 지금 40퍼센트에서 40퍼센트 후반까지 나오는데, 이것은 성격이 다르다고 봅니다, 두개의 수치가. 당시에 문재인 후보가 40퍼센트 받은 것은 5자 구도에서 40퍼센트를 득표한 거예요. 굉장히 많이 한 겁니다. 그때는 안철수 후보나 심상정 후보가 문재인 후보하고 크게 봐서 같은 쪽이었어요. 그러니까 그때의 민심을 득표율을 갖고 분석하려면 문재인 안철수 심상정이 받은 표수하고 나머지 두분이 받은 표수를 대비를 하든가, 아니면 문재인의 41퍼센트하고 홍준표의 24~25퍼센트 이걸 대비하는 게 맞다고 봐요. 그때는 꽤 넉넉하게 이겼는데 그때에 비하면 많이 까먹었죠.

김종배 그러면 그때 문재인 안철수 심상정 세 후보의 득표율 합계가 어찌 보면 촛불대항쟁에 참여했고 정신을 공유하는 사람의 표다?

백낙청 그렇죠. 그 사람들 내심이 어떤지 모르지만 자기들이 촛불시민의 뜻을 받들겠다고 했던 분들이니까.

김종배 그러면 이번 대선의 가장 직접적이고 주된 목적은 2기 촛불정부의 창출이다 이렇게 보시는 겁니까?

백낙청 네, 저는 그렇게 봅니다. 야당에서는 무능하고 부패한 정부의 연장이라는 정권연장 프레임으로 가져가는 거고 민주당도 어떤 의미에서는 거기에 영합하고 있어요. 놀아나고 있다고 할까. 뭐라고 하냐면 '4기 민주정부'라고 하잖아요. 사실 그게 4기 민주**당** 정부인지 4기 민주정부인지도 따져볼 문제죠.

김종배 민주당 정부하고 민주정부가 다르다?

백낙청 아니 김영삼정부는 민주정부 아니었나요? 그것 자체도 정확한 표현이 아니지만 어쨌든 4기 민주정부를 만들겠다 그러면 국민들이 싫어하는 민주당 정부를 계속 해먹겠단 얘기가 되니까 자기들 발등을 찍는 프레임을 하고 있어요.

김종배 오히려 그게 민주당 입장에서도 도움이 안 되는 프레임이네요?

백낙청 도움이 안 되는 프레임인데, 물론 이재명 후보는 민주당 대선 후보로 나왔으니까 그 얘길 안 할 수가 없죠. 그 얘길 안 할 순 없지만 그이는 사실 촛불혁명, 촛불대항쟁에 제일 먼저 가담했던 몇 안 되는 민주당 정치인 중의 하나입니다. 그리고 저는 그 초심을 갖고 있다고 짐작을 하는데요. 촛불을 지금 대선국면에서 어느 정도 어떤 방식으로 호명하고 또 3기 민주당 정부에 비해서 4기 민주당 정부가 얼마나 유능하고 구체적인 성과를 낼 것인가 하는 약속들 두개가 같이 가는데 그걸 어떻게 배합하고 표현할지는 현장의 선수들이 알아서 하는 거고, 그걸 내가 이래라 저래라 할 수는 없는 거지만 저는 그게 불가능한 일이 아니라고 생각하고요. 최근에 와서야 이재명 후보가 그걸 시작한 것 같아요. 그런데 촛불 얘길 싹 빼고 하다보면 결국은 정권교체냐 정권유지냐 하는 저쪽에 유리한 프레임을 못 깨는 거죠.

김종배 아까 촛불정신 얘기로 돌아가서 이 점을 하나 여쭤볼게요. 어제 윤여준 장관은 촛불정신의 핵심은 결국 민주주의였다, 그런데 민주당 같은 경우는 의회민주제 같은 원리를 오히려 파괴해왔다, 통합을 하고 대화와 타협을 하는 게 아니라 수로 밀어붙여오지 않았느냐, 거기에 대한 심판의 성격이 있다고 진단했는데, 이 점은 어떻게 보세요?

백낙청 촛불대항쟁 때 시민들이 요구한 민주주의는 윤여준 장관님 같은 분이 말씀하시는 의회민주주의라든가 아주 좁은 의미의 자유민주주의 그건 아니었어요. 나라다운 나라를 만들자 이게 나라냐 할 때에는 그 안에 많은 얘기가, 윤장관 같은 분이 동의하지 않는 많은 얘기가 들어있습니다. 남북문제도 있고요, 검찰 문제, 소위 의회민주주의라는 이름 아래 쌓여온 적폐 등 여러가지가 포함돼 있는데, 그걸 촛불의 민심이 의회민주주의고 자유민주주의라고 하며 타협을 안 했다? 사실 촛불대항쟁으로 행정부 교체는 이루어졌는데 의회는 어떻게 못해봤잖아요 그때. 그래서 그 시점에서는 지금 야당이 지금보다 더 많은 의석을 가지고 기세등등했는데 그들의 동의를 받아서 촛불혁명을 수행해야 한다는 것은 하지 말라는 거나 마찬가지예요. 그리고 정부·여당이 제대로 못했어요. 그게 뭐 꼭 야당 책임만은 아니고 무능한 정부도 책임은 있지만 그걸 못한 걸 가지고 의회민주주의 원리를 저버렸다고 말하는 건 저는 앞뒤가 바뀐 얘기 같아요.

김종배 교수님께서 오늘 이 자리에서 일관되게 말씀해주시는 강조점이 바로 촛불정신인데, 알겠습니다. 그리고 지금 대선후보를 평가해주신다면 어떻게 평가해주시겠습니까? 아까 윤석열 후보에 대해서는 윤여준 장관의 평가에 동의한다고 말씀해주셨는데, 그거 외에 혹시 더 덧붙일 평가는 있으실까요?

백낙청 덧붙일 말이 없는 건 아니지만 그 세세한 얘기보다 누가 촛불정신을 이어받아서 2기 촛불정부를 만들 수 있느냐 그것에 초점이 가야 된다고 봅니다. 거기에 시선이 집중되어야 한다고 봐요.

김종배 그러면 윤석열 후보는 거기서 제외되는 겁니까?

백낙청 저는 2기 촛불정부를 만들 수 있는 후보는 딱 한 사람밖에 없는데, 그러나 그가 성공하는 2기 촛불정부를 만들 수 있느냐는 별개 문제예요.

김종배 그가 혹시 이재명 후보입니까?

백낙청 지금 선거기간에 그런 얘기 해도 괜찮은가요?

김종배 네.

백낙청 이재명 말고 누가 있어요? 그건 뻔한 거죠. 그건 뻔한데, 이재명이 선거전을 얼마나 잘 치르고 선거 이후에 대통령이 될 경우에 어떤 정치를 해서 이런 시대의 요구에 부응할까 하는 건 지켜봐야죠.

김종배 그런데 아까 2017년 대선 때만 하더라도 안철수 후보는 크게 봐서 촛불진영이라고 할까요 거기 포함돼 있었다고 말씀해주셨는데, 지금은 어떻게 평가하십니까?

백낙청 지금은 그렇게 보기 어렵죠. 단일화가 될지 안 될지 모르지만 그런 걸 떠나서 그이는 다른 방향으로 멀리 갔다고 봅니다.

김종배 시간이 벌써 마무리를 해야 하는 시점인데요. 마지막으로 아까 레거시 미디어를 말씀하시길래 질문드립니다. 지금 언론의 역할이나 언론의 현상황을 어떻게 진단하세요, 교수님?

백낙청 제가 레거시 미디어라고 해서 전부 싸잡아서 욕할 생각은 없어요. MBC도 레거시 미디어 아니에요? 그런데 MBC 내부만 들여다봐도 '김종배의 시선집중'이 있는 반면 다른 적폐언론과 다름없는 행태도 MBC 안에 많습니다, 제가 보기엔. 그래서 일괄적으로 얘기할 건 아니지만 우리나라에서 최근 레거시 미디어는 촛불을 지우는 쪽으로 역할을 해왔어요. 그럼에도 불구하고 촛불시민의 기운을 이어간 건 레거시 미디어에서 취급 안 하는, 구체적으로 거명하면 '열린공감TV'라든가 '서울의소리'라든가 하는 유튜브 방송들이고요. 그분들이 그렇게 할 수 있는 것은 촛불시민이 아직 살아 있어서 그분들을 지지하기 때문에 가능하다고 생각합니다.

김종배 알겠습니다. 시간이 다 돼서 마무리를 해야 할 것 같습니다. 하시고자 하는 말씀의 10분의 1도 못 하셨을 것 같은데 워낙 시간이 제한돼 있다보니까 여기서 마무리하도록 하겠습니다. 오늘 말씀 잘 들었습니다 교수님.

백낙청 예, 감사합니다.

2기 촛불정부를 만드는
대선이 되려면

백낙청(서울대 명예교수)
오연호(『오마이뉴스』대표)

오연호 오늘 '오연호가 묻다'는 오연호가 묻고 백낙청 서울대 명예교수가 답하는 시간입니다. 교수님 안녕하세요.

백낙청 예, 안녕하세요. 반갑습니다.

오연호 오마이TV에 어렵게 모셨는데요. 제가 듣기로는 유튜브도 많이 보신다고 하더군요.

백낙청 네. 최근에 와서는 유튜브를 안 보면 세상 돌아가는 걸 알 수가 없을 것 같아요. 소위 레거시 언론이라는 데가 워낙 제약이 심하다 그럴까 자기검열이 심하다 그럴까. 중요한 사실을 모르게 되는 수가 많더군요.

오연호 교수님은 1938년생으로 만 84세신데 기존 매체보다 유튜브를

■ 이 인터뷰는 오마이TV '오연호가 묻다'(2022년 2월 19일)에 방송된 것이다.

통해 세상을 읽고 계신다고 말씀하시네요?

백낙청 최근엔 그래요. 그전에도 종이신문하고 텔레비전만 본 건 아니고 『오마이뉴스』도 많이 봤어요.(웃음)

오연호 지금 우리 독자들도 함께하고 계십니다. 문을 열자마자 수많은 사람들이 같이 와 있는데 이분들도 최근에 기존 매체보다 오마이TV를 포함한 여러 유튜브를 보시는 분들이 꽤 많을 거예요. 교수님은 어떤 유튜브를 보시나요?

백낙청 오마이TV를 포함해서 열린공감TV(시민언론 더탐사의 전신 — 편집주)라든가 서울의소리, 빨간아재, 또 더 오래된 뉴스타파 같은 데를 보고, 그리고 조금 특수한 유튜브로는 신상철TV가 특히 천안함 문제 가지고 그동안 고군분투를 해와서 그것도 많이 보고 응원하고 있습니다.

오연호 정말 세상의 흐름을 파악하기 위해서 유튜브를 보시는군요. 그런데 파악하기 위해서도 그렇지만 더 재미있지 않나요?

백낙청 더 재미있어요. 그 재미라는 게 중요한 진실을 정직하게 전달해주면 재미있는 거예요. 기존 매체들은 그걸 안 하고, 모르겠어요, 이상하게 자기들은 레거시 미디어의 품격이라고 생각하는지, 어떤 주제는 건드리지도 않고, 또 유튜브에서 중요한 특종을 했을 때도 그냥 깔아뭉개잖아요. 그런 거는……

오연호 네, 여러분 오늘 백낙청 교수님을 모셨는데요. 요새 선거판을 보면서 이거 왜 이러지, 정말 이거 맞나, 세상이 어디로 가고 있지, 큰 역사라는 산맥을 볼 때 이 선거판의 의미는 뭐지, 내가 다시 한번 기운을 차려야 되겠다, 이런 분들 있으면 꼭 함께하시기 바랍니다. 혹시 주위에 기운 빠져 있는 분들 계시면 빨리 연락하세요. 기운을 듬뿍 충전해주실 어르신이 와 계신다 하고요. 지금 우리가 20대 대통령 선거를 하고 있지 않습니까? 그런데 교수님은 1대부터 19대까지 모든 대통령을 뽑아보셨어요. 모두 직접 뽑지는 않으셨겠고요, 간접선거가 있었으니까. 그 거대한 현대사의 산맥과 함께하신 분이 바로 우리 곁에 있는데, 오늘 우리에게 최근의 여론조사보다 더 중요한 것이 있다. 얼마나 중요한데 이렇게 기운 빠질 수 있냐는 말씀을 해주실 것입니다. 주변에 혹시, 그동안 나열심히 봤는데 에이, 유튜브고 뭐고 안 해, 이런 분들 있으면 얼른 초청해서 함께 백낙청 교수님을 맞이하셨으면 좋겠습니다. 그런데 시청하고 계신 분 중에 백낙청 교수님은 과연 누구일까, 젊은 세대 중에서는 생소하게 느끼는 분도 계실 텐데요. 하바드대학교 영문학 박사이시고 무려 40년간 서울대 영문학과 교수를 하셨어요. 1963년부터 2003년까지. 현재는 명예교수님이시네요. 그런 의미에서 오늘 모신 백낙청 선생님은 대선배님이십니다. 1966년에 그 유명한 계간 『창작과비평』을 창간하셨고 1974년에는 창작과비평사라는 회사를 만들어서 지금까지 함께하고 계시는데 창작과비평사는 한국의 참여지성계의 산실이 되었습니다. 이렇게 역사의 맥을 쭉 체험하신 분을 오늘 모셨습니다. 교수님, 그런데 재야원로이시기도 하고 시민운동가이시기도 하고 문학평론가이시기도 하고 사상가이기도 하고 『창작과비평』지의 현재는 명예편집인이시기도 한데 제가 오늘 호칭을 뭐라고 불러야 좋을까요?

백낙청 제일 많이 쓰는 호칭은 그냥 '백교수'예요.(웃음)

오연호 댓글창에 보미님이 '84세신데 정정하십니다' 이렇게 말씀하셨어요. 건강 유지의 비결이 있다면요?

백낙청 특별히 비결이 있는 건 아니고, 같은 나이에 저보다 더 못한 분도 계시고 연장자로서 훨씬 정정한 분도 계시고 그러니까, 저는 겨우 유지하고 있습니다.

오연호 걷기 운동 같은 걸 자주 하시나요?

백낙청 네, 걷기 하고 주말에 산우들하고 산행을 하는데, 지금은 제대로 못하죠. 방역을 위한 인원제한도 있고 뭐 해가지고 했다 안 했다 합니다.

오연호 건강을 유지하시는 비결 중 하나가 재미를 느끼면서 사는 것일 것 같아요. 아까 말씀하시길 오마이TV도 보고 열린공감TV도 보고 서울의소리도 보면서 재미를 느낄 수도 있다고 하셨는데 저는 재미와 진실로, 삶을 좀 꽉 채우면서 사시는 것이 건강 유지에 보탬이 되지 않을까 그런 생각을 해봅니다.

백낙청 네, 오마이TV 더 열심히 보겠습니다.

오연호 함께하는 여러분들도 더 건강해지지 않을까 하는 생각도 합니다. 그런데 최근에 미디어 환경이 크게 변하고 있지 않습니까? 그래서 이걸 어떻게 해석해야 하나, 여러 관점에서 볼 수 있을 텐데요. 최근에 종이신문이나 TV보다 유튜브를 더 많이 본다고 하셨어요. 그리고 최근에는 『한겨레』에서 윤석열과 삼부토건 조남욱 회장의 관계를 보여주는 녹취록을 보도하려고 했다가 유보하는 바람에 이게 SNS에 알려지고 논란이 되고 있습니다. 이런 광경을 오랫동안 미디어에 관심을 가졌던 백낙청 선생님께서는 어떻게 보고 계신가요?

백낙청 저는 『한겨레』 그 사건에 대해서는, 제가 기자를 잘 아는 것도 아니고 그렇게 된 경위를 아는 것도 아니지만 어쨌든 들리는 바에 신문이 게재 결정을 했다가 뒤집었다는 것은 좀 심각한 사태인 것 같고요. 근데 그 사태 하나만이 아니고, 이명박·박근혜 시대까지만 해도 신문 중에 조·중·동이 주로 기득권세력이지만, 한편에 한·경·오가 있었잖아요? 종이신문 중에 『한겨레』나 『경향신문』에 의해 어느정도 견제 작업이 됐는데, 근래에 와서는 그런 기능이 많이 사라진 것 같아요. 기자 한 사람 한 사람이 다 기레기가 됐다는 뜻이 아니라 언론계의 지형이 바뀌고 언론인들의 체질이 바뀌었다, 그래서 우리 사회에 엘리트 카르텔이라는 게 분명히 있다고 보는데 대부분의 레거시 언론이 그 카르텔에 알게 모르게 가담해버리지 않았나 그런 생각을 갖고 있습니다.

오연호 그러니까 우리가 그동안 언론 지형을 얘기할 때 이른바 기울어진 운동장 얘길 하지 않았습니까? 조·중·동이 보수언론 쪽에 있고 한·경·오가 진보진영에 있었다면 이것이 어느정도 균형을 맞추려고 노력을 해오다가 지금은 이 균형조차도 서서히 더 무너지고 있는 게 아닌가.

백낙청 그전에도 기울어졌었죠. 이때 기울어졌다고 하는 건 조·중·동의 압도적인 부수나 영향력에 비해서 균형을 잡아주는 세력이 너무 약하다는 뜻이었는데 지금의 기울어진 운동장이라는 것은 오히려 이른바 진보매체를 포함한 레거시 미디어 전체가 한쪽으로 많이 치우쳤으며, 어떤 데서는 내놓고 기득권세력을 옹호하고, 어떤 신문들은 기계적 중립성이니 성역 없는 비판 같은 구실로 사실은 거기에 동조하는 쪽으로 기울었다는 뜻입니다. 그 대신에, 유튜브 말씀도 하셨지만 풀뿌리 언론들이 활발하게 살아났고 그것이 어느정도는 균형을 잡아주고 있다고 봅니다.

오연호 풀뿌리 언론이라고 말씀하셨는데, 사실 오늘 백낙청 교수님을 모신 것도 기울어진 운동장 판을 우리가 보고만 있을 것인가를 여쭤보기 위해섭니다. 백낙청 교수님이 최근에 쓰신 책 『근대의 이중과제와 한반도식 나라만들기』의 핵심으로 여러분이 주인입니다. 시민 여러분이 주인입니다, 이 판을 어떻게 시민들이 바꿀 것인가를 강조하셔서 오늘 이렇게 모셔봤습니다. 여론조사 결과들이 최근 속속 발표되고 있는데요. 갤럽 조사가 있었죠, 최근에. 이재명 후보가 34퍼센트, 윤석열 후보 41퍼센트, 이렇게 나왔습니다. 그리고 방송3사 조사도 나왔죠. 윤석열 후보가 39.2퍼센트, 이재명 후보가 35.2퍼센트, 이렇게 나왔습니다. 오차범위 안에 있는 것도 있고 밖에 있는 것도 있습니다. 그래서 이재명 후보 지지자들은 다소 실망한 기색이고요. 윤석열 후보 쪽 소식을 최근에 들어보니까 엄청나게 기세가 등등하다고 해요. 교수님도 최근에 이런 여론조사에 대해서는 관심을 갖고 계신가요, 어떠십니까?

백낙청 관심이 없진 않지만 제가 그런 분석을 잘 모르고 여론조사의 메커니즘이라든가 구체적인 걸 잘 모르기 때문에 크게 관심을 두진 않고요. 저는 제 책을 읽어보셨다고 하니까 말씀인데 이번 대통령 선거에 대해서 이게 '건곤일척의 대회전'이다, 이런 표현을 썼습니다. 그런데 사람에 따라서는 대통령 선거치고 대회전 아닌 게 있냐 이렇게 보는 이도 있겠고, 또 어떤 분들은 일개 대통령 선거를 가지고 무슨 건곤일척까지 들먹이느냐 하실 수도 있겠지만, 이번 대통령 선거는요, 우리가 촛불혁명 과정에서 치르는 최초의 본격적인 대통령 선거입니다. 2017년에는 2016~17년 그때의 촛불대항쟁의 결과로 박근혜 대통령이 퇴출되고 갑자기 선거를 치렀잖아요. 그러다보니까 저쪽은 어어어어 하는 사이에 정권 뺏겨버렸어요. 이쪽도 사실은 준비를 않고 어어 하는 사이에 정권을 잡았어요. 그때는 선거 결과가 처음부터 뻔했습니다. 그래서 문재인 대통령이 그때 41퍼센트를 받았는데 그게 사실 5자 구도에서 41퍼센트라고 하면 적은 숫자가 아니고 굉장히 많은 숫자이기도 하지만 또 하나는 많은 사람들이 어차피 문재인이 이길 텐데 뭐, 해서 심상정 찍은 사람도 있고 안철수 찍은 사람도 있고 그랬습니다, 그때는. 그런데 그때 말하자면 패퇴했던 세력이 그동안 전열을 가다듬고 그야말로 이를 갈면서 와신상담을 하다가 이번에 또 한번 깨지면 자기들 다 죽는다 이런 절박한 심정을 가지고 나왔고요. 그래서 그들이 만약에 정권을 재창출한다면 그야말로 우리 촛불혁명은 거기서 거의 끝난다고 봐야죠 일단. 그래서 촛불혁명이 계속 되느냐 아니면 좌절하느냐 하는 건곤일척의 큰 싸움이 이번 싸움이라고 봅니다. 그렇기 때문에 저는 촛불정신을 이어가고 또 개인을 이야기한다면 이재명 후보를 당선시키고자 하는 분들이 그런 큰 틀에서 이걸 봐야지 무슨 여론조사에서 이랬다고 의기소침해지고 그런 일은 없었으면 좋겠어요.

오연호 여러분은 지금 '오연호가 묻다' 코너에 함께하고 계십니다. 오연호가 묻고 백낙청 서울대 명예교수님이 답하는 시간을 갖고 있습니다. 교수님은 그동안 수많은 대통령 선거를 목격하셨습니다. 지금 우리가 20대 대통령 선거를 하고 있는데 교수님께서는 1938년생이시고 이승만 대통령이 등장한 게 1948년이지 않습니까? 1대 대통령 당시 10살이셨네요.

백낙청 1대, 2대, 3대까지는 제가 참정권이 없었고요. 생각하시는 것만큼 제가 대통령 선거를 많이 치르질 못했어요. 개인적으로 유학을 간 동안에 선거를 못한 경우도 한두번쯤 있을 겁니다. 그러나 그걸 빼고라도 사실은 우리 국민이 직접선거로 대통령을 뽑은 경우가 그렇게 많지 않아요. 초기에는 간접선거 아니었습니까? 우리 제헌헌법에 따라서. 그러다 이승만이 사사오입 개헌을 해서 직선제로 바꾸었는데 그 당시는 제가 참정권이 없었고. 또 조금 뒤에는 제가 유학을 떠났습니다. 그래서 선거를 못하고, 제가 돌아온 게 1972년인데요. 돌아오자마자 유신헌법이 선포돼서 그때부터 전두환까지 전부 체육관 선거 하지 않았습니까. 그러니까 사실은 우리 국민들도 그렇고 저도 그렇고 저보다 나이 젊은 유권자들도 13대 때부터 대통령 선거를 해온 겁니다.

오연호 대통령 명수로 따져보니까 이번에 13번째로 대통령을 직접 뽑는 거더군요, 20대 대통령 선거인데. 저도 『오마이뉴스』 대표이기도 하지만 취재기자 해보니까 여러분들을 만나지 않겠습니까? 그런데 1938년생으로 만 84세인 백낙청 교수님만큼 절실하고 간절하게 이번 국면을 지켜보고 있는 분이 또 계실까 하는 생각이 들었어요. 그래서 이 자리에 모신 겁니다. 함께하고 계신 여러분들은 어느 정도의 간절함과 절실함을 갖고 계십니까, 이번 선거에서? 그래서 아까 촛불도 언급하고 그랬습니다만 84년간 인생을 살아오시면서 거대한 역사의 산맥들을 지켜봐온 셈인데요. 특별히 2022년 이번 대선의 본질이랄까요, 하는 건 뭘까요?

백낙청 아까 말씀드린 대로 우리가 2016~17년 촛불대항쟁을 통해 박근혜를 퇴출시켰고 저는 그것 자체가 촛불혁명이라고 생각하진 않습니다만 그때 촛불혁명이 시작돼서 지금도 지속 중이라는 주장을 해왔어요. 그런 입장에서 이번이야말로 진짜 촛불혁명이 계속되느냐 못 되느냐가 판가름 나는 그런 건곤일척의 큰 싸움이라고 보기 때문에 저 나름의 간절함이야 물론 있죠. 그런데 흔히 그런 말 하지 않습니까? 선거는 더 간절한 쪽이 이긴다. 그런데 사실 국힘(국민의힘)당하고 민주당을 비교해보면 국힘당 쪽이 훨씬 더 간절해요. 저는 그렇게 봅니다. 국힘당 그들은 이번에 또 지면 자기들 완전히 깨진다는 생각을 하는 것 같아요. 궤멸된다. 완전히 사라지는 건 아니겠지만 당이 깨질 수도 있고. 어쨌든 그들은 권력에 붙어서 쭉 살아온 사람들인데 권력을 또 놓치면 희망이 없다 하는 간절함이 있어요. 그래서 대통령 후보를 상식적으로 생각할 때는 홍준표 같은 분이 훨씬 안정감도 있고 개인적인 흠결도 덜하잖아요. 그런데 이 사람들이 정치 경험이 많은 사람들이니까 홍준표 갖고는 못 이기겠다, 그 간절함을 충족시키지 못하겠다는 거예요. 그러다보니까 찾다가, 저는 그걸 눈에 헛것이 보였다고 표현을 했는데, 너무 간절하다보니까 상식 있는 국민이라면 도저히 밀어줄 수 없는 후보를 내세웠어요. 그런데 지금까지는 그이가 꽤 기세등등하게 잘하고 있는데, 그게 레거시 언론을 비롯한 우리 사회의 기득권 카르텔이, 그건 꼭 야당만도 아닙니다, 흔히 쓰는 말로 철저히 '실드' 쳐주고 있기 때문이죠. 그런데 민주당 국회의원들 대부분 보면요, 그런 간절함이 없습니다. 이재명 후보에게는 간절함이 있다고 봐요. 그 사람이 살아온 경력을 봐도 그렇고. 이재명의 지지자들에게도 간절함이 있습니다. 그래서 이후보가 이 지지자들과 촛불을 들었던 시민들의 간절한 마음을 얼마나 다시 불러내고 기운을 모을 수 있는가에 승패가 달렸다고 봐요.

오연호 간절함의 대결이다. 그 간절함은 촛불시민과 이재명에게 있는데 그들이 얼마나 강고한 연대를 통해서 국민의힘의 간절함을 능가할 수 있는가. 그런데 방금 말씀하시면서 국민의힘 쪽에서 이번에 다시

지면 그동안 자기네들이 누렸던 기득권이 완전히 무너지기 때문에 눈에 헛것이 보여서 윤석열 후보를 탄생시켰다 이렇게 말씀하시는 거잖아요? 그만큼 그쪽이 절박했다는 거죠?

백낙청 헛것이 보였다고 한 것은 제 판단으로는 후보를 잘못 골랐다 이런 뜻이 되는데, 지금은 많은 사람들이 잘 골라서 이렇게 잘하고 있지 않냐 그럴 거예요. 그런데 저는 여기에 국민의힘뿐 아니라 우리 사회의, 정권은 뺏겼지만 곳곳에서 유리한 고지를 차지하고 있는 기득권세력 소위 엘리트 카르텔이 총동원돼서 나오고 있다고 봐요. 왜냐하면 꼭 민주당이 되면 다 죽는단 생각은 안 하지만 이재명이 되면 자기들이 편안하지 못할 거란 걸 알기 때문에 아주 전면적으로 나오고 있다고 봅니다.

오연호 아까 헛것을 실드 쳐주는, 그럴싸하게 지켜주는 이 세력이 기득권 카르텔이 강고하게 있다 이렇게 말씀을 하셨어요. 그런데 미국에서 박사 하시고 오랫동안 사셨는데, 우리가 미국의 언론, 뭐 장단점이 있겠습니다만 『뉴욕타임즈』니 『워싱턴포스트』니 얘기하지 않습니까? 그들의 자세 이런 게 대한민국에 있다면 헛것이 과연……

백낙청 그렇죠. 미국도 지금 굉장히 문제가 많은 나라고 부패가 심한 나라죠. 그런데 미국의 마이클 존스턴(Michael Johnstone)이라는 학자가 분석했듯이 부패의 여러가지 유형이 있습니다. 한국의 부패를 엘리트 카르텔형 부패라고 했고요, 미국은 영향력 시장이 만드는 부패라고 그렇게 분류를 했는데, 엘리트층에 속하는 소위 레거시 미디어 같은 걸 보면 미국의 『뉴욕타임즈』나 『워싱턴포스트』가 훨씬 더 건전하고, 뿐만 아니라 미국의 법조계도 지난번 트럼프가 선거 무효 소송 내고 할 때 대개 이를 각하하지 않았습니까? 그런 점에서 그쪽은 엘리트형 부패가 아니고, 오히려 엘리트들이 상당부분 자기 기능을 하는데도 맥을 못 추는 사회고요. 우리는 사실 엘리트층 빼면요, 그렇게 부패한 사회가 아닙니다. 사람들이 청렴한 편이고. 가령 어디 노트북 같은 거 까페에 놓고 나갔다가 오면 거의 그대로 있어요. 심지어는 휴대폰도 그대로 있어요. 치안도, 물론 범죄가 많습니다만 다른 나라에 비하면 괜찮아요. 그런데 엘리트들이 한번 해먹었다 그러면 수백억 수천억 몇조까지 간단 말예요. 그리고 그들 간의 촘촘한 결탁관계 이게 여러 유튜브를 통해서 속속들이 밝혀지고 있는데, 이런 상태란 말예요. 아까 언론에 의한 후보의 검증 얘길 했는데 우리나라는 만약에 주류 언론이 『뉴욕타임즈』 같은 기능을 해서 후보 검증을 했더라면 선거 벌써 끝났습니다. 저는 그렇게 봐요. 이미 뭐 승패가 다 끝났다고 봐요. 반면에 미국은 『뉴욕타임즈』니 그런 데서 그렇게 열심히 검증을 하고 성실하게 체크했음에도 트럼프가 됐잖아요. 그러니까 어떤 점에서 그 나라가 우리보다 더 후진적인 나라입니다. 다만 우리는 국민들이 살아 있고 시민들이 살아 있고 풀뿌리 언론이 있는데 이것이 사회의 결정권을 가진 영역까지 올라가는 걸 차단하고 있는 완고한 벽이 있습니다. 이것이 엘리트 카르텔이죠. 언론계도 그렇고 검찰, 법조계, 학계도 거기 들어갑니다. 그런 차이가 있으니까 이번에 만약에 우리가 실드 치는 걸 뚫고 촛불혁명을 진전시킨다면 그땐 아마 세상이 많이 달라질 거예요.

오연호 그런 의미에서 건곤일척의 대회전이다, 이렇게 말씀을 하시고 계시네요. 그런데 제가 오늘 교수님 모신 게 최근에 대선에 대해 엄청난 관심을 가지고 계시고, 우리에게 기운도 주실 수 있을 거란 생각 때문만이 아니라, 이 책을 제가 읽어봤더니 지난해 11월에 펴내셨던데 촛불혁명이 과거지사가 아니다, 촛불혁명은 오늘 이 시간도 계속 진행 중에 있다 이렇게 말씀하셔서인데요. 이 책의 헤드카피는 이렇게 돼 있네요. "촛불혁명의 주인들이 걸어야 할 길." 그러면서 촛불은 일회성 항쟁이 아니다, 시민이 나라의 주인이자 자기 삶의 주인임을 과시한 것이었다, 그래서 이번 대선이 촛불의 연장선이다 이렇게 말씀하셨는데, 이 얘길 말이죠, 제가 똑같이 한시간 전에 전주에서 들었어요. 이재명 후보가 지금 판이 어떨지 모르겠으나 여러분이 주인이다, 여러분이 참여해서 여러분이 새로운 세상을 만들 수 있는 주역이다, 이런 얘길 했어요. 제가 왜 이 얘길 하냐면 물론 윤석열 후보는 촛불 얘길 잘 안 하더라고요. 심상정 후보는 많이 합니다. 그런 점에서 지금 우리가 2022년에 대선을 치르고 있는데 2016~17년의 촛불과는 다른, 상당히 떨어진 또다른 이벤트를 하는 게 아니라 그 연장선상에 있구나, 이걸 아주 강력히 말씀하시고 계셔서 이 자리에 모셔야 되겠다고 생각했습니다.

백낙청 이재명 후보가 국민들이 주인이고 시민들이, 어떻게 보면 『오마이뉴스』가 표방하는 것과 비슷하게 '여러분들이 기자가 돼야 한다' 이런 얘기는 여러번 했지만, 그동안 촛불 얘길 별로 안 했어요. 정확하게 추적해보진 않았지만 거의 안 한 것 같습니다. 최근에 시작을 했는데, 저는 그분의 마음속에 촛불이 없었던 건 아니고, 어쩌면 주변에서 민주당 사람들 캠프 이런 데서 지금 촛불 얘기 해봤자 남는 장사가 아닙니다, 그거 자꾸 얘기해서 당신의 과격한 이미지만 나타나니까 어떻게든 중도층을 잡기 위한 노력을 해야 된다 그랬을 텐데, 저는 선거에서 중도층을 잡으려는 건 당연하다고 보고요. 또 이재명 후보가 그동안에 해온 자그마한, 구체적인, 실용적인 공약 이런 건 다 좋다고 봅니다. 그러나 이것을 하기 위해서 촛불을 언급하지 않으면 지금 정권교체 프레임을 내세워서 촛불을 지우려고 하는 기득권세력의 구도를 깰 수가 없어요. 그런데 그 두가지를 동시에 하는 일이 불가능한 건 아니거든요. 가령 이재명 후보가 처음부터 강조한 게 유능한 경제 대통령 아니에요? 그런데 유능한 경제 대통령이라는 건 어느 때나 있으면 좋은 것인데 왜 지금 이 시점에서 나같이 유능하고 준비된 경제 대통령이 필요한가를 설명하는 과정에서 촛불을 끌어내야 합니다. 2기 촛불정부를 우리가 만들어야 되는데 2기 촛불정부는 반드시 성공해야 한다. 1기 촛불정부처럼 준비 없이 들어와가지고 참 여러 사람 실망시켰다간 반드시 정권이 저쪽으로 넘어간다.

그렇기 때문에 나같이 유능한 경제 대통령이 필요하다. 이렇게 꿩 먹고 알 먹고 하는, 긍정적으로 연결할 게 있는데 이제까지 안 하다가 최근에 와서 하기 시작한 것을 저는 대단히 반갑게 생각하고, 결국 이재명 후보가 완강한 기득권 카르텔의 벽을 뚫고 당선이 되려면 촛불시민들의 선한 기운과 그 당당한 기상을 되살려내지 않고는 안 되므로 앞으로 그쪽으로 더 가야 된다고 생각해요.

오연호 선한 기운, 당당한 기상. 촛불의 그것을 얻지 않고서는······

백낙청 그러지 않고 현 정부가 잘못했습니다, 이러면서 사과나 자꾸 하고, 이것도 해드리고 저것도 해드리겠다고 하면, 해주는 게 나쁘다는 게 아니라 국민을 그냥 촛불시민들하고는 너무나 다른 차원에서, 꼭 몇 푼 받으면 나를 찍어주고 뭐 받으면 찍어주는 쪼잔한 국민 취급 하면, 지도자가 그렇게 국민을 쪼잔하게 취급하면 국민들이 쪼잔해져요. 그러니까 좀 크게 놀아야죠. 크게 놀면서도 얼마든지 실용주의자로서의 자기 면모를 보여주는 길이 있다고 믿는데, 한동안 저는 그게 좀 답답했어요. 아쉬웠는데 이후보가 이제 이렇게 하니까 어떻게 보면 여론조사 지지율이 좀 떨어지는 것도 나쁘지 않구나 하는 생각이 들어요.(웃음) 다급해진 거죠. 간절함이 더 생긴 거고, 만약에 그래서 변화가 일어난 것이라면.

오연호 지금 교수님이 굉장히 중요한 말씀을 하고 계시네요. 함께 시청하고 계신 여러분은 어떤 의견이신지 모르겠습니다만 촛불의 선한 기운, 이 기운을 긍정적으로, 공세적으로 활용하지 않으면 안 된다는 것이죠. 특히 촛불이, 사실 2016~17년 촛불이 모든 판을 새로 만들지 않았습니까? 문재인정권도 탄생시키고. 그런 문재인정권이 5년 동안 했지만 너무 미진한 부분이 많고, 그러면 이걸 주인인 촛불들이 업그레이드하고 미완을 완성하게 해야 되는 그 기점에 있다는 거죠. 그러면 제가 이렇게 여쭤보겠습니다. 촛불의 기운이 계속되는 과정에서 민주당 경선이 있었습니다. 이낙연 후보도 있었고 추미애 후보도 있었고 이재명 후보도 있었고 쟁쟁한 후보들이 있었는데 국회의원 경험이 전혀 없는 0선, 도지사, 성남시장 정도밖에 안 한 이재명 후보, 특히 민주당에서는 거의 자기 세력이 없는 이런 후보가 최종적으로 민주당 후보가 되었다는 거죠. 이것도 촛불정신하고 이어져 있다고 보시나요?

백낙청 그게 바로 우리가 촛불 얘길 안 해도 촛불혁명이 진행 중이라는 증거의 하나라고 봐요. 이재명 같은 사람이 촛불혁명 이전이라면 어떻게 민주당 후보가 됩니까. 민주당 국회의원들 대다수, 또 각료들, 이런 눈으로 볼 때는 이재명은 완전히 '듣보잡'이죠. 속되게 말해서 듣보잡인데 그 사람이 된 것도 촛불시민들의 기운에 힘입은 거예요. 아까 잠깐 언급했습니다만 윤석열 같은 0선에다가 제가 보기엔 아무래도 납득이 안 가는 인물을 국힘당이 택한 것도 촛불의 위력이라고 봐요, 저는. 왜냐하면 여러 이름이 있었는데 과거의 그들은 대통령 후보 뽑을 때는 그래도 어느정도 정치적 경륜이 있고 국민을 속여도 좀 점잖게 속일 수 있는 그런 이를 택했어요. 이회창씨도 대통령은 못 됐지만 그런 후보였고, 이명박은 실용주의를 내세웠어요. 박근혜씨는 경제민주화를 내세웠어요. 그리고 정권교체가 아니라 정권교체보다 더한 시대교체를 하겠다 이러고 나왔어요. 그런데 이번에는 참 제가 특정인을 너무 까는 것 같아서 안됐습니다만, 도대체 말이 안 되는 얘길 너무 많이 하잖아요. 물론 그럴싸한 얘기도 합니다. 그런데 그럴싸한 얘기는 사실은 자기한테 해당되는 얘기예요. 속된 말로 '내 할 말 사돈이 한다'고 조금 더 어려운 말로 유체이탈 화법이란 말이 있는데, 아니 뭐 상식대로 해야 되고 정직해야 되고 공정해야 되고 이게 전부 남이 자기한테 할 말을 자기가 하고 있잖아요. 그리고 일부는 완전 거짓말이에요. 금방금방 탄로가 날 거짓말입니다. 제가 뭐 그 사람이 하는 말이 전부 거짓말이라고 처음부터 예단하고 하는 말이 아니라 그동안의 기록을 검증해보면 아까도 말했듯이 레거시 언론에서 제대로 검증을 했다면 거의 선거가 끝날 정도로 거짓말을 많이 했어요. 그런 후보를 저들이 내세운 것도 촛불 때문에 옛날처럼 점잖게 속여서는 못 해먹게 된 변화된 지형에 맞추다보니 나온 무리수인 거죠.

오연호 교수님 말씀 듣고 보니까 한 시민이 생각납니다. 최근에 오마이TV 박종호 기자가 어젠가 그젠가 어떤 유세 현장에서 만난 시민인데 40~50대 중년 남성이에요. 이분이 하신 말씀이 이 선거의 본질이 다르다, 본질이 정권교체가 아니다, 본질은 기득권 교체다,였거든요. 그 시민과 우리 백낙청 교수님이 접목하는 그런 순간이네요.

백낙청 제가 아까도 말씀드렸습니다만 이재명 후보와 시민들이 간절하게 기득권 타파를 위해서 노력하고 있는데, 민주당만 해도요, 전부가 다 그렇다는 건 아니지만 대부분의 국회의원들이 국힘당 같은 적폐세력은 아니어도 크게 봐서 우리나라 기득권 구조의 일부로 잘 살아왔잖아요. 이재명 같은 사람이 대통령 되는 게 별로 달갑지 않은 사람이 많을 거예요. 경선 과정에서 그게 드러났고. 그래서 결국은 우리 시민들이 기운을 북돋아가지고……

오연호 그런데 그동안 보수언론이 자꾸 정권교체냐 정권유지냐 이런 프레임을 만들어오지 않았습니까?

백낙청 그게 촛불을 지우는 최고의 수단입니다. 정권교체냐 정권유지냐 했을 때 촛불이란 말이 일체 안 나와요. 말이 안 나올 뿐 아니라, 이 정권을 기존의 어느 정권하고 같은 정권으로 취급하면서 그대로 유지할 거냐 교체할 거냐 그러면, 국민들이 민주당 정권이 그대로 유지되는 거 좋아하지 않아요. 그래서 정권교체라는 프레임은 '저작권'이 누구에게 있는지 모르겠습니다만 국힘당과 보수언론 이런 데서 개발한 아주 강력한 무기인데, 여론조사 기관들도 전부 그런 식으로 여론조사 하지 않습니까? 여론조사 할 때마다 그런 프레임은 더 굳어지는 거예요. 그런데 여기에 맞서서 '저는 지금 정권보다 더 유능할 겁니다' '이 정권에서 잘못한 건 미안합니다' 이렇게 숙이고만 나가면 이건 그 프레임을 깨는 게 못 돼요. 그 프레임 대신에 촛불혁명 또는 촛불정신의 계승인가, 아니면 반촛불세력이 최대한으로 결집해서 죽기 살기로 나오는데 이들의 정권 재창출을 허용할 것인가, 이것이 프레임이 되어야죠.

오연호 수십년간 계속된 대한민국의 기득권 카르텔, 그들에게 정권을 재창출하게 할 것이냐, 아니면 촛불들이 새로운 판을 만들려는 이 기운이 세대교체, 정치교체를 새로 할 거냐 이런 거네요. 지금 많은 분들이 공감을 표시하고 있습니다. 이 토요일 오후, 여러분 눈이 번쩍 뜨이지 않으십니까? 역시 백낙청 교수님께서 시대의 산맥들을 그동안 쭉 지켜봐 오셨기 때문에 저희들처럼 여론조사 가지고 일희일비하는 사람들하고는 다르시구나 이런 생각을 해봅니다. 그런데 백낙청 교수님을 아시는 분은 아시겠지만, 교수이실 뿐만 아니라 문학평론가이십니다. 그래서 여러 평론을 그동안 많이 해오셨어요. 저는 사람들을 볼 때마다 이 사람들의 인생이 다 소설 한편이라고 생각됩니다. 이번에 나오는 대선주자들도 다 그렇죠. 윤석열 후보가 저렇게 바뀌면서 대통령 후보까지 온 거, 이것도 한편의 드라마 같기도 하고요, 이재명 후보도 소년공에서 여기까지 온 게 한편의 드라마 같기도 합니다. 아까 촛불정신하고 이재명 후보의 탄생의 연관성을 말씀하셨는데, 이재명 후보가 소년공이었고 중고등학교도 제대로 못 다녔고 검정고시를 봐야만 했던 삶에서 대통령 후보가 되어 여론조사 1, 2위를 다투고 있습니다. 최근 유세에서 '아무것도 가진 것이 없는 제가 이 자리에 온 것만 하더라도 가문의 영광입니다' 이런 표현을 썼어요. 이재명 후보의 인생을 두고 볼 때 문학평론가 입장에서 그가 후보까지 된 걸 어떻게 해석하고 계시나요?

백낙청 그 스토리 자체에 대해서 얼마나 감동하느냐 하는 건 문학평론가하고 관계없고요. 누가 그 스토리를 소설로 써냈을 때 잘 쓴 소설이냐 못 쓴 소설이냐를 비평하는 게 평론가죠. 그런데 그 스토리가 감동적이라는 건 편견 없이, 어떤 악의 없이 보는 사람은 누구나 느낄 수 있는 바인데, 저는 사실 거기서 더 지적하고 싶고 더 감동적이라고 생각하는 건 이런 겁니다. 물론 이재명 후보가 소년공으로 시작해서 참 어렵게 어렵게 성장해온 건 사실이지만, 우리나라에 그런 사람 많습니다. 어렵게 살다가 자수성가해서 성공하고. 그런데 그렇게 성공을 한 다음에 자기의 근본을 잊어버리는 사람이 많아요. 그래서 일단 성공하고 기득권층에 편입이 되면 그때부터는 가난하고 못사는 사람을 보면서 야 나는 이렇게 열심히 해서 성공했는데 너는 네가 못나서 나만큼 성공 못했다 이렇게 생각하는 사람이 참 많습니다. 그런데 이재명씨는 그렇지 않다는 걸 높이 사주고 싶고요. 그리고 이야기 나온 김에 하나 더 추가하고 싶은 건 이재명 후보의 그런 스토리도 중요하지만 그것 외에 대한민국의 스토리를 누가 잘 스토리텔링 해줄 필요가 있어요. 그걸 사실은 후보가 해야죠. 이재명 후보도 자기 스토리가 감동적이지만 그걸 계속 팔진 않잖아요. 또 하면 아이고 너무 우려먹네 이렇게 반발하는 사람도 있고 하니까. 그 대신 대한민국이 어떤 나라냐, 지금 흔히 우린 선진국이 되었고, 경제 10위권 이내 또 무역 몇 위라고 하는데 저는 큰 틀에서 맞는 얘기라고 봐요. 한데 우리가 이제는 후진국 콤플렉스에서 벗어나서 선진국다운 자세를, 또는 선진국 시민다운 그런 자세를 갖춰나가야 할 때라고 생각하지만, 대한민국을 선진국이라고 할 때 거론하는 그 지표를 좀 검토해봐야 할 필요가 있어요. 첫째는 그럴 때 잘 등장 안 하는 반대되는 지표, 자살률, 특히 노인자살률이 OECD 최고라든가 하고 청년자살률도 높고요. 출산율 최저고 복지비용 낮고. 이번 코로나 사태에서도 국민들은 참 방역에 협조해서 잘했는데 그 방역조치에 순응해서 희생당한 사람들, 자영업자라든가 이 사람들에 대한 지원은 OECD 국가 중에서 꼴찌급이거든요. 이재명 후보 말처럼 쥐꼬리만큼밖에 안 하고 있어요. 이게 후진국 현상입니다. 그리고 또 우리가 선진국이라고 자랑할 때 꼽는 지표 중의 하나가 국방력 세계 6위라는 거예요. 저는 이거야말로 우리가 후진국이라는 지표라고 봅니다. 아니 대한민국이 뭐 한다고 세계 6위의 국방력을 가져야 됩니까? 인구 규모로 봐도 그렇고 국토의 크기로도 그렇고. 오로지 남북이 분단되어서 서로가 대결하면서 불필요한 군비 소모를 많이 하고 또 자주권이 없으니까 미국의 비싼 무기를 열심히 팔아줘야 돼서 6위 한 거니까 이건 창피한 지수입니다. 더군다나 그 세계 6위의 국방력에 대한 전시작전통제권이 우리나라에 없잖아요. 우리나라보다 훨씬 못한 나라들 심지어는 미얀마 같은 나라도 자기 군대에 대한 작전통제권이 확실하게 있어요. 그래서 국제사회에서 아무리 뭐라고 해도 자기들의 작전통제권을 행사해서 자기네 국민을 쏴죽이고 있는데. 그건 물론 한심한 일이지만 거기는 작전통제권을 가진 나라고 우리는 그게 없는 나라예요. 이게 왜 이렇게 됐을까 하면 역시 우리가 분단국가이고 그뿐만 아니라 분단이 오랫동안 지속되면서 일종의 체제화되었다는 데 기인하는데, 그래서 한반도식 나라만들기에 대한 생각을 동시에 하지 않고는 간단한 해결책이 없는, 어떤 의미에서는 선진국인데 굉장히 희한한 선진국이라는 현실을 짚어내지 못하죠.

오연호 그런 의미에서 이번 대선이 어떤 새로운 시대정신을 만들어가는 측면이 클 텐데 말이죠. 우리가 아까도 기울어진 운동장 얘기를 했는데, '아니 왜 판이 이렇지?' '우리가 촛불을 그렇게 들었는데 왜 5년 만에 판이 이렇게 됐지?' '왜 저들은 저렇게 공세적으로 우릴 향해서 다가오지?' 물어보면 이 모든 것들이 기울어진 운동장과 관계돼 있으면서 분단체제와 연관돼 있는 것 같아요. 분단체제 속에서 수십년간 아까 지적하신 엘리트들의 카르텔이 형성될 수 있는 터전이 마련되었을 테니까 말이죠. 그런 의미에서 교수님께서 책의 제목으로 '근대의 이중과제와 한반도식 나라만들기'란 표현을 쓰셨는데, 시청자들이 어렵게 느낄 수 있겠습니다만, '한반도식 나라만들기' 저는 이게 우리가 이런 대선들을 거치면서 그러한 분단의 찌꺼기들을 좀더 잘 치울 수 있는 환경들을 하나하나 만들어가야 하겠다는 말로 읽혀집니다.

백낙청 사실 '한반도식 나라만들기'라고 하면 시작은 늦춰 잡아도 3·1운동 때부터입니다. 1백년 넘었죠. 그래서 그때부터 쭉 보면 한반도식 나라만들기가 매우 독특한 방식으로 진행되어왔고 아직도 미완의 과제로 남아 있다는 것이고요. 적폐세력 얘길 하자면, 그것도 우리가 역사를 더 깊이 파악한다고 하면 사실 19세기부터, 뭐 그 전도 물론 엘리트층의 카르텔이 있었습니다만 우리나라의 엘리트 카르텔의 부패가 본격적으로 자리잡은 건 정조가 갑자기 죽고 정조의 개혁이 실패하면서 노론의 세도정치가 시작되면서부터지 않습니까? 그때 생긴 노론독재가 엘리트 카르텔이고, 그 주도세력은 부패한 엘리트였죠, 대부분. 그걸 사상적으로도 혁파하고 실제로 사회를 바꾸려고 했던 게 동학 아니에요? 그런데 동학농민전쟁 때 30만명이 희생되고 일본군까지 개입돼서 변화가 이루어지지 못하고 나라가 망했잖아요. 그래서 식민지 시대까지도 엘리트 카르텔은 거의 그대로 유지가 됐거든요. 그러다가 해방이 되었는데 나라가 둘로 갈라지니까 남쪽에서는, 이승만씨가 친일파는 아니지만 자기의 분단정권을 만들기 위한 수단으로 친일파들하고 손잡아서 일제잔재가 그대로 보존된 것 아닙니까. 그런 식으로 해서 쭉 이어졌기 때문에 뿌리가 간단치가 않죠.

오연호 우리가 오늘 백낙청 선생님을 모시고 얘길 나눠보니까 거대한 역사 산맥의 뿌리를 한번 뒤집어보니, 왜 우리가 지금 그럴까, 2022년 2월 19일 우리가 왜 이런 기분일까, 그런 게 큰 뿌리와 연관이 돼 있는 것 같습니다. 그래서 우리가 어떻게 할 것인가도 중요하게 생각되는데요. 교수님께서는 1938년생이니까 일제 식민지를 체험하셨고 또 해방과 분단, 전쟁도 체험하셨고 군사독재정권도 체험하시고 민주화도 체험하셨습니다. 최근에 이번 대선에서 아주 새롭게 느껴지는 게, 이른바 촛불에 참여했던 각 가정마다 청년들이랑 엄마 아빠가 같이 촛불에 참여했지 않았겠습니까? 그런데 이번 대선을 거치면서 집안에서 나뉜 표들이 꽤 있다고 합니다. 특히 '이대남'을 중심으로 한 젊은 세대는 2016~17년 촛불시위엔 엄마 아빠랑 열심히 참여했어요. 그런데 지금 교수님께서 분석하신 이른바 촛불정신하고는 조금 멀어져가고 있는 현상이 있는데, 이 코드를 한번 풀어봐야 할 것 같습니다. 교수님께서는 어떻게 보십니까?

백낙청 소위 이대남 현상에는 세대 문제도 있고 젠더 문제도 있는데, 우선 우리 젊은이들이 전반적으로 보수화됐다는 진단은 틀렸다고 봐요. 그 젊은이들은 첫째 상당수는 촛불시위에 가담했던 사람들이고 지금도 국민의힘이나 야당이 후진 정당이란 걸 모르는 애들이 없어요. 똑똑합니다. 그러나 촛불 들고 세워준 정부에 대해서 실망을 했고 또 특히 국회의원을 저렇게 많이 뽑아줬는데 그들이 해놓은 게 없다는 거에 실망해 이번에 얘들 좀 혼내줘봐야겠다고 해서 정권심판론, 정권교체론이 힘을 얻게 된 거예요. 이것은 일반적인 의미의 보수화하고는 다르다고 봅니다. 세대갈등이 분명히 있는데, 그중 하나는 아까 말한 한국이 선진국이 됐다는 것과 관련이 있어요. 지금 젊은이들은요 자기 아버지 세대 때만 해도 벌써 한국이 중진국이 된 사람들이 많은데다 그들 자신은 대부분의 자아 형성기를 소위 선진국 시민으로 살아왔어요. 그래서 후진국·중진국의 삶을 살아온 세대하고는 달라요. 다른 나라의 세대갈등하고 조금 다른 면이 있다고 봅니다, 한국 특유의. 그런데 아까 말씀드렸듯이 이 선진국이 조금 희한한 선진국이잖아요. 그러다보니까 '선진국이라는데 왜 나는 이렇게 못살아?' 그런 사람들이 굉장히 많아지는 거예요. 그러니까 또 분노하게 되는 거죠. 젠더 문제는 사실은 이걸 가지고 부추기고 젠더갈등을 조장하는 건 참 개탄스러운 일이라고 생각하는데, 사실은 문재인정부에서요, 물론 말로는 양성평등을 주장해왔지만 실제로 여성의 삶이 그다지 나아진 건 없어요. 임금격차라든가 여성들의 신변안전

문제라든가 여성혐오 문제라든가 어떤 면에선 더 악화되기도 했고 전반적으로 큰 개선은 없었습니다. 그러나 문재인정부가 좀 특색이 있다면 이런 걸 주장하는 페미니스트 명사들을 많이 등용했고 또 그들의 말을 귀담아 듣는 시늉을 했어요. 젊은 남성들의 입장에서 볼 때는 이 정부는 여성들 하는 말은 다 들어주고 내 말은 들으려고도 하지 않는구나, 이렇게 됐다는 건데 거기에 일정한 착시 현상도 있다고 저는 생각합니다.

오연호 교수님과 대담을 한 게 벌써 한시간이 넘었네요. 아까 보니까 실시간으로 1만 2천명 이상이 함께 대담을 시청하셨는데요. 토요일 오후에 이렇게 교수님께서 정말 역사의 산맥의 맥을 짚어주니까 저희가 기운이 나고 합니다. 자 이제 마쳐야 될 거 같은데 제일 중요한 마무리가 남았습니다. 그래서 우리는 무엇을 할 것인가입니다. 사실 촛불도 우리가 만든 것이고, 경선판도 우리의 힘에 의해서 짜였고, 저쪽 국민의힘 후보가 탄생한 것도 우리의 힘의 작용에 대한 반작용으로 인한 건데, 3월 9일에도 우리가 판을 짜야 하지 않겠는가. 아마 이게 교수님의 뜻으로 읽힙니다. 우리가 남은 18일 동안 무엇을 해야 됩니까? 어떤 분은 최근 여론조사 결과를 보고, 자기가 지지하는 후보가 1등을 하면 막 좋지 않겠습니까? 그렇지 않은 시민은 아예 그다음부터 뉴스를 안 본다고 하더라고요. 자기 마음이 너무 상하니까. 그런 사람도 더 있고 그럴 터인데, 이 판을 만든 게 후보도 아니고 우리라면, 우리가 18일 동안 무엇을 해야 한다고 교수님께서 생각하십니까?

백낙청 뉴스를 보고 안 보고는 제 입장에선 그렇게 중요하지 않아요. 오마이뉴스 사장에겐 중요한 문제겠지만.(웃음) 그러니까 뉴스 보고 안 보고는 그렇게 큰 문제가 아니고 3월 9일날 투표는 꼭 하시라 이렇게 말씀드리겠고, 지금부터 그날까지 할 수 있는 일이 많이 있다고 봅니다. 그건 각자가 너무 분노에 차지 말고 너무 실망하지 말고 냉소하지 말고 차분히 생각하면 할 일이 많이 생각날 거예요. 그걸 하시면 돼요.

오연호 차분히 역사의 산맥을 보면서. 그렇군요. 교수님은 오늘 말씀하신 거 보니까 누구 찍을지 정하신 거 같아요.(웃음)

백낙청 저는 그걸 감출 이유가 없어요. 그러나 저는 주술가가 아니기 때문에 누가 될 거다 이런 예언은 되도록 자제합니다.

오연호 그런데 누가 될 거다 이런 예언은 자제하시겠지만, 거대한 역사의 산맥으로 볼 때 누가 되는 게 더 바람직하다 이 얘기는 하실 수 있나요?

백낙청 그 얘긴 이미 다 한 셈이고요. 제가 그런 얘기도 했습니다. 대통령 선거에서는 어차피 나와 있는 후보 중에 고르는 거 아닙니까? 어디서 새로운 사람을 데려올 수도 없는 거고, 그런 사람이 있는지도 모르겠지만. 2기 촛불정부를 만들기 위해서는 어느 후보가 적당한가 하면 저는 한 사람밖에 없다고 봐요. 그러나 그게 문제의 끝이 아니고 2기 촛불정부를 만들어놨을 때 그게 성공하는 2기 촛불정부가 되는 게 중요하거든요. 그렇지 않아요? 그것은 대통령 혼자 할 수 있는 일이 아니고 참 여러 시민들이 돕고 또 그들뿐 아니라 언론기관들을 포함해서 중간집단들이 그 작업에 참여를 해야죠.

오연호 3월 9일 누가 대통령이 될 것인가도 중요하지만 더욱 중요한 것은 내가 이 판을 만든 주인공이니까, 내가 촛불의 주인이니까 내가 앞으로 5년 동안 무엇을 할 것인가라는 말씀이네요. 결국은 어떤 특정인이 대통령이 되느냐 안 되느냐도 중요하지만, 대한민국의 촛불의 집단지성이 앞으로 5년 동안 무엇을 해나갈 것인가, 미완성의 촛불을 이들이 어떻게 하나하나 완성해나갈 것인가, 이게 굉장히 핵심이네요. 오늘 백낙청 교수님을 뵙고 얘길 나누니까 한결 뭔가 든든해지고 3월 9일에 연연하지 않고 우리가 길게 보고 그렇게 해야 되겠구나 이런 마음도 함께 듭니다. 또 3월 9일까지 해야 할 일들이 차분하게 정리가 될 수 있는 것 같고요. 이제 다음주 22일이 『오마이뉴스』 창간 22주년입니다. 저희가 2000년 2월 22일 '모든 시민은 기자다'는 말을 내걸고 『오마이뉴스』를 만들었습니다. 직원 4명이서 시작했고 시민기자 727명이 함께했고요. 지금은 직원이 1백여명 되고 시민기자는 8만명 이상이 함께하고 있습니다. 우리 교수님은 1966년에 계간 『창비』 창간호를 내셨고 1974년에 창작과비평사라는 회사를 만들어서 지금은 제가 알아봤더니 거의 직원이 3백명 이상 되고.

백낙청 3백명 못 됩니다. 3백명 이상 사업장은 또 특별한 취급이 되잖아요. 저희는 3백명 이하의 사업장입니다.

오연호 오늘 '촛불의 주인은 우리다' '우리가 언론이다' 이런 말씀도 하셨는데, '모든 시민은 기자다', 이걸 모토로 내건 『오마이뉴스』의 생일이 2월 22일 다가오고 있습니다. 우리 교수님께서 우리 시민기자들에게, 『오마이뉴스』를 함께 만들어온 시민기자들에게 한마디 하신다면.

백낙청 진심으로 축하드리고, 참 어려운 일을 해내셨습니다. 세계 언론사에 한국이 내세울 수 있었던 게 두가지가 있었다고 봐요, 최근 30여년 사이에. 하나가 국민주 신문 『한겨레』의 창간이었고, 그다음이 저는 '모든 시민은 기자다'를 내걸고 인터넷 매체로 시작한 『오마이뉴스』라고 봅니다. 그밖에도 좋은 시도가 있었고 계속 나오고 있습니다만, 이렇게 오랫동안 살아남고 역할을 해온 곳이 둘인데요. 아까도 제가 말씀드렸지만 『한겨레』가 점점 자기들도 레거시 언론의 하나다 그래가지고 이상한 품격을 지키려 드는 게 저는 굉장히 걱정이 됩니다. 저도 창간주주로서요. 거기에 반해서 『오마이뉴스』는 처음부터 콘셉트가 좀 달랐고 또 종이신문이 없다는 게 원래는 제약이었지만 점점 이게 이점이 되어가고 있는 것 같아요. 종이신문 발간의 부담이라는 게 정말 엄청나거든요. 그래서 물론 오연호 사장의 리더십도 알아줘야겠지만, 『오마이뉴스』는 아직도 싱싱합니다. 더 발전하시고 정말 촛불정신을 이뤄나가는 데 더 큰 기여를 해주시길 바라겠습니다.

오연호 감사합니다.『오마이뉴스』가 있기까지는 말씀대로『한겨레』도 있고 그다음에 월간『말』이라는 게 있었습니다. 우리 선생님도『말』창간 같이하시지 않았습니까? 저도『말』에 있었죠.『말』이전에『창작과비평』도 있었고『사상계』도 있었고. 이런 거대한 산맥의 연장선상에 우리가 있는 것이고 또 함께하는 시민들이 있는 것 같아요. 이런 거대한 흐름이 있는 한 한반도의 기상, 아까 선한 기상이라고 말씀하셨는데 그것은 계속되지 않을까 그런 생각이 듭니다. 긴 시간 계속 함께해주신 여러분들이 그사이에 후원과 격려의 말씀을 많이 해주셨습니다. 함께해주신 독자 여러분 참 감사합니다. 지금 코로나와 대선판 지켜보는 마음으로 힘든 분들 굉장히 많을 텐데요. 교수님께서 마지막 한 말씀으로 응원 주시면 감사하겠습니다.

백낙청 여러분들 토요일 오후 시간에 많이 참여해주셔서 감사합니다. 여러분이나 저나 다 용기를 잃지 말고 더욱 힘내서 이번 대회전을 성공으로 이끌고 그 이후에 닥칠 더 큰 난관도 잘 감당해나가기를 기원하겠습니다. 감사합니다.

근대의 이중과제와 2022년 대한민국

백낙청(서울대 명예교수, 『창작과비평』 명예편집인, 한반도평화포럼 명예이사장)
김민수(기독교정치사회연구소 대표)
2022년 2월 23일(줌)

김민수 저는 기독교정치사회연구소 대표를 맡고 있는 김민수라고 합니다. 반갑습니다. 사정에 따라서는 비디오 화면을 켜기 어려운 사람도 계실 것 같긴 한데 가능하다면 얼굴을 보여주시고 인사를 나누면 좋을 것 같습니다. 저희가 올해 여러가지 강좌 프로그램을 준비했는데 그중 첫번째가 '대한민국을 읽는다'입니다. 취지는 특히 요즘 대통령 선거를 앞둔 국면에서 나라와 국가에 대해 생각하게 되는데, 이왕이면 좀 더 긴 역사적 안목을 가지고 우리 사회에 대해 깊이 생각하는 시간을 가져보자는 것입니다. 백낙청 선생님께서 그 첫 강의를 맡아주셔서 저희에게 의미있고 큰 격려가 되었습니다. 오늘 주제는 '근대의 이중과제와 2022년 대한민국'입니다. 다 아시겠지만 그래도 백낙청 선생님에 대해

■ 이 질의·응답은 기독교정치사회연구소에서 기획한 강좌 '대한민국을 읽는다'의 하나로, 그 강연 및 질문과 답변을 정리한 것이다.

간단히 소개드리고 강연으로 들어가도록 하겠습니다. 백낙청 선생님은 1966년 계간 『창작과비평』을 창간하신 후 한국 문학비평사, 한국 지성사에 새로운 변화의 흐름을 주도하셨고, 반독재 민주화운동의 중요한 이론적·실천적 기반을 형성하셨죠. 그후에도 분단체제론을 비롯해 중요한 정치·사회비평 담론을 형성하는 활동을 하셨고, 지금은 서울대 명예교수이자 『창작과비평』 명예편집인, 그리고 한반도평화포럼 명예이사장으로 활동하고 계십니다. 저작은 워낙 많으시지만 『흔들리는 분단체제』(창작과비평사 1998) 『서양의 개벽사상가 D. H. 로런스』 등이 대표작이고, 오늘 주제와 관련해서는 2012년 대선과 총선을 앞두고 정치비평과 역사적 맥락을 함께 서술하신 『2013년체제 만들기』라는 책을 출간하신 적이 있고, 그것과 연결되는 내용으로 최근에 『근대의 이중과제와 한반도식 나라만들기』라는 책을 펴내셨습니다. 오늘 강연은 바로 이 신간을 중심으로 진행하게 됩니다. 우리 사회의 대표적인 지성이자 실천적 지식인 중 한분이신 백낙청 선생님을 모시게 되어 저희로서는 큰 영광이고 격려가 됩니다. 오늘 주제는 크게 근대의 이중과제와 분단체제의 극복과 변혁적 중도주의, 나아가서 마음공부라는 내용, 그리고 촛불혁명이라는 세가지 내용을 중심으로 진행하게 되겠습니다. 오늘 강연은 제가 질문드리고 백선생님께서 답변하는 식으로 진행할 예정인데, 박수로 크게 환영해주십시오.

백낙청 감사합니다.

김민수 첫번째 질문으로는 아무래도 책 제목이 '근대의 이중과제'로 시작하기 때문에 관련된 질문을 드리려고 합니다. 근대의 이중과제라고 하면 거대담론적인 성격이 있고 그래서 일상을 살아가는 시민들의 삶과는 굉장히 먼 얘기가 아닐까 하는 생각이 들기도 합니다. 그런데 선생님께서는 한국사회의 문제를 해결하고 좋은 우리 사회를 만들어가려면 한반도적 시각 없이는 매우 어렵다는 관점을 가지고 계신 걸로 알고 있습니다. 이 한반도적인 시각이라는 것이 오늘 굉장히 중요한 주제가 될 것 같은데, 이와 연결해서 근대의 이중과제에 대해 여쭤보고 싶습니다. 이런 거대담론이 우리의 삶과 어떤 관련이 있고 어떤 의미가 있는지부터 말씀해주시면 좋겠습니다.

백낙청 저는 거대담론이라는 게 우리 생활이나 사고에 꼭 필요하다고 생각해요. 말하자면 추상수준이 높아서 여러가지 구체적인 현상을 한꺼번에 망라할 수 있는 게 거대담론이거든요. 그런데 어디까지나 우리 한반도 또 대한민국의 현실 그리고 우리의 일상적인 삶을 설명해주기 위해서 거대담론을 펴는 거지, 그런 현실하고 동떨어져서 관념만 얘기한다면 소용이 없어요. 근대의 이중과제라는 게 책 제목에도 들어 있고 오늘 저의 강연 제목이기도 하니 당연히 얘기해야겠지만 처음부터 하면 여러분이 재미없을지도 모르겠어요. 그래서 내 생각엔 다른 얘길 하다가 나중에 자연스럽게 근대의 이중과제론으로 돌아오는 게 낫지 않을까 이런 생각입니다. 그래서 우선 김대표께서 생각해두신 다음 질문을 받고 근대론으로 돌아오는 게 좋은 수순이 아닐까 싶어요.

김민수 알겠습니다. 저희는 분단체제론에 대해 익히 들어왔는데, 관련해서 문재인정권 초기에 굉장히 큰 기대가 있었다가 지금은 실망한 상태라고 해야 할지 모르겠지만, 국민들 모두 통일이 중요한 일이라고 생각하고는 있습니다. 그런데 최근 들어 젊은 층으로 갈수록 통일담론에 무관심해지고 어쩌면 이 주제를 불편하게 생각하는 것 같기도 합니다. '대한민국만 잘 살면 되는 거 아닌가' 하는 생각으로 기울어지는 경향도 있는 것 같고요. 이런 현실을 배경으로 할 때 선생님께서 생각하시는 분단체제극복은 어떤 것인지요? 단지 남한과 북한의 군사적 대립과 긴장 고조 같은 문제만 해결해보자는 뜻인 건지 말씀해주시면 좋겠습니다.

백낙청 분단체제론이라는 건 한반도에 주로 적용되는 담론이기 때문에 근대 전체를 대상으로 하는 근대의 이중과제론보다는 추상수준이 낮지만 여전히 그것도 꽤 거대한 담론에 속합니다. 조금 전에 분단체제론이나 통일담론에 대해서 특히 젊은 친구들의 관심이 점점 적어진다고 하셨는데, 분단체제론은 대부분의 젊은 층이나 우리 일반 시민들이 무관심한 정도가 아니라 아예 모르죠 뭐. 반면에 통일 얘기는 우리가 귀가 아프도록 들어왔는데 그 통일담론에 대해서 무관심한 사람들이 점점 늘어나고 있는 건 사실입니다. 왜 그렇게 됐느냐. 저는 그 책임이 젊은이들에게 아주 없는 것은 아니지만, 그동안 통일담론을 주창해온 분들에게 큰 책임이 있다고 봐요. 왜냐면 통일이 도대체 무엇인지, 이 시점에서 우리가 할 수 있는 통일이 무엇이고 우리가 지향하는 통일이 무엇인지 설득력 있게 설명한 다음에 당신들 여기에 관심이 있냐 없냐 이를 지지하느냐 마느냐를 물어야 하는데 별로 그러지 않았거든요. 우리가 옛날부터 「우리의 소원은 통일」 같은 노래를 많이 불러왔는데, 그 연장선상에서 여전히 "그 문제에 관심이 많으십니까" "통일이 여러분의 소원입니까" 하는 식으로 물으니까 "그렇습니다"라고 대답하는 수가 점점 줄어들기 마련이고 저는 그게 당연하다고 봐요. 우리 젊은이들이 바보가 아닌데 자기들도 이해할 수 없는 개념을, 정의되지 않은 불분명한 개념을 제시하면서 지지하느냐 아니냐 관심 있냐 없냐 이렇게 물으니까 '난 무관심하다' 또는 '지금 될 것 같지도 않고 된다고 해도 나한테 이득 될 게 없다'는 반응이 나오는 게 너무 당연하다고 봐요. 그래서 저는 첫째 우리가 통일에 대한 담론을 분단에 관한 담론으로 바꾸어야 한다고 봅니다. 왜냐면 분단은 우리의 현실이거든요. 그 분단으로 인해서 온갖 사회의 또는 삶의 문제점들이 발생하고 있단 말이죠. 그래서 우선 우리가 당면한 여러 문제하고 분단이 어떤 관계에 있느냐, 이렇게 시작하면 무관심할 수가 없어지죠. 그래서 첫째는 통일담론을 통일에서 출발하지 말고 분단에서 출발하자는 게 제 생각이고. 그다음엔 저 나름으로 분단에 관해서 검토하고 경험해보니 한반도의 분단이라는 게 아주 독특해요. 과거에 독일이니 베트남이니 예멘이니 이런 나라들이 분단돼 있다가 통일되지 않았습니까? 그런데 우리는 아직 안 됐단 말이에요. 그게 우리 민족이 못나서가 아니라 한반도의 분단은 정전상태라는, 전쟁도 아니고 평화도 아닌 어정쩡한 상태로 벌써 70년 가까이 계속되다보니까 이게 하나의 체제로 굳어져 있어요. 따라서 이 분단이 체제화돼 있다는 사실에 주목하고 이게 어떤 체제인가를 분석하고 인식한 것을 바탕으로 그다음에 통일이든 뭐든 구상해야 하지 않을까 생각합니다.

김민수 그런데 분단을 극복하는 방향에 대해서 말씀하실 때 변혁적 중도주의를 언급하시는데, 듣는 분들은 언뜻 '변혁이라는 말과 중도라는 말이 어떻게 연결되지?' 하고 궁금해할 것 같습니다. 이에 대해 설명해주시고, 변혁적 중도주의가 왜 한반도의 상황에서 필요한지 말씀해주시면 좋겠습니다.

백낙청 변혁하고 중도는 말뜻만 갖고 보면 상충하는 개념이에요. 그냥 변혁적 중도주의라고 하면 모순된 두개를 한꺼번에 하겠다는 불가능한 얘기거나 아니면 그냥 남들이 다 하는 중도주의라든가 요즘 선거 때 얘기되는 중도확장 같은 것에다가 아주 멋있는 장식을 붙여놓은 것으로 들리기 쉽죠. 그런데 그런 모순되거나 의미 없는 레토릭이 아니라 하나의 엄밀한 개념이 될 수 있는 것은, 변혁적 중도주의라고 할 때 변혁이 적용되는 차원하고 중도주의가 적용되는 차원이 다르기 때문입니다. 변혁이라는 건 한반도의 변혁입니다. 한반도 분단체제의 변혁이고요. 중도주의라는 것은 한반도의 분단체제를 변혁하고 더 나은 체제를 만들고자 할 때 우리 내부에서, 주로 남한이죠, 우리 내부에서 양극단의 단순논리를 버리고, 좌든 우든 단순논리가 아닌 중도적인 논의와 거기에 동의하는 사람들을 최대한으로 넓혀나가야 한다는 노선이죠. 개념으로서는 그렇게 설명할 수 있고, 내용으로는 그때그때 우리 현실에 부딪친 문제를 두고 이게 변혁적 중도주의에 해당하느냐 안 하느냐 하는 걸 따져나가는데, 이번 책에도 그런 챕터가 하나 있죠, 「2013년체제와 변혁적 중도주의」라는. 그래서 변혁적 중도주의가 무엇이라고 개념적으로 정의하기보다 우리 현실에 나와 있는 많은 이념들 가운데 변혁적 중도주의가 아닌 것은 무엇인가, 하나씩 짚어나가자는 거예요. 우리가 4지선다형이라든가 5지선다형 시험 볼 때 정답을 아는 게 쉽지 않으면 틀린 답을 체크해나가잖아요. 이건 아니다 해서. 마지막에 하나 찍듯이 그런 순서로 하면 좋겠다는 생각이라서 책에서 그런 얘길 했고요.

그런데 변혁적 중도주의란 말은 사실 정치구호로는 안 맞습니다. 선거에 나서는 후보가 "나는 변혁적 중도주의자다" 하면 "그게 뭔데? 저 혼자 잘난 척하는 거지, 무슨 말인지 모르겠다"는 소리 듣지 않겠어요? 그러니까 선거나 현실정치의 구호라기보다 우리가 생각을 정리하는 데 필요한 개념이고, 현실에서 좀더 알기 쉽게 풀어가면 뭐가 될까 생각해봤는데, 한반도적 시각을 가진 실용주의라고 하면 될 것 같아요. 지금 전혀 실용적이지 않은 온갖 이념들이 난무하는데 그걸 다 잘라내고, 하지만 덮어놓고 실용주의만 하자고 하면 그걸로도 해결이 안 돼요. 우리는 분단체제라는 체제 속에 살고 있기 때문에 한반도 전체를 볼 수 있는 시각을 갖고 제대로 된 실용주의를 하는 것, 이게 변혁적 중도주의라고 좀더 알기 쉽게 바꾸어 말할 수 있지 않을까 합니다.

김민수 이번 책에서 변혁적 중도주의에 대한 예시로 안창호 한용운 여운형 조소앙 홍명희 또 심지어는 염상섭 소설가도 언급하신 대목을 봤는데, 한반도의 문제를 해결하기 위해서는 변혁적 중도주의가 매우 유효하다고 생각하지만 변혁이나 중도 양쪽에서 협공을 받기 쉬운, 어떻게 보면 상당히 힘든 노선이 아닐까 하는 생각도 해보았습니다. 어떤 면에서 이런 인물들을 모아서 예시를 드신 것일지 말씀해주실 수 있을까요.

백낙청 아까 말씀드렸듯이 원래는 변혁적 중도주의라는 것을 남한의 정치노선으로서 제가 제안했거든요. 그러니까 지금 우리는 분단시대에 살고 있고 분단체제라는 게 있는데, 이 체제보다 나은 체제 그게 꼭 통일국가가 될지 말지는 분단체제를 해소해가면서 찾아내야 합니다. 어쨌든 분단체제를 변혁하는 하나의 방법으로서 우리 남한에서 최대한의 실용적인 중도세력을 기르자 하는 노선이었는데, 그것이 '한반도식 나라만들기'로 이어집니다. 한반도식 나라만들기라는 것은 더 멀리 올라가면 동학농민전쟁 같은 시도였지만 민주공화국이라는 걸 분명하게 들고나온 건 3·1운동과 상해임시정부고, 그러고 나서는 옛날 같은 나라를, 왕조를 복원하자는 건 3·1운동으로 완전히 끝나버렸어요. 그래서 3·1운동 이후에 펼쳐진 우리의 나라만들기 노력이 매우 독특하다고 생각해서 한반도식이라는 형용사를 붙이기도 했는데, 그런 것을 점검하다보니까 변혁적 중도주의에 해당하는 노선이 우리 일제하에 여러 훌륭한 사상가와 독립운동가 사이에 있었다는 것을 실감하게 되었습니다. 그래서 좀 전에 말씀하신 분들을 언급했는데, 변혁적이라는 게 꼭 분단체제에만 해당하는 게 아니므로 식민지 시대에는 식민지체제의 변혁을 추구한 것으로 그것을 위해서 현실성이 없던 극단적인 노선들을 배제하고 최대한으로 중도세력을 넓혀보자 하는 뜻으로 의미를 확장했죠. 그러다보니까 가령 우리 독립운동가 중에서 도산 안창호 선생이라든가 또 몽양 여운형 선생, 또 조소앙 선생 그리고 벽초 홍명희 선생도 거기 들어갈 수 있고요. 그런 전통이 그때 있었는데, 다만 이게 독립운동을 주도하고 민족해방투쟁을 주도할 만큼 큰 세력을 형성하지 못한 상태에서 연합군이 승리해서, 우리가 해방이 됐지만 남북으로 갈라져버렸지 않습니까? 그래서 지금 우리의 과제는 일단 우리가 남쪽에 살고 있으니까 남쪽에서도 이런 변혁적 중도주의의 세력을 키워가지고 한반도를 좀 나은 체제로 바꾸는 것이고, 그러면 그것이 일제하에서 변혁적 중도주의라고 불릴 만한 사상과 운동을 펼쳤던 그분들의 뜻을 계승하는 게 되지 않을까 그런 생각을 하는 거죠.

김민수 남한과 북한의 정부 또는 국가를 각각 독립적인 걸로 생각한다면 1948년 대한민국 정부수립에 큰 의미를 부여할 수 있을지 모르겠습니다만, 제가 느낄 때 선생님께서는 남과 북, 좌우로 갈라지기 이전에 한반도에서 통일국가 또는 근대적인 국가 형성이라는 구상이 3·1운동 때 매우 중요하게 분출된 것에 주목하고 계속해서 한반도식 국가건설이라는 문제를 이어서 생각하고 계신 게 아닌가라는 생각도 듭니다. 이렇게 이해해도 될까요?

백낙청 그렇죠. 3·1운동 이후 우리 민족이 여러가지 중요한 일을 해냈죠. 1948년 단독정부 수립이라는 게 남과 북이 갈라져 국가를 만들었기 때문에 바람직한 형태는 아니었지만, 임시정부밖에 없던 시절에 비하면 큰 진전임은 틀림없습니다. 그렇긴 하지만 지난 1백여년의 역사를 돌이켜보면 3·1운동 때 한반도 전역에 걸쳐서 우리 민족이 좌우 가리지 않고 거족적으로 일어나서 '조선 독립 만세'를 외쳤고, 기미 3·1독립선언서에는 민주공화국이라는 말이 안 나옵니다만 민주공화제로 운영되는 새로운 나라를 갈망했는데, 그후로는 한번도 거족적이고 범한반도적인 운동이 일어난 적이 없어요. 그러니까 그후에 우리는 정부도 만들었고 또 4·19라든가 5·18, 6월항쟁, 게다가 2016~17년의 촛불대항쟁 같은 사건이 있었고 운동을 해왔지만, 아직도 3·1운동에서 전민족이 한몸이 돼서 부르짖던 그 목표를 달성하지 못하고 있는 거죠. 그래서 나는 한반도식 나라만들기가 아직도 미완의 과제로 남아 있다고 주장하는 겁니다.

김민수 더 여쭤보고 싶은 게 많지만 시간관계상 이쯤에서 '근대'의 문제로 넘어가겠습니다. 근대라고 하면 역사학이나 사회과학 쪽에서도 많이 논의되고 문학에서도 중요한 주제인 것 같습니다만, 근대, 근대성,

현대, 현대성 등으로 다양하게 번역되는 것에 대해 선생님 나름의 기준을 가지고 계신 것 같습니다. 그래서 근대가 무엇인지 한번 정리해주시면 좋겠고, 그다음에 적응과 극복이라는 이중과제, 적응하면서 극복한다는 이것도 사실 제 생각엔 매우 어렵고, 현실에서 가능한가 하는 의문이 듭니다.

백낙청 적응과 극복 얘기부터 먼저 하죠. 사실 적응과 극복이라는 건 근대를 끌어들이지 않고 일상생활에서 살아가는 방식으로 본다면 일종의 상식이에요. 가령 우리가 내 삶의 현실이 마음에 안 들더라도 일단 거기에 적응을 해야지 극복도 가능한 거 아니겠어요? 그래서 적응하면서 극복을 해야 하고, 또 무작정 적응하는 것보다 오히려 극복을 하기 위해 적응한다 그러면 적응을 더 잘하게 되기도 합니다. 그래서 적응과 극복을 하나의 단일한 이중과제로 보는 것은 말을 좀 어렵게 해서 그렇지 극히 상식적인 일인데, 여기에 근대를 끌어넣으니 복잡해지는 거예요. 우선 '근대(近代)'가 뭐냐. 우리말이나 일본어 또는 중국어, 동아시아의 언어에서는 편리하게도 근대라는 하나의 역사적 시대와 그 근대가 갖는 여러가지 특성들로서의 근대성, 또 근대하고 겹치기는 하지만 의미는 다른 현대, 현대적인 특성으로서의 현대성, 이게 다 별개의 단어들로 표현되는데 가련하게도 영어 사용권자들은 그걸 따로따로 말하는 단어들이 없어요. 전부 모더니티(modernity)거든요. 한국어를 쓰는 사람이 영어를 쓰는 사람보다 훨씬 더 유리한 입장에 있는데, 불행히도 대다수의 우리 지식인들이 근대나 근대성 논의를 하면 영어 모더니티를 머리에 두고 그걸 어떻게 번역할까 하는 고민으로 출발하는 거예요. 근대가 가진 성격은 너무나 다양하고 사람마다 선호하는 성격이 달라 근대와 근대성을 혼용하면 굉장히 소모적인 논쟁으로 빠집니다. 그래서 그러지 말고 근대라는 하나의 역사적인 시기이자 그 역사적인 시기를 주도하는 역사적 체제가 어떤 거냐 여기서 출발하자 할 때, 저는 자본주의란 말도 해석의 여지가 많습니다만 일단 세계 역사상 근대는 자본주의 시대이고, 그 자본주의에 우리가 적응하면서도 그것을 극복하는 것이 우리의 과제다 이렇게 보거든요. 그렇게 말해도 물론 여러가지 난제가 남습니다. 자본주의에 적응한다는 게 도대체 어떻게 하겠다는 거며 또 극복하는 건 무얼 말하느냐. 그리고 우리 일상생활하고 달라서 자본주의라는 큰 사회체제를 놓고 적응하면서 극복한다는 게 말이 쉽지 그건 그냥 자본주의 극복의 노력을 포기하고 순응하면서 '아, 나는 그냥 순응하는 사람이 아니고 이중과제를 수행하는 사람이다' 이렇게 멋있게 포장하는 레토릭이 아니냐 하는 혐의도 걸릴 수 있어요. 그래서 여전히 여러가지 복잡한 문제가 남습니다만 제가 말하는 건 이런 겁니다. 근대는 자본주의 시대이고 이 자본주의는 우리가 그대로 받아들였다간 인류가 결국은 멸망할 수밖에 없는 그런 나쁜 체제지만 그렇다고 갑자기 우리가 없앨 수 있는 것도 아니고, 일단 자본주의체제 속에 들어와서 살고 있기 때문에 그 삶을 감당하고 거기에 적응하면서 극복의 노력을 해야 한다, 또 역으로 그런 극복 노력을 하는 사람이 어려움도 더 잘 참고 더 잘 적응할 수 있다, 이런 개념이죠.

김민수 선생님 책에 보면 근대의 이중과제라는 생각에는 모더니즘과 포스트모더니즘의 대립구도의 영향이 있었다, 그에 대한 문제의식이 있었다는 내용이 나오는데요. 혹시 그에 대해서도 말씀해주실 수 있을까요? 한때 포스트모더니즘에 대해 많이 읽고 논의하고 그랬는데, 어떻게 생각하시는지요.

백낙청 제가 근대의 이중과제론을 처음 제기한 게 1998년이었는데요. 그때만 해도 우리 문단이라든가 사회 담론의 주된 대립구도가 모더니즘과 포스트모더니즘이었어요. 그런데 포스트모더니즘은 말로는 탈근대라고도 하고 근대에서 하여간 근대 이후로 이미 넘어갔다고 주장하는 사람도 있지만 대부분은 넘어가야겠다는 지향성을 드러낸 건데, 제가 가만히 보니까 모더니즘이나 탈모더니즘이나 서양의 근대주의적 사고에 물들어 있고, 그걸 넘어섰다고 주장하는 탈모더니즘, 소위 포스트모더니스트들은 쉽게 말해서 '뻥'이 많이 들어간 것 같았어요. 그래서 프레임을 좀 바꿔야겠다 생각한 거죠. 그전에는 한국 문단에서 특히 리얼리즘과 모더니즘의 대립을 많이 얘기했어요. 리얼리즘을 두고도 논란이 많았는데, 근대를 우리가 감당하며 적응하면서 극복하는 것이 우리 시대의 과제다, 만약 리얼리즘이 우리에게 중요하다면 무슨 실험적인 예술에 반대하는 더 낡은 사실주의라든가 이런 뜻이 아니고 이중과제라는 우리의 현실적 과제에 더 충실한 문학과 예술을 리얼리즘이라고 말할 수도 있겠다 하는 식으로 정리가 됐던 겁니다.

김민수 감사합니다. 선생님께서 분단체제라는 것이 괴물 같은 체제라고 한다면 그 체제 속에 오랫동안 산 사람들의 마음속에도 다 괴물이 있다고 표현하셨는데, 크게 공감했습니다. 분단체제가 남북한 체제 안에 사회심리적인 거대한 장애물로 뿌리내린 것은 아닌가 하는 생각도 들었는데요. 그와 관련해 선생님께서 마음공부의 필요성도 말씀하셨는데, 논의의 차원이 조금 달라지는 느낌이 들어서 매우 궁금하고 말씀을 들어보고 싶습니다.

백낙청 사실은 논의의 차원이 우리 개개인의 삶에 더 밀착되는 거죠, 제대로 하면. 이 모임이 기독교정치사회연구소이니 대부분의 성원이 그리스도교인이리라 이해하는데, 사실 온전한 정신을 가진 기독교인의 입장에서 보면 진짜 우리 사회에 괴물이 너무 많죠. 교회 안에도 많고, 교회 밖에도 많고. 그래서 제가 분단체제가 괴물이라고 한다면 우리 마음속에 다 괴물 하나씩 가지고 있다고 한 건 쉽게 납득하시리라 믿어요. 다만 그걸 어떻게 제거하느냐. 나는 괴물입니다 그러면서 가슴 치고 통곡하고 기도한다고 해서 되는 건 아니거든요. 기독교에서는 영성(spirituality)이라는 걸 중요시하지 않습니까. 마음공부는 그거하고 통하는 개념인데 두개 다 어떻게 오해될 염려가 있는가 하면, 영성을 두고 그야말로 기도하고 개인의 수양이나 종교적인 생활에 치중하는 것만 생각하는데, 그것만으로는 분단체제가 바뀌지도 않고 우리의 괴물성도 제거되지 않거든요. 마음공부도 마찬가집니다. 소위 정신수양은 마음공부의 일부이지 우리 시대가 요구하는, 또는 우리가 분단체제극복을 위해서 필요한 마음공부의 전부는 아니죠. 그래서 제가 알기로 기독교에서는 'spirituality'를 말하면서 '사회적 영성'이라는 표현도 쓰더군요. 사회적 영성과 개인적 영성이 결합된 그러한 영성이 온전한 영성이다, 이런 말씀 아니겠어요? 마음공부도 그렇습니다.

원래 불교에는 삼학(三學) 공부라는 게 있습니다. 계(戒)·정(定)·혜(慧). 계는 계율을 잘 지키는 생활. 정이라는 건 참선이나 염불을 통해서 어떤 선정에 들어가는 것으로 정할 정 자입니다. 그다음에 혜는 깨달음을 통해서 밝은 지혜를 얻는 것입니다. 이걸 삼학 공부라고 하는데 우리나라의 자생 종교인 원불교는 그걸 좀 다르게 해석해요. 첫째는 정신수양이라고 하는데, 이게 전통 불교에서의 정 공부에 해당합니다. 그래서 참선과 염불 등으로 수양력을 얻는 것이고, 다음에 사리연구라는 게 말하자면 불교의 혜, 지혜 혜 공부에 해당하는데, 선불교하고 다른 점은 알음알이라는 걸 배척하지 않아요. 정당한 알음알이와 깨달음이 합쳐져야 한다고 주장을 합니다. 그다음에 작업취사라는 게 있는데 그게 단순히 계율을 지키는 게 아니라 이런 정신수양과 사리연구를 바탕으로 정의로운 실행을 하는 겁니다. 그게 원불교식 삼학이에요. 넓은 의미의 마음공부는 그러한 삼학 공부이고 또 그것은 기독교에서 말하는 개인적인 영성과 사회적 영성이 결합된 온전한 의미의 영성에 해당한다고 말할 수 있겠습니다. 그게 우리 사회에 필요하다는 건 곳곳에서 드러나고 있지 않나 싶어요.

김민수 네, 잘 알겠습니다. 이제 촛불혁명이라는 주제로 넘어가보겠습니다. 선생님께서는 2013년체제에 대해 말씀하시면서 박근혜정권 무렵 87년체제 말기국면이라고 하셨는데, 이런 한반도적 시각에서 볼 때 우리가 원하는 좋은 나라를 만들어가는 과정에서 어떤 긍정적인 역사적 동력이 87년체제에 크게 폭발적으로 나타났다가 그게 점점 약화된 것으로, 그 체제 자체가 한계를 많이 노출했다고 보신 것 같다는 생각이 들었습니다. 그런 맥락에서 촛불혁명을 주목하신 게 아닌가 싶습니다. 2016년 촛불시위가 박근혜정권의 퇴진 등의 흐름으로 이어지는 과정에서 촛불혁명이라는 화두를 가지고 어떻게 보셨는지 말씀해주시면 좋겠습니다.

백낙청 우선 이번 책에서 한가지 구별을 했는데, '촛불대항쟁'이라는 표현을 처음으로 썼어요. 저로서는 처음입니다. 촛불대항쟁이라는 표현을 쓴 이유는 한편으로 우리 현대사에 21세기 들어와서 촛불항쟁이 많았어요. 전부 의미있는 촛불항쟁이었습니다. 우선 효순이 미선이가 죽었을 때 촛불항쟁이 꽤 컸고요. 2004년에 노무현 대통령 탄핵을 국회에서 결의했을 때도 그걸 저지하기 위한 촛불이 대대적으로 일어났었고. 2008년에는 이명박정권 들어와가지고 미국산 소고기 수입한다고 할 때 꼭 광우병 문제만 갖고 한 게 아니고 '대한민국은 민주공화국이다' 해서 대규모 항쟁을 했죠. 그래서 촛불항쟁이라고 하면 꼭 2016~17년의 사건만 말하는 건 아닌데 그때 그 겨울의 항쟁이 규모도 제일 컸고 성과도 제일 컸지 않습니까? 대통령을 퇴출시켰으니까. 그래서 거기에 클대(大) 자를 붙여주자 한 거죠. 그래서 여러 촛불시위나 촛불항쟁 중에서 2016~17년의 항쟁을 특화하는 의미가 있고요. 또 하나는 사람들이 2016~17년의 촛불시위 자체가 혁명이냐 아니냐를 가지고 논란을 벌이는데, 저는 그건 생산적인 논란이 아니라고 봅니다. 거대한 사건이었던 건 맞지만 사실 교과서적인 의미의 혁명하고는 많이 달랐잖아요. 그리고 정권을 퇴출한 이후에 개헌도 아직 못한 걸 보면서 그게 무슨 혁명이냐 말하는 사람들도 있어요. 그런데 저는 그 대항쟁 자체만 보고 이게 혁명이다라고 말하는 건 설득력이 약하지만 그 대항쟁에 드러난 우리 국민들의 에너지와 꿈과 이런 것을 실현하기 위한 장기적인 혁명이 지금 진행 중에 있다고 봐요. 그래서 그걸 촛불혁명이라고 부르고 이것을 촉발한, 촛불혁명을 출범시킨 그 겨울의 항쟁을 대항쟁이라고 부르며 구별하고 있습니다.

김민수 선생님께서 촛불혁명 이후의 여러가지 정치적인 흐름들을 말씀하시면서 진영 문제도 언급하신 걸 봤습니다. 진영이라고 하면 대개 여야를 많이 떠올리는데, 최근 들어서는 진영이 없어야 한다며, 진영에 속하면 안 되는 것처럼 얘기하기도 합니다. 선생님께서는 대한민국의 지배집단을 엘리트 카르텔이라고 말씀하시기도 했죠. 그런 상황에서 불가피한 어떤 진영의 요소들에 대해 얘기하시는 것 같은데 좀더 설명해주시면 어떨까 싶습니다.

백낙청 현실적으로 진영이라는 게 있죠. 있는데 흔히 생각하듯이, 지금은 그런 생각이 많이 약해졌습니다만, 마치 민주진영과 보수진영 또는 반민주진영이 양대 진영으로 있는 것은 아니라고 봅니다. 우리나라의 진짜 진영다운 진영을 가진 것은 수구세력과 일부 보수세력이 뭉쳐 있는 기득권세력이라는 게 제 주장이고, 그래도 그동안에 민주당으로 대표되는 반대세력이 있긴 있었으니까 굳이 따진다면 우리 현실엔 1.5개 진영 정도가 있다고도 했는데요. 더 설득력을 가지려면, 우리나라에는 거대한 엘리트 카르텔이 있고 거기에 반발하는 세력이 여기저기 흩어져 있다, 이렇게 보는 게 나을 것 같아요. 그래서 진영이란 말을 그렇게 옛날식으로 쓰는 건 별로 생산적이지 못하다는 생각입니다. 촛불혁명이 진행되면서 드러나는 특징은 거대한 엘리트 카르텔 집단 속에는 꼭 국힘당이나 이런 이들만 들어가 있는 게 아니라 사회 각계각층의 유력한 사람들이 포진해 있다는 겁니다. 사실은 민주당 안에도 그러한 세력이 상당히 들어와 있다고 봅니다. 이게 요즘 여러 비리 사건이 폭로되면서 드러나는데 굉장히 여러 분야의 사람들이 촘촘하게 얽혀 있어요. 법조인, 기업가, 언론인, 학계 인사도 있고 금융계까지 얽혀 아주 강고한 엘리트 카르텔이 형성돼 있는데, 그러나 그들이 일방적인 지배를 하고 있는 건 아닙니다. 첫째 그들이 지원하던 이명박·박근혜 대통령 둘 다 감옥에 갔죠. 박근혜 대통령은 지금 풀려났습니다만 임기를 마치지 못하고 퇴출됐고. 이후에도 저류로서는 그때 이런 변화를 가져온 힘들이 그대로 살아 있다고 봅니다. 그런데 이들의 생각이나 감정을 사회지도층 또는 이 나라의 국가정책을 결정하는 윗선까지 연결하는 그 통로가 지금 차단되어 있어요. 그게 엘리트 카르텔의 역할이고. 저는 이번 대선을 통해서 그걸 깨지 못하면 우리 촛불혁명은 여기서 실패하는 게 아닌가 생각해서 이번 대선을 그야말로 건곤일척의 대회전이라고 표현했습니다.

김민수 엘리트 카르텔을 말씀하시니까 저는 종교계도 포함시켜야 할 것 같은 생각이 듭니다. 조계종과 개신교의 대형교회 지도자들도 꼭 들어가야 할 것 같은데요.

백낙청 맞습니다.

김민수 중요한 키워드들을 중심으로 백낙청 선생님 말씀을 들어보았습니다. 한가지 더 궁금한 게 있는데, 선생님께서 한반도식 나라만들기 또는 한반도의 긍정적인 변화는 동아시아와 긴밀한 관련이 있고 동아시아 전체에 긍정적인 영향을 미치는 일이라는 측면에서, 지정학적으로 얽혀 있지만 그 변화가 주는 얽힘이 중요하다고 말씀하시면서 동아시아 공동체라는 단어를 쓰신 걸 봤습니다. 이에 대해 말씀해주시면 어떨까 싶습니다.

백낙청 동아시아 공동체에 관해서는 제가 지금 길게 얘기하긴 그렇고. 제 책에 그에 관한 챕터가 하나 있지 않습니까? 그런데 우리가 유념해야 할 것은 동아시아 공동체를 생각할 때 동아시아의 현실을 바탕으로 생각해야지, 자꾸 유럽공동체 같은 걸 떠올리며 우리는 거기에 너무 멀었다, 언제 그런 게 될지 모른다고 말하는 건 거꾸로 되었다는 거예요. 유럽에는 유럽식 공동체 형성과정이 있고 동아시아는 또 전혀 다른 공동체를 이룩할 수 있는 바탕이 있는데, 한가지 분명한 건 그 공동체가 유럽식의 국가연합은 아닐 거라는 거죠. 동아시아에서는 국가연합을 형성하기에는 우선 국가들 간의 사이가 안 좋기도 하지만 균형이 안 잡혀요. 유럽에서는 물론 독일이 다른 나라에 비하면 강합니다만 동아시아에서 한때 일본이 차지했던 압도적인 우위라든가 지금 중국이 차지하고 있고 앞으로 점점 더 커질 중국의 비중 같은 비대칭 현상은 유럽에 없거든요. 이 비대칭 현상을 생각할 때 동아시아의 국가연합이라는 건 어렵습니다. 아니, 중국이 포함되는 국가연합에서 가령 유럽의회 비슷한 걸 선거한다 그러면 인구 비례는 말이 안 되잖아요. 항상 중국이 이기게 돼 있잖아요. 경제력도 그렇고. 여기는 국가연합보다는 시민들 간의 네트워킹 위주로 생각해야 할 것 같아요. 시민들이라고 해서 NGO만 얘기하는 건 아니고 국가들이 할 수 있는 일이 많죠. 국가 간에 협정을 체결해서 전체 동아시아 지역공동체 운동을 원활하게 할 수 있는 기반을 만들어줘야 하고, 또 경제가 중요하잖아요. 경제는 이미 통합이 많이 된 상태입니다. 거기다가 동아시아 전체는 아니지만, 우리가 어떤 특정한 맥락에서 동아시아라고 할 때는 과거의 유교문화권, 중화문화권의 문화와 사상을 동아시아 문화, 동아시아 사상이라고 얘기하지요. 그래서 여러가지 차원이 있는데 이런 것이 복합적으로 작동하면서 동아시아의 사회들이 점점 긴밀하게 연결되고 더 강한 네트워크를 형성하는 게 동아시아 공동체의 목표라고 봐야지 유럽을 모델로 해서 우린 아직 멀었다든가 조금 있으면 될 거라든가 이렇게 생각하는 건 부질없는 일 같아요. 동아시아 얘기 나온 김에 아까 얘기하던 마음공부 얘길 조금 더 부연하겠습니다. 우리 동아시아 전통에서 보면요, 사회변혁을 하려면 각자의 마음공부가 중요하다는 건 아주 기본적인 발상이에요. 유교에서 말하는 『대학(大學)』의 큰 공부가 수신·제가(修身齊家) 치국·평천하(治國平天下) 아닙니까. 그 하나하나가 떨어져서 단계적으로 간다는 얘긴 아니지만 기본은 수신이거든요. 마음공부죠. 이 마음공부는 자기 집안을 가지런하게 하고 자기 사는 나라를 잘 다스리고 더 나아가서는 전세계 천하를 고르게 하는 이런 공부가 동시에 진행되어야 하는 건데, 이게 바로 영성이라고 하면 개인적인 영성과 사회적 영성이 결합되어야 한다는 뜻이 되고요. 한반도식 나라만들기하고 다시 연결하면 아까 제가 3·1운동을 기점으로 얘기하긴 했습니다만 사실 그 연원은 동학이라고 봐야 돼요. 그때는 왕조하에서 동학 얘기만 해도 최제우(崔濟愚) 선생이 잡혀가서 죽었는데, 민주공화국을 얘기했다간 큰일나니까 그 얘긴 안 했지만 동학은 사실 그때 민(民)이 주인이 되는 세상을 이미 꿈꾸었어요. 민이 주인이 되는 세상을 만들기 위해서 제일 강조한 게 소위 수심정기(守心正氣)라는 거죠. 마음을 지키고 기운을 바르게 한다. 마음공부에 기반한 변혁운동의 전통이 그때 시작됐던 겁니다. 아까 도산 안창호 선생도 얘기했습니다만 그분이 항상 각 개인의 자기개혁, 자체개혁과 독립운동을 동시에 이루고자 했는데, 동시에 수양을 굉장히 중시한 혁명가였죠. 마음공부는 갑자기 우리 시대에 나온 것이 아니라 동아시아 전체의 전통에 뿌리 깊은 발상이고, 또 우리 한반도에서는 동학 이래에 면면이 이어져온 흐름이라고 말씀드리고 싶습니다.

김민수 제 질문은 여기까지 하고, 이제 청중 중에 질문하실 분들 손 들어주십시오.

김반석 안녕하십니까? 저는 토오꾜오대학 대학원에서 사회학을 공부하고 있는 김반석이라고 합니다. 선생님 강의 정말 잘 들었습니다. 저는 청년으로서 지금 시대가 참으로 걱정되는데요. 이제는 세대갈등을 넘어 2030 내에서도 서로에 대한 혐오가 짙어지고, 모두가 나의 몫을 빼앗긴다고 주장하는 시대가 된 걸 보면서 우리나라가 공동의 기반이나 공통으로 추구하는 가치 자체가 무너지고 있다는 생각이 들었습니다. 서구의 민주주의는 처음에 인간의 기본권에 대한 큰 틀의 합의에 정초되었지만, 우리나라의 경우 반공이라든지 특정한 것에 대한 적대에 기반해 국가건설(nation-building)이 이루어지다보니까 공통으로 추구할 수 있는 가치보다는 누군가를 밀어내는 것에 집중하는 형태를 보였지 않나 싶은데요. 선생님 말씀 들으면서 사회운동의 정신이 정말 국가건설의 기초가 되어야 한다는 얘기에 감동받았습니다. 우리가 뭔가를 적대시하는 형태 말고 3·1운동부터 이어져오는, 우리가 함께 추구해나가야 할 국가건설의 기초를 다시 어떻게 만들어갈 수 있을까, 우리가 다시 합의를 형성해나간다면 어디에서부터 시작해야 할까 질문드리고 싶습니다.

백낙청 제가 무슨 좋은 답을 가지고 있을 리는 없는데 말씀하신 대로 우리 역사를 돌이켜보면 왜 이 지경이 됐는가를 설명해주는 여러 요인들이 있지 않습니까? 그리고 그런 역사를 거치면서 우리 정신이 많이 왜곡되고 흐트러졌잖아요. 그래서 어떤 의미로 각자 괴물을 하나씩 마음속에 담고 있다가 틈만 나면 남을 공격하게 됐는데. 이게 그냥 나 혼자서 열심히 반성한다고 해서 고쳐지는 것도 아니고, 또 역사나 사회에 대한 지식을 쌓는다고 해서 저절로 시정되는 것도 아니고, 싸우자고 나가서 아무렇게나 행동한다고 해서 되는 것도 아니고, 말하자면 삼학이 같이 가야, 삼학이 병진해야 되거든요. 자기의 정신수양과 또 이렇게 된 역사적인 경위나 현실의 작동방식에 대한 연구를 수행하고, 그리고 여기에 부응해 어떤 행동이 제일 적절한가를 판단해서 옳다고 생각하면 그때는 그야말로 죽기로써 그걸 해야죠. 그런데 세대 문제를 말씀하셨는데, 나는 우리 사회에 세대갈등이 확실히 있다고 봅니다. 여러 이유가 있는데 하나는 농경사회라는 건 변화가 빠르지 않잖아요. 전통적인 농경사회에서는 노인들이 젊은이보다 훨씬 많이 알게 돼 있습니다. 더 지혜롭고. 그러니까 노인들이 뭐라고 말하고 젊은이들이 따르는 게 당연한데 현대사회는 안 그렇잖아요. 젊은이들이 훨씬 많이 알고 디지털 기술이 발달하면서 노인들은 대체로 낙후되어버렸는데 사회구조로는 여전히 그들이 기득권을 가지고 젊은이들에게 이래라 저래라 하고 기회도 제대로 안 주고 하니까, 거기에 대한 젊은이들의 반발이 당연히 있게 마련이고요. 특히 우리나라의 경우는 『눈 떠보니 선진국』 이런 책도 나왔습니다만 어떤 지표로 보면 확실한 선진국이거든요. 그래서 2021년 유엔무역개발회의(UNCTAD)도 한국을 정식으로 개발도상국 아닌 선진국이다 이렇게 분류했고요. 이게 분단체제론하고도 연결되는데, 이런 성과가 분단체제 속에서 이루어졌기 때문에 한국은 선진국치고는 아주 희한한 선진국이 돼 있습니다. 어떤 지표를 보면 굉장한 선진국이에요. 정말 그 짧은 기간에 이런 성취를 해낸 선진국이 없고. 또다른 지표를 보면 가장 뒤떨어진 후진국인 거예요. 선진국의 지표로 국방력 세계 6위라는 것도 자랑하는데 나는 그거야말로 후진국의 지표라고 봐요. 아니, 우리가 무슨 미국이나 러시아나 중국처럼 방어해야 할 영토가 넓은 것도 아니고, 영국이나 일본 같은 해양대국도 아니고, 식민지를 경영하는 것도 아닌데 무엇 때문에 세계 6위의 국방력을 가져야 합니까? 오로지 분단 때문에 동족을 적대시하면서 국방력을 키워왔고 그러다보니까 자주성이 떨어져서 미국이 무기 사가라 그러면 사와야 되고, 작전통제권도 없는데 세계 6위의 국방력이라는 게 아주 희한한 현상이죠. 세계에 유례가 없습니다. 갑자기 선진국이 됐는데, 특히 젊은이들은 눈떠보니 선진국인데 둘러보니까 왜 나는 이렇게 못 살고 내가 뭐라고 떠들어도 들어주는 사람도 없고 왜 이러냐, 그래서 세대갈등이 더 심해지는 것 같아요. 세대갈등도 한반도식 나라만들기와 분단체제라는 인식하에서 봐야지 온전히 이해가 되지 않나 싶어요.

최서연 안녕하세요, 백낙청 교수님. 저는 선생님께서 대학에서 강연하실 때부터 열심히 들어왔습니다. 제가 이해가 부족해서 드리는 질문일까봐 걱정됩니다만 선생님께서 말씀하신 '복합국가'라는 개념이 참신선하고 지금 우리나라 상황에 잘 맞는다고 생각합니다. 그런데 개념은 참 좋지만 이게 스위스 같은 중립국인지 아니면 두개의 체제를 그대로 인정해서 끌고 가는 것인지, 그리고 우리나라가 두개의 현실을 아우르고 끌고 갈 수 있는 메시아가 나올 만한 토양이 되는지가 궁금하거든요. 사실 저는 지금 대선을 봐도 심한 진흙탕이라는 생각이 드는 것이, 정치인이라면 어떤 수를 쓰든 간에 반대편을 자기편으로 끌어올 수 있어야 하는데 제가 보기에 그런 사람은 없는 것 같거든요. 너무 무식하거나 너무 야비하고 못됐거나. 이런 상황에서 선생님이 말씀하신 복합국가를 만들어갈 수 있는 메시아가 나올 토양이 되는가. 그리고 분단이 우리나라 최고의 단점이라고 하셨는데 저도 공감하거든요. 분단을 극복해서 유라시아 평화철도를 뚫을 수만 있다면 우리나라가 강국이 될 거라고 생각해요. 거기서 오는 유통과 물동량만 끌어와도 그게 어디예요. 그런데 이런 토양에서 메시아가 나올 수 있을지, 선생님은 어떤 생각이신지 듣고 싶어요.

백낙청 저는 메시아는 필요 없다고 봅니다. 메시아는 오시지 않을 거고, 우리 힘으로 충분히 할 수 있고 어떤 의미에서는 이 시대의 각성한 민중이 메시아라고 봅니다. 집단적인 메시아. 메시아라 해도 좋고 부처님이라고 해도 좋고 미륵불이라고 해도 좋고요. 그런데 복합국가라는 단어는 원래 남북관계에서 나온 말로, 정치학에서 그렇게 많이 쓰이지는 않아요. 영어로 'compound state'라고 하는데 그것도 포용범위가 넓은 단어예요. 1970년대 이 단어가 남한에서 처음 쓰여질 그때는 천관우 선생이란 분이 전략적인 계산을 해서 쓰신 말입니다. 복합국가라는 게 연방국가, 연합국가 등 여러 유형이 있는데, 또 연방도 여러 단계의 연방이 있고 국가연합도 여러 종류와 수준이 있잖아요? 이걸 다 포괄하는 개념이거든요. 단일형 국가가 아닌 모든 국가 형태를 지칭하는 단어가 복합국가예요. 그런데 천관우 선생 같은 경우 북에서 주장하는 고려연방제에 동의는 안 하지만 남이든 북이든 완전히 자기식으로 통일하는 건 불가능하니 다른 방안을 강구해봐야겠다고 생각했는데, 다른 방안 얘기했다간 '너 고려연방제 동조했구나' 하고 잡혀갈 판이라 복합국가라는 단어를 쓰기 시작한 겁니다. 지금도 그 단어가 여전히 쓸모있는 게 북에서는 소위 낮은 단계의 연방제라는 걸 주장하잖아요. 원래는 연방제 주장하다가, 김정일 위원장이 김대중 대통령과 회담하는 자리에서 낮은 단계라고 수위를 낮추면서 김대통령이 우리의 남북연합 방안을 설명하니까 그게 바로 내가 생각하는 낮은 단계의 연방제라고 한 겁니다. 어쨌든 북은 낮은 단계라고는 하지만 연방제를 주장하고 우리는 노태우 대통령 때부터 쭉 연합제를 주장해왔거든요. 그래서 어느 게 더 맞는지 가리지 말고 큰 범위 안에서 뭔가 길을 만들어보자고 주장하는 데는 복합국가라는 단어가 아주 편리하죠.

저는 낮은 단계의 연방제가 아니라 연합제 중에서도 아주 낮은 단계의 연합제로부터 우리가 출발하자, 그래서 조금씩 통합의 수준을 높여가고 어디까지 가서 멈출지는 그때 가서 결정하면 된다는 생각입니다. 처음부터 최종 목표가 단일형 민족국가인데 낮은 단계의 연합제로부터 출발하자는 얘기하곤 다른 거예요. 그래서 그렇게 목표를 잡으면 사실은 6·15공동선언에서 원칙이 선언됐고, 노무현 대통령 때 10·4선언이 상당부분 그 실행을 시작한 겁니다. 만약 그것이 계속됐더라면, 또는 2018년에 문재인 대통령이 판문점선언 발표하고 평양에 가서 김정은 위원장하고 합의한 이후로 더 진전됐더라면, 남과 북이 조금씩 내용을 채워나가다 어느 수준에 가서는 이건 낮은 단계 연합제라고 불러도 나쁠 것 없지 않느냐고 서로 합의하면 그때가 남북연합이 형성되는 거거든요. 남북연합은 연방하고 달라서 두개의 주권국가가 그대로 있는 겁니다. 유엔에서도 우리가 남한 표 북한 표, 두표를 행사해요. 다만 서로 긴밀히 협의하고 조정하는 과정에서 이루어져야 한다는 거죠. 사실 지금도 다음 정부의 대통령이 그런 의지가 있는 인물이 된다면 그렇게 어려운 일이 아니라는 게 제 생각입니다.

지금의 정국을 보는 시각이 저하고 조금 다를지 모르겠는데, 이 진흙탕 싸움이라는 게 쌍방이 똑같이 야비해서 벌어진 게 아닙니다. 한쪽에서 지금 마치 문재인정권, 민주당 정권의 정권재창출이냐 아니냐가 기본적인 쟁점인 것처럼 얘기하는데 저는 그렇게 안 봐요. 정권교체냐 민주당의 정권재창출이냐 하는 것은 언론이 만든 프레임이고 촛불혁명을 지우는 프레임이라고 봐요. 촛불혁명을 중심으로 보면 촛불혁명에서 패퇴해서 정권도 어어어어 하는 사이에 빼앗겼던 반촛불세력이 그동안 정신을 차려가지고 전열을 정비해서 이번에야말로 이명박·박근혜 정권의 재창출을 못하면 우린 끝장이다 하는 생각을 가지고 물불 안 가리고 온갖 진흙탕 싸움을 벌이고 있다고 봐요. 그렇다고 해서 상대방이 다 깨끗하게 잘한다는 건 아니지만 양쪽 다 똑같이 진흙탕을 만들고 있다고 보시는 건 언론이 조장하는 정치혐오에 말려드는 게 아닌가 전 그렇게 생각해요. 그래서 이번 대통령 선거가 희한한 선거인 건 틀림이 없는데 그렇게 될 만한 역사적인 사연이 있었던 것이고, 이 고비를 우리가 넘기면 저는 남북연합을 향해서도 중대한 진전이 이루어지고 더 크게 보면 미륵 세상에도 더 가까워지고 그럴 거라고 믿습니다.

원용진 저는 자연과학을 공부하며 대학에서 학생들을 가르치고 있는데요. 제가 가르치는 과목 중에 자연계에서 멸종 위기에 처한 생명들에서 나타나는 특징들을 보면서 이를 악순환이 겹치는 것에 비유한 '멸종의 소용돌이'라는 개념이 있습니다. 개체수가 줄다보니 그 안에서 근

친교배가 일어나며 유전적인 다양성의 소실로 이어지고, 환경에 적응 못하면서 계속 악순환에 빠져 멸종되어가는 과정을 표현하는데, 이번에 엘리트 카르텔 집단의 대선후보 선출과정을 보면서 저는 그와 굉장히 유사하다는 느낌을 받았습니다. 왜냐면 후보의 수준을 보며 과연 충분히 준비가 된 것인지, 최선의 후보인지 의구심이 들었기 때문입니다. 그래서 정당 내부에서 뭐랄까 걸러내는 과정 아니면 우수한 후보가 선출되는 과정마저 무너져내린 것이 아닌가 싶고 그래서 위기라는 생각이 들었는데 합당한 시각인지 선생님 의견을 듣고 싶습니다.

백낙청 지금 거대 양당의 후보 둘 다 종전의 기대치나 관념하고는 전혀 다른 분들이죠. 그런데 저는 두가지 케이스가 성질이 완전히 다르다고 봐요. 우선 국힘당 경우부터 말씀드리면 거기도 준비된 후보가 없었던 건 아닙니다. 얼마나 훌륭한 후보고 대한민국을 제대로 이끌 수 있는 후보냐는 확실치 않지만 그래도 지금 나와 있는 후보보다는 정치의 경륜도 있고 경험도 있고 안정감도 있고 또 흠결이 덜한 후보가 상당히 유력하게 있었죠. 경선을 했지 않습니까. 지금 반촛불세력이 촛불 이전의 정권을 재창출하기 위해 죽기 살기로 덤비고 있다고 했는데, 그 죽기 살기로 덤비는 마음이 하도 간절해서 그들이 계산해보니까 비교적 안정감이 있고 흠결이 적은 후보를 내세웠다가는 근소한 차이로 질 게 거의 확실시된단 말예요. 그러니까 좀 다른 사람을 구해야겠다는 마음이 너무 간절하다보니까 제가 글로도 썼습니다만 눈에 헛것이 보이기 시작한 거예요. 그래서 '아, 저 사람이면 되겠다' 해서 지금의 후보를 내세웠는데, 저는 그게 헛것이라고 믿거든요, 결과를 봐야겠지만. 여당에서 이재명 후보가 된 것은 촛불의 위력이라고 봐요. 국회의원 한번 해본 일도 없고 학벌도 형편없고 중고등학교 아예 나오지도 못했고 소년공 출신으로 우아하고 교양 있는 가정생활을 해온 사람이 아니잖아요? 여러 흠결이 있는 건 사실이지만 저런 사람이 그야말로 쟁쟁한 스펙도 많고 국회의원도 여러번 한 후보들을 물리치고 최종 후보가 된 건 촛불의 힘이라고 봅니다. 그래서 양쪽 다 과거 같으면 기대하기 어려운 변종이 나오긴 했지만 한쪽은 멸종 위기를 면한 상태고 다른 한쪽은 어쩌면 멸종을 재촉하는 상태가 아닌가 하는 것이 저의 판단입니다.

김정현 안녕하세요. 아까 마음공부를 말씀하셨는데, 마음공부가 지금 분단이 주는 여러가지 상처들을 극복하는 힘이라 믿습니다. 그런데 극복에도 일단 부정함으로써 극복하는 게 있고 그걸 수용함으로써 극복하는 게 있을 텐데, 교수님께서 말씀하시는 것은 분단을 받아들이면서 또다른 무언가로 가자는 걸로 이해했습니다. 그런데 이번에 2기 촛불정부가 들어선다 하더라도 대통령은 헌법 제66조에 적힌 "대통령은 조국의 평화적 통일을 위한 성실한 의무를 진다"라는 문구에 기속될 겁니다. 여기서 '평화적 통일'은 평화하고 통일이 각각 쓰인 것이 아니라 평화가 통일을 수식하는 관형사로 쓰인 거죠. 그런 상황이라면 우리가 담론을 통일에서 평화로 바꿔야 하는 것이 아닐지요. 사실 문재인정부에서도 그렇게 내걸지는 않았지만 전략적으로 김연철 통일부 장관 같은 경우 통일에서 평화로 담론을 바꾸는 작업을 시도했다고 알고 있거든요. 그러니까 실용적인 관점에서도 궁극적으로 우리가 추구해야 될 것이 통일이란 얘기를 할 필요가 없고, 평화담론은 분단을 인정하는 거니까 그걸 인정한 상태에서 연방제든 낮은 단계의 국가연합이든 가능한 게 아닌가 합니다. 그런데 우리 현실을 보면 분단된 지 벌써 70년, 두 세대가 지나 저희 세대만 하더라도 부모로부터 분단으로 인한 비극과 상처를 들으면서 자랐지만 자녀에게는 그런 얘기를 전해주지 못했어요. 정서적으로는 한 10년 20년 지나면 통일담론이 사라지고 헌법까지 개정돼서 두 국가 체제로 공고화되지 않을까 하는 예측도 해봅니다. 특히 요즘 중국하고 미국 관계가 굉장히 안 좋아졌는데, 선생님께서 말씀하시는 분단체제극복도 일종의 평화담론인지 궁금합니다.

백낙청 분단체제의 극복 담론과 지금 말씀하신 통일담론은 성격이 다르다고 말씀드려야 할 것 같아요. 그러나 그것이 통일이라든가 어떤 식의 복합국가라는 국가 형태로서의 한반도의 재통합 같은 목표마저 다 버리고 따로따로 살면서 오로지 평화만을 얘기하자는 담론하고는 또다릅니다. 지금 분단체제극복 논의에 대해서 소위 평화국가 또는 평화체제를 얘기하는 많은 분들이 분단체제론을 대상으로 삼지 않고 일부러 분단체제론이 과거의 통일담론하고 똑같은 거라고 몰아세워요. 저는 일부는 오해고 일부는 의도적인 왜곡도 있다고 봅니다. 그러면서 통일담론보다 평화담론으로 가자고 하는데, 첫째 우리 정부가 그런 식으로 바뀐 일이 없고, 헌법에도 그대로 있고, 김연철 장관도 저는 그랬다고 생각하지 않습니다. 지금 당장에는 통일보다 평화를 먼저 추구하는 게 중요하다고 하지만, 그건 평화 중에서도 아주 낮은 수준의 평화죠. 전쟁하지 않고 평화공존 하는 것을 출발점으로 삼자고 하는데, 저는 그건 상식적인 얘기지 그것하고 우리가 과거에는 내내 결혼해 살았지만 이혼했고 이혼하고라도 사이좋게 친구처럼 살면 되지 않냐 하는 양국체제론은 본질적으로 다르다고 봅니다. 북도 마찬가집니다. 북도 당장에는 자기들 정권유지가 제일 중요하고 그러기 위해 평화가 필요하지만 통일을 포기하고 평화로 간다는 얘기를 한 적이 없고 북은 그러기가 더 어려워요. 왜냐면 거기서는 통일담론이 일종의 국가이데올로기가 돼 있습니다. 그래서 '왜 북이 이렇게 못사느냐, 우리는 통일하자 그러는데 통일을 못하게 하는 미 제국주의와 남한의 하수인들 때문이다' 이렇게 주민을 설득하기 위해서라도 통일 목표를 포기할 수 없는 상태입니다. 어쨌든 현실에서 남북 어느 쪽도 통일담론을 아예 포기한 건 아니고 다만 당면 목표가 평화라는 데 합의하고 있다고 봅니다.

그런데 우리 남쪽 논자들 중 일부는 그러니까 우리 사이좋게 갈라져서 그냥 살면 되지 않냐고 하는데, 저는 이거야말로 완전히 비현실적인 아전인수적 사고방식이라고 봐요. 남과 북은 지금도 말씀드렸지만 서로가 이혼했다고 생각 안 해요. 별거 중입니다. 과거에 크게 싸워서 별거 중인데 다시 합치는 게 목표라는 데 양쪽이 원칙적으로 동의하고 있어요. 그런데 다시 합치는 조건이 서로 달라요. 그래서 또 그걸로 싸우고 전쟁 일으키느니 일단은 사이좋게 별거를 유지하자는 것이지 완전히 이혼하고 따로 살자는 건 아니고요. 또 하나는 완전히 이혼하고 따로 살기가 어렵게 돼 있습니다. 왜냐면 남한도 선진국이다 뭐다 하지만 남북이 대치하는 동안에는 제대로 된 선진국이 될 수 없고, 아까 유라시아 철도 얘길 하셨습니다만 남북이 서로 낮은 수준의 재통합만 이룩해도 엄청나게 발전할 수 있는 기회비용을 물고 있어요. 북은 말할 것도 없죠. 북이 핵무기 만드는 이유가 이 현상을 참을 수 없어서예요. 남한보다 못살고 중국보다 못살고 미국은 계속 압박하는 이 현상을 타파하기 위해 핵무장도 하고 판을 흔드는 건데, 그들보고 이혼하고 따로따로 잘 살 수 있는 거 아니냐 뭘 그렇게 시끄럽게 구냐 하고 타일러도 절대로 안 들을 겁니다. 일단 핵문제가 해결이 안 돼요. 그래서 저는 오히려 양국체제를 얘기하고 항구적인 평화공존을 얘기하는 사람들이야말로 자기들이 굉장히 현실적인 것처럼 굴지만 실제로는 전혀 그렇지 않다고 생각합니다. 공리공담(空理空談)에 틀린 소리 하고도 자기들에겐 아무 부담이 안 가는, 월급이 딱딱 나오는 교수들이 그런 얘길 합니다. 또한 70년 넘게 헤어져 살면서 굉장히 많이 이질화된 사람들이 갑자기 다시 통일국가를 만들자는 것도 또 하나의 비현실적 담론 아닙니까.

제 생각은 이 분단현실에 대한 정확한 인식을 바탕으로 차근차근 분단에 따른 문제를 해소해나가자는 것이고, 그 방법의 하나로 복합국가 중에서도 우선 성취 가능한 낮은 단계의 연합에서 출발해 그때그때 조금씩 통합의 수준을 높여가면서 이만하면 됐으니까 더이상 높일 필요 없다고 해서 연합제나 연방제에서 스톱할 수도 있고 아니면 더 나갈 수도 있고요. 그건 우리 민중의 결단인 동시에 세계의 정세와 세계 담론계의 수준하고도 관계된다고 봐요. 우리가 1945년 해방됐을 때만 해도 통일된 단일민족국가라는 게 세계적인 모범이었습니다. 우리 민족의 숙원이었고요. 그걸 못 이룬 채 70년을 살게 되었지요. 그사이에 세계적으로 어떤 변화가 일어났느냐면 여러가지 형태의 국가연합이 생기고 시민적인 네트워킹이 강화되면서 단일형 민족국가 위주로 생각하는 게 낡은 사고방식이 돼버렸어요. 그런 세계적인 추세에도 맞추고 우리 내부 현실에도 맞춘, 점진적이고 단계적이고 창의적인 한반도의 재통합 과정을 우리가 밟아나가야 된다고 저는 생각합니다.

김민수 채팅창에 올라온 질문이 있어서 제가 읽어드리겠습니다. 소희님이신데요. 저는 촛불시위 때 20대였고 이제 30대가 되었는데 촛불시위에 나갔던 제 또래들은 촛불은 이미 실패했다고 보는 것 같거든요. 특히 이대남은 보수화가 심각하고요. 촛불시위에 나갔던 각양각색의 세대가 지금 정부를 바라보는 입장이 너무 다르고 마치 3·1운동 같았던 2016년의 촛불정신 자체가 이제 다시 세대를 막론하고 뭉치긴 어렵지 않나 생각이 들어 질문드립니다. 지금으로서는 촛불이 곧 문재인 대통령이고 두 후보는 반문·비문인 것 같은데, 촛불정신이 이번 정권에 한정되는 건 아닌지 궁금합니다.

백낙청 우선 제가 촛불혁명과 2016~17년의 촛불대항쟁을 구별했는데 그 구별은 상당히 잘한 일이라고 자부합니다. 그래서 촛불대항쟁만 보고서 그거 끝났지 않나 생각하지 말고 그 항쟁의 전통이 어떤 식으로 이어지는지를 심층적으로 분석해야 할 것 같아요. 현재 구도는 친문 대 반문이 아닙니다. 물론 한쪽에서 문재인정부가 실패했으니 정권교체를 해야 한다는 걸 반문 프레임이라고 볼 수 있는데, 이상하게도 여론조사를 보면 문재인 대통령이 잘한다는 사람들이 40퍼센트를 훨씬 넘어요. 그런데 정권교체를 원하십니까 그러면 또 50퍼센트 이상 나오거든요. 그러니까 덤벙덤벙 해석해서 될 문제는 아니라고 봅니다. 문재인정부가 촛불혁명 그 자체는 아니죠. 촛불대항쟁 덕분에 집권을 했고 집권한 이후에는 스스로 촛불정부로 자임했습니다. 그런 의미에서 촛불정부 제1기에 해당하는데, 그 자체를 촛불혁명이라고 본다면 실망하는 것도 당연하고 그러다보면 촛불은 이미 끝났다, 실패했다는 얘기가 나올 수도 있어요. 하지만 저는 문재인정부의 성과가 그렇게 일방적으로 다 잘못됐다고 보는 걸 찬성하지 않습니다. 문재인 대통령은 개인으로 보면 김대중 대통령이나 노무현 대통령에 비해서 정치력이 확 떨어지긴 합니다. 원래 정치를 안 하려던 분이고요. 그런데 촛불정부를 자임하면서 사람이 워낙 선하고 성실하니까 촛불정신에 충실하겠다는 그 마음은 간직해온 것 같아요. 온갖 실책을 하고 무능이 드러나더라도 저 사람은 좋은 사람이고 애썼다 해서 임기 말년까지 거의 50퍼센트 가까운 지지를 받고 있는 거예요. 그런데 그렇게 부족한 정치력과 준비에도 불구하고 그가 해낸 일들을 보면, 가령 김대중 대통령 같은 분이라 해도 촛불대항쟁이 아닌 정상적인 선거 과정에서 집권했으면 과연 해낼 수 있었을까 싶은 일들을 많이 해냈습니다. 보통 사람들이 주목을 안 하는데 여순항쟁 있잖아요. 그 사건이 이제까지 전부 묻혀 있고 빨갱이로 몰린 사람들이 입도 못 열고 살아왔는데 이 정부에서 여순항쟁 관련 특별법을 처음 제정했습니다. 저는 이것이 역사적으로 큰 의미가 있는 진전이라고 봐요. 김대중 대통령 같으면 자신이 색깔론에 시달려서 못 했을 거예요. 김영삼 대통령은 하나회를 해체하는 등 돌파력 있는 철거반장이었지만 여순항쟁 그러면 빨갱이들이라는 선입견을 가진 분이어서 못 했을 것이고. 그런데 문재인 대통령은 해냈단 말이에요. 그것 말고도 여러가지 업적이 많습니다. 그래서 문재인정부를 완전한 실패라고 보는 것도 저는 찬성하지 않거니와 지금 중요한 건 문재인 대통령보다 더 유능하고 준비된 지도자가 나와서 2기 촛불정부를 만들 수 있느냐인데, 3월 9일에 결정이 난다고 봅니다. 더 중요한 것은 성공하는 2기 촛불정부가 될 것인 가인데, 그걸 정하는 것은 대통령의 능력과 준비 상태도 중요하지만 우리 시민들이 얼마나 깨어 있고 촛불정신을 위해서 나서는가, 한 사람 한 사람이, 집단적인 메시아라는 표현도 썼습니다만, 집단적인 메시아 역할을 하는 데 참여할 열성과 지혜와 마음가짐을 지녔는가에 달려 있다고 봅니다.

박춘노 젊은 시절부터 선생님의 글이나 지향하는 바를 많이 보고 배웠는데, 오늘 강연에서도 운동가로서 사회변혁을 꿈꾸는 입장에서 마음 공부에 대해 심도있게 얘기해주셔서 굉장히 감명받았습니다. 그리고 촛불정신이 결국 민이 주인이라는 생각에서 비롯된 것인데 3·1운동과 동학으로 올라가는 연원까지 말씀해주시고, 마음공부로부터 시작되는 근본적인 변화를 강조하신 것을 듣고 굉장히 고무되었습니다. 추가로 여쭙고 싶은 건 동학이나 3·1정신 등이 서양의 민주주의나 서양의 사상과는 다른, 한민족의 전통과 사상에 근거한 것이 아닌지요. 최수운(崔水雲)도 동학사상이 고조선으로부터 물려받은 것이라 한 것을 보면 한민족의 독특한 정서와 사상이 있어 보이거든요. 중국과 달리 한국이 지닌 독특한 유교 전통도 있는 듯한데, 동학 이전의 유교 전통을 선생님께서는 어떻게 보시는지 궁금합니다. 오늘 강연의 주제와는 거리가 있지만 유교를 우리가 어떻게 봐야 할지 말씀해주시면 좋겠습니다.

백낙청 고조선에 대해서 제가 아는 건 적지만, 여러 나라의 건국신화를 살펴보면 우리 단군신화처럼 건국 목표가 처음부터 널리 세상을 이롭게 한다는 식으로 규정된 경우가 거의 없습니다. 그래서 고조선부터 쭉 이어져왔는지는 모르겠습니다만 우리 단군 이야기에 나오는 홍익인간(弘益人間)의 이념이 한반도의 불교에서도 이어지고 유교에서도 이어지고 또 동학 이후의 후천개벽운동에서 더 표면화됐다는 생각을 갖고 있습니다. 유교에 대해서는 제가 워낙 지식이 짧아 뭐라고 말씀드려야 될지 모르겠는데, 조선왕조가 결국은 이상적인 유교국가를 건설하려고 신진 성리학자들이 주도해서 만든 나라 아닙니까. 그리고 그 대표적인 이론가이자 활동가가 삼봉 정도전이었고요. 정도전의 설계대로는 안됐습니다. 정도전은 태종 이방원에 의해서 처단되었지만 기본적으로 그때 그가 설계했던 나라가 그래도 큰 틀에서는 조선왕조로 이어져왔다고 보고요. 성리학은 물론 송나라 때로 돌아가고 정씨(程氏) 형제와 주희(朱熹)가 그 원조입니다만 그분들은 말로만 했지 중국에서는 실현하지 못한 나라가 조선에서 실현됐다고 봐요. 그런 점에서는 세계 유학사에서 또는 유교사에서도 독특한 성취가 조선에서 이루어졌고, 이것이 오래가면서 여러 문제가 쌓였을 때 유학의 전통 한가운데서 수운 최제우 선생 같은 분이 나와서 동학이라는 새로운 사상과 운동을 개시하지 않았습니까. 이것도 사실은 조선 유학의 산물이라고 봐요, 유학하고는 아주 다른 근본적인 변혁을 일으켰지만. 다산 정약용 선생 같은 실학자들은 어디까지나 유학의 틀과 조선왕조의 틀을 유지하면서 어떻게 해서든 나라를 건져보려고 했는데 그건 실패했고, 동학에 와서는 완전히 새로운 발상과 운동이 벌어지는데 물론 그것도 단기적으로 보면 실패했죠. 그러나 가령 동학농민전쟁이 그렇게 큰 소용돌이를 일으키고 30만명이 희생됐다고 하는데, 이런 대운동을 일으킬 동력은 동학에서 나왔지 실학에서 오지 않았거든요.

그리고 3·1운동과 동학의 관계는 너무나 명백합니다. 3·1운동의 주도세력은 동학을 이어받은 천도교였어요. 물론 기독교에서도 많이 참여하고 33인의 명단을 보면 천도교가 15명, 기독교가 16명입니다. 1명이 더 많다고 기독교에서 자랑하는데 여러분 혹시 그 사연을 아시는지 모르겠지만 재미있는 얘기니까 제가 말씀드릴게요. 그때 조직을 동원하고 돈을 댄 게 천도교입니다. 기독교는 교단 차원에서 참여한 게 아니고 훌륭한 목사님이나 평신도들이 개인적으로 들어갔어요. 그런데 교단으로 치면 감리교하고 장로교 두개였지요. 처음에는 천도교 15명 기독교 15명 이렇게 할당이 됐어요. 그러니까 감리교하고 장로교 중에서 하나는 8명 하나는 7명이어야 15명이 맞는데 이게 도저히 타협이 안 되는 거예요. 그래서 기독교 분들이 다시 천도교 찾아가서 얘기합니다. 이게 안 되니까 우리 한 사람 더 다오. 그리고 이런 얘길 합니다. 당신들은 교단이 있고 돈도 있으니까 나중에 잡혀가도 걱정이 없지 않느냐, 우리는 안 그렇다. 교단의 지지를 못 받고 있으니까 천도교에서 도와줘야겠다 그래서 천도교에서 많이 지원을 해줍니다. 그래서 15명이 아닌 16명의 기독교인들이 민족대표에 들어간 거예요. 그리고 불교에서 한용운 스님, 백용성 스님 두분이 뒤늦게 들어가면서 애초의 30인이 33인이 된 거지요. 아무튼 천도교가 조직력이나 대중동원력, 자금력 모두 만만치 않았을 뿐만 아니라 이념도 그 당시로 봐서 굉장히 선진적입니다. 그래서 저는 3·1운동의 주된 동력이 개신교보다 동학에서 나왔다고 봐요. 개신교도 물론 영향이 있었지만요. 얘기가 길어졌습니다만 조선 유학이라는 게 세계적으로 아주 독특한 유형이고 중국에서 이루지 못한 사대부 위주의 국가를 이루었지요. 중국은 천자의 권한이 막강했거든요. 완전한 천자의 독재였습니다. 황제의 독재다보니까 황제 주변에 환관, 곧 내시들이 그렇게 득세했어요. 그런데 조선왕조에서는 환관들이 그런 힘을 못 가집니다. 왜냐면 사대부들이 실권을 가지고 있는 거예요. 그러니까 입헌군주제까지는 아니지만 군주에 대해 선비들이 굉장히 견제하는 유교국가인데, 그게 주자가 꿈꾸었던 국가거든요. 그게 상당부분 실현된 것이 조선이고 그 전통 속에서 동학이라는 사상의 대전환이 이루어지며 그것이 3·1운동과도 이어졌고, 3·1운동 이후에 여러 갈래의 독립운동·사상운동이 있었습니다만 이게 우리 시대에 와서는 변혁적 중도주의라는 한반도적 시각을 가진 실용주의, 마음공부를 겸하는 변혁운동으로 다시 합쳐질 시기가 되었다고 믿습니다.

장진원 대학생 때부터 지금까지 늘 기억하고 존경하는 분이셔서 오늘 만나 뵙게 되어 너무 반갑습니다. 제가 질문드리고 싶은 것은 저희가 선생님을 어떻게 바라봐야 할까 하는 것인데요. 이 공부방을 통해서 저희가 사회학도 배우고 정치학도 배우고 문학도 배웠는데 선생님을 사회사상가로서 이해하는 것이 옳은가 궁금하고, 어찌 되었든 문학이라는 관점을 빼놓을 수 없는데 문학이 지금 선생님에게 어떤 의미가 있는지 여쭤봐도 괜찮겠습니까?

김민수 저도 비슷한 질문을 드리고 싶은데요. 선생님께서 1966년 『창작과비평』이라는 계간지를 창간하셨습니다. 당시에는 문학비평가셨는데, 그때 한국문학을 음풍농월이 아니라 한국의 역사 속에 자리잡게 하는 데 큰 역할을 하신 것으로 알고 있습니다. 잡지를 창간할 당시에 굉장히 젊으셨던 걸로 알고 있습니다. 30대셨나요?

백낙청 『창비』 창간할 때는 20대 말이었어요.

김민수 세상에나. 아무튼 그때 쓰신 글이 「새로운 창작과 비평의 자세」로 문학사의 전환을 이룬 글이었는데요, 당시 어떤 생각이셨는지 궁금합니다. 그것과 오늘날 선생님께 문학은 무엇인지를 같이 묶어서 말씀해주시면 좋겠습니다.

백낙청 저는 지금도 누가 당신 뭐 하는 사람이냐고 물으면 문학평론가라고 답변합니다. 유감스러운 건 문학평론을 많이 못 써요. 다른 일이 바쁘기도 하지만, 문학평론은 작품을 읽어야 쓰는 거 아니에요? 작품을 읽고 독자들과 대화하는 게 평론이거든요. 그런데 나이 먹어서 체력도 딸리고 시력도 나빠지다보니까 읽는 게 굉장히 힘이 많이 들어요. 그러니까 아무래도 읽는 분량도 덜하고 제대로 된 평론을 쓰기가 어려워졌습니다. 그러나 저는 늘 문학평론가라고 자처했고, 또 어떤 의미에서는 꼭 문학평론가가 되지 않더라도 문학비평적인 능력이야말로 모든 사람의 기본 교양이 되어야 된다, 사회과학자가 되든 자연과학자가 되든 읽고 생각하는 능력이 기본이다 이렇게 생각하고 있어요. 그래서 지금도 문학평론가로 자처하면서 약간의 긍지를 갖고 있습니다. 『창비』 창간 당시에 어떻게 그런 생각을 했냐 하는데, 우리나라에서 특히 6·25 거치면서 비주류적인 생각으로 돼버렸을 뿐 원래 우리 유교 전통에서도 문학이 음풍농월하는 건 아니었잖아요? 그런 시도 있지만 문(文), 문장으로 들어가게 되면 오히려 경세(經世)가 선비가 당연히 해야 할 일이었기 때문에. 우리나라 전통에서도 그렇고 동아시아 전통에서도 그렇고 세계적으로도 한때 우리 문단을 지배했던 소위 순수문학이란 건 굉장히 예외적인 현상이었죠. 그걸 시정하는 데 창비도 일조했다고 자부합니다만 창비 혼자 이룬 문학사적인 대전환은 아니었다고 봐요.

김민수 저희가 밤새도록 얘기해도 무궁무진 종횡무진으로 할 수 있는 질문과 말씀이 많으실 것 같은데, 아무래도 이쯤에서 마무리해야 할 것 같습니다. 오늘 백낙청 선생님께서 말씀해주신 큰 화두, 한반도적인 시각에서의 나라만들기 그리고 또 변화의 동력인 민중의 열망으로서의 촛불혁명이라고 하는 화두를 가지고 저희가 대한민국을 계속 각론으로 읽어가면 좋을 것 같고요. 오늘 끝까지 참석해주신 여러분 감사드리고, 백낙청 선생님 정말 반갑고 감사했습니다.

백낙청 저도 감사하고 즐거웠습니다.

언론인의 교양과
오늘의 시대적 과제

2022년 2월 25일 MBC 저널리즘스쿨

백낙청 MBC 저널리즘스쿨의 좋은 프로그램에서 강연하게 되어서 정말 감사하고 기쁘게 생각합니다. 내가 학교 은퇴하고 대중강연을 더러 했습니다만 이렇게 젊은 분들 위주의 청중을 놓고 얘기한 건 몇십년 만의 일인 것 같아요. 대단히 반갑습니다. 아시겠지만 내가 작년 말께에 『근대의 이중과제와 한반도식 나라만들기』란 책을 냈거든요. 그래서 계획하시는 분이 책도 좀 팔아주고 내 부담도 덜어줄 겸 이 제목 그대로 강연 제목을 정해주셨습니다. 그러고는 원래 이봉수 교수가 나더러 첫번째 강연을 해달라 그랬지만 일정이 안 맞아서 오늘로 강연이 미뤄졌는데, 그러다보니까 강의가 인문교양·사회교양 이렇게 갈라져 있는 가운데 내가 사회교양의 첫번째 강사가 됐습니다. 나는 이걸 대단히 만족스

■ 이 질의·응답은 2022년 2월 25일 MBC 저널리즘스쿨에서 주최한 대중강연 '근대의 이중과제와 한반도식 나라만들기'의 내용과 질문, 답변을 정리한 것이다.

럽게 생각해요. 두가지 이유인데, 하나는 사실 근대의 이중과제라든가 근대에 대한 나의 담론이라든가 또는 '한반도식 나라만들기'가 전부 사회를 대상으로 하는 이야기인데, 내가 뭐라고 그러면 우리나라의 완장 찬 사회과학 교수들이 아주 시답잖게 보는 경향이 있습니다. 자기가 문학평론이나 하지 뭘, 이러지요. 그래서 조금 자기들이 안 하는 얘길 내가 하면 문학평론가의 상상력이 발동된 거지 과학은 아니다 이래서, 어떻게 보면 설움을 겪었다면 겪었는데 MBC 저널리즘스쿨에서 내 담론이 사회과학 담론이라는 걸 인정해주셨으니까 기쁘죠. 또 하나는 나는 원래 인문교양·사회교양을 가르는 것은 맞지 않다고 봐요. 물론 편의상 할 수는 있지만 교양이라는 건 기본적으로 한가지이고 그건 인문적 교양이라고 하는 게 맞습니다, 원래. 그 안에 사회교양도 들어가고 과학적 교양도 들어가고 다 들어가는 건데, 인문학도인 나를 사회교양 부문에 집어넣음으로써 인문사회교양이라는 인위적인 구별이 흔들려버린 거 같아요, 좀. 그래서 그것도 나는 대단히 반갑게 생각합니다.

그리고 MBC 저널리즘스쿨에서 교양을 중시하는 건 참 잘하는 일이라고 봐요. 여러분이 언론계 진출을 희망하는 분들이 대다수라고 들었는데 사실 저널리스트로서의 기술이나 이런 것은 학교에서 안 배워도 입사하면 금방 배워요. 가르쳐줄 사람들도 많이 있고. 그런데 진정한 교양이라는 것은 회사 들어가서 배울 기회도 많지 않고 또 우리 사회 전체에서 나는 이게 거의 멸종 위기에 있는 덕목 같아요. 그런데 우리 사회의 여러 문제들이 사실은 그런 진정한 의미의 교양의 결핍에서 오고 있고 지금 우리 미디어의 많은 문제도 언론인들의 교양부족하고도 밀접한 관계가 있다고 봅니다. 어떤 신문사들은 자기들 사원들을 채용해놓고 훈련을 많이 시켜요. 그런데 진정한 교양을 개발하는 교육은 아닌 것 같아요. 또 어떤 신문사들은 돈이 없어서 그렇겠지만 기자 들어온 다음에 마냥 내버려두는데 그러면 그 신문이 잘될 수가 없습니다. 신문사 아니라 어느 기관이든 성원에 대한 교육과 훈련을 게을리하면 오래가지 못한다고 생각합니다. 그래서 준비하는 단계에서부터 교양을 강조하고 또 가능하면 교양에 대해서 많은 걸 배우고 깨닫게 해주는 이런 과정이 실제로 필요하다고 생각합니다.

　그런데 내가 교양이라는 건 기본적으로 인문적 교양입니다 이렇게 말했을 때는, 전통적으로 인문학 속에 다른 학문들이 다 들어가 있었거든요. 서양에서도 그렇고 동양에서도 그랬습니다. 지금 우리가 말하는 사회담론이랄까 심지어는 자연에 대한 연구도 전부 인문학의 일부였어요. 그리고 나는 어느 글에서 그것이 우리의 오래된 미래라고 표현했습니다. 아마 인터넷에 들어가면 읽는 방법이 있을 텐데, 『창작과비평』 2014년 여름호(164호)입니다. 「인문학의 새로움은 어디서 오나」라는 글입니다. 거기서 말한 지난날의 인문학이 오래된 미래일 수는 있어도 그게 우리 현재는 아니거든요. 그게 현재가 아니게 된 경위를 얘기했고, 그 다음에 오래된 미래를 현실화하면서 우리가 새롭게 건설할 인문학은 어떤 것이어야 하느냐 하는 얘길 했더랬습니다. 지금 그 내용을 다 소개하기는 어렵지만 원래의 통합적인 인문학이 어떻게 분과학문이 되고 원래의 전제에서 멀어졌는가 하는 경위는 우리가 조금 알 필요가 있을 거 같아요. 우리나라의 경우는 사실 옛날엔 주로 학자들이 유학자들이었는데 그 선비라는 사람들은 다 시인이고 문장가고 또 경서 연구가고 많은 사람들이 벼슬하면 행정가가 되고 경세(經世)라고 해서 세상을 어떻게 다스리고 이끌어나갈 것인가에 일가견을 가진 사람들이어서 그들의 얘기 중에 지금으로 치면 사회과학에 해당하는 얘기들이 참 많습니다. 서양에서도 사실 사회과학이라는 것이 따로 독립된 것은 19세기 이후의 일이고 원래는 인문학 속에 다 들어 있었어요. 그래서 가령 나도 대학원에서 영문학을 전공했는데 철학박사라 그러거든요. 'PhD'라고 그러잖아요. 이게 무슨 뜻이냐면 옛날 대학에서는 법학이라든가 의학이라든가 신학 같은 요즘이면 전문대학원에서 하는 학문이 아닌 일반 학문을 통틀어 철학이라고 그랬어요. 그래서 아직도 미국이나 영국의 대다수 대학에서 자연과학을 전공해도 철학박사를 줍니다. 그러다 17세기에 서양에서 근대과학이 발생하죠. 소위 과학혁명이라는 게 일어나고. 비슷한 시기에 자본주의라는 사회체제가 성립합니다. 그러면서 자연과학이 인문학에서 먼저 떨어져나가요. 그리고 그 권위가 점점 높아지죠. 과학혁명으로 인해서 과학이 발달한 것도 있지만 실제로 자본주의 사회체제를 운영하는 데 있어서는 자연과학적인 지식이 유용했기 때문에 그래서 먼저 자연과학이 독립된 것이고, 사회과학이 따로 성립된 것은 사회에 대한 얘기도 인문학의 일부로 막연하게 하지 말고 자연과학의 모델을 본떠서 더 엄밀한 과학이 되어보자는 흐름이 있었고요. 그러다가 프랑스혁명 이후가 계기라고 하죠. 사회과학이 발달되는데 흔히 정치, 경제, 문화 또는 사회 이렇게 삼분하는 분류가 그때 생긴 겁니다. 그래서 정치에 대한 공부는 정치학, 경제에 대한 연구는 경제학, 나머지는 사회학. 그리고 예외적으로 원시사회에 대한 연구는 사회학이 아니라 인류학이 됐고요. 그다음에 서양사회는 아닌데 그렇다고 원시라고 할 수도 없는 동양사회, 중동이라든가 페르시아 또는 동아시아 이런 델 연구하는 것을 그때는 동양학 또는 오리엔탈 스터디즈라는 말을 썼습니다.

우리는 19세기 말에 자본주의 세계시장에 편입되고 서양 학문이 밀려들어오면서 서양에서 그렇게 성립이 된 인문학, 자연과학, 사회과학의 분류를 받아들이게 됐는데, 내가 서울대에서 처음 교편을 잡을 때만 하더라도 문리과대학이라는 게 있어서 문학부, 이학부로 갈라져는 있었지만 문학부 속에는 인문학, 사회과학 다 들어 있었어요. 그런데 서울대학의 경우는 종합대학이 되어 관악캠퍼스로 이전을 하면서 문리과대학이 인문대, 사회과학대, 자연과학대 이렇게 쪼개집니다. 그리고 지금은 학교 규모에 따라서 그렇게 셋으로 쪼개진 학교도 있고 문과대학 이과

대학 이렇게 둘로 갈라져 있는 데도 있고. 하여간 지금 산산조각이 난 셈이에요, 원래의 인문학이. 이렇게 인문학이 각각의 분과학문이 되면서 사실은 인류 지식의 축적에는 굉장한 발전이 이뤄졌습니다. 그렇겠죠. 학자들이 각 분야를 맡아서 파고드니까. 앞으로 우리가 새로 이걸 다 통합해서 새로운 인문학을 만들어간다면 그 성과를 수용해야 합니다. 과거의 인문학을 그냥 되살리는 것하고 다른 거죠. 그렇긴 하지만 그러다 보니까 생긴 문제가 하나는 원래의 인문학이라는 것은 인간답게 살기 위해서 지식을 연마하는 것이고 지식 자체가 목표는 아니었거든요. 요즘 말하면 정말 인간다운 교양, 지혜 이것이 주목적이었고 지식은 그것을 위한 수단이었는데 지금은 원래 목적은 사라지고 지식축적을 바로 진리의 탐구인 것처럼 얘기하는 경우가 많아졌습니다. 또 원래의 인문학이라는 것은 항상 실천과 관련된 거였죠. 옛날의 선비들 봐도 그렇지 않습니까. 물론 근대학문도 실천에 유용하게 쓰이긴 합니다. 그러나 학문 자체가 실천성을 띠는 건 아니고 사람들이 그렇게 개발되어온 지식을 써먹는 거예요, 사회를 위해서. 어떤 특정인의 목적을 위해 써먹다보니까 지금은 자본주의가 점점 발달하면서 무슨 좋은 지식이 발견되어도 결국 그걸 써먹는 것은 돈 있는 사람들, 자본이 주도하게 돼 있어요. 이런 사회혼란도 생기게 됐는데, 이게 우리가 새로운 인문학을 만들면서 극복해야 할 과제죠.

어쨌든 저는 인문적 교양은 한편으로는 모든 학문의 기초에 해당한다고 봐요. 다시 말해서 읽고 생각하는 기능을 인문적인 교양이라고 한다면 그것 없이는 사회과학도 할 수 없고 심지어 자연과학도 안 되잖아요. 그런 면에서 기본이 되는 건데, 더 나아가서 이게 모든 분과학문이 도달해야 할 어떤 최종 목표이기도 하다고 봅니다. 목표는 지금처럼 돈 가진 사람, 힘 있는 사람이 정하는 게 아니고 공부 자체에서 도달하는 것이라고 할 때, 인문학이 그런 의미에서는 마지막 목표도 되어야 한다고 생각하는데요. 사실 지금 우리 사회를 보면, 우선 미디어 방면에서 여러분들이 공부하는 목표 중에 하나가 소위 '미디어 리터러시'(media literacy)를 배우는 걸 텐데, 미디어 리터러시도 결국 교양의 산물이죠. 그게 없기 때문에 온갖 가짜뉴스가 횡행하는데, 가짜뉴스를 만들어내는 사람도 문제지만 이게 장사가 되는 건 일반 시민들의 미디어 리터러시가 부족하고 교양이 부족하기 때문이 아닌가 합니다. 나는 교양이라는 게 대학 들어가서 교양과목에서 배우는 그런 것이 아니고 정말 우리 각자의 삶과 또 우리 사회의 근본 문제를 해결하는 데 꼭 필요한 요건이라고 생각해서 여러분들이 교양교육을 중시하는 저널리즘스쿨 과정을 밟는 데 대해서 참으로 경하하는 뜻을 표하고 싶습니다.

그러면 원래 내가 계획했던 본론으로 들어가서 '근대의 이중과제와 한반도식 나라만들기'에 대해서 얘기할까 하는데 순서를 좀 바꾸기로 했어요. 제목에는 한반도식 나라만들기가 뒤에 들어가 있는데 이 얘기를 먼저 할까 합니다. 사실 둘 다 소위 거대담론에 속하는데 거대담론이라는 건 추상수준이 높아서 많은 사안들을 포용하는 능력이 있죠. 대신에 자칫하면 구체적인 현실에서 동떨어진 허황된 이야기가 될 위험도 있습니다. 그런데 나는 거대담론 자체는 나쁜 게 아니라 꼭 필요한 건데 거대담론이 현실과 동떨어진 관념적인 논의가 되는 게 문제라고 생각해요. 그래서 내 책 제목이 둘 다 거대담론에 해당하는 건데 추상수준이 다르죠. 근대라는 것은 전세계를 포괄하는 개념이고 한반도식 나라만들기는 주로 한반도 이야기니까요. 그래서 조금 더 구체적인 한반도식 나라만들기에서 출발해야 여러분들이 더 관심을 갖고 따라올 수 있지 않을까 하는 생각입니다.

그런데 나라만들기라는 데에다가 '한반도식'이라는 수식어를 붙인 것은 내 나름대로 참 많은 생각을 해서, 의도가 있어서였습니다. 어느 나라든 나라만들기의 역사가 있고 나라만들기가 아직도 진행 중인, 아직도 나라만들기를 다 못한 나라들도 많이 있는데 그런 세계의 여러 케이스 중에서도 한반도에서 진행돼온 나라만들기, 또 앞으로 나아가야 할 길이 굉장히 독특하다고 생각해서 그 점을 좀 부각시키려고 한 거예요. 이 땅의 나라만들기 작업이 세계적으로도 독특한 몇가지 형상을 지녔다고 했고, 그중에 우선 세가지를 먼저 거론했습니다. 하나는 우리가 근대국가를 만들려는 노력이 굉장히 늦었고 아직도 그걸 완성하지 못했다는 얘길 많이 하는데, 서양의 모델을 주로 생각하면 그 얘기가 맞아요. 그러나 우리 역사를 보면 서양의 어느 나라에서도 찾아보기 힘든 상당수준의 통합성과 정체성을 지닌 국가가 적어도 고려시대부터 존재했습니다. 어떤 사람은 삼국통일 때부터라고 합니다만 그건 좀 불완전한 통일이었고 국가의 형태도 어느정도 통합성을 지녔다고 할지 잘 모르지만은 적어도 고려라는 나라가 918년 건국되었고 그러고서 세월이 조금 지나면서 후삼국을 통일하죠. 그때부터 따지면 지금 한 1100년 동안 단일한 정치공동체를 유지하면서 상당한 정도의 민족적인 자의식을 가지고 우리가 살아왔습니다. 이건 영국이니 프랑스니 이딸리아니 소위 선진국들에서 유례를 들 수가 없습니다. 문명의 기록이 있는 역사로 치면 중국이나 서양에서는 로마 이래 이딸리아 같은 나라가 훨씬 길지만 거기는 그야말로 여러 나라들이 생겼다 없어졌다 이합집산하면서 왔지 우리처럼 적어도 10세기 초부터 쭉 이어져온 예가 없어요. 이게 상당히 특이한 양상이고, 또 하나는 그렇게 조선시대까지 쭉 이어져온 왕조를 새로운 나라로 바꾸려는 노력을 사실 우리는 19세기 중엽에 이미 시작했어요. 그게 동학이죠. 동학은 새로운 이념을 제시했을 뿐 아니라 그에 따른 운동이 그때 이미 시작해서 1894년에는 농민전쟁이라는 아주 거대한 규모의 사회운동이 일어납니다. 물론 그게 실패하면서 30만명 이상 희생됐다 그래요. 30만명이 죽었다고 할 때, 사람이 한번 죽었다고 해서 그 역사가 없어지는 게 아니잖아요. 어마어마한 사건입니다. 그런 나라만들기 노력이 진행되었고 그게 실패하면서 우리가 1910년에 일본 식민지가 됐는데 1919년에 3·1운동이 일어납니다. 이것도 세계에 유례가 없는 일이에요. 식민지 되자마자 10년도 안 돼서 독립운동이 일어났고, 일시적인 봉기하고도 달랐죠. 거족적인 독립운동이 일어났다가 거기서 임시정부가 생기고 그 임시정부는 처음부터 민주공화국을 내세우고 남녀평등을 비롯한 온갖 평등조항이 임시정부 헌장에 들어가 있습니다. 남녀평등을 선포한 것이 미국이 이를 인정한 것보다 먼저예요. 그리고 물론 임시정부가 그후에 분열이 되고 독립운동에서 주도적인 역할을 제대로 못했다고 하지만 우리 민족의 독립운동이 3·1운동 이후로 죽 국내에서도 그렇고 해외에서도 이어져왔거든요. 이것도 매우 특이한 현상입니다.

그다음에 또 하나 특이한 것은 1945년 8·15 때 해방이 됐잖아요. 일제 식민지에서 해방이 됐는데, 해방이 되면서 국토가 분할되고 결국은 남과 북 두개의 별도 국민국가가 생겼어요. 그러니까 어떻게 보면 나라만들기가 곱빼기로 성공한 거죠. 하나가 아니라 두개의 나라까지 가졌으니까. 그러나 3·1운동 때 만세 부르고 나섰던 분들이 꿈꿨던 나라는 결코 분단국가가 아니었죠. 그건 우리 조선민족 전체를 대표하는 통일국가였고 통일국가의 성격은 민주공화국이었는데, 남과 북이 각기 따로 정부를 만들다보니까 전쟁까지 일어났잖아요? 그래서 전쟁을 거치고 나서 휴전은 됐는데 통일도 못 하고 평화협정도 못 맺고 그런 어정쩡한 상태로 지금 70년 가까이 됐습니다. 햇수로는 올해가 70년째예요 53년부터 치면. 그런 과정에서 나는 이건 그냥 분단이 시간을 오래 끈 게 아니라 이 분단현실이 하나의 체제를 형성한 것이라고 보아서 거기다가 '분단체제'라는 이름을 붙였습니다. 한반도의 분단체제. 그러다보니까 우리가 제대로 된 나라만들기를 하려면 분단체제에서 출발해서 남과 북이 이걸 극복하는 나라가 되도록 해야 한단 말이에요. 그런데 우리가 8·15 때 또는 그전 3·1운동에서 꿈꾸었던 단일형 국민국가로 통일하는 건 첫째는 지금 전혀 가능하지 않고요, 둘째로는 바람직하지도 않다고 봅니다. 남과 북의 주민들이 70년 동안을 완전히 다른 체제 속에서 살아왔는데, 아무리 동포라고 해도 그들에게 갑자기 합쳐서 살라고 하면 그게 되겠어요? 합쳐지지도 않지만 합쳐지더라도 그건 바람직한 게 아니죠. 대신 나는 이 분단체제라는 현실을 극복하는 과정을 두고 점진적·단계적·창의적이라는 표현을 씁니다. 점진적이라는 건 갑자기 통일하지 않고 천천히 한다는 것이고, 속도만 늦추는 게 아니라 그 사이의 중간단계를 밟는다는 거예요. 이미 6·15남북공동선언에서 남쪽의 남북연합안과, 북은 원래 연방제를 주장해왔는데 그때 김정일 위원장이 양보해서, 북쪽의 낮은 단계의 연방제 사이에 공통점이 있다는 걸 인정하고 그런 방향으로 통일을 지향해나가기로 했습니다. 이건 단계적으로 하겠다는 거예요. 그냥 천천히 시간 끌다가 어느날 갑자기 통일하거나 단일국가를 만들겠다는 게 아니라 어떤 중간단계를 거치겠다는 것이고. 그렇게 해나가기로 하면 중간단계가 꼭 하나라고 볼 필요가 없잖아요. 낮은 단계의 연방제가 있듯이 낮은 단계의 연합제가 있을 수도 있고요. 나는 낮은 단계의 연합제에서 출발하는 길밖에 없다고 보는데요. 낮은 단계의 연합에서 출발해서 조금 높은 단계의 연합으로 갔다가 그다음엔 낮은 단계의 연방제로 갔다가 이렇게 여러 단계를 거칠 수도 있는 거고. 한두 단계 거쳐서 바로 통일국가로 갈 수도 있는 거고, 또 이렇게 여러 중간단계를 거치다가 야, 더이상 갈 것 없다, 그냥 여기서 더 나아가서 단일형 통일국가를 만든다는 건 별로 바람직하지도 않다 할 수도 있는 거지. 바람직한지 아닌지는 그때 시민들이 결정하는 거예요. 우리가 보기에도 바람직하지 않고 또 이게 세계적 추세에도 안 맞을 수 있어요. 세계는 지금 여러 형태의 지역연합이 생겨나고 있고 또 국가 단위의 행위보다 시민들 간의 네트워킹이 점점 중시되는 시대이기 때문에, 어느 단계에까지 갔을 때 국가 통합은 이 정도면 됐고 이제 내실을 기해서 민중의 요구에 맞는 연합이든 연방으로 만들고 또 동아시아에 지역공동체 같은 걸 형성하는 데 우리가 네트워킹을 치중하는 게 중요하다 하면, 그것이 한반도식 나라만들기의 목표지점이 될 수 있는 거죠.

이렇게 점진적·단계적·창의적 재통합 과정이 중요한데, 나중에 질문하시면 더 얘기하기로 하고 건너뛰겠습니다. 그다음에 나는 현단계 한반도식 나라만들기를 시민참여형 통일이라고 이름짓기도 했습니다. 여기에 대해 오해들도 많이 하는데, 아니 시민참여가 아무리 중요해도 어떻게 남북관계 같은 문제를 시민들이 주도해서 풀어가냐, 남북협상을 당국이 하지 않고 시민들이 하란 말이냐 이런 반론이 나오는데 그런 뜻은 아니고요. 우리의 통일 과정, 분단체제 해소 과정에 시민들이 개입하는 방법이 여러가지가 있는데 그중 대표적인 예가 2016~17년 촛불항쟁이라고 생각합니다. 그걸 나는 특정해서 '촛불대항쟁'이라고 부릅니다만. 다시 말해서 통일을 반대하고 남북대결로 먹고사는 기득권세력 그리고 일방적으로 개성공단도 폐쇄하고 국정농단을 하는 대통령을 시민들이 들고일어나서 징벌하고 퇴출시켜버렸잖아요. 나는 이런 것이야말로 시민참여형 통일운동의 대표적인 성공사례 중의 하나라고 봅니다. 그리고 그 대목에서 내가 현 시국에 대한 이야기를 좀 했는데요. 길게는 말하지 않겠고 우리가 시민참여형 통일운동의 한 성과로 박근혜정부를 퇴출시키고 정권교체를 했는데 현 시국을 나는 이렇게 봅니다. 그때 정권을 잃은 세력이 1기 촛불정부의 미흡한 성과를 빌미로 2기 촛불정부의 성립을 저지하고 촛불 이전의 정권을 재창출하려고 합니다. 지금 저쪽이 쓰는 구호는 정권교체고 여당인 민주당 쪽에서 정권을 재창출하려고 한다는 그런 프레임인데, 나는 그것이 잘못된 프레임이고 사실은 정권재창출을 기도하는 건 저 사람들이에요. 잃었던 정권을 재창출하려고 지금 죽기 살기로 나오고 있죠. 그래서 그것이 올해 2022년 초 우리 국내 정세의 핵심이라고 봅니다.

이제 근대의 이중과제 얘기로 넘어가겠습니다. 앞서 말했듯이 구체적 현실의 구체적 분석에 기여하지 않는 거대담론은 무용지물입니다. 동시에 거대담론 내지 거대서사, 영어로 'grand narratives'라고 하는데 거대서사의 시대는 이미 지났다는 담론이야말로 또 하나의 거대서사이고 거대담론이죠. 그래서 그런 식의 자기 나름의 거대담론을 제시하면서 그것은 거대담론이 아니고 거대담론이 나쁘다고 얘기하는 건 틀린 얘기고, 이걸 좀더 비판적으로 본다면 우리는 알게 모르게 기존의 여러 거대담론에 젖어서 살고 있습니다. 기존의 거대담론에 계속 사로잡혀서 살아라, 딴생각하지 말고 살아라, 새로운 무슨 담론 만들어낼 생각 하지 말아라 하는 것은 그야말로 '가만히 있어라' 하는 이야기입니다. 근대의 이중과제라는 건 더 풀어서 말하면 근대적응과 근대극복의 이중과제이죠. 이걸 줄여서 근대의 이중과제라고 말하는데, 되게 아리송하게 들릴지 모르겠는데요. 사실은 무슨 일을 당해서 그걸 극복하기 위해서라도 거기 적응하고 그걸 감당하고 또 극복하려는 사람이 오히려 적응을 더 잘하는 이런 일은 우리 인생에 아주 다반사입니다. 일종의 상식이죠. 그런데 이게 복잡해지는 건 이중과제 자체가 복잡해서가 아니고 여기에 근대를 끌어넣기 때문입니다. 근대를 끌어넣으면 첫째 근대가 무슨 뜻이냐 하는 질문부터 나오게 되고요. 더군다나 우리 담론이 혼란스러운 것은 사실 우리말에는 근대라는 시대, 또 근대의 여러가지 특성을 말해주는 '근대성', 근대하고 비슷하고 의미상으로 겹치는 면도 있지만 사실은 정확하게 같은 뜻은 아닌 '현대'라는 말이 있고, 현대의 여러가지 성격을 말해주는 '현대성'이 있고, 이게 다 식별이 되는데, 서양은 그렇지 않다는 거예요. 저 가련한 서양인들은 그런 능력이 없어서 'modernity'란 단어 하나에 다 때려넣고 불편하게 살고 있잖아요. 근데 우리 지식인들이 그걸 잘하는 일이라고 생각하고 근대 논의를 하면서 우리말의 근대 가지고 얘길 안 하고 서양의 모더니티 논의를 가져다가 그걸 표준으로 삼습니다. 그러다보면 어떤 때는 근대로서의 모더니티 얘기가 되고 어떤 때는 근대성의 모더니티 얘기를 하고 어떤 때는 현대로서의 모더니티 또 어떤 때는 현대성으로의 모더니티인데, 근대성이나 현대성이라는 것은 그런 시대의 성격이기 때문에 그 성격이 하나일 수가 없잖아요. 여러가지가 있는데다 사람마다 생각이 다르지요. 또 그 성격 중에 무엇을 좋아하고 무엇을 싫어하는지가 사람마다 다 다릅니다. 그래서 근대와 근대성의 문제를 섞어놓으면 늪에 빠진 꼴이 되어서 헤어날 수가 없어요. 나는 그래서 한국 사람들은 한국어의 이런 우수한 변별력을 활용해서 일단 근대라는 시대에 논의를 집중하자는 거죠. 그렇게 하더라도 근대가 어떤 시대냐에 대해서 여러 논의가 있습니다만, 저는 근대는 기본적으로 자본주의 시대라고 봐요. 자본주의라는 역사적 체제가 주도하는 그러한 시대인데, 그렇게 보면 상당히 의미가 정해지고 논자들이 다 투더라도 뭘 가지고 싸우는지가 분명해질 수가 있죠. 그래서 일단 근대는 자본주의 시대라는 전제를 갖고 여기에 적응하면서 극복해가는 과제, 이중의 과제지만 단일한 과제를 연마할 필요가 있다는 겁니다. 물론 그렇게 정리해도 논란의 여지는 많습니다. 도대체 근대에 적응한다는 게 어떻게 하겠다는 것이며, 더군다나 근대극복이라 하면 근대를 어떻게 극복하느냐는 '어떻게'의 문제도 있고, 그 극복된 상태는 어떤 상태인지 이야기할 거리는 참 많은데, 그것이 소모적인 논란으로만 흐르지 않고 구체적인 토론이 가능한 개념이라고 나는 믿고 있어요. 그런데 근대 전체를 두고도 이 책에서 논의한 대목이 있습니다. 동아시아 문학에서는 어떤 사례가 있고 또 서양 문학에도 적용하면 어떤 얘기가 가능한가. 특히 이 책 1부 1장에서 그런 얘길 했습니다. 여기서는 그 얘기를 길게 소개할 일은 아니고 아까도 말했듯이 추상성이 높은 거대담론은 더 추상성이 낮은 현실에 스스로를 적용하고 그걸 해명하는 데 이바지를 못하면 무용지물인데요. 근대의 이중과제론보다 추상수준이 한 단계 낮은 게 분단체제론이고, 한반도식 나라만들기론입니다. 그래서 아까 말했듯이 분단체제극복 운동이 낡은 민족통일 개념에 따른 나라만들기, 다시 말해서 근대에서 뒤처진 민족으로서 적응해나가는 따라가는 노력, 그런 근대적응 위주의 노력을 넘어서 근대주의적 근대국가 개념 자체를 바꿔가는 점진적·단계적·창의적 과정이라고 했는데, 그런 근대극복의 과정을 겨냥하는 것은 바로 이중과제론적 문제의식의 발로라고 할 수 있습니다. 또 분단체제론보다 조금 더 추상수준을 낮추어 이것을 남한의 정치노선에 적용했을 때 나는 '변혁적 중도주의'라는 개념을 도입했는데, 변혁적 중도주의에 대해서는 변혁과 중도가 어떻게 같이 가느냐 이거 말장난 아니냐 이렇게 생각할 수 있어요. 그러나 변혁이 해당하는 차원과 중도가 해당하는 차원이 다르기 때문에 상충하지 않습니다. 변혁은 분단체제라는 한반도체제를 변혁해서 지금의 분단체제보다 나은 체제를 한반도에 건설하자 하는 얘기고, 중도는 한반도체제 전체라기보다 그런 목표를 위해서 우선 남한에서 우리가 할 수 있는 일이 뭐냐, 현실에 안 맞는 낡은 단순논리가 좌에도 있고 우에도 있는데 일단 그걸 배제하고 그 나머지 중도세력을 넓혀나가야지 가능하다 이런 주장이에요. 이렇게 말하면 변혁적 중도주의란 말이 새로우니까 그거 당신하고 몇사람이나 그런 생각을 하지 폭넓은 중도세력이 생기겠느냐 하는데, 폭넓은 중도세력이 아직 생겨나지 않은 건 사실이에요. 그건 솔직히 인정해야 하지만 가령 우리가 촛불시위 때 보면, 이건 내 해석입니다만 변혁적 중도주의에 해당하지 않는 여러 논리들이 시위 군중들에게 환영을 못 받았어요. 어디서 옛날식 노동운동이라든가 기존 정당의 어떤 노선을 들고나온다 하면 대개 금방금방 퇴출당했죠. 그래서 우리 촛불시민들이 변혁적 중도주의라는 개념은 없지만 거기에 대한 배고픔이랄까 갈구는 있었고, 이걸 발전시켜서 더 정교하게 다듬는 것이 정치인의 책임이고 언론인의 책임이고 학자들의 책임입니다. 좀 다른 이야기가 되겠습니다만 우리의 기성 정치인, 언론인, 학계 인사, 법조인 이 사람들이 우리나라에서는 엘리트 카르텔을 형성하고 있죠. 그리고 한국의 부패는 어느 미국 학자의 말에 의하면 엘리트 카르텔형 부패라고 합니다. 그래서 촛불시민들에게 그런 갈망이 있는데 이게 더 개념화되고 더 정교한 담론으로 발전하고 사상이 되고 정치적인 동력이 되는 것을 그동안 우리 엘리트 카르텔이 차단해왔다고 봅니다. 이렇게 말하면 그 차단하는 걸 뚫으려고 내가 고군분투했다는 얘기가 되는데, 고군분투까지는 아니더라도 이런 얘기 하는 사람이 많지 않은 건 사실이에요. 앞으로 나는 이번 대선 고비를 잘 넘기면 그게 확 열리리라고 믿고 있습니다.

나의 이중과제론은 사실 내용이 완전히 새로운 것은 아니에요. 말 자체는 내가 새롭게 만들어냈다고 자부합니다. 왜냐하면 외국의 학회에서 제일 먼저 영어로 발표를 했는데 다들 처음 들어봤다고 그랬거든요. 그리고 외국의 학술지나 정론지에 글을 싣기도 했는데요. 말은 새롭지만 내용상으로는 맑스가 부르주아 시대의 현상을 진단하면서 극복의 방향을 제시하는 걸 변증법적 과정이라고 그러죠. 부르주아 시대의 성취는 성취대로 인정하면서 그걸 딛고 극복해야 한다는 이야기이기 때문에 이중과제론의 문제의식하고 거의 합치한다고 봅니다. 그러면 왜 굳이 이중과제론이냐. 우선 맑스의 말을 그대로 쓰려고 하면 설명이 너무 많이 필요해 이중과제론이라는 공식이 괜찮다는 생각이고요. 또 하나는 우리 동아시아 전통에서는 인간의 마음공부라든가 유교에서 말하는 수신(修身)이 사회적 실천에서 아주 결정적인 요인이라고 강조하는데, 맑스의 경우, 그리고 그 자신뿐 아니라 소위 서양의 진보주의자들은 그런 '종교적'인 걸 비판합니다. 그건 그럴 만하죠. 그가 살아온 서양의 역사에서는 종교가 그의 표현대로 인민의 아편 노릇을 한 측면이 있기 때문인데. 그걸 비판하더라도 우리 동아시아 사상의 이런 특징을 외면해서는 안 될 것 같고요. 이것이 자칫 체제순응으로 이어질 수 있는 건 사실이지만, 그 점에서는 그리스도교에서 말하는 영성도 마찬가지입니다. 영성에 대한 강조가 사회적 실천이나 참여를 하지 말고 열심히 기도하고 천당 가라는 것만을 뜻하게 되면 그건 인민의 아편의 또다른 형태가 되는 거죠. 그러나 우리 역사에서 그러한 마음공부가 획기적인 체제극복 운동의 기반으로 된 것이, 유교의 전통에도 그런 요소가 있지만 우리 한반도 역사에서는 진짜 혁명적인 운동이 마음공부하고 합치되어서 일어난 것이 있는데 바로 동학이죠. 동학에서 수심정기(守心正氣)라는 말을 쓰는데, 마음을 지키고 기를 바르게 한다는 뜻이죠. 개인적인 수양의 문제이기도 하지만 수심정기를 하고 보국안민(輔國安民)하자는 거였어요. 바로 이게 사회적 실천의 일부로서 마음공부가 강조됐던 사례로 이미 나온 바 있고요. 그리고 이게 여러 형태로 쭉 전달되어왔던 겁니다. 그 하나로, 나는 개인적으로 원불교도는 아닙니다만 원불교를 창시한 소태산 박중빈 선생이 수운 이래의 후천개벽 흐름하고 세계적 종교 사상인 불교를 융합하면서 우리 민족의 사상이, 한국의 사상이 또 한걸음 나아갔다고 믿고 있는데, '물질이 개벽되니 정신을 개벽하자'는 원불교의 개교표어도 있고요. 우리나라의 그리스도교 쪽에서도 도산 안창호 선생은 뭐 기독교인으로서 특별히 주목받을 만한 사람인지는 모르겠지만 원래 기독교에서 출발하여 민족의 독립이라는 혁명과 개인의 수양을 굉장히 강조해서 그것을 같은 것으로 봤고요. 더 가까운 예로는 함석헌 선생 같은 분도 있죠. 그런데 공교롭게도 안창호 선생이나 함석헌 선생은 말하자면 언론인들입니다. 그런 분들의 사상과 행적은 사실 우리 시대의 교양인의 기본 상식이죠. 이렇게 말하면 어떤 분들은 나는 잘 모르는데 나보고 몰상식한 인간이라는 건가 그렇게 생각할지 모르겠지만 사실은 나 자신이 이런 인식에 도달한 게 굉장히 늦었어요. 그렇기 때문에 여러분 같은 젊은 나이에 다 알지는 못한다고 해서 조금도 부끄러워할 것은 없고, 다만 이건 한국인으로서 또는 더 나아가서 세계인으로서 중요한 교양이고 상식이다라는 점을 인식하면 좋겠어요. 그리고 이것이야말로 우리가 지식과 지혜를 구별하고 진정한 교양이 그냥 지식의 탐구나 축적만으로 갖추어지는 것이 아니라고 할 때의, 진정한 교양의 일부일 겁니다. 그래서 여러분들이 앞으로 저널리스트가 되건 또는 다른 어느 분야에서 활동하건 이런 인문적 교양을 갖춘 그런 행동가가 활동가가 되시기를 기원하면서 내 얘기를 마치겠습니다. 감사합니다.

사회자 궁금한 점 질문하셔도 좋고 자유롭게 본인 의견을 밝히셔도 좋습니다.

청중 1 교수님께서 말씀해주신 북한과의 공생 문법이 의미있다고 생각을 해왔는데요. 또래 20대들과 얘기를 해보면 사실 북한에 대해서 지정학적·역사적 이벤트가 축적되다보니 적대적 태도가 팽배하다고 느낍니다. 저만 해도 그런데, 지금 북한에 대해 부정적 경험만 공유하고 있는 10대, 20대들을 설득하기 위해서는 어떠한 방식이 옳다고 생각하는지 궁금합니다.

백낙청 나는 젊은 세대들이 북한에 대해서 잘 알지 못할 뿐 아니라 우리가 한반도식 나라만들기를 그들과 함께해야 한다는 인식이 없는 것이 한편으로는 젊은 세대들이 교육이 부실한 면도 있고 교양이 부족하다 이렇게 말할 수도 있지만 기성세대의 책임이 크다고 봐요. 특히 기성세대에서 통일을 강조하는 분들의 책임이 크다고 봅니다. 아까 얘기했지만 우리가 분단체제 속에 살고 있고 이걸 점진적·단계적·창의적으로 극복해나가야 하는데, 논의를 우리 분단현실 또 이것이 일종의 체제가 돼 있는 현실에서 출발하지 않고 옛날에 우리가 '우리의 소원은 통일' 하며 부르짖던 통일을 가지고 이야길 시작한단 말예요. 그리고 무슨 통일의식 조사를 할 때도 보면 여러분은 통일을 원하십니까 원하지 않으십니까 통일에 관심이 있으십니까 이렇게 묻는데, 도대체 통일이 뭔지도 말을 안 해주고 통일에 대해 관심 있냐 없냐 지지하느냐 안 하느냐 그러니까 젊은이들이 첫째는 관심이 별로 없고요. 내 삶하고는 관계가 없는 것 같다 이렇게 생각을 하고. 두번째는 관계가 있다면 별로 달갑지 않다, 그러잖아요. 통일해서 북한 사람들이 막 내려와도 곤란하고 안 내려와도 내가 세금이나 더 내고요. 반가운 일이 아니니까 젊은이들이 통일에 무관심하다는 답변이 점점 늘어나는 게 당연하다고 봐요. 나는 그런 답변이 더 안 늘어나는 게 젊은이들이 대놓고 통일을 원하지 않는다고 말하기를 조금 망설여서 그런 거지 더 까놓고 얘기하면 그런 답변이 더 많아질 거라고 봅니다. 그렇기 때문에 접근을 그렇게 해서는 안 되고 통일의 개념을 바꾸어야 합니다. 그리고 담론이 통일에서 출발하는 게 아니라 우리 현실, 분단되어 있는 이 현실에서 출발하고 더 깊이 들어가서 이게 그냥 분단이 아니라 70년에 걸쳐서 체제로 굳어져 있는 아주 복잡한 현실이라는 데서 출발해서 그럼 이걸 해소해나가는 데 이러저러한 방법이 있는데 그거에 대해서는 관심이 있으십니까 또는 그걸 지지하십니까, 가령 낮은 단계의 국가연합만 달성돼도 그걸 1단계 통일이라고 볼 수 있겠습니까 이렇게 물으면 긍정적인 답변이 훨씬 늘어날 것 같고 또 그렇게 묻는 것 자체가 일종의 교육적인 효과를 가져오죠. 그런데 통일이 뭔지 말하지도 않고 정의도 안 하고 통일을 원하느냐 아니냐 묻는 질문은 의미있는 답변을 끌어낼 수 없을 뿐 아니라 통일에 대한 잘못된 프레임을 강화해주는 효과가 있다고 봅니다. 그래서 우리가 막연히 통일 이러면 실감이 안 나지만, 지금 젊은이들이 겪고 있는 답답한 현실이 분단과 관계가 있다고 보십니까 그러면, 남자 같으면 우선 군대에 가서 흔히 하는 말로 몇년씩 썩어야 하는 것도 분단과 관련이 있고, 엄청난 국방비를 써가지고 미국의 무기를 사오는 나라에서 청년들한테 돌아가는 복지 혜택이 부족한 것도 분단하고 관계가 있고, 그런 걸 생각하는 거죠. 그래서 그러면 해법이 뭐라고들 생각하십니까. 내가 주장하는 분단체제극복하고 다른 해법도 나와 있어요. 그건 기왕에 이렇게 되었으니까 남과 북이 완전히 딴살림 차리고 좋은 이웃으로 사는 게 낫지 않냐는 건데, 이것도 하나의 대안이에요. 나는 그것은 틀린 인식이라고 보지만 하여간 그것도 토론을 해봐야죠. 나는 거기에 동의 안 하는 게 남과 북이 지금 법적인 이혼이 안 돼 있습니다, 아직도. 별거 중이에요, 양쪽 다. 그런데 수십 년 동안 별거하면서 다른 생활을 해왔기 때문에 갑자기 한집에 합쳐서 살라고 하면 못 살아요. 그렇다고 기왕 이렇게 되었으니까 정식으로 이혼신고 하고 각자 다른 남자 또는 여자하고 잘 살면 되지 않냐 그러는데, 거기에는 또 선뜻 동의를 안 합니다, 남과 북이. 남쪽만 하더라도 헌법 전문도 있고 대통령 의무를 말하는 제66조인가 거기에 대통령은 조국의 평화통일을 위해서 노력할 의무를 지닌다 그랬어요. 그 조항이 있는 동안에는 나는 평화통일을 추구하지 않겠고 오로지 평화만을 추구하겠다 이혼해서 잘 사는 나라를 만들겠다 이렇게 대통령이 말을 못하게 돼 있고요. 북도 마찬가지예요. 또 하나는 서로 그런 법조항이 없다 해도 따로따로 과연 얼마나 잘 살 건가. 나는 우리 한국도 지금 경제력 등 꽤 수준이 올라가 있지만 분단이 있는 한 정말 잘 살 수 있을 거라고 보지 않아요. 북한의 경우는 강대국들에 둘러싸여 있고 남한만 하더라도 국력 수준으로 보면 거의 강대국 급이죠. 그중에서 제일 못살고 답답한 나라가 북한이잖아요. 그런데 따로 잘 살아봐라 그러면 북한이 받아들이겠어요? 현상을 못 받아들이니까 현상을 타파하기 위해서 온갖 몸부림을 치고 핵무기도 만들고 미사일도 쏘고 그러는 것 아닙니까. 그러니까 우선 한반도 전체가 평화로워지려면 핵무기에 대한 해결이 있어야 되는데, 각자 잘 살자고 하는 것으로는 해결이 안 되게 되어 있거든요. 답변이 좀 길어졌습니다만.

청중 2 저는 촛불혁명과 관련해서 좀 질문드리고 싶은데요. 사실 제가 2016~17년에 고등학생이었어서 당시에 그렇게 큰 인식 없이 봤을 수도 있겠지만, 아까 촛불혁명이 시민참여형 통일운동의 한 성과다 이렇게 말씀하셨는데, 저는 이걸 단순한 비리나 국정농단 측면에서만 접근했던 것 같아서 그렇게 해석하신 이유가 무엇인지부터 좀 여쭙고 싶었습니다.

백낙청 시민참여형 통일에는 여러가지 형태가 있을 수 있는데 2016~17년의 촛불대항쟁도 그런 맥락에서 이해할 수 있다는 거고요. 사실 그때 촛불시위에서 남북문제는 그렇게 큰 이슈가 아니었죠. 당장의 국정농단, 부정부패, 불평등 이런 문제들이 더 전면적인 거였죠. 이게 나라냐, 나라다운 나라를 만들자는 것이 시민들의 열망이었잖아요. 그러니까 그 열망 속에는 여러가지 요구가 담겨 있었는데 우리가 사후적으로 그걸 분석해보니 거기에는 남북의 대결이 완전히 해소되지는 않더라도 적어도 완화되지 않고는 충족시킬 수 없는 욕망이 많이 들어 있었단 말이죠. 그런 의미에서 촛불대항쟁과 거기서 시작해서 진행되고 있는 촛불혁명이 남북관계와 무관하지 않고, 또 촛불혁명의 성과가 금방 남북관계 개선으로 나왔지 않습니까, 2018년에. 엄청난 변화거든요, 남북관계 역사에서. 판문점회담, 문대통령의 평양 방문과 평양 선언. 그때 선언의 부속문건으로 나온 군사합의가 굉장히 중요합니다. 아직도 그게 깨지진 않았어요. 지금도 유지되고 있고. 거기다가 그 덕에 북미 간에 역사상 최초의 정상회담이 이루어졌잖아요. 그런데 미국에서 국내의 수십년 묵은 대북 적대정책을 깨질 못해서 하노이회담이 결렬되고, 우리 정부는 그때 더 할 수 있는 일이 있었는데 하노이 여기서 잘 풀리고 나면 일이 확 쉬워질 테니까 기다려보자 하다가 그게 깨지는 바람에 아무것도 못했어요. 그후에도 계속 움츠러들어 있으니까 북에서는 진짜 남쪽은 미국의 하수인들이고 믿을 수 없는 파트너다 이렇게 봐서 지금 교착상태에 있는데, 새 정부로 북에 선제타격을 하겠다는 그런 정부가 아닌 다른 정부가 들어서면 나는 남북관계에 또 새로운 움직임이 있을 거라고 봅니다.

청중 3 교수님 답변과도 이어지는 질문일 것 같은데요. 저는 낮은 단계의 연방제나 연합제를 하기 위해서는 남북 간의 대화가 선행되어야 한다고 생각합니다. 그런데 역사적으로 봤을 때 박정희·노태우 보수정권에서는 정치인들끼리 만나서 남북문제를 정치적으로 해결하려고 했고, 문민정부 이후에는 스포츠 행사나 남북 단일팀 같은 문화적 교류도 이루어졌고요. 저는 문재인정부가 주장했던 한반도 평화프로세스는 경제적 가치, 남북이 연합을 하면 여느 아시아지역과는 다른 경제대국을 만들 수 있다는 식의 경제적 청사진을 제시했다고 봅니다. 이렇게 정치·경제·문화 다양한 측면의 어떤 조건들을 걸고 남북 간에 대화를 시도했지만 이것이 지속적으로 실패했던 것이 청년세대들이 남북관계의 개선에 실망했던 계기라고 생각해요. 그래서 앞으로 새 정부가 들어서면 정치·문화·경제 이외의 새로운 조건의 대화를 하고 남북이 통일을 위한 청사진을 짜야 할지 아니면 우리가 기존에 펼쳤던 정책에서 놓친 부분이 있어서 결과적으로 남북대화가 진전되지 않은 것인지, 새로운 정부가 청사진을 어떻게 짜고 대화를 위한 노력을 어떻게 해야 할지요.

백낙청 역대 정권들이 많은 노력을 했고 성과도 거두었는데요. 사실 최초의 남북합의가 이루어진 것은 박정희 때 7·4공동성명이었죠. 그것도 의미있는 역사적 사건이었는데, 나는 시민참여형 통일에 대해서 사람들이 회의적일 때 이런 반문을 합니다. 이 책의 11장에 보면 그런 얘기가 나올 거예요. 시민참여형이 아니고서 잘된 통일 봤냐. 7·4공동성명이야말로 시민참여가 완전히 배제된 거 아닙니까? 밀사들끼리 오갔고 독재자들끼리 합의한 건데, 그렇게 자기들끼리 마음대로 했기 때문에 파기도 마음대로 한 거죠. 그래서 북에서는 그것을 소위 김일성헌법이라는 사회주의헌법으로 개헌을 하는 데 써먹었고요, 남쪽은 유신헌법으로 개헌하는 데 이용했고. 그러고는 대결정책으로 다시 갔죠. 그래서 사실 남북관계의 개선에 공로가 더 큰 게 김영삼정부보다도 노태우정부라고 봅니다. 그런데 그건 6월항쟁이 있었기 때문에 그 기운을 타고 이루어진 거니까 그야말로 시민참여가 그만큼 작용했던 것이죠. 또 획기적인 사건은 김대중 대통령 때 6·15공동선언 아니에요? 2000년도에. 그거야말로 우리의 민주화가 진전되면서, 물론 IMF 구제금융 위기라는 것도 있었지만 어쨌든 처음으로 수평적인 평화적 정권교체가 일어났고, 그 힘을 받아서 6·15공동선언이 나왔던 거고요. 노무현 대통령도 자기 나름대로 국내 개혁 프로그램을 가지고 펼쳐나갔죠. 그러나 남북관계에 대해서 준비가 너무 부족했어요. 그러다 임기 말기에 가서 겨우 10·4선언이라는 걸 했는데 너무 말기라 금방 뒤집어져버렸죠. 문재인정부에서 이룩한 성과가 지금 교착상태라서 우리가 답답해하지만 아까도 말했듯이 2018년의 성과 자체는 엄청난 거예요. 남북관계뿐 아니라 미국과의 관계를 푸는 데도 결정적인 역할을 했거든요. 그게 문재인씨가 김대중 대통령보다 정치력이 뛰어나다든가 남북관계에 대해서 경륜이 특별해서 가능했던 게 아닙니다. 그거야말로 촛불의 기운을 받아서 한 거였어요. 그러니까 지금은 촛불의 기운이 다음 정부로 계속되느냐 아니면 촛불 때문에 쫓겨나서 이를 갈고 있다가 자신들의 정권을 재창출하려는 세력이 집권하느냐의 시기입니다. 나는 이 책에서 건곤일척의 대회전이라고 표현했습니다. 그 건곤일척의 대회전의 결과에 따라서 남북관계가 크게 달라지리라고 봐요.

청중 4 근대의 이중과제에 대해 질문드리고 싶은데, 교수님이 근대를 자본주의 시대라고 본다고 하셨잖아요. 그러면 자본주의 시대에 적응하고 또 이걸 극복해야 한다는 문제가 생기는데, 최근 청년층들 중심으로 주식이나 부동산 투자를 열심히 하고 지대한 관심을 가지려는 움직임이 나타나는 것에 대해서 어떻게 생각하시는지 궁금합니다. 저는 원래 회의적인 입장이었는데 오늘 이 얘길 들으니까 노동소득이 너무 줄어드는 현실을 극복하려고 하는 싸움이 자본주의에 잘 적응하는 걸 수도 있겠단 생각이 들었거든요. 교수님 생각은 어떠신지요.

백낙청 근대의 이중과제라는 것은 거듭 말하지만 굉장히 추상수준이 높은 담론이기 때문에 우리 현실의 세세한 현상까지 그 개념으로 다 설명하려 하면 좀 무리예요. 견강부회가 불가피해지죠. 그래서 가령 청년층의 부동산에 대한 열망 같은 것을 설명하려고 하면 청년층 중에 부동산에 무관심한 사람도 있고 여러 층이 있으므로 그렇게 큰 담론 가지고 할 게 아니고, 그 문제에 더 깊이 들어가서 구체적으로 해명하는 게 방법론으로서 낫다고 생각하고요. 근데 그걸 소위 이중과제론적 관점에서 보자면, 적응과 극복의 동시적 진행을 강조하는 이유가 적응만 하려다가는 결국은 적응도 잘 못하기 때문입니다. 잘 안 돼요. 당장에는 적응에만 몰두하고 극복이란 생각을 안 하는 것이 더 성공하는 것 같지만 개인도 그렇고 국가도 그래요. 일본 같은 나라가 메이지유신 이래로, 모든 일본 국민이 그랬다는 건 아니지만 정부나 지도층이 근대 따라잡기 그러니까 서양 따라잡기, 근대적응에 몰두해온 나라거든요. 그래서 한때는 우등생이 됐잖아요. 우등생이 됐는데 결과가 어떻게 됐어요? 우선 일제시대에는 결국 선진국들하고 전쟁 일으켜서 패전하고 원자폭탄 맞고 그랬지요. 원자폭탄 맞은 걸 잘됐다고 하는 얘기는 아니지만, 아무튼 근대화의 우등생 일본이 완전히 패망한 거 아닙니까. 그런데 거기서 회복하면서 일본은 여전히 원래의 적응 위주의 노선에서 못 벗어났다고 봅니다. 그래가지고 전후에 한동안 잘나갔죠. 한국전쟁 덕도 보았고요. 그런데 요즘 보면 여러 면에서, 근대사회로서의 면모에서도 우리 한국만도 못한 점이 많아요. 제가 얘기했듯이, 그런 게 적응에만 몰두해선 적응도 잘 못한다는 것이고요. 그리고 극복한다고 하면서 적응하는 문제를 완전히 무시하는 것은 나쁘게 말하면 자기 기분 내는 거죠. 물론 자기 기분에 의해서가 아니라 신념을 가지고 그러는 사람도 있지만 그래서는 대중을 설득하질 못합니다. 그래서 가령 부동산투기 이런 것은 현 자본주의가 자본주의 중에서도 아주 타락한 것인 데서 기인한 나쁜 현상이지만, 거기에 휩쓸리는 대중의 욕망을 질타만 하는 것은, 그러니까 자본주의 나쁘다, 자본주의로부터 우리는 벗어나고 이걸 극복해야지만 살 수 있다, 이렇게 말만 하는 것은 자본주의를 극복하는 데도 별 효과를 못 거둡니다. 나쁘게 보면 그 사람은 그냥 혼자서 거룩한 말씀 하시면서 기분 내는 거다 이렇게 되는 거죠. 그래서 굳이 근대의 이중과제의 문제의식을 여러 구체적인 문제에까지 끌어들인다면 이런 식으로 설명할 수는 있을 것 같아요.

청중 5 촛불정신에 관해서 크게 두가지를 여쭤보고 싶습니다. 교수님께서 말씀하신 변혁적 중도주의의 실천적 발로가 촛불대항쟁이라고 볼 수 있지 않을까라는 생각이 들었는데, 사람에 따라서는 그 이후에 집권하게 된 문재인정부를 1기 촛불정부라기보다는 촛불정신의 지연된 결과, 변혁적 중도주의에서 말씀해주신 근대적 담론들을 배제하고 중도세력을 규합하자 했던 촛불정신의 욕망이 지연된 결과라고 평가하는 분도 있습니다. 그럼에도 불구하고 문재인정부를 1기 촛불정부라고 평가할 수 있다면 어떤 면에서 그렇게 생각하시는지요. 그리고 그런 평가와 별개로 두번째로는, 말씀해주신 대로 2022년 대선을 앞두고 촛불정신이 굉장히 위협받고 있다는 사실에 대해서는 평가가 갈리지 않을 것 같아요. 어떻게 보면 적응과 혁신이라는 이중과제론의 말씀대로 정치 양극화와 중도층에서는 역대급 비호감 대선이라고 할 정도의 정치 실망감 때문에 정치 발전이 저해되고 있는 상황에서 마지막으로 예시를 들어주신 동학농민전쟁이나 개벽운동 정도의 실천은 어렵다 하더라도 지금 시민사회가 이런 상황을 딛고 도전해볼 수 있는 혁신의 방법론이 무엇이 있을지에 대해 여쭤보고 싶습니다.

백낙청 문재인정부를 촛불정부라고 말한 이유는 간단히 말하면 두가지예요. 하나는 대통령 본인이 그렇게 얘기를 했으니까. 자신의 정부를 촛불정부라고 그랬으니까 좋다, 촛불정부인데 얼마나 촛불정부다운 촛불정부인지 우리가 평가하자, 그러기 위해서라도 그 단어는 필요하고요. 그다음에 촛불정부라는 문재인정부의 표현을 부정하는 사람들 중에는 그렇게 촛불정신에 위배되는 짓만 하고 해놓은 게 없는데 촛불정부라는 말 자체가 부끄럽다 이렇게 주장하는데 나는 그건 과하다고 봅니다. 그건 어떻게 보면 지금 야당이나 수구언론이 만들어놓은 프레임이라고 봐요. 왜 한 일이 없습니까. 우선 전직 대통령 잡아넣는 게 꼭 좋은 일은 아니지만 박근혜 전 대통령 감옥에 넣어가지고 4년 반이나 살렸잖아요. 유례가 없거든요. 전에 김영삼 대통령이 전두환·노태우 구속한 적은 있지만요. 이명박 전 대통령을 뒤늦게 구속해서 그이는 지금도 형을 살고 있고 꽤 중형을 받은 상태죠. 난 솔직히 그 양반은 4대강 사업도 그렇고 자원외교도 그렇고 아직 수사 절차가 진행되지 않은 사건도 더 있어서 그거 다 합치면 한 백년은 살아야 하지 않나 그런 생각인데, 어쨌든 그는 아직도 구속돼 있고요. 그리고 이재용 삼성 부회장 그 사람은 지금 풀려나서 활동하고 있지만 도대체 우리 역사상에 삼성 총수를 구속한다는 건 있을 수 없는 일이었어요. 김대중 대통령이든 노무현 대통령이든 소위 정상적인 절차를 거쳐서 당선됐으면 못했을 겁니다, 그런 일을. 문재인 대통령이 촛불의 위력으로 당선됐기 때문에 그런 일을 해낼 수 있었고요. 2018년의 남북관계 개선도, 김대중 대통령 같은 분은 참 정치력이 뛰어나고 특히 남북관계에 대해선 경륜이 깊으신 분이지만 그냥 선거에서 당선된 입장에서는 그거 못했어요. 문대통령 자신이 촛불정부로 자임하는데다가 또 실제로 촛불 덕에 대통령 된 건 틀림없고요, 누가 보나. 그리고 촛불의 기운을 받아서 해내온 일이 사실은 적지가 않다는 거죠. 그래서 욕은 하더라도 1기 촛불정부는 이러저러한 일은 잘하고 이러저러한 일은 못했다 이러는 게 정당한 평가방식이라 생각하고요. 현 시국에 대해서도 지금 역대급 저질선거니 이렇게 말하는 게 전혀 근거 없는 이야기는 아니지만 이것도 언론이 만든 프레임입니다. 그래서 국민의 정치혐오를 조장하고 양쪽 다 나쁘다 그렇게 몰면서 결국 그 프레임에서 촛불이라는 말은 등장 안 하잖아요. 촛불정신을 지우는 하나의 방식이 그거라고 나는 생각해요. 사실 지금 양쪽이 똑같이 저질이라고 할 수 있나요? 까놓고 얘기해서 둘 다 흠결은 있습니다. 그러나 똑같은 수준의 범법행위와 망언, 실언, 폭언이 양쪽에서 나오고 있다는 것도 우리 기성 언론이 조장하는 그런 정서고 사고방식인데, 이런 건 여러분들이 교양 있는 언론인으로 진출하셔서 바로잡아야 합니다. 정권교체나 정권유지냐 하는 것 자체가 잘못된 프레임이거든요. 내 식으로 생각하면, 1기 촛불정부가 잘한 것도 있고 잘못한 것도 있는데 2기 촛불정부를 세워서 더 잘하겠다는 세력과 촛불정부 한번 더 들어서면 우린 다 죽는다, 지난번엔 '어어' 하는 사이에 정권 빼앗겼지만 이번엔 정신 차려서 정권을 탈환해보자 해가지고 죽기 살기로 나오고 온갖 사실왜곡과 중상모략을 마다하지 않는 세력의 그야말로 건곤일척의 대회전인데요. 이것을 역대급 저질선거라고 보는데 왜 저질이 될 수밖에 없는가. 어떤 면에서 그럴 수밖에 없는가. 저질선거를 해서라도 정권을 탈환해야겠다며 절치부심해온 그들 나름으로 간절한 노력의 결과로 이렇게 된 것이라고 보는 게 맞을 것 같습니다.

청중 6 교수님 강의 중에 적응과 극복에 관한 얘기를 공감하면서 들었는데 결국 한국사회가 변화할 동력을 얻고 근대성을 극복하기 위해서는 젊은 세대들의 역할이 굉장히 중요할 거 같단 생각이 들었어요. 그런데 젊은 세대들이 어떤 교양이나 정치의식을 바탕으로 방향성을 가지고 정치에 참여하는 것이 아니라 본인의 이해관계나 사회의 자극적인 이슈에만 집중해서 정치적 의사를 표출하는 경향이 있다고 느끼는데요. 아까 교수님이 말씀해주셨던 교양이라든가 수신의 정신, 이런 정치의식을 청년세대들이 끌어올릴 방법이 있다면 어떤 게 있는지 궁금합니다.

백낙청 그 방법을 잘 알면 내가 이러고 있겠어요?(웃음) 그러나 왜 그렇게 됐느냐에 대해서 우리가 어느정도 정확한 진단을 하는 건 필요하지 않겠습니까. 한국만이 아니고 사실은 근대 자본주의 사회의 소위 선진국이라는 나라들을 포함한 세계의 교육에서 진정한 교양이나 지혜를 가르치는 부분이 점점 축소되고 그냥 지식만 가르치는 것이 점점 확장돼온 게 대세입니다. 그런 지식을 축적해 사회에 잘 적응하는 사람을 능력있는 사람으로 봐서 그런 사람들이 잘사는 사회가 자기 능력에 따라 잘사는 사회라고들 하죠. 소위 능력주의라는 표현이 그거죠. 메리토크라시(meritocracy)라고 하는데, 그런 것들이 전체적인 풍조이기 때문에 딱히 우리 젊은이들만 탓할 일은 아니고요. 우리의 경우엔 몇가지 특성이 있긴 하다고 봅니다. 하나는 내가 거듭 말하지만 우리는 분단된 국가, 분단이 체제화된 사회에 살고 있는데 그걸 일깨워주는 지식인이나 정치인이나 언론인이 극히 드물어요. 그러다보니까 그냥 자기 피부에 와닿는 대로 현실에 반응하게 되는데요. 가령 지금 세대갈등이라는 것은 분명 우리 사회에 있고 심각한 문제라고 봅니다. 그런데 우리 사회의 경우는 이 세대갈등이 또 젠더갈등하고 겹쳐 있잖아요. 그 얘길 다 하자면 긴데, 우선 세대갈등 이야기부터 하면 농경사회가 아닌 근대사회에서는 세대갈등이 커질 수밖에 없어요. 왜냐면 권력은 기성세대가 쥐고 있는데, 옛날엔 기성세대가 권력뿐 아니라 지혜도 더 많았어요, 유용한 지식도 더 많고. 지금은 사실 젊은이들이 더 많이 알고 노인들은 거기에 적응을 못하는데, 부와 권력은 역시 나이든 사람들이 더 많이 갖고 있단 말이죠. 자연히 갈등이 생기는 게 어디서나 있는 현상인데, 한국의 경우 특수한 것은 우리 젊은이들이 살아온 기간에 우리가 소위 선진국이 됐다 그러잖아요. 그러니까 기성세대 중에 나 같은 사람은 후진국 시대부터 살아왔고 조금 더 젊은 사람이라도 소위 중진국 때 살아왔는데, 젊은이들은 태어나서부터 아니면 적어도 10대부터는 선진국 시민이었던 겁니다.

그러니까 중진국이나 후진국에서 살아온 사람들하고는 경험의 질이 달라요. 그런데 우리나라는 여러 면에서 선진국은 선진국인데 분단국가라는 아주 특수한 선진국이에요. 그래서 한편으로는 경제력만이 아니고 문화력도 굉장히 크고 세계적으로 위상을 갖고 있는데, 또다른 지표를 보면 후진국도 이런 후진국이 없어요. 젊은이들의 경우에는 청년빈곤율이 심각하고, 출산하고 싶은 욕망이 전혀 없잖아요. 노인은 노인대로 또 빈곤율, 자살률이 OECD 최고잖아요? 그리고 선진국이라면서 이 나라에는 군사주권도 없어요. 군사주권이 없고 그래서 젊은 남자들이 어떤 의미에서는 자기 군대도 아닌, 자기가 가고 싶지도 않고 아무런 의미도 못 느끼는 군대에 가서 '썩어야' 되고. 하여간 여러가지 후진적 현상이 겹쳐 있습니다. 그런데 후진적인 현상에 직접 피해를 많이 받는 사람이 젊은이들이에요. 이 사람들은 후진국이나 중진국에서 태어나 독재정권하고도 싸우고 경제발전에도 이바지하고 그런 경험이 있는 게 아니고 한편으론 선진국 시민으로 살아왔는데 무슨 놈의 선진국이 이러냐 이거예요. 왜 우리나라 자체는 선진국이라는데 나는 왜 이렇게 못사냐, 왜 이렇게 답답하냐. 그걸 제대로 알려고 하면 선진국적인 지표나 후진국적인 지표가 같이 얽혀 있는 이것이 분단체제의 특성이라는 걸 인식을 하고 이걸 극복하려는 노력을 해야 되는데 거기까지 지금 못 나가고 있는 게 큰 문제인 것 같고요. 거기까지 합시다. 젠더갈등까지 하면 또 너무 길어지니까.

청중 7 교수님 강의 정말 잘 들었습니다. 저는 류승혁이라고 합니다. 분단체제를 극복하고 한반도식 나라만들기를 하기 위해서는 시민참여형 통일이 필요하다고 말씀하셨잖아요? 그래서 그 예시로 촛불혁명이 있었고 촛불혁명으로 문재인정권이 들어서면서 남북관계 완화의 움직임이 보였다고 말씀을 하셨잖아요? 저는 결국에는 그 남북관계의 진전이나 후퇴 자체에는 나라 정권의 성격이 가장 중요하다고 생각하는데,

시민참여형 통일이 아무리 가능하다고 해도 별다른 정치적인 조건이 필요 없는지 궁금합니다. 제 생각엔 촛불혁명이 있었다고 하더라도 남북과 북미 정상회담이나 남북관계의 완화가 있었던 것은 문재인정권이었기에 가능했다고 생각하는데요. 만약에 지금 통일의 필요성에 대한 인식이 낮아진 상태에서 통일과는 거리가 먼 정권이 들어섰다면 저희가 아무리 시민참여형 통일 같은 의식으로 뭉쳐도 그 정권과 어떤 시민의 의식 자체가 맞지 않을 테니 분단체제극복에는 진전이 없을 것 같은데요. 게다가 6월민주항쟁을 시민참여형 통일로 보자면 이것 자체는 어떤 독재정권을 몰아내자는 움직임이 있었기 때문에 시민들이 뭉친 거고, 촛불혁명은 적폐정권을 몰아내자는 시민들의 인식이 있었기 때문에 일어난 건데, 만약 새로운 정권이 크게 잘못은 안 해도 통일에 대한 별다른 생각이 없어 보이면 시민참여형 통일이 일어날 수 있는 건지 궁금합니다.

백낙청 정치적 조건이 중요하기 때문에 시민들의 참여를 통해서 적폐정권이라든가 부패정권을 탄핵하는 게 중요했던 거죠. 정치적 조건이 대단히 중요합니다. 그런데 정치적 조건을 꼭 정치인들만 만드는 게 아니고 시민들이 함께 만들어요. 물론 표면적인 결정은 그들이 하죠. 그래서 그런 결정을 내리는 사람들 뽑는 것도 중요하고. 잘못된 사람들이 들어왔을 때는 그들을 견제하고 꼭 필요하면 쫓아내고 하는 것도 시민이 해야 할 일이고요. 정권이 특별한 잘못을 안 하더라도 남북관계에 대해서 별다른 뜻이 없으면, 이런 말씀을 하셨는데 저는 남북관계에 대한 특별한 인식이 없으면 특별히 잘못 안 하는 정권이 들어설 수가 없다고 봅니다. 왜냐면 정권이 정치를 잘하려면 우리 사회의 현실을 알아야 되고 문제점의 뿌리가 무엇인가를 알아야 되는데, 우리 사회의 온갖 문제가 분단과 직결돼 있고 분단체제의 특징을 보여주는 것일 뿐 아니라, 제대로 하는 정권이라면 반드시 맞서 싸워야 할 우리 사회 특유의 그 엘리트 카르텔 조직, 이게 분단을 먹고 살아온 조직이거든요. 수십년 동안. 그전에는 식민지 통치에 붙어서 살아온 세력이고. 더 멀리 올라가면 19세기에 세도정치라고 하잖아요? 노론독재. 그때부터 쭉 형성된 엘리트 카르텔이 완고하게 자리잡고 있습니다. 여기에 대한 인식이 없는 사람이 특별히 잘못하지 않는 대통령이 된다는 건 난 불가능하다고 봅니다. 그리고 6월항쟁 얘길 잠시 하셨는데 사실 6월항쟁 때는 통일문제라든가 자주문제가 훨씬 더 부각됐었어요. 그때 학생운동권, NL과 PD로 갈려 있었지만 그 학생들이 공통으로 내건 구호가 '자주·민주·통일'이었어요. 그러니까 민주는 보수 정치인들도 그때 동의했던 구호지만 자주하고 통일이 굉장히 부각됐던 겁니다. 그래서 심지어는 노태우씨가 대통령이 돼서 남북화해를 추진하는 성과를 이루어냈던 거죠. 그런데 6월항쟁으로 성립한 87년체제가 갖는 근본적인 한계는 무엇이었냐 하면 남한 내에서 독재정권은 무너뜨렸는데 이 독재정권의 기반을 줄곧 제공해온 분단체제를 허물지 못했다는 것이에요. 조금 완화하는 노력이 노태우·김영삼 정권 때 있었고 김대중 때 더 있었고 노무현 때 조금 더 진전하다가 이명박·박근혜 때 와서는 완전히 뒤집어진 거죠. 김대중 대통령도 분단체제를 근본적으로 건드리진 못했습니다. 분단체제라는 토대 위에 상대적으로 민주적인 정권이 만들어졌기 때문에 기반이 취약해서 이명박이나 박근혜 같은 사람 만나 이게 뒤집힌 거예요. 그래서 나라다운 나라를 만들자고 시민들이 봉기해서 1기 촛불정부를 만들었는데 만약에 이번에 각성된 민중들이 힘을 발휘해서 2기 촛불정부를 만든다면 상황은 훨씬 달라질 거라고 봅니다. 그런데 그러지 못하고 여기서 다시 박근혜·이명박 나아가 전두환정권의 재창출이 되면 그땐 참 막막하죠. 어떻게 해야 좋을지. 우리가 다 죽진 않겠습니다만 살아 있는 동안은 뭔가 또 싸워야겠지요. 그렇지만 저는 그런 일은 없을 거라고 봐요. 우리 국민들이 그렇게 바보가 아니에요.

청중 8 교수님 강의 정말 잘 들었고요, 저는 박준우라고 합니다. 변혁적 중도주의론에 대해서 두가지 차원에서 질문드리고 싶은데요. 교수님께서 분단체제의 변혁을 위해 근대세계의 온갖 논리를 배제한 폭넓은 중도세력을 규합하자는 말씀을 하셨습니다. 그런데 제가 생각하기엔 이러한 흐름이 나타났던 건 2018년도 판문점에서 남북정상회담도 하고 그때 대통령 지지율이 80퍼센트 가까이 나왔고, 그게 이어져서 지방선거에서 민주당이 압승하고 또 이어져서 문재인 대통령이 평양에 또 방문하게 되는 그런 계기가 있었다고 생각하는데요. 그런 중도세력들도 이런 분단체제의 변혁을 위해서 노력하다보면 가령 뭐 세금을 더 내야 한다거나 이런 식의 자기 이익과 부딪치는 지점이 올 수 있을 텐데 그렇다면 이런 중도세력의 연대나 규합이 지속될 수 있는지에 대한 의문점이 하나 있고요. 제가 생각하기엔 이런 중도세력 규합의 측면에서 보자면 2017년 대선 2018년 지방선거 2020년 총선까지 시민들이 민주당에게 압승을 준 바 있는데 사실 그것에 대해서 정치적 효용성을 느끼지 못했던 것 같습니다. 그런 의미에서 중도세력이 규합되고 그게 투표라는 정치적 행위로 이어졌는데도 이들이 그것에 대해서 효용성을 느끼지 못하면 이런 규합이 다시 이뤄질 수 있는지에 대한 궁금증이 있습니다.

백낙청 지금 우리 사회에서 중도 이야기를 많이 하잖아요? 특히 선거 때 되면 너도 나도 중도확장 얘기하는데 나는 그걸 중도 마케팅이라고 부릅니다. 현장에서 뛰는 선수들이야 당선이 되어야 하니까 그것도 해야지 하겠지만 기본적으론 좋은 전략이 아니라고 보고요. 변혁적 중도주의라고 할 때의 중도는 그런 의미의 중도세력이 아니고 촛불정신에 투철한 게 오히려 중도라고 봐요. 우리가 한반도가 분단돼 있고 우리가 분단체제 속에서 살고 있다는 걸 인식하면 도저히 동의할 수 없는 온갖 단순논리들이 난무했잖아요. 그게 보수·진보 다 그래요. 보수 쪽도 그렇고 진보 쪽도 그렇고. 그런데 그걸 배격하는 것이 실용주의라면 실용주의인데 저는 그걸 한반도적 시각을 가진 실용주의라고 풀이할 수 있

겠습니다. 변혁적 중도주의는 쉬운 말로 바꾸면 실용주의인데, 한반도
적 시각을 가진, 바꿔 말하면 분단체제에 대한 인식이 있는 실용주의가
변혁적 중도주의고요. 중도세력에 대해서는 지금 언론에서 자꾸 보도하
는데 그것도 언론의 프레임 중의 하나고, 심지어는 이재명 캠프 내에도
동의하는 사람들이 많은 것 같아요, 보니까. 그런데 그것은 두가지 면에
서 문제의 핵심을 놓치고 있다고 봅니다. 첫째는 젊은이들이 지난번 보
궐선거 때 서울시장 또 부산시장 선거 때 많이 돌아섰잖아요, 야당 쪽으
로. 그걸 가지고 젊은이들이 보수화됐다고 그러는데, 그건 표면적 현상
이고 우리가 원래 쓰던 뜻으로 젊은이들이 보수화된 건 아니에요. 그중
상당수는 촛불을 직접 들었던 사람들이고 아니면 자기 주변에 촛불시민
이 많고 어떤 의미에서 본인 자신은 촛불정신에 동의하는데, 지방선거
국회의원 선거에서 민주당에 압승을 안겨주었지만 이놈들이 하는 일이
뭐냐, 해놓은 게 뭐냐 이런 분노 때문에 국힘당이 좋아서도 아니고 오세
훈이나 박형준 후보가 정직하고 훌륭한 후보라고 믿어서도 아니고 어쨌
든 민주당 놈들을 한번 혼내줘야겠다 한 거죠. 혼내주려면 국힘당 찍는
길 아니에요? 그전에 2020년 그때 민주당이 180석 가까이 얻은 것도 사
실은 민주당이 예뻐서 시민들이 해준 게 아니에요. 촛불정부 들어서서
그 당시 새누리당이었나요, 그렇게 못되게 굴었잖아요. 정부·여당에서
개혁하자고 하면 사사건건 발목 잡고. 이걸 어떻게 해볼 길이 없었죠. 폭
력혁명을 한 것도 아니고 촛불혁명은 평화혁명이니까. 사람들이 벼르고
벼르다가 2020년 총선을 맞았는데 우리 정치제도가 잘돼 있으면 국힘당
을 응징하기 위해서 꼭 민주당을 찍어야 하는 건 아니에요, 제3당이 있
고 다당제가 있으면. 그런데 두 거대정당이 야합을 해서 꼼수 위성정당
만들면서 군소정당의 입지를 다 없애버렸잖아요. 그러니까 국힘당을 혼
내주려고 하면 아무리 미워도 민주당 찍는 길밖에 없었어요. 그래서 압
승을 안겨줬더니 민주당이 자기가 잘나서 그런 압도적인 거대여당이 된

줄 알고 촛불정신 계승을 소홀히 한 거 아니에요? 그래서 분노한 젊은이들인데 그걸 보수화 또는 중도층이라고 말하는 건 옳지 않다고 보고요. 우리나라에 물론 중도층이라는 게 있습니다. 스윙보터(swing voter)라는 게 있는데요. 스윙보터라는 사람들 가운데 현재 한 절반은 젊은이 비슷하게 민주당에 분노해서 이재명을 찍을까 윤석열을 찍을까 이렇게 망설이는 사람들이 있고, 나머지 절반쯤은 이기는 쪽을 따라가는 세력이라고 봐요. 그래서 촛불정신을 되살려서 거기에 맞는 실용적인 그야말로 민생을 개선하는 정책을 내놓는 게 정도인데, 이재명 후보의 초기 전략을 보면 주변에서 '촛불은 얘기해봤자 별로 도움이 안 되니까 준비된 경제대통령, 실용주의 그렇게 나가라' 그러지 않았나 나는 그렇게 의심을 하고 있습니다. 그러다가 판세가 잘 안 돌아가니까 지금 와서는 이후보가 촛불 얘기도 다시 하고 그래요. 그런데 실용주의가 촛불 얘기하고 양립이 안 되는 게 아니라 나는 촛불의 정신이 실용의 정신이었다고 봐요. 나라다운 나라를 만들기 위해서 좀 실용적으로 나아가야지 괜히 이념 내세우고 진영논리 펴고 그러지 말라는 게 촛불이었거든요. 그래서 촛불정신을 다시 불러내면서 자기는 준비된 유능한 경제대통령이다 이렇게 말해도 하등 모순이 안 되는 것이었고. 지금 그렇게 나가고 있는 것 같더라고요, 최근에 보면. 이 정도면 답변이 됐는지 모르겠습니다.

청중 9 교수님 말씀 잘 들었습니다. 저는 한반도식 나라만들기에 관해서 질문드리고 싶습니다. 단계적·점진적·창의적으로 풀어야 한다고 방안을 제시해주셨는데 좀 추상적인 것 같아서 좀 구체적으로 남과 북이 정부 차원에서 어떤 노력을 해야 한다고 생각하시는지가 궁금하고요. 그런 관점에서 1기 촛불정부의 성과는 말씀해주셨는데 그렇다면 부족했던 점은 뭐라고 생각하시는지 궁금합니다.

백낙청 점진적으로 풀어야 한다는 건 다 동의하시죠. 한때는 북진통일도 얘기했고 북에서는 적화통일 얘기했었고. 꼭 무력통일이 아니더라도 단박에 통일되기를 바라는 사람들이 한때는 많았는데 지금은 그런 사람들이 극소수가 되지 않았어요? 그러니까 점진적으로 해야 한다는 건 일종의 상식으로 자리잡았고요. 단계적이라는 게 사실은 한반도식 통일의 특징입니다. 2차대전 이후에 이념상으로 대립하면서 분단되었던 대표적인 사례가 독일과 베트남, 예멘인데요. 독일 통일은 오랜 준비 기간이 있었던 게 사실입니다. 동·서독 교류가 있고. 하지만 통일은 한꺼번에 해버렸어요. 베트남도 오랫동안 전쟁을 했으니까 그걸 점진적이라고 할 수 있을진 모르지만 결코 단계적인 통일은 아니었죠. 전쟁해서 한쪽에서 이기고 미국이 진 거니까. 예멘은 하다보니까 단계적 비슷하게는 됐는데 전혀 의도치 않은 거였어요. 왜냐면 거기는 북예멘과 남예멘의 집권층이 담합했어요. 그래서 갈라먹기를 하고 통일을 했어요. 북예멘이 자본주의고 더 큰 나라예요. 대통령은 북에서 나오고 총리는 남에서 나오고 이런 식으로 나눠먹기를 했는데, 계속 그렇게 하자고 합의했지만 한 2년 지나고 나니까 북쪽 사람들이 언제까지 이럴 거냐 우리가 돈도 더 많고 인구도 더 많고 선거하면 이기게 돼 있는데 그러면서 다음번 정부는 선거 결과에 따라 구성하자 이렇게 나오는 겁니다. 남예멘에선 그걸 받아들일 리가 없잖아요. 그래서 전쟁이 다시 일어났어요. 그랬다가 결국은 북예멘이 승리해서 통일이 됐거든요. 그래서 그건 의도치 않은 단계적 통일이 됐지만 결코 창의적인 통일이라고 할 수 없는데, 우리는 2000년도에 이미 남북의 정상이 모여서 통일을 점진적으로 할 뿐 아니라 단계적으로 한다 이렇게 합의한 거예요. 단계적으로 하면 진행하면서 여러가지 창의적인 발상이 나올 수도 있지만, 더 중요한 건 통일을 한꺼번에 해버리면 시민들이 끼어들 여지가 없어요. 단계적으로 하면 시민들이 그때그때 자기들의 창의를 발휘하고 간섭하고 다음 단계는 이렇게 합시다 저렇게 합시다 같은 압력을 가하는 게 가능해지거든요. 그래서 그런 창의적인 길이 열렸고. 구체적인 방안으로는 6·15공동선언에서 남쪽의 국가연합안과 북쪽의 낮은 단계의 연방제가 공통점이 있으니까 그런 방향으로 통일을 진행하자 그렇게 합의했는데요. 연방과 연합의 차이를 말하자면, 연방은 하나의 연방정부가 있잖아요. 헌법도 연방헌법이 있어야 하는데 지금 남북 간에 그것은 현실적으로 불가능한 얘기거든요. 반면 국가연합은 각 국가가 그대로 존속하고 헌법도 각자 가지고 있고 심지어 군대도 각기 갖고 있으면서 연합하는 거예요. 합의된 범위 내에서 서로 조정해서 하는 건데. 그래서 국가연합에서 출발할 수밖에 없고 국가연합도 아주 느슨한 단계에서 연합을 해야 한다고 봅니다. 그 노력이 사실 10·4 때 시작이 됐어요. 노무현정부 때인 2004년 10·4선언 당시 지금은 기억하는 사람이 많지 않을지 모르지만 총리회담도 자주 열리고 정상회담도 수시로 하자는 합의도 있었어요, 그때. 옛날에는 재경부 차관이 하던 경제회담을 경제부총리급으로 격상을 시켰습니다. 그렇게 함으로써 정부 안에서 어떤 변화가 생기냐면 각 부처가 남북협력방안을 만들어서 총리실에 보고해야 돼요. 그럼 총리가 그걸 가지고 북한 가서 협상합니다. 그래서 남북의 평화공존과 화해·협력이 제도화되는 거죠. 그것만 가지고 남북연합까지 갔다고 할 수는 없지만 그게 더 진전돼서 더 긴밀해지면 어느 지점에 가서 남과 북이 이 정도면 우리 남북연합 선포하자 하면 되거든요. 선포한다고 해서 조선민주주의인민공화국이 없어지는 것도 아니고 대한민국이 없어지는 것도 아니고 우리 헌법이 없어지는 것도 아니고 심지어 유엔에서도 각기 한석씩 갖고 있는 거예요. 그러나 남북연합총괄기구 같은 걸 만들어서 수시로 협의하자 그랬는데. 나는 판문점회담에서 또 그걸 향해서 한발짝 더 나갔다고 보는 게 판문점회담 하고 싱가포르회담 이전에 북이 미국하고 깨지게 됐잖아요. 그러니까 북의 김정은이 전화해서 남이 좀 나서달라 그래서 당일치기로 남북의 정상이 판문점에서 만난 적이 있습니다. 이건 남북연합 상태에서 정상들이 하는 행태죠. 정상회담이라고 하면 의전도 갖춰져야 되는데, 4·27판문점회담 자체가 이미 그런 의전을 대폭 줄인 것이었지만, 두 정상이 다시 만난 건 급한 일이 생겼으니 우리 한번 만납시다 전화해서 이루어진 거거든요. 이런 게 잦아지면 그게 느슨한 남북연합을 만들어가는 길입니다. 사실은 구체적인 방안이 얼마든지 있는데 지금 그걸 추진할 동력이 확보가 안 돼 있죠.

청중 10 선생님 말씀 중에 구체적 현실의 구체적 분석에 기여하지 않으면 무용지물이라는 말이 특히 인상 깊었거든요. 그래서 미래의 언론인들에게 좋은 말씀 해주실 수 있으신지. 어떤 의미냐면 남북관계 보도에 있어서 혹은 러시아가 우끄라이나를 침공했듯이 어떤 전쟁 보도도 앞으로 우리가 엄청나게 볼 텐데 전쟁이나 평화와 관련해서 우리 언론인이 소중히 고수하고 있어야 하는 마음가짐이 있을지 혹은 어떤 점들이 보도되어야 하는지 궁금해서 여쭙고 싶습니다.

백낙청 보통의 지식인들도 그렇고 특히 언론인 같으면 구체적 현실의 구체적 분석에 치중해야겠고 거기다가 군이 거대담론을 끌어들일 필요가 없습니다. 기사에 그래놓으면 사람들이 이상하다 그리고 잘난 척한다 그럴 수도 있지요. 그러나 그런 구체적 분석을 할 때 어떤 거대담론을 머릿속에 두고 하느냐 하는 것은 분석의 결과에 많은 차이를 가져온다고 봅니다. 그런 점에서 아까 부동산 얘기 나왔을 때도 그랬지만 부동산 얘기 나왔을 때 기사에서 근대의 이중과제를 끌어들이는 건 좀 웃기는 행태가 될 텐데요. 그러지 말고 이중과제 같은 것도 평소에 생각하고 일종의 기본 교양으로 갖춘 사람이 부동산도 얘기하고 남북관계도 얘기하고 또 우끄라이나 사태도…… 우끄라이나 사태에 관해서 나는 잘 모르지만, 한가지만 말하자면 미국이나 서방 언론의 분석을 그대로 갖다 베껴 쓰는 우리 언론의 행태는 벗어나야 한다고 봅니다. 뿌찐(V. Putin)이 지금 우끄라이나를 쳐들어간 건 사실이고 그런 식으로 전쟁을 일으킨 것은 결코 찬동할 수 없지만 그게 또 뿌찐이 그냥 전쟁광이라거나 갑자기 돌아서 그런 건 아니거든요. 오랫동안 뿌리가 있는 거고. 나토가 동진 안 하겠다고 서면약속은 아니지만 구두약속을 한 게 벌써 30년이 됐는데. 그후에 나토가 발트해 같은 데서는 바로 러시아 턱밑까지 왔고, 지금은 우끄라이나까지 오겠다는 건데, 러시아는 그걸 막으려는 거 아니에요. 그건 하지 않겠다 우리한테 약속해라, 더구나 이번엔 서면약속 해라 이러는데, 그건 또 미국이 할 수 없는 거고요. 근데 나는 이 점에서 한심한 게 우끄라이나 대통령이라는 사람이 우끄라이나가 주권국가이니 나토에 들어가고 말고는 우리 마음이다 그런 식으로 나간 건데 쳐들어와달라는 얘기와 다름없었다고 봐요. 가령 꾸바 미사일 사태 때, 소련이 꾸바에다 중거리 미사일을 배치한다 그러니까 케네디 대통령이 핵전쟁을 각오하고 한판 붙었던 거 아니에요? 그러다가 참 다행히 서로 마지막 순간에 타협돼서 전쟁을 피했는데요. 그때 까스뜨로가 나서서 아니 꾸바가 주권국가인데 우리 땅에 소련의 미사일 두고 말고 하는 건 우리 마음이다 왜 이걸 미국이 철거하라 그러느냐 이런 식으로 미·소 합의에 쐐기를 박고 방해공작을 했다 그러면 미국이 가만두었겠어요? 언론인들이 그런 식으로 좀 역사적인 맥락을 폭넓게 보면서, 아무래도 정보는 그쪽에서 많으니까 서방 언론을 참조하더라도 주체적으로 감안해서 기사를 써야 되는데. 그런 기자가 없지는 않아요. 더러 있긴 하지만 너무나 적은 것도 우리 현실인 것 같습니다.

대선에 패배한 촛불들이여, 이제 민주당을 장악하자!

백낙청 (서울대 명예교수, 『창작과비평』 명예편집인)
오연호 (『오마이뉴스』 대표)

오연호 안녕하세요, 오연호입니다. 20대 대통령 선거가 지난 3월 9일 있었으니 딱 일주일이 지났네요. 여러분 그동안 어떻게 지내셨습니까. 윤석열 대통령 당선인이 지금 인수위를 꾸려서 정권을 인수할 준비를 하고 있습니다. 이재명 더불어민주당 후보는 지지자들에게 '미안하다, 모든 것이 다 내 탓이다'라는 이야기를 남기고 있습니다. 지지자들은 낙심한 가운데 새로운 길을 모색하고 있습니다. 오늘 '오연호가 묻다'에서는 백낙청 교수님을 다시 모셨습니다. 백낙청 교수님은 서울대 영문학과 명예교수님이시죠. 그리고 『창작과비평』의 명예편집인이십니다. 약 한달 전쯤인가요? 바로 이 자리에 오셔서 촛불, 깨어 있는 시민들이 어떻게 해야 할 것인가 좋은 말씀 들려주셨는데요. 지금은 낙담하고 길을

■ 이 인터뷰는 오마이TV '오연호가 묻다'(2022년 3월 16일)에 방송된 것이다.

헤매면서도 새로운 무언가를 모색하는 깨어 있는 시민들과 오마이TV 시청자 여러분들께 좋은 말씀을 주실 거라고 믿고 백낙청 교수님을 모셨습니다. 교수님 안녕하세요.

백낙청 예, 안녕하세요.

오연호 3월 10일 새벽 개표가 있었는데요. 윤석열 후보의 대통령 당선이 확정됐을 때 가장 처음 드신 생각은 뭐였습니까?

백낙청 저는 나이도 들고 그래서 밤새우는 일을 잘 안 합니다. 출구조사 결과 두가지가 조금 다르게 나왔잖아요? 양쪽 다 박빙 승부를 예측한 것만 보고 잤어요. 투표지는 이미 다 투표함 속에 들어가 있는 상태에서 그걸 열어보고 결과를 확인하는 과정을 내가 지켜보면서 마음 졸일 필요가 없겠더라고요. 내가 지켜본다고 해서 결과가 달라지는 것도 아니고. 그래서 잤습니다. 잘 자고 나서 아침에 일어나보니까 카카오톡이 들어온 게 하나도 없어요.(웃음) 가까운 사람들은 대개가 이재명 지지했으니까 이겼으면 막 카톡도 보내고 난리를 쳤을 텐데 하나도 없더라고요. 그래서 '아, 이거 이상하게 됐나보다' 하고서 텔레비전을 틀어봤더니 무슨 윤석열 어릴 때 사진이 나오고 벌써 용비어천가가 시작됐더라고요. 그래서 최종 득표율만 확인하고 꺼버렸죠.

오연호 오마이TV 시청자 중에서도 그후에 TV를 안 본다는 분이 굉장히 많더라고요. 어제 점심에 한 식당에 갔는데, 자주 가던 식당이라 주인 분이 저를 아시는데도 그전에는 『오마이뉴스』나 오마이TV 얘길 한 번도 안 하고 티도 안 내셨어요. 그런데 어제 갔더니 '아, 너무 속상하다'고 하면서 그동안 오마이TV 봤다고 말씀하시더라고요. 잠을 못 자고 밥맛도 없는 분들 꽤 많습니다. 아까 댓글 보니까 '우리 백교수님 오마이TV를 통해서 처음 알게 되었는데 오늘도 힘 받으러 왔습니다' 이런 분들이 있던데, 백교수님께서는 TV도 끄시고 이런 상황에서 지난 일주일 동안 어떻게 지내셨습니까?

백낙청 내내 끄고 산 건 아니고 더러더러 보았는데, 옛날같이 열심히는 안 보고, 속상하기로 말하자면 저도 누구 못지않지만 그래도 평상심으로 살아가려고 노력하고 있습니다. 왜냐면 지금 내가 살 날도 많이 안 남았는데 애통해하고 밥 안 먹고 잠 안 자고 그렇게 보내기엔 시간이 좀 아까워서 어떻게든지 평상심으로 되돌아가려고 노력하고 있습니다.

오연호 백교수님께서는 해방 전에 태어나셨어요. 해방 때 초등학교를 다니셨죠?

백낙청 제가 태어나긴 대구에서 났는데 전라남도 광주에서 초등학교에 입학했어요. 그러다 2학년 진학하던 해에, 그때 일제 말기에 미군이 폭격할지 모르니까, 소개(疏開)한다 그러죠, 여기저기 시골로 흩어졌습니다. 그래서 아버지만 빼고 온 식구가 고향인 평안북도 정주로 갔습니다. 해방은 거기서 맞이했고, 그해 10월에 배 타고 월남했습니다.

오연호 그렇게 해방 정국부터 지금까지 근현대사를 지켜보셨네요. 그간에 여러 역사의 아픔과 슬픔을 어떻게 극복하셨는지도 나중에 들어보도록 하겠습니다. 지난 2월 19일 출연하셨을 때 대선을 몇가지로 분석하셨는데 기득권 엘리트 카르텔 대 촛불정신·촛불시민의 대결이다, 그리고 절박함과 간절함의 대결이다라고 말씀하셨어요. 그런데 결과는 촛불과 이재명 후보 쪽이 0.7퍼센트가 모자랐습니다. 지금 소셜미디어와 언론 등에서 다각도로 패인을 분석하고 있는데요, 백교수님께서 보시기에 가장 핵심적인 이유는 무엇일까요.

백낙청 우선 역사적으로 볼 때 이번 대선이 기득권 카르텔과 촛불시민들의 대결이라는 분석은 맞는다고 보고요. 다만 이기기 위해서는 이재명 후보와 촛불시민들의 연합이 훨씬 더 강하게, 더 일찍부터 이루어졌어야 하지 않나 생각합니다. 저는 이재명 후보가 잘 싸웠고 또 이번 대선에서 우리가 위로받을 일이자 큰 소득이 있다면 김대중 대통령 이후로 이만한 정치인을 만난 것이라고 봅니다. 스스로 본인이 부족했다고 하는 것은 국민에 대한 예의이고 동지들에 대한 예의라고 생각하고, 다른 후보보다 뛰어났지만 준비부족은 없지 않았던 것 같아요. 패인을 들자면 일단 민주당이 그간에도 너무 못했고, 선거기간에도 민주당 지도부와 국회의원들의 간절함은 오히려 국힘당보다 못했다고 봅니다. 국힘당은 특히 이재명씨가 후보가 된 이후로는 이번에 지면 진짜 우린 다 깨진다 하는 위기의식을 가지고 달려들었는데 솔직히 민주당 국회의원들이야 져도, 그들이 다 그렇게 계산했다는 건 아니지만, 객관적으로 지더라도 여소야대의 의원들 아닙니까? 그렇기도 하고 어떤 의미에서는 민주당의 상당부분이 이재명 후보와 촛불시민들이 타파하려고 했던 기득권세력의 일부기도 하거든요. 그래서 간절함이 모자랐는데, 그렇다고 모든 책임을 민주당에 돌리는 건 옳지 않고 우리 시민사회의 활동가나 논객들도 한번 되짚어볼 문제입니다. 과연 그동안에 우리가 촛불을 기억하고 촛불혁명을 화두로, 불교 용어로 화두로 잡고 연마해야 한다고 주장해왔는데 과연 그런 사람들이 얼마나 있었을까. 사실 촛불이 거의 망각돼 있었거든요. 그러다 정말 저쪽이 대대적인 공세로 나오니까 그때부터 위기의식을 느낀 시민들이 다시 간절함을 갖고 일어났고 이재명 후보도 촛불시민들에게 직접 호소하기 시작해서 그래도 막판에 이만큼이라도 따라잡지 않았나 이런 생각이 저는 드는데, 처음부터 우리 시민사회에서 준비가 돼 있고 촛불의 기운이 살아 있는 상태였다면 이재명 후보도 선거전을 설계할 때 이 힘과의 결합을 분명한 목표로 세우고 거기에 맞는 전략을 세우지 않았겠나 생각해요. 이재명 후보가 나중에 가서 호소한 건 처음부터 세웠던 전략은 아니었고, 처음에는 아마 민주당 내부의 조언이 많아 그랬을 것 같은데 어떻게 해서든지 중도확장을 해서 이겨보려고 했죠. 소확행(소소하지만 확실한 행복)이다 뭐다 해서 자기 이익을 추구하는 집단들의 요구를 하나씩 들어주겠다, 나는 한번 약속하면 지키는 사람이다, 이런 식으로 하려다보니까 기운이 제대로 안 살아났고 막판에 가서야 제가 보기엔 제대로 된 선거전을 펼쳤습니다. 지난번 방송에서도 주장했습니다만 이렇게 촛불정신에 호소하는 것하고 국민들에게 구체적인 실용적 정책을 약속하는 것은 얼마든지 양립 가능하다고 봐요. 그러니까 쉽게 말하면 2기 촛불정부가 우리의 역사적인 사명인데, 2기 촛불정부를 만들 뿐 아니라 성공하도록 만들기 위해서는 유능한 경제대통령이 필요하다 이런 식으로 설득할 수 있었을 것 같은데 그런 점이 아쉽죠.

오연호 패인에 대해서 다각적으로 점검해주셨습니다. 민주당, 촛불시민, 이재명 후보 그다음에 이들의 연대, 준비 정도, 간절함 등을 말씀해주셨는데, 지난번 방송이 생각납니다. 그때도 '아, 그래 촛불이 있었구나. 내가 촛불이었지. 내가 주인이구나' 이렇게 자각하고 우리가 판을 만들 수 있겠다고 말하는 댓글들이 많았는데요. 오늘이 2월 19일이면 좋겠다는 생각도 드네요.

패인을 대략적으로 짚어봤는데, 한걸음 더 나아가서 그렇다 하더라도 우리가 이번 선거를 통해서 얻은 게 뭔가를 짚어보고 분석해보면 좋겠습니다. 아까 김대중 대통령 이후에 이만한 정치인이 없었다는 표현을 하셨어요. 백낙청 교수님은 지금까지 12명의 대통령을 지켜보셨는데 일단 김대중 대통령을 언급하셨어요. 이쪽에서 보면 노무현 대통령도 있었고 문재인 현직 대통령도 있지 않습니까? 왜 이재명 후보를 그렇게 언급하셨나요?

백낙청 노무현 대통령은 참 훌륭한 분이지만 대통령으로서 썩 잘하신 건 아니라고 봐요. 그 얘긴 길게 안 하겠습니다만. 문재인 대통령은 아주 착하고 선량한 분이고, 촛불정부의 대통령으로서 잘해보려고 열심히 애쓴 건 사실이지만 원래 그분은 정치지도자라고 보긴 어려운 면이 있어요. 그래서 그분들보다 나은 정치인이 되는 건 그렇게 어려운 건 아닌데, 도대체 김대중 대통령 이후로는 뛰어난 정치인이 없었고 특히 촛불혁명 이후로 촛불혁명을 현실정치권과 연결시켜줄 인재가 없었다고 봐요. 그런데 이번에 드디어 한 사람 발견했다, 건졌다는 점에서 다소나마 위로가 됩니다. 그다음에 오대표도 말씀하셨듯이 촛불시민의 재발견이라고 할까요, 재탄생. 사실은 촛불혁명이 어디 간 것은 아니고 이렇게 저류로 흐르면서 여기저기서 중대한 사회 변화를 만들어내고 있었어요. 그런데 이것을 상층부로 끌어올려 정치계라든가 주류 언론, 학계에서 논의하는 일이 전혀 안 이루어지다보니까 이를 잊어먹고 사는 사람이 많아졌죠. 게다가 이것이 그냥 세월이 흘러서 잊힌 게 아니고 촛불의 힘이 더 상층으로 분출하는 것을 적극적으로 차단하는 엘리트 카르텔이 있다고 봅니다. 정치계도 그렇고 학계도 그렇고 언론계, 사법부는 더 말할 것도 없고. 그런 가운데 그래도 이번에 연결이 지어지고 그 과정에서 내가 촛불시민이구나 하고 자각한 분들이 늘어났던 것이 소득이라면 소득인데요. 참 말하기가 어렵지만, 지금 시청자 댓글 중에서도 저에게 힘을 좀 받고 싶다는 분도 있는데, 위로 일변도로 가다가는 우리가 해야 할 통렬한 반성·성찰을 게을리하게 됩니다. 그래서 아까 패인을 제가 대략적으로 분석했다고 하지만 조금 더 분석이 필요하다고 봐요. 남 탓하기 전에 자기가 먼저 성찰해야 하는데, 우선 저만 해도 지난번 왔을 때 오대표께서 3월 9일 승자가 누가 될 거냐 물으셨을 때 나는 주술사가 아니니까 그 답변은 못하겠다고 이렇게 말을 했지만 솔직히 윤석열 대통령이란 상념은 떠오르질 않았어요. 그건 이런 데 나와서 대중을 상대로 아는 척하고 떠드는 인간으로서는 결격사유예요. 상상력의 부족, 현실인식의 부족이었죠. 그래서 그런 저부터 통렬한 자기반성을 해야 하고, '졌지만 크게 진 건 아니다' 심지어는 '졌지만 이겼다' 이런 식으로 나가는 건 곤란할 것 같고요.

특히 우리가 한번 진지하게 스스로에게 물어봐야 할 일은 우리 국민이 위대하다고 믿고 있지만, K팝에 K드라마에 K방역에 또 나아가 K민주주의를 자랑해온 이 민족과 국민이 어쩌다 K트럼프까지 생산했는가예요. K트럼프라는 말은 해외동포들 간에 쓰이고 있다고 해요. 윤당선인이나 그 주변에서는 그 말을 듣고 별로 기분 나빠하지 않을지도 모르겠지만, 아무튼 K트럼프라는 말이 나온 김에 이걸 조롱하는 차원이 아니라 미국 대선에서 트럼프가 거둔 승리와 한국 대선에서 윤석열 후보가 이긴 걸 비교 분석해볼 필요가 있을 것 같아요. 우선 비슷한 점은 두 사람 다 선거기간에 그야말로 온갖 비리, 부패, 사실과 다른 주장이 다 드러나고도 당선되었다는 거죠. 그런데 그 과정만 보더라도 다른 점이 있는데, 미국서는 트럼프가 그런 발언을 할 때마다 소위 레거시 언론들 특히『뉴욕타임즈』나『워싱턴포스트』같은 주류 언론에서 일일이 팩트체크를 하고 검증하고 비판했습니다. 그런데도 당선된 게 미국이고요. 우리나라는 제가 볼 때 만약 레거시 언론, 적어도 진보를 자처하는 언론만이라도 그런 역할을 해줬다면 토론 한두번 하고 선거가 끝났을 것 같아요. 바꿔 말하면 우리 레거시 언론은 엘리트 카르텔 부패에 미국보다 훨씬 더 깊이 연루돼 있는 반면에 우리 국민은 훨씬 더 생생하게 살아 있다는 것입니다. 미국처럼『뉴욕타임즈』『워싱턴포스트』가 아무리 떠들어도 전혀 영향을 못 미치는 사회하고 우리의 차이고요. 또다른 차이를 말한다면 우리가 이번 대선에서 얻은 것 얘긴데, 트럼프는 상대가 이재명이 아니었거든요. 이재명처럼 개혁적인 사람이 아니라 크게 봐서 엘리트 카르텔의 일부였지만, 우리는 이재명을 내세워서 한번 붙어봤다는게 다른 점이고 상당한 성과를 거두었다는 것도 나은 부분입니다. 그 저변을 들여다보면 한국에는 촛불혁명이 있는데 미국엔 그게 없어요. 그래서 미국의 민주주의는 비록 트럼프의 재선을 저지하긴 했지만 전망이 안 보입니다. 그러나 한국은 그렇지 않다는 차이가 있다고 봐요. 또 하나 우리가 이해할 것은 미국에서 트럼프가 그렇게 당선되고 지금도 큰 영향력을 유지하고 있는 것이 꼭 트럼프 지지자들 때문인가, 트럼프를 반대하는 다수 미국 사람들 마음속에도 크고 작은 트럼프가 하나씩 들어 있는 것 아닌가, 이 점을 미국 사람들은 반성해야 한다는 거예요. 역사적인 연원을 따지고 올라간다면 트럼프가 대표하는 백인우월주의 같은 것은 흑백차별 이전에 백인들이 인디언 토벌을 할 때부터 존재했던 미국 역사의 일종의 원형질에 속합니다. 우리는 그런 것으로부터는 자유롭죠. 그러나 제가 언젠가 분단체제가 괴물이라면 우리 마음속에도 괴물 하나씩 있다는 걸 우리가 상기하자는 말을 했는데, 사실 우리는 이번 윤석열 당선자나 그 주변 사람들을 보면서 저놈들이 완전히 나쁜 놈이고 나는 그런 결함이 전혀 없다고 자신있게 말할 수 있을까요. 우리 마음속에도 윤석열이 대변하는 그런 욕망이나 욕심, 성내는 마음, 어리석음이 조금씩 있기 때문에 윤석열의 당선이 가능했던 게 아닌가 합니다. 이걸 깨끗이 씻어내고 새로운 전략을 세우지 못하면 윤석열 다음에 비슷한 사람이 또 들어올 가능성도 배제할 수는 없다는 점을 새길 필요가 있습니다. '다 내 잘못이야' 하고 가슴 두드리면서 통곡하자는 얘기가 아니라 현실에 대한 정확한 진단이 있고 성찰이 있어야지 그다음에 무엇을 할 것인가가 제대로 보이니까요.

오연호 '오연호가 묻다'에 출연한 김누리 교수도 그런 얘길 했어요. 우리가 파시즘을 비판하지만 내 안에도 파시즘이 있을 수 있다, 한번 점검해봐야 한다. 윤석열 후보를 대통령으로 만든 배경으로서 우리 안에 알게 모르게 젖어들어 있는 모습들을 점검해보자는 말씀인데요. 아까 통렬한 반성이 우선돼야 한다고 말씀하셨습니다. 하나 더 질문하자면 왜 많은 국민들은 민주당을 그토록 증오하게 되었을까요? 이런 후보가 승리하게 만든 배경에는 증오가 있다고 봅니다. 정권교체 여론이 꽤 높지 않았습니까? 그동안 문재인 대통령의 통치행위와 민주당의 집권당으로서의 행위를 봤을 때 어떤 면 때문에 시종일관 정권교체 여론의 비율이 더 높고 결국 0.7퍼센트 차이이긴 하지만 저쪽이 승리를 거두었을까요?

백낙청 정권교체 여론이 높았던 건 분명히 민주당의 책임이고 문재인 대통령의 책임이죠. 그러나 그 프레임 자체를 언론에서 만들고 계속 강조하면서 강화해온 탓도 있다고 봐요. 그래서 남의 탓으로 자꾸 돌리자는 건 아니지만 총체적으로 성찰하려면 우리 언론 지형에 대한 성찰도 필요합니다. 우리 지식인들의 담론 지형에 대해서도 마찬가지고요. 나중에 가서 이재명 후보 측에서 정권교체 프레임을 정치교체 프레임으로 바꾸려고 노력했고 어느정도 성공했습니다만, '정권교체가 아닌 정치교체다'라는 말 자체가 정권교체라는 프레임 속에서 놀고 있는 면이 있거든요. 그러니까 처음부터 2기 촛불정부가 우리 국민의 소망이고 그 2기 촛불정부가 성공하려면 유능한 경제대통령이 필요하다 이렇게 나가는 것이 더 맞지 않았을까 하는 게 저의 아마추어적인 생각인데, 그런 구체적인 구호를 정하는 건 현장의 선수들이 알아서 해야죠. 저는 민주당 국회의원 대부분이 그런 간절함이 없었기 때문에 새로운 구호를 개발하지도 못했다고 봅니다.

오연호 지난 방송부터 간절함과 절실함을 계속 강조하셨습니다. 물론 민주당에는 172명의 국회의원이 있고 그중에 많은 분들이 열심히 뛰기도 했습니다. 그렇다면 촛불이 무엇을 얻었나 했을 때 우선 이재명이라는 지도자 그리고 촛불시민의 재발견을 드셨습니다. 정치지도자는 하루아침에 만들어지는 게 아닐 텐데, 우선 이 질문부터 해야겠습니다. 김대중 대통령은 어떤 면에서 정치지도자라고 표현할 수가 있습니까?

백낙청 1971년이었나요? 그분이 박정희하고 대결한 선거가. 그때 대통령 후보로 처음 나올 때부터 남달랐죠. 4대국 보장 한반도 평화라든가 예비군 폐지 등등 당시로서는 상상하기 힘든 담대한 공약을 들고나왔고, 당시 부정선거나 탄압은 지금하고 차원이 달랐는데 그런 가운데도 그때 40 몇 퍼센트를 거두며 두각을 나타내기 시작했죠. 그후에 쭉 민주화투쟁을 하면서 죽을 고비도 많이 넘겼고 그런 점에서 다른 사람과 비교하기 어려운 큰 인물인데, 물론 그분이 한 일을 다 잘했다고 생각하진 않아요. 의견을 달리했던 부분도 있고. 그런데 이재명 후보는 한편으로는 김대중 전 대통령보다 훨씬 더 어려운 삶을 살았지만 죽을 고비 같은 건 없었죠. 시대가 다르니까. 저는 앞날을 내다볼 때 촛불정부 2기를 만드는 것도 중요하지만 성공하는 2기 촛불정부가 되어야 하는데, 그 점은 이재명씨가 당선이 되더라도 지금으로서는 장담하기 어렵다고 봤습니다. 사실 그렇게 보면 우리 국민으로서는 참 비통하지만 이재명씨 개인으로 보면 이번에 2기 촛불정부 덜컥 만들었다가 성과를 잘 거두지 못하는 것보다는 낫지 않을까요. 물론 능력이 탁월하고 학습능력이 특히 뛰어나니까 국정을 맡았으면 잘했겠지만, 한가지 제가 생각나는 것은 팀이 없어요. 성남시나 경기도에서 보좌하던 그룹들이 있는데 이분들은 이재명 후보가 시장에서 도지사 되고 도지사에서 중앙무대에 정치인으로 나가면서 이룩한 눈부신 발전 속도를 못 따라가게 마련이에요. 그건 꼭 그이들이 잘못해서가 아니고요. 그러면 대신에 누가 옆에 들어가서 부족한 부분을 채워줬을까. 내가 그 내막은 모르지만 제대로 된 팀은 별로 없었던 것 같아요. 그래서 이재명 전 후보가 앞날을 내다보고 새로운 준비를 한다면 자기만 발전할 게 아니라 옆에서 같이 발전하는 사람들을 더 많이 모아야 되지 않나 생각합니다.

오연호 굉장히 중요한 말씀 하셨네요. 물론 성남시장과 경기도지사를 거치면서 참모들 이른바 동지들 있었습니다. 그렇지만 이번 대선 과정을 거치면서 뭔가 이재명 후보는 상당한 정도 부각이 되는데 함께하는 팀의 모습이 덜 마련되었다는 말씀이시네요. 물론 민주당이라는 당의 조직은 있습니다만, 이건 경선 이후의 조직이고.

백낙청 어떻게 보면 이재명 후보의 최대 불운은 민주당 후보가 아니고서는 대통령이 될 기회가 원천적으로 없었다는 거예요. 그러니까 민주당 경선에 뛰어들어서 촛불이란 말도 잘 하지 못하고 또 경선 과정에서 온갖 비방에 시달려야 했고 경선을 이긴 이후에도 한편으로 원팀을 만들어야 된다는 압박에 시달렸는데, 원팀 만드는 건 중요하지만 이재명의 정체성이랄까 아이덴티티를 흐려가면서 만들면 안 되거든요. 그런데 원팀을 위해서 그렇게 한 면이 없지도 않아요. 그래서 이런 건 길게두고 봐야 할 문제고. 민주당 얘기가 나왔으니까 말인데, 우리가 그냥 통상적인 개념에 따라서 민주당이라는 정당을 한덩어리로 보고 이게 진보정당이냐 보수정당이냐, 가령 정의당이나 이런 소위 진보정당 쪽에서는 쟤들은 진보가 아니야 보수야 우리가 진보야 그러는데 저는 그 프레임 자체가 잘못되었다고 봐요. 진보·보수의 프레임 자체를 재검토하면서 비판도 해야 하는데, 나는 개인적으로는 변혁적 중도주의라는 개념을 씁니다. 진보란 말 안 쓰고요. 그런데 이것이 선거구호로는 별 소용이 없는데, 제가 자꾸 그런 용어를 만들어내서 죄송합니다만 제가 그러는 이유는 제 업이 선거구호 만들어주는 것이 아니고 그래도 어느정도학적인 엄밀성을 가진 개념을 만들어내는 거라고 생각하기 때문입니다. 변혁적 중도주의를 쉬운 말로 풀이하면 한반도적 시각을 가진 실용주의예요. 이제까지 여러가지 이념노선들을 보면 실용성이 결여된 것이 있고 소위 실용주의란 사람들은 남한 내에서의 실용을 얘기하다보니까 진정한 중도주의가 아니라 중도 마케팅으로 가는 거예요. 그래서 이재명이 대표하는 실용주의하고 한반도적 시각이 더 확실해지면 그게 바로내가 생각하던 변혁적 중도주의고. 또 2016~17년 촛불대항쟁에서 촛불시민들이 비록 그런 용어는 안 썼지만 요구한 게 그거였다고 봅니다. 실제로 이 나라를 나라다운 나라로 만들어다오, 그런 실용성인데, '나라다운 나라'란 말 속에 담긴 것은 분단으로 인해서 분단체제의 기득권세력이 맨날 해먹는 이런 나라가 아니라, 당장 남북통일은 아니더라도 남북대결을 완화하고 남북의 화해와 협력을 추구하는 과정에서 우리가 만들수 있는 나라다운 나라를 만들자는 것으로, 이게 바로 한반도적 시각을 가진 실용주의거든요. 그래서 정당들도 이걸 더 검토하고, 누가 진보냐 누가 보수냐는 논의는 그만했으면 좋겠고요. 그리고 시민들이 민주당을 볼 때도, 정치인들을 그냥 한덩어리로만 보지 말고요. 촛불혁명을 수행하려면 우리가 기득권세력과 싸우면서, 엘리트 카르텔과 싸우면서 반드시 점령해야 할 고지 내지는 요충지가 있지 않겠습니까? 현실적으로는 지금 가장 중요한 요충지의 하나가 민주당입니다. 왜냐면 170여석의 의석을 가지고 있고, 이재명을 대통령 후보로 내세워서 저만한 성과를 올린 실적이 있고, 또 국회의원들에 대해서도 내가 비판적인 얘길 많이 합니다만 그중에는 이재명 노선에 동의하는 분들도 많잖아요. 그러니까 이 요충지에 대해서 시민들은 쟤네는 정당이고 우린 시민사회다 이렇게만 생각해서, 밖에서 민주당에 요구나 하다 그들이 안 들어주면 욕하지만 말고, 이 요충지를 어떻게 우리 세력이 지배할 것인가 장악할 것인가 이 연구를 앞으로 해야 된다고 생각합니다. 옛날하고 다른 건 우선 요충지의 중요성이 옛날보다 훨씬 더 커져 있고요, 행정부 권력은 다 저쪽으로 넘어갔고 뭐 언론이든 다른 여러 고지를 저쪽에서 점령하고 있는데 그래도 입법부에 이만한 세력이 있다는 게 옛날에 비해서도 의미가 더 커졌고. 또 하나는 이재명이란 정치지도자가 있지 않습니까? 바깥에서 요충지에 영향을 끼치려는 세력을 대표하면서 지금 당내 기반이 아주 튼튼한 건 아니지만 어쨌든 당의 후보였고 지지세력이 있고요. 그런 점에서는 지금 그래도 꽤 해볼 만한 싸움이죠. 지금 '이재명 사용법'이란 것도 나오던데 저는 그런 구체적인 전략·전술은 모르겠습니다만 민주당을 하나의 덩어리로 보지 말고 우리 촛불세력과 반촛불세력의 싸움에서 우리가 반드시 차지해야 할 하나의 요충지로 보고 뭘 할 수 있을지를 연구해보자 이런 생각입니다.

오연호 굉장히 엄청난 말씀을 하셨습니다. 민주당이라는 요충지가 있는데 새로운 사회를 원하는 촛불시민들이 이 요충지를 향해서 요구만 하지 말고 장악해라 이런 말씀을 하셨는데요. 민주당 자체를 그냥 하나의 덩어리로 보지 말고 촛불정신을 관철할 만한 사람들과의 연대의 관점에서 보자는 말씀도 주셨습니다. 바로 그 민주당에 대한 주목이 지금 굉장히 많습니다. 이른바 비상대책위원회 체제로 전환이 됐습니다. 그리고 6월달에는 지방선거가 바로 있지 않습니까? 그래서 지금 10만명 이상이 새로 권리당원에 가입했다는 뉴스가 있었고요. 이 시간 현재도 권리당원에 가입한 분들이 많이 계실 겁니다. 그리고 민주당과 관련해서 이재명이라는 정치지도자를 이후에 어떻게 쓸 것인가를 두고도 많은 논의가 있는 것 같습니다. 당장 어떤 분은 비대위원장 당장 맡아야 한다, 김두관 의원 같은 분은 지방선거에서 바로 도와줘야 된다 이런 말씀도 했고요. 아니다 좀 길게 봐야 한다 이런 분도 계십니다. 백교수님께서는 어떻게 보십니까?

백낙청 비대위는 좋든 싫든 윤호중 비대위가 출범했으니까 그걸 어떻게 잘 활용할까 이런 생각을 해야지, 이제 와서 뭐…… 더군다나 이재명 전 후보가 비대위원장이 돼서 지방선거를 이끈다는 건 본인도 안 하겠지만 그건 이재명이라는 자산을 너무 헐값에 써먹는 거고요. 자칫 잘못하다간 소모품으로 써버릴 우려가 있어요. 그리고 6월 지방선거 물론 중요하지만 저는 거기에 무슨 큰 기대를 걸기보다는 경기나 인천 같은 수도권의 요충지를 방어하고 서울시장은 탈환할 수 있으면 좋지만 그럴 수 없어도 선전을 한다는 수준의 계획을 세우면 이재명씨는 여기저기서 지원유세를 요청할 테니까 자기가 알아서 할 정도는 될 거라고 보고요. 지금 그 이상 하라는 건 이재명에 대한 예우도 아니고 또 일종의 선거중독증이죠. 선거판만 벌어지면 서울시장 꼭 가져와야 된다 이런 생각인데. 그후에 당권 장악하는 문제도 나오는데 그것도 저는 잘 모르겠고, 권리당원들이 훨씬 더 많이 들어가서 그분들이 이재명 당대표를 요구하면 될 수도 있는 거고 이재명씨는 처음으로 민주당이라는 당을 장악해서 뭘 해볼 기회도 생기는데, 모르겠습니다 그건. 이재명 후보가 판단할 문제고 시민들의 반응에도 달린 거고요. 저는 이번 선거에도 소위 2030 여성들이 여당 후보를 많이 찍었고 새로 입당하는 당원들 중에도 그분들이 많다고 보는데 참 좋은 현상이죠. 그리고 저쪽 국힘당에서 소위 세대포위 전략이라는 걸 썼는데 그게 백프로 실패했는진 모르겠지만 큰 성과를 못 거두었고. 특히 2030 여성들을 결집시켜서 오히려 그쪽의 젊은 세대 확보를 막지 않았나 싶어요. 이건 참 좋은 것인데 나는 이걸 계기로 그 여성분들한테도 한마디 부탁을 하고 싶어요. 팔십 먹은 늙은 꼰대가 우리한테 뭘 이래라 저래라 하느냐 할지 모르지만 그런 건 아니고 여성들이 그렇게 나섰다는 건 정말 나라의 주인으로 또는 촛불의 주인으로 나설 의지를 보인 거 아니에요? 그렇다면 기왕에 나선 김에, 남녀가 같이 살고 또 이렇게나 못난 남자들이 많은 사회에서, 전체의 주인이 돼서 그 못난 사내들도 좀 도와주고 이끌어주면서 이 나라의 주인 노릇을 제대로 하겠다 하면 좋겠어요. 꼭 우리 여자들 삶이 너무 팍팍하니까 위험하니까 그걸 더 위협하는 새 당선인 새 정부에 맞서 싸우겠다 이것만 아니고. 맞서 싸우는 건 중요해요. 그건 해야 하는데, 그걸 넘어서 정말 나라의 주인이라는, 촛불의 주인이라는 의식을 가지고 정치참여를 해주면 더 좋겠다 이런 부탁을 드리고 싶습니다.

오연호 함께하는 동지라는 큰 틀에서.

백낙청 못난 사내들도 좀 도와주고 이끌어주고. 혼내줄 건 혼내주고.

오연호 지금 비대위를 맡기거나 지방선거에 차출하거나 이런 건 이재명이란 자산을 너무 헐값에 넘기는 거다 이런 표현 쓰셨습니다. 그런데 아까는 이재명이라는 정치지도자와 촛불이 연대할 것인가가 앞으로 굉장히 중요하다고 말씀을 하셨어요. 지방선거라는 정치 이벤트를 뛰어넘어서 두 세력이 어떻게 강고히 연대할 것인가가 굉장히 중요하다는 말씀이시죠. 거기에 비전과 가치에 대한 공유 기간이 있어야겠고. 그런데 지난 선거기간에 보면 그걸 충분히 공유하기에는 뒤늦게 두 세력이 결합한 측면이 있었기 때문에 아쉬웠는데 오히려 큰 틀에서 본다면 이재명 후보가 이번에 약간 쉬는 시간을 갖는 게 더 강고한 연대를 쌓고 이후에 더 자신있게 성공하는 촛불 2기 정부를 이끌어내는 데 더 나을 것이다 이런 생각이시군요.

백낙청 그렇죠. 우리는 져서 참 비통하고 속상하지만 이재명이라는 정치인 개인의 커리어로 보면 패배가 꼭 나쁜 것만은 아니다. 그리고 현장에서 후보와 촛불시민들 간의 결합이 좀 늦게 이루어졌다는 아쉬움이 있지만 나는 본질적으로 이재명이라는 사람은 촛불정신하고 친연성이 아주 강한 사람이라고 봐요. 자라오고 살아온 경력도 그렇고 실제로 2016~17년 촛불대항쟁 때 제일 앞장서서 나선 민주당 정치인이고요. 자치단체장이니까 정치인이란 말이 적합할지 모르겠습니다만 어쨌든 민주당 인사로서 두드러지게 처음부터 나와서 활동한 것이 일개 성남시장이었어요. 그런 걸로 봐서 이재명은 원래 촛불정신과의 친연성이 있는데 이번 대선을 설계하고 운동을 전개하는 과정에서 그것이 좀 뒤늦게 나타나기 시작했다, 이런 판단을 갖고 있습니다.

오연호 그게 뒤늦게 나타난 게 서울에서의 마지막 유세. 3월 8일 밤. 그 청계광장에서 말이죠. 이재명이라는 정치지도자와 촛불들의 간절함이 만났습니다. 그래서 촛불을 들고 휴대폰으로 촛불을 만들어서 상록수도 함께 부르고 하는 장면이 있었죠. 저도 현장에 있었습니다만 백낙청 교수님이 생각났어요. 백낙청 교수님이 이 장면을 보고 계실까.

백낙청 저는 나중에 그걸 유튜브로 봤어요. 연설이라든가 하는 것들이 감동적이었고.

오연호 연설 중에 그런 게 있었습니다. 김구 선생님이 못다 이룬 것, 그리고 김대중·노무현 대통령이 못다 이룬 것을 제가 해내겠다. 그러면서 김구 선생님 말씀하시면서 자주독립과 분단 이런 말씀을 같이 하신 것 같아요. 상당히 본인의 비전과 가치 이런 것을 녹여냈다는 생각이 들었습니다.

백낙청 김구 선생이 하신 말씀 중에 후세에서 특히 새겨들어야 할 말은 우리가 정치나 경제·군사의 강국이 되기를 바라지 않고 문화가 아름다운 나라가 되길 바란다는 것인데, 이재명 캠페인에서 그 점은 좀 약했어요. 교육에 대한 비전이라든가. 그러나 그날 청계광장 시점에서는 자주적인 통일국가를 환기한 것이 아주 적절했다고 봅니다.

오연호 그렇다면 이후에 촛불, 깨어 있는 시민들이 어떻게 무엇을 할 것인가를 정리해봐야 할 텐데요. 아까도 말씀하셨지만 언론의 중요성, 그리고 교육의 중요성을 언급하셨습니다. 또 아까 K트럼프 얘기하셨는데 윤석열을 계급적으로 지지하는 사람뿐 아니라 그렇지 않은 사람들이, 오히려 윤석열 대통령 시대에 불이익을 당할 만한 서민층이 지지하는 모습도 있지 않았습니까? 그래서 언론과 교육의 중요성이 새삼 강조되는데요. 어떻습니까? 앞으로 새로운 나라를 만들고 싶어하는 시민들이 이 분야에 대해서 어떤 식으로 더 관심을 갖고 실천을 해야 할까요?

백낙청 언론에 대해서 그전에는 주로 조·중·동의 위력에 비해 진보언론이 너무 약하다, 그래서 기울어진 운동장이다 이렇게 말해왔는데, 얼마 전 들으니까 유시민씨는 언론이라는 것도 사기업이므로 사주를 따라가기 마련이니까 거기에 기대할 게 없다고 얘기하더군요. 저는 그 얘기가 우리 언론의 상당히 중요한 문제점을 짚었지만 동시에 설명이 다 안 되는 부분은, 『한겨레』나 『경향신문』은 개인기업이 아니잖아요. 『경향신문』은 우리사주 기업이고 『한겨레』는 국민주 모집으로 성립한 언론인데 왜 거기도 그렇게 시원찮으냐는 문제를 우리가 풀어야 하고요. 그 다음에 아직까지는 저도 물론 다 똑같은 놈들이라고 욕할 때 있습니다만 그래도 좀 낫게 하는 언론은 인정해주고 북돋아줄 필요가 있지 싶어요. 그런데 왜 비슷해지냐, 이건 우리 사회의 지배 카르텔의 성격이 바뀐 거라고 봅니다. 옛날엔 독재형 카르텔이었어요. 독재에 붙어서 뭐 하는 그런. 기자들은 정말 정부의 압력에 굴복했다든가 또는 기레기 노릇하는 기자가 아니면 카르텔에 못 들어갔고 저항세력 쪽에 가까웠어요. 그러나 지금은 독재형 카르텔, 독재형 부패 구조에서 엘리트 카르텔 구조로 바뀌었고 꼭 어떤 솟아오른 독재자 없이도 그게 굉장히 촘촘하게 연결돼서 작동하고 있습니다. 그런데 대부분의 언론인들이 자기도 모르는 사이에 그 카르텔에 편입돼 있다고 봐요, 저는. 거기서 오는 언론계의 체질변화, 언론인의 체질변화를 우리가 더 주목해야 되지 않나 하는 생각이 들고요. 교육에 대해서는 언론하고 관련된 교육 문제만 얘기하죠. 언론의 사명은 물론 사실보도 진실보도입니다. 그러나 그것은 사회 전체가 갖추어야 할 어떤 미덕이랄까 민주주의를 위한 요건의 일부에 지나지 않아요. 언론에서 사실을 열심히 캐내서 폭로하고 보도하고 알려만 주면 세상이 변하리라 하는 건, 18세기 서구 계몽주의의 이데올로기입니다. 서양의 역사에서는 그것이 필요한 이데올로기였고 또 엄청난 위력을 발휘했죠. 그리고 우리 사회에도 필요한 이데올로기이긴 하지만, 언론에서 사실만 또는 진실만 열심히 알려주면 세상은 바뀌게 돼 있고 만약에 언론이 그렇게 알려줬는데도 대중이 안 바뀌면 몽매한 것이다, 이것도 일종의 서구 근대주의에 물들어 있는 엘리트 의식이라고 저는 봅니다. 교육이 지금 대학교육이든 중고등학교부터든 오로지 지식의 축적에 집중돼 있잖아요? 그런데 지식의 축적만을 목적으로 하다보면 결국 지식 많이 가진 사람이 능력있는 사람이 되고 능력만큼 잘사는 게 당연한 게 돼가지고, 사람들이 그런 데 물들어놓으면 진실을 알려줘도 움직일 도리가 없어요, 그런 사람들은. 그래서 지식보다는 지혜, 또 우리의 전통적인 지혜, 인문적인 지혜를 포함해서 그런 지혜를 함양하는 것이 교육의 진정한 목표이고 지식은 그 수단으로 쓰여야 된다 하는 사고의 전환이 필요하지 않나 합니다.

오연호 그래서 지식을 나누는 것도 중요하지만 지혜를 나누는, 그래서 우리 공동체가 어디로 가야 될 것인가를 같이 나누는 그런 걸 평상시에 해야 되겠죠? 선거 때가 아니라.

백낙청 그렇죠. 지혜라는 것도 지식처럼 아무나 가질 수 있는 게 아니고, 자기가 그야말로 수행을 해서 깨달아야 되는 게 지혜 아닙니까? 터득해야 하는 것. 그런 훈련을 일상화하는 교육이 필요하고 그 과정에 물론 정당한 알음알이·지식이 더해져야겠죠. 지금 과학의 시대에 옛날같이 선방에 앉아서 깨달으면 다 되는 건 아니니까요.

오연호 언론의 중요성, 교육의 중요성이 있는데, 지난번 이 자리에 김민웅 교수님이 나와서 선거 때만 되면 너무 임박해서 이 사람 찍어주세요 하는 걸 벼락공부에 비유했어요. 그래서 우리가 앞으로 5년이라는 시간이 있습니다만 평상시에 그러한 건전한 토론이 가능한 공동체들을 촘촘하게 만들어가보는 것도 필요한 것 같습니다. 이제 슬슬 마무리를 해야 하는데요. 오늘 백낙청 교수님을 모신 이유는 낙담하고 있는 오마이TV 시청자들에게 뭔가 힘을 갖게 해주자는 것도 있었습니다. 이재명 후보가 정읍 유세에서 이런 표현을 썼습니다. '우금치 선배들의 패배를 반복하지 말자. 그래서 이번에 우리가 승리해야 한다.' 이런 표현을 했는데, 그러나 0.7퍼센트 차이가 있었습니다. 그래서 일단 저는 그런 생각이 들어요. 역사적으로 패배의 아픔을 간직한 분들이 그동안 한국 근현대사에서 엄청 많지 않았겠습니까? 어쩌면 그 눈물의 역사를 딛고 우리가 여기 서 있는 건데요. 그분들은 어떻게 그런 패배의 역사를 헤쳐나갔나 한번쯤 생각해봐야 할 거라고 생각합니다. 그래서 일단 정읍 유세장의 영상부터 짧은데 보도록 하겠습니다.(영상 시청) 방금 다시 들어봤는데요. '우금치 선배들의 패배를 반복하지 말자' 이 대목이 참 다시 다가오네요. 그동안 근현대사의 수많은 패배가 있지 않았습니까? 우리 선배들은 그걸 극복하고 여기까지 왔는데요. 그 극복할 수 있는 힘, 에너지의 원천을 백교수님께서는 어떻게 보십니까?

백낙청 우금치 전투는 패배해서 뼈아픈 것도 있고요, 또 희생자가 그렇게 많이 나왔다는 사실이 뼈아픕니다. 그럼에도 불구하고 그것의 역사적인 의미라고 할까 그런 것은 참 막대하죠. 그런데 신동엽 시인이 「껍데기는 가라」라는 시를 쓰면서 그중의 한 절에서 '동학년 곰나루의 그 아우성만 살고 껍데기는 가라' 이렇게 말했습니다. 시인이 정확히 무엇을 껍데기로 보고 뭘 알맹이로 봤는지는 짧은 시에 안 드러나는데, 우금치 전투나 희생자를 우리가 기려야 하지만 그런 패배를 미화하는 경향도 있어요. 이재명 후보가 되풀이하지 말자는 것은 이번에 우리 지지 맙시다 하는 것도 있지만 우리가 좀 덜 다치고 싸웁시다 하는 것도 있다고 봐요. 그건 이재명씨가 처음 한 얘기가 아니고, 동학 직후에 그때 말로는 한 30만명이 희생했다고 하는데, 30만명이 말이 쉽지 얼마나 참담했겠어요, 유족들까지 다 치면. 그래서 낙담으로 다 주저앉고 온 국민이 집단 우울증에 걸릴 법한데, 이때에 우리가 앞으로는 덜 다치는 안 다치는 운동을 하기 위해서 세상의 기운을 한번 바꿔야겠다 하고 나서신 분이 강증산 선생이에요. 그래서 소위 천지공사를 하고 해원상생을 주장했고. 그래서 나는 우리가 동학혁명에서 그렇게 처절한 패배를 하고도 불과 25년 만에 3·1운동 일으킨 것, 사반세기 만에 그런 거대한 거족적인 항일운동을 일으킬 수 있었던 것은 그동안에 꼭 강증산 선생의 노력뿐 아니라 이렇게 시대의 기운을 바꿔놓는 노력이 여기저기서 있었던 덕이라고 봐요. 그래서 3·1운동은 '대한 독립 만세'를 부르짖으면서도 평화적인 운동으로 시작했잖아요. 물론 하다보니까 일본이 탄압을 하니까 이쪽에서도 산발적인 무력저항이 일어났지만, 우리 민족은 평화적인 혁명을 지향한다는 그 패턴을 확립한 게 3·1운동이거든요. 그런데 3·1운동 이후에 평화시위만 가지곤 안 되니까 무장독립투쟁을 해야 된다 한 분들의 공로를 우리가 폄훼해서는 안 되죠. 그분들은 참 필요한 운동을 하셨고 그 과정에서 희생을 많이 치르셨지만 우리 역사의 주류로 보면 그때부터 평화혁명입니다. 그것이 이어져서 드디어 촛불혁명이라는 참 세계에서 유례가 없는 평화적인 시민혁명을 이루었는데, 앞으로 그 전통을 우리가 확고히 이어가야죠. 그러기 위해서 아까 시민사회가 활발해져야 하고 언론문제도 더 깊이 탐구해야 되고 민주당이라는 정당이 이 싸움에서 어떤 하나의 요충지라면 그 요충지를 우리가 평화적으로 장악해서 이런 우리의 평화투쟁의 도구로 삼아야 된다는 얘길 했던 것인데, 이재명 후보도 아마 그런 생각까지 하지 않았을까 저는 그렇게 짐작합니다.

오연호 오늘 백교수님 좋은 말씀 많이 주셨는데요. 우리가 헤어져야 할 시간이 됐습니다. 댓글 보니까 '백낙청 교수님 자주 모셔주세요' 하는 댓글도 있던데요. 종종 모시도록 하겠습니다. 백낙청 교수님도 오마이TV에 자발적 시청료를 내는 회원이 되셨다고 알고 있기 때문에.

백낙청 사실은요. '10만인 클럽'이란 걸 처음 만드실 때……

오연호 자발적 시청료 내는 사람들이 10만인 클럽. 10만인 클럽이 뭐냐면, 10만명이 좋은 언론을 후원하는 모임을 만들자, 이걸 저희가 한 10여년 전에 했었거든요.

백낙청 그거 만드실 때 내가 10만원 냈을 거예요. 그후에는 더 안 내다가 이번에는 다달이 만원씩 내기로 했습니다.

오연호 이제 헤어져야 되니까 오마이TV 시청자 분들께 마무리 말씀 주시면 되겠습니다.

백낙청 글쎄요, 제가 오늘 뭔가 여러분께 힘이 되기도 하고 또 앞날에 더 힘을 발휘하기 위해서 우리에게 꼭 필요한 성찰에 대해서 제 나름의 소견을 밝히고자 했습니다만, 참 어려운 문제인 것 같습니다. 제가 얼마나 여러분의 기대에 부응했는지 모르겠습니다만 어쨌든 다들 힘내시고 우리 사회가 겪어온 수많은 시련을 이번에는 더 멋지게 극복하도록 노력해보셨으면 좋겠습니다. 감사합니다.

유신독재에 저항한 한 지식인의 삶

백낙청(문학평론가,『창작과비평』명예편집인)
이승헌(버지니아대 물리학과 교수)

백낙청 백낙청TV에 와주신 시청자 여러분 감사합니다. 오늘 아주 특별한 손님을 맞이하게 됐습니다. 미국 버지니아대학에 계시는 이승헌(李承憲) 교수께서 미국서 내는 책에 대담을 하나 싣겠다고 저를 찾아왔습니다. 이교수님 반갑습니다. 간단히 자기소개 하시고 또 시청자를 위해 이렇게 찾아오게 된 경위 설명을 좀 해주시죠.

이승헌 안녕하세요. 저는 미국 버지니아대학 물리학과에 재직 중인 이승헌입니다. 물리학자가 왜 인문학자이신 백낙청 교수님께 인터뷰를 청했는지 궁금할 분들이 많으실 텐데요. 미국에서 활동 중인 한국학 학자들 몇사람이 유신독재 시절에 저항을 했던 지식인분들 중에서 대표적인 아홉분을 선정해서 그분들의 책, 글과 인터뷰를 모아 영어로

■ 이 인터뷰는 백낙청TV에서 2022년 7월 1일 이루어진 것이다.

된 책을 펴내는 작업을 하고 있습니다. 편자는 UCLA의 존 던컨(John Duncan) 교수와 연세대학의 헨리 임(Henry Em) 교수이고요. 책의 가제는 *Intellectuals in Dark Times: The Task of Criticism in Authoritarian Korea* (어두운 시절의 지식인들: 권위주의 한국에서의 비판 작업)입니다. 그 책의 저자 중의 한 사람인 미시건대학의 유영주 교수가 저에게 부탁을 해서 이 자리에 앉게 되었습니다. 인터뷰를 준비하면서 선생님의 60년에 가까운 실천적 지식인으로서의 공적인 삶과, 선생님께서 한반도의 민주화와 평화를 위해서 역사적인 고비마다 내놓으셨던 담론들을 살펴보았습니다. 그러면서 선생님의 삶과 발전해온 선생님의 사상을 일관되게 관통하는 어떤 덕목이나 특성이 좀 있을까 제가 생각을 해보았는데요. 제가 생각해낸 선생님의 덕목은 세가지였습니다. 첫째는 유연하고 뛰어난 지적 당당함, 둘째는 타인에 대한 공감 능력, 그래서 역사에 대한 지식인으로서의 책임감을 회피하지 않으신 점, 그리고 셋째는 선생님의 온화하고 여유로운 성품이 아니었나 합니다. 그래서 이 자리를 빌려서 선생님께서 내놓으신 실천적 담론들인 분단체제론, 변혁적 중도주의, 한반도식 통일방안에 대해서 선생님께 여쭈고자 합니다. 서론이 길어졌습니다만 인터뷰 본론에 들어가기에 앞서서 먼저 유튜브 채널 백낙청TV 개설을 축하드립니다.

백낙청 네, 감사합니다.

이승헌 첫 영상이 6월 16일 목요일에 나왔죠? 그 영상에서 선생님께서 1955년에 17세 나이에 UN에서 영어로 하신 연설이 소개가 되었는데요. 아주 흥미롭게 봤습니다. 그동안 책과 글로만 소통하셨는데요. 이제 영상의 세계로 뛰어드셨는데 어떤 동기가 있으셨는지 궁금합니다.

백낙청 책과 글로만 소통을 하는 데 아무래도 요즘 한계를 많이 느끼잖아요? 특히 내 책이나 글은, 물론 내가 부족해서 그렇겠지만 독자들이 많이 읽어주지 않아요. 거기다가 요즘은 고급 독서를 하는 엘리트층이랄까 그런 이들일수록 내 글에 별 관심을 안 보이는 것 같아요.

이승헌 저는 계속 열심히 읽었는데요.

백낙청 이교수는 예외이고 희귀종이죠. 그래서 내가 이런 소수의 사람들하고만 애쓸 게 아니라, 폭넓은 대중들하고 한번 직접 좀 얘기해보고 싶다는 생각이 들어서 뒤늦게 유튜브 사업에 뛰어들었습니다. 지금 말씀하신 첫번째 영상은 내가 유튜브 구상할 때의 내용 또는 앞으로 주로 다룰 내용하고는 좀 거리가 멀죠. 우리 프로그램을 맡으신 PD님께서 아주 기발한 발상을 해가지고 또 자료도 어디서 그렇게 찾아내서 그걸 만들어주셨는데. 다음부터 나갈 방송은 주로 어떤 분이 내 담론이나 생각에 궁금증을 갖고 와서 물어주시면 그걸 계기로 둘이서 격의 없는 대화를 하는 '공부길'이라는 프로그램이고요. 간간이 일부러 누구를 초대해서, 한 사람 또는 그 이상을 초대해서 제가 물어보고 진행하는 '초대석' 프로그램도 하려고 해요. 아직 그런 건 안 해봤습니다만. 첫번째 영상 보고 좀 놀라지 않으셨어요? 좀 이색적이죠?

이승헌 그때 17세 고등학교 졸업반이셨죠? 벌써 그 어린 나이에 그렇게 지적 당당함이 거기에……

백낙청 아니 놀라셨죠라고 한 건 그런 뜻이 아니고 유튜브 한다더니 옛날 고릿적의 영상을 끌어내다가 공개하는 게 뜻밖이지 않으셨어요?

이승헌 저는 그걸 보면서 선생님께서 이후에 살아오신 인생의 씨앗이 거기에 벌써 다 들어 있다는 느낌을 받았습니다.

백낙청 이교수님 첫머리 발언도 그러셨지만 나를 좋게 보기로 아주 확증편향증을 가지신 분이니까 마음대로 하세요.(웃음)

이승헌 UN 대회 후에 다시 한국에 잠깐 들어오셨다가 같은 해 1955년 9월에 미국 브라운대학에 입학하셨습니다. 브라운대는 롱아일랜드주에 있는……

백낙청 롱아일랜드가 아니라 로드아일랜드. 면적으로는 미국에서 제일 작은 주죠. 그래서 버지니아 같은 큰 주에서 오신 분은 롱아일랜드, 로드아일랜드 구별이 잘 안 될 수 있는데.(웃음)

이승헌 보스턴은 가봤는데요.

백낙청 로드아일랜드가 어떤 데냐면, 보스턴 일대에 청교도들이 와서 개척하지 않았어요? 내가 첫번째 영상에서도 미국 역사에 대해 잠깐 언급했는데, D. H. 로런스가 한 말을 인용해서. 그 사람들이 신앙의 자유를 찾아서 미국 왔다고 그래놓고, 와가지고는 자기들하고 다른 사람은 엄청 박해를 하는 거예요. 그래서 로저 윌리엄스라는 사람이 거기서 도망을 갑니다. 매서추세츠 콜러니에서.

이승헌 그 사람은 청교도가 아니었나요?

백낙청 청교도 아니었을 거예요. 뱁티스트(Baptist, 침례교도)였나. 그래서 근처에 프로비던스 콜러니(Providence Colony)라고, 지금 브라운대학 있는 도시가 프로비던스 아니에요? 프로비던스 콜러니라는 걸 따로 개척했습니다. 청교도 콜러니에서 박해를 피하고 신앙의 자유를 찾아 도망간 첫 사례예요. 그래서 분위기가 매서추세츠하고 로드아일랜드가 많이 다릅니다. 로드아일랜드는 진짜 리버럴해요. 커리큘럼 목록을 보면 하바드대학 커리큘럼에는 정교수 아무개 부교수 아무개 이렇게 나오는데 브라운에서는 무조건 미스터 아니면 미스. 그 당시에는 미즈라는 말 안 쓸 때니까.

이승헌 제가 지금 재직 중인 버지니아대학도 그렇습니다. 버지니아를 설립한 토머스 제퍼슨이 대학 내에서는 교수든 학생이든 다 미스터, 미스로 하라고 해서. 지금도 학생들이 가끔 이메일을 보낼 때, 대학생들이 특히 미스터 리 이런 식으로 하지 프로페서 리라고 안 하고요.

백낙청 소위 건국의 아버지라는 사람들 중에서 제퍼슨은 사실 별종이었죠. 그 사람은 민주주의자였고 다른 사람들은 공화주의자이긴 한데 민주주의자는 아니었죠. 미국 헌법이라는 게 민주적인 헌법이 아니잖아요.

이승헌 토머스 제퍼슨은 모순이 좀 있는 사람이긴 하지만.

백낙청 물론 노예주고 대지주고 그런 건 있지만.

이승헌 르네상스맨이었고.

백낙청 건국 공신들 중에서는 소수파였잖아요. 하지만 워낙 공도 크고 독립선언문도 그가 기초하고 그랬으니까 조지 워싱턴 대통령이 8년 하고 매서추세츠라는 곳에서 존 애덤스라는 분이 하고 3대째에 버지니아로 다시 갔죠. 주의 비중으로 보면 버지니아가 제일 중요했거든요. 돈도 많고, 제일 먼저 개척됐고. 그런데 제퍼슨은 좀 특이해서 일종의 소수파였어요.

이승헌 처음 브라운대학이 있는 프로비던스에 가셨을 당시 1955년이면 한국은 한국전쟁 직후여서 폐허였을 텐데요.

백낙청 그렇죠. 53년에 휴전을 했으니까 휴전 직후죠.

이승헌 저도 사실 미국 유학을 갔을 때 문화충격이 컸거든요. 그 당시 1955년에 가셨을 때는 문화충격이 더 크셨을 텐데 어떠셨나요?

백낙청 첫번째 영상을 보셨으니까 아시겠지만 54년 말에 '헤럴드트리뷴 월드 유스 포럼'이라는 토론회에 가서 한 3개월 미국에 있다 왔거든요. 그때 한번 충격받았고. 또 대학에 가서 다시 한번 쇼크 받고 그래서 일종의 분할제로 충격을 받아서 조금 덜 했죠.

이승헌 54년에는 어느 지역으로 가셨나요?

백낙청 그때는 뉴욕 일대. 뉴욕과 그 인근의 그러니까 뉴욕주도 있고 뉴저지, 코네티컷 간 사람도 있었고 펜실베이니아까지 있었죠.

이승헌 그때는 미국인 가정에서 생활을 하셨으니까.

백낙청 그렇죠. 2주씩 홈스테이를 해요. 2주마다 옮겨 다니면서.

이승헌 제대로 미국인 문화를 체험하셨겠네요.

백낙청 뉴저지에서 두군데 있었고 펜실베이니아에서 한군데 있었고 뉴욕시 스태튼아일랜드에 사는 자동차공장 노동자 집안에 2주 있었고,

그다음에 스카즈데일이라고, 웨스트체스터 카운티라고 있죠? 뉴욕시 북쪽 교외 부자들 동네. 거기에 2주 있었고요. 그렇게 홈스테이 마치고 마지막으로 뉴욕시의 UN 총회장에 모여서 대토론회를 했죠.

이승헌 미국 문화를 제대로 경험하셨네요.

백낙청 그렇죠. 브라운대학에 갔을 때 그 점에서는 도움이 됐지만 모르는 게 너무 많잖아요, 공부를 하려니까. 한국서 바로 브라운대학 갔으면 엄청 더 힘들었을 거예요.

이승헌 브라운대학에서는 기숙사에서 지내셨겠죠?

백낙청 네.

이승헌 당시에는 미국으로 유학 가는 케이스가 엄청 드물었을 텐데요.

백낙청 아니 유학은 많이 갔어요. 물론 지금처럼 많은 건 아니지만 제가 나온 고등학교가 소위 일류 고등학교고 부자 애들이 많이 다녔어요. 거기다가 그때는 병역법이 어떻게 돼 있었냐면, 징집연령에 해당이 안 되면 출국할 수 있었어요. 그게 우리 학년까지만 그랬고 다음 학년은 병역을 마쳐야지 외국에 갈 수 있게 됐어요. 그러니까 우리 학년은 개정 전 병역법의 막차를 탔고 막차라는 걸 아니까 너도 나도 갔죠. 졸업반에서 한 3분의 1 정도는 미국 갔을걸요. 그런데 브라운대학에는 많지 않았어요.

이승헌 그때 한국 분이 몇분이나 계셨는지 기억하시나요?

백낙청 내가 거기 4년 있는 동안에 내 바로 윗 학년에 두명, 우리 학년에 나 포함해서 두명, 그다음에 원래 나하고 고등학교 동기인데 프렙스쿨(preparatory school), 사립학교죠, 미국 프렙스쿨에 와서 일년을 보내고 왔기 때문에 한해 후배가 된 친구. 그렇게 다섯명이었어요, 학부는.

이승헌 엄청 적었네요.

백낙청 네, 대학원에도 많진 않았어요.

이승헌 거의 같이……

백낙청 자주 어울리고 학부생은 같이 식사하고 산책하고 가까이 지냈죠.

이승헌 그곳에서 영문학을 전공하셨죠?

백낙청 영문학하고 독문학을 반반씩 했어요. 스플릿메이저(split major)라고 하는데 분할전공이죠. 그건 정규 프로그램에 있는 건 아니고, 소위 아너즈프로그램(honors program)에 들어 있는 학생 중에서 본인이 신청하면 학교에서 허용을 했지요. 요즘은 복수전공이 오히려 대세지만. 아무튼 그것의 좋은 점은 자기 프로그램을 자기가 짤 수 있다는 것이었어요. 브라운대학이 지금도 그렇지만, 그 시절에도 굉장히 학생들에게 자율권을 많이 주는 데였는데요. 나한테는 뭐가 제일 득이 되었냐면, 여기까지 왔으니까 문학을 할 거면 영문학을 해야겠다 하는 생각을 했지만 내가 영문과에 들어가 영문학 전공을 해서 거기서 만들어놓은 꽉 짜인 전공 프로그램을 다 하려 했으면 무지하게 힘들었을 거 아니에요? 읽을거리도 많고. 그런데 독문과는 학생 수준이 좀 낮았어요. 미국 학생들 중 독일어 하는 학생이 그렇게 많지도 않고. 거기다가 내가 디자인하는 커리큘럼이니까 자유롭게 재미있게 했는데 그게 나쁜 점도 있어요. 왜냐하면 내가 굉장히 기초가 빈약합니다. 영문학도 그렇고 독문학도 그렇고. 그래서 어떻게 보면 그때부터 내가 뜨내기 지식인의 삶을 시작하지 않았나 그런 생각이 들어요.

이승헌 그럼 독일어는……

백낙청 제2외국어로 고등학교에서 했고요.

이승헌 저는 언어에 소질이 별로 없어서요. 언어에 출중하신 분들 보면 존경스럽습니다. 그후에 4년 후인 1959년도에 학사를 마치셨는데요. 졸업식에서 졸업생을 대표해서 연설을 하셨더군요. 연설은 학업에서 1등을 한 사람에게만 주어진……

백낙청 그건 맞아요. 남학생 하나 여학생 하나 이렇게 정해져 있는데 남학생 중에 학점으로 봐서 공동수석을 한 사람이 둘 있었어요. 그런데 다른 한 친구는 미국 원어민이긴 하지만 프로그램을 지도하는 교수가 좀 어눌하다고 보서서 차라리 색다른 놈 하나 시키자 그렇게 된 것 같아요.

이승헌 UN에서 연설한 것이……

백낙청 그런 건 잘 모르죠, 그분들은. 브라운 가서 좋았던 점 하나는 내가 '헤럴드트리뷴 포럼' 갔다 왔다는 걸 거의 아무도 모른 점이에요. 내가 한국에서 대학 다녔으면 그게 꼬리표처럼 늘 따라다녔을 텐데, 꼬리표가 아니라 훈장이라고 생각했을 수도 있죠. 브라운대학에서는 그런 거 아무도 관심없었어요. 관심이 없는데 내가 아 내가 이런 사람입니다 그랬으면 그건 진짜 중병 환자인 거죠. 내가 그 정도는 아니었어요.(웃음)

이승헌 그럴 필요도 없으셨겠죠. 학업에서 두각을 나타내셨으니까.

백낙청 하다보니까 성적은 좋았죠.

이승헌 그 경험이 아주 대단하신 거라고 생각합니다. 같은 해 9월에 하바드대학교 대학원 영문학과 석사과정에 입학하셨는데요.

백낙청 하바드 갈 때는 영문학으로 딱 정하고 갔죠.

이승헌 저는 브라운대 졸업생 전체 1등을 하고 하바드대 영문학과로 가신 경험이 선생님께 속된 말로 양인들 별거 아니다 그런 느낌 혹은 생각이 들게 하지 않으셨나, 그래서 나중에 선생님의 지적 당당함, 서구중심주의나 사대주의로 흐르지 않고 선생님께서 독자적인 사상을 발전시킬 수 있는 지적 당당함과 힘이 되지 않았을까 싶습니다. 그런 생각은 좀 하셨나요? 서양 사람들 별거 아니다.

백낙청 별거 아니구나, 그런 생각은 안 했고요. 그러나 어떤 자신감을 갖게 된 건 사실이고, 또 우리가 사람을 학벌로 보는 건 안 좋지만 학벌이 좋으면 살기에 편한 면이 있잖아요. 사람들이 괜히 쓸데없는 걸로 무시하고 그러려 들진 않으니까. 그런 점에선 도움이 됐고요. 내가 첫번째 영상 찍으면서 그런 말을 했는데, 어린 나이에 너무 떠버리니까 소위 소년등과병(少年登科病)이랄까, 예전에 과거에 일찍 들어가면 가문의 영광이지만 본인에게는 후년이 안 좋은 경우가 많아요. 그런 병 말이지요, 너무 어려서 그렇게 떠버리면.

이승헌 UN 대회를 말씀하시는 거죠?

백낙청 UN 대회 이후에 나 자신에 그런 병이 있었는데 오히려 브라운에 가는 바람에 많이 깨졌다는 얘길 했어요. 그래서 미국서 브라운 나오고 하바드 나오면서 그 병이 많이 치유된 건 좋은데 또다른 병이 들었죠. 제일 심각한 건 일종의 서구중심적인 사상, 근대주의적인 사상 그런데 상당히 깊이 물이 들어서, 이 병은 내가 한국에 돌아와서『창작과비평』도 하고 여러 친구들 사귀고 공부 더 하면서 서서히 나아갔지, 그때는 브라운, 하바드 나오면서 그 나름의 새 병이 들었었다고 평가합니다, 나 스스로.

이승헌 서서히라고 말씀하셨는데 한 2, 3년 만에 그런 걸 극복하신 것 같아요, 저는. 예를 들어서, 나중에 말씀드리려고 했는데 1966년에『창작과비평』을 창간하셨잖아요?

백낙청 그 글이 수록된 책의 서문이 기억 안 나세요? 첫번째 평론집에 실었는데,『창비』창간호의 권두논문이 책에서는 앞이 아니라 제일 뒷부분에 밀려나 있습니다. 그러고서 서문에 쓰기를, 하도 문제가 많아서, 나 스스로 부끄러운 점이 많아서 책에 안 실으려고 했다, 그랬는데 주변에서 그래도 실어야 되지 않냐 그렇게 얘기하고, 내가 생각하기에도 일종의 역사적인 기록물이니까 그래서 실었다고 했거든요. 그러니까 그 시점에서 내가 서구중심주의라든가 근대주의에서 벗어났다는 이교수님의 해석은 나하고 좀 다릅니다.

이승헌 제가 읽었을 때는 권두논문이 지금도 현재성을 가지고 있기도 하고요.

백낙청 지금도 말이 되는 이야기가 있어요. 없는 건 아니지만 지금 내 입장에서 볼 때는 하여간 기본적인 관점이랄까 자세가 근대주의에 치우쳐 있고 또 솔직히 말씀드리면 뻥이 많이 들어가 있어요.

이승헌 1966년 1월에 계간 『창작과비평』 창간하시고 권두논문으로 「새로운 창작과 비평의 자세」를 쓰셨죠. 제가 비문학인 입장에서 읽었을 때는, 그 당시 문단에서 벌어진 순수문학과 참여문학의 논쟁에서 선생님께서는 민족문학론의 맹아 같은, 순수와 참여라는 이분법적인 논쟁을 뛰어넘는 주장을 하셨다고, 저는⋯⋯

백낙청 그런 시도는 했죠.

이승헌 단순한 문학비평이 아니고 박정희 독재에 대한 문학인으로서의 선전포고였던 것 같아요, 제가 보기엔.

백낙청 글쎄요, 선전포고씩은 아니고.

이승헌 깃발이 아니었나.

백낙청 그것은 문단이나 지식계에서 『창비』의 역사관이랄까 문학관, 나 자신의 문학관이나 그때 나와 같이하던 사람들의 문학에 대한 생각이 소위 그때 한국에서 말하는 순수문학이라는 것, 그러니까 문학이 현실이나 역사에 관여하는 건 진짜 문학이 아니다 하는 것에 반대하는 입장이었거든요. 그런 분들을 끌어모으기 위해서 어떤 깃발을 들었다 이렇게 표현하시면 그럴 수는 있겠죠.

이승헌 저는 그 깃발이 1966년 당시 지식인 사회에 준 충격이 엄청났겠다는 생각이 들었어요. 지금 2022년에 이렇게 제가 읽어도 감동을 많이 받았거든요. 깃발도 깃발이지만 그 깃발을 힘차게 들고 날 따라오라고 앞으로 나아가는 분이, 보통 분이 아니고 하바드대학 박사과정 신분이었으니 지식인 사회에서는 많은⋯⋯

백낙청 아는 사람은 알지만 나 하바드 나왔소 하고 이마에 써 붙이고 다닌 것도 아니고, 일부 아는 사람이 좋게 봐주는 경우가 있었지만 삐딱하게 보는 분들도 있었죠. 외국의 일류 대학 나오고 일류 고등학교 나오고 한 친구가 뭐 얼마나 저런 식으로 가겠냐 회의적인 분들도 계셨고.

이승헌 그분들의 생각이 틀렸다는 건 선생님의 삶이……

백낙청 일방적으로 틀렸다기보다, 나하고 공감하고 또 함께하는 분들이 좋은 분들이 많았기 때문에 그이들한테 내가 감화를 받아서 내 길을 제대로 찾아간 면이 있다고 봐야죠.

이승헌 창간호의 판매부수는 어느 정도였나요?

백낙청 2천부 찍었어요. 110페이지 정도밖에 안 되죠. 2천부 찍었는데 하여간 1천부 이상 나갔어요. 그때는 적은 부수는 아니에요. 물론 월간지들은 훨씬 더 많이 나갔지만. 그때는 잡지가 많을 때가 아니었기 때문에 월간지는 많이 나갔습니다. 그런데 이게 창간호다보니까 그 계절에 다 안 나간 것들이, 소위 '백넘버'라는 게 있잖아요? 안 팔리고 남아 있는 지난호들을 백넘버라고 하지요. 한국어로는 과월호라고 했어요, 월간이 아니고 계간이지만. 하여튼 지난호들. 창간호 과월호들은 결국 다 소화됐습니다. 지금은 구하기 어려워요.

이승헌 판매부수를 봐도 지식인 사회에서 호응이 대단했다고 생각을 합니다. 그리고 1966년에 창간을 하시고 1969년에 중단했던 하바드대학 박사과정을 마치기 위해서 도미하시는데요. 그러면 창비는 누가 맡으셨나요?

백낙청 『창비』의 발행자는 신동문 선생이라고 계셨어요. 시인이고 지금은 작고하셨지요. 그분이 신구문화사란 출판사에 계셨는데 당시에 돈을 많이 벌고 잘나가는 출판사였어요. 신구문화사 회장님이 자기한테 이걸 맡기면 발행해주고 제작도 지원하겠다 그러셨고, 그래서 내가 그냥 갖다 맡기기보다 회사를 따로 만들었죠, 창작과비평사. 그 전에는 처음에 문우출판사 그다음 일조각 이런 데 발행을 위탁했었는데 미국 가면서는 신동문 선생을 대표로 하는 창작과비평사를 만들었지요. 신구문화사에서 사무실도 내주고 제작도 대행해주는 등 도움을 그때 많이 주었습니다. 그러나 실질적인 일을 한 분은 평론가 염무웅 선생이에요. 그런데 신구 측의 지원이 애초의 약속만큼 원활하게 되지가 않아서 염무웅 선생이 무척 고생을 하셨어요. 그런데 염선생은 나하고 비교하면 토종이잖아요. 거기다가 문단 데뷔도 나보다 먼저 했고. 또 신구문화사의 직원으로 근무한 경험도 있었어요. 그래서 출판 업무나 문인들 많이 알고, 염선생이 고생을 하면서도 『창비』의 체질 같은 걸 많이 바꾸어놓았어요. 훨씬 더 민중적이라고 할까. 그 시절에 새로 『창비』에 글을 주기 시작한 분의 하나가 신경림(申庚林) 선생이고 또 한분이 황석영(黃晳暎) 작가입니다. 신경림, 황석영 이런 이들이 『창비』를 통해서 그후로도 많이 활동하는데 그분들을 처음 끌어들인 공로는 염선생에게 있습니다.

이승헌 그러면 유학파와 토속파의……

백낙청 그런 것까지는 아니었지만, 내가 유학파였던 건 사실이지요. 그리고 처음에 3~4년 하다가 미국 갔잖아요? 그때까지 가깝고 지원해주신, 도와주신 분, 필자나 선배로서 크게 도와주신 문인은 창간 당시에는 이호철 선생이었고, 그후로는 김수영 선생하고 신동엽 선생이지요. 신동엽 선생은 특히 토속파였다고 할 수 있죠.

이승헌 그리고 3년 만인 1972년에 D. H. 로런스에 대한 박사논문을 제출한 뒤에 귀국해서 서울대 조교수로 복귀하셨더군요. 그러면 그 전에 다녔던 1년까지 합쳐도 박사학위를 4년 만에 마치신 건데요, 그건 좀 빠른 기간 아니셨나요?

백낙청 처음 시작해서 4년 만에 마치면 빠르다고 할 수 있지만 내가 박사과정을 1년 하고 여기 와가지고 서울대학에서 학생들을 가르쳤잖아요. 가르치면서 D. H. 로런스 강의도 하고 그랬었거든요. 그래서 상당히 준비된 상태에서 갔기 때문에 논문 쓰는 건 그렇게 어렵지 않았어요. 비교적 빨리 썼죠. 그런데 소위 코스웍(coursework, 학과과정)이라는 걸 다 마치지 못한 상태였기 때문에 그걸 하고 논문자격시험 치잖아요.

그런 것을 예전에 1년 했던 것에 이어서 2년 만에 마쳤으니까 그때 굉장히 바빴고요. 그러고선 1년 정도 걸려서 논문 썼는데 지도교수가 굉장히 친절했어요. 어떤 지도교수는, 버지니아대학은 안 그런지 모르겠지만, 특히 인문 쪽에서는 학생이 논문을 써서 줘도 교수가 빨리 안 읽어줘요. 1년씩 2년씩 어떤 사람은 3년씩 안 읽고 있는데, 그럼 그 학생의 인생은 뭐가 됩니까? 그런데도 어떤 교수들은 그런 걸 아랑곳 안 해요. 나는 지도교수하고 로런스에 대한 해석이 일치하고 그러진 않았어요. 로버트 카일리(Robert Kiely)라는 분인데 젊은 교수였죠, 당시에는. 그런데 이분이 글을 잘 쓰세요. 대학의 소위 논술지도 프로그램이라는 게 따로 있었습니다. 그 디렉터도 했고. 또 사람이 아주 친절해요.

이승헌 선생님께서 운이 좋으셨네요.

백낙청 사실은 학과에 로런스 전공 교수가 한명 있었는데 일부러 내가 피했어요.

이승헌 나이 드신 분이셨나요?

백낙청 나이도 내 지도교수보다 조금 많았지만 전공이 같은데 생각이 다르면 골치 아프거든요. 차라리 비전공자를 골랐는데, 카일리 그분의 전공 분야에 로런스도 들어가긴 했지만 딱히 로런스 전문가는 아니었지요. 아무튼 그분의 도움도 많이 받았고요. 실은 소위 쎄컨드리더라고 논문 심사를 함께 해주신 분이 미국문학 전공한 분이었는데 지금은 돌아가셨죠, 워너 버토프(Warner Berthoff)라는 분이었는데. 그분이 내 논지에 무척 공감을 하셨어요.

이승헌 졸업논문이 사실 책으로 나오는 건 쉽지 않은데 선생님 졸업논문이 책으로 나왔죠?

백낙청 오십 몇년 만에. 1972년에 쓴 논문이 번역되어서 나온 게 2021년이니까 거의 50년 만이고요. 원문은 올해 2022년에 나왔습니다.

이승헌 서문을 쓴 미국 학자가……

백낙청 영국 학자, 마이클 벨(Michael Bell)이라고.

이승헌 서문을 읽어보니 칭찬이 아주 자자하더군요.

백낙청 나는 그 서문을 아주 귀한 문헌이라고 생각해요. 마이클 벨이라고 하면 로런스학회나 또 영국과 미국에서 소설 연구하는 분들이 알아주는 사람이거든요. 권위가 있는 사람이에요. 내가 새로 쓴 저자 서문도 보셨어요?

이승헌 네, 읽어봤습니다.

백낙청 내가 상당히 뻔뻔한 사람이라(웃음), '다시 읽어보니까 내가 봐도 이거는 그때 쓸 때보다 지금 더 필요한 얘기 같다' 어쩌고 했어요. 왜냐면 그 논문을 쓰고서 50년이 지났는데 그동안 이런 얘기 하는 사람 거의 못 봤거든요. 그러니까 당신들 지금이라도 한번 읽어봐라 그런 얘길 썼죠.

이승헌 그런 얘기들이 고전이 되는 거죠.

백낙청 고전까지는 모르겠고요.

이승헌 1972년에 한국에 다시 돌아오셨는데요. 제가 알기론 한국전쟁 후에 미국 대학에서 한국인에 대한 우호적인 분위기가 있었고, 그래서 미국 좋은 대학에서 학위를 하면 미국 대학에서 교수직을 맡는 건 그렇게 어렵지 않았다고 하거든요. 그런데 선생님께서 한국으로 돌아오셨는데요. 왜 그랬을까 그게 궁금했어요. 그런데 백낙청TV 첫 영상에서 선생님께서 4·19를 언급하셨는데요, 4·19가 일어났을 때 선생님은 미국에 계셨는데 4·19를 어떻게 접하셨는지 그리고 어떤 생각이 드셨는지 궁금합니다.

백낙청 72년에 내가 미국에서 더 있으려는 생각을 않고 돌아온 것은 너무나 당연한 거였어요. 내가 서울대학 교수로 재직하고 있으면서 박사과정 3년을 다니는 동안 첫 두해는 파견근무라는 형태로 봉급을 받았고, 셋째 해는 휴직을 했으니까 돌아오는 게 너무 당연하죠. 또 미국에서도 사실 뭐 서울대학 교수보다 더 좋은 자리 구하기가 그렇게 쉽진 않잖아요. 거기서 어딜 가서 조교수로 다시 출발하는 것보다 서울대학에 있는 게 훨씬 낫죠. 그러니까 내가 무슨 출세와 안락을 포기하고 온 건 아닙니다. 그래서 나 자신은 1960년에 5년 만에 처음 귀국할 때가 나로서는 더 중요한 어떤 실존적인 결단이라고 할까 그런 성격이었다고 봅니다. 그러나 4·19가 난 걸 알고서 오기로 결심한 건 아니고요. 하바드는 석사과정이 1년이에요. 논문을 안 써요. 코스웍 하고 시험 치면 돼요. 그래서 박사과정 진학을 바로 신청해 어드미션(admission)이 됐고. 그런데 내가 안 가기로 하면 빨리 알려줘야 되잖아요, 미국서는. 그걸 몇달 전에, 9월 학기라고 하면 6개월 전에라도 안 하겠다고 결심하면 빨리 알려줘야 된단 말예요. 그러니까 4·19 전에 내가 이미 결정을 했고 통보도 했어요. 그러면서 귀국할 준비를 하고 있는데 4·19 났다는 소식을 듣게 됐지요. 보스턴의 『크리스천싸이언스모니터』라는 신문 아세요?

이승헌 네.

백낙청 크리스천싸이언스라는 종교는 좀 수상쩍은 종교지만 신문은 참 좋은 신문이죠. 거기에 4·19에 대한 기사가 매일 나왔어요. 『크리스천싸이언스모니터』 사무실이 하바드 근처에 있습니다. 그 근처에서 신문을 사가지고 찰스 강변에 나가서 읽기도 하고 그랬는데 굉장히 흥분했죠. 내가 귀국하기로 결심하길 잘했구나, 그랬죠.

이승헌 1972년에는 선생님께서 귀국하신다고 하니까 그랬는지 박정희가 귀국 선물을(웃음), 1972년 10월 17일에 위헌적 계엄령을 선포하고 국회해산 및 헌법정지 등을 골자로 하는 대통령특별선언을 발표합니다. 그 선언에서 박정희가 네가지 비상조치를 발표하고 유신헌법을 만들어 국민투표를 통해서 통과시킴으로써 유신체제라는 한국 현대사의 기나긴 암흑기가 시작되는데요. 유신헌법의 위헌성과 유신체제에 대해서 간략한 설명을 부탁드립니다.

백낙청 박정희가 쿠데타를 두번 한 사람이잖아요. 첫째 5·16쿠데타를 일으켰고, 그다음 쿠데타는 아주 특이해요. 자기가 대통령인데 자기가 저의 통치에 대한 쿠데타를 했거든요. 자기가 지키기로 선서했던 그 헌법을, 박정희가 자기가 대통령으로서 수호하고 있는 헌법을 뒤엎고 쿠데타를 한 거란 말이에요. 그런 절차만 해도 말이 안 되는 얘기고. 거기다 내용을 보면, 제3공화국의 박정희정권 헌법은 그에 비하면 상당히 민주적이었죠. 괜찮은 헌법이었습니다. 그래서 유신체제하에서 우리가 민주화운동 하면서 '민주회복'이란 표현을 많이 썼어요. 72년 이전까지는 그래도 민주주의가 어느정도 작동하고 있었다는 인식이 반영된 거죠. 유신헌법은 박정희가 자기 마음대로 대통령도 간선으로 뽑도록 하고 명목상의 종신제는 아니지만 자기가 얼마든지 대통령을 더 할 수 있었고. 결국은 암살당할 때까지 실제로 계속 했고요. 그 헌법에 긴급조치라는 항목이 있는데, 긴급조치가 진짜 웃기는 거예요. 가령 사실을 왜곡하면 긴급조치 위반이에요. 또 대통령 비방해도 긴급조치 위반이에요. 그것만 해도 굉장히 폭압적인데, 누가 긴급조치를 위반했다는 걸 보도하거나 발설만 해도 또 긴급조치 위반입니다. 그래서 나중에 민주화되고 나서 대법원에서 긴급조치는 무효라고 해서 긴급조치로 감옥 들어갔던 사람들이 전부 뒤늦게 재심에서 무죄를 받았으니까, 그건 사실 내란 사태였죠.

이승헌 완전히 사상의 자유도 없고 언론의 자유도 없고.

백낙청 언론의 자유를 제약하는 거야 모든 독재국가들이 하는 일이지만 이건 진짜 내란, 일종의 인서렉션(insurrection)이었어요. 대통령이 자기 헌법에 대해 한 인서렉션. 제3공화국 헌법도 누가 만들었습니까? 박정희 혼자 만들진 않았지만요. 그 헌법에 반대하는 반란을 자기가 일으켜서 유신정권이라는 걸 만들었으니 이게 내란인데요. 그런데 지금 우리 역사에서 전두환·노태우는 5·17을 통해서 반란 일으킨 걸로 내란죄로 대법원에서 판결이 나고 굉장히 무거운 형을 받았죠. 무기징역인가 그랬다가 사면받고 나왔는데, 유신체제에 대해서는 그같은 기회가 없었어요. 박정희가 갑자기 죽어버리고, 그후 민주화된 정권이 오래갔으면 유신체제에 대한 법적인 단죄도 이루어졌을 텐데 그러기 전에 다시 전두환이 들어와버렸잖아요. 그래서 지금까지도 유신체제가 반란이었다 하는 법원 판단이 없습니다. 긴급조치가 불법이라면서 그 긴급조치에 의해서 처벌받은 사람들이 전부 무죄로 되고 국가 보상도 받았다는 점에서는 유신체제가 실질적으로 내란으로 규정된 셈이지만 공식적으로 반란체제다, 내란 상태였다 하는 사법적인 판결은 없는 거죠.

이승헌 있었으면 좋았을 텐데요, 역사적으로. 유신독재가 시작되자마자 선생님을 비롯한 문인들과 지식인이 저항을 시작하셨더군요. 1974년에 선생님도 참여하신 개헌청원 지지 문인 61인 선언이 있었더군요. 선언문을 누가 작성하고 누가 주도를 하고 어떻게 진행이 되었는지요.

백낙청 내가 선언문도 작성했고 주도한 셈이에요. 그런데 유신체제에 대한 저항을 제일 먼저 시작한 건 대학생들이었죠. 72년 10월에 유신체제가 시작되고 73년에 김대중납치사건이 벌어지잖아요. 한동안 꿈쩍도 못하고 잠잠하던 학생들의 데모가 그후로 다시 시작됩니다. 먼저 시작한 건 전남대학교예요. 김남주 시인이라고 있잖아요. 지금도 살아 있는 김남주 친구 이강이니 이런 이들이 『함성』이라는 지하신문을 내다가 걸려요. 그게 학생운동으로서는 처음이고 그다음에 서울대에서 데모가 시작이 되고. 그러니까 그때 지식인들이 움직이기 시작하는데 그 움직임을 처음 주도한 분들은 장준하(張俊河) 선생, 백기완(白基玩) 선생 이런 분들이에요. 문인들은 그걸 보고 우리도 가만있을 수 없지 않느냐고 아주 조심스럽게 시작해요. 유신헌법을 반대하는 성명을 낸 게 아니고, 이미 벌어지고 있던 개헌청원운동이 있었어요, 장준하·백기완 선생 등이 주도하신. 이 개헌청원을 문인들은 지지한다는 성명이니까 사실은 걸릴

게 없는 거였어요. 긴급조치 이전이니까. 유신체제는 시작됐지만 긴급조치 1호가 1974년 우리 문인 성명 나온 직후 발동이 됩니다. 우리가 1월 4일에 성명 내고 1월 5일에 긴급조치 1호가 나와요. 문인 선언은 긴급조치 1호 이전이니까. 그리고 개헌청원운동은 청원하는 거니까. 유신헌법에도 청원권은 있어요. 청원들 하는데 우리도 그거 지지한다, 이렇게 아주 참 얌전하게 나왔어요. 지금은 돌아가셨지만 그때 문단의 대원로들, 국어학자 이희승 선생이나 소설가 안수길 선생 같은 분들도 같이 참여하셨고 두분 다 현장에도 나오셨어요. 소설가 박연희 선생도 오셨고. 경찰이 이희승 선생은 안 건드렸는데 나머지 사람들은 중부경찰서로 데려갔어요. 중부경찰서 관할이었거든요, 우리가 모였던 그 다방이. 그래서 하루 동안 조사받고 다 풀려났어요. 정부에서는 그다음 날 긴급조치를 낼 생각이 있기 때문에 문인들 오래 잡고 있을 생각이 없었던 거예요. 그리고 문인들이 그렇게 움직이기 시작하니까, 야당인 민주당에서 유진산이라는 분이 당수였잖아요, 그 유진산씨가 유신헌법을 비판하는 성명을 냈습니다. 정부에서는 그냥 내버려둘 수 없다고 해서 1월 5일 긴급조치 1호를 발동하면서 장준하·백기완 선생을 제일 먼저 잡아갔죠. 그러고선 문인들도 연행하기 시작한 겁니다, 중앙정보부에서. 하지만 그 일로 구속된 문인은 없어요. 그러다가 어떻게 됐냐면, 그날 사회를 이호철 선생이 봤어요, 우리 선언할 때. 선언문을 만들고 읽은 건 나고요. 그런데 나는 초짜 아니에요, 초범이잖아. 거기다가 미국서 갓 돌아온 순진한 자유주의자 뭐 이렇게 봐준 거죠. 근데 이호철 선생은 천관우 선생이라고 계시잖아요, 『동아일보』 주필 하신 분, 그분하고 이웃에 살면서 그분 심부름을 많이 하고 하여간 평소에 '득점'을 많이 해놓으셨어. 우리가 하는 말로 '점수 땄다'고 하면 당국에서 꼽아났다는 얘기죠. 당국에서 이놈 언젠가 한번 손봐야겠다 이러고 있는데 이호철 선생이 이번 선언에서 또 중요한 역할을 하셨거든. 그래서 이호철 선생하고, 우리 쪽하고는 아무 관계 없는 문인들하고 엮어서 문인간첩단사건이라는 걸 조작했습니다. 우리 성명 있고서 얼마 후죠. 그래서 이호철 선생이 잡혀 들어가서 아마 1년 가까이 고생하셨을 겁니다.

이승헌 참 어처구니없는 일이 벌어진 시대였네요. 그리고 같은 해 자유실천문인협의회 발기 선언에 참가하셨는데요. 자유실천문인협의회가 어떻게 만들어지고 그 이후에 어떤 활동을 했는지요.

백낙청 그때는 내가 표면에 안 나섰어요. 그때 제일 앞장선 인물은 고은 시인이었고, 또 이문구(李文求) 소설가와 박태순(朴泰洵) 소설가, 그 세분이 핵심이었어요. 지금은 고은 선생 빼고 나머지 두분은 먼저 갔지요.

이승헌 김지하 시인은 그 당시에 어떤 역할을 했나요.

백낙청 김지하 시인은 1월 4일 61인 선언 당시 이미 특별한 명성을 지닌 인사였는데, 같이 중부서까지 갔었어요. 그런데 당국에서 다 풀어주는 바람에 나와버렸죠. 자유실천문인협의회 결성 선언 때는 그가 옥중에 있었고 '김지하 석방'이 우리들의 중요 구호였습니다. 선언문을 쓴 건 염무웅 선생입니다 사실은. 그런데 고은 선생이 다 뒤집어쓰셨죠, 다 내가 한 거라고. 당국에서 모르진 않았을 거 같아요. 고은 선생 문체가 아니잖아요. 그러나 뭐 경찰 입장에선 고은이 썼다고 해서 보고하면 자기들 임무를 다하는 거지 이게 무슨 간첩사건도 아니고 캘 거 뭐 있어요. 그러나 염선생도 뒤에서 글만 써줬고, 나는 그 무렵엔 『창비』를 지켜야된다는 생각이 컸으니까 1월 문인 성명에 한번 나섰으면 됐지 이것까지 내가 나서서 할 필요는 없겠다 해서, 물론 서명도 하고 뒤에서 도와도 드리고 연락도 하고 그랬지만 현장에는 안 갔어요.

이승헌 같은 해 민주회복국민선언에도 서명하셨더라고요.

백낙청 서명을 했는데, 일을 꾸민 분들은 따로 있죠.

이승헌 문인만이 아니고……

백낙청 문인 몇명 들어갔어요. 고은 선생도 그때 들어가고. 그런데 내가 그 서명으로 인해서 좀……

이승헌 파면을 당하셨죠?

백낙청 내가 더 눈에 띄게 된 것은 서명한 사람 중에서 국립대학 교수가, 교육공무원이 딱 두명 있었어요. 경기공전에 계시던 문학평론가 김병걸(金炳傑) 선생과 나. 둘이 국립대학 교수예요. 당국에서야 공무원이 왜 정치활동 하느냐며 걸기가 좋을 거 아니에요? 그래서 둘을 불러다가 각자 학교에 사표를 내라고 종용을 했는데, 김병걸 선생은 서울대 교수하고 달라서 아무래도 신분이 취약하고 살림이 어려우시니까, 파면당하면 퇴직금을 못 받지만 사표를 내면 퇴직금은 받을 수 있고 그런 것도 있고 해서 사표를 내셨어요. 그런데 나는 뭐 사표 낼 이유가 하나도 없을 것 같아서 버틴 거죠. 그래서 징계위원회에 회부된 거예요, 교육부의. 그때는 문교부였죠.

이승헌 민주회복국민선언은 문학인만 아니고 모든 분야의 지식인들이 서명했는데요, 그때 혹시 과학자는 있었나요?

백낙청 과학자는 김용준(金容駿) 교수가 계셨나?

이승헌 아, 그 고려대학교 화공과에 계셨던.

백낙청 과학자는 아마 김교수 정도고. 사립대학 교수들은 몇 있었는데 안 건드렸어요, 그때는. 그리고 그때 김영삼씨라든가 정치인도 다 들어갔고 사회 명사들 원로도 많이 들어갔기 때문에 사실은……

이승헌 윤보선 전 대통령도 서명을 하시고.

백낙청 윤보선 대통령은 서명은 잘 모르겠어요. 아무튼 후원을 하셨고. 윤보선 대통령 부인 공덕귀 여사라고, 민주화운동 많이 하셨는데 그분이 여성 쪽에서 들어가셨나, 그건 지금 기억이 없어요.* 그러니까 사실

---

* 1974년 11월 27일 각계 인사 71명은 민주회복을 위한 개헌을 촉구하는 6개항의 민주회복국민선언을 발표했는데, 당시 윤보선 전 대통령과 부인 공덕귀 여사는 선언에 참가했으며 고려대 화공과의 김용준 교수는 참가하지 않았다.—편집자

은 사립대학 교수까지 건드릴 상황은 아니었어요, 정치인까지 다 있는데. 다만 국립대학 교수는 공무원이라는 약점이 있기 때문에 나하고 김병걸 교수를 먼저 잡은 거죠. 그런데 내가 뻗대는 바람에 파문이 커졌어요. 그때가 어떤 시기인가 하면 긴급조치를 1월에 발동했다가 육영수 여사 피살 사건이 그해 8·15에 나고 나서 국민들이 굉장히 박정희를 동정하고 하니까 박정희가 긴급조치를 다 풀어줬어요. 그래서 긴급조치가 없던 시기입니다. 그런 중간 시기예요. 그러니까 『동아일보』 기자들의 자유언론실천운동이 활발할 때고, 『동아일보』에 내가 쓴 글도 있고 기사도 크게 나오고 상당히 골치 아팠거든요. 이 사람들이 징계 과정에서 아주 골치 아팠죠. 교수 하나 쫓아내기가 이렇게 힘들다는 걸 깨닫고 아예 교수재임용법이라는 걸 만들었어요. 1975년에 입법해서 76년도에 처음 시행했죠. 교수들을 전부 새로 임명하는데 재임용을 못 받은 교수들은 사법부에 호소할 수도 없게 법에 딱 규정이 돼 있어요. 그래서 김용준 교수니 여러분이 76년 초에 재임용에서 탈락합니다. 김용준 교수는 과학자지만 기독자교수협의회라는 데서 활약을 하셨죠. 염무웅 선생도 그때 해직교수가 됐고요, 덕성여대에 있다가. 그래서 해직교수가 많이 생겨서 우리가 77년쯤 해직교수협의회라는 걸 만들었죠. 성내운(成來運) 선생이 회장을 하시고.

이승현 그때 전남대에 계시던.

백낙청 아니, 성내운 선생은 원래 연세대 교수예요. 나중에 광주대학교 총장을 하셨죠. 그건 나중에. 성내운 선생이 회장 하시고. 문동환(文東煥) 목사님, 한신대학교 교수인데 그분도 그때 잘렸어요. 문동환 목사님이 부회장이시고 나도 부회장을 같이 해서 박정희 죽을 때까지 계속했죠.

이승현 해직당하신 후에도 해직교수협의회뿐아니고 창작과비평사를 기반으로 해서 저항을 계속하셨는데요. 75년으로 돌아가면, 창비 연혁을 보니까『창비』봄호가 당국에 회수되고 여름호도 판매금지가 되고 이런 탄압을 받으셨더군요. 어떤 글을 발표하셨길래 그런 탄압을……

백낙청 1975년 봄호에 김지하 시인의 시「빈산」등 몇편이 있어요. 김지하 시가 처음으로『창비』에 실립니다.

이승헌「오적」은 언제 나왔었나요?

백낙청「오적」은 그 전에 70년인가 나왔죠. 그래서 그때부터 김지하는 정부에서 주목하는 사람이고 그사이에도 감옥을 몇번 갔다 왔다 해서 국제적인 명사고. 그런데 김지하 시인이『창비』에는 등장할 기회가 없다가『창비』가 75년 봄호에 그의 시를 받아서 실었고, 또 내 평론 중에「민족문학의 현단계」라는 평론이 있는데 그 글에서 김지하 시인 시도 많이 인용하고,「타는 목마름으로」도 전문 인용을 하고요. 그게 어느정도 작용했는지 모르겠지만, 그때 고은 시도 처음으로 실었어요.『창비』하고의 인연은 조금 늦었던 거지요. 그때 잡지 초판이 금세 다 팔려버렸어요. 그래서 한번 더 찍었어요. 더 찍자마자 회수 명령이 내린 거예요. 그때는 당국의 통제가 조금 엉성했는데, 나중에『타는 목마름으로』(창작과비평사 1982)라는 시집으로 냈잖아요. 그게 판매금지돼서 회사에 있던 책을 리어카에 싣고 가서 다 썰어버렸어요. 슈레딩(shredding)이라고 하지요. 그런데 잡지는 당국에서 회수하라고 했지만 우리가 회수하는 시늉만 했는데, 일단 공문을 쫙 서점에 냈죠, 회수해야 된다고. 그러면 대개는 서점들이 반품을 합니다. 서점이야 약한 데니까. 그러나 운동권 서점에서는 숨겨놓고 나중에 더 비싸게 팔고 그랬어요. 아무튼 75년 봄호가 그랬고, 그러고 나서 긴급조치 9호라는 게 나오거든요, 5월 초엔가. 긴급조치 9호가 나온 직후에 여름호가 나왔는데, 그 호에는 리영희(李泳禧) 선생의「베트남전쟁 3」, 베트남전쟁에 관한 그분의 세번째 글이 실렸어요. 그때는 긴급조치가 있으니까 정식으로 문공부에서 명령을 내린 거예요. 긴급조치 위반이라고.

이승헌 사상의 자유도 없고 그런 시대였던 것 같습니다. 같은 해에 중앙정보부에서 선생님을 연행했는데요.

백낙청 그건 신동엽 전집을 냈다가 잡혀간 거죠.

이승헌 『누가 하늘을 보았다 하는가』(창작과비평사 1979)인가요?

백낙청 아니 그건 나중에 조금 분위기가 나아진 다음에 선집으로 낸 거고, 1975년 7월에 창비에서 『신동엽전집』을 냈거든요. 전집이래봤자 한권에 다 들어갔어요. 신동엽 선생은 그렇게 많이 쓰신 분은 아니니까. 「금강」 같은 장시도 들어갔고.

이승헌 「껍데기는 가라」.

백낙청 「껍데기는 가라」도 물론 거기 들어 있고요.

이승헌 대학 다닐 때 제가 좋아하던 시 중 하나였는데.

백낙청 참 멋진 시죠.

이승헌 선생님께서 주장하신 민족문학론을 아주 훌륭하게 구현한 시죠.

백낙청 시가 평론을 구현했다고 하면 좀 어폐가 있고. 그 시는 1960년대 말에 나왔으니까 내 민족문학론이 제대로 대두하기 전인데, 오히려 나의 민족문학론이 근거를 둔 훌륭한 작품 중의 하나라고 보시면 될 것 같아요.

이승헌 유신독재의 탄압에도 70년대에 민족문화가 꽃을 피웠다고 보는데요. 거기에 대해서 한 말씀 해주시고, 그걸 기반으로 현재 한국문학이 세계에서도 위상이 좀 높아지지 않았나 하는데 거기에 대해서도 한 말씀 해주시죠.

백낙청 70년대에 민족문학하고 민족문화 전체가 굉장히 활발했다고 나는 생각합니다. 그렇게 된 데에는 우선, 자유실천문인협의회라든가 거기 뛰어든 문인들 대다수가 원래부터 그런 정치참여를 하던 분들이 아니에요. 김지하 시인은 70년부터 쭉 그랬지만 고은 시인 같은 이는 애초에 다소 탐미주의적인 서정시인이고 경향이 좀 달랐죠. 그런 분이고, 대부분의 문인들이 정치하고 관계없이 자기 독자적인 문학세계를 이미 구축한 분들인데 정치적인 각성을 해가지고 새로운 작품을 쓰게 되어서 그 작품이 작품으로서 수준도 높고 또 시대정신을 반영하기도 했기 때문에 이 시기에 민족문학이 '꽃피었다'고 할 수 있는데, 당시의 민족문학론을 펼친 평론가들의 역할도 없었던 건 아니죠. 그러나 평론이 주도해서 그런 게 나왔다고 말하는 건 순서가 뒤바뀐 것 같고요. 그리고 그때는 박정희정권이 탄압을 많이 했지만 출판문화의 위력 같은 건 잘 몰랐던 것 같아요.

이승헌 한국사회에서는 지식인들에 대한 인식이……

백낙청 그런데 전두환이 들어오면서는, 유신체제가 무너진 이유 중 하나가 문화계를 너무 풀어줬기 때문이라고 판단해서 그때부터는 굉장히 통제가 심해지죠. 물론 통제가 심해진 만큼 탈법적인 지하출판이라든가 변칙적인 활동이 더 많아지고 학생운동이나 노동운동은 더 래디컬해졌지만, 문학의 입장에서 보면 1970년대가 굉장히 활발했던 시기고요. 그리고 사실 80년대에 평론가들은, 당시 젊은 평론가들은 오히려 선배 세대의 문학을 부정하는 평론을 많이 썼어요. 나도 그때 젊은 친구들한테 몰리면서, 어떤 의미로는 고군분투를 하면서 원래의 민족문학론을 계속 옹호하고 그랬는데. 『창비』는 그때 폐간되고 없었지만요. 하여간 그런 문학의 전통이, 노력들이 누적된 게 있었기 때문에 오늘날 한국문학이 굉장히 활발하잖아요. 세계적인 인정도 받고. 신경숙도 있고 한강도 있고. 크게 보면 우리 민족의 저력이죠. 저력인데 그런 흐름에 창비도 일조했다 하는 자부심은 갖고 있어요.

이승헌 창비가 정말 중요한 거점 역할을 하지 않았나 싶고요. 현재 보면 문학뿐만 아니고 다른 분야에서도 그런 인문학적인 토양 때문에 봉준호 감독의 「기생충」 같은 작품이 나올 수 있지 않았나 싶습니다. 다시

70년대로 돌아가겠습니다. 선생님께서는 1976년도에 해직되신 상황인데 그때 창작과비평사 대표로 취임하셨어요. 대표직을 맡으신 후에 창비의 활동을 어떻게 확장하셨는지 궁금합니다.

백낙청 제가 서울대학 교수로 있는 동안에는 대표직을 맡을 수 없었어요. 교육공무원의 겸직 금지 조항이 있어요. 대표를 못 맡을 뿐 아니라 어떠한 급여를 받는 직책도 못 갖게 되어 있어요. 그러다 잘렸기 때문에 홀가분하게 대표 역할을 했고, 대표 역할을 하다가 리영희 선생의 『8억인과의 대화』(창작과비평사 1977)를 내고는 남영동 잡혀가고 하는 바람에 사퇴를 했죠. 대표 한 건 2년도 채 안 되니까, 글쎄요. 지금 자랑으로 생각하는 것 중의 하나는 그때 창비아동문고를 시작한 거예요.

이승헌 제가 대학 다닐 때 그 아동문고 사서 조카들에게 준 기억이 납니다.

백낙청 그리고 계간지 영인본 사업을 했죠. 영인본 사업은 외판사원들이 들고 다니면서 계간지 전집을 파는 건데.

이승헌 그건 계간지가 폐간된 다음에 하신 거죠?

백낙청 아니에요. 그것도 70년대 말에 시작했을 거예요.

이승헌 제가 대학생 때 영인본을 구입했었거든요. 유신독재하에서 탄압을 받아 재정적으로 좀 힘드셨을 텐데 도와주신 분이 계셨는지요.

백낙청 그렇죠. 사실 우리가 팔리는 책들을 꽤 냈는데 책이 좀 팔릴 만하면 당국에서 압수해 가고 판매금지를 하고 그래서 원래 부자도 아니었지만 상당히 힘들었는데, 도와주신 분들이 참 많죠.

이승헌 대표적인 분 한두분만……

백낙청 나하고 가까운 사람 중에는 작고한 내 친구로 박윤배(朴潤培)라는 사람이 있습니다. 김정남(金正男) 선생이 쓴 『진실, 광장에 서다』(창비 2005)라는 책 보면 박윤배라는 사람 이야기가 꽤 나와요. 원래는 광산노동자로 출발했어요. 창간 당시에는 채현국(蔡鉉國) 형이 동인으로 참여해서 재정적인 도움도 주었지만 내가 미국에서 다시 귀국한 뒤에는 사업을 정리하는 단계로 들어갔지요. 우리 친척 중에서는 사촌형님이 한분 계시는데 낙(樂) 자 신(晨) 자. 그분이 나를 많이 도와주셨어요. 친형님은 백병원을 하셨지만 거기서 나를 도와줬다간 큰일나죠.

이승헌 아까 말씀하셨지만 1977년에 리영희 편역 『8억인과의 대화』 출판으로 당시 악명 높았던 남영동에 연행되셨더군요. 그때 리영희 교수님은 감옥살이를 하셨죠? 선생님은 기소 안 되고 불기소.

백낙청 아니에요. 기소는 됐죠. 1심에서 징역 1년 실형을 받았는데 법정구속은 안 됐어요.

이승헌 기소가 되면 원래 기소 때부터······

백낙청 기소는 구속 기소가 있고 불구속 기소가 있기 때문에 리영희 선생은 구속 기소가 되셨고 나는 불구속 기소가 됐고요. 1심에서는 두 사람이 다 실형을 받았지만 리영희 선생은 이미 구속돼 있기 때문에 풀려나지 않았고 나는 불구속이어서 1심 판결에서 상급심에 가서 계속 실형이 나면 잡아넣겠다고 해서, 하여간 그때 안 들어갔습니다. 어떻게 보면 판사의 배려죠. 잡아넣지 않은 건 배려를 해준 거죠. 2심에 가서 나는 집행유예를 받았고 대법원에서도 그게 확정이 됐습니다. 왜 안 잡아넣었냐, 그것도 뭐 도와준 분들이 참 많아요.

이승헌 저는 그게 보통 사람이라면 어렵겠지만 세계 최고 명문대를 나온 분을 당국에서도 함부로 할 수가 없는······

백낙청 이교수는 미국서 오셔가지고 미국 대학 나온 사람들, 미국의 최고 명문대학 나온 사람은 한국에서 대단하리라고 생각하시는데, 미국에서 브라운 나오고 하버드 나오고 그랬다고 정부가 못 잡아넣을 정도는 아니었어요. 한국정부가 한국 안에서는 마음대로 할 수 있는 힘이 있었다고요. 미국의 유명한 신학교를 나온 목사들도 막 잡아넣는데 무슨 하버드 영문과 나온 사람 못 잡아넣겠어요? 그게 아니고, 국내에서도 도와주는 사람들, 귀인들이 좀 있었고, 또 하나는 내가 미국에서 알던 지인 중의 몇사람이 굉장히 적극적인 활동을 벌였습니다. 브라운대학 동창이 하나 있는데, 그 친구는 변호사고 연방정부에서 일하고 있었어요. 주택도시개발부인가 HUD(Department of Housing and Urban Development) 거기 법률팀에 있던 그 친구가 있었고. 그다음에 내가 '헤럴드트리뷴 토론회' 때 알게 되어 여러가지 신세를 진 미국인 교수 한분이 계셨어요. 쌔라 로런스 칼리지라는 학교에 계신 분이었는데 그분은 여러모로 내 은인인 셈이죠, 젊을 때부터. 또 한 사람은 풀브라이트로 나와서 한국에도 있었고 나중에 하바드 엔칭연구소 부소장을 지낸 에드워드 베이커(Edward Baker)라고 있습니다. 그 친구도 변호사죠. 그 셋이서 구명운동을 한 겁니다. 『8억인과의 대화』라는 책이 주로 외국의 학자, 저널리스트들 중에서 중국 다녀온 사람들 글을 모아서 엮어낸 거예요, 리영희 선생이. 그중에 가령 미국에서 제일 유명한 분은 존 케네스 골브레이스(John Kenneth Galbraith)라는 하바드대학 교수 있잖아요, 인도 대사도 지낸. 그런 분도 있고 해서 우선 그분들을 접촉해가지고 탄원서를 받아냈어요. 그러고서는 이 친구들이 쑤셔대서 『뉴스위크』에 기사가 났어요. 『뉴스위크』는 오보를 냈죠, 내가 구속돼 있다고. 아무튼 사건이 일어나서 내가 기소되자 그런 기사가 하나 나온 게 있어요.

이승헌 그럴 정도면 미국정부에서도……

백낙청 그러니까 그냥 하바드 나와서가 아니라 『뉴스위크』에서 보도할 정도가 되면 건드리기 힘들어지는 거죠. 그런 덕을 많이 봤습니다.

이승헌 그다음 해인 79년이 밝아옵니다. 유신독재 마지막 해인데요. 마지막이었지만 어느 누구도 그해에 유신의 종말이 올 거라는 걸 상상을 못했을 텐데요. 그해 가을에 해직교수협의회 성명을 발표하시고 관악경찰서에 10일간 구금되셨더군요. 그 성명서 작성과 발표가 어떻게 진행되었는지 궁금합니다.

백낙청 79년 가을에 새 학기가 시작되면서 현직 교수들한테 메시지를 하나 보내자는 얘길 우리끼리 했어요. 그런데 그때는 긴급조치도 있고 정말 굉장히 살벌하던 시기 아닙니까? 정부 비판 그런 얘긴 안 했고, 우리가 새 학기를 맞는 소감을 얘기했어요, 해직교수들이. 그런데 그때 성내운 선생은 전해에 전남대학교 「우리의 교육지표」 사건'이라는 게 있었는데 그걸로 수배되셨다가 나중에 구속되셨고. 문동환 목사는 YH사건이라는 게 있었잖아요? 그걸로 잡혀 들어가 계셨어요. 그러니까 나밖에 남은 사람이 없어요, 회장단에서. 천상 내가 안 할 수가 없어서, 또 괜히 이 사람 저 사람 여러 사람 끌어들일 필요가 없어서 내가 연락도 하고 성명서도 쓰고 읽기도 했어요. 그러고 나서 관악경찰서에서 찾아왔어요. 관악경찰서가 우리 집 관할서였거든요. 그런데 구금은 관악경찰서에 시켜놓고 실제로는 서울시경에서 나와서 조사를 했습니다. 한 열흘 있다가 나왔는데 누가 도와줬는지, 조상이 도와줬는지 모르지만, 실제로 걸릴 얘기가 하나도 없었어요. 새 학기 맞으면서 우리가 이런 느낌이 들었고 그동안에 우리가 바깥에 있으면서 우리 역사에 새로운 물결이 일고 있는 걸 실감했다, 그러니까 교수들 너희들도 좀 알아라, 이런 얘기지만 이건 뭐 사실 왜곡도 아니고, 한 열흘간 잡혀 있다가 결국 풀려났죠.

이승헌 1979년 10월 26일에 드디어 박정희가 암살을 당합니다. 그 직후에 선생님은 계엄법 위반 혐의로 종로경찰서, 중부경찰서 등에 구금되었다가 석방이 되셨더군요. 그게 전두환 일당이 군사쿠데타를 일으켰던 12월 12일 이후인가요?

백낙청 예.

이승헌 그때 위장결혼식 사건 이런 데 연루돼서.

백낙청 중부서에 간 건 위장결혼식 사건 때문인데, 그때 제주도를 뺀 모든 지역에 계엄이 선포돼 있기 때문에 사전허가 없이는 아무 집회도 못해요. 그래서 결혼식 한다고 위장해서 우리가 하객으로 참여했는데 거기서 성명서가 나오고 그랬죠. 그런데 나는 주동을 않고 하객으로 참여했다가 중부서에 가서 한 일주일 만에 나왔지만, 그걸로 인해서 고생한 분들이 많죠. 김병걸 선생이라든가 백기완 선생 같은 분. 엄청 고문많이 당하시고 그랬어요.

이승헌 그후에 몇달간 정치권력의 공백이 생겨서 그렇게 80년 초에소위 '서울의 봄'이라는 짧은 민주화 시기가 도래했는데요. 그때 선생님도 서울대 교수로 복직하셨죠?

백낙청 그랬죠. 단순 해직되신 분들은 더 일찍 복직하셨고 나는 리영희 선생 사건으로 대법원 확정 판결을 받아서, 집행유예니까 감옥살이안 했다뿐이지 자격정지 상태고 공무원을 할 수는 없었어요. 그래서 2월말일인지 3월 초하루인지 대통령이 특별사면을 여러 사람 했습니다. 그때 내가 거기 끼어서 3월 초에, 흔히 복직이라고 하지만 정식 복직은 아니고 특별 신규채용 형식으로 들어갔어요. 내가 복직하겠다고 낸 행정소송이 대법원에 계류가 돼 있었거든요, 그때까지도. 그런 상태에서 새로채용이 됐는데 법적인 복직투쟁에서 내가 결국은 패소를 합니다. 그때는전두환이 다시 잡은 후니까. 그래서 그때 많은 사람들이 내가 다시 또 쫓겨난 줄 알았는데, 나는 사실 5·17과 5·18 이후에 연행이 돼서 중앙정보부에서 한 일주일 정도 있다가 나오긴 했지만 해직은 면했습니다.

이승헌 말씀하신 대로 1980년 짧은 민주화 시기 바로 직후에 80년5월 광주항쟁이 일어나고 7월에 연행이 되시고 그러셨는데요. 『창비』도그때 폐간이 된 걸로 제가 아는데요.

백낙청 7월 말에 폐간이 됐어요. 내가 5월이 아니고 7월에 연행됐다는 건 그쪽에서 나를 중요한 인물로 안 본 거예요. 김대중 선생 잡아넣을 때 많은 사람들이 김대중 사건으로 엮여 들어갔어요.

이승헌 5·18 전에 다 싹 잡아넣었었죠?

백낙청 5·17이 있던 전날 밤에 다 잡아갔죠. 그런데 나는 사실 3월 초에 강단에 돌아오면서, 이건 우리 국민이 내 직장을 다시 찾아준 거다 그래서 내가 여기에 충실해야겠다는 생각을 했습니다. 사실 동교동 쪽에서 같이하자는 말도 있었어요. 저는 교수직에 충실하겠다고 했습니다. 나중에 정보부에 잡혀가보니까 그들은 이걸 전부 다 파악하고 있었어요, 소상히. 그래서 거기서도 아 이 사람은 그래도 복직을 시켜줬더니, '개전(改悛)의 정'이란 말을 당시 썼는데, 말하자면 뉘우치는 빛이 있는 사람이다, 뉘우친 사람이다 이러더라고요.

이승헌 김대중내란음모사건으로 엮으려고 했는데.

백낙청 네, 그런데 안 엮은 거죠. 엮을 거리도 없었고요. 다른 분들은 실제로 동교동 중심으로 많이 움직였고. 그때 '지식인 성명'이란 게 나왔어요. 그게 계엄법 위반이죠. 사실은 서남동(徐南同) 목사님이 동교동하고 가까우셨거든. 목사님이 나를 만나서 이런 서명운동을 하는데 같이 주도하자고 말씀하셨어요. 그런데 그때도 내가 사양을 했죠. 저는 나중에 서명은 하겠습니다만 주동은 안 하겠습니다. 그래서 나중에 이호철 선생이 그런 사실도 모르고 문단 쪽 연락을 책임져서 나를 만나 서명하시오 그래서 내가 서명을 했어요. 이런 걸 정보부에서는 다 알고 있으니까 나중에 수사관이 그러더라고요. 이호철이 저거 물정도 모르고 백낙청이한테 서명을 자기가 받아낸 줄 안다고. 그런 일도 있었는데 어쨌든 이런저런 일이 감안돼서 결국 풀려났습니다. 그리고 사표도 안 쓰고 대학교에 계속 있었지요. 그런데 조사하는 동안에 창비에 대해서는 한마디도 안 물어요, 그 사람들이. 그래서 내가 이상하다 속으로 생각했는데, 나오니까 정부에서 『창비』를 폐간시키더만. 폐간을 시키기로 이미 다 결정이 돼 있기 때문에 그걸 물어볼 필요 없다 그랬던 거 같아요.

이승헌 또 그렇게 해서 야만의 시대가 다시 시작되었는데요, 1985년이었을 겁니다. 제가 대학원 1학년 시절에 종로 서점에 나갔다가 거기서

『창비』무크지를 보고 반가웠던 기억이 있거든요. 어떻게 서슬 퍼런 전두환 시절에 그런……

백낙청 그걸 보셨으니 아실 텐데, 포맷이라든가 전체적으로 계간지 비슷하게 돼 있죠. 우리가 일부러 도발을 한 겁니다, 어떤 의미에서는. 80년에 여러 잡지가 폐간이 됐는데, 그러고 나서 우리는 계속 복간 신청도 하고 그랬어요. 좀 귀찮게 굴었죠. 그러다가 85년쯤 되어서는, 그때가 무크(mook) 시대예요. 무크라는 게 매거진(magazine)하고 북(book)의 합성어죠. 무크가 여기저기서 많이 나왔는데, 그건 정기간행물 등록을 안 하고 낼 수 있는 부정기간행물. 그래서 우리가 85년에 낸『창비』도 부정기간행물이에요. 통권으로 치면 57호인 '통권 57호'라는 말을 안 쓰고 '통산 57호'라고 해서 냈어요. 누가 보나 계간지 비슷하게 만들어서 냈죠. 내용도 정권에서 별로 좋아할 내용은 아니고요. 그러니까 정부 약 좀 올리겠다 그랬는데, 그야말로 철퇴를 맞은 거지요. 정부에서 아예 창작과비평사라는 출판사가 허가 없이 정기간행물 발행했다면서 출판사 자체를 없애버린 거예요, 등록 취소. 하도 말도 안 되는 탄압이니까 그때 외국에서도 그렇고 국내외로 많은 지식인들이 서명하고 해서 결국 당국에서 다음 해에 '창작과비평사'에서 '비평'은 빼고 '창작사'라고 신청하면 등록을 내주겠다 그래서 우리가 창작사로 했다가, 6월항쟁 이듬해인 88년 초에 당국에서 잡지도 복간시켜주고 회사 이름도 창작과비평사라고 다시 쓰게 해주고 그랬습니다. 노태우정부가 들어서 그런 제스처를 쓴 거죠. 그런데 이제까지 이런저런 얘길 하다보니까 내가 뭐 굉장히 탄압받고 고생한 사람처럼 들릴 수 있는데 그 시대에 다른 사람들 죽고 다치고 감옥 가고 한 거에 비하면 나는 정말 편하게 지냈어요. 그래서 평소에도 내가 이런 얘길 많이 안 합니다. 좀 염치없는 짓 같아서. 그런데 나는 나대로 나보다 훨씬 고생한 분들이 못한 일을 했다고 자부하는 게 두 가지 있어요. 내 자랑을 할게요. 하나는 내가 창작과비평사라는 비즈니스의 업주 아니에요? 업주. 그 업체를 창립해서 끌고 와서 그것이 지금 꽤 큰 출판사가 됐다, 물론 사람들이 어떻게 볼지 모르지만 나는 적어도 이건 민주화운동 진영 안에서 활동가로서는 남들이 별로 못한 일을 했다는 자부심이 있고요.

이승헌 중요한 근거지를 만드신 거고요. 저는 선생님 보면 사업자적인 재능이 아주 뛰어나시고 어떻게 보면 '근대적응'이 아닌가 싶습니다.

백낙청 재능 여부와 별도로 굉장히 여러 사람들이 도와주었죠, 고비고비마다. 그게 하나 있고. 또 하나는 다른 분들이 나보다 훨씬 더 열심히 투쟁하고 고생하는 동안에 내가 한발 물러서 있으면서 우리가 좀 길게 볼 때 우리 사회나 세계에 대해서 어떤 인식을 가져야 하는가 하는, 요즘 말로 담론을 개발했다는 내 나름의 자부심이 또 있습니다. 앞서 언급하셨던 '분단체제론'이라든가 '변혁적 중도주의', '근대의 이중과제', 이런 담론들을 저 나름으로는 개발하는 노력을 해왔다는 것도 제가 솔직히 자부하는 바인데, 그 얘기는 나중에 책을 위해 좀 보충할 필요가 있다고 생각하시면 이메일로 문답을 한다든가 하시죠.

이승헌 선생님하고 저하고 개인적인 인연이 생긴 게 2010년에 한미군사훈련 도중에 일어난 천안함 침몰 사건 때문이었는데요. 잠깐 설명을 드리면 2010년 지방선거를 두달쯤 앞둔 3월 한미군사훈련 도중에 천안함이 침몰합니다. 그래서 많은 장병들이 죽게 되는 불행한 사건이 일어나는데요. 그리고 2010년 지방선거 며칠 앞둔 5월 말에 정부가 구성한 합동조사단이 중간발표를 하게 되죠. 그때 결정적 증거로 제시했던 것 중 하나가 바로 하얀 분말가루인데, 자세한 설명은 창비에서 펴낸 저의 졸저 『과학의 양심, 천안함을 추적하다』(창비 2010)에 나와 있으니까 여기서 언급하지 않겠습니다만, 결정적 증거라고 제시했던 과학적 데이터들 중의 일부가 분명히 조작됐단 걸 제가 과학적으로 밝혔는데요. 정부에 해명을 요청했지만 정부는 해명을 하지 않고 과학적 근거가 없는 주장을 앵무새처럼 반복해서 저는 그때도 문화충격을 좀 받았어요. 그 전까지는 물리학 연구만 하면서, 과학적 입증을 하면 그게 학계에선 인정이 되고, 그래서 한발씩 더 나아가게 되는 건데, 한국사회에서 천안함 문제는 북한이 연루돼서 그런지 모르지만 그런 과학적 사실이 부정되고 일반인 사이에서 정부 주장이 사실인 것처럼 받아들여지는 게 문화충격이었다가, 선생님 저서를 읽으면서 이게 분단체제라는 걸로 이해가 되는 거구나 그래서 분단체제의 문제점들을 체험하게 되었다고나 할까요. 그랬었는데 불행하게도 천안함 침몰 사건의 진실은 아직도 밝혀지지 않았다고 과학자로서 분명히 말씀드릴 수 있고요. 앞서 12년이란 긴 세월이 지났는데 근래 거기에 관한 어떤 뉴스가 있나요?

백낙청 『과학의 양심, 천안함을 추적하다』에는 천안함 사건에 의문을 가지게 돼서 어떠어떠한 일을 했다는 경위가 소상히 쓰여 있지만, 나는 그때 이 책을 읽고 이건 참 훌륭한 교양서다, 과학자가 어떤 식으로 생각하고 과학계가 어떤 식으로 움직이는가를 일반 독자들이 잘 알게 설명을 해주고, 과학자라고 다 그러는 건 아니지만 정말 양심 있는 과학자가 어떻게 생각하고 움직이는지를 얘기해주어서 굉장히 좋은 책이라고 생각했어요. 사실은 이 책도 그렇고 이교수가 그런 발표를 한 게 상당히 임팩트가 있었어요. 그러다 연평도 포격 사건을 계기로 한국 여론이 확 달라지죠. 거기에 대해선 제가 글을 하나 쓴 게 있습니다. 2011년 신년사를 겸해 쓰면서 두가지 가설을 얘기했어요. 천안함 사건이 북한 소행이라면 연평도 사건이 어떤 의미를 갖게 되고 북한 소행이 아니라면 또 어떤 의미를 갖게 되는가 하는 걸. 그래서 가설과 거기에서 나오는 각각의 결론을 대비했는데, 한마디로 말하면 북한 소행이라면 연평도 포격이라는 게 북한의 주장으로 보나 한국군의 대응으로 보나 너무 말이 안 되는 거예요. 그런 얘길 한 적이 있는데. 어쨌든 연평도 포격으로 여론이 바뀌고.

이승헌 정부의 주장을 믿게 돼버린 거죠.

백낙청 사람들은 저놈들이 연평도를 포격한 거 보니까 천안함도 했겠다 그런 식으로 생각하지만 나는 북한이 연평도를 포격했다는 사실 자체로 천안함을 그들이 침몰시키지 않았다는 가설이 더 유력해진다는 이야기를 했던 건데. 그후에 세월이 흘러서도 그렇지만 나는 우리 지식계와 언론계가 사실을 은폐하는 데 아주 적극적으로 가담했다고 봅니다. 합조단에 참여한 과학자들 얘기만이 아니고요. 그런데 그때 합조단에 민주당 쪽 민간조사위원으로 참여한 사람이 신상철(申祥喆) 대표예요. 그이가 유독 처음부터 의문을 제기해서 나중에 조사단에서 잘리고, 잘린 이후에도 계속 그런 주장을 하니까 국방부에서 이 사람을 고소했잖아요. 명예훼손으로 고소하고 수많은 혐의로 고소를 했는데 1심에서 딱 두건만 빼고는 무죄를 받았어요. 두건만 유죄를 받은 거예요. 지금도 신상철 한번 검색해보시면 1심에서 유죄 판결이 났다는 기사만 여기저기 있고요, 이후의 진행에 대해선 거의 없습니다. 특히 2심에 가서는 완전 무죄를 받아요. 남은 두건에 대해서도 무죄를 받고. 그러다 얼마 전에 대법원에서 전부 무죄 확정 판결을 받았습니다. 이건 엄청난 사건이죠. 그러나 언론에서 거의 보도를 안 해요. 그래서 아는 사람은 알고 모르는 사람은 모르는데, 그사이 신상철 대표는 고생도 엄청 했고요. 감옥은 안 갔지만 12년 동안 소송에 시달리고 협박에 시달리고. 그런데 이 사람은 과학자는 아니지만 해양대학 나와서 해군에서 근무했고 중소 조선소에서 선박 제조하는 걸 감리하는 일을 했어요.* 그러니까 여러 선박에 대해서 소상히 아는 전문가죠. 그야말로 전문가죠. 이교수는 과학자니까 자기 분야에 대해선 정말 세계적으로 인정을 받지만 과학자는 자료가 없

---

* 이는 발언자의 착오였음. 그는 한진해운이라는 대기업에 근무했는데 이런저런 선박을 여러 조선소에 발주하고 그 제작과정을 감수하는 임무를 수행했기 때문에, 본문에 주장하듯이 거대 조선소의 근무자보다 선박에 대해 더욱 속속들이 알게 되었음. ─ 백낙청

고 증거가 없는 얘긴 안 하잖아요. 진상을 밝혀야 한단 말만 하고 다른 얘긴 안 합니다. 흡착물질을 그쪽에서 증거로 내세우는데 그게 가짜다라는 명백한 과학적 진실 외에는. 그런데 신상철씨는 그외의 조사도 했고, 재판을 받으니까 이 사람 저 사람 증인으로 부를 수가 있잖아요. 요구한 증인을 사법부에서 다 불러주지는 않지만 그래도 상당부분의 새로운 자료를 확보했습니다. 그 과정에서 밝혀진 것 중의 하나는 흡착물질이 가짜인 정도가 아니라 어뢰를 건졌다는 사실 자체가 근거가 없는 얘기라는 것으로, 어뢰가 본래 있던 건데도 이를 인양했다고 정부에서 거짓 발표를 했고요. 그리고 신대표가 여러가지 다른 정황에 대한 주장을 하죠. 그러니까 이교수의 흡착물질에 대한 얘기보다 훨씬 더 나가는데, 이교수의 그 주장이 이분이 대법원 무죄 판결을 받는 데에도 영향을 줘요. 우리 법원이 참 사법부답지 못한데, 정부가 북한 소행이라고 발표했으니까 북한 소행은 맞다 단정을 해요. 사법부가 그런 판결을 내리려면 자기들이 독자적인 조사를 하고 증거조사를 해야 하는데. 그러니까 정부 발표가 맞긴 맞지만 피고인이 정부나 해군 또는 해경 사람들의 명예를 고의적으로 훼손하려고 한 건 아니다, 하면서 무죄를 준 겁니다. 무죄를 주면서 꼽은 것 중 하나가, 가령 흡착물질 백색물질에 대한 입증이 제대로 안 되지 않았냐, 그런 것도 하나의 이유가 돼요, 무죄를 주는 이유가. 이승헌 교수 본인이 주장도 하고 국제적으로 공인된 과학지에 발표했잖아요. 그런 게 작용했다고 볼 수 있죠.

이승헌 다행입니다. 그 기사를 본 적 있습니다. 『미디어오늘』에서.

백낙청 『미디어오늘』에서 중간에 조금 보도를 했고 대법원 판결 났을 때 좀 길게 했는데, 나만 해도 내가 천안함 사건에 관심이 많았지만 신상철씨가 재작년인가 고등법원에서 무죄 판결 받았다는 걸 몰랐어요. 몰랐다가 신상철TV를 보면서 뒤늦게야 알게 됐는데. 무죄 판결은 어디서도 보도를 안 한 거예요. 천안함 사건이 우리 사회에 갖는 의미가 여러가지 있지만 그중에 하나는 지금의 언론 상황이, 물론 박정희 시대나 전두환 시대처럼 정부가 실제로 개입해서 탄압하는 시대는 아니지만 정말 심각하다는 거죠. 진보언론 포함해서 소위 레거시 미디어라는 곳들이 자기들끼리 일종의 카르텔을 형성해서 어떤 기사는 자기들이 자발적으로 다 잘라버리는 거예요. 사실 천안함 사건의 진상이 앞으로 규명이 된다면 우리 사회는 여러 문제들이 속속들이 굉장히 많이 드러날 거라고 보는데, 그런 날이 오기를 기다려봐야죠.

이승헌 제가 느낀 것 중 하나는요, 한국사회 전체에서 인문학을 하는 사람들의 과학적 사고가 좀 부족하다는 것이었어요. 선생님은 좀 예외세요. 천안함과 연평도 비교하는 걸 보고 저는 감탄을 했었습니다만. 소위 진보 쪽이라는 지식인들도, 가방끈이 긴 사람들도 이 사건에 북한이 연루된 문제에 대해서는 다 당연히 북한 소행이 아니냐 해요.

백낙청 그건 과학적인 사고가 부족하다기보다 인문적인 소양이 부족한 거죠, 인문적 교양이. 아니 내가 연평도 그 이야기한 게 과학적 지식하고 뭐 관계가 돼요? 과학자들이 이미 말해놓은 것과 정부가 발표한 것, 이걸 가지고 말하자면 아리스토텔레스의 형식논리에 맞춰서 한번 따져본 거 아니에요. 아리스토텔레스의 논리학이 전부는 아니지만 인문학도의 기본 아닙니까? 그런데 그게 작동이 안 되는 거죠.

이승헌 그게 작동을 안 하는 이유가 분단체제론에서 선생님께서 이름을 지으셨던 후천성 분단인식결핍증인데.

백낙청 이건 거기에 딱 맞는 경우는 아닌 거 같아요. 왜냐면 남북 분단을 인식하면서 북한 소행이라는 걸 주장하는 거니까. 내가 얘기하는 후천성 분단인식결핍증후군이라는 건 한국사회에 대해 이런저런 근사한 말을 하면서 이 사회가 분단된 국가고 분단된 사회라는 걸 잊어버리고 말하는 그런 학자들, 지식인들을 염두에 둔 거니까 딱 맞는 사안은 아닌데, 분단체제에 길들여져서 제대로 된 인문학적 사고를 안 하는 건 사실이죠.

이승헌 혹자들은 진보라는 문재인 대통령도 북한 소행이라고 인정하지 않았느냐, 그러니 북한 소행 맞지 않느냐는 말도 하거든요? 저는 그 부분은 문재인 대통령의 한계라고 봅니다. 담대함의 부족이 이번 대선에서 반촛불세력에게 정권을 내준 데 일조하지 않았나 저는 생각을 하고 있거든요.

백낙청 나도 그렇게 생각해요. 문재인 대통령에게 모든 책임을 다 넘기는 건 안 맞지만 지난 대선의 민주당 패배에 대해서는 현직 대통령이 책임이 없을 수가 없고 그 책임 중의 하나는 천안함 사건을 위시한 많은 사건에서 대통령이 너무나 소심하게 굴었다는 것이죠. 그분이 원래 인권변호사였고 인권운동 할 때 보면 개인적인 용기가 없는 분은 아닌데, 정치인으로서는 진짜 용기나 담대함을 보여줘야 할 때 못 보여준 경우가 많았어요. 지금 신상철 대표는, 대통령이 된 이후에는 천안함 사건의 진상을 확실하게 알았을 텐데 문대통령이 그 진상을 인정하지 않았기 때문에 자기가 고발하겠다고 하고 있어요. 어디다 고발할진 모르겠는데. 아무튼 나는 내 눈으로 본 게 아니니까 확실하게 말은 못하지만 그럴 수 있다고 봅니다. 그러니까 문대통령이라도 야당 대표나 국회의원 시절에는 전모를 몰랐을 수도 있어요. 그때도 실은 문재인 의원이나 문재인 야당 대표가 처음에 주장을 했었거든요, 천안함은 북한 소행 아니라고. 그러다가 뒤집었잖아요? 2012년 대선 과정에서 박근혜 후보한테 밀리고 토론에서 불리하니까 북한 소행이라고 말해버린 거지요. 그것도 사실은 지식의 부족이라기보다 용기의 부족 때문이라고 할 수 있는데, 대통령이 되면 온갖 정보가 다 들어가게 돼 있잖아요. 그러니까 천안함 사건에 대한 진실도 대통령이 알았을 거라고 추정하는 건 신상철씨로서는 합리적인 추정이라고 보고, 대통령이 지금 이거 터뜨려봤자 시끄러워지니까 다음 정부에서 알아서 하라고 덮었다고 신대표는 주장을 하는

데, 나는 확실한 사실은 모르지만 그랬을 가능성이 다분하다고 봅니다.

이승헌 『미디어오늘』 기사를 보니까 신상철 대표가 기자들과 가진 일문일답에서 정부가 목포함을 상대로 범상어 어뢰 실험도 했다고 하고 또 문재인정부 때 안보·통일 관련 회의에서 천안함 사건 진실을 덮기로 했다고 주장하더군요. 그 주장이 사실이라면 참 큰일이죠.

백낙청 범상어 어뢰 실험은 좀 설명이 필요할지 모르겠는데, 우리 방위산업체가 아주 새로운 어뢰를 개발했어요. 그래서 실험을 했는데 엄청난 위력을 발휘한 거예요. 이걸 외국에 갖다 팔면 대박을 터뜨릴 판인데, 정부에서 처음엔 그 발표를 했다가 나중에 일체 다 막아버렸습니다. 왜냐면 어뢰의 효과가 천안함이 북한 어뢰의 피격을 받았다고 한 거하고 너무 다른 거예요. 기존 주장이 완전히 박살난 거지요. 그래서 그 발표를 중단했고 그러니까 그걸 개발한 사람들은 얼마나 억울하겠어요. 멋있는 걸 만들어서 국가에 큰 돈벌이를 해주려고 하는데, 국가에선 발표도 못하게 하고 쎄일즈도 안 하고. 내다 팔긴 할 겁니다, 외국에.

이승헌 선생님의 평화통일에 대한 신념과 한결같은 노력이 참 놀랍습니다. 한가지 제가 개인적으로 궁금했던 것은, 선생님의 가족사를 알게 되니까 더 그런 것 같아요. 한국전쟁 당시에 선생님의 부친과 백부께서 납북이 되신 걸로 아는데, 그 당시 선생님은 10대로 대부분 10대에 그런 경험을 하면 개인적인 트라우마로 남을 것 같은데요. 선생님의 그 이후의 삶을 보면 그걸 민족적 차원으로 승화를 시키지 않으셨나 하는데 어떤 특별한 계기가 있으셨는지요.

백낙청 모르겠어요, 효성이 부족한 건지.(웃음) 어쨌든 나는 사람들이 보통 기대하는 것과는 다른 길을 갔어요. 그런데 생각해보면 그렇잖아요? 공산주의자의 후손은 전부 공산주의자가 되고 또 우익 인사로 피해를 봤을 때는 전부 극우로 나서고. 그건 너무 슬픈 일 아닙니까? 그렇게 된다는 건.

이승헌 어떤 깨달음이 왔던 계기가 있었나요?

백낙청 어느날 대오각성한 건 아니고, 결국은 창비를 하면서 좋은 분들 많이 만난 것, 그게 내 복이죠.

이승헌 그러면 맺음말로 갈까요? 아니면 한가지만 더 말씀을 드릴까요? 촛불혁명으로 선출된 문재인정부 때 한반도 해빙기가 잠깐 왔는데요. 남북정상회담은 물론이고 북미정상회담까지 세번이나 열렸지만 결국엔 현실적인 진전은 이루지 못했는데 이번에 보수가 정권을 잡아서 걱정이 됩니다. 현 한반도 정세에 대해 어떻게 진단하시는지, 그 타개책은 무엇인지, 선생님의 생각을 여쭤보고 싶습니다.

백낙청 타개책은 모르겠고, 2018년에 엄청난 성과가 있었잖아요? 촛불대항쟁이 2016~17년이었고 2017년에 정권교체가 이루어졌지만 그 직후의 남북관계는 굉장히 험악했죠. 그러다 2018년의 평창올림픽을 계기로 풀리기 시작해서 그해에 4·27판문점회담도 있고 9월에 대통령이 평양에 가서 김정은을 만나기도 했고 트럼프하고 김정은이 6월에 싱가포르에서 최초의 북미회담을 하고 그런 성과가 있었는데, 그게 더 진전을 못하고 지금 교착상태에 있지요. 특히 우리 한국에서 윤석열정부가 들어서면서 여러가지 퇴행적인 조짐이 나타나고 있는데, 첫째 나는 2018년의 성과가 지금 없어지진 않았다고 봅니다. 공식적으로 그 문서도 다 살아 있고 또 2018년에 이루어진 큰일 중의 하나가 비무장지대에서 초소니 이런 거 다 철거하고 그랬잖아요. 지금도 없어요. 그리고 휴전선에서 대남 비방방송이나 대북 비방방송도 지금 안 합니다. 그런 성과는 지금도 살아 있다고 보고요. 우리 역사의 큰 흐름으로 보면 언젠가는 이걸 다시 시작할 겁니다.

이승헌 낙관적인 전망을 하시는군요.

백낙청 낙관적인 전망 그러면 내가 무슨 이럴 거다 저럴 거다 하고서 미리 예단을 하고 일기예보하는 것처럼 들리는데 그건 아니고, 나는 여전히 희망을 갖고 있습니다.

이승헌 그러면 인터뷰를 마쳐야 될 것 같습니다. 인터뷰의 끝맺는 말로 선생님께서 1966년에 쓰신『창작과비평』창간호 권두논문의 마지막 문단을 좀 길지만 인용하고 싶습니다. "지식인이 그 소임을 다하기 위해서는 그들이 만나 서로의 선의를 확인하고 힘을 얻으며 창조와 저항의 자세를 새로이 할 수 있는 거점이 필요하다. 작가와 비평가가 힘을 모으고 문학인과 여타 지식인들이 지혜를 나누며 대다수 민중의 가장 깊은 염원과 소수 엘리트의 가장 높은 기대에 보답하는 동시에 세계문학과 한국문학 간의 통로를 이룩하고 동양 역사의 효과적 갱생을 준비하는 작업이 이 땅의 어느 한구석에서나마 진행되어야 하겠다. 그 출발이야 누가 하든지 막막한 느낌이 앞서기 쉬울 것이다. 먼 길을 어찌 다 가며 도중에 괴로움을 나눠줄 사람은 몇이나 될까. 오직 뜻있는 이를 불러 모으고 새로운 재능을 찾음으로써 견딜 수 있을 것이요, 견디는 가운데 기약된 땅에 다가서리라 믿는다." 이렇게 썼어요. 지금 읽어도 저는 감동적인데요. 선생님께서 원하신 대로 주위에 뜻과 재능 있는 사람들이 모였고 창비가 한국의 민주화에 중요한 기여를 함과 동시에 그사이에 질적·양적인 발전을 거듭해왔던 것 같습니다. 처음에는 선생님께서 홀로 집에서 재능기부로 시작하신 창비가 지금은 파주와 이곳 서교동에 백여 명의 직원이……

백낙청 2백명 이상입니다.

이승헌 2백명이요? 그렇게 크게 확장하셨고, 그리고 한국문학뿐 아니고 아동문학, 미디어 분야에까지 역할을 확장하고 계세요. 그걸 보면서 저는 영화「기생충」의 한 장면이 생각났어요. 아, 선생님은 다 계획이 있으셨구나. 그럼 마지막으로 지구생태계 위기의 시대, 그리고 영상의 시대에『창작과비평』에 대한 부탁 말씀이나 창비 독자에게 하시고 싶은 말씀 아니면 다른 더 하고 싶으신 말씀이 있을까요?

백낙청 원래 이교수께서 나한테 묻고 싶은 게 훨씬 더 많았던 걸로 아는데 유튜브 방송을 위한 촬영은 이쯤에서 끝내고 미진한 부분은 나중에 이메일로 연락해서 더 보충하면 될 것 같아요. 창비에 대해서는 정말 많은 뜻있는 분, 재능 있는 분들이 호응을 하고 모여주셨기 때문에 우리가 이런 일을 할 수 있었고요. 조금 아까 직원이 2백명 이상이라고 말씀드렸잖아요. 그게 정규직만 그렇습니다. 주변에 편집위원들이라든가 이런 분들은 빼고요. 내가 또 자랑 하나 하자면, 우리 직원들이 한국 출판계에서는 굉장히 수준이 높아요. 그리고 전부가 다 그런진 모르겠지만 창비에 대한 자부심들이 있습니다. 나로서는 자랑스럽고 감사한 일이죠. 백낙청TV도 여러 뜻있는 분들의 도움으로 해나가고 있는데 오늘 찾아주신 이승헌 교수도 그런 분 중 하나지요. 이교수께 특별히 감사를 드립니다. 이걸로 일단 마칠까요?

이승헌 수고하셨습니다.

백낙청 백낙청TV를 시청해주신 여러분, 오늘도 이렇게 찾아주셔서 대단히 감사합니다. 앞으로도 많이 시청해주시길 부탁드리겠습니다. 감사합니다.

추가 문답

이승헌 현재 우리 민족의 가장 중요한 역사적 과제는 한반도의 영구적 평화체제 구축입니다. 그것을 이루기 위한 최선의 방안이 한반도식 통일이라는 것은 선생님께서 오랫동안 주창해오셨고, 이젠 여러번의 남북정상회담을 통해 남북 간에 합의가 된 사항입니다. 먼저, 선생님은 현재의 분단 상황이 분단체제라는 인식과 이 분단체제가 세계 자본주의체제 속에서 어떻게 작동하고 있는지에 대한 성찰이 필요하다고 말씀하시는데요. 체제화란 무엇을 의미하는지에 대해서 잠깐 설명을 해주시죠.

백낙청 체제는 여러 차원의 체계성을 갖는 다양한 종류가 있습니다만, 일반적으로 체제 비슷한 것이 형성되고 나면 쉽게 해체되지 않는 특징을 지닙니다. 그런 체제 속에 살고 있다는 인식조차 흐려지고, 그것이 인위적으로 형성된 것이 아니라 원래부터 자연스럽게 주어진 현실이나 환경이라는 착각을 조장하는 것도 체제가 스스로 재생산하고 유지되게 해주는 체제의 힘이지요. 한반도의 분단현실이 바로 그래요. 단순히 분단된 게 아니라 분단이 체제화되었기 때문에 '후천성 분단인식결핍증후군'이라는 게 만연해 있지요.

이승헌 21세기 벽두인 2000년 6월에 분단 이래 최초로 당시 남북 정상이던 김대중 대통령과 김정일 국방위원장이 평양에서 만나 6·15선언을 발표하지 않았습니까. 그때 세계 언론이 발송한 감격적인 사진이 있는데요. 서명식에서 김대중 대통령과 김정일 국방위원장이 손을 잡고 번쩍 올린 그 사진 말입니다. 그 사진은 분단체제의 본격적인 균열을 극명하게 보여준 사진인데요. 그 전에는 분단체제가 영구화될 거라는 전망이 지배적이지 않았나 합니다. 그런데 그 정상회담의 2년 전인 1998년에 선생님은 『흔들리는 분단체제』(창작과비평사 1998)라는 책을 펴내셨더군요. 선생님 생각엔 분단체제가 언제부터 어떻게 흔들리기 시작했는지를 간략하게 설명해주시지요.

백낙청 지금 돌이켜보면 남쪽에서 군부독재가 무너지고 세계적으로 탈냉전이 시작된 1987년부터 흔들리기 시작했는데, 내가 그런 현실에 눈뜨는 데는 한 10년이 걸렸지요. 『흔들리는 분단체제』 머리말에 그런 얘기를 했어요.

이승헌 요즈음 K팝과 K드라마가 세계 문화에 커다란 공헌을 하고 있습니다. 선생님의 사상도 K사상으로 세계가 처한 근대 모순 해결방안 모색에 커다란 공헌을 하고 있다고 생각됩니다. 근래에 선생님이 주창하시는 근대의 이중과제론이 그 사상인데요. 2015년 영국의 『뉴레프트리뷰』(*New Left Review*)지에 "The Double Project of Modernity"라는 논문으로 발표하셨습니다. 이 논문은 한국어로도 번역되어서 그 수정된 내용이 선생님의 저서 『근대의 이중과제와 한반도식 나라만들기』(창비 2021)에 「근대, 적응과 극복의 이중과제」라는 제목의 1장으로 실렸습니다.

전, 선생님의 근대의 이중과제론이 가장 절실하게 적용되어야 하는 이슈는 바로 전지구적 생태위기 문제가 아닌가 합니다. 현재 2년 반이 넘게 전세계가 코로나19 바이러스 유행에 고생을 하고 있습니다. 그리고 지난주에는 원숭이두창이라는 바이러스 확진자가 한국에서 출현했다는 뉴스가 나왔습니다. 또 지구온난화로 북극과 남극의 빙하가 녹고 있습니다. 그래서 해수면이 상승하고 있고요. 이 바이러스 문제와 기후변화는 같은 원인 때문에 생기는 지구생태계 파괴의 결과라는 것은 『창비』 2020년 봄호에 백영경(白英瓊)이 「기후위기 해결, 어디에서 시작할까」에서 지적을 했습니다. 왜냐면, 지구생태계는 수많은 종류의 식물, 동물, 미생물과 같은 생물체들과 기후와 지형 같은 무생물체들이 복합적으로 상호 의존하며 형성된, 생명이 지속될 수 있는 버블 혹은 공간인데요. 이 지구생태계에서 한 요소가 바뀌면 다른 요소들에게 매우 큰 영향을 끼칠 수 있다는 사실 때문입니다. 그런데 지구생태계에서 모든 요소들이 상호 의존적이라는 이 과학적 사실을 저를 포함한 대부분의 사람들이 평상시에는 잊고 삽니다. 그러다가 코로나19 같은 바이러스가 사람들에게 침투를 하거나 날씨가 이상해지거나 하면, 그때서야 왜 그러지, 하며 생태계 파괴라는 걸 생각하게 되는데요.

현재 벌어지고 있는 지구생태계 파괴의 근본 원인은 두가지로 말할 수 있습니다. 첫째는 인구 폭발입니다. 지구 위에 인간들이 너무 많아요. 2022년 현재 세계 인구는 79억명을 넘었습니다. 1950년에는 대략 25억이었는데요, 그때부터 1년마다 거의 8천만명이 증가한 셈입니다. 이미 지구생태계가 감당할 수 있는 사람 용량을 초과했습니다. 둘째는 영구적 성장에 대한 자본주의체제의 욕망입니다. 정치·경제 지도자들을 비롯한 대부분의 사람들이 포화 상태를 이미 넘은 지구생태계에서 지속적인 경제적 성장이 가능하다고 믿고 있습니다. 이 두가지 원인이 맞물려서, 지구생태계의 파괴 수준이 이젠 인류 생존 자체를 위협하는 정도까지 와 있습니다. 선생님은 이 이슈에 대해, 근대의 이중과제론과 적당한 성장론을 주창하십니다. 간단히 설명을 해주시죠.

백낙청 '적당한 성장'은 오해받기 쉬운 표현이지요. 대충 적당히 성장하면 된다는 말로 들리거든요. 하지만 제가 거듭 강조하는 것은 '적당'은 항상 '무엇에 적당하냐'라는 물음을 수반한다는 겁니다. 무한성장의 악몽에서 벗어나야 하는데 당장에 모든 나라와 지역이 일체의 성장을 멈추는 일은 불가능하고 어떤 면에서는 바람직하지도 않으니까, '탈성장의 실현을 위한 지역별·국가별·시기별 전략에 적당한' 성장전략을 세우자는 취지입니다.

이승헌 모든 사람들이 주어진 위치에서 지구 생태위기 극복을 위한 노력들을 기울여야 하는데요. 예를 들면, 제가 속한 과학기술계에서는 친환경적이고 재생 가능한 에너지원 개발에 노력하고 있습니다. 그러나 생태위기 문제는 과학기술의 문제만이 아닌, 정치 경제 사회 문화 국제 외교 과학 모든 분야가 얽혀 있는 복합적인 문제입니다.

『창비』 2022년 봄호에 이현정(李賢貞)이 「기후정의의 정치적 주체 되기」라는 제목의 글에서 기후위기와 정치의 연관성을 매우 잘 기술하였습니다. 한 예로, "서울의 전력자립도는 2021년 기준 11% 정도"밖에 되지 않아서 지방으로부터 에너지를 공급받고 있고, 그래서 "전기 생산과정에서의 위험부담과 환경오염"은 지방이 떠안고, 서울·경기 지역은 "그 열매만 따먹"고 있는 현실입니다(38면). 기후위기의 지역 불균형적 측면입니다.

또 하나의 예는, 지구생태계 위기의 근본적 원인 중에 하나인 인구증가 문제는 여성 인권 문제와 밀접한 관계가 있습니다. 각 나라별 인구증가 통계를 찾아보면, 재미있는 일관된 현상이 보입니다. 인구증가율이 높은 나라들은 거의 이슬람국가라는 사실입니다. 종교적 이유로 여성 인권이 낙후된 나라들의 인구증가율은 매우 높고, 여성 인권의 신장이 어느정도 이루어진 나라들의 인구증가율은 낮습니다. 따라서 인구문제에 대한 현실적 해결방안은 세계 각국에서 여성의 권익을 높여야 한다는 건데요. 이것은 일종의 근대화, 엄밀히는 과학적 근대성을 향상시키는 작업이 아닌가 합니다.

백낙청 현재 한국은 인구증가율이 높아서 문제인 나라는 아니지요. 그런데 저출산 문제도 여성 인권과 밀접한 관계를 지닌 문제지요.

이승헌 그럼 이제, 지구생태계 위기를 극복하려면 우리 각자는 무엇을 해야 하는가 하는 문제가 남습니다. 그 위기극복을 위해 많은 사람들이 비건 혹은 채식주의자가 되거나 간헐적 단식을 통한 소식(小食)을 하거나 플라스틱 사용을 최소화하거나 하는 등의 개인적 실천을 각자의 삶 속에서 하고 있는데요. 이현정은 앞에서 언급한 글에서 그러한 개인적 실천의 한계를 지적합니다. 이현정의 주장은 "대한민국 국민 모두가 플라스틱 컵을 단 한개도 쓰지 않아도, 석탄화력발전소 한곳에서 배출하는 온실가스의 최대 1.3% 정도밖에 줄일 수 없"다는 과학적 사실에 근거를 두고 있습니다(35면). 그래서 소시민적인 실천보다는, 화석연료에 기반을 둔 에너지 생산 정책에서 친환경적이고 재생 가능한 에너지 생산 정책으로의 전환을 추진할 수 있는 정치세력을 선출하고 압박하는 정치적 행동이 더 중요하다는 주장을 합니다. 저도 그 주장에 전적으로 동의를 합니다. 그러나 그렇다고 개인적인 실천을 무시해서는 안 된다고 보는데요. 이에 대한 선생님의 생각은 어떠신지요.

백낙청 '소시민적 실천'은 실천대로 해야지요. 다만 그것만으로 문제가 해결될 수 없다는 현실인식을 공부하되, 그렇더라도 각자가 할 수 있는 건 다 하는 마음공부 없이 기술적·정치적인 해법만 찾아도 문제해결이 안 된다는 걸 깨달아야지요.

서양의 개벽사상가 D. H. 로런스

백낙청(문학평론가,『창작과비평』명예편집인, 서울대 명예교수)
강미숙(인제대 리버럴아츠교육학부 교수)
박여선(서울대 기초교육원 교수)
백민정(가톨릭대 철학과 교수)

백낙청 백낙청TV에 오신 시청자 여러분 반갑습니다. 오늘은 그동안 해온 '공부길' 코너와 다소 성격을 달리하여 '초대석' 형태로 진행하겠습니다. 주제는 참석자 중 강미숙, 박여선 두분께서 전공한 영국의 소설가 D. H. 로런스에 관한 것입니다. 로런스에 관해 제가 2020년에 『서양의 개벽사상가 D. H. 로런스』(약칭『서양의 개벽사상가』)라는 책을 냈고요. 박여선 교수와 또다른 분들이 비평을 한 바가 있습니다만, 이 책 한권만 가지고는 본격적인 평론이 최근에 모처럼 나왔습니다.『창작과비평』이 청탁해서 강미숙 교수로부터 글을 하나 얻어냈는데, 이걸 계기로 백낙청TV에서 몇분을 모시고 의견을 나눴으면 해서 모인 것입니다. 강미숙

■ 이 좌담은 백낙청TV 촬영을 위해 2022년 8월 8일과 8월 16일에 이루어진 것이다. 영상에 공개되지 않은 내용도 포함하고 있다.

박여선 두분은 원래 로런스 전공자지만 비전공자인 백민정 교수도 모셨습니다. 전공자들끼리만 얘기하는 것도 너무 싱겁고, 또 하나는 백민정 교수는 원래 한국 철학과 동아시아 철학 전공인데, 누가 시키지도 않았건만 『서양의 개벽사상가 D. H. 로런스』에 관심을 갖고 이를 다 읽었다고 자백하신 바 있어요. 잘됐다, 그러면 같이 모이면 좋지 않겠느냐 해서 모셨습니다. 우선 간단히들 자기소개부터 해주시지요.

강미숙 저는 인제대학교 리버럴아츠교육학부에서 영어를 가르치고 있는 강미숙입니다. 1998년에 백낙청 교수님 지도를 받아서 'The Rainbow와 Women in Love 연구: D. H. 로렌스의 여성관과 새로운 민주주의의 모색'이라는 제목으로 박사논문을 제출했고요. 이후로 로런스와 영문학 공부를 하고 번역작업도 조금씩 하고 있습니다. 최근 백선생님 박사학위논문의 번역본인 『D. H. 로런스의 현대문명관』(창비 2020)의 번역작업에 공역자로 참여했고요. 로런스의 『무지개』(The Rainbow)를 번역 중입니다. 이제까지 백낙청TV에서는 주로 담론 위주로 방송이 진행된 것 같은데, 오늘 로런스를 중심으로 선생님의 문학평론가로서의 면모를 이야기할 수 있게 되어서 아주 기쁘게 생각합니다.

박여선 안녕하세요. 저는 서울대학교 기초교육원에서 가르치고 있고, 백선생님께는 2000년에 석사논문을 지도받아 학위를 받았고, 이후 영국 셰필드대학에서 로런스 전공으로 박사학위를 받았습니다. 오랫동안 로런스 공부를 하면서 막연하게 그의 사상이 동양적인 사유하고 맞닿아 있다고 느꼈는데, 제가 동양 철학을 잘 모르기 때문에 막연하기만 했어요. 그래서 오늘 백민정 선생님이 오신다고 해서 반가웠고요, 많이 배울 기회가 될 것 같아 기대가 큽니다.

백민정 안녕하세요. 저는 가톨릭대학교 철학과에서 동아시아 그리고 한국 사상과 철학을 가르치고 연구하는 백민정이라고 합니다. 백낙청 선생님께서 말씀하셨듯이 제가 이 분야에서는 정말 비전공자거든요,

문외한이고. 영문학은 말할 것도 없거니와 로런스의 소설 작품도 이름이야 알고 있었지만 제대로 읽은 적이 없는데, 이 분야의 훌륭한 전문가분들이 있는 자리에 초대해주셔서 감사하게 생각합니다. 일단 모든 분들이 그렇게 느끼셨겠지만 백선생님 책 제목이 파격적이고 눈에 띄었어요. 책에 손이 쉽게 갔던 것은 '개벽사상가'라는 말 때문이었는데요. 왜 개벽사상가? 선생님이 이유 없이 쓰실 분도 아닌데 하고 생각하게 됐고. 저도 19세기와 20세기 한국 사상을 공부하다보면 '개벽'이란 말을 우회할 수가 없거든요. 그래서 한국 사상을 공부하면서도 관심을 가졌던 표현인데, 선생님께서 뭔가 동서양을 가로지르면서 이 주제를 가지고 의견을 개진해주신 것 같아서 좌담에 참석해서 공부도 하고 이야기도 나누고 싶었습니다.

개벽사상가 D. H. 로런스

백낙청 백민정 교수가 책 제목을 보고서 많이 끌리셨다니까 말인데 강미숙 교수도 글에서 책 제목 얘길 하셨죠. 제목을 좀 이상하게 달아서 관심을 끌어보자는 나의 의도가 적어도 부분적으로는 성공을 거둔 것 같아요.(웃음) 그런데 우리가 가령 로런스를 가지고 토론한다고 하면 사람들이 으레 갖게 되는 질문 하나는 왜 하필이면 로런스냐이고, 그다음에 왜 굳이 개벽사상에다 갖다붙이느냐 하는 의문입니다. 로런스가 중요한 작가라는 점과 관련해서는 지금쯤 영문학이나 서양 문학을 공부하는 분들이면 대개 그 작가 갖고 공부하고 토론해볼 만하다는 데 합의할 것 같아요. 그런데 여기에 개벽사상가란 말을 갖다붙이니까, 첫째 그 말을 로런스가 사용한 적도 없고 그가 알지도 못한 단어인데 왜 굳이⋯⋯ 하는 의문을 누구나 가질 것 같습니다. 그런데 나는 개벽사상가란 말을 그냥 튀어보려고 갖다붙인 게 아니고, 내가 볼 때는 이게 굉장히 핵심적인 사항 같아요. 하나는 로런스가 위대한 작가 중의 하나라는 건 사람들이 쉽게 합의하지만 영국이나 서양의 그 많은 훌륭한 소설가 중에서 로런스가 개벽사상가라는 이름을 붙여도 괜찮을 드문 작가 중의 하나라는 것은 로런스의 작가적 위대성이라든가 독보성을 입증하는 꼴이고, 로런스가 그렇게 위대한 건 개벽사상이라는 것과 서로 만날 수 있는, 그런 이름을 붙일 수 있는 경지까지 갔기 때문이라는 주장이 포함돼 있거든요. 그사이 여러가지 반응을 보면 그 점에 대해 동의하지 않는 분들은 작품 해석도 나하고 많이 다르게 하더라고요. 그래서 이건 나로서는 굉장히 중요한 주장이고요. 이번에 강미숙 교수가 '다음에는 무엇이?'라는 제목으로 글을 쓰면서(『창작과비평』 2022년 여름호) 독자적인 해답을 시도했지요. 내 책의 제목이 약간 설명이 필요하듯이 강교수 글의 제목도 설명이 좀 필요할 것 같아요. 그렇게 제목을 단 이유랄까 글의 취지를 좀 말씀해주시면 어떨까요.

강미숙 책 제목을 처음 들었을 때 '아, 선생님이 너무 나가신 거 아닌가', 독자들에게 어떻게 받아들여질까 걱정을 좀 했었는데요. 그런데 제가 수동적으로 읽을 때와 달리 서평을 쓰면서 새로 보이는 사실들이 있었습니다. 1990년대에 이미 로런스를 "서양의 개벽사상가"라고 명명하셨더라고요. 그걸 발견하고 굉장히 놀랐습니다. 개벽사상에 대한 인식과 그간 선생님께서 개진해오신 근대의 이중과제론이라든지 분단체제론이 모두 같은 뿌리를 두고 있는 것이 아닐까 생각할 수 있었습니다. 로런스 문학과 로런스적 사유는 서구적 관점으로는 오해를 많이 받거나 백안시되었고 그냥 특이한 천재의 발상 정도로 가볍게 여겨지는데, 선생님의 이번 작업을 통해서 본격적인 재평가가 수행되었다고 보입니다. 가령, 휴머니즘이나 해체주의의 인간관과는 다른 로런스의 독특한 인간관, 살아 있는 우주를 믿는 자연관, 초월적 진리를 부정하면서도 상대주의에 빠지지 않는 진리관 등의 사유가 동아시아적 관점으로 조명됐을 때 근거를 얻는 면이 있고요. 역으로 로런스를 매개로 봤을 때 서양의 형이상학적 사고와 다른 한반도 후천개벽사상에 내장된 가능성을 엿볼 수 있었던 것도 큰 소득이었습니다.

'다음에는 무엇이?'라는 제목은 로런스 산문의 한 구절을 따온 것입니다. 로런스가 자기 당대 소설들을 비판하기를, 그 소설들이 '지금' 벌어지는 현상의 분석에 안주한다든가 쇄말적인 어떤 감정들을 파고드는데 자족하면서 이런 것을 소설의 주임무인 것처럼 가정하지만 그것이 소설의 본령은 아니라는 겁니다. 요컨대 소설이란 세상의 전체 기존 질서가 무너질 때 '새로운' 원동력이 될 우리 속의 충동이 무엇인지 탐구해야 한다고 그는 역설합니다. 현 질서는 "민주적이고 산업적이며, 우쭈쭈 자기야, 엄마한테 데려다줘"라는 식의 체제이자 관계인데, 그것을 뚫고 나가려면 무엇이 필요한가, "다음에는 무엇이?"(What Next?) 그 힘이 될 것인가를 소설이 탐구하고 창조해야 한다고요. 그 얘기는 다르게 보자면, 완전히 개벽에 육박하는 그런 변화를 이루지 않고서는 현 상태를 극복할 수 없다는 의미가 됩니다. 그래서 이 표현에 근대의 이중과제론의 정신이 집약된 듯하여 제목으로 택했습니다.

백낙청 박여선 선생도 사실은 비슷했죠? '다음에는 무엇이?'라는 용어는 안 썼지만 로런스를 어떤 의미에서 개벽사상가로 보느냐는 우리가 지금 하고 있는 질문을 「비전을 가진 이들의 만남」(『창작과비평』 2020년 가을호)에서 다뤘잖아요? 강교수 글 읽고 어떤 생각이 드셨는지요.

박여선 제 글은 본격적인 평론이라기보다『서양의 개벽사상가 D. H. 로런스』에 대한 상세한 서평이었어요. 20세기 초에 인간과 우주의 관계를 회복하고 새로운 문명으로 나아가고자 했던 로런스의 비전을 물질문명이 극에 달하여 개벽에 상응하는 정신적 깨우침이 요구되는 오늘날의 맥락에서 개벽사상과 회통시킨 백선생님의 비전과 연결하고 두 비전의 유사성에 주목한 글이었습니다. 제 글이 책 안에서 정리를 한 거라면, 강선생님 글은 책 밖에서 백선생님이 그동안에 개진해오신 사유와 연관해서 이 책의 의미를 조망하셨고 여기에 강선생님 본인의 해석을 덧붙여 훨씬 책의 의미가 잘 드러난 것 같아요. 전체적으로 세가지 얘길 하셨는데, 일단은 백선생님이 이 책을 통해서 어떤 창조적인 작업을 했고 그 창조적인 작업의 핵심이 무엇인지 묻고 나서, 첫째는 *being*의 역사성을 발견한 것, 두번째는 기술시대의 본질에 대해서 조망한 것, 그리고 세번째는 로런스의 문제의식을 개벽사상의 맥락에서 우리 시대의 과제와 연결한 것이라 정리하셨어요. 강선생님의 글을 통해서 책을 다시 보니 제가 알았다고 생각했지만 알지 못했던 것이 많았음을 깨달았습니다.

백민정 제가 다른 전공을 공부하고 한국 사상 그리고 동아시아 사유를 공부해왔던 사람의 입장에서 보면, 강미숙 선생님께서 논평자로서 백교수님 책의 내용뿐만 아니라 동서의 사유가 만나는 접점을 잘 짚어주신 것 같아요. 후천개벽사상, 동학, 원불교 등 20세기 초 한국 지식인들의 사유 흐름을 짚어주셔서 저 같은 사람이 접근하기가 좋았죠. 저도 구체적으로는 18세기 조선시대 지식인들을 공부하는 사람인데요. 무엇인가 새로운 사유를 내놓을 때, 그것이 가능하려면 기존의 타성에 젖은 사유나 행위로는 잘 안 되고 백낙청 선생님께서 강조하신 창조적인 접근, 사유 실험 이런 것이 있어야 하는 것 같아요. 그런데 이미 18세기 조선에도 이른바 서학으로 불린 서양 학문들이 굉장히 많이 유포되었고 당시 조선 사람들에게 큰 충격을 줬거든요. 거기에 지적으로 잘 대응하고 도전하면서 새로운 사유의 흐름들이 만들어졌던 것 같아요. 그런 생각들을 강미숙 선생님의 소개글에서도 보았고 그런 주제로 백낙청 선생님의 저서에 접근하는 것이 저에게는 흥미로운 경험이었습니다.

백낙청 제가 한가지 고백을 한다면, 백민정 교수가 『창비』 회의할 때 이런 지적을 한 적이 있어요. 백낙청 선생이 서양 사상가나 작가들을 비판할 때는 꽤 날카롭게 하시는데 동아시아 사상에 대해서는 그냥 좋게

만 이야기하시는 것 같더라. 그후 내가 백민정 교수를 만났을 때 그랬어요. 아니 내가 왜 그런지 모르시냐? 동양 사상에 대해서 내가 아는 게 없으니까 읽다가 써먹을 만하다고 생각한 대목을 그냥 뽑아서 좋게 얘기하며 활용을 하는 거고, 서양 사상은 그래도 내가 조금 더 공부했으니까 비판할 만한 건 비판한 것이다, 그런 얘길 했어요. 그때 내가 한가지 더 얘기한 게 있습니다. 뭐냐면 사실은 이 책을 다 쓰고 나서 나 스스로 반성을 했지요. 동아시아 이야기는 내가 아는 게 없으니까 꼭 필요한 이야기만 하고 되도록 피해 가는 것이 학자의 양심이고 염치가 아니겠냐 생각했었는데, 책을 다 쓰고 나서 좀 다른 생각이 들더라고요. 내가 언제까지 이렇게 염치만 차리고 살 건가. 이제부터라도 좀더 공부해가지고 더 과감하게 얘기할 건 얘기해야 되지 않겠냐. 그래서 책이 나온 지가 2년이 됐습니다만 그사이에 내 나름으로는 공부를 더 했습니다. 백민정 교수 글도 여러편 읽었고요.

책 내용을 다 다룰 순 없지만, 제1부 제1장부터 작품론에 들어가잖아요? 챕터 제목이 '『무지개』와 근대의 이중과제' 이렇게 돼 있을 거예요. 그후에 나온 책이지만『근대의 이중과제와 한반도식 나라만들기』란 책을 가지고 이제까지 백낙청TV 공부길을 해왔는데, 그 주제하고도 연결이 되는데요. 로런스 책의 제1장인 동시에 강교수 글의 첫 대목이『무지개』에 관한 이야기니 그걸 좀 구체적으로 논의해주시면 좋겠습니다. 유튜브 시청자들 중에는 작품을 전혀 모르는 분들도 계실 테니까 줄거리도 좀 설명하면서 강교수께서 말씀해주시면 좋을 것 같아요.

장편소설『무지개』와 근대

강미숙 이 위대한 장편의 줄거리 요약을 주문하는 것은 좀 야만적인데요.(웃음) 간단히 한두 논점을 중심으로 설명드리겠습니다.『무지개』

는 1915년에 나온 소설이고, 박여선 선생님이 소개해주실『연애하는 여인들』(*Women in Love*)과 애초에는 한 작품으로 구상되었습니다. 로런스가 당시 '자매들'이라는 제목으로 집필하던『연애하는 여인들』의 배경을 좀더 쓰고자 선대 이야기까지 확장하면서 두 소설로 나뉘었고, 결과적으로 내용이나 문체 등이 아주 상이한 두편의 걸작 장편이 탄생하였습니다. 대략적인 배경은 1840년에서 1905년 정도인데, 백선생님의 학위논문에서는 '무지개' 장의 소제목이 '히스토리', 즉 '역사'이고,『서양의 개벽사상가』에서는 근대의 이중과제적인 시각으로 논의하였습니다. 저는 이 두 제목이 동일한 지향을 담고 있다고 봅니다. 이때 '역사'란 흔히 어떤 사건, 어떤 공적인 사건들 위주의 외적인 역사가 아니라 진정한 삶을 추구하는 시대의 본질적 변화까지 포착되는 그런 개념입니다.

소설은 영국 중부지방 농촌의 한정된 지역을 배경으로 펼쳐지는 세세대의 사랑과 성과 결혼 이야기—마지막 세대는 연애만 하다가 헤어지지만—입니다. 배경이 농촌이지만 이미 소설 초입에 운하가 건설되고 탄광이 개발되면서 근대로의 진입은 부정할 수 없는 현실로 주어집니다. 그런데 로런스의 관심은 이 작중인물들의 삶에서 진짜로 어떤 변화가 일어나는지를 그리는 데 있습니다. 소설 초입의「서곡」이라 흔히 불리는 부분에 대해서는 생략하고요, 1세대의 남성 주인공은 톰 브랭귄입니다. 그의 엄마는 아들 톰을 공부시켜서 "더 높은 존재"로 키우려 하지만 그는 공부가 도통 몸에 안 맞아서 그냥 농부로 살게 됩니다. 그러나 '삶이 이게 다인가'라는 뭔가 모를 불만에 차 있다가 폴란드에서 온, 요즘식으로는 난민에 해당하는 귀족 미망인과 결혼하면서 나름대로 존재의 확장을 이루는 인물입니다. 그가 홍수에 휩쓸려서 죽는 장이 소설 중간에 나오는데, 이 장면은 전통적 세계가 막을 내리는 상징적인 의미를 띠고요. 로런스의 남성 인물 가운데 괜찮은 남자가 많지 않은데 톰은 여유있고 기품있는 남성으로 그려집니다.

『무지개』에서 전환기에 해당하는 2세대 해석은 상당히 중요합니다. 이들의 결혼도 나중에 일종의 균형을 이루긴 하지만, 그들의 성취에 대해 작가는 유보적 입장을 취하지요. 이에 대해서는『서양의 개벽사상가』 제3장의 보론인「『무지개』제2세대의 '감수성 분열'에 대해」에서, 이들 관계의 변화가 시대적인 감수성의 분열을 포착한 것으로 규명됩니다. 특히 2세대에서 눈길을 끄는 것은 남자 쪽인데, 요즘 표현으로 좀 찌질한 남성입니다.(웃음) 담대하지 못하고 자기중심적이면서 의존적입니다. 그의 아내인 애나는 대조적으로 통이 크고 현실적이면서도 근본주의적인 면모가 있는데, 존재의 실현을 위한 노력을 끝까지 지속하기보다는 모성에 침잠하는 쪽을 선택합니다. 로런스는 이들의 관계가 온전한 존재의 펼침을 통한 균형에는 이르지 못했다고 봅니다. 특히 여기 그려진 정신과 감각의 분열 현상은 대중화가 가속화되고 보편교육이 본격화되면서 속물화되는 당시 사회를 반영한다고 할까요, 그런 현상과 연결됩니다.

근대인으로서의 본격적인 모험은 3세대인 어슐라에 의해 수행됩니다. 어슐라는『연애하는 여인들』의 주인공이기도 하지요. 어슐라는 '남자의 세계'로 표현되는 공적 영역으로 과감히 도전하는 여성입니다. 남자 주인공은 귀족 출신의 영국 공병대 장교인 스크리벤스키입니다. 둘의 관계는 갈수록 상대에게 자신의 의지를 강요하는 일종의 투쟁으로 치닫습니다. 어슐라는 자기 내면의 창조적인 욕구에 대해 상대 남자가 호응해주고 또 그 자신도 이를 구현하기를 바라는데, 이 남자는 존재적으로 공허한 기능적 인물로 드러납니다. 그러니까 결국 박살날 수밖에 없는 구조이지요. 어슐라에게 차인 남자는 인도로 떠나고 식민주의자로서의 정체성에 안주합니다. 백선생님의 논의에 따르면, 그런 스크리벤스키가 일개 남성의 형상화에 머물지 않고 근대인의 전형적 모습이라는 점이 중요하지요. 어슐라는 고통스런 자기극복의 과정을 거치면서 무지개를 만나고 새로운 미래를 희망하는 것으로 소설은 끝납니다. 이 작품이 근대의 이중과제를 예시하는 고전적인 서사라는 관점에서 볼 때, 전통과 근대의 변화를 어떻게 받아들여야 하는지 질문드리고 싶습니다.

백낙청 시청자를 위해서 한두가지 초보적인 사실을 추가하면, 2세대라는 사람들이 톰 브랭귄의 혈손이 아니잖아요? 애나는 의붓딸이죠. 리디아라는 폴란드 미망인이 낳아서 데리고 온 딸이고. 그와 결혼하는 월은 톰의 조카죠, 월 브랭귄이. 이들이 법적으로는 사촌이지만 서양에서는 그게 문제가 안 되거니와, 실질적으로 완전히 남남인 겁니다. 그래서 브랭귄 집안의 톰 브랭귄 이야기가 1세대 얘기고, 2세대 때는 톰의 자식들이 따로 있는데 걔들보다 애나와 월의 이야기로 가고, 그다음에 그들 사이에서 난 맏딸이 어슐라죠. 통상적인 가족 연대기 소설과는 다른 유형입니다. 월의 둘째 딸은 구드런인데 이 인물은『무지개』에서는 어린애로 잠시 나올 뿐이고 나중에『연애하는 여인들』에 가면 언니와 함께 큰 역할을 하게 되죠.

전통과 근대에 관한 이야기는,『무지개』에서 영국의 어떤 농촌에 운하가 들어서면서 본격화하는데 아예 연도까지 명토박아놨어요. 1840년에 운하가 들어섰다. 운하가 들어서면서 본격적으로 근대에 진입하기 시작하는데, 그런 근대화의 과정을 우리가 논할 때 흔히 쓰는 이분법이 전통과 근대입니다. 여기서 어떤 사람은 전통을 수호하기 위해서 근대를 배격하고 어떤 사람들은 근대화하기 위해서 되도록 전통을 빨리 청산해야 된다고 하고 그 사이에 절충주의자가 있는데, 로런스는 발상 자체가 달라요. 전통 속에 새로운 삶을 지향하는 힘이 이미 들어 있고, 그것이 근대에 들어오면서 건강하게 발휘되는 면과 불건강해지는 면이 있으므로, 전통이냐 근대화냐 하는 이분법이나 그런 구도보다도 그때그때의 삶에서 진정한 삶에 유리한 유산이나 여건은 어떤 것이고 또 그렇지 못한 제약조건은 어떤 것이냐, 이런 식으로 보는 것 같아요.

박여선 제가 처음에 『무지개』를 학생으로서 읽었을 때는 글이 아름다워서 재미있긴 했지만 그냥 3대의 사는 이야기지 이게 뭐 그렇게 심각한 얘기인가 하는 생각을 하면서 읽었어요. 그러다 백선생님 수업을 들었는데, 근대라는 세계가 진행되는 것이 이 이야기의 3세대를 통해서 드러난다고 하시면서, 여기에서 벌어지는 이야기의 차원이 우리가 흔히 말하는 전통적인 산업시대에서 20세기로 넘어가는 그런 것이 아니라 어떤 다른 차원의 역사가 여기서 벌어지고 있다고 말씀하셨어요. 그게 굉장히 인상적이었는데 표면적인 사건의 진행보다 로런스가 작품 전체를 통틀어 일관되게 얘기한 'being', '임'이라고도 번역하는……

백낙청 '임'이라는 건 '~이다'라는 말을 명사화한 거죠.

박여선 '~이다'의 명사이고 동시에 '있다'란 의미도 있고 여기에 진행형의 의미가 붙어 세가지 의미가 모두 포함되는데 무엇이 되어가면서 존재하게 되는, 그런데 이것이 진행 중이라 열려 있는 그런 상태라고 이해하고 있습니다. 제 생각에 심지어 서구 비평가들도 로런스를 자주 오해하는 이유가 바로 서양인도 이해하기 어려운 이런 차원의 사유의 경지 때문인 듯하고, 이런 차원은 오히려 동양 사상하고 연결됐을 때 이해가 잘 되는 면이 있는 것 같아요. 『무지개』의 3대의 역사를 표면적인 서사 밑에서 일어나는 심층적인 *being*의 역사의 전개로 본 선생님의 독해는 단순히 이 작품에 대한 독해뿐 아니라 선생님이 그간 개진해오신 전체 사유와 관련해서도 매우 중요한 대목이지 싶어요. 결국 로런스가 개벽사상가가 될 수 있는 이유도 이런 *being*의 사유를 통해 도달한 어떤 경지와 연결되는 것 같습니다.

백낙청 *being* 얘기에 앞서서 아까 '역사' 말씀을 하셨잖아요. 내 박사학위논문 『무지개』 챕터에 붙은 부제는 그냥 히스토리가 아니라 'a history'예요. 영어에는 우리말과 달리 관사가 있어서 정관사를 붙이느냐 부정관사를 붙이느냐, 아니면 관사를 안 붙이느냐에 따라 의미가 달라지는

데 'a history'라고 한 데는 약간 말놀음이 섞여 있어요.『무지개』라는 소설은 분명 3대에 걸친 영국 어느 가족의 연대기이자 사회사적인 의미가 풍부한 이야기라는 게 *history*의 한 면이고, 다른 한 면은 이게 여느 역사가 아니라 그야말로 본질적인 역사라고 할 수 있는 더 심층에서 일어나는 인간 존재나 사유의 변화를 추적한 역사라는 양면이 있는데, 후자에 해당하는 것이 말하자면 *being* 차원의 역사란 얘기죠. *being*이라는 말이 영어에서 여러가지로 쓰이잖아요? 제일 간단하기로는 실제로 존재하는 존재자 내지 존재물을 가리킬 때 *being*이라고 하죠. 그런데 로런스가 어떤 경우에 특별히 마음먹고 쓸 때 보면, 어떤 존재자가 도달할 수 있는 가장 그것다운 경지, 최고의 경지를 이룬 상태를 *being*이라고 하지요. 특이한 것은「호저의 죽음에 관한 명상」(Reflections on the Death of a Porcupine)이라는 에쎄이에서 이것은 소위 물질적인 존재, 실존(existence) 차원의 문제만이 아니라 *being*의 차원의 문제다 이렇게 구별을 해요. 그러면서 동시에 *existence*가 없는 *being*은 있을 수가 없다 이렇게 말해요. 그게 초월적인, 이원론적인 세계관하고 로런스가 말하는 *being*의 차이죠. 어디까지나 현실적으로 물질세계의 일부로 일어나는 변화이고 성취인데 다만 그것은 물질의 차원에서는 도저히 설명할 수 없는 그런 특이한 경지다, 이런 얘길 하는 셈이죠. 그 얘기가『무지개』에 어떻게 적용되는지 하나하나 따지자면 시간이 많이 걸리니까 요점을 말하면, 이런 *being* 얘길 하면서 로런스가 점점 서양의 전통적인 형이상학 속에서는 해명이 안 되는 영역을 개척해나가는 것 같아요. 서양에서는 대개 물질이냐 아니면 초월의 세계냐 하는 것을 분별할 때, 초월의 세계를 얘기할 때도, 가령 플라톤의 이데아 같은 초월적인 세계를 이야기할 때도 항상 그게 **있는 것**을 전제로 이야기하죠. 그런데 로런스는 불교적인 의미로서의 유무초월의 경지를 말하는 데까지는 안 갔지만, 그가 말하는 *being*이라는 건 유(有)에 국한해서도 이야기가 안 되고 무라고 생각해도 말이 안 되는 그런 경지이므로 서양 철학에서 유를 전제로 유무를 따지고 초월적인 존재냐 아니냐를 따지는 그런 사고방식을 벗어던지기 시작한 것이고, 그게 이후로도 쭉 이어지지 않았나 그런 생각이었거든요. 그래서 내가 *being*을 강조했던 건데, 그 점에서 동아시아 사상의 어떤 특징하고도 통하는 게 아닌가 합니다.

백민정 선생님 말씀 도중에 불교 이야기도 잠깐 하셨는데요. 우리가 상식적으로도 알고 있는 잘 알려진 표현 중에 '색즉시공 공즉시색(色卽是空 空卽是色)' 이런 표현이 있잖아요. 색이라는 어떤 유적인 세계와 공이라는 무의 세계, 그러니까 유무의 관계에서 봤을 때 불교적 사유도 기본적으로 유와 무, 색과 공의 경계에서 전개됐던 것 같아요. 그런데 불교까지 가지 않더라도 일반적인 동아시아 사유에서, 예를 들어 신유학자들이 이(理)나 기(氣) 개념을 이야기하는데, 기라는 개념도 우리가 상식적으로 자주 쓰는 단어잖아요? 기가 통한다, 기가 막히다, 이런 표현들을 쓰고 있는데요. 기라는 것만 해도 사실 눈에 안 보이잖아요. 기운이라는 것은 유형이 아니라는 점에서 무적인 것 같기도 하지만 다른 한편 기라는 것은 엄연히 우리가 감지하고 느낄 수 있습니다. 기가 막히기도 하고 기가 막히면 화가 나고 분노하기도 하니까 유적인 영향력도 갖고 있잖아요. 동아시아에서 쓰인 주요한 개념들은 기본적으로 유와 무의 경계 속에서 사람들이 사유를 개진했던 것을 잘 보여준다고 생각해요. 그런데 선생님께서 말씀하신 로런스의 개념, *being*이라는 것도 어려운 표현인 것 같아요. 이것은 물질적인 세계, 아까 말씀하신 실존의 세계를 떠나지 않으면서도 물질적인 것이라고만은 말할 수 없는, 뭔가 표면적 존재자들의 심층의 세계를 드러내고 구현하는 측면을 가진 듯합니다. 서양 사람들 같으면 그런 심층의 진리를 본체, 본질, 있음 그 자체, 이데아 등으로 표현하려고 하겠지만, 로런스는 그런 서구 형이상학의 본질주의도 벗어나면서 심층의 어떤 신비를 말하고 한편으로 실존의 물질세계와의 연관성도 유지하고 싶었던 것 같아요. 그래서 결과적으로 유무의 경계에서 사유하면서 그 점을 로런스가 묘사하려고 시도한 듯합니다. 그런 점에서는 동아시아적 사유와 만나는 지점이 있겠죠.

『연애하는 여인들』, 기술시대, 하이데거

백낙청 일단 지금 시점에서는 우리가 그 정도로 만족하고 더 깊이 따져볼 일이 생기면 그때 더 얘기하도록 하지요. 책의 제2장이기도 하고 아까 강교수가 설명하신 대로 로런스의 작품세계에서 어떤 의미로『무지개』의 속편에 해당하면서도 전혀 다른 장편이라고 할 수 있는『연애하는 여인들』이야기로 넘어갔으면 합니다. 아시는 분은 아시지만 사실 로런스 자신은『연애하는 여인들』이 자기 최고의 작품이라고 생각했죠. 그리고 F. R. 리비스를 포함한 많은 평론가들이 거기 동의했고요. 물론 동의하지 않는 평론가들도 많지요. 그런 작품인데, 이 작품도 줄거리를 요약하라는 게 말이 안 되는 주문이긴 해요. 잘 되지도 않으려니와 로런스 작품의 진수랄까 의미가 줄거리 요약으로는 전혀 전달이 안 되잖아요. 그렇더라도 생판 모르는 시청자를 위해서는 그런 얘길 좀 해주고 진행해야지 그다음에 우리가 더 멋있는 얘길 해도 받아들일 테니까. 이번엔 박여선 교수가 나의 야만적인 주문에 응해주시면 어떨까 싶네요.

박여선 『연애하는 여인들』은 그냥 쉽게 말하면 제목이 말해주듯 두쌍의 연인이 사랑하는 이야기예요.『무지개』의 역사가 *being*의 차원에서 전개되는 역사이듯 후속작인『연애하는 여인들』에서는 이 *being*의 역사가 근대화가 심화된 세상에서 어떻게 더욱 틀어지고 파괴되는지, 이를 극복하기 위한 방안은 무엇일지가 주제가 됩니다. 어슐라와 버킨, 구드런과 제럴드, 두쌍의 연인이 주인공인데, 어슐라와 구드런은 자매관계로 어슐라는 학교 선생, 구드런은 예술가로 둘 다 전형적인 현대 여성이고, 버킨과 제럴드는 친한 친구 사이로 버킨은 교육공무원, 제럴드는 사업가입니다. 버킨은 작가 로런스의 입장을 대변하는 인물로 어슐라와의 관계를 통해 로런스가 지지하는 바람직한 남녀관계를 여러 우여곡절 끝에 성취해나갑니다. 어슐라와 버킨 커플의 대척점에 있는 파괴적인 관계가 구드런과 제럴드의 관계인데요. 여기서 구드런이 어떤 종류의 예술가인가가 중요한데, 주변 세계를 완전히 자기식으로 파악하여 최종적 판단을 내려버리고 자기 자신도 세상으로부터 고립시키는 반항심으로 똘똘 뭉쳐 있는 예술가입니다. 제럴드 역시 자기 주변 세계를 도구화하고 지배하려 드는 인물로 이런 공통점 때문에 두 사람은 연인이 되지만 결국 관계를 지속하지 못하고 파탄을 맞습니다. 이 작품에서 특히 제럴드가 표상하는 바에 주목할 필요가 있는데요. 제럴드는 광산 소유주의 아들로, 그의 아버지 토마스 크라이치는 기독교적 사랑과 인도주의 정신에 따라 광산을 운영했던 사람인데 광부들이 평등한 권리를 주장하면서 파업을 하자 충격을 받고 경영에서 물러납니다. 아버지의 고민을 곁에서 지켜본 제럴드는 아버지로부터 광산을 이어받자마자 현대적인 기술을 도입해서 광산을 현대화합니다.

백낙청 현대적인 기술을 도입한 것보다 초점은 경영방식이죠. 아버지는 그 세대의 탄광 주인답게 한편으론 다른 탄광주처럼 노동자들의 노임을 착취해서 부를 쌓지만 항상 기독교적인 사랑과 윤리를 생각해서 어떻게 잘해줄까 하는데, 정작 파업이 나니까 결국은 직장을 폐쇄하고 다른 주인들하고 똑같이 노는 겁니다. 그래서 그런 자기모순을 해결하지 못하고 실의에 빠져버렸달까 한 인물인데. 제럴드는 물론 새로운 기술도 도입합니다만 더 핵심적인 건 경영방식의 혁신 같아요.

박여선 제게 인상적인 부분 역시 제럴드가 경영에 기술공학적인 방식을 도입한 겁니다. 물론 현대적인 시설을 들여오기도 하지만 궁극적으로 만들어낸 것은 기술공학적인 시스템인데, 제럴드는 기술을 이용해석탄을 채굴함으로써 자연을 정복할 뿐만 아니라 인간인 광부들 역시 자신이 만든 기계 시스템의 도구로 만들어버립니다.

백낙청 아버지 대에 노동자들한테 제공된 복지라든가 이런 거 다 잘라버리지요. 그래서 엄밀한 계산에 의해서, 그야말로 현대식 경영을 하는 거예요. 그런데 초점은, 노동자들이 처음엔 격렬하게 반대하다가 나중에는 수긍하고 따라옵니다. 아버지 대에서는 오히려 아버지가 말로는 기독교적인 사랑 어쩌고 하면서 평등을 실현하지는 못하니까 노동자들이 반발해서 파업을 일으켰는데, 제럴드가 아버지의 기독교적인 사랑이니 하는 건 다 쓸데없다면서 공장을 그야말로 완전히 기계식으로 돌리니까 거기에는 노동자들이 승복을 한다는 게 의미심장하지요.

박여선 광산의 현대화로 기계적인 무한생산이 가능해지자 광부들은 오히려 이 완전히 비인간화된 기계 시스템 안에 들어가서 그 생산과정의 일부가 되는 것에 희열을 느끼고 거기서 받는 경제적인 혜택에 만족하게 되는 거죠. 기술공학이 우리 삶에 미칠 수 있는 극단, 비인간적인 극단까지 도달한 그런 차원의 삶의 단계를 대변한다고 할 수 있을 거 같아요. 제럴드는 자신이 만든 기계 시스템 속에서 광산과 광부들뿐만 아니라 자기 자신까지도 기계의 완벽한 도구로 전락시키는 인물인데, 선생님께서는 이런 제럴드의 형상화를 기술의 본질에 대한 하이데거의 사유와 연결시키면서 이 인물이 기술시대 인간의 전형을 보여준다고 말씀하셨죠.

강미숙 네,『서양의 개벽사상가』제2장은『연애하는 여인들』의 '산업계의 거물' 장을 중심으로 기술시대의 의미를 묻는 것으로 출발하는데요. 지금 말씀하신 탄광에서의 변화, 운영조직의 변화에 기술시대의 기본 원리가 발현되는 방식에 주목하고, 이를 규명하기 위해 하이데거의 기술론을 원용합니다. 로런스 문학을 하이데거의 논의와 연관지어 비평한 것은 1972년의 백선생님 학위논문이 최초의 경우였고, 마이클 벨 같은 비평가도 비슷한 시도를 했지만 접근법은 판이했습니다. 기술시대의 성격이 무엇이고 이를 어떻게 받아들여야 할지 설명하기는 어려워서 단적인 예를 들어보고 싶네요. 가령 지금 우리가 유튜브 촬영을 하고 있잖아요? 전에는 이런 기술 매체가 아예 없었지만 지금은 이걸 활용할 수밖에 없는 시대를 살고 있어요. 이런 현상을 어떻게 받아들일까가 관건일 것 같아요. 저 개인적으로 적응이 안 되지만 적응해야 되는?(웃음) 그렇듯이, 과거에도 한편으로는 러다이트(Luddite)운동 같은 기계파괴운동이나 소농 형태로 돌아가야 한다는 녹색운동의 입장들이 있고, 다른 한편으로는 기술주의적 발전으로 현재의 문제들이 해결 가능하다는 주장들도 제기되고 있잖아요? 그런데 하이데거의 관점에 따르면, 기술의 본질은 기술적인 것도 아니고 인간적인 것도 아니다, 그것은 무엇보다 인간으로 하여금 **사유**하게 하는 그 무엇이다라고 해요. 논리의 비약으로 비칠지 모르겠지만, 하이데거의 이러한 통찰이 물질개벽 시대에 정신개벽을 촉구하는 원불교 사상과 상통할 여지가 있다고 보이는데요. 이에 대해 선생님 의견을 듣고 싶습니다.

백낙청 물질개벽과 정신개벽으로 넘어가기 전에, 기술의 본질이, 형이상학적인 본질과는 달라서 참뜻이라고 할까, 말씀 중에 기술의 본질이 기술적인 것도 아니고 인간적인 것도 아니라는 말이 무슨 뜻인지는 더 설명해주세요.

강미숙 기술적이지 않다는 얘기는 기술주의적이지 않다는 얘기로 받아들였거든요.

백낙청 기술주의적이지 않다는 건 무슨 말이에요?

강미숙 선생님 설명을 참조하자면 인간이 진리를 드러내는 여러가지 방식이 있는데 그중의 하나로서 기술이라는 것이 애초에 있었고요. 기술주의적인 것은 그것을 진리추구의 방편이 되지 못하게 표현하는 것, 산술적이라고나 할까요.

백낙청 더 쉽게 얘기하면 좋겠어요.(웃음) 근대기술이나 옛날 기술이나 사실 다 진리를 드러내고 존재를 드러내는 하나의 방편이라는 게 하이데거의 주장 아니에요? 그러나 그 드러내는 방식이 완전히 바뀌어서 근대의 기술은 굉장히 폭력적인 기술이잖아요. 파괴적인 결과를 낳고 있고. 그것을 기술적으로 해결할 수 있다고 생각하는 게 기술의 본질이 기술적인 것이라고 착각하는 사람이고요. 인간적이라고 하는 것도, 인간이 휴머니즘에 입각해서 기술을 활용하면 된다고 생각하는 것도 기술의 본질을 망각한 것이다. 그런 얘기거든요. 그러면 어떻게 할 것인지가 과제인데. 그 대목에 가면 뭐 정신개벽이 나올 수도 있지만, 결국은 지금 근대기술과 현대의 기술문명, 기술공학 시대를 비판하고 규탄하는 사람들이 제대로 해법을 찾지 못하는 이유가 하나는 기술을 더 발달시킨다든가 좋은 기술을 개발해서 해결하려는 기술주의적인 해법 추구이고, 또 하나는 정신개벽론하고 비슷한 면도 있지만 좀 다른 건데 인간이 정말 정신 차려서 인류를 위해서 이 기술을 잘 쓰면 된다는 인본주의적인, 휴머니즘적인 사고거든요. 그런데 하이데거는 그것으로도 안 된다는 거예요. 그러니까 기술의 본질이 기술적인 것도 아니고 인본주의적으로 대응할 수 있는 성질도 아니라는 것을 깨달아야 된다는 거예요. 그 깨달음이 어떤 것인가 하는 문제를 실제로 『연애하는 여인들』이라는 소설에서 로런스가 어떻게 표현했는지의 문제가 있죠.

강미숙 『연애하는 여인들』의 두 남성 인물의 관계를 중심으로 이야기를 풀어볼까 합니다. 소설의 여주인공들은 자매이고 남자 주인공들은 서로 친구 사이입니다. 버킨은 어슐라와 성공적으로 사랑이 맺어지고, 여동생 구드런과 제럴드도 연인으로 가까워지는 동시에 두 남자의 관계도 의미심장하게 진전됩니다. 그래서 일부 비평가는 로런스가 동성애 코드를 숨겨두었다고 의심하기도 해요. 그런데 버킨은 어슐라와의 사랑을 성취한 후에도 제럴드와 '또다른 종류의 사랑'을 이루어야만 한다고 믿어요. 그 관계를 꼭 성취해야 되고 제럴드와 구드런까지 합해진 여러 사람이 있는 우리의 세계를 만들자고 하는데, 어슐라는 그게 가능할 것 같지 않다, 나만 있으면 되지 딴 남자가 왜 필요하냐, 이러면서 싸우는 재미있는 장면들이 나와요. 제럴드가 중요한 것은 박여선 선생님 설명대로 그가 일개 인물이 아니라 산업계와 기술시대를 대표하는 인물이고, 이 사람이 사물을 보는 관점이 지금 이 시대를 체현하는 면이 있기 때문이지요. 또, 그것을 아주 자연스럽게, 깊이 있게 그려낸 것도 로런스의 최고 걸작이라는 평가의 근거가 됩니다. 가령 작중인물이 모여서 '평등'에 대해 대화할 때, 이 문제를 보는 각자의 상이한 관점이 저절로 드러나도록 미묘하고도 탁월하게 제시됩니다. 제럴드는 물질생산과 발전이 있으면 모든 게 해결될 것이고, 그다음에 무엇이 올지 생각할 책임이 없다는 자유방임주의자예요. 이런 발상이 그의 존재론적인 속성까지 해명하는 열쇠가 되지요. 그런 제럴드를 버킨이 거의 변화시킬 뻔하는 데까지 가요. 그러다가 버킨이 '제럴드 너는 나하고 의형제 같은 우정을 먼저 맺어야 된다'고 제안하는데, 제럴드는 그걸 뿌리쳐요. 그리고 결국 죽게 되거든요. 여기서 제기되는 바는 인간관계에서 존재하는 지혜의 질서랄까 교통(交通)의 문제 같아요. 즉, 버킨과의 만남에서 제럴드는 자신의 존재 변화를 이룰 절호의 기회를 부여받지만, 그에게는 그것을 받아들일 힘이 부재합니다. 그것은 자기완결적이고 단자적인 그의 인간관과 무관하지 않겠고요. 또 그런 인간관은 기계적 물질주의의 이면인 것으로 나옵니다. 그런 점에서, 저는 근대 이념인 '평등'을 극복할 방향성에 대해 고민하다가 평등의 반대말이 불평등보다는 지혜가 아닐까, 혼자서 생각해보았어요.

백민정 버킨의 목소리에 작가인 로런스의 어떤 의도가 담긴 것 같기도 하네요. 버킨이란 인물이 제럴드에게 먼저 이렇게 권유하잖아요. 남자 간의 우애에서 무엇인가 진전이 있고 성장이 이루어지면 여성들과의 연애도 더 좋아질 것이라고요. 이런 이야기에는 작가로서의 로런스의 견해가 좀 들어간 것이 아닐까 짐작도 하게 되었고요. 앞에서들 설명해주셨듯이 사실 그보다 더 중요한 건 제럴드가 당시 산업계의 거물, 그리고 서구 근대 자본주의와 기술·기계 문명을 상징하며 자멸의 길을 걷는 전형적인 인물로 그려진 점인 것 같아요. 좀 전에 하이데거 기술론을 말씀하시면서 기술 자체가 나쁜 것이 아니고 기술로 삶의 진리를 잘 구현하는 방법도 있었는데, 서구 근대 기계문명에서의 기술이라는 것이 워낙 파괴적이고 자연이나 인간을 지나치게 대상화하는 속성이 있으니까 이런 문제에 대한 고민을 제럴드라는 캐릭터를 통해 작가도 했던 것으로 보여요. 그렇다고 해서 선생님 말씀대로 로런스가 그 대안을 과거로 되돌아가서 목가적 농촌경제를 일구는 것으로 제시할 수도 없었을 것 같아요. 그러니까 막다른 골목에서 어떤 인식의 전환이라고 해야 할까요, 서구 근대주의 기술문명, 과학문명의 막다른 골목, 추락해가는 듯한 위험에 직면해서 어떤 근본적인 사유의 전환을 로런스가 모색하지 않았을까 하는 생각이 듭니다. 제가 잘은 몰라도 그런 작가의 인식의 전환과 새로운 삶의 양식을 만들어야겠다는 긴박한 문제의식을 염두에 두면 백선생님이 강조하신 개벽의 사상과의 공통점이 있을 것 같아요. 개벽의 정신을 통해 비슷한 시대의 동아시아, 한반도 사람들의 문제의식이 좀 전에 이야기했던 로런스의 기술문명 시대의 긴박한 문제의식과 연결될 수 있지 않을까? 그래서 아마도 백선생님의 책 제목에도 이 표현이 등장한 것 같습니다.

백낙청 참 중요한 얘길 많이 해주셨는데, 이게 굉장히 어렵다면 어렵고 쉽다면 쉬운 문제예요. 우선 백민정 교수 말씀에 근대기술이 파괴적이고 지나치게 자연이나 인간을 대상화·도구화해서 다뤘다고 하신 부분이 있는데, 거기에만 주목하는 건 기술의 본질을 생각하는 게 아니에요. 그걸 시정하면 된다고 생각하는 건 기술주의적인 발상이거나 휴머니즘적인 발상입니다. 인간에 봉사해야 할 기술이 오히려 인간을 파괴하고 있다고 했는데, 현대기술이 꼭 파괴적인 것만은 아닐 뿐 아니라 설혹 파괴 일변도라 할지라도 파괴적인 걸 어떻게 고쳐볼까 하는 식으로는 이 문제가 해결되지 않는다는 게 하이데거의 주장이죠. 기술의 외면적 결과보다 기술에 대해 정말 생각해야 할 것을 생각하지 못하게 하는 게 오히려 기술시대의 최대의 위험이라는 겁니다. 그런 의미에서 좀 온전한 생각을 갖고 살자는 매우 상식적인 이야기일 수도 있어요. 그런데 하이데거는 서양 형이상학의 3천년 전통을 검토하면서 그것이 '존재' 또는 '~임'을 묻는 사유로부터 어떻게 멀어져왔는지를 조목조목 따지고 그 속에서 극복할 길을 찾다보니까 이야기가 어려워지는 거지요. 생각 좀 하며 살자는 말로 들으면 쉬운 말이기도 해요. 현대기술의 문제도 그렇고 형이상학의 문제도 그렇고 인간이 마땅히 생각해야 할 것을 생각하지 않게 만드는 힘이 있는데, 우리가 온통 그런 힘이 지배하는 시대에 살고 있다는 거예요. 원래 기술이라는 게 예전 그리스 시대부터 진리를 드러내는 하나의 방법이고 시와 통하는 거라고 생각했거든요. 그런데 그 본질이 변한 것이 아니라 그것이 작동하는 방식이 근대에 와서 바뀌면서 그 엄청난 위력으로 인해서 사람들이 진리를 도리어 망각하게 된 것, 그것이 현대기술의 진짜 위험성이라고 해요. 그런 의미에서는 동아시아 사상하고 통하는 점이 많아요. 기술의 파괴적인 면만 따로 가려내서 처리하는 게 아니라 그 전체를 사유해야 한다고 보는 점에서요. 노자가 '도가 자연에 바탕한다(道法自然)'고 할 때의 '자연'은 영어의 'nature'라는 명사가 말하는 어떤 실체가 아니잖아요? 스스로 그러함, 스스로 그러하다는 용언이 체언화된 것, 영어식으로는 동명사가 된 것이 '자연'이라면 이는 우리가 흔히 말하는 자연의 아름다운 면, 조화로운 면만 뜻하는 게 아니고, 자연의 파괴적이고 파멸적인 면도 스스로 그러함의 일부라고 할 수 있어요. 도라는 것이 거기에 법한다 하면 그때 도가 뭔지를 우리가 깊이 생각하지 않을 수 없는데, 기술의 본질 얘기도 그거랑 비슷한 면이 있어요. 기술시대의 온갖 파괴적인 면, 또 생산적인 면, 이 모든 것이 기술이 진리를 드러내는 한 방편이라면 여기에 근거한 도는 무엇일까 하고 우리가 그걸 찾아야지, 자꾸 자연에서 아름답거나 조화로운 것과 그렇지 않은 것을 나눠서 전자만 취하고 후자는 버리겠다는 자체가 사실 기술주의적인 발상입니다. 말하자면 자연을 명사로, 그냥 실체로 취급하는 발상이거든요. 그에 대한 온전한 생각을 되찾자는 게 하이데거의 기술론의 요지라고 볼 수 있다고 생각해요.

하이데거 얘기가 나와서 얘기가 복잡해진 점도 있지만 쉽게 생각해야 할 문제인 걸 설명하는 데 도움이 될 수도 있다고 봅니다. 하이데거는 인간이 좀 온전하게 생각하는 능력을 회복해서 기술의 문제든 다른 문제든 온전한 생각을 갖고 대응을 해야 되는데 인간의 그런 능력이 유실되고 망각되고 있다는 점이 근대기술이 주는 최대의 위협이라고 보는 거예요.

백민정 백낙청 선생님께서 하이데거의 사유를 빌려 중요한 문제제기를 해주셨는데요. 사실 저희도 그것을 이해하기가 쉽지 않습니다. 자연을 따르는 도의 모습이라는 게 사실 이해하기가 쉽지 않잖아요. 도의 성격에 대해 말하려면 그와 관련된 내용을 조금이라도 보여주어야 하지 않았을까요? 이 작품에서 버킨과 제럴드의 관계가 그런 식으로 끝난 것이 상당히 아쉬워요. 소설의 전개를 통해서 일말의 가능성을 보여줬으면 정말 좋았을 텐데요. 기술문명 시대의 새로운 인간관계라는 것이 무엇일지, 새로운 삶의 길이라는 것이 무엇일지 형상화해서 보여주길 좀 바랐었거든요. 혹시 작가로서 로런스가 그런 새로운 관계론이나 대안적 삶을 형상화해놓은 구절도 있나요?

강미숙 만약 여기서 제럴드와 버킨의 관계가 이루어졌다면 비현실적인 얘기가 됐을 거 같아요. 근데 거의 끝까지, 거의 될 뻔하는 데까지 보여주거든요. 그런데 마지막 순간에 제럴드가 버킨을 믿지 않고, 말하자면 버킨이 자기보다 더 지혜로운 사람이라는 걸 받아들이지 못해요.

백낙청 마지막 순간에 그런 표현을 하긴 하지만 원래가 받아들이지 못할 인물이기도 하죠, 제럴드는. 두 사람 관계가 그런데도 제럴드가 받아줘야만 버킨 자기 개인의 삶도 더 충실해지고 이 사회의 문제를 해결할 수 있는 실마리가 된다는 믿음을 버킨은 끝까지 버리지 않았어요. 심지어는 제럴드가 죽은 뒤에 어슐라가 당신은 나만 있으면 됐지 왜 꼭 제럴드하고 남자들끼리의 관계를 추구했냐고 추궁하는데, 버킨이 승복을 안 하거든요.

백민정 그럼 버킨의 발화에 작가인 로런스의 문제의식이나 의도가 잘 드러나고 있다고 볼 수 있겠죠?

백낙청 버킨이 로런스를 대변하느냐 가지고 많이들 얘기해요. 어떤 사람은 버킨은 작중인물로서는 실패작이다, 로런스의 대변자일 뿐이다, 이렇게 말하기도 하고요. 그런데 작가의 생각을 대변하는 인물이 있다고 해서 반드시 그 소설이 실패한 건 아니지요.

박여선 선생님 아까 백민정 선생님한테 스스로 그러함에 법하고 있는 도에 대해 말씀하셨는데 이에 대해 좀더 자세히 들을 수 있을까요?

백낙청 노자가 '사람은 땅에 법하고 땅은 하늘에 법하고 법은 자연에 법한다(人法地 地法天 天法道 道法自然)', 이렇게 말했지만 결과적으로는 인간이, 물론 천-지의 매개를 거쳐서지만, 따라야 할 게 도지 자연 그 자체는 아닌 거죠. 인간이 자연을 그대로 섬긴다고 하면 그건 자연을 우상화하거나 신비화하거나 아니면 무슨 일이든 일어나는 대로 받든다는 맹목적인 숙명론이 되는 거 아녜요? 일어난 일은 좋든 싫든 스스로 그러한 거니까. 그런데 노자도 인간이 자연을 그대로 따르란 얘기가 아니라 자연에 법한 도를 인간이 알아서 따르라는 거지요. 물론 그게 간단한 문제가 아니에요. 그러니까 사람이 도를 깨쳐야지 그걸 따르는 거고. 도가 원래 자연의 스스로 그러함에 근거한 것이라고 해서 스스로 그러한 모든 것을 숭배의 대상으로 삼으면 안 되죠. 그건 도를 따르는 게 아니거든요. 그래서 노자가 말하는 '스스로 그러함에 바탕한 도'라는 것이 기술의 파괴적인 면과 생산적인 면을 다 포함해서 그 기술의 본질을 생각하는 인간의 자세와 어떤 면에서 비슷한 이야기면서 기술을 맹신하거나 또는 일어나는 모든 것을 숭배하는 것과는 전혀 다른 발상이지요. 유교에서는 '인능홍도 비도홍인(人能弘道 非道弘人)'이라고 했지요. 사람이 도를 키울 수 있으나 도가 인간을 키우는 것은 아니라는 거예요. 자연에 법한 도를 인간이 찾고 닦아서 살아갈 때 뭔가 해법이 나오는 것이고, 그래서 인간의 역할이 중요한 거죠. '기술의 본질' 논의도 비슷한 얘기 같아요. 오늘날 기술이 파괴적이기도 하고 생산적이기도 하고 참 어마어마하게 우리 세상을 변화시키고 있는데 그 본질을 인간이 깨쳐서 행동할 때 그야말로 인간 친화적인 기술도 가능해지는 것이지 처음부터 기술을 기술적인 걸로 생각해서는 해법이 안 나온다는 거죠.

백민정 로런스가 얘기했고 또 백선생님께서 강조하신 사유의 모험, 사유의 도전을 통해서 기술의 본질에 접근해야 할 텐데요. 아까 언급하신 여성 주인공 어슐라와 그 연인 버킨의 대화가 조금 더 분명하게 제시되었다면 독자 입장에서는 로런스의 사유의 모험을 통해 기술의 본질에 접근함으로써 그것을 이해하기가 더 쉬웠을 것 같아요. 백선생님께서 그 지점에 작가의 어떤 의도가 있는 것처럼 말씀하셨는데요. 어슐라와 버킨 사이의 이야기는, 구드런과 제럴드 사이의 이야기처럼 노골적으로 분명하게 전개되지 않고, 약간의 갈등과 대립 속에서 아쉽게 그친 감이 있지만 오히려 거기에 어떤 묘미가 있는 것처럼 말씀하셨잖아요. 잘 모르는 사람 입장에서 보면 되레 그것이 더 흥미있고 그 지점을 통해 로런스가 뭔가 얘기하고 싶지 않았을까 싶은데, 기술의 본질, 하이데거식의 본질도 꿰뚫어보면서 무엇인가 말하려고 했을 것 같아요.

백낙청 어슐라하고 버킨이 마지막까지 합의를 못 보는 건 둘이 싸우고 헤어지는 문제는 아니죠. 두 사람의 근본적인 일치를 전제로 견해차이가 나오는 건데 그 견해차이가 끝까지 남는다는 것에 대해서 비평가들은 대개 좋게 얘기해요. 딱 결론을 안 내니까. 둘이 서로 견해가 다른 가운데 끝나기 때문에 '열린 결말'이고 어느 결론을 내린 것보다는 낫다는 정도로 해석하는데, 나는 내 책 제8장에서 조금 다른 해석을 했죠. 뭐냐면 물론 어느 한 사람이 이기고 어느 한 사람이 지는 관계가 되지 않고 서로 팽팽하게 맞서는 데서 끝나는 것 자체에 묘미가 있지만, 어떤 의미에서는 어슐라가 끝까지 동의를 해주지 않는다는 게 버킨 입장의 유효성을 말해주는 것이기도 하다고요. 이제껏 대다수 좋게 해석하는 사람들은 어슐라 입장이 있고 버킨의 입장이 있고 어느 한쪽도 이기지 않는 것만 봐왔는데, 그런데 어느 한쪽도 이길 수 없다는 것이 어떤 의미에서는 두 사람 관계에서 오히려 더 정상적이고 버킨의 입장에 오히려 무게가 실리는 거 아닌가 하는 거죠. 그렇다고 어슐라가 틀렸다는 건 아니지만 버킨 입장의 정당성을 뒷받침해주는 면도 있다 이렇게 해석했거든요. 그런데 그건 잘 모르겠어요. 나중에 우리가 여성성, 남성성 얘기할 때 다시 얘기할 수 있겠죠.

*　　*　　*

백낙청 우리 '초대석'에서 할 이야기가 너무 많다보니 하루에 다 못 끝내고 오늘 다시 만났습니다. 계속해보십시다.

앞서 강미숙 교수가 원불교의 물질개벽, 정신개벽 얘기를 꺼냈을 때 제가 다른 얘기 좀 충분히 한 뒤 그 얘길 하자고 잘랐는데, 나는 하이데거의 그런 얘기가 '물질이 개벽되니 정신을 개벽하자'는 원불교의 개교표어하고 상통한다는 강교수의 판단에 동의합니다. 그러니까 '우리 정신 차리자'라는 게 큰 주장이지만 아무 때나 아무한테나 해당하는 얘기가 아니고 지금이 물질개벽의 시대이고 문명과 생활의 엄청난 변화가 일어나고 있는 시대니까 그 속에서 정신 차리자는 말이거든요. 다시 말하면 물질이 그야말로 개벽 수준으로 변하고 발전하는 시대에 이 물질개벽에 상응하는 정신개벽을 해야 된다는 겁니다. 그게 종래의 불교에서 하는, 그냥 해탈해야 된다, 깨달아야 된다, 탐(貪)·진(瞋)·치(癡)를 버려야 된다는 얘기와는 다른 차원인 거죠. 시대적인 맥락을 제시하면서 정신 차리자고 하는 얘기니까. 그래서 그런 점에서는 하이데거의 기술론이 원불교하고 통하는 얘기고 우리가 앞으로 이를 더 연마하면 좋겠어요. 그런데 하이데거의 이런 시대인식이 로런스가『연애하는 여인들』에서 특히 제럴드를 다룬 그 대목과 합치한다고 박여선 강미숙 선생도 얘기하셨는데 나도 동의합니다. 그러니까 기술시대의 가장 큰 위협은 우리가 기술시대가 야기하는 문제를 자꾸 기술적으로 해결하려고 하든가 또는 낡은 휴머니즘의 척도로 어떻게 해볼까 해서는 점점 사태가 악화되기만 한다는 점인데요. 기술의 본질을 우리가 사유하고 그에 대한 새로운 깨달음을 얻어야 된다는 게 하이데거의 주장 아니에요? 그런데 제럴드가 파멸하는 걸 보면 무슨 큰 공장에서 대규모 재해가 벌어져서 그 속에서 제럴드도 희생이 된다거나 하는 드라마가 이 작품엔 없잖아요. 버킨과의 관계에서 버킨이 새로운 열린 길을 지목하고 이를 향해서 같이 나아가자는 걸, 첫째 제럴드가 잘 이해를 못하고 또 믿지를 못하고 거부하면서 구드런과의 관계에서도 살려는 의욕을 상실한 거죠. 결국은 알프스의 눈 속에서 거의 자살에 해당하는 추락사를 하는데, 나는 이게 하이데거적 기술시대 위험론에 더 부합한다고 본 거죠.

이제 좀 다른 이야기를 해보지요. 지난달 7월에 미국 뉴멕시코에서 D. H. 로런스 국제학술대회가 열렸습니다. 거기에 한국 사람 몇사람이 갔었는데, 오늘 참석자 중에서는 박여선 교수하고 나하고 두 사람이에요.

우선 박교수가 거기 다녀온 소감이랄까 그런 걸 좀 말씀해주시면 재미있을 것 같아요.

2022 타오스 국제 로런스 학회

박여선 이번 학회는 미국 뉴멕시코주의 타오스(Taos)라는 곳에서 열렸는데요. 로런스 작품을 이해하는 데 있어서 장소는 아주 중요한 주제입니다. 타오스라는 곳이 굉장히 경관도 아름답고 좋아요. 타오스는 로런스가 새로운 삶의 창조적인 가능성을 찾아서 여행을 하다가 정착을 해서 몇년간 살았던 곳인데, 그곳에 갔을 때 자신이 새롭게 태어나는 기분을 느꼈다고 그의 글에도 썼습니다. 저는 그 부분을 읽고 무척 궁금했는데 직접 가서 왜 로런스가 그런 기분을 느꼈는지 몸으로 체험할 수 있어서 좋았고요. 실제로 그곳이 매우 특이한 곳이긴 한 것 같습니다. 저랑 같이 학회에 참석했던 영국의 닐 로버츠 선생도 뭔가 대기에 웰빙을 주는 느낌이 있다고 말을 하더라고요.

백낙청 뉴멕시코라는 곳이 미국 남서부의 사막지대고 그 북쪽에서 로키산맥이 시작되는데, 타오스가 로키산맥이 시작하는 어름에 있어요. 거기에 로런스가 가게 된 계기는 메이블 다지 루한이라는 돈 많고 참 굉장한 여성이 타오스에 모인 예술가, 시인 이런 사람들의 후원자이면서 여왕 비슷한 역할을 하고 있었는데 그이가 초청을 해서지요. 사실은 타오스는 메이블 다지가 가기 전부터 시인과 예술가 들이 많이 모이는 동네였다고 합니다. 그들이 좋아할 만한 환경이 있었던 것이고, 거기 정착한 인디언들은 푸에블로 인디언들이라고 하잖아요. 푸에블로는 스페인어로 마을이란 뜻이지요. 미국 원주민들이 상당수는 유목민 아니에요? 사냥하고 수렵, 채취하는. 그런데 여기서는 푸에블로라는 말이 붙을 만큼 정착을 해서 살았어요. 인디언들이란 사람들이 대개 기감(氣感)이 좋은 사람들이었을 텐데 거기가 자기들한테 맞으니까 정착을 했던 거겠죠.

박여선 학회에는 다양한 나라의 학자들이 참가해서 굉장히 재미있고 흥미로운 발표도 있었고, 그렇지 않은 것들도 있었는데요. 발표를 들은 제 소감을 간단히 말씀드리자면, 제가 외부인으로서 판단하는 게 아니라 로런스 연구 공동체 일원으로서 국제학회에 참석할 때마다 느끼는 답답함이 있습니다. 첫째는 연구방식에 대한 것으로, 로런스의 작품이나 생애에서 지엽적인 사실들을 발굴해서 그 차원에서 로런스를 다른 작가들과 비교하면서 무엇이 같고 다른지 논하는데, 제 느낌으로는 결과적으로 로런스 연구의 실제적인 새로움은 없고 새로 발견한 작가나 인물들과의 연관성으로 외연만 넓히는 듯하고, 그 효과도 미미해서 로런스 인기를 더 높이지도 못하는 그런 상황인 것 같고요. 두번째는 로런스의 사상이 서구식 사상으로는 설명이 불가한 부분들이 정말 많거든요. 우리가 그 틀을 벗어나서 생각할 필요가 있는데 계속 그 틀 안에 머물면서 그 안에서 로런스를 비판하거나 아니면 긍정하니까 답답한 느낌이 있어요. 이번에 다시 한번 서구 학자들도 좀 자신들이 갇혀 있는 생각의 틀 밖으로 나올 필요가 있다는 생각이 들었고, 이 점에서 선생님의 개벽사상가로서의 로런스론이 지닌 의의를 다시 한번 확인하는 계기가 된 것 같습니다. 제 발표는 『미국고전문학 연구』(*Studies in Classic American Literature*)라는 로런스의 책에 대한 것이었는데, 로런스라는 작가가 글을 쓰는 특이한 방식이 있어요. 이 사람은 원고를 쓰고 나서 교정할 때 기존 원고를 수정하는 게 아니라 아예 다시 쓰는 걸로 유명합니다. 그래서 대부분의 책이 여러개의 버전이 나오게 되어서 이런 여러 버전을 같이 보는 작업이 중요하거든요. 이런 상황에서 작품, 작가의 의도, 그에 대한 편집자의 해석, 그 해석에 영향을 끼치는 사회·문화·정치적인 맥락 등을 둘러싸고 텍스트 연구의 이론이 발전해왔는데, 저는 최근의 텍스트 이론을 비판하는 발표를 했습니다.

백낙청 로런스가 출판사에서 교정지를 보내주면 그것을 토대로 교정을 볼 때도 있고 아니면 아예 새로 써버리기도 했지요. 해외 여기저기 떠돌면서 우편으로 교정지를 주고받아 어떤 때는 부인이 교정을 대신 봐주기도 하고 또 어떤 때는 부부가 각기 다른 페이지를 교정하기도 해서, 그의 텍스트 본문 연구라는 게 굉장히 복잡하죠. 그걸 제대로 밝혀낸다는 게 참 중요한 과업이고요. 나는 로런스 학회 갈 때 그래도 의의를 느끼는 게 그런 텍스트 문제나 과정에 대해서 정말 정통한 대학자들이 몇명씩 있어요. 다만 요즘 와서는 박여선씨가 얘기했듯이 각기 다른 텍스트가 있으면 그걸 다 대등하게 봐야 된다는 에디토리얼 필로소피(editorial philosophy), 편집철학이 상당히 유력하게 되었어요. 다른 대목에서의 경향하고도 대략 일치하죠. 그러니까 특별히 권위있는 버전이 어디 있냐는 건데, 내가 박여선 교수 발표에서 참 좋았던 건 텍스트의 변천 과정에 대해서 굉장히 소상하게 이야기하면서 이게 다 똑같은 게 아니고 어떤 텍스트가 더 중요하다는 주장을 했다는 점이었어요. 사람이 그런 주장을 하기 위해서는 생각을 하고 문학비평을 해야 되거든요. 어느 게 더 낫다는 건 물론 그 텍스트 자체의 보존상태 등으로 결정할 수도 있지만 대체로 잘 보존된 텍스트들을 갖고 판단할 때는 문학비평을 해야 되지요. 가령 로런스의 멜빌론,『모비 딕』론을 다뤘는데,『모비 딕』은 애초에 잘 안 팔린 책이었고 로런스 시대에 와서도 에브리맨스라이브러리의 보급판으로나 주로 읽혀졌는데, 출판사에서 보급판을 낼 때 이쉬마엘이라는 화자가 피쿼드호가 침몰하고 자기 혼자 살아왔다 하는 짤막한 후기를 빼고서 찍어냈어요. 로런스도 그 빠진 걸 읽었고요. 그래서 로런스의『모비 딕』론을 보면 피쿼드호가 침몰하면서 다 죽었다는 식으로 얘길 해요, 이쉬마엘까지도. 이런 경우 그런 것이 얼마나 중요하냐는 건 문학비평적인 판단인데, 로런스가 그걸 못 읽어서 무슨 큰 착오를 일으킨 것처럼 얘기하는 사람들은 대개 부르주아적인, 뭐랄까 성장소설적인 서사를 중시하는 사람들이에요. 이쉬마엘이 이런 큰일을 겪으면서 더 성숙한 인간이 됐는데 그 대목을 로런스는 놓칠 수밖에 없었다, 이렇게 얘길 하지요. 박교수 발표에서는 그게 그렇게 중요한 게 아니다, 핵심은 피쿼드호가 어떤 배였고 에이헙이 어떤 사람이었으며 흰고래잡이 억지로 하다가 다 망했다는 게 핵심이다 하고 작품에 대한 문학비평적 판단을 한 게 참 좋았어요. 내가 박여선 선생 얘기만 할 게 아니라 같이 갔던 황정아 교수 얘기도 좀 해야겠어요. 아까 박여선 교수가 불만족스러운 학회 경험을 말하면서 지엽적인 것을 새로 펼쳐내는 연구가 무슨 획기적인 진전은 아닌 것 같다고 했는데, 나는 사실 그런 대목들이 차라리 재미있어요. 내가 모르는 사실을 너무 많이 알려주니까. 그런데 또 한가지 불만스러운 흐름은 소위 첨단이론이라는 걸 여기저기서 가져와 거기에 뜯어 맞춰서 로런스를 푸는 거예요. 그런데 로런스는 그렇게 풀지 않아도 얼마든지 재미있고 또 로런스를 제대로 읽으면 그렇게 푸는 게 핵심에서 벗어난다는 것도 알게 되는데 그 점을 외면하니까 늘 불만스러워요. 이번에도 그런 발표들이 꽤 있었죠. 그런데 황정아 선생은 소위 요즘 말하는 '물질적 전회'와 관련된 발표를 했어요. 그 전에 언어적 전회라는 게 있었잖아요? 언어로의 돌아섬, 링구이스틱 턴(linguistic turn). 그런데 그건 너무 형식주의적이고 관념적인 발상이며 우리가 물질을 재발견해야 된다고 해서 물질로의 전회, 머티리얼 턴(material turn)이라는 걸 요즘 많이 얘기하는데 그 이론들을 황교수가 소개하고 나서, 사실 그 전에 일찍이 로런스가 쎄잔의 그림을 얘기하면서 물질의 재발견이라는 얘길 했다는 걸 지적했지요. 그 점에서 로런스가 그들보다 앞서갔으며, 더 중요한 건 로런스가 물질을 재발견한 주된 이유는 인간의 살아 있는 몸의 재발견이라는 데 있고, 쎄잔의 예술이 비록 거기까지 충분히 가지는 못했지만 그리로 가는 첫발을 디뎠다 하는 점을 평가한 거지, '물질 자체로의 전환'을 내세워서 물질을 발견한 것처럼 얘기하는 건 로런스 입장에선 새로운 관념론이라고 했을 거 같아요. 황정아 선생은 물질적 전회 이론들 여러가지를 소개하면서 거기 끌려가진 않고 나중에는 로런스를 이용해서 그걸 도리어 비판했는데 그게 참 좋았어요. 호주에서 온 폴 에거트라는 이도 나름으로 대가인데 그이가 그 발표와 박여선 선생 발표까지 다 듣고 나서 하는 얘기가, 자기는 한국로런스학회에서 한두 사람이 뛰어난 줄 알았더니 하나의 전통이 성립되어 있다는 인상을 받았다고 이야기했어요. 닐 로버츠란 분은 박여선 선생의 박사논문 지도교수 아니에요? 그분도 칭찬을 많이 했어요.

박여선 백선생님의 발표에 대해서도 좀 얘길 듣고 싶은데요. 선생님도 저와 마찬가지로 『미국고전문학 연구』에 대해 발표하셨는데, 사실 오늘날 미국이 세계에 끼치는 영향력을 고려하면 저는 이 책이 대단히 중요한 책이라고 생각합니다. 그리고 미국이 어떤 나라인가에 대한 다양한 연구와 해석 들이 있었지만, 로런스가 좀 특별한 점은 이 나라의 세계사적 사명이 민주주의의 발전이니 평등의 실현이니 다양한 인종의 융합이니 하는 흔한 미국식 신화 차원의 문제가 아니라며 근대문명의 전개 속에서 미국이 어떤 의미를 갖고 있는지, 그리고 그것을 극복하고 새로운 삶의 양식을 찾는 과정에서 미국이 어떤 진정한 가능성을 보여줄 수 있는지를 탐구한다는 것인데요. 선생님의 발표는 이 책이 미국에 대한 선견지명의 통찰을 담고 있으며 그것이 현재의 역사적인 상황에도 여전히 유효하다고 주장하셨어요. 그리고 과거 로런스의 통찰을 오늘날의 정착식민주의론하고 연결해서 발표하셨는데, 제가 알기로 정착식민주의란 보통 식민주의처럼 식민지의 노동이나 자원을 착취하는 게 아니라 가서 식민지 원주민들을 완전히 제거하고 그곳에 자기들이 정착하는 게 목적인……

백낙청 땅을 뺏는 게 목적이죠. 전통적인 식민주의, 제국주의는 그걸 점령해서 거기 있는 인구를 부려먹고 착취하는 게 목적이고요.

박여선 네, 이 정착식민주의가 『미국고전문학 연구』에 담긴 로런스의 통찰과 어떻게 연결되는지 설명해주시면 좋겠습니다.

백낙청 사실 그 얘기는 『서양의 개벽사상가』 9장에서 대충 했던 것이지요. 그걸 다시 우려먹은 건데, 그냥 그대로 우려먹지는 않고 현재의 세계정세라든가 미국 내의 상황하고 연결시켜서 로런스가 그때 지적했던 미국 역사의 고질적인 질환 같은 것이 현재 더 본격적으로 드러나고 있다는 얘길 한 건데요. 실제로 로런스가 그렇게 말했거든요. 자기 시대 다음 세대쯤 되면 원주민 제거의 후과가 제대로 드러날 거라고 예언했어요. 내 발표에 대해서 덕담해주는 사람은 많았어요. 그런데 아까 박여선 선생도 지적했지만 그 덕담이라는 게 대개 참신한 얘기다, 재미있는 얘기다, 오늘날 미국 현실에 대해 아픈 대목을 잘 짚어주었다 그 정도지, 로런스 연구도 이대로 가서는 안 된다는 얘기를 로런스가 했다는 나의 해석에 대해서는 큰 관심이 없었습니다. 내가 미국 현실에 대해 얘기했던 것 중 하나는 미국 역사에서 원래 원주민들로부터 땅을 뺏은 정착식민주의와 흑백차별을 통해 흑인들의 노동력을 착취한 것 두가지가 결정적인 요인인데, 후자는 어떻게 보면 내부 식민주의 같은 거죠. 그런데 그 둘은 원래 성질이 달랐지만 최근에 올수록 흑인을 대하는 미국사회의 태도가 점점 더 옛날의 원주민들 대하던 것처럼 되어가고 있다는 얘길 했어요. 가령 '블랙 라이브즈 매터'(Black Lives Matter)라는 운동 있잖아요? 미국 경찰들이 흑인들 쏴 죽이고 목 졸라 죽이고 하니까 흑인의 삶도 중요하다, 흑인의 생명도 중요하다고 들고일어선 건데, 원래는 흑인의 삶이 굉장히 중요했어요, 백인들한테는. 노예시대에는 굉장히 비싼 재산이었거든요, 흑인이. 노예해방 이후에도 흑인들이 살아서 노동을 해줘야지 미국의 산업이 발전하고 그랬는데, 지금은 이들이 없어도 좋고 어떻게든지 되도록 빨리 이들을 없애고 싶다는 식으로 가고 있어요. 옛날에 인디언 대하듯 하게 되는 것 같은데 세계 곳곳에서도 그런 게 드러난다는 얘길 했고요. 동시에 로런스가 그런 비판만 한 게 아니라 마지막에 휘트먼 챕터에 가서 어떤 대안까지 제시한 것이 참 좋았다는 얘기까지 했던 건데. 강미숙 교수는 대회에 가지는 않았지만 내가 원고를 보여줬잖아요. 강선생도 한마디 해주세요.

강미숙 제가 참여는 못했지만 성과가 아주 좋았던 것 같아서 한국 로런스학회 회장으로서 대단히 뿌듯합니다. 제가 대학교 신입생이던 1981년쯤 처음 선생님의 글을 접했는데, 그 글이 바로 「미국의 꿈과 미국문학의 짐」이었습니다. 처음 읽고 이해를 못하면서도 이 사람한테 배우고 싶다는 마음을 품었습니다.(웃음) 이번 책 9장과 학회 발표문까지 따라 읽으면서 『미국고전문학 연구』를 제대로 소개하는 게 얼마나 어려운 일인가 새삼 실감하였는데요. 왜냐면 당시 제가 다니던 대학의 미국문학 전공 교수님께서 이 글을 대충 보시더니, 이거 뭐 로런스 책 요약이네, 하며 제쳐버렸거든요. 시간이 지나 돌아보면 이 글은 문학비평가의 통찰이나 판단 없이는 이해는 물론 중립적인 소개도 어려운 내용이에요. 미국 역사와 문명에 대한 판단도 물론 있어야 하고요. 그래서 하이데거 기술론을 통해 『연애하는 여인들』을 조명한 만큼이나 이 책을 소개한 의의가 크다고 생각하고요. 이번 책에서 로런스의 미국문학 논의를 정착식민주의론과 연관지어 발전시키셨는데, 애초의 글부터 이어지는 주장의 일관성에 주목할 필요가 있는 것 같아요. 이런 점에 주목하면서 '열린 길'에 대해서 좀더 논의해보면 좋겠습니다.

박여선 열린 길은 휘트먼론에서 제일 중요한 논지로, 이 글도 로런스가 여러 버전을 썼는데 가장 마지막 버전에서 갑자기 튀어나온 생각인데요.

백낙청 이전에는 없었지요. 로런스가 미국문학에 관한 글을 쓰기 시작한 게 영국 살 때잖아요. 몇가지 버전이 있었죠. 그리고 뉴멕시코에 와서 책으로 만들려고 처음부터 다시 쓰면서 스타일도 많이 바뀌고, 그때 열린 길 이야기가 처음으로 휘트먼론에 들어갔지요. 그래서 이건 역시 로런스가 뉴멕시코에 와서 어떤 새로운 생각을 하고 새롭게 자세를 가다듬으면서 도달한 경지다, 이렇게 보는 게 맞을 것 같아요.

박여선 특이하게도, 열린 길을 함께 가면서 영혼과 영혼이 만날 때 진정한 민주주의가 이룩된다, 이렇게 말을 하는데, 영혼과 영혼이 만나는 것이기 때문에 이때의 만남이라는 것은 사회적인 지위나 외양이나 가문과 상관없이, 심지어는 로런스 말로는 신앙의 깊이나 선행 이런 일체의 사회적인……

백낙청 거기에 하나만 더 보탭시다. 성별도 관계없어.(웃음)

박여선 그런 모든 일체의 기준을 제외하고 진짜로 벌거벗은 영혼과 영혼이 그 자체로서 서로를 알아보면서 만나는 것이고, 그러는 와중에 나보다 더 위대한 영혼을 만나면 그 힘을 알아보고 추앙하게 되면서 따르게 되는 그런 길이다, 이렇게 말을 하는데, 이 부분이 중요한 의미가 있으면서도 여러가지로 문제도 되는 것 같아요. 보통 이 부분 때문에 서양에서는 무슨 더 위대한 영혼을 가진 사람이 지도자가 되느냐, 이런 식의 지도자 개념은 위험하고 파시즘으로 변질될 우려가 있다 하는 식의 오해를 굉장히 많이 받거든요. 실제로 로런스도 자신의 소설에서 실험을 많이 해보는데 그 실험들이 많이 실패하는 이유도 이걸 현실화하는 게 쉽지 않다는 반증이 되는 것 같아요. 제가 보기에는 이런 서구식의 생각이 보통 평등의 이념에 기반해 있기 때문에, 차이에 대해서 더 밀고 나가야 되는데 거기에 대해 언제나 한계가 있는 것 같거든요. 그래서 앞과 같은 오해들이 계속 일어나는 듯한데 서구식 방식으로는 해결이 요원한 이런 평등과 차이, 지도자와 따르는 사람의 문제와 관련해서 제 생각에는 오히려 동양적인 사유에서 새로운 길을 배울 수 있지 않을까 싶었습니다.

백낙청 그래서 우리가 백민정 선생 모신 거 아니에요? 백민정 교수는 로런스 학도도 아니고 영문학도도 아니고 또 이번 타오스 컨퍼런스하고 도 아무 관계 없기 때문에 지금까지 입 다물고 계시는데 이 대목에선 한 말씀 하시는 게 좋을 것 같아요.

백민정 저는 조선시대 사상, 한국의 전통 사유를 공부하는데요. 그사 이 제가 가장 많이 요청받은 특강주제 중 하나가 서구의 인권 개념 같 은 게 동아시아에 있었냐는 것이었어요. 그런데 인권이라는 게 참 중요 한 것이긴 하지만 그 의미가 균질적이고 획일적인 개념이라는 점이 요 즘 문제가 되잖아요. 그런데 동아시아 사유에서는 이 인권 개념보다는 인륜 관계라고 해서 서로 다른, 차이가 나는 타자들 사이의 관계를 더 중 시했습니다. 그러니까 사실 평등의 가치가 소중하지 않다는 것이 아니 라 인간 존재는 다양한 관계 속에서 다를 수밖에 없다는 것을 더 고민했 던 것 같아요. 그런 점을 생각해보면 로런스가 획일적이고 정량적인 혹 은 균질적인 민주주의에 대해 비판했던 것, 잘못된 평등주의를 비판했 던 것은 굉장히 중요한 의미가 있고, 동아시아 사상과도 연결된다고 생 각합니다. 그런데 좀 전에 박여선 교수님께서 말씀하셨는데요. 열린 길 위에서 만나는 영혼과 영혼의 관계 그리고 자기보다 더 지혜롭고 슬기 로운 영혼을 알아보고 자발적으로 승복하고 추앙하는 것. 그것이 작가 적 표현으로서는 멋진 것 같고요. 그런 이상을 추구하고도 싶어요. 그런 데 사실 지혜와 능력에 기반한 슬기로운 공동체, 차등적인 위계질서나 시스템을 고려하지 않을 수 없을 것 같아요. 로런스도 그랬고요. 그랬을 때 영혼과 영혼이 만나는 공동체와 체계를 어떻게 실질적으로 구현할 수 있다고 생각했는지, 로런스가 생각했던 민주적 공동체가 실현될 수 있는 가능성은 어떠한지, 이런 점에 대한 궁금증은 남는 것 같아요.

백낙청 그 대목에서 말씀드리면, 우선 로런스에게 거기에 대한 답이 없다는 점에는 동의하고요. 내 책에서도 그런 얘길 했다는 자랑 아닌 자 랑을 해볼까 합니다.『서양의 개벽사상가』478면을 보시면 이런 문장이 있어요. "로런스 자신도 '영혼의 위대성'에 따른 위계질서와 사회생활의 관리와 운영에 필요한 '체계'를 어떻게 결합할지에 대한 답을 내놓지는 못했다." 이렇게 지적한 바 있는데 그렇다고 로런스가 여기서 손 놓은 것은 아니고, 이것저것 새로운 탐구를 하며 가령 멕시코까지 찾아가고 멕시코에 관한 소설을 쓰면서 다소 무리한 시도까지 했잖아요? 멕시코를 무대로 한 소설 『날개 돋친 뱀』(*The Plumed Serpent*)에서도 로런스가 답을 찾지는 못했는데, 다만 로런스 스스로 어떤 새로운 답을 찾으려고 할 만큼 휘트먼식 열린 길의 사상만 가지고 다 되는 건 아니라는 점을 의식하고 있었다고 말할 수 있겠고요. 우리가 장차 탐구할 건 멕시코도 멕시코지만, 가령 우리 동아시아 사상과 역사에서 어떤 유사한 사상과 또 그에 따른 실천방안이 제시된 게 있다면 뭘까 이런 것이겠지요. 또 요즘에는 멕시코보다 라틴아메리카 전체를 보면요, 좌파정권이 다시 많이 들어서는데 그중에는 원주민들의 요구나 사상을 반영하는 정권이 있거든요. 그들이 어떻게 나갈까 이것도 지켜볼 사항이라고 봅니다. 일단 그 정도로 얘길 하고. 더 말씀들 하시죠.

백민정 선생님께서 책에서 말씀하셨듯이 민중의 살림살이, 민생 문제가 불가피하고 필수적인 치안이라고 인정하려면, 서로 다른 영혼들이 만나는 로런스의 공동체에는 아까 잠시 말씀드린 지혜롭고 슬기로운 위계질서와 시스템 같은 것이 필요할 수밖에 없을 텐데요. 지혜롭고 현명한 지도자가 다수 민중들의 소망을 반영해서 정치를 한다는 것이 이야기하기는 쉽지만 정말 어려운 문제잖아요? 그래서 선생님도 동아시아적인 사유와의 비교 접근도 필요하다고 말씀을 하셨던 것 같아요. 생각해보면 제가 공부하는 조선시대의 학자들도 자신들을 유학자로 부르기보다 오히려 대부분 도학자라고 불렀는데요. 조선 말에도 보면 흔히 상대를 도학군자, 도학선생이라고 부르는 경우가 많았고요. 그들도 삶의 어떤 전범이랄까, 인간다운 삶의 길을 도 개념으로 표현하기를 좋아했던 것 같아요. 조선시대 유교 사회만 해도 그런 도학(道學)이나 도의 계보로서의 도통(道統)이라는 것이 교육을 잘 받은 소수 엘리트 지식인들의 일로 간주되었습니다. 도덕적으로 인품이 훌륭하다고 생각될 만한 소수 지식인들이 자신들의 덕성에 기반해서 도의 내용을 민중들에게 계몽하려고 했다고 해야 할까요. 오늘날에는 그런 의미의 협소한 도 개념보다는 다수 민중들, 시민들이 함께 살아갈 수 있는 삶의 길로서의 도를 이야기하는 것이 이 시대의 보편성에 맞겠죠. 선생님의 책에서 유학, 불교, 원불교, 그리고 여러 동아시아적 사유들을 자주 소개하셨는데요. 그 가운데서는 원불교에서 이야기하는 도치(道治) 개념이 우리 시대의 보편성에 부합하는 면을 잘 보여주는 것 같아요. 로런스가 이야기한 열린 길 위에서의 영혼들의 만남, 이것은 선생님께서 소개하신 원불교 정산 송규 종사의 치교(治敎)의 도 가운데 도치 개념과 유사한 점이 있다고 봅니다. 이 도 개념이 사실 자신이 스스로 자기 삶에서 주인이 되는 공부, 그리고 주체적이고 자발적으로 타인과 만날 수 있는 길을 제시해주므로 로런스의 영혼론과 비교 가능한 점이 있는 것 같아요. 또 구체적으로 민생이나 살림살이와 관련해서는 그것을 구현할 수 있는 실행력을 갖추어야 할 텐데요. 그때는 정산 종사가 이야기한 덕치(德治)나 법치 개념들도 잘 활용해봐야 할 것 같습니다. 선생님께서는 동아시아적 사유, 원불교의 치교의 방법과 로런스의 관계를 어떻게 보시는지 궁금합니다.

백낙청 조선시대의 유학자들이 자기들 공부를 도학이라고 하고 도를 중시한 것에서 우리가 배울 바가 많은 것 같아요. 우선 진리 개념을 생각할 때 서양에서는 원래 플라톤의 이데아처럼 물질세계를 초월한 저 높은 곳에 있는 걸 진리라고 했고, 종교적으로는 이 세상을 초월해서 있는 하나님이 진리를 대표하신 것이라 했는데, 도라는 건 길이잖아요. 길이니까 수평적인 거거든요. 또 길이라는 건 사람이 걸으라고 있는 것이고 사람이 걸어가면서 넓혀지기도 하고 달라지기도 하는 것이기 때문에, 수평적이고 실천적인 진리 개념을 우리는 애초부터 가지고 있었다는 게 상당히 중요한 점이라고 봐요. 그런데 유학자들의 경우는 도를 중시하고 또 현실적으로 제대로 실현되지는 않았지만 예치(禮治)라는 걸 강조했잖아요. 다스릴 때 예로 다스린다. 무슨 말이냐면 물리적인 강권이라든가 요즘 세상처럼 금권으로 다스리는 게 아니라 정말 인간의 바른 도를 민중들에게 가르쳐서 다스린다는 이념이니까 그것 자체는 우리가 다시 본받고 연구할 필요가 있는 것 같아요. 지금 백민정 교수도 지적했듯이 문제는 예치 개념의 일부인 군주의 덕치가 통치하는 사람이 스스로 덕을 갖추고 그걸 실현해서 인민이 저절로 따라오게 만든다는 좋은 얘기지만, 그야말로 철저한 어떤 사회적 위계질서하고 결부돼 있잖아요. 또 남녀차별, 남존여비의 질서하고 결부돼 있기 때문에, 우리 시대에 새롭게 유학을 살리려는 시도가 있지만 거기에 딱 걸려서 힘들다고 나는 봅니다. 그러나 우리가 연구하고 배울 만한 게 많은데, 말씀하신 정산 종사의 삼교(三敎), 세가지 다스림, 그러니까 도치라는 게 있죠. 도치는 지금 말씀하신 대로 열린 길에서 만나는 영혼들 간의 자발적인 승복이랄까 그런 것. 그다음에 전통적인 유교에서 가장 잘 드러난, 유교의 이상이라고 볼 수 있는 덕치. 그리고 '정치(政治)'라고 표현했는데 그건 정부처럼 권력을 갖고, 권한을 갖고 다스리는 거지요. 나는 정산의 삼교론이 휘트먼이나 로런스의 열린 길의 사상을 이어받으면서, 물론 직접적인 영향관계는 없지만 그 사상을 이어받으면서 현실적으로 더 구체화했다고 봐요. 우선 열린 길의 사상 자체는 도치에 가까운데, 정산 선생은 지금 시대는 셋 중 어느 하나도 빠져서는 안 된다고 하거든요. 도치가 기반이 되더라도 역시 통치자는 덕이 있어서 덕치를 베풀어야 되고 또 정치를 해야 될 때는 법과 권한으로 다스릴 건 다스려야 된다. 이 세가지가 제대로 안 되어선 사람들을 다스릴 수 없는 시대가 되었다고 한 점에서 훨씬 더 현실성이, 아까 말씀해주신 구체적인 실행력이 더 갖춰진 사상이라고 보는데, 그게 갑자기 나타난 건 아니고요. 유교의 예치 사상에도 그런 준비가 되어 있었고, 또 열린 길 사상이 사실은 불교하고 가까워요. 불교에서는 그야말로 열린 길에서 만난 영혼들끼리 누가 법력이 높으냐 하는 걸 가지고서 승복하기도 하고 따르기도 하고 그러다보면 지도력이라는 게 형성되고 하는데, 다만 전통적인 불교의 경우는 출가한 사람 아니고는 그 경지에 가기 힘든 거예요. 그런데 다 출가해버리면 인류는 어떻게 되며,(웃음) 이게 정말 제대로 실현이 되려면 모든 생활인들이 갈 수 있는 공부법을 열어줘야 되는데 불교는 그쪽이 약하고요. 유교의 그런 예치가 특정한 사회체제, 사회적인 위계질서하고 결합되어 있기 때문에 정말 제대로 된 열린 길이 못 되었는데, 그걸 깨뜨린 분이 수운 최제우 선생이죠. 그래서 수운이 있었기 때문에 소태산이 있고 또 정산 종사의 삼교 사상이 나올 수 있었지요. 불교의 출·재가의 엄격한 구별도 사실은 수운에서 깨지기 시작했고, 그런 출가·재가의 차별을 깨면서도 조직의 힘이나 이런 걸 어떻게 유지할까 하는 문제를 가지고 고민한 분이 소태산 박중빈 선생이에요. 그래서 정산 종사의 삼교 얘기가 열린 길 사상과 통하면서도 오히려 구체성이 더해진 것이 우연히 그렇게 된 건 아니고, 우리 역사 속에서 우리의 사상가들이 오랫동안 고민하고 성취한 것들이 그렇게 열매를 맺어가고 있지 않나 합니다. 사실은 정산 종사의 삼교 사상도 실제로 실현하려면 연구와 준비가 보통 필요한 게 아니에요. 아직 완전한 해답은 아니죠. 그러나 해답에 한층 가까워졌다 생각합니다.

백민정 백낙청 선생님의 말씀을 들어보니 옛날 전통사상들의 매력, 그 가운데도 지혜로운 사유의 실마리들을 잘 규합할 필요가 있을 것 같아요.

강미숙 로런스의 열린 길 사상과 우리의 후천개벽사상의 관련성과 우리 사상이 지닌 깊이에 대해서 말씀해주셨는데요. 이와 관련하여 근년의 촛불혁명 혹은 촛불대항쟁의 의의를 되돌아보자면, 그것은 로런스가 꿈꾼 열린 길의 구현이자 진전에 해당하지 않을까 싶어요. 또한, 로런스의 표현대로 다른 영혼을 알아보는 것하고 내가 내 삶을 주체적으로 사는 것이 둘이 아닌 경지임을 일러주기도 하고요. 제가 얼마 전에 우연히 로런스의 "A Sane Revolution"이라는 시를 읽었습니다. 흔히 '제대로 된 혁명'으로 번역되는데 'sane'이라는 말이 '제정신인' '멀쩡한' 정도의 뜻이잖아요. 로런스의 관점으로는 이전의 혁명들은 뭔가 '제정신이 아닌'(insane) 한계가 있었다는 의미지요. 시의 내용은, 혁명은 재미로 하는 거지 누구를 증오하고 때려죽이려고 하는 게 아니다, 그래서 사과 수레 뒤집어놓고 사과가 굴러가는 걸 구경하고 춤추듯이 즐겁게 하자, 물질적·획일적 평등이나 노동해방 등의 관념이 아니라 삶을 살아 있게 만들도록 혁명하자는 거예요. 비교하자면, 우리의 촛불혁명은 굉장히 자발적이고 다채롭고 또 평화로워서 유례를 찾기 힘든 창의적인 사건이었잖아요. 그래서 로런스가 이걸 미리 알고 묘사했나 싶을 정도로 일치되는 대목들이 많아요. 촛불항쟁을 통해서 혁명에 관한 기존 가정들—민중과 지도자의 수직적 관계라든가 기존의 이상주의적 구호들—이 무너지고 새로운 가능성이 현실화되는 현장을 목격했지요. 세계사적으로도 유례없는 이런 힘과 기운을 지속적으로 이어가는 것이 정말 중요한 현시점인 것 같습니다.

백낙청 앞서 강선생이 평등의 반대가 불평등이 아니라 지혜다 그렇게 말했잖아요? 그런데 평등의 반대가 불평등이 아니라는 건 좀 억지죠. 그러나 말씀하신 취지는 지금 말하는 평등, 누가 말하는 '공정과 상식' 이건 다 말도 안 되는 소리고 그렇게 해서 평등이 실현되지도 않고 공정이 실현되는 것도 아니고 상식이 실현되는 것도 아니므로, 그걸 이루려고 하면, 진정한 평등이 이루어지려면 지혜와 결합해야 되기 때문에 그런 의미에서 지혜를 말씀하신 것 같아요.

강미숙 그 말씀을 하시니까 선생님의 국제학회 발표문이 생각나는데요. 좋았던 인용구 가운데 하나가 휘트먼의 「열린 길의 노래」라는 시의 "지혜란 영혼의 것이고 입증할 수 있는 것이 아니고 그 자체가 입증이"라는 구절이었습니다.

로런스와 성평등

백낙청 로런스 얘기 하다보면 흔히 나오는 말이 로런스는 남녀차별을 옹호하고 여성을 가정으로 돌려보내자는 주장을 한 사람 아니냐, 또 백아무개도 그걸 추종하는 사람이 아니냐, 이런 거예요. 백낙청TV에서도 지난번 창비 정소영 부장과 대담할 때 그 얘기가 나왔잖아요? 여기 또 여성 세분 모셨으니까 좀더 해볼 만한 얘기 같은데, 그 영상은 다 보셨나요? 어떻게 생각하시는지 말씀해주세요.

백민정 그 영상에서도 음양론에 대한 이야기가 언급되었지요. 선생님께서도 아시겠지만 음양 개념이라는 것은 동양 고전 텍스트인 『주역』의 「계사전」에 나오지 않습니까? 그곳에서 음양은 '일음일양지위도(一陰一陽之謂道)', 즉 '한번 음하고 한번 양하는 것을 도라고 한다'는 표현이 등장하는데요. 사실 이 표현만 봐서는 무엇이 문제가 되는지 잘 드러나지 않습니다. 그래서 「계사전」 1장으로 가보아야 하는데요. 그곳에 건곤(乾坤), 강유(剛柔), 동정(動靜)과 같은 상호 중립적으로 보이는 개념 쌍들이 등장합니다. 문제가 되는 것은 건(乾)이 남성적인 것을 이루고 곤(坤)은 여성적인 것을 이룬다고 말하고, 그다음 건곤 개념을 동정이나 강유 정도가 아니라 존비 혹은 귀천과 같은 가치평가가 함축된 말들과 짝을 지어요. 그렇다보니 결과적으로 천존지비(天尊地卑), 건은 높고 곤은 낮으며, 여성적인 것은 낮고 남성적인 것은 높고 존귀하다고 보는 그런 가치평가적 의미가 들어가게 되었습니다. 원래 음양론은 유동적이고 관계적인 면을 갖고 있는데 결과적으로 가치를 규정하는 듯한 내용이 포함되어버렸고, 그게 역사적으로 굳어지면서 문제가 된 것 같아요. 다른 측면을 하나 더 고려하면요. 음양이라는 개념이 너무 포괄적이고 넓다보니까 음 속에 양적인 것이 있고, 양 속에 음적인 원리가 함께 있다고도 생각하게 되었죠. 그런데 이렇게 모든 게 모든 원리를 내재하고 있는 것처럼 설명하면, 이 용어들의 설명력이랄까 규정력이 떨어지는 문제가 있는 것 같습니다. 한편 음양론의 의미를 다른 각도에서 살펴볼 수도 있는데요. 우리가 남성적인 것과 여성적인 것을 분리나 구별이 아니라 관계, 타자나 다른 존재와의 공존, 조화 속에서 생각할 필요가 있다는 유효한 메시지도 던져주는 것 같아요. 예를 들어 서구에서는 남성·여성, 우리가 대명사로 *he*나 *she*라고 표현하는 거 말고도 트랜스젠더나 여러 성(性) 정체성들을 개념적으로 분리하고 구별해서 말하는 논리적 프레임들을 많이 제공하고 있잖아요? 이렇게 개념적으로 구분과 분리만 한다고 해서 서로 다른 정체성을 가진 성들이 어떻게 원만하게 조화를 이루고 사느냐 하는 문제에 대한 답은 주지 못하는 것 같아요. 그런데 사실 저도 공부를 처음 시작할 때 음양론이라는 말을 들으면 구태의연하고 낡고 여성으로서의 저의 삶을 억압하는 듯한 부정적인 이미지를 많이 가졌습니다. 지금도 그 점을 완전히 떨쳐내지는 못했지 싶고요.

백낙청 그건 지금도 여전히 문제가 되고 음양 얘기할 때 우리가 항상 유념해야 할 얘기인데, 그런데 나는 『주역』 「계사전」에 천존지비라는 말이 있다는 게 그렇게 문제되는 것 같지는 않아. 더구나 「계사전」은 원래의 『역경(易經)』에 한대(漢代)에 와서 덧붙여진 주석 중 하나잖아요. 거기에 음은 천하다는 말도 나오나요? 천존지비라는 말은 문자 그대로 해석하면 하늘은 높고 땅은 낮은 곳에 있다는 당연한 이야길 한 것이고. 그래서 나는 천존지비라는 표현 자체가 문제가 되는 건 아니고, 그것이 남존여비의 사회질서로 제도화된 역사가 문제라고 봐요. 음과 양을 건과 곤, 천과 지로 해놓으면 필연적으로 남존여비 사회가 되느냐는 우리가 따져봐야 할 문제일 거 같고요. 음 속에 양이 있고 양 속에 음이 있다는 명제와 관련해서는 전혀 다른 문제점을 지적하신 건데, 그 말은 음양을 나누다보면 남자는 무조건 양이고 여자는 무조건 음이라고 본질화해서 생각하는 데 대한 일종의 반론으로 나온 얘기지, 음 속에 양이 있고 양 속에 음이 있으니 실은 그게 그거라는 말이라면 음양이 무슨 의미가 있어요? 너무 포괄적이어서 무의미해진다는 지적은 맞아요. 그러나 보통 그런 얘기를 할 때는 남자를 양이라고 하지만 남자의 몸에는 음에 해당하는 것도 있고 그렇지 않은 것도 있으며 음적인 요소 양적인 요소 다 있는데 다만 양적인 요소가 더 많은 것이 일반적으로는 남자고, 그렇지 않은 것이 여자다 그런 개념이기 때문에, 이게 양 속에 음이 있고 음 속에 양이 있으니까 완전히 서로 포괄된다는 개념은 아니지 싶어요.

백민정 사실 음양론에 대해서 제 또래도 그렇고 더 젊은 여성들도 거부감을 가진 것이 사실인데요. 음양론으로 남성성과 여성성을 이야기하는 것에 대한 거부감, 그리고 반대로 서구식으로 성별을 계속 분화시켜서 지시하는 어떤 논리적 프레임에 대한 친화성이 존재하는데, 후자의 관점이 왠지 더 새롭고 오늘날의 우리 관념에 잘 부합한다고 보는 생각도 어찌 보면 전통사상에 대한 거부감과 동전의 양면인 것 같아요. 성에 대한 비슷한 욕망을 반영하고 있다는 거죠. 그리고 음양론이라는 표현이 싫다면 여성성과 남성성의 관계, 상관성을 사유하게 해주는 어떤 대안적 개념을 우리가 좀더 고민할 필요가 있을 것 같아요. 선생님들께서도 잘 아시겠지만, 남성성과 여성성은 관계 속에서 의미가 있는 것이지 성차나 성의 고유성을 그 자체로 이야기하는 것은 어렵잖아요? 그리고 페미니즘의 고민과 투쟁의 역사가 워낙 길어서 함부로 이야기할 수는 없지만, 가령 어떤 페미니즘적인 신념이 여성만이 가진 어떤 본질적 가치, 여성성의 신화 같은 것을 이야기한다면 그것은 재고할 필요가 있을 것 같아요. 예를 들어 여성은 돌봄이나 배려에 있어서 더 본질적으로 특화된 존재다, 그리고 여성의 모성애는 모든 갈등을 다 상쇄시킬 만한 어떤 본질적인 생명력을 가지고 있다, 이런 식의 여성의 본질에 대한 기대가 있다면 그런 것에는 좀 신중해야 하지 않을까 싶습니다. 일단 그런 의미의 신비화된 여성성에 대해서는 판단을 중지할 필요가 있을 것도 같아요. 오늘날 자본주의에서의 성의 문제라는 것이 자본주의적인 욕망과 결탁돼서 왜곡되는 경우도 흔하고 많은 경우 매우 폭력적으로 드러나고 있는 것도 사실입니다. 우리의 욕망, 성적 욕망, 성 정체성이라는 것도 사실은 주어졌다기보다는 우리가 관계 속에서 새로 고민하고, 스스로 공부를 통해서 창조적으로 만들어야 하는 문제인 것 같아요. 그래서 한편으로 여전히 음양론에 대한 거부감이 있는 것도 사실이지만, 이 개념을 시작으로 무엇인가 관계성을 다시 사유해보는 것이 좋지 않을까 생각합니다.

백낙청 젊은 세대들의 음양론에 대한 거부감과 근대적인 사고에 대한 친화성이 동전의 양면이라고 하셨는데 저는 굉장히 중요한 지적이라고 봅니다. 페미니즘뿐 아니라 1980년대 운동권을 풍미했던 맑스·레닌주의 같은 변혁사상을 주장하는 사람들이 사실은 얼마나 근대적인 사고방식, 근대주의에 물들어 있었는가에 대해 우리가 반성해야 될 대목인 것 같아요.

박여선 우리가 관계성을 사유할 때, 이 관계가 어떤 역사적인 맥락 속에 있냐를 같이 사유하는 것도 굉장히 중요한 것 같아요. 정소영씨가 나온 공부길 코너에서 성평등에 관해서 이야기할 때 한반도의 역사성과 특수성을 고려한 성평등 논의를 해야 한다는 이야기가 나왔었는데 거기에 많이 공감했고요. 또 백선생님이 이 책에서뿐 아니라 평소에도 자주 말씀하시는 건데, 성평등이라는 어떤 목적을 향해서 우리가 앞으로 나아갈 때 실천의 단계들이 있잖아요. 이 실천 과정에서 궁극적인 목적하고 단계별 성취를 구분해서 실천을 해야 한다, 이렇게 말씀하셨는데 그런 부분에도 십분 동의를 했습니다. 그래서 그런 관점에서 한반도에 적합한 여성론과 남성론을 고민할 필요가 있다는 제안을 우리가 심사숙고해볼 경우에 우리 문화의 저변에 스며 있는 음양의 조화로움을 고려할 만하다는 생각을 해봤고요.

백낙청 한반도의 현실에 적합한 남성론과 여성론이라고 하면 오해의 소지가 있는데, 한반도 실제에만 딱 맞는 남성론과 여성론이 따로 있고 다른 덴 적용이 안 된다고 하면 그건 이론으로서 보편성이 없는 거 아니에요? 내가 얘기한 건 성평등을 실현하기 위한 운동이나 투쟁의 과정에서 우리 실정에 맞춘 이야길 하자는 거지, 한반도에 적합한 남성론과 여성론이 따로 있다는 오해를 주면 안 될 것 같아요.

박여선 네, 그렇게 맞춰가면서 보편으로 나아가는 것이겠습니다. 그런데 사실 음양론이 부담이 있잖아요. 우리가 아무리 관계 지향적이고 다른 지평에서 생각을 한다고 하더라도 대중적인 실천의 과정에서는 아무래도 고정된 속성을 남녀에게 부여할 위험이 여전히 존재하는 듯하고, 그건 항상 경계해야 되지 싶어요. 그런데 다른 한편으로 발상을 바꿔보면, 로런스가 작품을 통틀어 항상 이런 얘길 하는데, 남성의 심오한 욕망의 충족이 굉장히 중요하다고 해요. 이것과 관련해서 백선생님이 이 책에서 독자적인 남성론 이야길 하셨는데요. 이런 관점에서 발상을 돌려본다면, 오히려 성이 왜곡되는 상황에서 반동적이고 방어적인 반응들이 난무하는 현재의 우리 문제들을 해결하는 어떤 실마리가 될 수도 있지 않을까 생각해보았는데요. 가부장제와 자본주의가 결탁한 현대사회에서 여성들만 불행한 것이 아니라 남성들도 불행하지 않은가. 남성 본인들은 정말 이런 사회에서 행복한가 이런 질문들을 스스로에게 해볼 수가 있을 것 같아요. 그리고 지금 여성의 권익이 향상된다고 여성혐오를 드러내며 부정적으로 반응하는 남성들, 그에 대해서 다시 반동적으로 반응하는 여성들, 이렇게 서로를 증오하는 부정적인 혐오의 회로 속에 남녀가 들어와 있는데, 남성이나 여성이나 이 회로에서 벗어나고자 할 때, 특히 남성의 경우에는 내가 되고 싶고 살고 싶은 남성의 모습은 어떤 건가, 남성으로서 뜻있고 건강하게 삶을 꾸려가는 모습은 어떤 건가, 이런 식으로 긍정적인 남성상을 스스로 만들어간다면 여성들도 분명히 환영하면서 화답할 것이라는 생각이 듭니다. 이 건강한 남성상과 관련해서 강미숙 선생님께서 「다음에는 무엇이?」의 주석(296면 각주 14)에서 살짝 얘길 하시려다가 멈추신 것 같아요. 조금 더 얘길 들어볼 수 있을까요?

강미숙 로런스는 현대의 남녀관계도 큰 문제지만 깡그리 무너진 남자들 간의 관계가 현대사회의 주요 면모를 이룬다고 말한 적이 있어요. 그러니까 남자가 남자를 볼 때 손익의 대상이나 적(敵)으로 대할 뿐 이전의 동지적 관계의 지평은 사라졌다는 겁니다. 『연애하는 여인들』의 제럴드가 법적 금지만 없다면 옆에 있는 놈이 금방 내 목을 따는 게 당연한 남자의 본성인 것처럼 생각해서 사람을 대할 때 늘 경계하듯이 말이죠. 저는 그 모습이 미대륙에서 백인들이 원주민을 대한 방식으로도 보입니다. 원주민 축출 과정에서 총이 쓰였고 지금도 총이 존재의 안위의 표시가 되는 그런 심리기제가 있잖아요. 그런 점에서 '건강한 남성상'의 문제는 기본적으로 우리 문명의 성격과 직결된 주제로 볼 수 있어요. 그 주제는 『서양의 개벽사상가』 8장 4절(인간의 공격적 충동과 '문명의 불편함')에서 면밀히 다루어집니다. 가령, 프로이트가 에로스를 강조하거나 니체가 '건강한 동물적 본능'을 예찬함으로써, 인간을 관념적 존재로 가정한 후 '사랑'으로써 통제할 수 있다는 유의 기존의 이상주의에 반기를 든 의의를 지적하고요. 그런데 로런스의 관점은 이들과 다른 면이 있고 훨씬 역사적이고 복합적인 인식의 결과라고 판단됩니다. 그는 이 시대를 근대 이상주의가 극에 달한 혼란기이자 대전환기로 보고, 그 해결책으로서 니체 식의 '건강한 동물성'으로의 복귀가 아니라 '법칙'과 '사랑'이 서로 모순되면서도 연결되고 양자의 분열이 치유되는 조화의 시대, '성령'의 시대를 꿈꿉니다. 로런스가 '성적 동기' 외에 인간 활동의 으뜸가는 동기로 꼽는 '종교적인 또는 창조적인 동기'의 중요성도 이 대목에서 되새길 만합니다. 이 창조적 충동이 자연스럽게 구현되는 사회가 된다면 '건강한 남성상'도 구체화될 것이고 그 역도 마찬가지입니다. 여하튼 로런스가 제시하는 대안이 이전 시대의 일방적 원리가 아닌 조화와 균형에서 나오는 새로운 창조적 힘이라는 것은 분명해 보입니다.

백민정 사실 여성성이나 남성성에 대한 로런스의 입장을 이야기하려면 소설을 다양하게 읽고 이야기를 해야 할 텐데요. 우선 저는 잘 읽지 못한 평범한 독자의 입장에서 질문을 드려볼게요. 선생님들의 말씀이나 백낙청 교수님 책의 비평 내용을 봤을 때, 로런스가 그 시대의 새로운 변화 속에서 여성의 자기인식이나 자기해방, 또 여성의 사회적 진출, 공적인 욕구의 실현, 이런 것을 부정하거나 반대했다고는 생각되지 않았어요. 그렇긴 하지만 로런스가 특히 후기에 가면 갈수록 남성들만의 고유한 유대관계를 더 강조하게 되잖아요? 남성과 여성 사이에서 느낄 수 없는 남성 동지들 사이의 어떤 유대감, 남자들의 뜨거운 신념, 남성으로서의 자신에 대한 강한 믿음. 그리고 성령에 대한 믿음 이야기도 등장하고요. 남성들이 절대 놓을 수 없는 본능적인 창조에의 열망을 로런스가 강조할 때, 그리고 남자들만의 관계 속에서 그것을 온전히 실현할 수 있을 것처럼 로런스가 말할 때, 그의 이야기를 가만히 들여다보면 남성 전사들 사이의 전우애 비슷한, 어떤 남성적 동지애, 정신적 전사들 간의 뜨거운 우애, 이런 걸 연상하게 돼요. 그렇다면 로런스가 선생님들께서 언급하셨듯이 형이상학적으로 사유했던 사람이 절대 아니고 오히려 형이상학적 전통을 내파하려던 사람인데도, 남성성에 대해 가진 로런스만의 판타지와 로망이 여전히 존재했던 것이 아닐까, 남성 전사들만의 뜨거운 열망과 유대를 동경했던 것이 아닐까, 그런 의심이 살짝 들었습니다.

한가지 더 질문을 드리자면요. 그가 가모장제를 얘기하잖아요? 가모장제의 얘기도 사실 어떻게 보면 가부장제 이야기를 다른 방식으로 전개한 것이 아니었나 하는 의구심이 듭니다. 여하튼 로런스가 가모장을 인정하면서 여성의 독립성, 또 거기에 따른 여성의 책임감, 가정에서의 결정권, 이런 것들을 여성에게 주어야 한다고 말하는데요. 그런 얘기도 어떻게 보면 여성성이라는 것이 다른 곳보다는 가사 본위로 가정의 영역 속에서 최적으로 발휘된다고 보았기 때문에 나온 말이 아닌가 싶습니다. 가령 자녀를 양육하거나 부모로서의 책임을 지거나 하는, 가정이라는 공간을 중심으로 해서 전개되는 여성성에 대한 믿음을 로런스가 가졌던 것이 아닌가 하는 생각이 들었습니다. 물론 로런스가 그것을 의도한 것은 아니겠지만, 그 역시 어떤 점에서는 여성에 대한 본질주의적 견해를 지니고 있었던 것이 아닌가 하는 의심이 들기도 했습니다.

강미숙 로런스가 본질주의적 여성성을 가정했느냐, 이 의심에 대해서는 할 말이 많기도 하고 없기도 합니다.(웃음) 어슐라 같은 작중인물의 삶의 여정만 봐도 이런 의심을 불식하기에 충분한 면이 있고요. 로런스 자신의 인간관이 서구의 본질주의/반본질주의의 이분법으로 규정될 수 없기 때문이기도 하지요. 그렇지만 그가 '창조적 동기'를 강조하고 그것이 특히 남성을 통해 표현될 필요성을 거듭, 정말 끝까지 강조하잖아요? 저는 일견 모순으로 보일 수 있는 이런 태도를 심사숙고할 필요가 있다고 봐요. 이 문제에 대해 백선생님께서 의중을 드러내신 것은 『서양의 개벽사상가』에서 거의 처음인 듯한데, 착한 남성론만으로는 페미니즘의 대안이 될 수 없고 좀더 적극적인 남성론이 요청된다는 입장인 것 같습니다. 제 개인적 생각으로는 '창조적 동기'가 남성을 통해 집중적으로 표현되어온 역사는 엄연하지만, 그 역사도 남성 개인(들)만의 독자적인 활동의 결과는 아니라는 인식이 필요하지 않을까 합니다. 더구나, 성 역할의 차이가 좁혀지고 양성평등의 조건이 상당정도 실현된 현대사회에서 여성을 성적 영역이나 가정 내의 존재로 설정하는 인식이라면 그것은 분명 시대적 한계가 있겠지요. 그런 점에서 저는 이 '창조적 충동'이 어느 성의 본성이냐를 따지기보다 '창조적 혹은 종교적'이라는 형용사의 실제 내용을 묻고 채우는 쪽으로 강조점이 옮겨가야 할 시점이라고 봐요. 이 주제를 이해하기 위한 하나의 참조점으로 후천개벽사상의 여성관과 비교해보는 것도 흥미로울 듯합니다. 동학의 여성관은 지금 돌아보더라도 획기적이잖아요? 해월 선생이 어느 일하는 며느리를 하느님의 강림이라고 불렀다는 일화에서 보듯이 말이죠. 또 원불교에서도 여성의 자력양성(自力養成)은 사요(四要)의 첫 항목으로 나옵니다. 여성이 이전의 의존적 삶을 벗어나기 위해 남성과 같이 교육받고 직업을 가지며 국가와 사회에 대한 봉사를 할 의무와 권리가 있다는 것이지요. 로런스와 강조점의 차이는 있지만, 자력양성이야말로 현실적이고 원만한 남녀관계 및 창조적 활동의 바탕이지 않을까 싶습니다.

백낙청 글쎄 질문의 진의를 잘 이해했는지 모르겠지만 원불교 사요라고 말씀하셨는데 설명을 하자면 인생의 네가지 요도, 이걸 사요라고 하잖아요? 그중에 원래는 첫 항목이 남녀권리동일이었어요. 그러다가 나중에 『불교정전』으로 정리할 때 그게 자력양성으로 바뀝니다. 이게 원불교의 남녀평등사상의 후퇴라고 비판하는 사람도 있지만, 자력양성이라는 것 아래 여러가지 항목이 나오는데 그중에 첫째 항목이 남녀권리동일이에요. 그건 여전히 살아 있습니다. 그래서 좋게 보면, 남자도 자력이 없고 여자도 자력이 없는 상황에서 권리만 동일하면 뭐해요? 그러니까 자력을 갖는 게 중요하고요. 또 하나는 남녀권리가 동일하지 않으면 여자만 자력양성이 안 되는 게 아니라 남성의 자력양성에도 지장이 오기 때문에, 자력양성을 사요의 큰 항목으로 놓고 그 실현방안의 제1순위로 남녀권리동일을 말하는 게 맞다고 보거든요.

로런스로 돌아가면 백민정 교수가 남성의 동지애, 전사들의 동지애 같은 남성 판타지라는 말씀을 하셨는데, 과거의 역사를 얘기하면서 남자가 여성과의 성적인 합일과 충족에 만족하지 않고 뭔가 새로운 걸 찾아나가려고 할 때 전형적인 사례 중 하나가 남자들의 전우애 같은 거죠. 그리고 전장에 나갈 때는 그야말로 불고가사(不顧家事)하고 나가잖아요. 그래서 과거에서 어떤 전형적인 사례를 드는 경우라면 판타지가 아닌데, 이걸 오늘의 현실에서 그대로 재생하겠다면 그건 판타지가 되는 거지요. 로런스의 산문도 각각이 조금씩 결이 다르잖아요? 『무의식의 환상곡』(Fantasia of the Unconscious)도 처음 출발할 때 보면 인간의 성적인 욕망과 종교적인 욕망 내지는 창조적인 욕망이 있다고 하는데, 그게 남자에게만 있고 여자에게는 없단 얘기는 없어요. 나중에 그 논지를 부연하면서 남자의 역할이라는 걸 굉장히 강조하는데, 로런스의 산문 중에서도 그런 점이 좀 심한 경우가 『무의식의 환상곡』이죠. 그러나 작품으로 가면 아까 강교수도 말했듯이 그게 그대로 실현되지 않고 실제로 판판이 깨지기도 하는데, 판타지는 판판이 깨지지만 남자는 남자대로 자기 역할을 해야 된다는 그 주장 자체는 가령 결혼 후 어슐라의 견제를 받는 『연애하는 여인들』 이후로 소설 속의 아내들이 옆에서 한번씩 쥐어박지만 그렇다고 또 남자가 완전히 굽히진 않아요. 자기주장을 끝까지 고수하지요. 그래서 그것은 완전히 깨지는 건 아니라는 얘길 하고 싶어요. 또 어떤 질문 하셨죠?

강미숙 『무의식의 환상곡』에서 말하는 '종교적인 혹은 창조적인 충동'이 사회적이고 공적인 활동에의 욕망과 일치하는 것으로 보시는지요.

백낙청 그렇죠. 처음에는 창조적인 동기라는 걸 인간의 보편적인 충동의 하나로, 굉장히 중요한 충동의 하나로 해놓고 구체적인 사례를 얘기하기 시작할 때는 male activity란 말도 쓰지요. 그럴 때는 남성의 역할과 여성의 역할을 확실히 구별하는 게 사실이에요. 그러나 여성이 가정에만 있어야 된다는 건 로런스 자신도 그게 가능하지 않다는 걸 알았고요.「가모장제」(Matriarchy)라는 에쎄이가 있어요. 말년의 에쎄이인데, 거기 보면 시작을 이렇게 합니다. 아니 지금 여성들이 다 바깥으로 나가서 활동하고 있는데 그 사람들보고 다시 들어가라면 들어가겠냐. 들어가게 하려면 최소한 가모장제 정도는 해줘야 된다는 건데, 나는 그것도 로런스가 가모장제 사회가 실현되리라고 진지하게 생각해서 한 말이 아니라 하나의 어법이고, 현대사회를 비판하는 하나의 방식이기도 하다고 봐요. 하지만 거기서 일단 중요한 건 로런스가 현대사회에서의 남녀차별은 옛날의 가부장제보다도 훨씬 더 치사하고 떳떳지 못하며 남녀 모두를 위축시키는 것이라는 인식을 보여주는 점 같아요. 아니 지금 남자들이 애들한테 자기 성 갖게 하고 또 재산권도 자기가 가지고 있고 집안 모든 일을 자기가 결정하는데, 그런 권한은 여자가 가져야지 남자가 그걸 해야 할 이유가 뭐 있냐, 그런 권한은 내려주고 너는 정말 여자가 못한다거나 다른 사람들이 못하는 걸 해서 자기를 입증하라, 그런 주문 같아요.

박여선 아까 백민정 선생님이 로런스가 여성성을 최대로 발휘할 수 있는 삶의 공간이나 관계를 너무 가정 같은 공간 중심으로 생각한 거 아니냐는 말씀을 하셨는데 그에 대해서 약간 덧붙이고 싶어요. 요즘에 젠더 구분에 반대하는 일환으로 언어 사용에 있어서, 특히 영어에서 심한데, *he*와 *she*를 구분하는 문제에 되게 예민하잖아요? 로런스의 글을 읽으면 그 당시에 이미 로런스는 이런 구분을 상당히 엄밀한 수준으로 하고 있었거든요. 과거에는 일반적으로 인간을 칭할 때 *men*을 쓰는 경향이 흔했는데 로런스는 반드시 *men and women*을 사용했어요. 여성을 지칭할 때도 영어의 *a woman*, *women*, *female*이 조금씩 의미가 다른데 이런 말들을 섬세하게 구별해서 사용했습니다. 가령 휘트먼론에서 로런스가 휘트먼을 비판할 때도, 휘트먼이 여성을 하나의 살아 있는 개인으로 보지 않고 무슨 성과 생산의 기능만으로 파악한다고 혹독하게 비판하는 부분이 있거든요. 그때 휘트먼이 썼던 단어는 *female*이에요. 약간 추상적으로 여성을 음양의 관점에서 음의 편에 놓는 그런 느낌인데 로런스는 그런 경향을 철저하게 비판하는 거죠. 이런 섬세한 비판들이, 아까 소설에서도 판판이 깨진다고 말씀하셨는데『무지개』든 어디든 판판이 깨지는 수많은 예들과 다 연결되는 것이고요. 어쨌든 저는 로런스가 궁극적으로 말하려고 한 것은 남녀가 만나서 어떤 충일한 합일을 이룬 다음에 거기서 창조적인 에너지가 발생하는데 그 에너지를 다른 살아 있는 존재와의 관계로 어떻게 확장할 것이냐는 문제라고 봅니다. 로런스가 당시의 여성들은 자기 외부의 타자로서 아이라는 존재가 있지 않느냐, 따라서 여성들은 아이에게 창조적인 에너지를 쏟아붓게 되는데 남자들은 그 에너지를 쏟을 대상으로서의 타자를 다른 남자들과의 관계에서 찾아야 한다, 이렇게 말한 게 문제가 되는 것이죠. 이건 제가 보기에도 로런스가 시대의 역사적 한계에 의해서 상상력이 제한당한 면이 있지 않나 생각이 들고. 그것하고 상관없이 어쨌든 건강한 남녀관계에서 생성된 창조적인 에너지를 어떻게 확산할 것인가 하는 문제를 우리 입장에서 어떻게 설정할 것인가는 우리의 몫이고 우리 방식대로 상상력을 발휘해서 그 답을 찾아봐야 한다는 생각입니다.

백낙청 판판이 깨진다는 문제와 관련해서, 남자들의 판타지는 판판이 깨지는데 주인공이 남자는 또 남자답게 자기 일을 독자적으로 해야 된다는 입장은 끝까지 고집하는 거예요. 물론 그 입장을 일방적으로 관철은 못해요, 여성들이 동의를 잘 안 해주니까.『무지개』에서 가령 제2세대 애나와 윌의 경우에, 윌이 자기가 그럴 능력도 못 되면서 옛날 가부장식으로 애나를 억누르려다가 도저히 안 되잖아요. 그리고 로런스가 윌도 자기가 바보짓을 하고 있다는 걸 알았다, 이렇게 서술하기도 하고요. 또 로런스가 여성이 남성과 함께 또는 여성들끼리 사회에 진출해서 무엇을 할 수 있는가에 대한 생각을 깊이 안 하고 그런 말을 많이 안 한 것이 일종의 시대적인 한계에 속한다고 하셨는데, 나는 그 지적이 옳은 것 같아요. 또 남녀가 합일을 이룬 후에 거기서 그치는 것이 아니라 다른 살아 있는 존재와의 관계로 창조성을 확대해야 된다는 것에 방점이 있다, 이 확대 관계를 어떻게 설정할 것인지가 우리 몫이라고 하셨는데, 그 점도 동의하면서 다만 나는 그게 남녀가 똑같을 순 없다고 봅니다. 여성성을 신비화하는 건 안 좋지만 여성은 남성하고 다르게 특화된 존재인 게 맞잖아요. 예외적인 존재도 있지만요. 우선 결혼과 가정 관계에서 보면 결혼은 둘이 같이 하지만 일단 가정을 이루고 자식이 생길 때면 남자가 임신하진 못하잖아요. 분만도 못하고요. 그리고 육아도 남자들이 협력해야 하는 건 맞지만 적어도 어느 단계까지는 여성이 훨씬 더 잘하게 되어 있어요. 그건 아이들한테도 물어보면 안다고 봐요. 우리가 괜히 이념적으로 남자냐 여자냐 이렇게 싸울 게 아니고 어린아이들한테 엄마하고 아빠하고 어느 쪽에 안기고 싶냐고 하면 어린 나이일수록 엄마한테 가지 아빠한테 안 와요. 걔네들 의견도 좀 알아보고 얘길 해야지요. 그런데 옛날 같으면 그게 가부장 사회의 질서 때문에 그렇기도 했지만, 그 세상 속에서 남자는 남녀의 합일을 이룬 다음에 주로 밖으로 나가고 여성은 집에서 애 낳고 기르고 하는 식으로 하면서도 그런대로 무난히 살았던 것 같아요. 적어도 현대 여성과 같은 불만은 없었어요. 그런데 지금은 육아도 가사노동도 여성이 혼자 할 이유가 없을 뿐 아니라 그렇게까지 전념할 필요가 없는 세상이 됐거든요. 여성은 여성대로 남녀 간의 합일을 이룬 후에 자기도 세상에 나가서 뭘 하고 싶은 욕구가 있는 거죠. 로런스도 그게 있다는 걸 보여줬어요. 그런데 그것을 남자들이 남자들끼리 뭉쳐서 하듯이 여성은 여성끼리 뭉쳐서 자매애를 나누면서 자매애 전사가 될 거냐, 또는 남녀가 같이할 거냐는 건데, 나는 배타적으로 이건 되고 저건 안 되고 단정할 필요는 없다고 봐요. 다만 그것을 배분하고 수행하는 방식이 남녀 간에 다를 수밖에 없다는 게 제 생각입니다. 또 무슨 말을 들을지 모르겠지만.

백민정 끝맺음을 하는 시점에서 의문을 던져도 될지 모르겠는데요. 마음에 걸리는 한두가지 문제가 있어서 말씀을 드리고 싶어요. 물론 제가 여성의 입장을 다 대변할 수는 없는데요. 가령 오늘날 여성은 가사에 그렇게 많은 시간을 억지로 투입하지 않아도 되는 시대가 되지 않았는가, 기계의 도움도 받을 수 있고 여러가지 생활패턴도 많이 달라지지 않았는가, 그렇게 쉽게 정리할 수는 없을 것 같아요. 지금도 여성들은 결혼한 이후로 양육과 가사의 유지에 엄청난 에너지가 들어가는데 이것은 우리가 우회할 수 없는 문제이지 싶습니다. 저도 대학에 몸담고 있지만, 대학에서 활동하시는 여성 교수님들을 보면 가사노동과 육아에 여전히 엄청나게 많은 시간을 쓰고 있거든요. 이 문제는 여전히 해결되지 못한 상황이라고 봅니다. 그리고 또 한가지, 여성밖에 임신, 분만의 경험을 못하지 않느냐, 아무리 시대가 바뀌어도 여성에게 특화된 특성이 있는데 어떻게 그런 성의 차이를 무시할 수 있겠느냐는 말씀도 하셨는데요. 사실 20세기 여성운동을 거치면서 여성이 임신과 출산 문제에서 벗어나자는 운동도 많이 전개되어온 마당에 출산과 분만, 육아를 여성들의 특화된 고유한 영역으로 볼 수만은 없는 시대가 왔다고 생각합니다. 여성의 입장에서 이런 주장을 계속 유지하기는 좀 어렵지 않을까 합니다.

백낙청 좋은 질문이신데 첫째 육아하고 임신·분만은 또 달라요. 그런데 임신·분만에서 벗어나고 싶어하는 여성들의 욕구는 그것대로 존중해야겠지만 모든 여성들이 거기서 벗어나면 인류는 어떻게 되는 거예요? 그건 아주 벗어날 수 있는 문제가 아니고, 꼭 벗어나야 할 필요가 있는 사람들이 거기에 얽매이지 않는 세상을 만들자는 취지라고 저는 받아들입니다. 그다음에 지금도 육아나 가사노동에 엄청난 노동량이 필요하다고 하셨는데, 그것도 분명한 사실이지만 약간 다른 문제라고 봐요. 우리의 사회제도, 특히 자본주의 문제하고 관련이 된 것이지, 그에 대해서 남녀가 동시에 참여하기도 하고 또는 핵가족식으로 한 가족에 맡겨두지 않고 사회적으로 해결하는 방식이 얼마든지 있는데, 지금은 돈 있는 사람이 아니면 해결을 못하게 된 사회거든요. 그래서 그게 좀 다른 차원의 문제가 아닌가 싶습니다. 그래서 나는 아까 박여선 선생 얘기로 돌아가서 로런스의 어떤 시대적인 한계를 인정하면서도 그가 제기한 근본적인 문제, 그러니까 남녀가 합일을 이룬 후에 거기서 그치는 것이 아니라 오히려 한발 더 나아가자는 주장에 대해, 지금은 남자만 그러는 시대도 아니고 그럴 수 있는 시대도 아니니까 우리가 이후에 어떻게 할지를 함께 생각하는 것이 우리 몫이다 하는 인식, 그 정도에서 일단 오늘 마무리지으면 어떨까요. 감사합니다.

보
유

시는 온몸을 밀고 가는 것

백낙청(문학평론가)
박태진(시인)

박태진 작품을 떠나 개인적인 면에서 보더라도 김수영은 드물게 발견되는 시인이었다고 생각됩니다. 속물적인 것은 철저히 배격했고 시인으로 자신만을 고집하며 살아왔었죠. 대부분 우리나라 문인의 경우 문단생활 몇년을 하고 나면 무슨 문인협회를 조직하고 감투 쓰기를 좋아하지만 그는 이런 것과는 담을 쌓은 사람이었습니다.

백낙청 시에 대한 헌신은 대단했었죠. 되도록 다른 직업을 갖지 않으려 했고요. 항상 소탈했고 까마득한 후배와 만나도 서로 친구처럼 거리감 없이 대화를 나누곤 했던 분입니다.

박태진 6·25 당시 거제도 포로수용소에서, 또 대구역에서 잠시 통역

■ 이 대담은 1974년 6월 13일자 『조선일보』에 '시(詩)는 온몸을 밀고 가는 것: 시인 김수영 6주기 … 초기 모더니즘에서 참여시 운동까지'라는 제목으로 실린 것이다(기록 유장홍 기자).

관을 했고 부산 피난 때 모교였던 선린상고에서 1년이 못 되게 교편을 잡았던 것이 시작(詩作) 외에 그가 일했던 직장생활의 전부였어요.

백낙청 우리 문학사에서 그의 위치가 어떻게 평가돼야 하느냐에 대해선 견해가 여러가지로 갈리지만 우선 그의 작품 경향은 4·19를 기점으로 양분된다고 봅니다. 6·25 이전 우리 문단에 드물었던 모더니즘을 진지하게 시도한 것은 문학사적인 면에서는 주목할 만합니다. 그러나 당시의 모더니즘 시인들은 작품 내용이 그랬다기보다 겉멋만 풍겼던 것으로 평가됩니다.

박태진 그렇습니다. 대낮에 커튼을 내리고 전등불 밑에서 책을 읽고 박박 깎은 머리에 운동모자를 쓰고 다니며 멋을 부렸지요. 모더니즘은 1930년대에 처음 도입되었으나 일제 말기에 단절됐다가 해방 후 다시 시작된 셈입니다.

백낙청 1959년에 출판한 시집 『달나라의 장난』은 그가 남긴 유일한 작품집입니다. 다수가 전통적인 서정이 밑바탕에 깔린 작품들이었으나 4·19 이후 시풍(詩風)이 바뀌었어요. 4·19에서 5·16까지 우리나라 시작품은 시사적인 소재가 대부분이었고 그후 다른 사람들은 시사 소재를 삼간 편이었으나 그는 그렇지 않았습니다. 4·19의 위대성이 좌절된 것을 깊이 생각하고 4·19의 한계성을 반성하는 작품을 썼으며 그 한계를 의식하면서 좀더 잘해보겠다는 의지가 꺾이지 않았어요. 이때부터 그의 시는 원숙한 경지에 들어갔다고 봅니다.

박태진 흔히 '참여시인'이라 불리는 것은 그가 사회적인 변천이나 현상에 민감했고 이런 경향이 작품을 통해 나타났기 때문입니다. 정치현실에 관여된 것은 없으면서 사회현상에는 무척 민감한 반응을 보였어요.

백낙청 5·16 이후 그는 종래의 전통적 서정시로는 안 되겠다고 각성을 한 느낌을 주었습니다. "시(詩)는 온몸으로 온몸을 밀고 가는 것이다"라고 말하면서 지성이 결핍된 서정시에서 감성과 지성이 통일된 작품 경향으로 전환된 것입니다. 동시에 시어를 자유자재로 과감히 사용하기 시작했어요.

박태진 시의 형식에서나 내용에서 획일적인 것을 가장 싫어한 사람이었지요. 대개 시인이란 자기가 정해놓은 양식을 고수하고 그 테두리에 맞는 작품을 쓰게 마련인데 그는 자기 작품의 획일성마저 배척하고 계속 파괴해나갔던 것입니다. 언어 선택에서도 기존 관념에 전혀 지배받지 않고 광범위한 시어를 구사했어요. 여기서 그의 작품이 난해하다는 문제가 나오기도 했지만……

백낙청 어떤 사람은 "난해한 시가 아니라 불가해한 시"라고 말하기도 합니다. 그러나 이해하기 어렵다고들 해도 그의 작품을 한번 읽으면 얼핏 무언가 느껴지는 것이 있어요. 여러번 읽으면 세밀한 사고를 거쳐 나온 언어임을 알 수 있고 그처럼 시어의 폭을 과감하게 넓혔던 사람은 앞으로도 있을 것 같지 않아요.

박태진 결국 기본적으로 시적 감정을 반영할 수 있는 언어를 사용한 것이 난해하지만 성공할 수 있었던 것으로 봅니다. 또 하나 그의 특징은 많은 중견 시인들은 자기 감정의 움직임에 상당한 기교를 넣어 표현하는데 그는 시의 기교는 전혀 고려하지 않았다는 점을 들 수 있습니다.

백낙청 그러나 시의 기법에 대해서는 상당히 의식한 것 같아요. 후기 시에서 보면 행을 바꿀 때 불규칙하게 바꾼 것 같지만 감정의 움직임이 행과 행 사이에서 묘하게 율동하고 있는 것을 발견할 수 있습니다.

박태진 결국 언어의 기교가 아니라 감정의 기교에 능란했다는 뜻이겠지요.

백낙청 김수영의 모더니즘과 함께 우리 문학사적인 의미를 이야기해보죠. 긍정적으로 본다면 모더니즘은 종래의 것과는 전혀 다르고 새로운 것을 찾는 과감한 시도였다고 할 수 있습니다. 새로운 것을 추구한다는 명목 아래 서구의 것을 무조건 추종한 결과 대중으로부터 멀어지는 위험이 있다는 점은 부정적인 일면이었습니다.

박태진 나로서는 모더니즘이 하나의 현상이며 시인이 자기의 폭을 넓히기 위해 임시로 빌려온 형식이 아닌가 생각합니다. 음악, 소설 등 다른 분야에서는 마찬가지로 당연히 있을 수 있는 하나의 움직임이라 생각합니다.

백낙청 김수영의 경우 모더니즘을 한번 배우고 그친다는 안일한 자세였다기보다 홍역처럼 앓으며 철저히 극복하고 시를 좀더 역사적인 현실까지 끌고 갔다는 데에 그의 문학사적인 공로가 있다고 봅니다. '순수시'와 '참여시' 논쟁에서도 순수시를 거슬러 올라가면 그와 부딪치게 되고 참여시에서도 마찬가지여서 그가 우리 시에서 하나의 매듭을 지었다고 볼 수 있습니다.

박태진 시의 예술적인 완벽성을 추구함과 동시에 사회적인 책임을 강조했던 김수영은 한국 시를 논할 때 한번은 따지고 넘어가야 할 존재라고 생각합니다.

백낙청 동감입니다. 1968년 6월 16일 교통사고로 천명을 다하지 못한 그분의 명복을 빌어 마지않습니다.

| 좌담 |

한반도의 미래에 대한
국민통합적 인식은 가능한가

안병직(사단법인 시대정신 이사장)
백낙청(계간『창작과비평』편집인, 문학평론가)
박재창(숙명여대 교수, 사회)
2010년 1월 14일 (사)시대정신 회의실

박재창 어느 사회나 갈등과 대립은 있기 마련이고 또 그런 갈등이 항상 부정적으로만 작용하는 것도 아닙니다만, 우리 사회의 경우에는 갈등이 지나쳐서 사회공동체 유지의 임계범위를 넘어선 것 아니냐는 우려가 적지 않습니다.

특히 그 갈등의 양상이 군집성, 과격성, 이기성, 극단성, 불법성 등을 보이면서 갈등의 본질이 공동체 발전을 위한 대안 개발의 경쟁에서 비롯되는 것이라기보다는 갈등을 통해 지대(地代)를 추구한다든가 또는 공동체 자체의 부정이나 전복에 초점이 맞춰져 있는 것 아니냐고 의심하는 이들도 있습니다.

나아가 이렇게 극한적이고 과도한 대립과 갈등의 심연에는 북한문제

■ 이 대담은『시대정신』2010년 봄호에 실린 것이다.

와 관련된 이념대결이 자리잡고 있다는 의견이 적지 않습니다.

물론 우리 사회에 아직까지 과도한 이념대결은 없다고 말하는 이들도 있지만, 적어도 이념집단 간에 대화가 없다거나 또는 그로 인해 서로 간의 의구심, 심지어는 공포심 같은 것들이 확대 재생산되고 있고, 그렇기 때문에 불필요한 오해나 사회적인 비용의 지출이 적지 않은 점은 분명한 것 같습니다.

이런 이념갈등의 극점에서 우리 사회의 대표 지성이라고 할 수 있는 두분이 자리를 함께하신 것은 매우 뜻깊은 일이라고 생각합니다. 사실 두분께서는 각기 우리 사회의 진보와 보수를 견인해오셨는데, 그런 분들이 이렇게 자리를 함께하시고 지금까지의 간접적인 대화 양식에서 벗어나 직접적인 대화의 물꼬를 트시게 되셨습니다.

이렇게 되기까지에는 여러 이유가 있었을 것이라고 봅니다. 이념적으로는 진보와 보수가 각기 자기 내부의 모순이랄까 한계 같은 것을 절감하면서 자기 정당성 확보에 비상이 걸렸다고 볼 수도 있을 것이고, 시대적으로는 단절과 대립의 시대로부터 소통과 대화의 시대로 진입하는 때라는 점도 작용했을 것입니다. 문명사적으로는 인식론적인 전환도 일어나고 있는데, 이전의 산업사회가 대결과 경쟁의 시대였다면 오늘날의 정보사회는 소통과 융합의 시대이기도 합니다. 근대사의 관점에서 보면 일제강점기에 활동했던 신간회(新幹會) 같은 조직이 처음 태동할 때 바로 이런 대화의 자리를 마련하지 않았을까 하는 상상도 해보게 됩니다.

우리 사회가 갈등의 시대로부터 대화와 소통의 시대로 전환하려면, 과도한 이념대결을 방치한다거나 대한민국이라는 사회공동체 자체의 존재를 부정해서는 곤란한 일이 아닌가 하는 생각을 해왔습니다. 결국 이념대결은 공동체 자체의 발전을 위한 것이라는 전제조건이 충족될 때 유의미한 것 아니겠습니까? 그런데 그런 전제조건을 충족하려면 우리가 살고 있는 공동체로서의 대한민국이 과연 정통성을 지니고 있는가

하는 문제를 생각해보지 않을 수 없을 것입니다. 또 더 나아가서는 그때의 대한민국이란 과연 어떤 대한민국을 두고 말하는 것인가의 문제도 있을 것입니다. 어느 분께서 먼저 화두를 여시겠습니까?

안병직 대담에 들어가기 전에 우선 백선생께서 『시대정신』으로 발걸음을 옮겨주신 데 대하여 마음속 깊이 감사드립니다. 그동안 제가 정치적으로 '험한' 행보를 해왔는데, 그것을 탓하지 않고 이렇게 찾아주시니, 정말로 고맙다는 말씀을 드려야겠습니다. 그리고 사회를 맡아주신 박선생의 노고에 대해서도 감사의 말씀을 드리는 바입니다.

백낙청 먼저 『시대정신』에서 이런 좋은 자리를 마련하고 초청해주셔서 감사하게 생각합니다. 모처럼의 좋은 기회를 살려서 박교수께서 말씀하신 대로 소통하고 통합하는 사회를 만드는 데 보탬이 되었으면 합니다. 특히 학문하는 사람들로서 정말 우리 현실에 발을 디딘 '우리 시대의 실학'을 할 필요가 있다는 생각입니다. 우근(又謹, 안병직 교수의 호 — 편집자)은 실학 연구도 하셨고 실학박물관장이기도 한데 내가 실학 운운하는 것이 공자 앞에서 문자 쓰는 꼴이 되겠지만, 사실은 우근이 언제 내게 해준 말씀을 기억해서 써먹는 거예요. 조선조의 유학자들이 우리 땅에 발을 딛고 우리의 현실 문제를 제대로 고민하고 공부하기 시작한 것이 실학이다, 그리고 지금 우리들은 우리 시대의 실학을 할 때라고 말씀하신 것을 기억합니다.

오늘 이 자리가 그런 정신으로 허심탄회하게 대화가 이루어지는 자리였으면 좋겠습니다. 물론 우리 사회에 대해 어떤 기본적인 일치점이 있다고 믿기 때문에 대담에 응한 것이지만, 동시에 견해차이가 있는 것은 있는 대로 솔직히 털어놓고 얼마나 이견을 좁힐 수 있는지 그야말로 실사구시의 정신으로 검토했으면 합니다.

안병직 우선 백선생의 나에 대한 좋은 말씀에 감사드립니다. 거기에 잇달아 말씀드리자면, 백선생은 한국 지성사에서 매우 독특한 자리를 차지하고 있는 분이지요. 한국에서 고등학교를 졸업하고 바로 미국으로 건너가 영문학을 전공하고 거기서 박사학위까지 획득하셨지만, 관심은 항상 한국사회에 있었고, 그에 따라 한국사회에 대한 통찰력이 매우 깊은 분이지요. 백선생의 주된 연구분야는 물론 영문학이겠습니다만, 문학평론이나 통일문제에 관한 저술들에는 한국사회에 대한 통찰이 대부분입니다.

오늘은 사회통합이나 국민통합에 관해서 대담을 나누어볼까 합니다만, 백선생의 지적처럼 실학시대의 한국 유학자들은 자기 사회에 대해 치열하게 고민합니다. 사회통합과 관련하여 실학자들이 고민한 문제는 바로 당쟁(黨爭)이었습니다. 당쟁의 본질은 무엇인가. 성호(星湖) 선생이 지적한 바와 같이, 하나의 밥그릇에 여러 숟가락이 들어가면서 숟가락끼리 부딪치는 소리이죠. 박제가(朴齊家)의 표현에 의하면, 1년에 문과급제자는 36명밖에 안 되는데, 과거기간 동안 장안에는 10만에 달하는 선비들이 우글거린다는 것이지요.

당쟁의 또다른 요인은 이기론(理氣論)이라는 관념철학에 있었습니다. 다산(茶山)의 표현에 의하면, 주리(主理)니 주기(主氣)니, 이발(理發)이니 기발(氣發)이니 등 객관적으로 인식할 수 없는 관념적 주제를 가지고, 남인이니 북인이니, 노론이니 소론이니 하면서 당파로 나뉘어 대물림을 해가며 싸운다는 것입니다. 한국 사람들이 이와 같은 쓰라린 정신사적 전통으로부터 쉽사리 자유롭게 되기는 어렵다고 하더라도, 지금은 산업화를 통한 시민사회의 성립으로 관직 이외에도 회사, 은행, 학계, 의료계 및 노동계 등 진출할 분야가 다양해지고, 객관적인 사실을 토대로 과학적인 사고가 가능할 만큼 학문 발전이 이루어졌으므로 이념적 갈등을 극복하고 국민통합이나 사회통합으로 나아갈 수 있는 길이 크게 열려 있는 것이 아닌가 하는 생각이 듭니다. 다시 말씀드리면, 이념적 및 계층적 갈등은 완전히 배제할 수 있는 것이 아니라고 하더라도, 서로가 원-

원(win-win)할 수 있는 경쟁이 가능한 사회적 조건이 갖추어진 것이 아닌가 합니다.

백낙청 과거의 당쟁이 표면적으로는 이념갈등이지만 성호 선생 지적대로 실은 상당부분 이익투쟁이었다는 안선생 말씀에 동의합니다.

저는 오늘날의 이념갈등도 그런 면모가 많다고 생각합니다. 박교수께서 '지대 추구'라는 표현을 쓰셨는데 일반 독자들한테는 조금 어려운 말이지요. 지대(rent)는, 쉽게 말해 자릿값이죠. 아직까지도 대한민국 사회는 지대의 비중이 굉장히 높은 사회라고 봅니다. 좋은 학교를 나왔느냐, 어디 출신이냐, 어떤 자리에 들어갔느냐, 심지어 노동자라 해도 대기업에 자리를 얻는 데 성공했느냐, 이런 것에 따라서 자기의 능력이나 노력을 훨씬 상회하는 지대 이득을 얻는 사회지요. 말하자면 특혜가 많고 자릿값이 유달리 비싼 사회니까, 자연히 자리를 겨냥한 싸움이 치열해지고 이걸 이념적으로 포장해서 싸우는 경우가 많습니다.

그런데 안선생이 지적해주셨듯이, 이제 밥그릇 수가 늘어났고 또 밥그릇을 차지하는 경로도 훨씬 다양화되었기 때문에, 옛날같이 오직 관직에 나가야 되던 그런 사회에서처럼 치열하게 싸울 필요가 없어진 면이 있습니다. 그 점에는 동의하고, 그동안 한국의 역사를 통해 이러한 사회적 기반이 만들어졌다는 것은 대한민국에 소속된 사람으로서 자랑할 만한 일이라고 생각합니다. 그런데 밥그릇 수가 늘어났다고 해서 반드시 싸움이 덜 치열해지는 건 아니에요. 속담에 "있는 사람이 더 무섭다"는 말이 있듯이, 밥그릇을 많이 가진 사람이 오히려 더 가지려는 욕심을 부리고, 없는 사람도 아예 없을 때는 골고루 나눠 가지려고 하다가 조금 갖기 시작했을 때는 남보다 더 많이 가져야지 안심이 돼서 더 필사적으로 싸우기도 한단 말입니다. 이런 문제를 해결할 제도도 마련되어야겠고, 또 이론적으로 무엇이 잘못됐는지 정리하는 작업이 필요할 것입니다.

박재창 그러니까 두분께서 대한민국의 정통성에 대해서는 다 동의를 하시면서도 문제는 대한민국의 실체라는 것이 우리 모두가 동의할 만한 양식에 의해 구성되어 있느냐에 대해서는 의문을 가질 수밖에 없다는 말씀이신 것 같습니다. 사실 이런 점은 언제나 진행형 현상 속에 내포되어 있는 숙제라는 속성도 있습니다. 지구상에 완벽한 의미의 국가나 공적 가치의 배분 시스템이라고 하는 것이 선험적으로 존재할 수는 없는 것이고, 사회 내부의 다양한 구성원들이 치열하게 경쟁하는 가운데 배분의 규칙이나 기준도 정립이 되고, 한 사회의 관리를 위한 디자인 내지는 설계도 마련되는 것이라고 봅니다. 그런 관점에서 보면 우리는 아직 새로운 제도의 정립을 위해 대화하거나 긴장하거나 투쟁해나가는 과정에 있다고 볼 수 있을 것입니다.

그러나 이를 정지된 그림의 형태로 놓고 보면 수정해야 할 과제, 그러니까 사회를 규율하는 설계나 제도와 그 사회 속에서 솟아나오는 역동적인 힘 사이의 어떤 균형관계라고 할까요? 그런 것들을 형성할 수 있어야 할 텐데 아직 많이 부족하지 않은가 하는 생각을 해봅니다.

안병직 이념갈등이란 게 본래 계층적이나 계급적 이해관계의 갈등으로부터 출발된다고 이해되고 있습니다만, 한국사회에서는 국민국가의 형성과정이 순탄하지 않았기 때문에 이념갈등이 주로 어떤 나라를 세울 것인가를 중심으로 전개된 면이 강한 것으로 보입니다. 우선 건국을 둘러싸고 단독정부를 건설할 것이냐 통일정부를 건설할 것이냐, 산업화를 두고도 제국주의의 영향을 배제하면서 자립경제를 건설할 것이냐 국제협력을 통한 성장을 추구할 것이냐, 정치체제를 두고도 산업화와 민주주의를 양립시킬 것이냐 저개발국의 산업화를 위해서는 권위주의가 불가피하지 않느냐 등등이 주요한 갈등의 요인이 아니었는가 합니다.

제가 보기로는 이러한 갈등이 왜 장기적으로 증폭되었는가 하면, 식민지나 저개발을 경험한 국가들의 근대화 과정에 대한 확립된 정설이 없었기 때문이라고 봅니다. 지나놓고 보니, 그나마 존재했던 종속이론이나 사회주의혁명을 통한 근대화 이론은 모두 틀린 이론이었습니다. 다시 말씀드리면, 한국사회의 진로는 1987년의 6·29선언과 1990년 전후의 공산주의 제국의 붕괴로부터 어슴푸레하게 보이기 시작했습니다.

그 이전에는 한국이 과연 자립적인 근대화를 달성할 수 있을 것인가가 매우 의문스러웠는데, 어느 사이에 경제발전과 민주화를 달성한 모범적인 국가로 그 모습을 드러내었고, 이와 더불어 공산권이 붕괴되면서 한국이 세계 자본주의권으로부터 이탈하기는 불가능하다는 것이 명백하게 되어버렸습니다. 여기에서 이제 한국의 자립적 근대화와 남북간의 통일을 둘러싼 이념적 갈등의 요인은 기본적으로 해소될 수밖에 없는 객관적 조건이 주어진 것이 아닌가 합니다.

그러나 우리가 일상적으로 경험하고 있는 바와 같이 한국이 그간에 경제발전과 민주화를 달성했다고는 하지만, 선진국과 비교해보면 여러 면에서 턱없이 부족한 국가라는 것도 사실입니다. 그럼에도 불구하고 우리가 여기서 확인할 수 있는 사실은 우리의 국가적 삶의 출발점이 바로 대한민국이 될 수밖에 없다는 사실입니다. 대한민국이 많은 결함을 가지고 있을 뿐만이 아니라 아직도 통일을 달성하지 못했습니다만, 이만한 국가를 건설하는 데도 60년이 걸렸습니다. 다시 말씀드리면 현실적으로 대한민국을 두고는 달리 우리가 그 속에서 살아갈 수 있는 공동체가 존재하지 않는다는 것입니다. 이러한 대한민국의 정통성에 대하여 우리가 동의할 수 있다면, 현재 한국에서 치열하게 전개되고 있는 다양한 이념적 갈등은 그 탈출구를 쉽게 찾을 수 있을 것이 아닌가 생각됩니다.

백낙청 저는 '정통성'이라는 표현보다 현재의 대한민국이 대한민국 안에 살고 있는 국민들에게 정당한 귀속감을 요구할 만한 '정당성'(legitimacy)을 가지고 있느냐는 식으로 문제제기를 하는 게 낫다고 봅니다. 정통성이라는 것은 전근대적인 개념이죠. 말하자면 세자(世子)로 제대로 책봉이 돼서 왕위를 계승했느냐, 또는 종교에서 무엇이 정통이고 무엇이 이단이냐를 따질 때 정통성(orthodoxy)을 이야기하는데, 그런 식으로 따지면 대한민국이 출발 당시에 과연 어느 정도의 정통성이 있었느냐에 대한 논란은 끊이지 않을 겁니다. 오히려 대한민국은 다분히 기형적으로 출발을 했는데도 이런저런 곡절을 거쳐 안교수가 말씀하신 것처럼 1987년 이후에 보니까 민주주의도 어느정도 달성하고 경제도 계속 발전하는 꽤 멀쩡한 나라가 되었단 말이죠. 물론 결함이 없다는 것은 아니고 여러가지 비판과 성찰을 해야겠지만, 적어도 대한민국에 적을 두고 사는 사람들은 대한민국이 일단 내가 귀속한 국가고 이를 전제로 활동해야 된다는 점에 저를 포함한 대다수가 동의할 수 있게 되었다고 봅니다.

다만 거기에 두어가지 토를 달 필요는 있겠어요. 하나는, 정당한 귀속감을 요구하는 것하고 억압적인 충성 요구가 혼동되는 경우가 많다는 거예요. 대한민국에 대해 귀속감을 가지고 있음에도 불구하고, 또는 오히려 귀속감을 가지고 있기 때문에, 비판할 걸 비판하는데, 비판을 봉쇄하는 수단으로 "대한민국을 이념적으로 부정하는 것이냐"고 몰고 가는 경향이 없지 않습니다.

또 하나는, 우리가 살아가면서 소속한 공동체라는 것이 여러 종류가 동시에 있지 않습니까? 국가라고 할 때는 대한민국이지만, 가정이라는 소속이 따로 있고 종교를 믿는 사람, 특히 세계종교를 믿는 사람은 세계적인 신앙공동체에 소속돼서 때에 따라서는 자신의 국가적인 귀속감과 종교적인 귀속감이 갈등을 일으키기도 합니다. 게다가 우리나라는 분단국가이기 때문에 민족에 대한 귀속감과 국가에 대한 귀속감이 완전히 일치하진 않는단 말이죠. 나아가 이제는 세계 시민사회에 대한 귀속감을 더 발전시켜야지 민족적 귀속감이나 국가적 귀속감을 너무 강조하는 것은 곤란하다는 주장이 있을 수 있고, 또 자유주의 입장에서는 국가에 대한 귀속이 독립된 개인의 자유나 정체성에 비하면 애당초 부차적인 것이라는 주장도 가능합니다. 이러한 복잡한 문제를 단순화해서 억압하거나 몰아붙이면 안 되겠다는 생각입니다.

그런데 대한민국이 분단국가이기 때문에 일종의 결손국가라고 하는 주장은 독재를 하고 있기 때문에 또는 다른 무언가가 잘못돼 있기 때문에 결함이 있다는 이야기하고는 좀 차원이 다른 주장이에요. 결함으로 말하면 결함 없는 국가가 어디 있겠어요. 그런 의미로는 완전히 정상적인 국가란 없는 것이죠. 그러나 분단국가가 결손국가라고 할 때는 그런 차원의 가치판단과 다릅니다. 오히려 누구나 동의할 수 있는 사실관계를 말하는 거예요. 쉽게 말해서 대한민국 헌법 제3조가 "대한민국의 영토는 한반도와 그 부속도서로 한다"고 되어 있는데, 한반도와 그 부속도서 전체에 대해서 주권을 행사한 적이 지금까지 단 한번도 없어요.

그리고 주권을 행사하고 있는 지역과 행사하고 있지 않는 지역의 경계선이 국제적으로 공인되거나 당사자 간에 인정된 국경선이 아닙니다. 그러면 영토의 경계선이 모호하고, 자기 헌법에 명시된 영토의 절반에 대해 제대로 주권을 행사하지 않는 나라가 결손국가가 아니고 무엇이냐고 말할 수 있죠.

그런데 결손가정이라고 해서 가정이 아닌 것이 아니에요. 경우에 따라서는 '정상적인' 가정보다 훨씬 훌륭한 가정일 수 있습니다. 저는 대한민국도 그런 면이 없지 않은데, 결손가정이 결손가정이기 때문에 어떤 면에서는 더 발전하고 더 훌륭해질 수 있듯이, 그러니까 가령 부모 중에 하나가 없거나 아예 소년가장이 챙기는 가정이기 때문에 식구들이 더 열심히 일하고 더 잘할 가능성이 있듯이, 대한민국이 이룬 성취 중에 사실 경제발전 같은 것도 초기 공업화는 남북대결 상태였기 때문에 더 용이했던 면이 있다고 봐요.

다만 앞으로도 남북대결을 유지하면서 발전을 계속할 수 있느냐 아니면 이제는 다른 패러다임을 찾을 시기가 왔느냐 하는 것은 따로 논의

해볼 일입니다. 그래서 대한민국이 현재 시점에서 우리가 소속되어 무엇을 해볼 수 있는 유일한 국가인 것은 틀림없지만, 동시에 분단으로 인한 결손국가이기도 하다는 것을 인정해야 하고, 결손국가이기 때문에 이제까지 어떤 장점과 단점이 있었는가, 그리고 지금은 어떠하고 앞으로는 어떠할 것인가, 이런 것들을 동시에 생각하면서 대한민국 국민으로 살아가는 것이 중요하다고 생각합니다.

박재창 대한민국의 정통성에 관한 논의는 두가지 차원이 있는 것 같습니다. 하나는 대한민국의 출발점이 정당했느냐에 대한 논의가 있을 수 있습니다. 그런데 대한민국의 출발점에 관해 논의하려면 대한민국만 따로 떼놓고 볼 문제가 아니고 북한과의 관계를 놓고 보아야 할 것입니다. 결손국가론이야말로 가장 대표적으로 이런 시각에서 대한민국의 정통성 문제를 다루는 것 가운데 하나라고 봅니다. 남북이 모두 국가건설의 초기 출발점에서 각자의 국가구성에 대한 이론 경쟁이라고 할까 또는 상황규정에 대한 경쟁이 있었고, 그 점을 중심으로 하는 정통성에 대한 평가가 가능할 것입니다. 그 이후에는 이왕 구성된 국가를 운영하는 과정에서 보여준 업적이나 그 결과로서의 국가에 대한 국민 각자의 수용성 내지는 그에 기초한 정치적 정당성에 관한 문제가 있을 것입니다. 이렇게 놓고 볼 때, 국가건설 초기 단계에서의 정통성과 관련해서는 남북 공히 같은 수준의 과오와 문제를 지닌 것이 아닌가 하는 생각을 해봅니다.

그러나 국가건설 이후의 국가운영 업적과 관련한 정당성 문제에 있어서는 이미 결판이 나 있는 상태가 아닌가 생각됩니다. 그리고 결손국가론에서 아주 중요한 지적을 해주셨다고 생각하는데, 사실 지금까지는 주로 결손국가의 역기능에 대해 말씀들을 해왔고 그 점에서 진보와 보수의 의견이 크게 달랐다고 봅니다. 그러나 결손국가의 순기능이라고 할까요? 결손국가가 대한민국의 전개과정에 미친 바 적극적 기여에 주목해본다면 보수와 진보가 보다 쉽게 동의하고 대화할 수도 있을 것이라고 봅니다.

백낙청 양쪽을 다 봐야죠. 1980년대 말 90년대 초『창작과비평』에서도 한국사회의 성격에 대한 논의를 많이 했어요. 1989년 겨울호에는 안병직 선생을 모시고 좌담을 한 적도 있지요. 그 무렵 한쪽에서는 결손국가의 결함, 특히 군대의 통수권조차 거의 없는 대한민국의 정치적·군사적 예속성을 강조했고, 다른 한편으로는 그때 이미 대한민국 경제가 많이 발전되어 있을 때니까 안선생은 중진자본주의론을 펼치면서 경제적인 성취를 주로 강조하셨습니다. 저는 그 양면을 다 지닌 것이 분단국가 대한민국의 특성이라고 주장했는데, 지금 박교수가 말씀하시는 얘기와도 통하지요.

박재창 저는 결손이라고 하는 현상이 순기능과 역기능을 동시에 동반한 것은 사실이고, 이것이 한국사회의 발전과정을 굉장히 숨가쁘게 한 결정적 요인 가운데 하나라고 생각합니다. 그러니까 대한민국이 소위 보통국가들과는 다른 전개과정을 겪지 않을 수 없게 만드는 요인으로 작용해온 것이죠. 결손이라는 요인이 한국사회의 전개과정을 일종의 과장 내지는 극화하는 동력으로 작용해왔다고 봅니다. 한국사회가 굉장히 급진적으로 활동하게 하는 촉진제 역할을 함으로써 한국사회가 순율적이고 점진적인 사회 변화를 이루기보다는 숨가쁘게 돌아가면서 상황 종료 없이 다른 국면으로 넘어가게 하는 요인으로 작용해왔던 것이죠. 그래서 부정적인 요인은 훨씬 더 부정적으로 작용하게 하고, 긍정적 요인은 훨씬 더 긍정적으로 작용하게 하는 속성을 발휘해왔다고 생각됩니다. 그리고 그런 현상의 내포적 함의가 오늘날 저희가 당면하고 있는 갈등조정 기능의 상실 상태가 아닌가 생각합니다. 일상의 점진주의적 양식으로는 해결하기 어려울 만큼 치열한 삶의 누적치가 사회갈등 조정기구들의 기관능력 범위를 일탈해버린 것이지요.

안병직 백선생께서 정통성과 정당성으로 구분해서 설명해주시니 이해가 훨씬 잘되는군요. 저는 지금까지 이 양자를 애써 구분해서 쓰려고 노력해보지는 못했습니다만, 제가 대한민국의 정통성이든지 정당성을 애써 강조해왔던 것은 대한민국이 가지고 있는 도덕성을 강조하기 위해서라기보다 오히려 현재 국가로서 대한민국이 한반도에서 차지하고 있는 역사적 위치의 중요성을 강조하기 위해서였습니다.

종래에는 한반도에서 남과 북이 경쟁해왔지만 이제 경쟁의 시대는 끝난 것 같습니다. 그런데도 한국에서는 건국·산업화세력과 민주화세력이 장기간 다투어오는 과정에서 국가로서의 대한민국의 역사적 위치가 항상 의문시되어왔던 것이 사실입니다. 그리고 그간에 대한민국이 대외종속성이나 권위주의나 반공주의 등 국가로서의 부정적 측면을 가지고 있었던 것도 사실입니다. 그래서 한국의 대통령이 대한민국의 정통성이라고 할까 정당성이라고 할까 하는 것을 서슴없이 부정하는 놀라운 일도 있었지요. 저는 이러한 배경을 놓고 볼 때 대한민국의 국가적 위치를 제대로 인식하는 것이 여간 중요한 문제가 아니라고 봅니다.

그것은 백선생이 말씀하신 국민의 국가에 대한 귀속감이라는 측면에 있어서도 그러하지만 우리가 앞으로 나아갈 국가의 방향을 설계한다든지 남북 간의 관계를 설정할 때도 대한민국의 국가적 위상을 어떻게 설정하는가가 여간 중요하지 않으리라 생각되기 때문입니다. 이러한 작업에 있어서 대한민국을 기본적 수단으로 삼지 않고서는 올바른 해결책이 나오지 않으리라고 봅니다.

백낙청 기본적으로 동의하면서 아까 토를 달았던 것을 되풀이하면, 내용을 조금 더 정교하게 표현할 필요가 있다는 거예요. 다시 말해서 "국가 차원에서 우리가 동원할 수 있는 수단, 대한민국에 사는 우리가 동원할 수 있는 수단은 대한민국밖에 없다" 이렇게 표현해야 정확하지요. 왜냐하면 국가 이외의 차원에서는 대한민국 말고도 동원할 게 많으니까요. 가령 천주교도라면 교황청도 동원할 수 있고, 전세계의 가톨릭 교우들에게 호소할 수도 있는 것이죠. 또, 지금 대한민국은 상당한 수준으로 다문화·다민족 사회가 됐지만 여전히 한민족(韓民族)이 압도적으로 주도하는 사회입니다. 그러한 한민족의 차원에서 보면, 북한문제 해결을 위해 대한민국밖에 없다고는 말하기 힘들지요.

물론 대한민국이 북한에 대해서 경제적으로 우위에 있고 또 경제뿐 아니라 명분상으로도 여러 면에서 우위에 있죠. 그런 점에서 대한민국의 큰 역할을 기대할 수밖에 없다고 말한다면 얼마든지 동의할 수 있지만, 대한민국밖에 없다고 하면 실재하는 조선민주주의인민공화국은 어떻게 할 것인가 하는 문제에 당장 부딪히고 6자회담에 참여하는 주변국가들의 역할은 전혀 없는가 하는 등, 굉장히 복잡해집니다. 그렇기 때문에 일단 우리로서는 국가 차원에서 한국의 중심적 역할과 책임을 강조하되 이를 정확하고 정밀하게 표현하는 노력이 필요하지 않은가 생각합니다.

안병직 백선생의 지적을 받고 보니, '대한민국을 기본 수단으로 삼는다'는 말은 부적절한 표현이었습니다. 그러나 제가 중요하게 생각하는 것은 통일문제나 선진화 문제 등 국가적 기본 과제의 해결에 있어서 대한민국을 그 중심축에 놓지 않고서는 유효한 해결의 수단을 발견하기가 어렵지 않을까 하는 점입니다. 예컨대 현재 남북문제를 두고 보면 이제 체제경쟁은 이미 끝나버렸습니다. 앞으로 북한문제도 경제적인 측면에서 보면 한국이 전적으로 책임을 지지 않으면 풀릴 전망이 없게 되었습니다.

그리고 선진화의 문제도 대한민국의 형성·발전에 관한 올바른 이해가 있어야 현실적인 설계가 가능하다는 것입니다. 대한민국의 근현대화 과정은 선진국에의 캐치업(catching-up) 과정이었습니다. 이러한 사실을 이해하게 되면, 대한민국은 근현대화의 출발점에서 왜 선진국에의 종속으로부터 출발할 수밖에 없었던가, 또 종속이라는 것이 종속으로만 끝나지 않고 어떻게 고도성장으로 이어졌던가, 그리고 앞으로도 선진 제국과의 관계를 밀접하게 하지 않고서는 선진화에 커다란 지장을 초래할 수밖에 없다든가, 이러한 점들이 제대로 이해되리라는 것입니다. 그러니까 제가 강조하고 싶은 것은, 대한민국의 정통성이나 정당성이 아니라, 그 발전의 세계사적 논리인 것입니다.

그러나 이러한 저의 강조가 대한민국의 정통성이나 정당성의 중요성을 무시하는 것이라고 이해되어서는 안 될 것입니다. 인간에게 가장 소중한 가치가 생명이라고 한다면, 우리의 정상적인 삶을 보장해주는 대한민국이 훌륭한 국가로 발전했다는 사실에 대해서는 어떠한 도덕적 평가도 있을 수 있으리라고 생각합니다. 다시 말씀드리면, 대한민국이 한국인에게 정상적인 생활을 보장해주었다는 사실 자체가 대한민국의 자기 정당성을 증명한다고는 볼 수 없겠습니까?

말이 북한사회로 바뀝니다만, 제가 경제학을 전공해서 그런지는 몰라도 경제적으로는 북한은 이미 완전히 바닥난 사회라고 봅니다.

북한이 워낙 폐쇄적인 사회이기 때문에 그 실상을 잘 모른다고는 하더라도, 큰 지표만 가지고 봤을 때 자기 내부적 힘만 가지고는 어떻게 해볼 수 있는 방법이 없는 사회입니다. 잘 아시다시피 북한의 계획경제는 완전히 붕괴되어버렸는데, 본래 북한의 계획경제라고 하는 것은 조잡한 것이었습니다. 사회주의 이론에서 이야기하는 사회주의나 공산주의의 단계에 대한 이론적 구분도 없이 공산주의 단계에서나 실시할 수 있는 경제정책을 사회주의 단계에서 시행했지요. 북한의 계획경제는 노동력과 배급을 맞교환하는 아주 조잡한 것이었는데, 이러한 경제에서는 생산의 욕을 제대로 자극할 수 없기 때문에 생산물을 확보하기가 어렵습니다.

그러니까, 1990년을 전후로 하는 사회주의권의 붕괴라는 외부적 조건도 있었습니다만, 1994~95년 이전에 이미 배급물자를 확보할 수 없게 되었습니다. 그래서 대량의 아사자가 발생하고, 1998년의 강성대국(強盛大國) 노선, 즉 선군정치가 시작될 때까지는 생산시설이 완전히 파괴되어버리고 말았습니다. 인공위성이 촬영한 사진으로 판독해본 결과에 의하면, 북한의 공장가동률은 20퍼센트에도 미달했습니다. 장기 기아가 계속되는 사이에 인민들이 생존을 위하여 공장시설을 뜯어다가 중국에 팔고 식량을 구입한 것입니다. 1998년에 강성대국 노선을 선언하면서 계획경제를 부활시키려 하였으나, 배급물자의 확보가 불가능한 상태에서 제대로 시행할 수가 없었습니다. 그래서 부득이하게 취한 조치가 2002년의 '7·1경제관리개선조치'인데, 이 조치는 배급 대신에 임금을 주고 노동력을 동원하려는 것이었습니다. 임금제도를 시행하려면 시장의 부활이 불가피한데, 국영상점에는 물건이 없으니 자연히 종래의 농민시장을 공산품이나 수입품도 거래할 수 있는 종합시장으로 부활시키지요.

그런데 시장이 제대로 된 시장이 되려면, 소비자만을 가지고는 안 되고 공급자인 생산자가 있어야 합니다. 농민의 텃밭생산품만으로는 제대로 된 시장이 성립할 수 없지요. 그런데 문제는 북한이 농민의 개별경영이나 중소상공업을 허용할 수 없다는 것입니다. 농민의 개별경영이나 중소상공업의 부활은 자연히 개방으로 연결될 수밖에 없기 때문에, 북한은 사실상 제대로 된 개혁마저 불가능한 상태입니다. 바로 이러하기에 북한의 성공적인 개혁·개방을 위해서는 한국으로부터의 대규모 경제원조가 필수적입니다. 북한 경제를 부흥하는 데 필요한 대규모의 경제원조는 북한이 1970년대까지 한국이 미국에 경제적으로 종속된 이상으로 북한 경제의 한국 경제에 대한 종속을 각오하지 않으면 안 될 것으로 보입니다.

물론 상황이 이러하기 때문에 김정일은 한사코 개혁·개방에 대하여 저항하는 것입니다만, 그러나 설령 북한이 개혁·개방한다고 하더라도 북한을 독립적인 정치·경제단위로 묶어두지 않으면 억제할 수 없는 사회적 혼란과 천문학적인 통일비용을 우리 사회가 부담하지 않으면 안될 것입니다. 그리고 이 과정에서 북한 주민의 북한에 대한 주권(主權)은 상실되고 말 것입니다.

이러한 점에서 저는 북한의 재건에 있어서 한국이 막대한 경제적 부담을 지지 않으면 안 되는 것이 객관적인 상황이라고 하더라도, 한국이 북한을 바로 흡수통일 하는 것은 매우 위험한 일이라 생각합니다. 그리고 만약 김정일이 사즉생(死則生)의 각오를 한다면, 북한을 재건할 수 있는 가능성도 전혀 닫혀 있다고는 할 수 없습니다. 문제는 김정일이 북한 주민과 더불어 살 생각은 하지 않고 남북의 주민이야 어떻게 되든지 자기와 자기 일당만 살면 그만이라고 생각하는 데 있는 것이 아닌가 합니다.

백낙청 북의 재건을 위해 대한민국이 큰 역할을 하되 흡수통일은 곤란하다는 안선생의 주장은 안선생이 인식하시든 않든 저의 남북연합 주장과 상당히 유사한 점이 있습니다. 북녘의 구체적 현실에 대해 많은 말씀을 하셨는데 저로서는 그 실증적 정확성을 일일이 따질 능력이 없습니다. 다만 북한의 배급체계가 100퍼센트 붕괴된 것은 아니지만 배급체계라는 특정 분야에 국한해서는 붕괴라는 말을 써도 큰 무리가 없을 정도라는 점은 사실이겠지요.

다만 요즘 여러 사람이 북한의 '붕괴'를 말하는데, 지금 안교수처럼 경제학자로서 구체적인 경제현상에 어떻게 적용되는 개념인지를 밝히면서 이야기해야 합니다. 그래야만 검증이 가능하지요. 서 있던 건물이 무너지면 그건 확실한 붕괴지만, 가령 어떤 사회가 붕괴됐다고 할 때는 정권이 몰락했을 뿐 아니라 국가의 체제 자체가 변혁이 됐을 때 그 단어가 적중하지, 그렇지 않은 경우에는 무엇이 붕괴했고 무엇이 붕괴하지 않은 채 남아 있는가를 명시해서 이야기하지 않으면 '붕괴'는 과학적인 용어가 아니고 막연한 레토릭, 수사적 표현에 불과하지요.

사실 북에서 김일성 시대에 구축했던 것이 소련보다는 수준이 낮은 상태지만 스탈린식 계획경제체제였죠. 그런 계획경제체제가 거의 무너졌지만 그렇다고 제대로 된 시장경제가 대신 들어선 것도 아니다 하는 안선생의 진단은 맞다고 보고, 그러한 특정한 의미에서 경제체제가 붕괴됐다는 말을 쓴다면 이견은 없을 것 같아요. 또 한가지, 개혁·개방을 통해서건 다른 방법을 통해서건 북한 경제의 독자적인 회생은 어렵겠다는 주장도 상당히 설득력이 있다고 봅니다.

그동안 햇볕정책이나 화해협력정책을 지지해온 사람 중에 많은 분들이 미국의 대북 적대정책이 바뀌고, 봉쇄가 풀리고, 북미관계가 정상화되고, 경제원조가 들어간다면 북한이 중국이나 베트남처럼 개혁·개방의 길로 나갈 것이라고 말하는데, 저는 그게 그리 쉽지 않을 거라는 얘기를 활자를 통해서도 내놓은 바 있습니다. 제일 큰 이유는, 물론 그동안 북녘 사회의 너무 많은 것이 붕괴되고 피폐된 점도 있습니다만, 기본적으로 분단상태에서 개혁·개방을 할수록 남한이 더 위협적인 존재가 된다는 사실입니다. 북의 주민들이 지금은 어차피 남북이 완전히 다른 사회라고 생각하고 있고 북이 남한과 같은 길로 갈 가능성이 없다고 생각하며 살고 있는데, 개혁·개방의 발전전략이랄까 이런 걸 선택하고 보면 남한과의 격차가 훨씬 더 인식될 거예요.

중국이나 베트남의 개방 과정을 보면, 중국은 이미 국공내전에서 이김으로써 실질적으로 통일한 거 아닙니까? 대만의 존재가 있지만 그건 영토보전의 차원에서 위협으로 느끼는 것이지 대만이 중국을 흡수할 위험은 없거든요. 베트남도 미국과의 전쟁에서 승리하고 통일을 이룬 다음에 적절한 시점에서 개혁·개방을 선택했는데, 북한과는 완전히 다른 상황이거든요. 중국이나 베트남식의 개혁·개방이 북에서도 자연스럽게 이루어지리라 기대하는 것은 지나친 낙관이라 봅니다.

그럼 어떻게 하느냐, 지금 안교수도 대한민국이 주도해서 이 문제를 풀어가되 북한이 독립된 정치단위로 남아 있어야 된다는 이야기를 하시지 않았어요? 그것이 독일식 통일과 다른 방식이고 내 식으로 표현하면 남북연합이에요. 사람들이 지금 연합제와 연방제를 혼동하고 있는데 그 둘은 근본적으로 다른 것입니다. 다만 6·15공동선언에서 북이 연합제를 실질적으로 수용하면서도 체면을 세우려니까 '낮은 단계'라는 수식어를 붙여서 '낮은 단계의 연방제'와 서로 공통점이 있다고 넘어간 것이지요. 그냥 '연방제'와 '높은 단계의 연합제'를 거론한 것도 아니잖습니까.

6·15 얘기는 나중에 필요하면 더 하겠습니다만, 어쨌든 국가연합이란 것은 두개의 주권국가가 존속하지만 완전히 분립한 상황은 아니고 둘 사이에 상시적인 조절장치를 둔다는 얘기거든요. 그런 것이 있어야지, 그런 장치도 없이 대한민국이 전적으로 책임져야 한다는 것은 비현실적인 이야기라 봅니다. 대한민국이 큰 역할을 하기 위해서도 그런 장치가 있어야지 그렇지 않으면 북에서 수용하려고도 안 할 것이고 주변국이 동의하기도 어려울 것입니다. 그런 점에서 제가 남북연합이 중요하다고 주장해왔는데, 제가 듣기에 안교수 생각의 흐름이 남북연합에 많이 쏠리는 것 같습니다.

박재창 지금 하신 말씀들이 과정에 초점을 두느냐 또는 결과에 초점을 두느냐의 차이는 아닌지요?

안병직 저는 백선생의 국가연합이라는 것을 적극적으로 검토해봐야 할 문제제기라고 생각합니다. 이명박 대통령이 주장하는 '비핵·개방 3000'도 결국은 북한이 현실적으로 독립된 정권으로 남아 있는 것을 전제로 하고 있습니다. 물론 '비핵·개방 3000'이 국가연합을 주장하고 있지는 않습니다만 북한정권의 존립을 전제로 하는 한 국가연합과도 크게 다르지 않으리라 생각합니다.

북한이 붕괴되면 사태가 어떻게 진전될지는 아무도 모릅니다. 그러니까 북한이 대책 없이 붕괴되는 것은 누구에게도 도움이 되지 않습니다.

그래서 북한의 현 정권이 정말 이래서는 도저히 안 되겠다, 남쪽하고 손잡고 현실 문제를 제대로 극복해야 되겠다고 마음을 먹는다면, 우리가 그것을 굳이 반대할 필요는 없지요. 그러나 이 경우에는 반드시 개혁·개방이 전제되어야 할 것입니다. 그리고 북한이 남쪽으로부터 경제적 지원을 받게 되면, 북한 경제는 필연적으로 한국 경제에 크게 의존하지 않을 수 없을 것입니다. 북한이 개혁·개방은 하지 않고 남쪽으로부터의 경제원조만 받겠다고 하면 북한 재건의 전망은 없어지고 마는 것입니다. 왜냐하면, 경제를 재건할 수 있는 경제체제를 구축할 수가 없기 때문이지요. 구사회주의 제국의 경험에서 보듯이 북한 경제 재건의 방법은 개혁·개방밖에는 없습니다. 이것이 한국 경제 발전의 길이기도 했는데, 이 경우에 북한정권이 대외의존을 각오하면서까지 개혁·개방을 각오할 것이냐 하는 것이 문제일 것입니다. 더 구체적으로 이야기하면 북한 경제는 이미 대외의존적입니다. 현재의 북한의 1년간 무역량은 약 30억 달러인데, 이것이 북한 경제의 생명선입니다. 이것을 가지고 북한의 시장경제도 겨우 버티고 있습니다. 그러니까 현재 북한이 두려워하는 것은 경제의 대외의존이 아니라 대외종속입니다. 이러한 북한이 국가연합을 하기 위하여 경제의 대외종속을 각오하겠느냐가 문제의 핵심입니다. 북한이 이러한 각오가 없으면 개혁·개방은 불가능한데, 개혁·개방 없는 국가연합을 해보아야 실질적으로 이루어지는 것은 아무것도 없지 않겠느냐 하는 점에서 국가연합의 가능성에 대해서 회의가 있는 것이 사실입니다.

백낙청 물론 국가연합이 이루어지기 위해 그쪽 지도자의 전략적 결단이 필요한 것은 틀림없습니다. 아직까지는 북측이 6·15공동선언을 크게 중시하면서도 제2항에 대해서는 별 관심을 안 보이고 있지요. 오히려 제1항에 있는 '우리 민족끼리'라는 말을 문맥에서 떼어내 하나의 '리념'으로 승격시켜서 "우리 민족끼리면 통일을 못 이룰 것도 없는데 왜 안 하냐"라고 다그치곤 합니다. 그건 제2항의 구체적인 실행에 대한 무관심의 다른 한 면이라고 봐요. 그렇긴 한데, 아직은 국가연합을 형성할 기본적 여건이 갖춰지지 못했다는 것도 사실임을 감안해야 합니다. 다시 말해서 북하고 미국이 적대적인 관계에 있는 이상 아무리 국가연합이 연방이 아니고 느슨한 결합이라 하더라도, 미국을 동맹국가로 하는 나라와 미국이 불구대천의 원수라고 공언하는 나라가 연합할 수가 있겠습니까? 그러니까 국가연합의 전제조건 중에 하나로 한반도 평화협정이 이루어지고 북미관계가 정상화돼서 지금의 휴전선이 좀더 안정된 남북 간의 경계선으로 공인되는, 뭐 그런 상태라야 남북연합을 선포할 수 있는 거지요. 물론 그 지점에 가서도 과연 북이 이에 응할까 하는 것은 아무도 예견할 수 없는 일입니다. 저도 남북연합을 안 하면 남과 북이 다 곤란해진다고 주장할 뿐이지, 그때 가서 김정일 위원장이 어떤 결정을 할지 전혀 알 도리가 없지요. 객관적인 정황을 볼 때, 북측 정권의 입장에서는 일단 북미관계를 정상화하고 평화협정을 체결하고 난 뒤에 국가연합을 안 하고도 경제가 회생할 수 있다고 하면 안 하려고 할 확률이 높지요.

그러나 안선생이 북의 독자적 경제회생이 불가능하다는 점을 강조하셨고 저도 그 점에 동조하는 편이란 말예요. 분단된 상태에서 중국이나 베트남 같은 개혁·개방은 어렵다고 보는 거지요. 그런데 경제회생의 전망이 확실하게 보이기 전까지는 핵문제도 완전한 해결은 어려울 겁니다. 기존 핵 프로그램의 '불능화' 단계까지는 비교적 쉽게 가고 영변 핵시설을 포기할 수도 있지만, 보유한 핵무기를 전부 폐기하고 검증 과정을 거치는 완전한 비핵화는 이야기가 다르지요. 그래서 미국은 미국대로 북핵문제를 완전히 해결하기 위해 남북연합이 필요하다면 그거라도 밀어줘야 되지 않겠나 하는 생각을 하기 시작할 것이고—물론 지금 미국은 남북연합 같은 건 전혀 생각 안 하고 있지만요—북측의 지도자는 지도자대로 이대로 가서는 경제회생이 불가능할 것 같고, 그렇다고 당장 통일했다가는 남한에 완전히 흡수될 것 같으니, 남북연합 정도로 해서 북측 체제의 안정 또는 유지를 적어도 일정기간 보장받으면서 원활한 남북협력과 다른 나라들과의 경제협력을 추구하는 것이 정권을 위해서나 북측 사회 전체를 위해서나 유일한 선택이 아니겠는가 하는 생각을 할 겁니다.

저는 북측 지도층이 그런 합리적인 선택이 전혀 불가능한 집단이라고 보지 않습니다. 아무튼 남북연합으로 가는 길밖에는 없다는 것이 사태가 진전될수록 드러날 것 같아요. 우리 남측에서도 그래요. 북이 여러 면에서 형편없는 상태니까 우리가 책임지고 접수해야 한다거나 일부에서는 북한 동포를 구출해야 되지 않느냐 하는 얘기가 나오기도 합니다만, 안선생도 지적하셨듯이 그것은 정말 우리가 감당 못할 상황이거든요. 그럴 만한 실력이 우리에게 없고 또 그럴 기회가 주어진다는 보장도 없습니다. 오히려 북에 압력을 가하면 가할수록 북의 중국에 대한 의존도가 높아지기 마련이지요. 남쪽도 한반도 문제를 그나마 제대로 수습하고 대한민국이 할 수 있고 해야 할 역할을 충분히 하기 위해서는 남북연합이라는 장치가 꼭 필요하다는 인식에 도달하리라고 봅니다.

박재창 남북문제에 있어 남쪽이 주요 변수인 것은 사실이지만 유일 변수가 아닌 것은 두말할 것도 없을 것입니다. 연합이니 통일이니 하는 것은 언제나 상대가 있는 만큼 이를 염두에 두고 논의해야 한다는 차원에서 이야기하는 것이 아니고, 남북문제는 지금 선생님들께서 말씀하신 것처럼 외부 변수가 굉장히 중요하다고 보기 때문입니다.

사실 북한이 경제적으로 보면 이미 붕괴됐어야 함에도 불구하고 유지되고 있는 중요한 이유 가운데 하나는 중국이 있기 때문이거든요. 중국이 정치적·군사적 판단에 의해 북한을 놓지 않는 한 그것이 어떤 형태의 것이든 권력의 실체로서 존재하는 북한은 남아 있을 것이라는 거죠. 그 점을 고려하지 않고 남북문제를 논의할 수는 없다고 봅니다. 이렇게 외부 변수가 작용하는 현상은 남한이 발전하는 과정에서도 똑같이 작용해왔다고 봅니다. 더 나아가 시대의 성격이라고 할까, 지구촌 전체의 구조같이 어느 누구도 자의적으로 관리할 수 없는 시대적 흐름 같은 것도 작용하는 것 같습니다. 미국이 건국 2백년이라는 짧은 기간 동안에 어떻게 저렇게 발전할 수 있었을까 하는 점에 대해 미국사를 연구하는 사람들 가운데에서는 흔히 운명적인 행운의 결과라고 말하는 이들이 있지 않습니까? 그런 의미에서 우리의 경우는 사실 내생적 변수, 외생적 변수 모두가 작용한 것이 사실이지만, 그 가운데에서도 세계사적 전환 과정에 주목해보면 운명적인 행운이 뒤따랐다고 보입니다. 우리가 경제발전을 추구하던 시대에 지구 시장의 메커니즘이나 미국의 국내 경제적인 상황 같은 것이 우리의 국가운영 기조와 맞아떨어지면서 의도하지 않게 도와준 점이 있었거든요. 남북문제도 우리가 컨트롤할 수 없는 지구촌 전체의 환경변수가 작용하게 되지 않을까 하는 생각이 듭니다.

백낙청 그렇죠. 저 자신도 한반도 문제 해결에 있어서 우리 민족이 주인 노릇을 해야 한다는 원칙을 견지하고 있고, 그렇게 말하면 곧 국가 차원에서는 대한민국과 조선민주주의인민공화국이 중요한 당사자가 되어야 한다는 얘기가 됩니다. 한걸음 더 나아가서 경제력이나 여러가지 조건들을 봤을 때 세월이 흐르면 흐를수록 대한민국의 역할이 더 커지게 돼 있다고 믿기도 합니다. 그러나 지금은 어떤 면에서는 경제력대로 안 가요. 사실 한반도에 대한 미국의 관심만 보더라도 북핵문제가 최대의 관심사가 아닙니까? 그러나 북핵 위기가 점차 완화되고 해소되어가면서 세월이 흐를수록 상대적으로 대한민국의 역할이 커질 것이라고 믿고 있습니다.

그런데 지금 박교수도 말씀하셨듯이 주변적인 변수도 굉장히 중요합니다. 미국이 한국전쟁을 치르면서 수만명의 미군이 죽지 않았습니까? 그렇기 때문에 미국의 힘이 남아 있는 한 남한이 적화통일되는 꼴을 볼 수 없는 거예요. 마찬가지로 중국도 비록 의용군으로 참전했지만 중화인민공화국 건국 이래 최대의 전쟁이 한국전쟁이었어요. 베트남하고 잠시 싸운 거 이외에는 1949년 이후 전쟁이라는 것이 별로 없었잖아요. 정확한 숫자는 모르지만 수만명이 이 땅에서 죽었을 거예요. 수적으로 미군보다 훨씬 많이 죽었을 겁니다. 중국의 전체 역사로 치더라도 한반도에서 중국이 그만큼 희생을 치른 전쟁이 드뭅니다.

따라서 중국 역시 북이 일방적으로 남쪽에 흡수당하거나 무너지는 것을 방치할 수 없는 것이죠. 한반도의 안정을 위해 남북연합이라는 관리장치나마 필요하겠다고 판단했을 때 동의할 수는 있지만 더 급속한 변화를 막기 위해서는 온갖 대북지원을 마다않을 공산이 큽니다.

이런 주변 현실도 직시하면서 사태를 어떻게 수습하고 관리해서 궁극적인 남북의 재통합으로 이끌어갈 건가 하는 문제를 냉정하게 연구해야 합니다.

안병직 북한문제에 관해서는 많은 말씀을 나눴으니, 이제는 한국의 발전과정에 관한 문제에 대해 이야기를 나눠보는 것이 좋을 것 같습니다. 대한민국의 형성과정은 진실로 매우 복잡하게 진행돼왔습니다.

식민지적 유산 위에서 출발했기 때문에 진보진영에서 누누이 지적하는 것처럼 정치·경제·군사적인 모든 면에서 국가로서의 체면을 유지할 수 없을 정도로 대외의존적인 상황에서 출발한 것이 사실이고, 동서냉전체제 아래서 출발했기 때문에 통일정부를 세우지 못하고 남한만의 단독정부를 세워서 억지로 끌고 올 수밖에 없는 측면도 있었고, 경제개발과정에 있어서도 외자와 외국기술에 거의 의존하다시피 해왔으며, 더구나 군사적으로까지 미국에 크게 의존하지 않고서는 형식적으로나마 자유민주주의 정치체제를 유지할 수 없었던 것도 사실입니다.

그럼에도 불구하고 1987년 이후의 경제발전과 민주주의를 달성한 대한민국을 두고 보면, 대한민국의 형성과정에 있어서 부정적인 측면만 있었던 것이 아니고 긍정적인 측면이 있을 수밖에 없었다고 생각합니다. 어떻든 긍정적인 측면이 있었고 또 그 나름의 정당한 발전논리가 있었기 때문에 그러한 훌륭한 결과가 나왔다고 봅니다. 그런 점에서 보면, 이승만 대통령이 식민지적 폐허 상황 속에서 자유민주주의체제를 기초로 하는 헌법을 제정했다는 사실은 굉장히 중요하다고 생각합니다. 물론 이러한 헌법을 제정한 것이 이승만 한 사람만의 공로는 아니겠습니다만, 그의 주도로 자유민주주의적 정치·경제체제가 확립되었다는 것은 사회발전의 새로운 원리를 구축했다는 의미가 있지 않겠습니까? 당시의 자유민주주의체제라는 것은 그 실현 조건을 채 구비하지도 못했고 또 자유주의와 공산주의 간의 극한적인 이념대립 속에서 발전할 수밖에 없었기 때문에 자유주의 국가를 유지하기 위하여 권위주의를 동반할 수밖에 없는 한정적인 것이긴 했습니다만, 인격적으로 자유로운 인간상을 정립한다든가 자유시장의 원리를 보장한다든가 사회 구성원들 간의 자유로운 경쟁을 보장함으로써 새로운 사회발전의 메커니즘을 확립하지 않았나 합니다.

또 어떤 점에 있어서는 대량의 살육을 동반한 민족적 비극의 역사이기는 하지만 다른 한편으로는 한국 현대사의 전개에 있어서 매우 중요한 위치에 있다고 이해하지 않을 수 없는 것이 바로 6·25사변이에요. 6·25사변이 있었기 때문에 남북 공히 국민군을 형성할 수 있었습니다. 한국군이라는 것이 결국 미국의 밀가루를 먹고 자라난 군대이기는 합니다만 60만 대군으로 성장했고, 북한 인민군의 체계가 제대로 잡힌 것도 6·25사변 때문이었다고 생각됩니다. 대개 근대국가 형성의 2대 요소로는 국민군의 형성과 재정의 자립을 이야기하는데, 이승만 대통령 때 이 국민군이 형성됐다는 사실은 굉장히 중요한 것입니다.

이렇게 형성된 60만의 군대가 있었기 때문에 그 힘으로 경제개발을 할 수 있었던 사람이 바로 박정희가 아닙니까? 5·16군사쿠데타 이후, 박정희가 개인의 능력으로 권위주의체제를 유지했다고 보기에는 무리가 있습니다. 박정희가 이승만과는 달리 일본 군국주의 교육을 받았다는 개인적 특성은 있습니다만, 60만 군대가 뒤에서 밀어주니까 그러한 권위주의를 행사할 수 있었던 것이죠. 박정희의 경제개발정책으로 한국은 근대에 들어온 이래 최초로 재정자립을 달성합니다.

한국이 이렇게 발전할 수 있었던 또 하나의 배경으로서는 경제개발에 있어서 수출지향적 공업화 전략을 채택했다는 점입니다. 과거에는 그것이 굉장히 종속을 심화시키는 경제정책으로만 보였지만, 사실상 수출주도형 공업화 전략이 저개발국의 보편적 공업화 모형이라는 점이 요즘 들어와 밝혀지고 있어요. 사회주의 국가들이 붕괴되고 난 뒤 그 재건의 보편적 모형이 바로 개혁·개방이었습니다. 저개발 제국이나 구사회주의 제국에서는 내재적 발전, 즉 국내적 성장잠재력이 지극히 취약했기 때문에, 1960년대 이후의 세계적 고도성장에 발맞추기 위해서는, 국내적으로 시장경제 질서를 확립하고 국제적으로 자유무역체제하에서 선진 제국으로부터 성장잠재력인 지식, 기술 및 자본을 수입하지 않을 수 없게 되었습니다.

그리고 87년의 6·29민주화선언에 있어서는 민주화세력의 공로가 컸습니다. 민주화세력의 역사적 공로가 6·29민주화선언에만 한정되는 것이 아니고 또 6·29 이후의 민주화는 그 이전의 경제발전이 있었기 때문에 가능했습니다만, 하여간 한국 현대사의 전개는 매우 복잡한 것이라 산업화나 민주화의 한 측면에서 보아서는 그 전모를 파악할 수 없습니다. 이러한 점에서 한국 현대사에 대해서는 위의 두가지 시각을 아우르는 국민통합적 시각을 가져야 할 것이 아닌가 합니다.

백낙청 사회통합을 하려면 대한민국의 역사에 대해 어느정도 통합된 인식을 가져야 하고 그러기 위해 그 전개과정을 좀더 섬세하고 정교하게 이해해서 어느 한쪽에 치우치지 않게 봐야 한다는 말씀에 동의합니다. 크게 세가지를 말씀하신 것 같은데, 하나는 이승만 대통령과 그 시대에 관한 얘기이고, 또 하나는 이승만 시대의 일부지만 특별히 한국전쟁의 의의랄까를 따로 거론하셨고, 그리고 5·16 이후의 경제발전 과정과 그 전략이었습니다.

우선 이승만 대통령과 이승만 시대는 구분해서 봐야 될 것 같아요. 물론 그렇다고 이승만 시대에 잘된 것은 다 국민들 덕이고 잘못된 것은 다 이승만 독재 탓이라고 몰고 가려는 건 아니에요. 하지만 요즘 풍조를 보면, 그 시기에 이룩한 것은 이승만이 잘해서였고 잘못된 것은 어쩔 수 없었던 것이었다, 이렇게 보려는 사람들이 많은데, 이승만 대통령에 대한 저의 평가는 별로 높지 않습니다. 박정희 대통령도 제가 특별히 좋아하는 분은 아니지만, 이대통령은 더욱 낮게 평가할 수밖에 없어요. 건국세력, 건국세력 하는데요, 아마 안선생도 동의하실 거라 믿지만, 대한민국이 강압적이고 대단히 부정적인 요소를 많이 가진 채로나마 국가로서의 기틀을 어느정도 잡은 것은 박정희 시대 들어와서라고 봐요. 물론 1950년대 나름의 성취를 부정하는 것은 아니지만, 이승만 대통령의 특별한 공로로 돌릴 일은 많지 않다고 봅니다.

민주주의 헌법 얘기를 하셨지만 형식상의 민주주의 제도는 미군정하에 이미 교과서적으로 마련되고 있었습니다. 그리고 제헌헌법을 제헌의회에서 만들었는데 마지막 순간에 가서 거의 누더기로 만들어놓은 사람이 이승만 대통령 아닙니까? 의원내각제로 되어 있던 것을 대통령책임제 아니면 안 한다고 버텨서 말이죠. 남들이 독재헌법 만들겠다는 걸 그가 우겨서 자유민주주의적인 헌법으로 바꿔놓은 건 아니고 오히려 독재하기 좋은 대통령중심제로 바꿔놓았단 말이죠. 큰 틀에서 자유민주주의적인 체제 건설은 미군정의 방침이기도 했으니까 이승만 대통령 아니었어도 얼마든지 할 수 있었고 오히려 그가 없었다면 더 순조롭게 했을 가능성도 있어요. 그렇다고 독재를 한 대신에 산업화라도 제대로 했습니까? 사실 한국전쟁 안 일어났으면 이승만 대통령은 2대 국회에 의해서 경질되었을 사람이죠. 전쟁 덕분에 연명을 했고, 그래서 전쟁을 치르다보니까 군대가 커진 것은 당연한데, 그것은 미국이 만들어주고 지휘한 군대죠. 오히려 온갖 부패하고 무능한 장성을 기용한 것이 이대통령이었죠. 물론 국군통수권자로서의 공로가 완전히 없었다고 할 수는 없지만 말입니다.

더군다나 군대가 생겼기 때문에 5·16쿠데타가 일어날 수 있었고, 군사쿠데타가 있었기 때문에 박정희 시대의 경제개발이 가능했고, 경제개발이 가능했기 때문에 87년 이후에 민주화가 진행됐다 하는 식의 논리는, 여러 사람이 참여해서 이루어놓은 대한민국의 성과, 특히 국민이 피흘리며 싸워서 다분히 정상화된 87년 이후의 국가를 이룩한 성과를 소급 적용해서 그때그때의 권력자를 미화하는 논리로 이용될 수 있다고 봅니다.

사실 어느 국가나 국민군이 필요하긴 한데, 6·25를 통해서 창설됐다는 이야기는 바꿔 말하면 이승만 대통령이 국민군도 제대로 갖추지 않은 채 '건국'을 했다는 말이 되지 않습니까? 6·25 당시의 군대를 '국민군'으로 부를 수 있느냐는 문제는 차치하고요. 그리고 지금 남북 합치면 2백만 대군이 있는 셈인데, 한반도가 2백만 대군이 상비군으로 필요한 지역이에요? 게다가 군대가 과도하게 생겨나서 남이건 북이건 사회가 더 기형화된 면도 있어요. 한국의 본격적인 공업화를 추진할 수 있는 세력이 군대에서밖에 나오지 못한 것도 그 때문이었다는 점에서 불행한 역사의 일부로 인식할 수도 있는 겁니다.

어쨌든 박정희 시대에 들어와 본격적인 공업화가 이루어졌습니다. 이 경우도 박대통령 개인과 박정희 시대를 동일시하는 건 경계해야겠지요. 박대통령을 두고 저는 언젠가 '지속 불가능한 발전의 유공자'라는 표현을 쓴 적이 있는데, 일단 유공자는 유공자지요. 그의 공로 중에 하나는 안교수 말씀하신 대로 대외개방적인 경제전략을 선택했다는 점일 겁니다. 당시 운동권의 주된 입장은 소위 내포적 경제발전론이었는데, 그에 비해 과감하게 수출전략을 쓴 것은 범박하게 가부를 따진다면 그 시점의 한국으로서는 바른 선택이었다고 생각합니다. 그런데 아시다시피 5·16군사쿠데타 집단도 처음부터 개방전략을 쓴 것은 아니지요. 전혀 반대인 수입대체정책을 폈다가 국정운영을 하면서 학습을 한 것이죠. 누가 했어도 그러한 학습을 했으리라고 생각되지만, 어쨌든 박정희라는 사람이 개인적으로도 학습능력이 뛰어났고, 그 학습능력을 바탕으로 경제운영에서 탁월한 능력을 발휘했다는 점은 인정해야 합니다. 인정할 것은 인정하면서 그를 비판해야지 비판도 설득력이 더 있다는 게 제 주장이지요.

그런데 김대중 후보가 1971년 선거에서 '대중경제'를 들고나왔지만 저는 김대중씨도 학습능력과 경영능력이 탁월한 인물이기 때문에 그때 대통령이 됐다면 크게 봐서 수출지향적인 경제발전 전략을 끌고 나갔으리라 봅니다. 그렇기 때문에 박정희 대통령에 대해 인정할 건 인정하더라도 그 아니면 아무것도 안 됐을 것처럼 이야기할 필요는 없다고 봐요. 그러나 어쨌든 87년 이후 우리는 경제성장과 민주화가 병진하는 사회가 되었고, 그러한 우여곡절을 거쳐 여기까지 왔죠.

박재창 산업화 과정이나 민주화 과정이 양면성을 가지고 상호 작용해온 것은 사실입니다. 그러나 리더십의 비중은 시대상황에 따라 변화해왔다고 봅니다. 건국 초기에 이승만이 발휘한 독자적 의사결정의 비중은 이후의 대통령들이 발휘한 독자적 의사결정력에 비해 상대적으로 작은 것이 아니었나 생각합니다. 미국이 38선을 가르면서 남쪽의 정치·경제체제의 기본적인 디자인을 먼저 만들어서 들고 들어왔고요. 거기에 이승만이 편승한 측면이 있지 않은가 싶습니다. 실제 미국이 한반도에 진출하면서 그 정당성의 기반으로 삼은 것은 이념적으로 자유민주주의와 시장경제가 우월하다는 것이었습니다.

그러나 미국이 한반도에 진출하면서 실제로 처음 소개한 것은 자유 민주주의도 시장경제체제도 아니었습니다. 미군정이 들어서면서 소개한 우리나라 최초의 의회는 민주주의의 철학적 원리를 벗어난 것이었고, 군정청이 의회 활동을 지휘 감독하던 일이 이후의 한국 정치 전개과정에서 행정부에 의한 국회의 지배라고 하는 일종의 일관된 속성으로 자리잡았다는 사실은 매우 시사하는 바가 크다고 봅니다. 그러니까 이론이나 수사적 차원에서 보여진 자유민주주의와 실제로 운영되거나 보여진 자유민주주의의 모형 사이에는 심각한 격차와 괴리가 있었던 것이지요.

백낙청 점령군에 의한 군사통치인데 실질적인 자유민주주의체제일 수 있었겠어요? 다만 이념상으로는 교과서적인 민주주의를 학교에서 가르쳤고, 가령 여성의 참정권 같은 것은 민주주의가 긴 역사를 가진 서양에서도 20세기 초에 와서야 획득되었는데 한국은 처음부터 남녀동등으로 나갔단 말이에요. 현실적으로는 동등이 아니었지만 헌법상의 참정권은 완전히 동등했지요.

박재창 군대의 발전도 사실은 미국의 공산주의 남진 차단 정책의 산물이죠. 건국 초기 단계나 이후의 산업화 입안 과정에서 미국의 입김이라고 할까, 영향력이 상대적으로 컸다는 생각이 듭니다. 산업화 초기 단계의 경제발전계획 같은 것도 미국이 보내준 경제자문관에 의해 지도된 측면이 적지 않았고요. 물론 그걸 취사선택하는 데 있어 정치지도자의 결단이 중요한 요인으로 작용한 것은 사실이지만요.

백낙청 중요하죠. 박정희 시대에도, 그때 유솜(USOM, United States Operations Mission)이라고 했나요? 그 입김이 엄청났죠. 그러나 저는 박정희씨의 경우는 외부의 입김이 작용하는 것에 대해 이걸 어떻게 활용하겠다든가 저항하겠다는 전략이 있었는데, 이승만씨는 그런 게 거의 없었다고 봅니다.

이대통령이 미국에 맞서 정책적인 문제로 고집 부린 것은 있어요. 가령 동족상잔의 전쟁을 하루라도 빨리 끝내야 되는데 미국이 휴전 맺으려는 것을 반대하다 결국 정전협정 서명에서 한국이 빠져버렸죠. 그리고 한일협정이 결과적으로 잘된 건 아니지만, 한일수교도 안 할 수 없는 것임을 대통령이 깨닫고 주도적으로 끌고 갔으면 더 나은 결과를 얻었을지도 모르는데, 국내에서는 자기 권력을 유지하기 위해 친일파를 대거 기용하면서도 한일수교와 관련해서는 쓸데없는 객기를 많이 부렸죠.

안병직 두분의 말씀을 들어보니까 이승만 대통령에 대한 평가가 아주 낮은 거 같네요.(웃음) 하지만 저는 이승만 대통령의 역할이 대단히 컸다고 생각합니다. 역할이 크다는 것은 반면 죄도 많다는 얘기도 되는데, 특히 단독정부 수립에 있어서 이승만 대통령의 역할이 컸다고 봅니다. 사실 저는 단정(單政)을 안 하고 김구 주석을 따라서 북한과 통일노선을 걸었으면, 그 당시의 혼란을 수습할 수 있었겠냐 하는 점에서 김구 노선에 대하여 회의적입니다.

그 당시의 국제정세로 봐서 북쪽은 북쪽대로 남쪽은 남쪽대로 단독정부를 준비할 수밖에 없는 객관적인 상황이었던 것으로 보입니다. 그리고 북한의 단독정부 준비상황에 관해서는 최근의 많은 연구가 있습니다. 그러한 경우 이승만이 하는 수 없이 남쪽만이라도 단독정부를 세워야겠다고 생각하고 취했던 리더십이 가지는 의미는 굉장히 중요했다고 봅니다. 이승만의 그러한 리더십이 있었기 때문에 제헌헌법이 제정되고 대한민국이 건설된 것이 아니겠어요? 그다음에 미군에 의해서 자유민주주의라든지 시장경제라든지 이런 제도가 도입된 것은 사실이지만, 헌법제정에서 그것을 관철시킨 것은 이승만의 역할이 아니었습니까? 일본 헌법과 한국 헌법이 그 도입 과정에서 다른 점은 일본 헌법은 매카서 (D. MacArthur)가 거의 만들어주었지만 제헌헌법은 한국 사람들이 주도적으로 만들었다는 점이라고 하지 않습니까? 이승만 대통령이 주로 혼자서 헌법을 제정했다고 이야기한다면 좀 문제가 있겠지만, 역시 이승만의 역할도 최근에 밝혀지고 있지 않습니까?

그다음이 이승만의 공과 과가 엇갈리는 문제이기는 한데, 휴전협정의 반대에도 여러가지의 의미가 있었던 것 같습니다. 백선생의 말씀처럼 동족상잔의 전쟁을 고집했다는 평가도 가능하겠습니다만, 이왕 진행되어온 전쟁이니 미국으로부터 확실한 보장을 받아놓고 종전을 해야 한다는 목표도 있었을 것입니다. 그동안의 연구에 의하여 밝혀진 바에 따르면, 이승만 대통령이 노렸던 목표는 1953년의 한미동맹과 경제원조에 대한 보장이었다고 합니다. 저는 개인적으로 한미동맹이 지금까지 대한민국을 있게 한 핵심적인 국제조약이었다고 생각합니다. 한미동맹이 없었다면 경제적 자립도 민주주의도 제대로 확보하지 못한 한국이라는 국가가 어떻게 지켜질 수 있었겠습니까?

그다음으로 중요한 것은 이승만 대통령의 시장경제 질서의 도입입니다. 일제시대가 워낙 통제경제여서 이승만 대통령도 자유시장경제를 하다가 통제경제로 돌아가다가 한 일은 있습니다만, 그 당시 우나 좌나 가릴 것 없이 국유화나 통제경제에 대한 요구가 매우 강했습니다. 그러한 상황에서 이승만 대통령의 시장경제에 대한 비전이 없었더라면 농지개혁은 몰라도 적산불하는 거의 어려웠을 것입니다. 또 하나는 평화선을 그어서 당시에 독도를 우리 영토에 포함시킨 것이라든지 하는 긍정적인 점도 있습니다.

박정희씨도 경제·기술적으로뿐만 아니라 심지어 군사적으로까지 미국에 의존하면서도 국익을 확보하기 위해서는 미국 및 일본과 굉장히 싸웁니다. 특히 중화학공업화의 경우, 일본이나 미국이 도저히 안 될 것을 왜 하느냐고 반대했는데 박정희는 할 수 있다고 많은 무리를 해가면서 추진하죠. 대표적인 것이 포항제철로, 포항제철은 처음에는 30만 톤의 규모로 출발했는데, 박정희가 한일협력자금을 쓰려고 하니까 도저히 경제적 채산성이 맞지 않는다고 일본 수상까지 나서서 반대했다는 것입니다. 그러한 어려움을 돌파하면서 중화학공업화를 추진하려다보니까 정치적으로 유신까지 단행했는데, 민주주의라는 관점에서 보면 도저히 용서받을 수 없는 조치였지만 또 그러한 조치 없이는 중화학공업화는 불가능했을 것입니다. 역시 역사라는 것이 매우 다양한 측면을 가지고 있기 때문에 다면적으로 접근할 수밖에 없는 것이 아닌가 합니다.

백낙청 공과가 혼합돼 있다는 점이야 더 말할 나위 없죠. 다만 박정희 대통령과 이승만 대통령의 공과가 다르다는 거지요. 독재를 했을망정 자유주의를 내세운 점에서는 이대통령이 오늘의 우리 입장에 더 가까운 면도 있어요. 박교수하고 나하고 이승만에 대한 평가가 비슷하다고 하셨는데 사실은 박정희 장군도 우리와 비슷한 평가를 한 셈이에요.

그는 4·19 전에 이미 쿠데타를 생각했던 사람 아닙니까? 이승만정권은 도저히 묵과할 수 없는 정권이라고 당시 박정희 소장이 판단했던 거란 말입니다.

4·19가 일어나는 바람에 쿠데타는 나중에 제2공화국에 대한 쿠데타가 됐습니다만, 그런 흐름을 보더라도 우리가 흔히 산업화, 민주화 이런 식으로 순서가 정해진 것처럼 얘기하는데, 물론 민주화가 제대로 진행되려면 물질적인 기반이 필요하고 그것이 박정희 시대에 와서 마련된 것은 사실이지만, 민주화뿐 아니라 산업화도 4·19에서 그 동력을 얻었다고 봅니다. 4·19혁명이라는 것이 일차적으로는 독재에 대한 항거 또는 부정선거에 대한 항거였지만, 두가지 요소가 더 들어 있었다고 봅니다. 그중 하나가 산업화도 못하는 무능한 정권에 대한 단죄였지요. 또 하나는 평화통일이라는 대한민국의 국가목표에 위배되는 정권에 대한 단죄가 있었습니다. 그러한 4·19가 있었기 때문에 5·16세력이 경제적인 무능을 되풀이할 수 없었지요.

통일문제는 별도로 논의할 사안입니다만, 1948년 정부수립 때 표어가 "오늘은 정부수립 내일은 남북통일"이었어요. 그런데 이승만 대통령은 무력통일만 주장했고 평화통일은 누가 얘기만 해도 잡아가지 않았어요? 죽이기도 하고 말입니다. 그것을 끝장낸 것이 4·19였고 그렇기 때문에 박정희 시대에 와서는 '선건설 후통일'이 얘기되기는 했을지언정 무력통일을 내세우지는 않았고, 심지어 남북 최초의 합의문건인 7·4공동선언 같은 것도 나올 수 있었던 거지요.

그래서 저는 산업화와 민주화의 관계를 너무 기계적인 단계론으로 이해하면 안 된다고 말하고 싶고, 동시에 처음부터 대한민국에는 민주주의와 경제발전 외에 또 하나의 기본적인 국가목표, 결손국가로서의 결손 상태를 극복하는 일, 곧 남북통일이라는 목표가 있었다는 점을 상기시키고 싶어요. 그것은 어디까지나 평화적인 통일인데―지금은 헌법전문에도 그 점이 명시돼 있습니다만―이 측면이 경제발전이나 민주화의 진전과 어떻게 얽혀 있는지를 동시에 살펴봐야 우리 현대사에 대해 원만한 통합적 역사인식이 가능해지리라 생각합니다.

박재창 결국 한국사회의 발전과정은 지금 말씀하신 것처럼 건국이나 산업화, 민주화가 대체적 관계를 형성하면서 발전해왔다기보다는 누적적이고 중층적인 관계를 구성하면서 발전해왔다고 보입니다.

다만 제가 말씀드리고 싶은 것은 건국 이후 여기까지 오는 사이에 작용한 외부 변수의 비중이 시대에 따라 달랐다는 점입니다. 그런 관점에서 보면 박정희 시대가 매우 중요한 역사적 전환점이었다고 생각됩니다. 이 시대를 중심으로 내생적 변수의 비중이나 국내 정치지도자의 발언권이 외생적인 변수나 주변국의 영향력에 비해 커지기 시작하지 않았나 생각되기 때문입니다. 그러나 안선생님께서는 한국 근대사회의 발전과정이 식민통치 이후의 사회적 혼란, 경제적 피폐, 정치적 갈등 같은 저발전 상태에서 추동되어야 했다는 사실을 비중 있게 감안해야 하고 이

점이 다른 정상국가의 발전과정하고는 필연적으로 다를 수밖에 없었다는 점을 이해해야 한다는 말씀이신 것 같습니다.

안병직 제가 한국 근현대사를 이해하는 데 있어서 역점을 두는 것은 한국이 식민지화와 저개발화를 통해서 근대화를 이루어간다는 점입니다. 고전적인 근대화 과정은 전통적인 산업인 농업의 발전이나 중소상공업의 발전을 통한 자생적·자립적 발전인데, 우리의 경우에는 그러한 발전과정이 없거나 매우 미약한 상황에서 세계자본주의와 접촉했기 때문에 식민지화나 저개발화를 거치는 과정에서 근대화 과정을 준비하다 보니까 외국으로부터 문명이라든지 지식이라든지 기술이나 자본, 심지어 군사적 원조까지 받지 않으면 도저히 근대화를 이룰 수 없는 상황이었습니다. 다시 말씀드리면 한국 근현대사는 선진국에의 캐치업 과정이었습니다.

그런데 이러한 역사적 과정을 선진국의 자생적 자본주의화 과정, 즉 경제사에서 말하는 고전적 자본주의의 이행이론을 가지고 관찰하게 되면, 한국 근현대사는 모든 측면이 온통 일그러진 것으로 보일 수밖에 없습니다. 그리고 식민지화라든지, 저개발화라든지, 정치·군사·경제적 예속이라든지, 독재나 권위주의라든지 하는 것들도 모두 사실이었습니다. 그래서 우리가 한국 근현대사의 실상을 이해하려면 근대화의 저개발국적 내지는 한국적인 길에 대한 이해가 필수적이라 봅니다.

이러한 근대화의 길에 대해서는 아직도 학문적 연구가 크게 미흡한 상황입니다. 저는 한국 근현대사를 제가 말씀드린 위와 같은 시각을 가지고 연구하게 되면, 앞으로의 학문적 성과는 무궁무진하리라고 생각합니다.

미국이 한국을 근대화시키려다 일이 제대로 진행되지 않으니까 쓰레기통에서 장미꽃이 피기를 기대할 수 없다고까지 하지 않았습니까? 그런데 현실적으로 장미꽃은 피고 말았습니다. 한국은 약 70년간의 개항기와 식민지기가 있었기는 합니다만, 서구에서 선진자본주의가 3백~4백년에 걸쳐서 달성한 성과를 불과 60년 만에 달성했습니다. 그리고 한국이 경험한 것과 같은 근대화 과정은 앞으로 중국과 인도, 그리고 기타 저개발 제국이나 아프리카의 근대화 과정을 관찰하는 데 있어서도 매우 유익한 지침을 주리라 생각합니다.

박재창 선생님 말씀엔 일면 동의하면서도 '발생하는 것은 모두 정당하다'라는 식의 사후필연론 같은 관점은 아닌가 하는 생각도 듭니다.

안병직 그런 혐의가 짙지요.(웃음) 사실 한국 근현대사를 구체적으로 분석한 결과를 가지고 말씀드리기보다 지금까지의 이론적 성과를 가지고 연역적으로 현시점의 성취를 가지고 온 역사를 설명한다는 흠이 있는 것은 사실입니다. 한국 근현대사의 전개과정에 대한 구체적인 분석은 젊은 연구자들에게 기대할 수밖에 없군요.

백낙청 소위 한국이 '따라잡기', 캐치업 하는 상황에서 발전해왔고 또 그럴 수밖에 없었다는 인식은 정당한 것 같아요. 다만 이런 담론은 거기에 걸맞은 차원에 적용해야 합니다. 캐치업 이론은 상당히 거시적인 설명 프레임 아니에요? 그러니까 더 세부적으로 들어가면 그걸로 설명이 되는 것이 있고 그보다 낮은 담론 차원의 개인이나 특정 집단의 구체적인 공과로 규정할 사안이 있는데, 그런 차원의 분별 없이 이론을 두루 뭉술하게 적용하다보면 특정인이나 특정 집단의 과오는 물론 공로도 얼버무려지게 됩니다. 가령 민주화운동을 해온 사람 중에는 박정희 대통령의 경제발전 공로 얘기가 나오면 그게 다 우리의 양질의 노동력이라든가 국제적인 상황이라든가 이런 것에 힘입어서 박정희 시대에 이루어진 전체적인 성과지 어떻게 박정희 개인의 공로가 되느냐고 반발하는 사람들이 많지요. 그 논리도 거대담론의 차원에서는 설득력이 높다고 생각합니다.

그러나 세부적인 진행과정을 평가하는 차원에서는 어떤 것은 박정희라는 개인이 탁월해서 잘된 게 있고, 또 박정희가 개인의 성향이나 배경 등 여러가지 한계로 인해 '따라잡기' 상황에서도 꼭 그럴 필요가 없는 잘못된 조치를 취한 경우도 드러나겠지요. 이렇게 거대담론은 거대담론 수준에 적용해야지 그것을 가지고 공과에 대한 정교한 인식을 호도하면 안 되겠다는 생각을 합니다.

또 하나는 한국의 경제발전을 평가하는 데 있어서는 국내적 요인과 전지구적인 요인, 캐치업 이론이라는 건 지구적인 맥락에 해당할 텐데, 그 두 차원 이외에 '한반도적 차원'이 개입한다는 점을 강조하고 싶습니다. 그것이 끼어들어야지 원만한 설명 틀이 된다는 거지요. 대한민국이 '따라잡기'를 하는 과정에서도 특정한 의미의 결손국가였기 때문에 경제발전의 초기 단계에서 더 유리한 점이 있었는데 지금은 남북대결의 완화 내지 해소를 동반하지 않는 경제발전이 불가능해졌다고 한다면, 그런 의미로 국내적 요인, 한반도적인 맥락, 전지구적인 맥락, 최소한 이 세가지는 동시에 고려해야 할 것 같아요.

안병직 캐치업 이론은 매우 간단히 도식화하면 세가지 조건으로 이루어져 있습니다. 첫째, 선발국(先發國)에 지금까지 후발국이 이용하지 않았던 지식·기술·자본 등 성장잠재력이 고도로 축적되어 있을 것. 둘째, 선발국과 후발국 간에 지식과 정보의 이동이 자유스러울 것. 이를 위해서는 제2차 세계대전 이후의 자유무역체제가 크게 공헌했습니다. 셋째, 후발국이 선발국으로부터 성장잠재력을 흡수할 수 있는 '사회적 능력'이 있을 것. 위의 캐치업 이론의 세가지 조건을 가장 잘 충족시키는 경제발전 모델이 수출지향 공업화 정책이나 구공산주의 제국의 개혁·개방이론입니다.

덩 샤오핑(鄧小平)의 개혁·개방이론은 한국, 대만 및 싱가포르의 경제발전 모형을 네 글자로 요약한 것입니다. 캐치업 이론에서 앞의 두가지 조건이 후발국에게는 주어진 여건이라고 한다면, 최후의 국내적 조건인

자국의 사회적 능력을 어떻게 확보하느냐가 매우 중요한 정책적 과제가 되겠습니다. 이러한 사회적 능력을 제대로 확보하기 위해서는 여러가지 정책적 수단을 강구하지 않을 수 없겠지만, 이러한 정책 역시 이미 국내에 축적되어 있는 사회적 능력을 동원하는 데에 주력하지 않을 수 없을 것입니다.

이미 국내에 축적된 사회적 능력과 관련하여 동아시아 경제발전에 있어서 주목해볼 점은, 중국, 일본 및 한국으로 구성되는 동아시아가 세계사적으로 보면 그 전통사회의 발전 수준이 서유럽과 비견할 만큼 높은 것이었다는 사실입니다. 조금 전에 백선생께서 말씀하신 우수한 노동력의 부존이라는 조건도 이러한 문화적 유산에서 유래한 것으로 볼 수 있습니다.

이러한 점에서 보면 한국이 근대화에 성공할 수 있었던 것은 전통사회 단계에서의 한국 문화의 고도한 축적에 힘입은 바가 컸던 것이 사실입니다만, 이러한 사실이 사회적 능력을 경제개발에 동원하는 개별적인 지도자의 공로를 부정하는 것은 아닐 것입니다. 한국 근대화에 있어서 지도자와 국민들이 제각각 차지하는 위치를 제대로 설정하는 작업이 중요하지 않을까 합니다.

박재창 긍정적으로 말씀하시면 캐치업 발전이고 조금 부정적으로 얘기한다면 모방발전론이 되겠는데요. 우리가 이 시점에서 정작 고민해야 할 과제는 그렇다면 어느정도 캐치업을 해놓은 상태에서는 앞으로 어떻게 해야 하느냐의 문제인 것 같습니다.

백낙청 적정한 수준의 경제성장을 지속해야겠다는 의지와 전략이 필요하겠지요. 또 민주화가 심화되어야지 결코 중단되거나 후퇴해서는 안되겠다는 것은 당연하죠. 동시에 강조하고 싶은 것은 처음부터 대한민국의 국가목표는 국민들을 먹여 살릴 경제력과 국방·안보 그리고 민주주의를 실현하는 것이었는데, 또 하나가 아까도 말했듯이 남북통일이었지요. 하지만 무력통일은 불가능하다는 것이 한국전쟁을 통해 명백해졌어요.

그럼에도 불구하고 계속 무력통일을 주장하는 이승만정권에 대한 국민의 심판이 4·19를 통해서 내려졌고 이후로는 평화통일이 기조가 됐는데, 더 오랜 세월을 지나면서 우리가 또 하나 인식하게 된 것은 무력통일도 불가능하지만 평화통일도 간단히 되지는 않는다는 사실입니다. 동시에 그동안의 경제발전 과정을 지켜보면, 어느 시점을 지나고부터는 남북대결을 완화하는 작업이 경제성장하고 병행해왔습니다. 특히 87년 6월항쟁 이후에 비로소 우리가 민주화와 경제발전을 병행할 수 있게 되었는데, 바로 이 시기가 노태우정부에 의한 '한민족공동체통일방안' 발표와 남북기본합의서 체결 등으로 남북화해·협력의 기운이 높아진 시기였거든요.

그리고 6·15공동선언에 대해서도 여러가지 해석이 있는 걸로 압니다만, 저는 우리가 IMF 구제금융 사태를 당하고 그것을 수습하면서 6·15공동선언을 통한 남북교류·협력의 획기적인 전진의 계기를 만들었다는 것이 이후에 한국 경제가 계속 더 발전할 수 있는 중요한 요인이었다고 봅니다. 혹자는 6·15공동선언을 두고 잘나가던 대한민국이 그때부터 엉망이 되었다고 주장하기도 합니다만, 경제에 관한 한 그것은 온갖 실증적 지표에 어긋나는 진단입니다. 노태우정부 이후 YS, DJ, 노무현 정부 등 각각의 정부에서 그 나름으로 경제성장과 민주화가 진전해왔는데 여기에 남북대결의 점진적인 완화 과정이 병행되었던 것입니다. 앞으로도 한국 경제가 한 단계 더 발전하려면 남북관계에도 획기적인 돌파구가 마련되어야 한다는 것이고, 그러자면 그것은 갑작스럽게 북쪽이 무너진다든가 하는 사태가 아니고 그래도 제일 현실적인 것이 남북연합의 건설과정이다, 이렇게 보는 거지요.

박재창 시간이 많이 지나서 마무리를 해야 할 것 같은데, 앞으로의 대한민국은 어떻게 가야 할 것인가, 미래의 한국상에 대해 두분께서는 어떤 합의를 할 수 있는가 하는 점에 대해 이야기해봤으면 좋겠습니다.

특히 일종의 모방발전론이 나름대로 유용성이 있었다고 하더라도 앞으로의 한국사회 발전에도 여전히 유용한 것인가? 이제는 새로운 대안을 찾아야 할 때가 아닌가 하는 점이 과제일 것 같습니다. 정치·경제의 발전에 있어서도 그렇고 특히 남북문제에 있어서도 마찬가지인 것 같습니다. 굉장히 창의적인 또는 다른 표현으로 하자면 한국적인 표준을 우리 스스로 만들어나가지 않는다면 과연 오늘날 우리 사회가 당면한 과제들을 돌파해나갈 수 있을까 하는 생각을 하게 됩니다. 지금까지 선생님들께서 말씀하신 대로 소위 결손국가의 구조적인 특성이 응집돼서 분출하고 있는 것이 정치 분야의 경우 한국적 속성이라면 이를 해결하는 데 있어서는 어떤 창의적인 대안 없이 소위 정상국가들의 발전에서 힌트를 얻어 해결하기는 어려운 것 아닌가, 남북문제도 마찬가지 아니겠나 하는 생각이 듭니다. 그렇다면 미래 한국사회를 어떻게 어떤 비전을 가지고 이끌어나아가야 하겠는가가 궁금해지는데요. 여기에 대해 말씀해주시죠.

안병직 박선생께서 캐치업 이론은 결국 모방이론에 불과한 것이 아닌가 하셨는데, 맞는 말씀입니다. 그럼에도 불구하고 제가 캐치업 이론을 강조하는 것은 그것이 바로 한국의 근현대사였다는 점입니다.

조금 거칠게 이야기하자면 한국의 근현대사는 서양 문화의 모방 과정이었습니다. 우선 이 점을 직시하여두는 것이 우리가 현재 우리의 참모습을 정확하게 파악하는 올바른 길이 아닌가 하는 것입니다. 이 점을 적당하게 얼버무려버리면, 우리는 우리의 현실을 정확하게 파악할 수 없을 것입니다.

그러나 모방 과정이 결코 모방 과정으로만 끝나는 일은 없습니다. 크게 보면 세계사는 창조 과정이라기보다 모방 과정이라는 측면이 훨씬 우세하지 않았나 합니다만, 그러나 모방 과정은 반드시 창조 과정을 동반했습니다. 적당한 비유가 될지 모르겠습니다만, 온고이지신(溫故而知新)은 모방과 창조가 하나의 과정이라는 것을 보여주고 있습니다. 한국의 근현대화 과정은 서양 문화의 모방 과정에 불과했습니다만, 캐치업 과정이라는 전대미문의 새로운 세계사적 차원의 근현대화 과정을 창조한 것 아닙니까? 앞으로의 저개발국의 근대화 과정은 이 모형에서 크게 벗어날 수 없을 것입니다. 개혁·개방이 구사회주의 제국의 보편적 발전 모델이라는 점에서도 확인됩니다. 이러한 관점에서 보면 모방 과정은 엄청난 창조 과정을 동반하는 것입니다.

역시 한국 현대사적 과제는 선진화와 통일이고 이에는 국민적인 합의가 있지 않나 생각하고 있습니다. 우선 통일문제에 관해서 말씀드리면 백선생이 말씀하신 바와 같이 남북 간의 평화적인 통일이 쉽지는 않겠지만, 6·15공동선언이라는 것이 평화통일 지향적이었다는 점은 부정할 수 없습니다. 저는 6·15남북공동선언은 그것을 선언한 사람들이 자각하지 못했던 역사적 저류(底流)를 탄 면이 있었다고 생각합니다.

무슨 얘기냐 하면, 이승만―박정희―전두환 시대까지는 남북 간의 체제경쟁적인 상황이었는데, 그 이후에는 체제경쟁적인 상황이 소멸되어버렸어요. 남쪽이 이제는 북쪽과 체제경쟁을 할 상황이 아니고 어떤 방법으로든지 북쪽을 끌어안지 않으면 남북문제가 풀리지 않는 상황이 되어버린 것이지요. 체제경쟁이나 대결정책에서 포용정책으로 전환할 수밖에 없었는데, 구체적으로 어떻게 포용할 것이냐에 대해서는 여러가지 이견이 있을 것 같습니다.

한편 한국의 선진화 정책에 있어서 핵심은 교육정책이 아닐까 싶습니다. 역시 한국이 가지고 있는 기본 자원은 인적 자원이거든요. 그리고 우리가 선진화를 하는 데 있어서 단순히 물질적 선진화만 가지고는 될 문제가 아니고, 문화 수준을 끌어올려서 독자적인 한국적 시스템을 구축해야 하는데, 아직은 독자적인 시스템의 구축이라는 측면에서 부족한 것이 많습니다. 그렇게 하려면 우리 국민의 의식과 지적 수준이 비약적으로 발전하는 수밖에 없는데, 이것들을 확보하는 직접적 방법이 바로 교육이지요.

그리고 조금 전에 백선생이 말씀하신 바와 같이 지금 경제적으로 발전했다고 하지만 조금 더 발전해야 하고, 민주주의도 지금부터 진짜 민주주의의 단계로 들어가야 합니다. 지금까지 실현된 민주주의라는 것이 아직은 구호로서의 민주주의였지 생활로서의 민주주의는 정착되지 않았다고 봅니다. 생활로서의 민주주의를 확실하게 정착시키기 위해서는 지방자치가 필수적입니다. 지방자치라는 것이 결국 재정·치안·교육의 자치인데, 이 세가지 모두를 중앙이 틀어쥐고 있어서 지방자치의 공간은 매우 협소해 보입니다. 민주주의라는 것이 자신의 일을 자신이 하는 것이라고 한다면, 제대로 된 지방자치의 실현이 시급합니다.

하나는 정당의 자율적 운영이 시급한 것 같습니다. 김영삼씨와 김대중씨도, 입으로는 민주주의를 외쳤지만, 정당을 만들고 싶으면 만들고 깨고 싶으면 깼다는 점에서 사실상 제왕적 당수요 대통령이 아니었습니까? 이명박 대통령도 아직 한나라당을 손아귀에 쥐고 흔들고 싶어합니다. 제왕적 대통령이라는 것은 대통령이 국회의원을 만들고 싶으면 만들고 국회가 자기의 말을 듣지 않으면 물리력으로 제압할 수 있을 때 통하는 것인데, 지금 평당원으로 있는 대통령이 제왕적 대통령을 꿈꾸는 것은 무리입니다. 대권하고 당권을 완전히 분리해서 누가 정권을 잡든지 당이 완전히 자율성을 가지게 하는 것이 한국 민주주의의 실현을 위하여 시급한 과제입니다. 이 점에서는 야당의 문제도 여간 심각하지 않습니다. 전부가 갈가리 찢어진 포말(泡沫)정당이 아닙니까? 입만 열면 민주주의를 주장하는데, 과연 자기의 꼴이 민주주의를 할 수 있는지 자문(自問)해보아야 합니다.

또 지금부터는 사회적 갈등을 완화시키기 위하여 복지국가를 보다 충실히 구현할 때라고 봅니다. 복지정책은 반드시 사회주의 정책이 아니고, 한국사회가 이미 크게 성숙했기 때문에 복지정책을 실시하지 않으면 안 되는 측면도 있고 또 복지정책을 쓰지 않으면 사회적 갈등을 잠재울 수도 없을 것입니다. 물론 이 복지정책이 국민들의 자유를 제약한다거나 국민들의 사회에 대한 의존성을 기르는 방향으로 실시되어서는 안 될 것입니다.

결론적으로 말씀드리자면 한국사회는 이미 선진국적인 측면이 농후합니다. 정치적으로는 자유주의와 사회주의가 공존할 수밖에 없는 발전단계에 이르렀습니다. 자유민주주의와 사회민주주의가 정치사상의 중심축을 이루고 그 양쪽으로 극우나 극좌도 포진하는 사상적으로 완전히 자유로운 사회를 지향할 수밖에 없다고 생각합니다. 단, 이 경우에도 사회구성원의 일부를 국민에서 배제하려는 반공주의나 대한민국의 존재를 부정하는 종북주의는 극복되어야 한다고 생각합니다. 국민의 일부를 국가에서 배제한다거나 자기가 그 속에 소속된 국가를 부정하고서야 어떻게 국민들이 평화적으로 더불어 살 수 있는 공동체가 형성될 수 있겠어요?

백낙청 안선생께서 참 좋은 말씀 많이 하셨습니다. 교육의 중요성을 강조하신다든가, 지방자치를 강화해야 한다든가, 제왕적 대통령의 권한을 제약해야 한다든가—꼭 헌법개정을 통해서가 아니더라도 국회에 대해 말씀하셨듯이 삼권분립을 자기들 스스로 시행할 필요가 있지요—복지국가를 위한 적극적인 정책을 펼쳐야 한다든가, 사상의 자유를 제대로 보장하자는 말씀도 저로서는 아주 공감하는 얘기들입니다.

사실 그동안 안교수의 글들을 읽거나 행보를 보면서 오늘 대화에서 의견차이가 난다면 하나는 남북관계 문제요, 다른 하나는 이명박정부에 대한 평가가 아닐까 생각했었는데, 물론 지금도 의견차이야 있겠죠. 그렇지만 남북관계에 대해 6·15공동선언의 의미를 안선생 나름으로 평가를 하신 것이 흐뭇합니다. 당시 정상들 자신이 의식하지 못한 역사적 조류가 반영됐을 가능성이 있다고 하셨는데, 덧붙이자면 그들이 의도하지 않았던 새로운 역사적 조류의 물꼬를 터주는 결과도 있었다고 봅니다. 그것이 바로 시민사회의 강화라는 점과 통하지요. 가령 통일을 갑자기 한다면 아무래도 정부가 전적으로 주도하고 국민들은 지지하느냐 반대하느냐 하는 선택밖에 할 일이 많지 않습니다.

그러나 통일을 하긴 하는데 지금 당장은 안 하겠고, 남북연합 내지는 낮은 단계의 연방제라는 중간단계를 거쳐서 점진적으로 하겠다고 합의를 하면 그때부터는 온갖 사람들이 다 끼어들 공간이 열리는 거예요.

남북연합을 하는 준비과정에도 시민사회가 참여할 여지와 공간이 생기고, 연합은 어떤 내용이 되어야 하고 또 언제 해야 하는지 이것도 정부당국이 맘대로 결정할 수 없게 됩니다. 독일처럼 서독정부가 일방적으로 주도하는 통일도 안 되지만 예멘처럼 지도자들끼리 밀실에 모여 담합해서 나눠먹기식으로 하는 통일도 불가능해집니다. 세월을 거치면서 남쪽과 북쪽의 사회가 각기 어떤 내용으로 어떤 기여를 하느냐, 얼마만큼 인풋(input)을 하느냐에 따라서 남북연합의 성격과 시기가 결정되고 누구의 의사가 더 많이 반영될지가 결정되는 거죠. 시민사회가 많이 참여하는 쪽과 적게 참여하는 쪽 사이에 영향력의 일정한 불균형이 생기는 것은 어쩔 수 없는 일이에요. 아무튼 6·15공동선언으로 인해서, 위정자들은 그런 생각까지 안 했을 가능성이 많지만, 시민참여의 공간이 열렸다고 말씀드리고 싶고, 이 과정과 우리의 국내 개혁이 맞물려 있다는 점을 강조하고 싶어요. 이명박정부에 대한 평가에 관해서도 이명박정부 자체의 자기인식은 2008년 이명박정부 출범이 '선진화 원년'이라는 것 아니겠습니까? 그런데 안선생 얘기를 오늘 가만히 들어보니까 꼭 그렇게만 보시는 것 같지는 않아서 든든합니다.(웃음)

박재창 오늘 두분 선생님 말씀을 듣고 제가 좀 혼란스러운 것은 두분

이 견지해오신 진보와 보수의 입장이 서로 바뀌어져 있지 않나 하는 생각마저 들기 때문입니다.(웃음)

백낙청 우리가 제대로 선진화하려면, 선진화와 갑작스런 통일은 양립하기 힘들지만, 국가연합을 거쳐 시민사회가 능동적으로 참여하는 길고도 단계적인 재통합 과정과 선진화는 오히려 맞물려 있다는 인식이 중요합니다. 동시에 새 정부 출범 이후 현실적으로 선진화가 순조롭게 진행되고 있는가 아니면 오히려 혼란이 가중되고 있지 않는가 하는 점에 대해 정직하게 판단할 필요가 있다고 봅니다.

안병직 백선생의 마지막 지적은 굉장히 중요합니다. 선진화와 조속한 통일은 양립하지 못합니다. 통일하면 남쪽의 성장잠재력이 북쪽으로 홍수처럼 빨려 들어가버리기 때문입니다. 대만과 중국의 관계를 보면 알 수 있는데, 대만이 약 10년 전만 하더라도 1인당 소득 면에서 우리보다 훨씬 우위에 있었는데, 지금은 우리보다 훨씬 밑으로 떨어졌습니다. 왜 그러냐면 성장잠재력이 대륙으로 많이 빨려 들어가버렸거든요. 그러한 상황이 우리에게도 반드시 일어납니다. 대만과 중국 사이에는 혼란이 없어도 그러한데, 남북 간의 갑작스런 통일은 반드시 엄청난 혼란을 수반할 것입니다. 그러나 점진적 통일이라면 남북의 경제성장이 양립 안 될 이유가 없지요. 그 점에서 백선생의 지적은 굉장히 중요한 지적이라고 생각합니다.

백낙청 남북연합에 대해서도 구체적으로 연구할 필요가 있는데요. 세계적으로 국가연합의 전례가 많지만 남북한의 연합은 아주 특수한 사례가 될 것이고 그야말로 우리가 창의적으로 만들어야 할 연합 형태일 겁니다. 가령 유럽연합도 아직은 느슨한 연합 아닙니까? 그렇지만 남북 간의 국가연합은 어떤 면에서 그것보다 더 느슨하고 낮은 단계의 연합이 될 수밖에 없어요. 우선 화폐통합을 하는 연합이 아닐 것이고 해서도 곤란합니다. 또 하나는 통일이 안 되더라도 남북 간에 유럽연합처럼 자유왕래나 하면 좋겠다는 말을 흔히 하는데, 저는 남북 간에 국가연합이 형성되더라도 주민의 이동이, 물론 지금보다는 더 확대되고 자유로워지겠지만 여전히 통제되는 그런 연합일 수밖에 없다고 봐요.

안 그러면 남북이 모두 감당할 수 없는 상황이 될 테니까요. 그런 면에서는 국가연합 중에서도 낮은 단계의 연합일 것인데, 다른 한편으로 궁극적인 통일을 향해 돌이킬 수 없는 한걸음을 내딛는다는 의미에서는 유럽연합보다도 훨씬 더 통일의 성격이 강한 아주 독특한 연합이 될 것입니다. 이걸 어떻게 간을 잘 맞춰서 적절한 시기에 적절한 내용과 제도를 채워넣을까, 그리고 어떻게 이 과정을 국내 개혁 문제하고 연계해서 성공적으로 추진할 것인가를 연구하고 그 방도를 창안하는 것이 필요하다고 봅니다.

박재창 통일문제에 대해 점진주의적인 접근을 해야 한다는 데에 두 분께서 합의를 보고 계신데 이 점은 매우 중요한 결론이라고 생각합니다. 앞으로 우리 사회가 진행해나가야 할 방향에 대한 지시등 같은 역할을 할 것이기 때문입니다.

그러나 선진화 문제에 대해서는 우리 사회가 조금 더 세밀히 논의할 필요가 있다고 봅니다. 아까 모방발전의 시대를 넘어야 한다는 말씀을 하셨는데, 그런 관점에서 보면 선진화라는 말이 전달하고자 하는 메시지가 무엇인지는 알겠습니다만 용어 자체가 동반하는 의미에는 적지 않은 문제점이 있다고 늘 생각해왔습니다. 도대체 우리가 얘기하는 선진화의 실체가 무엇이냐, 소위 서구의 정상국가 발전모델을 답습하자는 것인지, 그래서 우리의 다음 단계가 서구사회의 재현인지, 그럴 경우 과연 그것이 우리 사회가 지향해야 할 발전 목표인지, 또 앞으로의 시대에서도 그런 서구사회의 재현 모델이 유효할 것인지 아니면 이제부터는 우리식으로 한국적 표준을 모색해나가야 하는 것인지가 분명치 않기 때문입니다.

그러면서도 교육문제를 제기하신 것은 굉장히 중요한 지적이라고 생각합니다. 그동안 우리 사회에서는 교육에 대한 논의가 주로 어떻게 가르칠 것인가에 치중해왔고, 기실 교육의 실체라고 할 수 있는 무엇을 가르칠 것인가에 대해서는 오히려 사회적 관심이 소홀했습니다. 특히 민주적 사회공동체의 형성 없이 과연 한국사회가 다시 재도약의 전기를 마련할 수 있겠느냐 하는 점에 주목할 경우 이 문제는 매우 중요한 시사점을 갖는다고 봅니다. 이 시점에서 우리 사회가 발전의 정체 내지는 전환기적 혼돈에 처해 있다면 이를 돌파하기 위해서는 더이상 사회자본의 축적 없이는 불가능하고, 사회자본의 축적은 우리의 경우 범사회적인 민주시민교육 문제와 직결되는 과제라고 보기 때문입니다. 민주시민사회의 일원으로 주체적인 삶을 영위하는 것이 어떤 의미를 가지며, 어떤 것이 민주적이고 또 아닌가를 아는 일뿐만 아니라 민주적인 삶을 영위해나가는 데 필요한 기술이나 역량, 예컨대 토론이나 사회를 보는 일부터 말하는 능력에 이르기까지 그리고 무엇보다도 중요한 것은 이런 것들을 몸에 익혀 체화하는 학습과정이 전제되어야 하는데 이를 위한 국가적인 노력이 시급하다는 생각입니다. 정부의 교육정책이 시급히 변해야 하는 이유입니다.

지방자치 문제에 대해서도 크게 공감하게 됩니다. 지방자치는 단순한 권력의 분권이나 공유의 문제를 넘어서는 일종의 사회복지정책 가운데 하나라고 생각합니다. 그러니까 소위 일극체제(一極體制)에서 패배한 사람들에 대한 구원 수단의 하나라는 의미도 내포하는 것이지요. 그러나 우리가 지금 실시하고 있는 지방자치는 말만 지방자치이지 실제로는 지방자치가 제대로 실시되지 않고 있는 실정입니다. 흔히 우리의 자치를 2할 자치라고 하는데 지방자치가 할 수 있는 일의 범위가 전체 법령의 2할 정도에 지나지 않는다는 말씀이지요. 이런 정도를 가지고는 제대로 된 자치를 할 수 없고 그러니 지방정부가 제대로 운영되지 않는다거나 지역의 사회공동체가 잘 발흥하지 않는다는 것은 어찌 보면 너무나도 당연한 결과이지요. 사실 세종시 문제만 하더라도 지방분권이 지금보다 훨씬 더 진전된다면 지금 전개되고 있는 식의 국가운영상의 효율성 논쟁은 의미가 없어지는 것이라고 생각합니다.

대통령 중심의 제왕적 일극주의체제가 지니고 있는 문제점에 동의하고 그래서 헌법개정안 가운데 하나로 이원집정부제(二元執政府制)를 제안할 정도라면 지금이라도 대통령과 총리 사이에서 권한의 분담이나 수평적 권력 조율이 필요한 일이고 또 가능한 일이며 이럴 경우 대통령과 총리가 꼭 지근거리에 있어야 하느냐 하는 문제는 전혀 다른 차원의 논의를 필요로 하는 것이지요. 같은 이치로 중앙정부의 권한이 지방정부로 대폭 이전된다면 중앙정부의 일원론적 운영에 대한 수요는 당연히 줄게 됩니다.

백낙청 지방자치라는 것이 단순히 정치나 행정적인 권한을 분권화하는 것만이 아니고 사회복지적인 측면이 있다는 말씀은 맞아요. 그러나 앞으로는 '일극체제에서 패배한 사람들에 대한 일종의 구원 수단'에서 한걸음 더 나아가야 합니다. 지방이라는 것을 언제까지 우리가 영원한 복지의 수혜 대상으로만 봐야 할까요. 그런 게 진정한 선진사회는 아닐 거거든요. 제대로 된 선진사회는 지방이 독자적으로 세계에 대해 경쟁력을 가지고 유대를 맺고 그래서 수도권이 대체할 수 없는 독자적인 경제권·생활권을 이룬 나라가 아니겠습니까? 세종시 문제만 해도 그래요. 얼마 전 『조선일보』에 김석철(金錫澈) 교수가 세종시에 대한 아이디어를 발표했는데(2010년 1월 8일자. 김석철 「긴급제안: 세종시, 황해공동체의 중심도시로」―편집자), 두가지 중요한 포인트가 있었다고 봅니다. 하나는 인구 50만 도시를 단기간에 인위적으로 만든다는 건 비현실적인 이야기니까 처음부터 10만 단위의 다섯개 도시군을 설계하고 그 성격에 맞는 일부 행정부처를 이전해야 한다는 것이었지요. 또 하나는, 특히 새만금 앞바

다를 완전히 매립하지 않고 열어놓을 경우, 세종시가 금강—새만금을 거쳐 중국 횡단철도의 시발점인 렌윈강(連運港)으로 연결해서 내륙으로 가는, 다시 말해 수도권을 거치지 않고 중국과 직접 소통하고 교역하고 연대하는 황해공동체의 또 하나의 중심도시를 만들 수 있다는 주장입니다. 그 구상 자체는 더 많은 검토가 필요하겠지만, 중요한 것은 지방 살리기라는 게 그런 식이 되어야 한다는 점이죠. 지방이 중앙에서 하나를 더 얻어가겠다는 생각이 아니라 지방은 지방대로 별도의 세계화·지역화를 할 수 있는 적극적인 관점을 반영해서 지방자치를 논하면 좋을 것 같습니다.

박재창 물론입니다. 저도 중앙정부의 수혜 대상으로서의 지방정부를 얘기한 것이 아니라 지금 백선생님이 말씀하신 대로 그런 자율적 의사결정 주체로서의 지방정부를 위한 국가권력 재편 문제를 말씀드린 것입니다. 그래야 지방이 지구화 시대에 걸맞은 자생적 단위기구로 활동을 할 수 있을 것입니다. 지방자치이니만큼 수혜적인 의미의 사회복지가 아니라 소위 자활적 복지가 되어야 할 것도 물론이고요. 더 나아가 지금 단계의 우리 사회가 주목해야 할 보다 핵심적인 과제 가운데 하나는 일국주의의 폐쇄성에서 벗어나야 한다는 점일 것입니다. 우리 사회가 오늘날 당면하고 있는 여러 사회충돌적 과제들은 사실 몸체는 이미 지구화 시대를 넘나드는 공룡으로 성장했는데 인식의 틀이랄까 두뇌는 아직도 일국주의의 한계에서 벗어나지 못하는 데에서 빚어지는 고통이랄까 외마디랄까 하는 것이라고 생각됩니다. 한국사회가 진정으로 지구적인 시각에서 우리의 문제를 바라보는 인식의 전환을 이루어낸다면 지금 우리가 당면하고 있는 시대적인 과제들을 새롭게 조명하거나 규정할 수 있고 그에 따라 교착상태에 있는 여러 과제들을 해결해나갈 수 있을 것이라고 봅니다.

지금까지 말씀을 들어보니까 두분 선생님들은 많은 점에서 합의를 보고 계신 것 같습니다. 적어도 대한민국의 정당성에 대해서는 이견이 없으시고 소위 결손국가의 양면성이라든지 남북통일의 전개과정이나 진행방향에 대해서도 합의를 보고 있고, 북한의 현실에 대한 인식에 있어서도 큰 차이는 없으십니다. 또 북한이 개혁과 개방의 정책을 채택하기 어려운 구조적인 한계를 지닌다는 점이나 북핵문제 해결이 결코 간단하지 않을 것이라는 점에 대해서도 견해를 같이하시면서 평화통일이라는 대원칙에 동조하고 계십니다. 나아가 평화통일이 결코 간단한 문제가 아닐 것이라는 점에서도 이견이 없으십니다. 대한민국의 전개과정에 대해서도 경제성장이나 민주주의 발전을 통해서 많은 성취가 있었지만 앞으로도 더 심화하거나 발전시켜야 할 과제가 산적해 있다고 진단하는 데 동의하고 그간 한국사회의 발전전략이었던 캐치업 모델의 불가피성에 대해서도 같은 견해를 지니신 것으로 이해됩니다. 더 나아가 앞으로도 과연 이런 전략이 유용할 것인가에 대해 진지한 검토가 있어야 한다는 점에 대해서도 의견이 같으신 줄로 압니다. 바로 이런 점들에서 지금까지 우리 사회의 보수진영과 진보진영을 대표해오신—오늘의 대담을 통해 두분께 이런 꼬리표를 붙여도 되나 하는 생각마저 들게 되었습니다만—두분께서 현실 진단이나 과거의 진행과정 그리고 미래 사회의 지향점 등에 대해 대화하고 소통할 수 있는 인식의 토대를 공유하고 있다는 사실이 확인되고 있습니다.

그러나 그렇다고 해서 이 자리가 건전한 한국사회의 미래 발전을 위한다는 미명 아래 이념의 차이를 그냥 건너뛰자거나 아니면 새로운 대안의 모색을 위해 이를 융합하고자 하는 자리는 아니었음도 밝혀야 할 것 같습니다. 오늘의 대담이 이 시대를 살아가는 많은 이들에게 깊은 가르침과 살아 있는 메시지가 되었을 것으로 믿어 의심치 않습니다.

귀한 시간을 내어주신 두분 선생님께 다시 한번 감사의 말씀을 드립니다.

새로운 세상과 만나는
여성운동

백낙청(계간 『창작과비평』 편집인, 문학평론가)

조은(사회학자, 동국대 명예교수)

백낙청 조은 선생을 모시고 여성 분야에 관한 이야기를 하게 되어 대단히 기쁘게 생각합니다. 조선생님께 참석을 청탁드렸더니 '왜 하필이면 나냐' 하고 궁금해하셨다고 들었어요.(웃음)

조은 예, 지금도 여전히 궁금합니다.(웃음)

백낙청 실제로 독자들 중에서도 왜 조은 선생을 모셨을까 궁금해할 분이 있을 거예요. 그러니 선생님을 모신 이유를 말씀드리는 걸로 시작하지요. 여성 분야라는 게 그 안에 여성이 처한 현실에 대한 분석이나 대응책도 있고, 여성운동도 있고, 또 여성학·여성주의 담론도 있어요. 굉장히 광범위하죠. 또 그 각각의 분야들 안에도 갈래가 많고요. 그 어느 하나에 집중해서 얘기 나눌 실력이 저한테 없기도 하지만(웃음) 독자들

■ 이 대담은 2015년 3월 23일 이루어진 것으로, 인터뷰집 『백낙청이 대전환의 길을 묻다』(창비 2015)에 실렸다.

은 이 분야를 포괄하는 이야기를 듣고 싶어할 것 같아요. 그러려면 연륜도 있고 다양한 경력을 가진 분이라야 하지 않을까 싶었어요. 조은 선생은 학자나 활동가로서 많은 일을 해오셨고 소설도 쓰셨고, 「사당동 더하기 22」라는 다큐멘터리의 감독도 맡으신 바 있지요. 그런데 조선생님이 '왜 나일까'를 궁금해하실 때에는 제가 관여하는 『창작과비평』이라는 잡지가 여성문제를 별로 다룬 것 같지도 않고 '이번 책의 대담자나 기획자가 전부 남성들인데 내가 가서 무슨 대화가 될까' 하는, 궁금증만 아니라 걱정도 있지 않았나 짐작합니다.

제가 얼마나 대화 상대가 될지는 모르겠지만 혹시 미흡하더라도, 조선생님이 아주 젊은 활동가보다는 조금 너그럽게 봐주시지 않을까 하는 바람도 있어요.(웃음) 또한 조선생님께서 어느 자리에서 피력하시기를, 여성학의 '게토(ghetto)화' 현상을 돌파할 수 있는 장이라면 상대가 다소 마뜩찮아도(웃음) 나가는 게 좋겠다는 생각이라 하셨기에 나와주실 거라는 희망을 품었지요. 오늘 이 자리가 이 대담집으로서는 여성문제라는 대단히 중요한 분야를 고찰하는 기회가 되고, 조선생님으로서는 게토화 돌파에 다소나마 도움이 되는 자리가 되길 바랍니다.

그럼 본론으로 들어가서, 한국사회의 현실 문제, 일반 독자들이 많이 관심을 갖는 시의성 있는 문제로 시작했으면 합니다. 언론에 제일 많이 오르내린 것은 최근의 여러 성범죄 사건들인데요. 그중에는 성폭행(강간)범죄, 심지어는 살인이 따르는 성범죄가 있는가 하면, 직장에서의 성희롱·성추행 사건들이 이목을 많이 끌고 있어서, 그에 관한 얘기부터 듣고 싶습니다. 물론 더 시급한 이야기가 있다고 생각하시면 그것부터 해도 좋고요.

페미니즘에 대한 예기치 않은 역풍

조은 왜 저를 택했을까에 대한 대답은 대체로 선생님께서 잘 해주신 것 같아요. 한편으로는 제가 대담하기 편한 여성학자인가라는 생각이 들었고, 다른 한편으로는 우려하지 않아도 될 만큼의 진보성을 제가 담보할 수 있겠다고 남성 원로들께서 생각하신 게 아닐까 싶었어요. 선생님이 말씀하신 두가지, 저도 저 나름대로 여성학이나 여성운동의 지점들을 조금 더 넓혀가야 하고, 게토화에 대한 선배 여성학자로서의 사명도 없지 않고요.

선생님께서 말씀하신 성폭력이나 성희롱 같은 이슈보다, 최근 들어와서 저희가 더 걱정하는 것은 여성학이나 여성운동의 취약 또는 게토화도 있지만, 사실은 백래시(backlash, 역풍)입니다. 백래시가 시작되었구나라는 우려가 굉장히 커요. 그래서 그 문제부터 말씀드리고 성폭력 문제로 넘어가면 어떨까 싶어요.

얼마 전에 SNS에서 어떤 젊은 청년이 IS(급진적인 수니파 무장단체 '이슬람국가'—편집자)에 가담하면서 본인 트위터에 페미니스트가 싫다고 쓴 게 화제가 됐는데요. 그 청년이 트위터에 남긴 말이 그것 하나가 아닐 텐데 우리 언론은 『한겨레』조차도 그걸 표제로 뽑았어요. 그건 알게 모르게 한국사회가 페미니스트를 어떤 극단적인 혐오 대상이 될 수 있는 집단으로 드러낸 사례가 아닌가 생각돼요. 이런 일들이 연이어지면서 사람들이 이렇게 묻게 됐죠. '그동안 잊어버렸는데 페미니스트가 뭔데?' '페미니스트가 뭐 하는 사람들이야?' 이같은 질문을 새롭게 등장시킨 거예요. 우려와는 조금 다르게 여성민우회 등의 여성운동단체에 대한 가입신청이 늘었다고 해요.(웃음)

참 흥미로워요. 아무도 주목하지 않은 데서 여성운동과 페미니즘이 슬그머니 문제시된 것 같아요. 근래에 워낙 큰 사건들이 계속 터지면서 거기에 대한 내성이 점점 강해지는 것처럼, 우리 사회가 여성문제에 대해서도 거의 내성이 생겨서 그것을 문제로 느끼지도 않는 수준에 온 것이 아닐까라는 우려가 있었거든요. 그러다보니 IS 가담 청년의 말을 어떻게 해석해야 하는가라는 문제의식에 마주친 거죠. 이런 반페미니즘 정서에 대해 정식으로 "나는 페미니스트다"라는 태그, 즉 꼬리말을 붙여서 SNS에 올리자는 캠페인도 벌어졌어요. '나는 평등과 평화를 사랑하기 때문에' '환경과 교육 기회의 평등을 원하기 때문에' '직장에서 성희롱이 자행되는 것을 더이상 볼 수 없기 때문에 페미니스트다' 등으로 선언하는 공론장이 등장한 거죠.

이에 대해 비교적 진보적인 색채를 가진 신문사의 한 칼럼니스트가 '그렇게 페미니스트라고 선언함으로써 페미니스트라고 선언하지 않는 여성들을 소외, 배제시키는 어떤 전선을 형성하는 것'이라는 투의 글을 실음으로써 다시 한번 논란이 일었지요. 페미니스트를 둘러싸고 예기치 않은 지점에서 논쟁이 일어난 거예요. 한국사회 여성문제의 수준과 현황, 담론생산자의 문제 등을 확인하게 된 거죠. 현실을 보면 '아, 정말 여성운동은 어디로 가야 할까' '페미니스트가 이제는 우리 진보담론에서 백안시되는 것은 아닐까?' 하는 생각도 들어요. 한때 페미니즘은 지식인 남성들 사이에서 진보이념의 중요한 지점이라고 인정하는 경향이 있었죠. 지금은 아까 말씀드린 것처럼 여러 면에서 백래시가 벌어지고 있는 듯해요.

그동안 여성운동을 해왔고 혹은 그 안에 있어왔던 저로서는 성폭력 문제 또한 우리가 가볍게 볼 수 없는, 굉장히 깊이 반성하고 성찰해야 하는 문제라고 생각해요. 최근 서울대 수학과의 한 교수가 일으킨 성추행 사건이 단적인 예죠. 세계적인 수학자라는 사람이 그렇게 지속적으로 그런 일을 벌여왔음에도 오랫동안 드러나지 않았다는 것은 단순히 성폭력·성추행이 우리 사회에 얼마나 일반화되었는가의 문제를 넘어선 것이라고 봐요. 제가 이 문제를 더 깊이 성찰하게 된 건, 한국사회 최초의 성희롱 관련 소송이었던 1994년의 이른바 '서울대 우조교 성희롱 사건' 이후 7~8년이 지난 뒤, 비슷한 경험을 제가 속한 과에서 하게 된 뒤부터 였어요. 제가 학과장이었는데 오히려 성추행 가해 교수로부터 명예훼손 및 업무방해로 고소당했어요.

백낙청 동국대 사회학과에서 겪으신 일이죠?

조은 예, 제가 당시 성추행 피해 여학생의 주장에 대해 신빙성이 있 는 것 같다고 발언하게 되었는데 상대 교수가 제 발언을 책잡아서 오히 려 피해 학생은 무고 및 명예훼손으로 걸고 저는 업무방해 및 명예훼손 으로 걸었습니다. 이른바 성희롱 관련 '역고소 사건'이었어요. 말하자면 힘없는 피해자가 힘있는 가해자에 의해서 오히려 가해자로 소송을 당 한 사건인데, 제가 고소되면서 그런 역고소가 12건이나 계류 중인 것을 알게 되었어요. 또한 이 일이 마침 '운동사회 성폭력 뿌리뽑기 100인 위 원회 보고서' 공개와 비슷한 시기에 일어났어요. 그 보고서는 우리 사회 의 성폭력이 진보적 운동권 안에서도 예외가 아님을 보여줘 많은 논란 이 되었지요. 이번에 서울대 수학과 교수 성폭력 사건을 보면서 10년 전, 20년 전에 누군가 문제제기를 강력하게 해줬다면, 이처럼 '세계적인 석 학'이라는 교수한테 학생들이 지속적으로 맥없이 당하는, 이런 통탄할 일은 없었을 거라고 생각해요. 서울대 교수로 대변되는 우리 사회 지성 계가 어떻게 카르텔을 형성하고 있는가를 뼈저리게 느꼈어요.

단지 남성들의 카르텔이라고만 할 수는 없겠고 여기에는 힘있는 남 성에 동조하는 여성도 포함되겠지만, 일단 2002년 당시 제가 겪은 경험 은 그런 일에 전혀 부끄러워하지 않는 강고한 남성 카르텔이 형성돼 있 다는 점을 일깨워주었어요. 그때 저는 여성학을 강의하고 사회학자로서 여성운동을 한다고 했지만 '그동안 마른자리만 다녔구나'라는 걸 절감 했어요. 특히 '여성학·여성운동 등 실천의 영역에서 여교수라는 건 뭐가'대학에서 여교수 할당 문제 같은 권리를 주장하면서 여학생들의 인권에는 그렇게 둔감할 수 있는 여성 기득권 지식인으로 산 것 아닐까' 등을 성찰하게 만든 계기였죠. 2012년에 정년퇴임하면서 당시의 일을 정리하게 됐을 때에도 여러 회한에 잠겼어요.

성차별 이데올로기는 얼마나 극복되었나

백낙청 그밖에도 우리 사회의 더욱 대대적인 성차별 문제, 즉 노동 현장의 남녀 임금격차가 엄연할 뿐 아니라 눈에 안 보이는 승진 기회의 차별 등은 여전히 문제입니다. 육아나 보육 문제 모두가 여성에게 맡겨진다는 점 또한 노동 현장의 여성 활동을 제약하지요. 어떻게 보면 더욱 근본적인 문제라고 볼 수 있는데……

조은 사실 노동은 먹고사는 문제가 걸려 있는 거니까요. 1979년 백선생님께서 창비에서 대담하실 때는(「오늘의 여성문제와 여성운동」, 『창작과비평』 1979년 여름호) 중산층 여성과 노동자 여성 간에 연대를 왜 못할까라는 문제의식이 강했던 것 같아요. 돌이켜보면 그때는 여성노동 문제를 여성노동자에 국한시킨 점이 없지 않았습니다. 저출산·육아 문제가 한층 보편적인 사회이슈 또는 국가 전체의 문제가 된 것은 교육받은 여성들이 늘고 그들이 일하기 시작하면서부터였죠. 지금의 여성노동 문제는 여성들 모두에게 매우 핵심적인 문제 중 하나예요. 얼마 전에 모 언론에서 OECD 각국별 유리천장지수(glass-ceiling index, 성적·인종적 차별 등으로 고위직 진출을 가로막는 장벽을 수치화한 것—편집자)를 인용하면서 우리나라 500대 기업의 남성 임금이 여성의 평균임금보다 월 220만원이 더 많다고 보도해서 논란이 뜨거웠어요(JTBC「9시 뉴스」2015. 3. 18). 유리천장지수는 100점 만점에 15.5점으로 OECD 회원국 중 꼴찌로 나왔고요. 그런데 그걸 보고 있던 제 주변의 남성들은 '하는 일이 다르잖아' '근속기간이 다르잖아' '일하다가 애 낳는다고 들어갔다 출산하고 나오는데 어떤 기업이 좋아하겠어' 하는 식으로 남녀 임금격차 문제를 여성의 문제로 치부했어요. 심지어 학계의 경우, 특히 경제학에서는 인적 자본론으로 이를 정당화해주는 논문들이 많지요. 성별 임금격차는 여성노동 문제를 기존 틀 내에서 바라보는, 다시 말해 여성은 가사를 일단 책임진 다음에 남는 노동력을 제공한다는 인식에 기반해 있습니다. 노동을 '남성의 공적 영역'과 '여성의 사적 영역'으로 이분화하는 이 문제는 정말 해결이 어려운 것 같아요.

그런데 공적 영역과 사적 영역의 경계를 무너뜨려야 한다는 생각은 '진보'적인 그룹에서조차 과격하다고 생각되고 있어요. 특히 근대의 프레임 안에서 여성문제를 성별분업의 틀로만 접근한다면, 시급히 이루어져야 할 문제해결 영역의 기득권 역시 공적 영역을 장악해온 남성들이 갖고 있어서 기존의 생각 틀을 바꾸기도 어렵지요. 최근 들어와서 여성 노동력이 필요해지니까 육아써비스 같은 것을 거론하기는 하지만 근본적인 성별분업의 경계를 허물 생각은 없는 거예요. 육아써비스는 우리 사회에서 탁아·보육 등으로 여러차례 명칭이 바뀌어왔잖아요. 제 젊은 시절에는 탁아(託兒)라는 용어를 쓰는 순간 '그건 이북에서나 하는 거야'라면서 싸잡아 욕하는 걸 듣게 되니 거기서 더 나아가지 못했어요. 선생님께서 얘기하시는 분단이나 통일과 여성 문제가 어떻게 연관되어 있는가를 분명하게 보여주는 지점이기도 하지요.

지금까지는 그 문제들을 깊숙이 논의하지 않고 그때그때 형편에 맞게 슬쩍슬쩍 넘겨온 식이었죠. 그런 토대 위에서 근대적 의미의 성별분업을 어떻게 재정립할 것인가라는 문제와, 그 문제를 한국사회 맥락 안에서 어떻게 대응하고 해결할 것인가에 대한 문제제기가 이성적이고 합리적인 토론으로 합의에 이르기 어려운 조건에 계속 놓여 있었어요. 그러다보니 마치 여성문제는 부차적이고 하잘것없는 이슈처럼 다뤄졌죠.

2000년대 초반에 유시민 당시 개혁당 대표가 "저 멀리서 파도가 크게 치는데, 조개 줍는 소리 한다"라고 말해서 개혁당 내부의 여성운동가들이 대거 이탈했던 에피소드도 마찬가지죠. 여성문제를 이처럼 하잘것없이 보는 병폐를 어떻게 해결하고 갈 수 있는지, 또는 과연 그런 발언이라도 할 기회는 누구에게 주어지는 것인지 생각하면서 여기 오게 된 것 같아요.(웃음)

백낙청 그런데 지금은 어떤가요? 남성은 공적 영역, 여성은 사적 영역, 이렇게 분리하는 이데올로기 자체는 많이 약화된 것 아닌가요? 그러니까 여성의 공적 영역 진출이라는 것을 이념적으로 배제하진 않는 분위기죠. 물론 실제로는 과거에 남성이 공적 영역에서 역할을 하기 위해 여성이 가정을 잘 돌봐줘야 했듯이, 여성이 공적 영역에 진출하려면 그게 탁아든 육아든 보육이든 기반이 필요하게 마련이지요. 지금 우리 사회가 그 기반을 안 만들어주는 문제가 하나 있고, 또 하나는 말로는 공적 영역에 들어오라고 환영하는데 그게 '내 밑으로 들어와라'라는 식의 기득권자들의 요구가 작용하는 상황인 거죠. 요즘 와서도 별의별 후진 사람들이 다 있지만,(웃음) 어쨌든 그 이데올로기 자체는 좀 약화된 것 아닌가요?

조은 약화되었다고 볼 수도 있지만 다르게 나타나고 있다고 할 수도 있죠. 모든 문제가 시대나 상황에 따라 얼마나 다르게 나타나는지를 말씀하셨는데, 사실 성별분업이나 노동시장에서의 여성차별도 여러 다른 양태로 드러나잖아요. 우리나라에서 1960~70년대 이른바 산업화 초기 여성의 노동참여율은 '역J'형이었어요. 역J형은 학력이 가장 낮은 사람의 노동참여율이 고졸 학력자나 심지어 대졸 여성들의 참여율보다 훨씬 높았다는 의미예요. 그런데 이게 요즘엔 바뀌고 있죠. 노동참여율에서 학력 간 격차는 줄어들었지만 오히려 비정규직, 하청노동, 기간제 노동 등 노동력 참가 양태에서 많은 차이가 나지요. 여성노동 문제는 한편으로는 성별분업 문제와 다른 한편으로는 계급문제와 굉장히 조밀하게 엮여 있어요.

지금 한국사회에서 여성노동은 여성운동이나 여성학이 게토화되는 것과는 다른 의미에서 진정으로 게토화되어 있어요. 만약 중산층 여성이 선생님 말씀처럼 교육 기회의 평등을 누리고 공적 영역이나 취업에서도 차별이 어느정도 없어졌다고 한다면, 여성운동이나 여성학자들은 이를 우려의 눈으로 보게 돼요. 여성운동가들이 열심히 활동해서 '결혼과 출산 후 퇴직'이라는 관행을 없애고 그 결과 어떤 계층 여성들은 출산휴가까지 받으면서 직장을 잘 다니게 됐어요. 하지만 대다수 여성은 비정규직이나 기간제 노동에 몰리고 있지요. 노동의 양극화와 여성 내부의 양극화가 교차하면서 여성노동의 게토화가 사회에 팽배해 있습니다. 실은 이런 이슈들 때문에 페미니즘이나 여성 일반에 대해 역풍이 일어나고 있지요. 된장녀나 명품녀 같은 말은 이런 노동의 양극화와 여성 내부의 양극화에 대한 반발일 수 있는데, 엉뚱하게 이에 대한 의식을 지닌 여성운동이나 페미니즘이 그 표적이 된 것이라고 봐요. 다른 분야도 마찬가지지만 운동의 표적이 잘못 알려진 경우죠. 선생님께 그런 질문도 드려보고 싶어요.

백낙청 여성운동가라고 해서 모두 계급문제에 관심있는 건 아니잖아요. 조은 선생은 늘 계급문제나 계급담론을 함께 생각해오신 게 매력의 하나라고 봐요. 사실 우리가 모시기로 한 이유 중의 하나지요.

논의를 확산시켜서 운동 이야기를 해보려 하는데요. 여성운동도 지금 갈래가 굉장히 많잖아요? 각기 관심사가 다르고 운동방식도 다르죠. 두가지를 여쭤보고 싶은데요. 이렇게 여러 갈래이면서도 그래도 대부분의 여성운동이 공유하는 어젠다가 있다면 뭔가요? 또 하나는 반드시 공유하는 어젠다가 아니더라도 조선생 스스로 어떤 어젠다를 특별히 중요시하시는지요?

조은 한때 여성운동은 '쓰레기처리에서부터 반핵운동까지'라고 할 만큼 그 범위가 넓었어요.(웃음) 정말 안 다루는 문제가 없을 만큼 범위가 넓었죠. 일상적인 쓰레기처리 등의 지역운동이나 반독재 민주화운동, 통일평화운동이나 환경운동 그리고 원전반대운동, 탈핵운동 등 모든 영역에 여성운동이 참여하고 개입해야 했고, 또는 끼어들기도 했어요. 그러면서 각 분과운동으로 가는 경우가 많았어요. 예를 들면 여성환경운동·여성평화운동·여성노동운동·여성탈핵운동 등 여성과 사회운동이 결합되는 경우 같은 거죠. 그래서 지금도 각 분야 NGO단체들의 사무국에는 여성들이 대거 몰려 있어요. 여성운동의 스펙트럼이 넓게 퍼져 있는 셈이지만, 한편으로는 여성학 고유의 학문영역이 있느냐는 질문에서처럼, 과연 여성운동이 해당 분과운동의 주체가 되거나 그 운동의 핵심 의제가 여성운동의 그것과 연관지어질 수 있느냐는 늘 문제가 돼요.

저의 또다른 고민은 이 여성들이 각자의 관심사를 벗어난 다른 이슈의 여성들하고 어떻게 연대할 것인가예요. 2011년 후꾸시마 원전사고 이후 핵발전에 대한 관심이 대중화되고 여성단체나 여성운동가 들이 원전 반대, 자연훼손 반대, 군사기지화 반대에 전방위적으로 나서게 되었어요. 예를 들면 밀양 송전탑 반대운동에 할머니들과 함께 나서고 강정마을 지키기에도 함께 나섰지요. 이때 성별은 중요 이슈가 아니지만, 여성들의 연대 없이는 운동이 불가능해지는 경우들이 생겨난 거지요. 밀양 할머니들은 일상에 치여 살면서 여성이나 사회 문제에 대한 인식이나 실천에 극히 소극적이었던 분들이었죠. 하지만 송전탑 반대운동 과정에서 그들이 보여준 모습은 놀라운 수준이었어요. 이처럼 여성운동을 여성의 권익 증진이라는 좁은 의미로 한정하지 않고 여성운동의 폭이 굉장히 넓다는 점을 인정한다면, 여타의 운동과 연대하는 어떤 축이 만들어질 수 있을 것이라고 생각해요. 이것이 여성운동의 힘이기도 하고 역할이기도 합니다. 의제보다 연대에 더 역점을 두게 되었다고도 할 수 있지요.

여성운동, 다른 진보운동과의 만남

백낙청 조선생 자신은 요즘 어떤 운동에 특히 관심을 갖고 계신지 궁금하네요. 2013년 한국여성학회 창립 30주년 기념 학술대회에서 기조강연을 하셨죠? 거기서 '어떤 여성주의가 다시 우리를 설레게 할 수 있을까'라는 질문을 던지셨는데, 지금 가장 우리 가슴을 설레게 해줄 여성운동은 어떤 것일까요?

조은 강연을 요청받은 때는 제가 퇴임한 지 1년이 지난 때였어요. 당시 저는 사회운동의 모든 영역에서 한발씩 물러나서 거리를 두고 나도 내 일상을 즐겨보겠다는 생각으로 손을 접고 있었어요.(웃음) 그런데 강연주제가 '시장화 사회'로 흥미로워 수락했죠. 그러면서 시장화되어가는 사회에서 여성운동이나 여성학이 무슨 문제를 얘기해야 할까라는 고민과 더불어 나도 지금 가슴이 뜨겁지도 않고 설레지 않는데 무슨 얘길 해서 사람들을 설레게 할까라는 고민이 들었어요. 적어도 1970년대 후반과 80년대에는 이렇게 답답할 때엔 동료 여성학자나 페미니스트와 얘기하면 좀 나아진다는 생각이 있었거든요. 판을 바꿀 수 있겠다는 설렘이 있었어요. 그래서 모임도 자주 했는데 지금은 여성학 모임이라는 게 굉장히 약화됐어요. 그래서 그 강연에서는 후학들이 고민해주었으면 하는 이슈를 제기해보려 했어요.

1984년 '또하나의문화'(약칭 '또문')에는 당시 학계에 진입한 30대 여성들이 중심이 되어 모였어요. 주로 외국에서 공부하고 들어와서 사회과학 쪽에 겨우 입장권을 얻어 쥔 '토큰 여성'들이었죠. 한 대학이나 한 학과에 한명씩 있는 학자들이 말벗이라도 있어야 하니까 모였고, 공동육아운동도 함께 펼치면서 그 힘을 모아 담론을 생산하고자 했지요. 요즘

'또문'에서 같이 활동하던 동인들이 점점 영역을 넓혀가고 있어요. '또문'을 함께 시작한 이화여대 조형(趙馨) 교수의 경우 '남북어린이어깨동무' 같은 남북이 조용히 함께해가는 운동을 시작했고, 조한혜정(趙韓惠貞) 교수 같은 경우는 환경운동이나 탈핵운동으로 영역을 넓혀왔죠. 저는 설레는 일보다는 분노하는 일에 힘을 보태고 있습니다.

근래 제가 해고노동자 손해배상가압류 반대 시민모임 '손잡고'('손배가압류를 잡자! 손에 손을 잡고')의 공동대표를 맡았습니다. 제가 역량이 되어서가 아니라 미안한 마음으로 맡은 거예요. 저는 어떻든 제도권 학계에서 월급 받아가면서 편하게 지내다 정년퇴임했는데, 아무리 봐도 갑작스럽게 해고되어 길거리에 내몰린 노동자들이 손배가압류를 당하는 것은 너무 심하지 않은가라는 생각이 들었어요. '손잡고' 모임이 평범한 회사원 남편을 둔 한 전업주부의 제언에서 시작되었다는 점도 제가 발을 뺄 수 없게 만들었어요. 쌍용자동차 파업노동자들이 47억원의 손해배상 판결을 받은 걸 보고 그분이 "10만명이 4만 7000원씩 내자"고 제안한 데서 시작되었거든요. 또한 김진숙(金鎭淑)씨 같은 여성노동자의 고공농성을 보면서 느낀 바가 많았고요.

여성학자들은 현장에서 전력투구하면서 싸우는 여성노동자들 앞에서는 늘 주눅이 들죠.(웃음) 약간의 부채감도 있고요. 무엇보다 손배가압류 같은 경우 제 주변에서는 그런 경험이 없기 때문인지 '노동자라 해도 기물을 파괴하면 당연히 배상해야지'라고 한다든가 '그 사람들 정말 너무 심하게 운동하지 않느냐'는 식으로 말하죠. '손잡고' 공동대표를 맡으면서 제가 주변 사람들에게 '이미지 기부'하기로 했다고 말했어요. 저는 그동안 '빨간 띠'를 머리에 두르지도 않았고 '조끼' 입고 거리로 나서지도 않았고 그런 점에서 비교적 온건하고 부드러운 이미지를 갖고 있는 정년퇴임한 여교수지요. 그런 제가 손배가압류 문제에 나섰다고 하면 뭔가 이유가 있겠지라고 생각해주지 않을까 생각한 거죠.(웃음)

그동안 노동문제도 거의 남성노동자 중심으로 이해되어왔죠. 1970년 대까지 신발·가발 등 경공업 여성노동자들의 기여가 컸고 YH나 동일방직 여성노동자들이 주도한 노동운동 등이 있었음에도 노동운동사를 쓰는 (남성)학자들이 대개 우리나라 노동운동은 중공업이 시작되면서 본격화되었다고 썼어요. 그 정도로 여성노동운동에 대해서는 무지하거나 평가에 인색했어요. 어떻게 보면 이 손배가압류 문제에 부딪히면서 노동운동이 새로운 국면을 맞이한 거죠. 남성노동자들만의 문제가 아니라는 것을 새롭게 인식하게 되었고, '불법파업'이 아닌 노동자 파업은 가능하지 않다는 것, 그리고 기업은 언제라도 (불법)파업에 손해배상 청구소송을 할 수 있다는 이 부당함을 여성운동가인 저조차 늦게 알게 된 거예요. 파업에 참여한 노조 지도자뿐 아니라 다수 노동자들 각자의 재산, 심지어 전세금까지 가압류당할 수 있게 되다보니, 노동자 가족들이 손배가압류에 묶이면서 급기야 해고노동자들이 자살로 몰리는 상황까지 마주하게 된 거죠. 노동자들이 옴짝달싹 못하게 묶여버린 거예요. 이제 어떤 방식으로 어떻게 연대해야 하는가라는 문제에 직면하게 된 셈입니다.

백낙청 돈으로 조지는 방식이에요.

조은 정말 그렇습니다. 이렇게 폭력적이고 끔찍할 수가 있을까요. 우리가 자본주의 사회에 산다는 게 뭔가라는 생각을 다시 해보게 됐어요. 정말 이렇게 비인간적일 수 있나, 이 문제를 사람들에게 어떻게 알려야 하나라는 고민이 들어요. 어떤 때에는 '과거에 여성노동운동에 깊이 관여한 적 없는 제가 왜 "손잡고" 시민모임에 들어왔을까', 이런 질문을 스스로도 해보게 돼요.

지금 사람들이 느끼는 우려는 자본주의가 일상에서 어떻게 모두를 벌금이나 배상금이라는 이름으로 피폐화시키면서 작동하는가와 관련된 분노라고 생각해요. 이런 분노는 여러 영역에서 부글부글 끓고 있어요. 산업사회 초창기 영국에서 비슷한 손배가압류가 있었지만 현재는 어느 나라에서도 찾기 힘든 이 손배소가 왜 지금 한국사회에서 합법의 이름으로 횡행하는지⋯⋯ 노동력에서 이윤을 착취하는 정도가 아니라 모든 관계를 돈으로 환산해버리는 시장사회가 되어버렸죠. 거기에 더 놀란 것은 이렇게 말이 안 되는 법이 집행되는데 왜 법학자들이 나서지 않는가였어요. 서울대 조국(曹國) 교수님이 공동대표로 와주시면서 '손잡고'가 어렵사리 힘을 받고 있지요. 어떻게 보면 지식인들이 자행하는 지식폭력에 대해 생각해보는 계기가 되었어요. 개인적으로 이런 체험들을 하면서, 여성운동이나 페미니스트들이 다양한 이슈를 통해 다른 진보진영과 계속 연대해야겠다고 생각했어요.

백낙청 네이버문화재단의 '열린 연단' 강의에서도 말씀하셨지만 여성운동이나 여성학이라는 게 기존의 인식 틀 자체를 흔드는 것 아니에요? 가령 서양으로 치면 옛날에 참정권운동 이후로 다시 새로운 물결이 일어날 때 들고나온 '사적인 것이 정치적이다'라는 명제라든가, '객관성' 개념에 대한 도전 같은 게 사실 많은 지식인들을 설레게 했다고 봐요. 페미니즘의 발명품까지는 아닐지라도 페미니즘이 확실히 새로운 내용을 부여했고 특히나 폭넓은 대중운동과 결합되어 있다는 점이 인상적이었지요. 요즘은 그런 명제들은 이미 알 만한 사람들은 다 알고, 외면하는 사람들은 여전히 나 몰라라 하고 있죠. 이런 때 페미니즘이 조선생님 표현대로 '위험한 페미니즘'으로 다시 태어나야 하는 과제가 남아 있다고 보는데⋯⋯(웃음)

현안으로 돌아가서요. 지금 말씀하신 문제들 외에 정부 차원에서는 저출산 문제를 굉장히 크게 보고 있고, 다른 한편으로는 그런 국가적 어젠다와는 동떨어진 분야에서 특히 젊은 페미니스트들이 성소수자 문제 같은 걸 제기하고 있잖아요?

성소수자운동과 신구 세대의 페미니스트

조은 '위험한 페미니스트 되기'는 피할 수 없게 된 것 같아요. 그리고 저출산이 사회적 이슈가 되면서 정부 차원에서는 새롭게 여성문제에 대한 인식이 생겼다고 자부하는 듯하지만 저는 그렇게 호들갑스럽게 저출산 위기를 담론화해야 하는지 그리고 그런 식의 정책방향으로 접근하는 것이 옳은지 하는 의문을 갖고 있어요. 왜냐하면 실제로 저출산은 만혼(晩婚)과 비혼(非婚) 비율의 상승과 관련되지요. 그리고 저출산은 계층적으로 봤을 때 중산층의 문제예요. 누가 결혼을 하고 누가 안 하는지, 누가 아이를 낳는지 왜 안 낳는지를 분석해야 하죠. 우리 사회에서 대체로 보수적 가치를 체화한 중산층의 출산율이 떨어지니까 문제가 되는 것 같은데 그 점이 가장 주목할 부분이라고 봐요.

중산층이 애들 교육비 생각하랴 양육비 생각하랴, 그러다보니 애 낳기 힘들다고 말합니다. 이런 체제를 계속 유지한다고 가정할 때 비용 감당이 안 된다는 거지요. 이들은 근대의 등장과 함께 그렇게 강조됐던 합리적·이성적 모성을 지향하는 층이잖아요. 애를 낳아서 방치하는 게 아니라 정식으로 양육해서 모범적 사회구성원으로 만들어야 한다고 보는 층이에요. 다시 말해, 출산율이 낮으니 국가 위기라는 말은 적합한 진단이 아니에요. 이것은 '이성적 또는 합리적 모성의 위기'라고 불러야 한다고 봐요. 그렇게 정의하는 순간 그에 대한 대책 또한 달라질 거예요.

여기에는 자연스럽게, 우리 사회의 양극화 문제도 걸려 있고, 고용불안정, 보육이나 사교육 같은 문제의 해결도 이와 연관됩니다. 그런데 저출산 문제가 여성의 문제로, 또한 국가 위기로 담론화되면서 이 위기에 관한 정책과제가 대책 없는 다산장려로 가고 '출산하지 않는 여성'은 뭔가 잘못된 비(非)여성처럼 부각됩니다. 이 문제와 관련해서는 남성 진보 학자들이 폭넓게 연대해줘야 합니다. 특히 이 문제를 제대로 볼 수 있는 경제학자들과 연대해서 담론을 생산해야 해요. 『창작과비평』 같은 경우도 이런 주제를 가끔 특집으로 잡아주셨어야 한다고 봐요.(웃음) 지금 보면, 언론에서도 저출산 위기를 그대로 국가 위기로 확대재생산하면서, 결혼을 미루거나 출산을 미루는 여성들의 출현을 자기밖에 모르는 이기적인 골드미스의 등장이라고 말하거든요. 이런 상황에서 대안담론을 어떻게 재생산할 수 있을까는 숙제입니다. 사실 사안마다 국가주의에 어떻게 대항해야 하는지는 진보학계 그리고 여성주의가 함께 고민해야 하는 이슈입니다.

백낙청 예, 아주 따끔한 지적을 해주셨네요. 그럼 성소수자 문제는 어느 정도 비중을 두고 생각해야 할까요? 특히 젊은 페미니스트들은 어떻게 생각하는지……

조은 젊은 페미니스트 중에 성소수자 문제에 관심 있는 친구들이 많이 있죠. 그런데 그중에 정치적 성소수자와 실제 성소수자, 또는 정치적 동성애자와 실제 동성애자의 비율이 어느 정도인지는 모르겠어요.

백낙청 정치적 동성애자라면 본인이 동성애자는 아니지만……

조은 예, 성적으로 동성애자는 아니더라도 정치적으로 동성애 문제에 개입하고 지원활동이나 후원도 하는 경우죠. 젊은 페미니스트들 중에 누가 얼마나 어떻게 성소수자 문제에 관여하고 있는지, 그 실상은 저도 잘 모릅니다. 동성애가 금기시되는 문제는 윤리적·도덕적 문제라고만 볼 수 없는 것으로, 우리 사회에 그만큼 숨쉴 영역이 좁아져간다는 것을 뜻해요. 그러다보니 다름에 대한 인정이 없는 사회에 대한 반발, 이런 게 더 크지 않을까 생각이 들어요. 그동안 비교적 이 문제에 진보적으로 동조하거나 적어도 반대는 하지 않을 거라고 믿었던 박원순 서울시장이 보수진영의 벽에 부딪혀 성소수자 차별 금지 내용을 담은 서울시민 인권헌장 선포를 거부했죠. 그러면서 이 문제가 새롭게 떠오르게 된 거잖아요. 우리 사회에서는 대다수 사안이 늘 도덕이나 윤리라는 이름의 옷을 빌려 입고 옳거나 그르거나의 문제로 환원되는데 여기서 문제는 반론이 숨쉴 공간이 없다는 거예요.

그다음에 백선생님께서 말씀하신 것처럼, 누구에게 무엇이 가장 절박한 문제인가 또는 가장 가슴 뛰게 하는 문제인가라고 물었을 때 이 성소수자운동은 당사자들의 가슴을 분명히 움직이는 부분이 있어요. 우리 사회에서 그 수가 어느 정도인지는 모르지만, 실제로 자기가 동성애자이거나 퀴어(queer, 이성애자가 아닌 모든 성소수자)인 경우에는 이 문제를 정말 절박하게 느끼죠. 먹고사는 문제부터 가족 내 인정(認定) 문제까지 굉장히 시급하고 다양해요. 이들은 절박하기도 하고 가슴으로 분노하고 울분으로 고동치는 사람들이어서, 어떻게 보면 여성운동 안의 소수집단이지만 가장 강력한 발언을 하게 된 거죠. 그들은 다름을 인정해달라는 것이지 누구에게 피해를 주는 것도 아니니 명분도 있고요. 인권의 차원에서 가장 절박한 문제가 아닐까 싶어요. 누군가 제게 '정치적 동성애자'냐고 묻는다면 실제로 아무런 실천을 한 적이 없기 때문에 그렇다고 말하긴 어렵지만, 심정적으로는 그렇다는 입장입니다.

백낙청 그런데 그걸 정치적 동성애자라고 표현하시는 것은 정치적으로 그렇게—

조은 '정치적으로 올바른'이라고 하면 괜찮을까요?.

백낙청 아니, 그 표현이 정치적으로 현명한 선택이 아닌 것 같다는 거죠. 일반 사람들을 헛갈리게 만들어요. '정치적으로 올바른 동성애자'라고 말해도 '너도 레즈비언이었냐'라고 묻게 만드니까요. 그런 표현을 안 쓰고도 동성애운동을 지지하거나 거기 가담할 수 있는 것 아닌가요.

조은 우리 사회에서는 성적인 것과 관련되면 실제로 말을 꺼내지 못하는 분위기가 있어요. 그래서 실제 사례들이 많이 덮어졌던 거고, 남성들의 경우도 군대 같은 데서 비슷한 사례가 많죠. '퀴어'라는 영어 단어가 '이상한, 기묘한'이라는 뜻을 갖고 있기도 하지만, 우리 사회가 그들이 '이상한 소수'가 아님에도 그들이 그렇게 보일 수밖에 없는 조건들을 많이 만들어놓고 그들에게 덫을 놓고 있는 면도 없지 않아 있는 것 같아요. 저도 그렇고 초기의 여성운동가나 여성학자들은 어떻게 보면 이 문제를 피해 갔지요. 굉장히 조심했어요. 동성애자로 몰려도 안 되고 너무 진보적으로 보여도 안 되고 행동도 조신하게 해야 했고요.(웃음) 너무 많은 자기검열을 한 거죠. 왜냐하면 그 검열 안에는 '내가 이러다가 사회가 허용하는 여성운동을 망치게 되는 것 아닐까' '그나마 여성들이 얻을 수 있는 몇가지 평등한 기회를 망가뜨리면 어쩌나' 하는 우려가 있었던 거예요. 그래서 우리는 '그런 퀴어 문제는 지금은 때가 아니다'라고 미뤄놓고 피해왔던 거예요. 그런데 지금의 젊은 페미니스트들은 어떻게 보면, 얻을 것도 없지만 잃을 것도 없어요. 그렇다면 자기들이 당장 원하는 것이라도 얻어야 하지 않을까라는 생각도 들었을 테고. 사회 전반적으로 인권에 대한 새로운 인식도 생겼고, 기존의 윤리로부터 좀더 해방되기도 했고요. 여러가지가 작용한 것이죠.

여성운동에 요구되는 한반도적 시각

백낙청 본래 제가 여성운동과 다른 운동의 연대 문제에 대해 질문하려고 했는데 조은 선생이 손배가압류 운동을 소개하시면서 좋은 사례를 이미 말씀해주신 것 같아요. '손잡고', 이건 통상적인 여성운동은 아니잖아요. 여성과 남성이 함께하는 운동이고, 그러면서도 선생님은 여성운동의 문제의식에서 출발해서 거기에 참여하신 거고요. 다른 사례를 여기서 더 열거할 시간은 없을 것 같은데, 그보다 제가 질문하고 싶은 게 있어요. 여성 또는 성차별 문제가 근대 전체의 문제, 또 세계체제의 문제이면서 한국에서는 특수한 형태로 드러나잖아요. 한국적인 특수성을 갖고 나타나는 과정에는 분단체제라는 것이 작용해서, 그러니까 남과 북이 아주 다른 세상 같지만, 세계체제 속에서 한반도 분단체제라는 일종의 구조를 공유하고 있어서 남은 남대로 북은 북대로 각기 다른 방식으로 이 분단체제의 영향을 받아서 성차별 문제가 더 악화되고 있다는 생각이에요.

사실 북한사회가 옛날에는 사회주의를 표방했으니까 이데올로기적으로는 굉장히 선진적이었는데 지금은 그런 면도 많이 줄어들었고, 특히 현실을 봤을 때엔 그곳도 남성 중심의 사회라는 걸 부정하긴 너무나 어렵게 됐죠. 남한의 경우도 한편으로는 북한과는 달리 성차별을 완화하기 위한 여러 제도적 조처와 변화가 있었음에도 불구하고 우리의 교육수준이나 경제력에 비해서 여성의 지위가 너무나 저열해요. 그래서 저는 이게 분단과 분명히 관계가 있고 따라서 이 분단체제를 극복하는 운동, 꼭 남북교류나 통일만이 아니라 분단에서 파생하는 남쪽의 다양한 문제에 대응하는 여러 개혁운동들과 분단 자체를 극복하려는 운동이 연대해야 한다고 이야기해왔어요. 여성운동 하는 분들을 보면 그렇게 생각하는 분이 많지는 않은 것 같은데, 조선생님 생각은 어떠신가요.

조은 저는 전적으로 우리 사회가 여러 차별을 확대재생산하는 데 분단체제가 활용되고 있고 성불평등도 그렇게 활용되는 영역 중의 하나라고 생각합니다. 그리고 그걸 극복하려면 여성들이 더 적극적으로 이 문제를 연계해야 한다고 보고요. 우리 분단체제의 모순을, 해결이라고 하긴 그렇지만 어떤 식으로든 균열을 내거나 해체하는 역할을 하는 것은 모든 영역에서 매우 중요해요. 여성운동이 그 나름으로 어떤 균열의 지점을 확보하고 있다는 점에서 어떻게든 연대해야겠지요. 돌이켜보면, 이효재(李效再) 선생님이 초기부터 '분단시대의 여성학'을 들고나온 것은 그만큼 중요하다는 문제의식도 있었고 용기도 있었기 때문이라는 생각이 들어요. 그 용기를 따라가는 후배 여성운동가나 여성학자들이 많지 않았고 큰 진전을 이루지 못했지요.

한국사회의 분단체제는 저변의 심리적 수준에서 시작해서 굉장히 다층적으로 우리의 행동과 생각을 제약해왔어요. 이런 상황에서 한층 더 취약한 여성 권익을 위하는 운동부터 해야 하지 않는가가 여성운동의 고민이었죠. 그러다보니 여성운동이 분단문제나 통일문제에 대해 직접 치고 나가지 못하고, 정치적 담론 생산에도 약했고 실제로 운동 수준도 매우 낮았다고 생각합니다. 그 문제를 어떻게 풀 것인가는 저도 잘 모르겠지만, 이제는 여성운동이 심리적 위축이나 강박에서 벗어날 때가 됐고 과거와 같은 사전검열을 하지 않아도 되는 세대가 등장했다고 봐요. 이는 희망사항이기도 합니다.

백낙청 통일운동이나 남북교류·협력사업에 여성들이 얼마나 나서는가가 핵심은 아니라고 봐요. 남한사회 안에서 여성들이 처한 현실에 대응하면서 국내 의제에 집중하더라도, 자기가 부닥친 어려움이 분단과 무관하지 않음을 인식하는 분석능력을 갖추고 관련 담론을 생산하는 것이 중요한 거지요.

조은 전적으로 동감입니다. 예를 들면 언론인이나 정치인의 경우 중동이나 아프간 사태에서 복잡한 국제정세를 읽어주는 대신 '거기는 여자가 부르카 입고 학교도 못 다녀', 이런 식으로 스스로를 친여성주의자로 쉽게 둔갑시키기도 하지요. 사실 그런 폭력적 담론화, 즉 개별 사안의 특수성은 무시하고 단 하나의 기준만을 내세우는 식으로 여성을 호명하는 일이 우리 사회에 만연해 있어요. 그런 점에서 선생님께서 분단체제의 문제를 중도적 입장에서, 세밀한 영역으로 나눠서 분석해야 한다고 하신 말씀에 공감해요. 여성문제는 한편으로 굉장히 복잡해서 그것을 다른 담론과 연계시킬 때는 치밀한 분석을 많이 해야 하는 영역인데 사실 그같은 분석이 덜 이루어져 있죠.

백낙청 실천과정에서는 그때그때 상황에 맞게 슬기롭게 대처해야겠지요. 더군다나 페미니즘 진영이 하는 일이라면 다들 눈을 치켜뜨고 있고 여성운동 진영이 여러가지로 몰리고 있는데 거기다 분단체제까지 없으면(웃음) 덕 볼 건 없기 십상이에요. 저는 분단체제를 강조해온 입장에서 여성들이, 적어도 여성학자같이 페미니즘을 주도하는 층에서는 자신들의 운동과 담론이 남한사회에서 부닥친 문제가 분단체제와는 어떻게 연계돼서 작동하고 있는가를 인식했으면 해요. 그런 인식을 갖고, 이 분단체제의 변화를 가로막고 있는 그들이 동시에 남성 중심의 카르텔이기도 하다는 점을 좀 신랄하게 폭로해줬으면 하는 소망을 갖고 있습니다.

조은 그 카르텔을 겨냥하려고 할 때에는, 잘못하면 그 카르텔 담론의 적대적 대상이 될 위험이 있고 또는 그 카르텔이 거기에 끼워주지 않아서 생기는 불편이 있을 수 있어요. 카르텔의 구조에 대해서는 『창작과비평』 등에서 계속해서 비판의 영역을 넓혔으면 해요. 대상이 없다면 좀 발굴도 해주셔야 하고요. 다른 한편, 여성들의 경우에는 사실 지금 여성운동이 침체되고 퇴조하기도 했지만 동시에 어떤 의미에서는 성찰과 반성이 필요할 것 같아요. 그래서 어떤 문제제기를 할 때 '여성주의적 시각은 어떤 점에서 기존의 인식 틀을 바꾸는 일인가'라는 모토를 자신있게 들고나와야 하고, 그런 경험들을 통해 구체적인 사례들을 얻을 수 있을 것 같아요.

자본주의의 여성과 근대의 패러독스

백낙청 자연스럽게 여성주의 담론이나 여성학 이야기로 옮겨온 셈이네요. 여성주의 담론이 단순한 여성권리 주장이 아니라, 조선생님께서 여성학회 30주년 기조발제에서 쓴 표현대로 "학문체계를 새롭게 재구성하는 역할"을 해야 한다고 봐요. 저는 지금 여성학이 약간 퇴조했다고 할까 게토화한 이유가 우리 사회의 전반적인 담론 수준의 퇴보와 무관하지 않다고 봐요. 우리가 새롭게 이걸 돌파해야 할 때인 거죠.

'열린 연단'에서 하신 말씀을 좀더 천착해보면 어떨까 싶네요. 강연 제목이 '여성, 젠더, 제도: 근대의 패러독스'잖아요. 여기서 근대의 패러 독스라는 개념을 좀더 설명해주시면 어떨까요.

조은 한국의 근대를 얘기하며 젠더와 여성을 말한다면 어떤 키워드 를 끄집어낼 수 있을까 고민하면서 '패러독스'라는 용어를 떠올렸어요. 독일에서 활동하는 사회학자 김덕영씨가 최근에 '환원근대'를 말씀하 시던데, 이 환원근대란 근대화가 경제와 돈만을 우선시하면서 본래 근 대화가 표방하고자 한 '개인·생명·존엄' 등의 가치는 제대로 구현되지 못했다는 뜻입니다. 이처럼 근대에서 '무늬만 근대'인 경우들을 조합해 놓았을 때 가장 딜레마적 상황에 처하게 된 사람들은 바로 여성이었어 요. 근대의 가치가 자유·평등·박애라고 할 때 한국사회는 이 자유와 평 등을 내걸고 여성을 호출하고 나서, 또다시 비슷한 방식으로 배제하거 나 축출했지요. 근대의 기획이나 발전계획에 여성을 포함시키면서 또한 축출하는 작업을 되풀이해왔다는 점에서도 일종의 패러독스였고요.

그리고 앞서 말씀드렸듯이 이 '근대'는 성별분업에 기반을 두었는데 그것 자체가 진정한 패러독스예요. 왜냐하면 그 분업에 기반을 두고서 그 분업을 깨뜨리고 나오라고 하고는 깨뜨리고 나올 수 있는 조건은 만 들어주지 않았죠. 그러다보니 여성들은 근본적으로 역설적인 상황에 놓 일 수밖에 없었어요. 담론의 영역에서도 끊임없이 권력을 쥔 쪽이 페미 니즘을 계속 불러냈다 축출했다 하는 과정을 되풀이했고요. '신여성'이 라는 근대 초기의 개념에서부터 시작해서 지금까지 그런 상황이 계속되 고 있다는 점에서 여성은 진정 패러독스를 체현하고 있는 집단이라는 생각을 했어요.

백낙청 근대가 평등을 지향하면서도, 특히 남녀관계나 성별 문제에 서 젠더 불평등을 현실적으로 극복하지도 못했고, 또한 젠더차별을 오 히려 더 필요로 하며 이 과정을 끊임없이 재생산한다고 하셨어요. 그게 분명히 패러독스는 패러독스인데요. 저는 이걸 '무늬만 근대' 식으로 표현하는 것은 별로 적절하지 않은 것 같아요. 물론 근대의 선진사회가 스스로 표방한 여러 이데올로기를 무비판적으로 수용했느냐고 묻는 게 의미는 있죠. 하지만 선진 근대사회들이 이데올로기나 사상을 생산했을 뿐 아니라 사실은 더 중요하게는 자본주의 세계체제를 건설한 것 아니에요? 그런데 이 자본주의라는 것은 불평등 없이는 존속할 수 없어요. 꼭 성별불평등이라야 하느냐는 질문을 던지기보다는 자본주의의 근본적 속성에 주목해야 할 것 같아요. 자본주의의 불평등 구조라는 것은 제가 보기에 굉장히 잡식성이어서 성별이든 인종이든 닥치는 대로 그때그때 활용하는 능력이 있다는 겁니다. 인종의 차이도 어느정도 그렇지만 성별이라는 건 없어지지 않잖아요. 남과 여의 차이가 있으니, 자본주의가 그 본질적 불평등 구조에 활용하기가 그만큼 편리한 것이고, 그래서 남녀평등을 표방하면서도 성차별을 못 없애는 것이 바로 패러독스일 텐데……

조은 본질적 패러독스라는 데 동의합니다. '환원근대'를 말씀드렸는데 서구 근대를 표준으로 했을 때에는 그런 해석이 가능하지만, 사실 이념과 실상의 괴리라는 차원에서 근대라는 개념은 그 자체가 패러독스고, 그때 가장 활용하기 쉬운, 특히 한국사회처럼 단일민족 얘기하는 사회에서 활용하기가 쉬운 게 여성과 젠더였다는 거죠. 여기에 여성 내부의 계급적 차이까지 더해집니다. 특정 계층의 여성, 어떤 집단의 여성은 언제라도 불러냈다가 언제라도 축출시키기가 너무나 쉬워요. 그러다보니 자본주의적 발전이라는 논의 틀에 '여성'을 끼워넣기가 쉬웠을 거고요. 초기 산업자본주의 단계에서는 노동력 착취가 이윤 극대화의 주요 영역이었다면, 그 영역이 점점 넓어져서 최근에 들어서는 심지어 '관계' '감정' 등 모든 게 이윤창출의 지점이 되고 있어요. 그중에서 남녀관계야말로 또다른 의미에서 굉장히 흥미롭고 다양한 착취와 이윤증식이 가능한 영역으로 부각된 것 같아요. 여성학 쪽에서 시장화 사회 문제를 들고나온 이유가 여기에 있고요. 초기 산업사회에서는 '관계'나 '감정'도 상품이 된다는 것은 생각지 못했던 거잖아요.

백낙청 감정, 자연, 정신 모두가 상품이 되었죠.(웃음)

조은 그렇게 보면 정말, 여성운동은 여성이 소비되는 방식과 영역을 어떻게 잡을 것이냐라는 숙제에 당면한 지 오래예요. 또한 그동안 여성들이 해왔던 성별분업 관계에서 주로 여성이 맡아온 분야가 돌봄을 중심으로 한 사회적 써비스 영역이죠.

후기자본주의 단계에서 이 사회적 써비스에 참여한 여성노동이 소비되는 방식은 또다른 영역인 것 같아요. 돈벌이에 남녀관계가 동원되는 담론화 방식도 주목할 만하지요.

쎅스와 젠더, 그리고 음양조화라는 개념

백낙청 이 문제를 집중적으로 제기한 게 젠더담론 아니에요? 조선생님은 '열린 연단' 강연에서 '사회적 관계가 없는 진공상태에서 성을 구분하는 것은 무의미하다' '여성이라는 것이 담론적 구성물이고 고정된 범주가 아니라 너무나 유동적인 의미투쟁의 장이다'라고 하셨죠. 젠더담론은 이런 논의의 확산에 큰 공헌을 했다고 봐요. 하지만 그 전파력에 한계가 있는 듯한데, 저는 문학평론가의 한 사람으로서 쎅스(sex)와 젠더(gender)의 개념을 이렇게 구별하는 게 오히려 대중을 헷갈리게 하지 않는가 하는 의문을 갖고 있어요. 더구나 이걸 번역할 때 여성학계에서는 sex는 성차, gender는 성별로 옮기잖아요? 그러나 우리가 일상생활에서 무슨 공문서를 써낼 때 보면 '남자냐 여자냐' 란에 '성별'이라고 쓰여 있어요.

조은 개념어는 어차피 지식인 사회에서 어떤 사유를 어떻게 하면 좀더 예리하게 벼릴 수 있을까, 그 미세한 차이를 어떻게 드러내서 설명할 수 있을까를 고민하다가 나누게 된 것인데요. 즉, 사회문화적 성〔gender〕과 생물학적 성〔sex〕으로요. 그런데 그 사회문화적 성과 생물학적 성이 완전히 분리된다고도 할 수 없고 분리되지 않는다고 할 수도 없어요.

백낙청 이렇게 생각하면 안 되나요? 원래 인간의 성이라는 것은 사회적인 측면과 생물학적 측면이 결합된 것인데, 이걸 사회적인 극(pole)에 치중해서 분석하면 여성학계의 용어로 '젠더'가 되는 것이고 생물학자나 생리학자가 주목하는 신체적·자연적인 극이 '쎅스'에 해당한다고 보는 거지요. 그렇지만 그 둘이 별개로 구분될 수는 없게 결합되어 있는 거고요. 젠더가 생물학적 성에 기반을 둘 뿐 아니라 실은 생물학적 성이라는 것도 그것만 따로 떼어서 생각할 수 있는 게 아니라고 보는 것이 정확하고 어느 면에서 더 효과적이지 않을까요.

조은 그래서 한 사안을 놓고 어떤 학자는 쎅스라고 말하고 또다른 학자는 젠더에 더 가깝다고 해요. 그 용어의 혼동은 여전히 논쟁거리예요. 하지만 어떤 현상을 분석하기 위해 우리가 개념을 조작하여 정의하기도 하잖아요. 그렇게 본다면 담론 분석을 위해 사회문화적 성격이 강한 것은 젠더라고 하고 생물학적 성격이 강한 것은 쎅스라고 하자, 그다음에 성적 행위는 쎅슈얼리티라고 하자고 할 수 있죠. 그게 서로 떨어져 있진 않지만 분석을 위한 일종의 조작정의(操作定義, operational definition)라고 이해하시면 될 것 같아요. 그것 자체가 여성학이나 페미니즘, 여성운동의 중요한 이슈일 수밖에 없어요. 어디까지가 생물학적인 성이냐, 즉 우리가 지금 대통령(박근혜 당시 대통령)을 여성 대통령이라고 부르는데 '여성 대통령임에도 여성성은 없어'라고 한다거나 '여성이 아니라고 할 때 당신들이 말하는 여성은 뭐냐'는 식의 논쟁이 끊이지 않는 거예요. 그래서 여성 자체가 유동적 개념이고 담론적 구성물이라고 말한 거지요.

결국 생물학적 기반을 두고 있는 개념어가 가진 한계예요. 그런데 여성이 처한 위치를 생각해보면 또다른 숙제가 있어요. 계급·성·인종·국가·민족이라는 여러 지위 안에서 여성은 n분의 1만큼 자리를 차지하고 있느냐, 또는 어떤 것이 더 우위에 있느냐라는 문제를 어떻게 풀 것인가예요. 그게 사실은 통합되고 연계된 것인데 우리는 그 우열을 매겨서 구분하는 경향이 있어요. 식민사회를 논할 때는 민족이 계급보다 위였다가, 어떤 시대에는 계급이 더 위로 가는 식이죠. 이처럼 주요 모순에 등급이 매겨져 있다는 인식이 있다보니 담론 자체가 위계화되는 거죠. 우리 사회과학 담론에서 성과 젠더는 늘 하위 모순으로 자리매김되었어요. 성불평등이나 젠더 문제가 같은 차원의 모순적 위치에 놓여 있다는 인식이라도 할 수 있게 되면 좋겠다고 생각해요.

백낙청 계급이 상위 개념이고 더 포괄적인 개념이라고 보는 사람들도, 가령 엥겔스(F. Engels)도 인류사회에서 가장 먼저 생긴 계급 차이가 남녀차별이므로 해결도 제일 마지막에 될 것이라고 했어요. 저는 엥겔스의 그런 이론도 일종의 계급환원론이라고 봅니다. 그래서 지금 말씀하신 것처럼, 그 두가지를 동렬에 놓고 어떤 점에서 일치한다고 보면서도 또 구별해야 할 건 뭔가 싶어요. 이와 관련하여 제가 「큰 적공, 큰 전환을 위하여」(『창작과비평』 2014년 겨울호)를 쓰면서, 성차별 철폐가 시급한 단기적 과제이며 또한 단기간에 해결될 수 없는 중장기적 과제이기도 한데, 우리가 가장 원대한 안목으로 어떤 궁극적 목표를 세운다고 할 때는 '성평등'이라는 표현이 과연 적합한가라는 물음을 던졌지요(『창작과비평』 2014년 겨울호 54면; 『백낙청이 대전환의 길을 묻다』 54면; 『근대의 이중과제와 한반도식 나라만들기』 251면). 차라리 '남녀 간의 조화'라고도 생각했다가, 너무 남녀를 구분한다거나 양성에 국한한다는 지적이 있어서 오히려 동양 전통의 표현을 가져와서 음양조화라고 표현했고요. 그런데 『창작과비평』의 여성 편집위원들로부터 그다지 후한 평가는 못 받았어요.(웃음)

조은 저도 사실 그 글에 쓰신 음양조화, 이 부분을 보면서 굉장히 불편했어요. 음양이라든가 조화라든가 하는 표현이 매우 보수적이고 기능주의적인 담론의 한 축을 형성하거든요. 조화를 얘기할 때, 기득권이 얘기하면 굉장히 불편해지거든요.(웃음) 지역주의도 패권적 지역주의와 저항적 지역주의, 이렇게 나누잖아요. 그런데 패권적 지역주의 쪽에서 지역주의가 문제라고 이야기하면 굉장히 불편하듯이, 지금 이 상황에서 아무리 장기적으로 본다고 해도 음양의 조화를 얘기하시면…… '아, 선생님께서 무슨 생각을 하고 계시는 걸까' 싶고요. 더구나 음양의 조화가 한국 유교 가부장제 사회의 유산이라 한다면, 굉장히 불편한 거예요, 그 언어 자체가……(웃음) 차라리 타파할 건 타파하자 이렇게 얘기해야 할 것 같아요.

백낙청 저는 그런 얘기를 했다고 생각하는데요.(웃음) 다만 인간사회에 여러 불평등 문제가 있는데 그게 평등으로 해결되는 문제가 있고, 평등만 추구해서는 해결이 안 되고 조화랄까 그런 차원으로까지 나아가야 해결되는 문제가 있다고 보는 거예요. 가령 계급문제라면 계급은 결국 철폐해서 해결해야죠. 하지만 남녀의 차이는 철폐 못하는 것 아니에요? 성차별은 철폐해도 남녀의 차이가 없는 사회는 있을 수 없잖아요. 계급 없는 사회는 있을 수 있지만 말이죠. 그런 측면에서 남녀관계의 문제는 당장의 불평등과의 싸움이라는 차원과 함께 또다른 차원이 있다는 사실을 감안해서 담론을 전개하는 게 좋지 않겠느냐는 뜻이었어요.

지금 조선생께서 예리하게 지적하셨듯이, 여성이 그런 얘기를 한다면 모를까(웃음) 기득권을 가진 남자 주제에 그런 얘길 하니 '이게 도대체 무슨 소린가' 싶으셨을 듯해요. 사실 그것 때문에 『창작과비평』 편집진 내부에서도 여성들의 비판을 받았죠. 그런데 그게 원론적으로 아주 틀린 얘기가 아니라면 남자가 욕 좀 먹고 제기하는 것도 나쁘지 않겠다는 생각을 했어요. 가령 여성평등 주장하면 평등만 중요하냐 사랑도 중요하고 배려도 중요하다고 대꾸하는 입장과 제 입장은 달라요. 저는 근대에 적응하면서 근대를 극복해야 한다는 소위 이중과제론을 펼치고 있는데, 여기서 근대에 적응한다는 것은 근대의 나쁜 부분을 감내하면서 견뎌야 하는 것도 있지만 근대가 이룩한 훌륭한 성취 또는 그것이 내놓은 훌륭한 목표나 개념 등은 흡수하자는 거거든요. 결국 저는 근대가 표방한 성평등 이념을 수용하고 이러한 근대에 적응하면서 근대를 넘어서려는 거니까, 이건 누가 믿어주든 말든(웃음) 복고주의적인 음양조화론하고는 다른 것이라고 생각해요. 물론 제가 여성운동과 연대해 나서서 싸운 경험도 없으면서 그런 이야기를 하니 좀 느닷없다는 느낌도 줄 것이고, 심지어는 상당한 의심의 대상이 될 수도 있다는 건 인정합니다.(웃음)

조은 그런데 선생님께서 평등을 너무 기계적으로 생각하시는 건 아닐까 싶어요. 논리적으로나 원론적으로 옳다고 해서 궁극적으로 그게 옳으니 이 모든 과정을 생략하고, 그 안의 모순을 들여다보지 않고 가야 한다는 것은 문제라고 봐요. 물론 그렇게 극단적으로 말씀하시진 않았지만…… 그리고 근대가 표방한 성평등 이념을 수용하는 조화라고 말씀하시는 것은 근대 자체가 본질적으로 패러독스라는 선생님의 논리에도 반하고요.

백낙청 저는 과정을 생략한다는 표현을 하지 않았어요. 단기·중기 목표로서 성평등을 위한 노력이 굉장히 중요하다는 것도 명시했죠. 하지만 제가 신뢰를 받을 만한 자격이 있느냐, 그건 별개의 문제겠죠.(웃음)

조은 사실 그 자격이 있느냐도 문제겠고요.(웃음) 선생님께서 「큰 적공, 큰 전환을 위하여」에서 장기 과제를 논하면서 '성평등이 궁극적인 목표가 아니라면'이라는 식으로 말씀하셨는데, 어떤 사회가 지향하는 목표가 평등한 사회, 차별이 없는 사회, 혹은 차별이 덜한 사회라고 했을 때, 그것을 이루는 측면에서 성평등 또한 굉장히 중요한 부분일 수밖에 없어요. 그 성평등을 이뤄내는 데에서 이를테면 어떤 사람은 이런 평등,

또다른 사람은 저런 평등을 구현하겠다라고 하면 문제될 게 없어요. 문제는 음양의 조화, 여기서 조화라는 단어가 들어오는 순간, 복고주의적 발상과 다를 바 없는 거라는 점입니다.

같은 지역주의 철폐라고 해도 패권적 지역주의가 말하는 것과 저항적 지역주의가 말하는 것은 다르다는 건 서로 공감했잖아요. 그런 점에서 '성평등이 본질적인 것이 아니라면' 식으로 얘기하시고 '조화가 더 본질적인 것이다'라는 식으로 말씀하실 때, 그럼 과연 여기서 조화는 무엇을 얘기하나라는 의문이 드는 거죠. 본래의 평등 개념 안에 배려도 있고 조화도 있는 것인데, 어떻게 조화가 평등보다 더 상위의 개념인가…… 지금 남녀의 조화가 더 상위의 개념이라고 얘기한다면 거기에 대해서 분명히 의문을 제기할 수밖에 없다고 생각해요.

백낙청 지금 단기적인 운동의 구호로 조화를 내세우자고 한 것은 아니에요. 그러나 일반 대중들의 일상에서는 평등보다는 조화가 위에 있는 경우도 많아요. 부부 간에도 그렇고요.

조은 아니, 우리 사회가 계속 그렇게 말해오면서 성차별 해온 것 아닌가요?

백낙청 제 말씀은, 운동의 전략으로서도 조화를 앞세울 필요는 없지마는 성평등을 지상목표처럼 내세울 경우에도 마찬가지 부작용이 있다는 거예요. 하나는 페미니즘 안에서도 뭐가 부당한 차별이고 뭐가 정당한 차이냐라는 논란이 끊임없이 벌어지게 됩니다. 또 하나, 성평등 사회를 이룩하려면 남녀가 같이 노력해야 하는데, 남성을 적대시하는, 적어도 적대시한다고 느낄 남자가 많아진다는 점에서, 단기적·중기적 운동에서 전술적으로 고려할 면도 있고요. 사실은 그보다도 원론적 차원에서 여성운동가들이, 적어도 여성주의 담론을 개발하고 주도하는 분들은 진정 계급 간, 지역 간 평등 문제와 남녀 간 평등 문제를 같은 차원에서 볼 수 있는지 고려할 필요가 있다는 거지요.

조은 성평등을 기계적으로 해석하는 경우가 있죠. 예를 들어, '내가 가사를 이만큼 맡았으니 남자 너도 이만큼 해라'라는 식이에요. 제 뜻은 성평등이라는 개념을 토대로 서로를 배려하는 것이 필요하다는 거예요. 여성운동가들이 성평등 문제를 얘기하는 이유는, 우리가 살아가는 사회의 구조적 불평등에 함몰된 약자에 대한 끊임없는 배려 때문이에요. '여성' 그 자체도 약자지만 여성 내부의 약자들에 대한 배려 또한 말씀드리는 거고요. 어느 여성학자는 제자들에게 "측은지심 없으면 페미니즘 수업 들어오지 마라"(웃음) 그랬다 하죠. 여성운동이 성평등을 지향하면서 남성을 적대시하거나 남성을 그런 대상으로 놓는다는 것은 분명 옳지 않죠. 그건 아니죠. 그런 면에서는 전술적으로 조화를 꾀해야 한다고 말할 수 있을지도 몰라요. 하지만 현재 한국 상황에서 남성과 여성이 조화롭게 가는 것이 성평등을 지향하는 여성운동보다 상위에 있어야 한다든가, 거기에 역점을 더 둬야 한다고 말씀하신다면 그건 아니라는 거죠.(웃음)

백낙청 그런 건 아니라는 걸 믿거나 말거나 다시 한번 말씀드리고,(웃음) 평등을 기계적으로 해석해선 안 된다는 말씀은 유념해야 할 부분이라 생각해요. 그것은 성평등뿐 아니라 모든 영역에서 염두에 둬야죠. 가사노동 문제만 하더라도, 가사노동을 되도록 평등하게 배분한다든가 또는 가사노동을 주로 하는 여성들의 짐을 덜어주는 사회적인 제도를 만들어야 하지만, 동시에 생산노동 자체를 돌봄노동과 양립 가능한 방식으로 바꿔나가는 것도 중요하다고 봐요. 본래 자본주의 사회가 출발할 때 성별분업을 토대로 했기 때문에, 공공영역에서의 노동이라 하면 으레 돌봄노동과는 양립하기 어려운 것으로 전제되어왔거든요. 지금은 과학기술 면에서도 재택근무가 더 쉬워졌고, 단순히 그런 기술적인 측면을 넘어 이 사회를 물질적으로 유지하기 위해 필요한 노동을 얼마만큼 어떻게 고쳐나갈까라는 점도 근본적으로 다시 생각하는 게 필요하다고 봐요.

조은 예, 그런 점에서 인식체계의 변화를 가져오는, 기존 편견에 균열을 내는 작업을 여성학이 계속해야 한다고 말씀드렸던 거예요. 우리의 일상을 구성하는 현재의 체제가 너무 당연하다고들 생각하고 있는데 그게 과연 당연한 것이냐는 물음을 던지는 작업은 결국, 물론 이것뿐은 아니겠지만, 페미니즘적 시각을 통해서 가능하지 않겠느냐 싶고요. 사실 자본주의 사회의 가장 큰 문제인 계급문제를 보면, 때로는 여성문제가 계급문제 아래에 은폐되거나 혹은 계급문제가 여성문제로 은폐되는 때가 많죠. 우리가 그 점을 제일 신경써야 하고, 학자들이 이 은폐 문제와 그 지점을 좀더 천착해야 해요.

요새 세대 간 갈등이 아니라 동기 간 갈등, 즉 같은 코호트(cohort, 취향집단) 안의 갈등을 이야기하기도 해요. 다만 그 안의 갈등 중에 큰 것이 여성과 남성 간 갈등이다보니 표면화되진 않았지만, 그 내면에 있는 사실상의 계급갈등이 많이 은폐되어 있다고 생각합니다. 그러다보니 목소리 센 여자들에 대해 대다수 사람들이 한편으로는 많이 당황하고, 한편으로는 폭력적으로라도 입 좀 다물게 하고 싶다는 움직임이 우리 사회에 알게 모르게 나타나고 있는 것 같아요. 아무리 목소리가 커졌다고 하지만, 여전히 한국사회에서 여성은 이등시민이거든요. 그 이등시민이라는 점을 간과하거나 '이등시민 아닌 여성 많잖아'라고 해버리면 안 될 거 같아요. 분명히 여성은 한국사회에서 여전히 이등시민이라는 점을 전제로, 운동 또는 지식인 담론 생산 같은 것들을 신경써야 하지 않을까 생각합니다.

백낙청 시간이 많이 지나서 이제 마무리를 지어야겠는데, 끝으로 한 말씀 해주시죠.

조은 글쎄요. 방금 말씀드린 게 제 이야기의 마무리인 것 같아요. 『창작과비평』은 누가 뭐래도 우리 사회에서 지식 생산, 담론 생산에 굉장히 중요한 역할을 맡고 있죠. 그런 점에서 1979년에 여성문제를 한번 다룬

뒤로 거의 안 다루셨는데 오늘 이 대담을 통해 여성문제가 어떻게 우리 사회의 여타 문제와 얽혀 있는가에 관심을 가지셨다면 좀더 적극적으로 여성문제나 성평등, 성해방 담론을 치고 나가주시면 좋겠습니다. 여성들이 말할 때 갖는 폭발력과는 또다른 폭발력을 가지리라 봅니다. 인정하기 싫지만 그동안 남성들은 그들이 주도한 지식권력의 장에서 '젠더'를 주요 의제로 할당하지 않았고 중요한 담론이라고도 생각하지 않았다는 것이 제 생각이에요. 그렇기 때문에 지금 왜 여성들이 다른 운동에 끼어들지 않느냐 또는 왜 여성학자들이 한층 치밀한 분석을 하지 못하느냐 하시면 안 될 듯하고요.

2015년 3월 8일 '세계 여성의 날' 행사에서 '성평등은 모두를 위한 진보'라는 모토가 나왔어요. 진보의 모든 영역에서 여성이 연대하지 못하는 부분에서는 여성들의 책임도 분명히 있어요. 하지만 그것은 성평등이 진보의 영역이라고 아직도 소리쳐야 할 만큼, 사람들이 성평등을 진보의 사회적 의제로 받아들이기보다는 여성 권익 신장 정도로 이해하고 있음을 일깨우는 표어였다고 생각합니다. 성평등이 남성 그리고 우리 사회 기득권이 크게 의존하고 있는 불평등체계를 바꾸는 핵심 영역이라는 것을 우리 모두 인정했으면 합니다.

백낙청 예, 잘 알겠습니다.(웃음) 오늘 여러가지 좋은 말씀 해주셔서 감사합니다.

촛불에서 개벽까지

황정아

1. 백낙청의 '급진성'

1960년대 이래 부단히 이어진 백낙청의 활동 가운데 좌담, 대담, 토론, 인터뷰 들을 모은 『백낙청 회화록』은 2007년 첫 다섯권이 간행되고 2017년에 두권이 출간된 데 이어 이제 여덟권째에 이르렀다. 바로 앞선 7권이 선생이 주창한 '2013년체제' 수립의 실패와 박근혜정부의 등장부터 2016년 겨울 촛불대항쟁까지의 시기를 다루었다면, 8권은 촛불대항쟁으로 촛불정부 1기가 들어선 이후인 2017년에서 시작하여 촛불정부 2기 수립이 실패하는 2022년까지를 아우른다. 그러니 정서적 풍향계로 본다면 7권은 실망에서 희망으로, 8권은 희망에서 다시 실망으로 향하는 정반대의 흐름으로 갈라진다고 할 수 있지만, 선생 자신의 견해에 따르면 그런 풍향과는 별도의 도도한 흐름에서 두 시기는 촛불혁명의 시대라는 역사적 특이점을 통해 이어져 있다.

시기별로 묶인 회화록을 따라 읽다보면 선생이 각 시기별 현실에 부응하여 내놓은 키워드들과 자연스레 만나게 된다. 민족문학, 리얼리즘, 분단체제, 변혁적 중도주의, 근대의 이중과제, 대전환 등 선생의 사유와 실천이 쉼없이 계속되었을 뿐 아니라 거듭 새로워져왔음을 일러주는 이 키워드들은 그대로 선생의 방대한 담론을 분류하는 명칭이기도 하다. '시기별'이라 했지만 키워드들은 제출된 시기에 밀착해 있으면서도 해당 시기의 틀에 갇히지 않고 계속해서 자라나는 한편, 다른 시기에 등장한 다른 키워드들과 긴밀히 결합하며 더 정교하고 풍성한 전체를 이룬다. 그런 점에서 시간은 백낙청의 사유에서 참으로 독특하게 작용하는 요소이다. 강렬한 것들은 대개 시간과 더불어 퇴색하기 마련이지만, 특정 시기에 그의 사유가 띤 현재성의 강렬도는 오히려 바로 그 현재성이 시간을 가로질러 지속할 것임을 보증하기 때문이다.

그런데 시간이 선생 자신에게 호의적이었다고 말하는 데는 주저하게 된다. 짐작건대 시대와 함께했다는 흔한 문구를 그에게 적용하는 사람들이 적지 않겠지만 가까이 들여다보면 그의 사유는 언제나 시대와 함께했으나 시대가 그것을 제때 채택한 적은 드물었다. 그의 혜안은 대체로 '결국은' 받아들여지지만 공개적인 승인을 동반하기보다 어느샌가 슬그머니 그렇게 되어 있기가 일쑤이고 그 경우조차 선생이 강조했던 핵심이 잘 간직되지 않을 때가 많았다. 이는 선생이 언제나 대세적 인식의 '결을 거스르는' 사유를 해왔다는 사실과 관계가 있다. 이 점은 비판적 인식이나 저항담론 내부에서도 마찬가지였는데, 일례로 선생이 이따금 회상하듯이 혁명적 전망들이 범람했던 1980년대에 그의 사유는 '소시민적'이라는 비난을 받은 바도 있다. 하지만 1990년대를 거치며 이런저런 혁명주의들이 '대안은 없다'를 승인하는 광경이 목도되고서야 그의 사유가 갖는 실질적 저항성이 뒤늦게 돋보였던 것이다. 이 어긋남은 사실 지금도 진행 중이다. 선생이 촛불혁명을 말할 때부터 혁명에 대한 기존 정의를 들며 반박하던 이들이 대선 실패와 함께 혁명이라는 의제 자체를 마음 편히 망각하려 한 데 반해, 선생은 한층 다각도로 촛불혁명을 지속시키는 담론적 실천을 수행하고 있다. 이번만큼은 그의 사유가 늦지 않게 대세가 되기를 간절히 기대하는데 이는 곧 2023년 현재 우리가 견디는 '변칙적' 시간의 결말과도 긴밀히 연동되어 있다.

밀착하면서도 어긋난다는, 선생의 사유가 취하는 이런 시대적 존재 양식을 가리키는 적절한 이름은 다름 아닌 '급진성'이라 본다. 1980년 대를 풍미한 여러 급진적 담론의 세례를 통해 주의주장에 입문한 필자가 선생의 사유에 거듭 매혹되는 지점도 바로 그런 면이다. 선생의 이야기에 공감하고 따르는 이들 가운데서도 급진적이라는 규정이 부적절하다고 느낄 사람들이 있을 것이다. 과격하게 치우침으로써 기존의 균형을 깨고 남 먼저 치고 나간다는 것이 급진성을 둘러싼 일반적인 인상이기 때문이다. 반면 선생의 담론은 지난 역정의 어느 지점을 단면으로 자르더라도 늘 주어진 여건에서 최대치로 균형 잡혀 있고 또 최대치로 전체를 아우르는 형상을 보여준다. 하지만 우리는 바로 그런 최대치야말로 현 상태의 불균형을 바로잡으며 진짜 한걸음 나아가는 '급진적' 방도임을 그의 사유를 통해 거듭 깨닫게 된다. 한반도 분단체제와 관련된 키워드인 변혁적 중도주의를 그 맥락에서 잠시 떼어낸다면, 그것은 치우침 없이 중심을 잡는다는 의미에서 '중도'이면서 기존 사유의 틀을 깬다는 의미에서 '변혁적'인 백낙청 특유의 급진성을 묘사하기에 맞춤한 표현이다. 그때그때의 시류에서 최첨단으로 통용되는 입장을 취해 일말의 정치적·윤리적 꼬투리도 주지 않는 대신 '일이 되게 하는' 데 별 도움이 안 되는 여러 급진주의에 비해, 선생의 원만하기 짝이 없는 급진성은 평소에는 그리 눈길을 끌지 못하기 쉽다. 그러나 전면적인 전환이 아니고서는 헤쳐나가지 못할 위기의 순간 그것이 불가결한 대안임을 알아차릴 기회가 생기는데, 지금 바로 그런 시기를 우리는 살고 있다.

2. 촛불혁명이라는 화두

8권에 실린 대화들에서 두드러지는 것은 촛불혁명이 백낙청의 사유에 미친 영향이다. 선생은 2016년에서 2017년 사이의 촛불을 '촛불대항쟁'으로 명명함으로써 그 이전의 여러 촛불항쟁과 구분하는 한편, 그것이 혁명이냐 아니냐와 관련해서는 촛불혁명 자체를 붙잡고 연마할 '화두'로 규정함으로써 논쟁을 정리한다. 사실 촛불대항쟁을 '혁명'과 연결한다는 생각 역시 주요하게는 선생의 발상에서 출발했다. 법이 지켜지는 나라를 만들려는, 겉으로 보기에 다분히 체제수호적인 구호가 '이면헌법'이 지배해온 사회에서 혁명적 의미를 갖는다는 발상, 더 나아가 그런 구호에 다 표현되지 않은 거대한 열망이 '혁명'의 한 계기이자 출발점이라는 발상 말이다. 촛불혁명을 화두로 삼아 연마하자는 선생의 제안에서 화두라는 표현은 촛불이 과연 혁명인가 하는 질문에 정답을 찾아보라는 뜻이기보다 바로 그 질문을 통해 촛불이 혁명이기 위해 필요한 실천들을 수행하자는 데 핵심이 있다. 그 말은 촛불혁명은 우리가 화두로서 붙잡고 있는 한에서 지속되는 "아주 독특한 혁명"(167면)이라는 뜻도 된다.

촛불대항쟁에 잠재된 촛불혁명의 서사를 써나가자는 제안으로 선생의 주장을 이해한다면, 그 서사의 결정적 단서는 촛불대항쟁의 대표 구호였던 '이게 나라냐'는 물음이다. 그로부터 '나라다운 나라 만들기'라는 과제에 이르고, 이는 다시 한반도 남쪽에서 '나라다운 나라'를 만드는 것이 어째서 (이름값을 제대로 감당하려면 세계사적 사건이어야 할) '혁명'인지 밝히는 일로 이어진다. '나라다운 나라'라는 촛불혁명의 첫

문장이 그의 사유에 어떤 파동을 만드는가, 그리고 그 파동이 어떤 무늬를 그려내는가 하는 점이 회화록 8권의 흥미로운 포인트이자 선생의 최근 사유 전반을 이해하는 데 좋은 길잡이이다.

"우리가 촛불시대에 살고 있으며 촛불을 화두로 잡고 생각해야 하고 판단해야 한다"(165~66면)는 점을 설득하려는 선생의 노력은 8권이 아우른 시기의 핵심적인 사건인 2022년 대통령 선거 전후의 대화와 강연에서 한층 뚜렷하고 절실해진다. 대선 결과로 들어선 정부의 무도함을 쓰라리게 겪는 현시점에서 돌아보면 그런 노력이 얼마나 긴요했는지가 드러난다. 촛불을 화두로 삼자는 자신의 제안을 누구보다 철저히 실천하듯 선생은 정권연장이냐 정권교체냐 하는 구도가 촛불혁명 지우기에 다름 아니라 지적하고, 대선의 진정한 실상은 "진짜 촛불혁명이 계속되느냐 못 되느냐가 판가름 나는 그런 건곤일척의 큰 싸움"(181면)이라고 강조했다. 하지만 결과적으로 이 대결의 성격을 간파하고 터무니없는 인물을 내세우면서까지 간절히 싸운 쪽은 오히려 반촛불세력이고 그들과 맞선 이들은 스스로를 뒷받침할 강력한 힘의 원천인 촛불혁명을 제때 소환하지 못했다. 촛불혁명이 '화두'라면 망각이야말로 혁명에 대한 중대한 배반이기에 지난 대선은 결과가 나오기 전에 이미 이기기 어려운 싸움이 되어버렸던 것이다.

대선을 전후한 선생의 발언에서 또 하나 곱씹을 대목은 반촛불세력이자 한국사회 부패 구조를 형성한 엘리트 카르텔에 관한 언급이다. 대통령을 포함한 상당수의 고위 공직을 차지하며 행정권력을 착착 장악해 들어간 검찰세력을 비롯하여, 법조계, 경제계, 학계 등 주요 분야에서 결정권을 거머쥔 자들이 강고하고 촘촘한 카르텔을 형성하고 있다는 사실이 더는 숨김없이 만천하에 드러난 것도 선생이 보기에는 촛불이 만든 변화이다. 엘리트 카르텔을 부패의 한 유형으로 파악하고 나면 납득하기 어려웠던 언론계의 전반적 타락도 설명할 수 있게 된다. 진보적이라

분류되던 언론이 진실추구나 권력비판 면에서 기대와 전혀 다른 행태를 보이는 이유는 이른바 '레거시 언론' 일반이 "엘리트 카르텔 부패에 미국보다 훨씬 더 깊이 연루"(272면)되어 있고 진보언론조차 그런 '레거시 언론'의 일부로서 "카르텔에 알게 모르게 가담해버"(177면)린 결과이다. 이런 진단을 통해 뒤돌아보건대 1만호 발간에 즈음한 『한겨레』와의 인터뷰에도 이미 어떤 긴장이 감지된다. 마찬가지로 "현실적으로는 지금 가장 중요한 요충지"(277면)인 민주당의 지지부진함 역시 그 일부가 엘리트 카르텔에 깊이 연루되어 있기 때문으로 이해할 수 있다.

선생이 엘리트 카르텔을 중요하게 언급한 것은 그 카르텔이 온갖 부문에 걸쳐 있고 따라서 촛불과 반촛불의 대결이 '내부 전선'의 형태로도 벌어진다는 점을 인식할 필요 때문이지, 카르텔의 강고함을 한탄하고 한국사회의 후진성을 지적하기 위해서가 아니다. 선생은 오히려 미국 같은 나라가 "엘리트들이 상당부분 자기 기능을 하는데도 맥을 못 추는 사회"라면 "우리는 사실 엘리트층 빼면요, 그렇게 부패한 사회가 아닙니다"(182면)라고 단언한다. 나아가 "우리 국민은 훨씬 더 생생하게 살아 있다"(272면)고 강조하는데, 이런 '살아 있음'이 촛불혁명의 지속과 이어져 있음은 말할 필요도 없을 것이다.

3. '글로벌 스탠더드'로서의 개벽

'나라다운 나라 만들기'로 촛불혁명을 묘사한 선생은 일찍이 바로 그 과제의 달성을 꿈꾸며 싸운 역사적 선례로서 동학, 그리고 동학 이래 한반도 특유의 사상이 응축된 '개벽'에 주목한다. 선생의 사유를 상세히 따라 읽어온 독자가 아니라면 회화록 8권의 주요 키워드인 '개벽'을 두고 뜻밖이라 느낄 법도 하다. 이런 느낌은 '나라만들기'가 어째서 '새세상 만들기'와 이어지는가 하는 질문을 내포한다. 동학과 개벽으로 가는 일종의 중간단계로 선생은 "주민생활 전역에 걸쳐 본질적인 변화가 일어나고 민중의 주체적 역량이 크게 향상"[1]된 점을 상기하며 촛불과 3·1 사이의 연속성을 강조한 바 있는데, 촛불을 말하며 3·1과 동학을 상기한 것은 수사적 표현이나 유사성의 확인이 아니다. 그것은 서구적 기준을 근거로 촛불의 혁명 여부를 따지는 논쟁구도를 깨는 한편으로, 촛불혁명이 민주주의를 향한 정치적 싸움을 넘어 사상적 차원을 갖는 사건임을 밝히는 시도이다. 촛불이 맞닿아 있는 3·1과 동학을 다름 아닌 사상전통으로서 적극 재해석하는 작업을 동반하기 때문이다.

선생은 근대 전체에 걸친 "절박한 현안"[2]으로 근대적응과 근대극복의 이중과제를 이야기해왔고, 적응을 방기한 극복이 불가능하듯이 극복을 염두에 둘 때만 적응 역시 원만해진다고 역설해왔다. 그와 같은 이중과제론의 관점에서 3·1은 "한반도에서 주체적 근대적응의 출발점"이자 "근대극복 노력의 본격적 출발"이고[3] 3·1이 이런 사건일 수 있었던 것은 동학이 먼저 있었던 덕분이다. "동학운동과 농민전쟁을 거친 민족이기에 3·1의 대규모 민중운동이 가능했고 동학의 개벽사상이 있었기에 민주공화주의로의 전환과 새로운 인류문명에 대한 구상이 한결 수월했"[4]다는 것이다. 이 책에 수록된 「다시 동학을 찾아 오늘의 길을 묻다」에서 흥미진진하게 논의되다시피, 동학은 서학, 다시 말해 서구적 근대와 가장 치열하게 대결하며 그 극복을 모색하는 과정에 형성되었고 바로 그 점에서 하나의 세계사적 사건이었다. 촛불혁명은 그렇듯 동학이 의제화하고 3·1이 본격화한 이중과제 수행의 계승이자 도약으로 존재

---

1 백낙청 『근대의 이중과제와 한반도식 나라만들기』, 창비 2021, 68면.
2 같은 책 52면.
3 같은 책 63면.
4 같은 책 62~63면.

한다.

그런데 선생의 사유에서 '개벽'은 동학운동이나 그 이후 몇몇 종교운동에 궁극적으로 귀속되는 지나간 사건이 아니며, 척사파나 개화파에 비해 이중과제론적 관점과 실천이 돋보였던 한말의 특정 입장과 인물들을 지시하는 역사적 명칭만도 아니다. 선생은 '개벽'을 한국사상사의 중심에 세우는 동시에 다시금 살아 있는 우리 시대의 첨예한 문제의식으로 전면화하고자 한다. 촛불혁명에 관한 담론에서 굳이 '개벽'을 말하는 이유 하나로 선생은 "근대 세계체제 자체가 말기국면에 진입한바 한국과 한민족이 앞장서 이 현실을 타개하고 새세상을 열어갈 전망을 공유하자는 의미"[5]를 들었는데, 바로 그렇듯 '나라만들기'를 단순히 근대적응을 위한 국민국가 건설로서가 아니라 인류 문명의 거대한 전환, 곧 '새세상 만들기'의 기운과 전망 속에 실천했던 것이 동학과 3·1의 개벽사상이었다. 한반도에서 자본주의적 근대가 시작되면서 혼란과 더불어 가능성이 엿보이던 시기가 두 운동의 배경이었듯, 선생의 진단에 따르면 다시금 기운이 바뀌고 전환이 요구되는 근대의 '말기국면'이 현재의 객관적 정세이다. 이런 때에 이중과제를 실천한다는 것은 개벽에 값하는 대전환의 수행과 겹쳐진다는 것이다.

선생의 개벽론이 갖는 독창성은 '물질이 개벽되니 정신을 개벽하자'는 원불교 개교표어에 대한 해석에 잘 나타나 있다. 선생은 이 표어가 물질과 정신을 나눈 서구적 이분법과 무관하다고 강조하면서, 여기서의 물질개벽이란 "천지개벽하던 물질적 개벽이 아니고 지금 벌어지고 있는 세상의 변화"이며 "그 변화의 원동력은 자본주의"(125면)라고 설명한다. 그와 같은 세상의 변화를 감당하고 이겨내는 것이 정신개벽이라 할 때 그 정신 역시 "실체가 아닌 어떤 '경지'"를 가리키는, "서양에 없는 개

---

5 같은 책 20면.

념"(123면)이다. "'물질'의 세력이 기하급수적으로 확장되는 가운데 인간의 정신이 쇠약해져 문명의 노예로 변하고 있는 상황을 정신개벽을 통해 넘어서자는 것"[6]을 개벽의 요체로 파악하면 그 문제의식이 근대의 이중과제론과 맞닿아 있음이 분명해진다.

하지만 선생에게 개벽은 이중과제론의 또다른 표현에 그치지 않는다. 개벽은 이중과제론이 제시한 '근대극복'을 체제전환을 넘어 문명전환이라는 더 고양된 지평으로 이끄는 한편, "이중과제의 실제 완수에 필요한 심법(心法)과 실천 요령에 관해 '근대' 논의에서 곧잘 간과되는 세세한 사항까지 챙기"[7]는 구체적이고 일상적인 지침이기도 하다. 따라서 이중과제론적 사유가 한반도에서 개벽사상이라는 '사례'로 발현했다는 식의 묘사는 불충분하다. 오히려 이중과제가 "'물질개벽에 상응하는 정신개벽'이라는 한반도 고유의 사상을 수용함으로써만 원만한 성취를 이룰 수 있는 성격"[8]이며, 그런 점에서 개벽사상은 오늘날 이중과제의 성취를 좌우하고 가늠할 '글로벌 스탠더드'로 제시된다. 선생은 "새로운 나라만들기를 진행함과 동시에 현대세계가 당면한 난제의 해결에 한국의 사상적 기여 가능성이 보태진다면 한반도가 전지구적 후천개벽의 진원지가"[9] 되리라 전망하는데, 그렇듯 '나라만들기'와 '사상적 기여'를 동시에 수행하는 것이 동학에서 촛불로 이어지는 고유한 혁명 전통이라고 덧붙일 수 있겠다.

서구의 역사적 사건들에 관한 보편사상적 해명이 범람하는 가운데 정작 우리의 역사적 사건을 두고 그런 시도가 이루어진 적은 드물었다. 그리고 그 드문 시도조차 다시 서구 사상에 기대기 십상이었다는 점에서

---

6 백낙청 「2023년에 할 일들: 살던 대로 살지 맙시다」, 『창작과비평』 2023년 봄호 29면.
7 같은 글 30면.
8 백낙청, 앞의 책 22면.
9 같은 책 21~22면.

선생의 개벽론은 사유의 '관행'에 대한 도전이기도 하다. 시인 김수영을 논한 이 책의 대담에서 선생은 '개벽파적' 면모를 언급함으로써 개벽이라는 '표준'이 문학비평에도 작동한다는 점을 보여주었다. 이어 D. H. 로런스를 '서양의 개벽사상가'로 호명한 대목에 이르면 선생의 사유가 실로 담대하게 스스로를 시험하고 입증해왔다는 사실이 확연히 드러난다. 개벽을 한반도의 사상적 표준으로 세우는 동시에 세계사적 표준으로 제시한 선생의 작업은 서구를 향한 저항과 대안이라는 점에서 '탈식민적' 실천으로도 부름직하지 않을까? 이 한반도식 탈식민주의를 더 궁구하리라는 다짐으로 해설의 마무리를 대신하고자 한다.

黃靜雅 | 한림대 한림과학원 HK교수

후기

2017년에 『백낙청 회화록』 6~7권을 낸 뒤에도 나는 '회화' 활동을 많이 한 셈이다. 제8권에 수록된 최근 6년의 수확이 앞선 책들에 비해 적은 분량이긴 하지만, 그간 별도의 단행본으로 발표된 내용을 합치면 꽤 많은 활동을 했다. 2017~18년에 '창비담론아카데미' 공부를 2기에 걸쳐 수행하여 『변화의 시대를 공부하다: 분단체제론과 변혁적 중도주의』와 『문명의 대전환을 공부하다: 이중과제론과 문명전환론』(이상 백낙청 외 지음, 창비 2018)을 묶어냈고, 2020년에는 임형택 정승철 최경봉 교수들과 좌담집 『한국어, 그 파란의 역사와 생명력』(창비)을 출간했다. 남북·북미 정상회담이 열린 2018년에는 오랜만에 미국을 방문하여 버지니아대학, 하버드대학, 시카고대학 등지에서 강연과 토론의 자리를 가졌다. 워싱턴에서는 민주평화통일자문회의 초청으로 강연하고 청중들과 질의응답을 나누기도 했다. 그러나 제대로 기록되지 않은 것들도 있고 아무튼 이 책에 넣기에는 적절치 않다고 판단했다.

그러다보니 대부분이 2020년대의 회화들인데, 2022년 3월의 대통령 선거를 분기점으로 시대적 분위기가 확 달라졌음을 독자 누구나 알아차릴 것이다. 그 변화를 나는 '변칙적 사건'으로 규정했지만, 변칙적 사건이란 일종의 '해프닝'을 뜻하는 만큼 그것이 4~5년씩 지속된다면 '해프닝'이 아닌 새로운 한 국면으로 자리매겨야 할 것이다. 과연 우리 역사가 어떻게 전개될지 겸허하게 지켜보는 수밖에 없다.

책에 수록할 회화가 적어진 가장 큰 이유는 내가 작년 6월부터 '백낙청TV'라는 유튜브 방송을 시작했기 때문이다. 벌써 90개 안팎의 동영상이 게시되었는데, 방문자가 나의 저술이나 담론에서 궁금한 점을 들고 와서 대담하는 '공부길'과 내가 특별히 묻고 싶은 일로 손님(들)을 모시는 '초대석'의 두가지 형태를 취하고 있다. 그러나 이승헌 교수와의 공부길 대담과 강미숙 박여선 백민정 교수와의 초대석 좌담의 녹취록만을 책에 포함시켰다. 둘다 처음부터 활자 출판을 위해 기획했다가 동영상도 함께 찍기로 했던 경우다.

아무튼 요즘 나는 집필보다 회화가 주업이 된 느낌도 들지만, 처음부터 나는 동시대의 선학·동학들과 토론하며 좌담, 대담 또는 질의응답하는 자리를 중시하는 입장이었다. 혼자 책상머리에 앉아서 하는 작업은 그것대로 소중하다 해도 남들과의 만남을 통해 '집단지성'의 작동에 기여하는 것 또한 삶의 중요한 일부라 생각한 것이다. '회화록'을 일곱권씩이나 내고도 염치없이 제8권을 또 묶어내는 연유이다.

본문이 비교적 짧아진 덕에 꼭 실었으면 했던 글들을 '보유'에 담을 수 있게 된 것이 다행이다. 하나는 오래전 박태진 시인을 모시고 했던 대담인데 그런 걸 했다는 사실조차 잊고 있다가 우연히 알게 되어 보유의 첫 꼭지로 실었다. 김수영 시인에 관한 짤막한 신문 대담임에도 불구하고 건져두고 싶은 자료였다. 박재창 교수가 진행을 맡은 안병직 교수와의 『시대정신』 좌담이 그 뒤를 잇고 있는데, 당연히 제7권에 들어갔어야 하는 것이 웬일로 누락되었었기에 이번에 찾아 실은 것이다. 세번째 보유는 조은(曺恩) 교수를 내가 인터뷰한 여성문제·여성운동 관련 대담으로 『백낙청이 대전환의 길을 묻다』(백낙청 외 지음, 창비 2015)에서 유일하게 재수록한 것이다. 책 내용의 다양성을 위해서나 나의 지속적인 관심사를 미흡하게나마 상기시켜주는 글로서 독자들 앞에 새로 내놓고 싶었다.

그동안 간행위원을 맡아주신 분들 외에 이남주 편집주간이 이번에 가세했고 염종선 위원(창비학당 교장, 전 창비 상무이사)은 목록선정 단계부터 간행작업에 깊이 관여했다. 훌륭한 해설을 써준 황정아 교수에게 감사드리며, 교정을 맡아준 신채용 숲과나무편집실 대표, 창비의 황혜숙 편집이사와 이하림 인문교양출판부 부서장, 박주용 팀장 등 실무자의 노고가 컸음을 말해둔다. 표지 디자인을 해준 신나라 님께도 감사드린다. 강일우 사장은 판매실적에 결코 무관심한 경영자가 아니건만 내 책에 한해서는 예외로 취급하는 배려를 해준 것 같다. 두루 감사의 뜻을 전한다.

7권 '후기'의 끝머리에 나는 이렇게 적었다. "1~5권의 내용을 생산하던 시기와 마찬가지로 그후의 10년 동안도 변함없이 곁을 지켜준 아내에게도 고마움과 위로의 말을 전한다." 아내는 그때 이미 위중한 상태였고 얼마 안 되어 홀연히 내 곁을 떠났다. 이후로 나는 50년 넘게 함께 있어준 은혜를 기억하면서 세상에 이익이 되는 여생을 보내는 것이 보은의 길이라 믿고 있다.

2023년 4월
백낙청 삼가 씀

추억 속의 김수영, 다시 읽는 김수영
백낙청 염무웅_(대담, 『시는 나의 닻이다』, 창비 2018)

백낙청에게 듣는 『한겨레』 32년과 한국사회
백낙청 고명섭_(인터뷰, 원제 '백낙청 "진보 앞장선 한겨레, 기후·적정성장 담론 이끌기를', 『한겨레』 2020년 5월 15일자)

김수영문학관의 물음에 답하다
백낙청 홍기원_(인터뷰)

다시 동학을 찾아 오늘의 길을 묻다
백낙청 김용옥 박맹수_(좌담, 『창작과비평』 2021년 가을호)

우리는 어떤 나라를 만들려는가
백낙청 강경석 조형근 천현우 외_(질의·응답, 도서출판 창비 주최 『근대의 이중과제와 한반도 나라만들기』 저자와의 대화, 2022년 2월 18일, https://www.youtube.com/watch?v=-N13W0zHnCc)

강경석(姜敬錫) 대구에서 태어나 인천에서 성장했으며, 인하대 한국어문학과 박사과
정을 수료했다. 2004년『서울신문』신춘문예에 당선되어 문학평론을 시작했으며 현
재『창작과비평』편집위원으로 있다. 평론집『리얼리티 재장전』, 공저로『개벽의 사상
사』등이 있다.

강미숙(姜美淑) 경북 안동에서 태어나 경북대 영문과를 졸업하고 서울대 대학원에서
D. H. 로런스 연구로 박사학위를 받았다. 현재 인제대 리버럴아츠교육학부 교수로 재
직 중이다. 저서『D. H. 로런스와 창조성의 문학』, 역서『D. H. 로런스의 현대문명관』
『남을 향하며 북을 바라보다』(이상 공역)『화이트 노이즈』등이 있다.

고명섭(高明燮) 서울대 경제학과를 졸업하고『한겨레』기자로 있다. 저서『하이데거 극
장』(1~2권)『니체극장』『만남의 철학』(공저),『즐거운 지식』『광기와 천재』『담론의
발견』『지식의 발견』, 시집『숲의 상형문자』『황혼녘 햇살에 빛나는 구렁이알을 삼키
다』등이 있다.

김민수(金慜洙) 전남 곡성에서 태어나 서울대 국어국문학과를 졸업했다. 1970~80년
대 학생운동, 시민운동 등에 참여했고, 구로공단 산돌노동문화원에서 활동했다. 지금

은 기독교정치사회연구소 대표를 맡고 있다. 역서『우리는 더 이상 순진하지 않다』가 있다.

김용옥(金容沃) 호는 도올(檮杌). 철학자이자 한의사로, 고려대 교수를 역임했다. 저서 『도올주역강해』『동경대전』(전2권)『노자가 옳았다』『나는 예수입니다』『도올 김용옥의 금강경 강해』『스무살, 반야심경에 미치다』『중용 인간의 맛』등이 있다.

김종배(金鍾培) 충남 대천에서 태어나 서강대 신방과를 졸업했다.『기자협회보』『우리교육』『미디어오늘』에서 기자로 활동했고 팟캐스트 '이슈 털어주는 남자' '시사통 김종배입니다', TBS 라디오 '색다른 시선, 김종배입니다'를 진행했으며, 현재 MBC 라디오 '김종배의 시선집중'을 진행하고 있다. 저서『30대 정치학』『누가 거짓말을 하고 있는가?』등이 있다.

박맹수(朴孟洙) 전남 벌교에서 태어나 원광대 원불교학과를 졸업하고 한국정신문화연구원 한국학대학원에서 박사학위를 받았다. 원광대 원불교학과 교수와 원불교사상연구원장, 원광대 총장을 역임했다. 저서『사료로 보는 동학과 동학농민혁명』『개벽의 꿈 동아시아를 깨우다』『생명의 눈으로 보는 동학』등이 있다.

박여선(朴麗仙) 서울에서 태어나 영국 셰필드대학에서 D. H. 로런스 연구로 문학박사 학위를 받았다. 현재 서울대 기초교육원 교수로 대학영어와 영문학을 가르치며『창작과비평』편집위원으로 활동하고 있다. 역서로 로런스의 여행기『바다와 사르디니아』가 있다.

박재창(朴在昌) 미국 뉴욕주립대에서 행정학 박사학위를 받고 숙명여대 행정학과 교수와 한국외대 석좌교수를 역임했다. 현재 숙명여대 명예교수로 있다. 저서『한국의 거버넌스』『한국의 헌법개정』『한국의 시대정신』『시민참여와 거버넌스』등이 있다.

박태진(朴泰鎭) 1921년 평양에서 태어나 일본 릿꾜오대학(立教大學) 영문과를 중퇴했다. 1948년『연합신문』에 시「신개지에서」를 기고하여 작품활동을 시작했다. 시집『변모』『너의 정담』『나날의 의미』등과 평론집『현대시와 그 주변』이 있다. 2006년에 작고했다.

백민정(白敏禎) 연세대 철학과에서 정약용의 사상으로 박사학위를 받았다. 성균관대 동아시아학술원의 연구교수를 거쳐, 현재 가톨릭대 철학과에서 동아시아 사상, 한국 유학사상을 연구하고 있다. 저서『맹자』『정약용의 철학』『강의실에 찾아온 유학자들』이 있다.

안병직(安秉直) 경남 함안에서 태어나 서울대 경제학과와 동 대학원을 졸업했다. 서울대 경제학부 교수와 사단법인 시대정신 이사장, 여의도연구원 이사장을 역임하고 서울대 명예교수로 있다. 저서『근대조선의 경제구조』『근대조선공업화의 연구』『맛질의 농민들』등이 있다.

염무웅(廉武雄) 강원 속초에서 태어나 영남대 교수와 민족문학작가회의 이사장, 6·15 민족문학인협회 공동대표를 역임했다. 현재 영남대 명예교수로 있다. 저서『한국문학의 반성』『민중시대의 문학』『혼돈의 시대에 구상하는 문학의 논리』『모래 위의 시간』『문학과 시대현실』『살아 있는 과거』『지옥에 이르지 않기 위하여』등이 있다.

오연호(吳連鎬) 전남 곡성에서 태어나 연세대 국문과를 졸업하고 미국 리젠트대에서 언론학 석사, 서강대 신문방송학과에서 박사학위를 받았다. 월간『말』기자를 역임했고 인터넷뉴스『오마이뉴스』를 창간해 현재 대표로 있다. 저서『노근리 그 후』『식민지의 아들에게』『노무현, 마지막 인터뷰』『우리도 사랑할 수 있을까』『우리도 행복할 수 있을까』등이 있다.

이승헌(李承憲) 전북 익산에서 출생해 고려대 물리학과를 졸업하고 동 대학원에서 석사학위, 미국 존스홉킨스대학에서 물리학 박사학위를 취득했다. 미국 국립표준연구소 물리학자를 역임하고 현재 버지니아대학 물리학과 교수로 재직하고 있다. 저서『과학의 양심, 천안함을 추적하다』등이 있다.

조은(曹恩) 전남 영광에서 태어나 서울대 영문과를 졸업하고 미국 하와이대에서 박사학위를 받았다. 동국대 사회학과 교수를 지냈으며 페미니스트 사회학자로 연구하고 작업해왔다. 현재 동국대 명예교수로 있다. 다큐멘터리「사당동 더하기 22」「사당동 더하기 33」을 제작·감독했고, 저서『사당동 더하기 25』『침묵으로 지은 집』이 있다.

조형근(趙亨根) 동네 협동조합 책방을 근거지 삼아 세상에 대해 고민하는 사회학자. 『역사비평』『문화과학』의 편집위원을 지냈다. 저서『나는 글을 쓸 때만 정의롭다』『키워드로 읽는 불평등 사회』등이 있다.

천현우(千鉉宇) 경남 마산에서 태어나 한국폴리텍7대학을 졸업하고 12년간 제조업에 종사했다. 현재 미디어 스타트업 alookso에 근무하고 있다. 저서『쇳밥일지』가 있다.

홍기원(洪起源) 경남 진해에서 태어나 고려대 재료공학과를 졸업했다. 유홍준 교수와 오랜 기간 답사회를 함께했다. 현재 김수영기념사업회 이사장을 맡고 있다. 저서『성곽을 거닐며 역사를 읽다』『길 위의 김수영』이 있다.

부록

2017년 1월 『문명의 대전환과 후천개벽: 백낙청의 원불교 공부』 발간(모시는사람
들). 1~2월 창비학당에서 『창작과비평』 2016년 겨울호를 소재로 '백낙청과 함께
읽는 문학과 시대' 총 6강 진행. 미국 버클리대학에서 발행하는 *Cross-Currents: East
Asia History and Culture*에 "Won-Buddhism and a Great Turning in Civilization"
발표(명목상 3월호). 6월 『백낙청 회화록』 제6~7권 출간. 9월 『창비주간논평』에
「'촛불'이 한반도 평화를 만들어낼까」 발표. 11월부터 다음해 1월까지 7차에 걸
쳐 세교연구소, 계간 『창작과비평』, 창비학당이 공동 주최한 제1기 '창비담론 아
카데미'에 참여하여 '분단체제와 변혁적 중도주의'를 주제로 30인과 함께 강의
와 공부모임을 진행. 12월 『창비주간논평』에 신년칼럼 「촛불혁명과 촛불정부」
발표.

2018년 4월부터 7월까지 8차에 걸쳐 진행된 제2기 '창비담론 아카데미'에 참여하
여 '이중과제론과 문명전환론'을 주제로 30인과 함께 강의와 공부모임을 진행.

* 2006년 이전의 연보는 『백낙청 회화록』 제5권에, 2017년 이전의 연보는 제7권에 수록되어 있
다 ─ 편집자.

5월 박근혜정권퇴진비상국민행동기록기념위원회·민주화운동기념사업회 공동
주최 '촛불항쟁 국제토론회'에서 「촛불항쟁의 역사적 의미와 남겨진 과제」 기조
발제. 6월 제1기 '창비담론 아카데미'의 성과를 묶어 『변화의 시대를 공부하다:
분단체제론과 변혁적 중도주의』(백낙청 외 지음, 창비) 출간. 9월 『창작과비평』
가을호에 「어떤 남북연합을 만들 것인가: 촛불혁명 시대의 한반도」 발표. 문재인
대통령 평양정상회담 특별수행단의 일원으로 북한 방문. 민주평통 워싱턴협의
회 초청으로 '평화통일 공감포럼: 촛불혁명, 요동치는 한반도 정세와 민주주의'
강연. 10월 하바드대학 한국학연구소 초청으로 "The Korean Peninsula in Flux:
South Korea's 'Candlelight Revolution' and its Impact"라는 제목으로 강연(에드
워드 베이커 사회). 미국 시카고대학 동아시아연구센터 초청으로 동명의 강연 후
브루스 커밍스와 대담. 11월 제2회 아시아문학페스티벌 조직위원장을 맡아 행
사를 진행. 제2기 '창비담론 아카데미'의 성과를 묶어 『문명의 대전환을 공부하
다: 이중과제론과 문명전환론』(백낙청 외 지음, 창비) 출간. 12월 *The Asia-Pacific
Journal*에 "South Korea's Candlelight Revolution and the Future of the Korean
Peninsula" 발표(Vol. 16, No. 3). 『창비주간논평』에 신년칼럼 「하늘을 본 뒤에 무
엇을 할까」 발표.

2019년   2월 한국기독교사회문제연구원 주최 '3·1운동100주년기념 국제컨퍼런스'
에서 강연하고 원고를 수정 보완하여 『창작과비평』 봄호에 「3·1과 한반도식 나
라만들기」 발표. 12월 「3·1과 한반도식 나라만들기」를 개고하고 덧글 "'친일잔
재 청산'에 관하여"를 붙여 수록한 공저 『백년의 변혁: 3·1에서 촛불까지』(백낙
청 외 지음, 백영서 엮음, 창비) 출간. 『창비주간논평』에 신년칼럼 「촛불혁명이라
는 화두」 발표.

2020년   7월 D. H. 로런스 연구비평서 『서양의 개벽사상가 D. H. 로런스』(창비)
와 하바드대학 박사학위 논문 "A Study of *The Rainbow* and *Women in Love* as
Expressions of D. H. Lawrence's Thinking on Modern Civilization"(1972)을 번
역한 『D. H. 로런스의 현대문명관: 『무지개』와 『연애하는 여인들』』(설준규 김영
희 정남영 강미숙 옮김, 창비) 출간. 9월 한반도 종전 평화 캠페인(2020년 7월 발
족)의 공동대표로 '9월 평양공동선언 2년, 한반도 종전 평화 집중행동 주간' 선포
기자회견 참석. 이 캠페인은 한국전쟁 발발 70년인 2020년부터 종전협정 70년인
2023년까지 시민사회 공동의 요구를 담은 한반도 평화선언(Korea Peace Appeal)
에 대한 전세계 1억명 시민 서명과 각계 지지선언을 확산하여 한국전쟁을 끝내

고 한반도 평화를 이루는 것을 목표로 활동 시작. 『창작과비평』 2020년 여름호 좌담을 바탕으로 한 단행본 『한국어, 그 파란의 역사와 생명력』(백낙청 임형택 정승철 최경봉 지음, 창비) 출간. 12월 『창비주간논평』에 신년칼럼 「세상의 민낯을 본 뒤에 무엇을 할까」 발표.

2021년   2월 오랜 학문여정의 시발점이 되는 하바드대학 박사학위논문(1972)의 영어 원문 단행본 *A Study of* The Rainbow *and* Women in Love *as Expressions of D. H. Lawrence's Thinking on Modern Civilization* 출간(창비). 3월 『창작과비평』 봄호에 「기후위기와 근대의 이중과제」 발표. 9월 『창작과비평』 가을호에 김용옥·박맹수와 「다시 동학을 찾아 오늘의 길을 묻다」 좌담. 11월 1990년대 이후 20여년간 천착해온 '근대 이중과제'와 '한반도식 나라만들기'에 관한 주제의 글들을 엮고 촛불혁명을 이어가기 위한 길과 새로운 '촛불정부'를 만드는 일을 모색한 저서 『근대의 이중과제와 한반도식 나라만들기』 및 『분단체제 변혁의 공부길』(개정판) 출간(창비).

2022년   2월 MBC라디오 '김종배의 시선집중' 및 오마이TV '오연호가 묻다'에 출연해 제20대 대통령선거와 촛불정신에 대해 대담, Somnium(기독교정치사회연구소)에서 '근대의 이중과제와 2022년 대한민국'을 주제로 강의. 3월 오마이TV '오연호가 묻다'에 한번 더 출연해 대선 결과와 촛불시민의 역할에 대해 대담. 6월 유튜브 채널 백낙청TV 개설(www.youtube.com/paiknctv), 『민족문학과 세계문학 2』(1985)의 개정판 『민족문학의 현단계』(창비) 및 『민족문학의 새 단계: 민족문학과 세계문학 3』(1990)의 개정판(창비) 출간. 7월 미국 뉴멕시코 타오스에서 열린 제15회 D. H. 로런스 국제대회에 참석하여 『미국고전문학 연구』에 나타난 정착식민주의 문제에 관해 발표. 9월 와세다대학 평화학연구소·신시대아시아 피스아카데미(NPA) 공동기획 한일국제회의 '지금 동아시아 시민들은 무엇을 해야 하는가'에 온라인으로 참석해 한·일 역사적 경험의 차이와 최근 동아시아 정세에 대해 발제 및 토론(와다 하루끼, 우쯔미 아이꼬). 10월 민주당의 이재명 체제 출범 50여일이 지난 시점에서 오마이TV '오연호가 묻다'에 출연해 이재명 당대표의 향후 역할과 과제에 대해 대담. 12월 『창비주간논평』에 신년칼럼 「살던 대로 살지 맙시다」를 발표하고 백낙청TV를 통해서도 송출.

2023년   3월 『창작과비평』 봄호에 신년칼럼(2022. 12. 30)에 덧글을 더하여 「2023년에 할 일들: 살던 대로 살지 맙시다」 발표. 4월 『백낙청 회화록』 제8권 출간.

염무웅(廉武雄)   강원 속초에서 태어나 영남대 교수와 민족문학작가회의 이사장, 6·15민족문학인협회 공동대표를 역임했다. 현재 영남대 명예교수로 있다. 저서 『한국문학의 반성』『민중시대의 문학』『혼돈의 시대에 구상하는 문학의 논리』『모래 위의 시간』『문학과 시대현실』『살아 있는 과거』『지옥에 이르지 않기 위하여』등이 있다.

임형택(林熒澤)   전남 영암에서 태어나 성균관대 교수와 민족문학사연구소 공동대표, 대동문화연구원 원장, 동아시아학술원 원장을 역임했다. 현재 성균관대 명예교수로 있다. 저서 『한국문학사의 시각』『실사구시의 한국학』『한국학의 동아시아적 지평』『동아시아 서사와 한국소설사론』, 편역서 『이조한문단편집』『이조시대 서사시』, 공역서 『역주 목민심서』『역주 백호전집』『역주 매천야록』등이 있다

최원식(崔元植)   인천에서 태어나 인하대 교수와 『창작과비평』편집주간, 인천문화재단 대표이사, 세교연구소 이사장, 한국작가회의 이사장을 역임했다. 현재 인하대 명예교수로 있다. 저서 『민족문학의 논리』『한국근대소설사론』『한국 계몽주의 문학사론』『생산적 대화를 위하여』『제국 이후의 동아시아』『동아시아 한국학

의 이론과 실제』『문학과 진보』『이순신을 찾아서』『기억의 연금술』등이 있다.

백영서(白永瑞) 인천에서 태어나 연세대 교수와 『창작과비평』 편집주간, 창비 기획 편집위원장을 역임했다. 현재 연세대 명예교수와 세교연구소 이사장으로 있다. 저서 『동아시아의 귀환』『중국현대대학문화연구』『핵심현장에서 동아시아를 다시 묻다』『사회인문학의 길』『横觀東亞: 從核心現場重思東亞歷史』『共生への道と 核心現場: 實踐課題としての東アジア』『중국현대사를 만든 세가지 사건』『동아시아담론의 계보와 미래』등이 있다.

유재건(柳在建) 서울에서 태어나 부산대 사학과 교수와 『창작과비평』 편집위원을 역임했다. 현재 부산대 명예교수로 있다. 공저서 『변혁적 중도론』, 공역서 『고대에서 봉건제로의 이행』『근대세계체제』『영국 노동계급의 형성』등이 있다.

김영희(金英姬) 서울에서 태어나 한국과학기술원 교수와 『창작과비평』 편집위원을 역임했다. 현재 한국과학기술원 명예교수로 있다. 저서 『비평의 객관성과 실천적 지평』『지구화시대의 영문학』(공저)『다시 소설이론을 읽는다』(공저), 공편저 『세계문학론』, 역서 『가든 파티』(편역)『미국의 아들』『영국소설의 위대한 전통』『거인의 도시』등이 있다.

한기욱(韓基煜) 부산에서 태어나 인제대 영문과 교수와 『창작과비평』 편집주간을 역임했다. 현재 인제대 명예교수로 있다. 저서 『문학의 새로움은 어디서 오는가』『문학의 열린 길』, 역서 『필경사 바틀비』(편역)『우리 집에 불났어』『브루스 커밍스의 한국현대사』(공역)『남을 향하며 북을 바라보다』(공역)『미국 패권의 몰락』(공역) 등이 있다.

이남주(李南周) 서울에서 태어나 현재 성공회대 중어중국학과 교수와 『창작과비평』 편집주간으로 있다. 저서 『중국 시민사회의 형성과 특징』, 공저 『21세기의 한반도 구상』『동아시아의 지역질서』『중국, 새로운 패러다임』『백년의 변혁』, 편서 『이중과제론』등이 있다.

염종선(廉鍾善) 인천에서 태어나 현재 창비 기획편집위원장과 창비학당 교장으로 있다. 『창작과비평』 편집장과 창비 상무이사를 지냈다. 공저 『책으로 세상을 움직이다』, 공편 『A4 두 장으로 한국사회 읽기』등이 있다.